Dina Emundts · Erfahren und Erkennen

Dina Emundts

Erfahren und Erkennen

Hegels Theorie der Wirklichkeit

KlostermannRoteReihe

Bibliographische Information der Deutschen Nationalbibliothek

Die Deutsche Nationalbibliothek verzeichnet diese Publikation in der Deutschen Nationalbibliographie; detaillierte bibliographische Daten sind im Internet über *http://dnb.dnb.de* abrufbar.

2. Auflage 2022

© Vittorio Klostermann GmbH · Frankfurt am Main 2012
Alle Rechte vorbehalten, insbesondere die des Nachdrucks und der Übersetzung.
Ohne Genehmigung des Verlages ist es nicht gestattet, dieses Werk oder Teile in einem photomechanischen oder sonstigen Reproduktionsverfahren oder unter Verwendung elektronischer Systeme zu verarbeiten, zu vervielfältigen und zu verbreiten.
Gedruckt auf Eos Werkdruck der Firma Salzer, alterungsbeständig nach DIN ISO 9706.
Satz: Anne Mone Sahnwaldt, Konstanz
Druck und Bindung: docupoint GmbH, Barleben
Printed in Germany
ISSN 1865-7095
ISBN 978-3-465-04595-3

VORBEMERKUNG

Die vorliegende Arbeit wurde im Frühjahr 2009 von der Philosophischen Fakultät I der Humboldt-Universität zu Berlin als Habilitationsschrift angenommen. Für die Veröffentlichung habe ich sie noch einmal überarbeitet. Der Lehrstuhl für Deutschen Idealismus von Professor Horstmann und das Philosophische Institut der Humboldt-Universität insgesamt waren ein ideales Umfeld für diese Arbeit. Daher möchte ich allen Mitgliedern des Instituts herzlich danken.

Mein ganz besonderer Dank gilt Rolf Horstmann. Er hat die Arbeit von Anfang an begleitet und auf vielfältige Weise maßgeblich beeinflusst und gefördert. Danken möchte ich außerdem Michael Theunissen und Ludwig Siep. Auch sie haben die Arbeit entscheidend geprägt und unterstützt.

Für Diskussionen, Anregungen, Hinweise, Kritik und Zuspruch bin ich viel mehr Menschen dankbar, als ich hier nennen kann. Namentlich erwähnen möchte ich Eckart Förster, Michael Friedman, Hannah Ginsborg, Michael Hampe, Andrea Lailach, Béatrice Longuenesse, Martin Otter, Cathrin Nielsen, Sebastian Rödl, Michael Rosen, Eric Watkins, Daniel Warren und Lutz Wingert. Nennen möchte ich auch meine Eltern, Anne und Paul Emundts, und meinen Sohn, Jonathan Paul Otter.

Anne Mone Sahnwaldt danke ich für das kritische Korrekturlesen der Arbeit und für die kompetente Herstellung des satzfertigen Manuskripts.

Die Deutsche Forschungsgemeinschaft hat die Arbeit durch ein zweijähriges Forschungsstipendium gefördert und die Veröffentlichung durch einen großzügigen Druckkostenzuschuss unterstützt. Dafür möchte ich den verantwortlichen Personen herzlich danken.

Konstanz, 7. Mai 2012   Dina Emundts

VORWORT ZUR 2. AUFLAGE

Seitdem das Buch zum ersten Mal erschienen ist, sind fast zehn Jahre vergangen, und wahrscheinlich würde ich das Buch in einigen Punkten heute anders schreiben. Dennoch fühle ich mich sowohl der Methode der Entwicklung von Thesen im Rahmen einer möglichst gründlichen Textanalyse als auch den zentralen hier entwickelten Thesen nach wie vor verpflichtet. Daher freue ich mich über eine zweite Auflage.

Das Buch interpretiert die ersten vier Kapitel von Hegels *Phänomenologie des Geistes*. Hierbei werden einige Thesen von Hegel herausgearbeitet und ausgeführt.

Eine These ist, dass Hegel unter „Erfahrung" etwas versteht, bei dem wir in einer gerichteten Tätigkeit etwas über etwas anderes lernen. Erfahrungen haben dabei immer eine Dimension des Erlebens, sind also mit einem phänomenalen Gehalt ausgestattet. Dieser Erfahrungsbegriff ist, so die These, für Hegel grundlegend dafür, dass wir etwas erkennen und Neues lernen können. Weiterhin habe ich versucht zu zeigen, dass und wie wir in Erfahrungen etwas von der Welt aufnehmen, wobei diese Welt keineswegs – wie viele Hegel-Interpret:innen behaupten – schon immer (in allen Bereichen) begrifflich strukturiert ist.

Bei der Frage, was wir erfahren, ist, so eine weitere These des Buches, entscheidend, ob dasjenige, auf das wir uns richten, etwas Lebendiges ist. Das hängt damit zusammen, dass wir Widerständiges erfahren müssen. Lebendiges ist in einer qualitativ anderen Weise als Unorganisches meinem Zugriff gegenüber widerständig. Diese Erfahrung habe ich als für die *Phänomenologie* entscheidend angesehen und versucht auszuführen, wie unser Bezug auf die Welt dadurch verankert wird. Dieser Gedanke, dass die Erfahrung von Lebendigem für unser Verständnis der Welt und ihrer Ordnung wesentlich ist, scheint mir nach wie vor einer zu sein, an den wir positiv anschließen können. Ebenso ist der hier mit Hegel entwickelte Erfahrungsbegriff etwas, mit dem sich fruchtbar auch in anderen Zusammenhängen arbeiten lässt.

Dass die Neuauflage ein unveränderter Nachdruck ist, hängt damit zusammen, dass ich den Charakter der Textinterpretation ungern verändern wollte. Ich habe seitdem an einigen Themen weitergearbeitet; hier war dann nicht mehr die *Phänomenologie des Geistes* im Zentrum meiner Aufmerksamkeit, sondern Hegels Beziehung zum Pragmatismus oder aber seine Logik, Naturphilosophie und Rechtsphilosophie. Diese Arbeiten sind in der Form von Aufsätzen gut zugänglich. Sie einzuarbeiten

Vorwort zur 2. Auflage

hätte den Charakter der Interpretation des Textes der *Phänomenologie* gestört. Weiterhin sind seitdem viele sehr gute Abhandlungen zu Hegel erschienen, auf die ich an verschiedenen Stellen hätte ausführlich Bezug nehmen müssen, was aber den Umfang zu sehr hätte wachsen lassen. Das Buch hat zudem einige sehr gute Rezensionen erhalten, auf die ich aus demselben Grund nicht eingehen konnte. An dieser Stelle möchte ich allen Rezensent:innen des Buches, insbesondere Eva Deitert, Angelica Nuzzo und Andreas Schmidt sehr für ihre fundierten und wohlüberlegten Kritiken danken.

Berlin, Januar 2022   Dina Emundts

INHALT

EINLEITUNG 11

I. HEGELS KONZEPTION DER ERFAHRUNG 23
1. Was ist Erfahrung? 26
2. Erfahrung als Moment intendierter Erkenntnis 45
3. Erfahrung als Lernprozess 58
4. Die Relation von Subjekt und Gegenstand 63
   4.1 Das Subjekt der Erfahrung 63
   4.2 Der Gegenstand der Erfahrung 69
5. Die *Phänomenologie* als Darstellung von Erfahrungen 77
   5.1 Die Bedeutung der Erfahrungen für das Projekt 77
   5.2 Die Konzeption der *Phänomenologie* 87
   5.3 „Erfahrung" in der *Enzyklopädie* 98
6. Zusammenfassung 101

II. HEGELS BEGRIFF DER ERKENNTNIS 103
1. Der Begriff der Erkenntnis in der *Phänomenologie* 105
   1.1 Erkenntnis als wahres Wissen 110
   1.2 Erkenntnis als Übereinstimmung 119
   1.3 Wissen und Wahrheit als abstrakte Bestimmungen 124
2. Die Prüfung 126
3. Erkenntnis bei Kant und Hegel 131
   3.1 Kants Kriterium für Wahrheit 132
   3.2 Kants Einsichten 137
   3.3 Probleme bei Kant 140
   3.4 Hegels Konzeption von Erkenntnis 145
   3.5 Hegels Begriff der Wahrheit 158
4. Fragen zum Erfahrungsbegriff 162

III. WAHRNEHMEN 167
1. Sinnliche Gewissheit 170
   1.1 Die Position 170
   1.2 Der Maßstab 172
   1.3 Das Versagen des Maßstabs 175
   1.4 Wie erfahren wird, was der Gegenstand nicht ist 175

1.5 Wie erfahren wird, was der Gegenstand ist 177
 1.6 Die weiteren Prüfungsphasen 183
 1.7 Das Ergebnis 186
Exkurs zum direkten Realismus 191
2. Die Wahrnehmung 193
 2.1 Die Position 193
 2.2 Der Maßstab 198
 2.3 Das Scheitern der Position 200
 2.4 Wie erfahren wird, was der Gegenstand nicht ist 201
 2.5 Wie erfahren wird, was der Gegenstand ist 203
 2.6 Die weitere Entwicklung in der Prüfung 206
 2.7 Das Ergebnis 211
Exkurs: Sind Wahrnehmungen begrifflich? 216

IV. DER BEGRIFF DES GESETZES 219
1. Überblick über *Kraft und Verstand* 219
2. Das Allgemeine als Begriffliches 222
3. Die Kantische Position und die Ablehnung des Platonismus . . . 228
 3.1 Die Erscheinung 228
 3.2 Das Innere der Dinge 232
 3.3 Der Gesetzesbegriff 236
4. Hegels Kritik an Kants Gesetzesauffassung 238
 4.1 Die Begründung physikalischer Gesetze 240
 4.2 Das Problem der Notwendigkeit physikalischer Gesetze 247
 4.3 Hegel und Kant über die Analogien der Erfahrung 252
 4.4 Hegels Lösung 259
Exkurs: Die *Metaphysischen Anfangsgründe* 261
5. Die Erfahrung der Verkehrung der Welt 267
6. Das Resultat 278
 6.1 Hegels Konzeption der Erkenntnis 280
   6.1.1 Die Struktur von Gesetzen 281
   6.1.2 Die richtige Auffassung des Allgemeinen 284
   6.1.3 Gesetze müssen sich in ihr Gegenteil verkehren 287
 6.2 Die Ergebnisse 292
7. Zusammenfassung 295

V. DIE GEGENSTÄNDE 301
1. *Die Wahrheit der Gewißheit seiner selbst* 302
 1.1 Das Thema der Selbsterkenntnis 303
 1.2 Das Verhältnis von Selbsterkenntnis und Erkenntnis 310

1.3 Das Selbstbewusstsein als Begierde 317
1.4 Das Andere als Lebendiges 323
    1.4.1 Die logische Genese des Lebendigen 324
    1.4.2 Die Begründung des Bezugs auf Lebendiges 335
    1.4.3 Die Einführung des Lebendigen durch Erfahrung 342
1.5 Ausblick auf den weiteren Verlauf der *Phänomenologie* 345
2. Hegels Konzeption verschiedener Gegenstandsarten 348
  2.1 Der paradigmatische Gegenstand 348
    2.1.1 Warum das Lebendige paradigmatisch ist 353
    2.1.2 Das Verhältnis der Begründungsarten 363
  2.2 Die verschiedenen Gegenstandsarten 365
    2.2.1 Wodurch ist ein Gegenstand besonders geartet? 366
    2.2.2 Materielle, lebendige und geistige Gegenstände 373
  2.3 Inwiefern ist nur der Geist wirklich? 380
  2.4 Das einfache Prinzip der Kraft 398
  2.5 Zusammenfassung 400

SCHLUSS 403

Literaturverzeichnis 411

Personenregister 423

Sachregister 425

EINLEITUNG

Obwohl unser Begriff „Erfahrung" vieldeutig ist, ist der Verweis auf die Erfahrung mit einem weithin anerkannten Wert verbunden. Wenn jemand etwas behauptet, das der Erfahrung widerspricht, so kann es ein Streitpunkt sein, ob tatsächlich der Erfahrung widersprochen wird und was man damit überhaupt meint. Aber wenn klar ist, dass der Erfahrung widersprochen wird, wird kaum jemand sagen, dass ein solcher Widerspruch nicht beachtet werden muss. Und so ist auch weitgehend akzeptiert, dass die Erfahrungsgedecktheit einer Theorie oder einer Position für sie spricht. Wer sich bei seinen Behauptungen auf Erfahrung stützen will und kann, hat es also nicht deshalb schwer, weil nicht jeder ihm zugestehen würde, dass Erfahrung für unsere Meinungen relevant ist, sondern weil Uneinigkeit darüber besteht, was mit „Erfahrung" gemeint ist. Was meint man, wenn man sagt, dass etwas erfahren werden kann? Oft ist mit „erfahren" der Bezug auf die im weitesten Sinne sinnlich erlebbaren Aspekte unserer Wirklichkeit gemeint. Oft meint jemand, der sagt, man könne etwas erfahren, aber auch, dass man sich von einer Sache vergewissern oder etwas Neues lernen kann. Der Begriff „Erfahrung" dient, insbesondere in der Philosophie, zudem als Ausdruck für ein bestimmtes Verständnis unserer Wirklichkeit. Kant etwa nennt „Erfahrung" (im Singular) die systematisch geordnete Wirklichkeit im Unterschied zu einem unbestimmten Mannigfaltigen. Philosophische Auffassungen davon, was Erfahrung ist, rekurrieren im Allgemeinen auf den Aspekt der sinnlichen Erlebbarkeit und auf den des Lernens und versuchen, diese Aspekte für unser Verständnis von Wirklichkeit in Anschlag zu bringen. Nicht selten bleiben allerdings gerade das Verhältnis dieser beiden Aspekte sowie ihre Bedeutung für unser Verständnis der Wirklichkeit erstaunlich unklar. Dies ist umso erstaunlicher, als „Erfahrung" und „Erfahren" offensichtlich grundlegende und wichtige Begriffe sowohl unseres Alltags als auch der Philosophie sind.

Ich will mich in diesem Buch mit einer Konzeption von Erfahrung auseinandersetzen, die versucht, den beiden genannten Aspekten und ihrer Bedeutung Rechnung zu tragen. Gemeint ist die Konzeption der Erfahrung in Hegels *Phänomenologie des Geistes*. In die Untersuchung zu Hegels Begriff der Erfahrung einzuleiten, ist Aufgabe der folgenden Bemerkungen.

Es ist leicht zu sehen und wird im Folgenden auch noch deutlich werden, dass eine Beantwortung der Frage, was Erfahrung ist, mit erkenntnistheoretischen, metaphysischen und ontologischen Überlegungen zusammenhängt. So kann diese Frage nicht beantwortet werden, ohne dass man sich unter anderem im Hinblick auf die Alternative von Realismus und Idealismus festlegt. Das heißt auch, dass man nur jeweils im Rahmen einer bestimmten Philosophie genauer angeben kann, was mit „Erfahrung" gemeint ist. „Erfahrung" gehört wie „Beobachtung" oder „Wirklichkeit" zu jenen Begriffen, welche zuweilen Anlass zu Enttäuschung geben, weil man durch sie auf etwas einer bestimmten Theorie gegenüber Unabhängiges verweisen will, ohne dass das, worauf man verweisen will, theorieunabhängig formuliert werden kann. Dennoch will ich im Folgenden drei Überlegungen zum Erfahrungsbegriff anstellen, die sich an unserem Alltagsgebrauch von „erfahren" orientieren und einen weitgehend theorieunabhängigen Charakter haben. Wenngleich man „Erfahrung" sowohl auf eine Tätigkeit als auch auf das, was erfahren werden soll, beziehen kann, werde ich mich an dem durch das Verb ausgedrückten Aspekt der Tätigkeit orientieren. Ich werde diese Überlegungen in den ersten zwei Kapiteln dieses Buches wieder aufnehmen. Hier sollen sie nur einige Hinweise dazu geben, welchen Aspekten eine Theorie der Erfahrung Rechnung tragen sollte.

(1) Da „erfahren" ein zweistelliges Verb ist und eine Relation zwischen einem Erfahrungssubjekt und einem Erfahrungsobjekt ausdrückt und da die Frage nach dem Subjekt, das erfährt, auf den ersten Blick recht einfach mit: „ein Individuum" beantwortet werden kann, stellt sich als erstes die Frage nach dem Erfahrungsobjekt, das heißt, es ist danach zu fragen, *was erfahren wird*. Man kann etwas erfahren und man kann etwas über etwas erfahren. Nun muss man sich natürlich auch innerhalb einer Theorie nicht auf einen dieser Typen von Erfahrung festlegen, sondern kann beide Möglichkeiten annehmen. Dasjenige, das man erfährt, oder dasjenige, über das man etwas erfährt, muss jedoch in irgendeinem Sinn existieren oder eine Begebenheit sein, die stattfindet. Andernfalls ist die Rede vom Erfahren schwer verständlich zu machen. Wer dem folgt und kein Realist in Bezug auf Zahlen ist, darf beispielsweise nicht sagen, er habe etwas über Zahlen erfahren. Dies schränkt, je nach Auffassung darüber, was es gibt, die Anzahl der Kandidaten möglicher Erfahrung ein. Es wirft auf jeden Fall die Frage auf, ob dasjenige, was erfahren werden kann, etwas sinnlich Gegebenes sein muss. Im Fall einer Bejahung wird man genauer wissen wollen, was als sinnlich Gegebenes zählt und was wie erfahren wird: das sinnlich Gegebene als solches oder unter bestimmten Voraussetzungen? Im Fall einer Verneinung sind mögliche andere Kandidaten für Existenz zu untersuchen.

Das, was erfahren wird oder über das man etwas erfährt, ist also etwas, das existiert. Die Antwort auf die Frage, was erfahren werden kann, ist allerdings nicht nur von Überlegungen zu möglichen Kandidaten für etwas, das existiert, abhängig. Es sind auch andere Gesichtspunkte zu berücksichtigen. So muss man, wenn man dem Aspekt sinnlicher Erlebbarkeit in seinem Erfahrungsbegriff Rechnung tragen will, davon ausgehen, dass das Individuum, das etwas erfährt, lebendig ist und Empfindungsvermögen hat. Außerdem scheint es zumindest so, dass man dann auch den Bezug auf etwas sinnlich Gegebenes annehmen muss, weil nur dieses sinnlich erlebt werden kann. Mit dieser letztgenannten Annahme will ich mich im Folgenden eingehender beschäftigen. Dass eine Bedeutung von „Erfahrung" durch den Aspekt des sinnlichen Erlebnisses repräsentiert wird, muss nicht bedeuten, dass dieser Aspekt konstitutiv für Erfahrung ist. Man könnte annehmen, dass es Fälle von Erfahrung gibt, in denen sinnliche Erlebbarkeit[1] keine Rolle spielt, bei denen aber eine Ähnlichkeit zu Fällen von sinnlichen Erlebnissen vorliegt, so dass sie analog zu Fällen sinnlicher Erlebbarkeit verstanden werden können. Aber kann man noch sinnvoll von einem Erfahren sprechen, wenn dem Erfahren jede Form von sinnlichem Erlebnis fehlt? Ich denke nicht. Ein alternativer Vorschlag könnte lauten, dass der Aspekt sinnlicher Erlebbarkeit zwar konstitutiv für Erfahren ist, dass aber ein sinnliches Erlebnis nicht durch einen sinnlich gegebenen Gegenstand hervorgerufen sein muss. Man könnte beispielsweise sagen, man erfahre etwas über Zahlen – weder das, was man erfährt (etwa eine Regel), noch das, worüber man etwas erfährt, ist etwas sinnlich Gegebenes. In diesem Fall wird Erfahrung von etwas sinnlich Gegebenem durch die Erfahrung der *Neuheit* einer begrifflichen Wahrheit ersetzt. Die sinnliche Erlebbarkeit bestünde in solchen Fällen nicht in physischen Wirkungen und wäre auch nicht unmittelbar durch physische Wirkungen hervorgerufen.[2] Folgt man obigen Überlegungen, ist man allerdings in solchen Fällen genötigt, die Realität von Zahlen anzunehmen, also ihnen eine eigene Form der Existenz zuzusprechen. Es ergeben sich daher mit Blick auf den Aspekt der sinnlichen Erlebbarkeit von Erfahrung verschiedene Möglichkeiten, die selbst wieder von Verschiedenem abhängen. Wie man sich auch entscheidet, bei der Frage, was erfahren werden kann, muss man sich auf jeden Fall neben der Frage, was existiert, auch fragen, auf welche Weise dem Aspekt sinnlicher Erlebbarkeit Rechnung getragen werden soll.

Diese Ausführungen sind durch eine andersartige Überlegung zu ergänzen: Auch wenn man einen Bezug auf sinnlich Gegebenes als konstitutiv für Erfahrung ansieht, bedeutet dies nicht, dass man das, was erfahren wird oder über das man etwas erfährt, nur als etwas sinnlich Gegebenes auffassen kann. Man könnte zum Beispiel sagen, dass durch das Erfahren von etwas sinnlich Gegebenem (auch) etwas Begriffliches erfahren wird. Wenn man dem Aspekt des Lernens Rechnung tragen will, muss man sogar etwas in dieser Art sagen.

---

[1] Der Unterschied von „Erlebbarkeit" und „Erlebnis" ist erläuterungsbedürftig, wovon ich in diesen Vorbemerkungen aber absehe. Das Moment sinnlichen Erlebens ist beispielsweise auch bei religiöser Erfahrung wichtig, damit wir überhaupt von Erfahrung sprechen, vgl. James 1916, *Vorlesung zur Vielfalt religiöser Erfahrung* (von 1902), bes. die 2. Vorlesung.
[2] Ich werde daher unterscheiden zwischen physischer und sinnlicher Erlebbarkeit.

Aber mit dieser Behauptung sind natürlich Fragen danach verbunden, was sinnlich Gegebenes überhaupt ist und inwiefern es begrifflich ist bzw. inwiefern man sich auf es mit Begriffen beziehen kann. Diese Fragen habe ich oben schon als diejenigen genannt, die für die Beantwortung der Frage nach dem Gegenstand der Erfahrung eine Rolle spielen müssen. Im Unterschied zu den Fragen, die sich im Zusammenhang mit möglichen Kandidaten für Gegenstände der Erfahrung gestellt haben, geht es hier darum, darauf hinzuweisen, dass erstens die Bejahung der Frage, ob es bei Erfahrungen einen Bezug auf sinnlich Gegebenes geben muss, noch nicht die Frage beantwortet, ob man nur sinnlich Gegebenes erfahren kann. Zweitens sollte darauf hingewiesen werden, dass Fragen, wie die nach der begrifflichen Verfassung von sinnlich Gegebenem sich auch dann unvermeidlich stellen, wenn man dem Aspekt des Lernens beim Erfahren Rechnung tragen will.

Konstitutiv für Erfahrung ist also, dass das, was erfahren wird oder worüber etwas erfahren wird, existieren muss und dass Erfahren mit einem sinnlichen Erlebnis einhergeht. Konzeptionen von Erfahrung müssen diese Bestimmungen spezifizieren, um als befriedigende Theorien gelten zu können.

(2) Die zweite Frage, die ich aufwerfen will, ist die, wofür es relevant sein soll, etwas erfahren zu können. Offensichtlich gehört es zu unserem Verständnis von Erfahrung, dass etwas zu erfahren oder Erfahrungen zu machen eine wichtige Art des Lernens und des Wissenserwerbs darstellt. Wer etwas erfahren hat, der hat auch etwas gelernt. Man kann zum einen Erfahrung als eine oder sogar die einzig mögliche Art des Erwerbs von Wissen ansehen und sie deshalb für relevant halten. Zu fragen ist in diesem Zusammenhang, durch wen oder was Erfahrungen vermittelt werden können. Auf diese Weise wird die soziale Dimension von Erfahrungen deutlich. Zum anderen kann man Erfahrung auch deshalb als relevant für Wissen ansehen, weil Wissen etwas mit Rechtfertigung bzw. Bestätigung zu tun hat. So können Erfahrungen für die Überprüfbarkeit von Annahmen als unerlässlich angesehen werden. Annahmen werden durch Erfahrung bestätigt oder widerlegt. Dies kann – muss aber keineswegs – heißen, dass man einzelne Sätze durch Erfahrungen prüfen kann, und es kann – muss aber nicht – heißen, dass die Verifizierbarkeit von Annahmen für ihre Bedeutung konstitutiv ist. Mit der Frage der Überprüfbarkeit von Annahmen bzw. der Bestätigung von Wissen ist auch das Thema der Verlässlichkeit von Erfahrungen verbunden. Überprüfungen sollten wiederholbar, dasjenige, was die Erfahrung bestätigt, sollte verlässlich sein. Verlässlichkeit hängt offensichtlich auch mit Kontinuität zusammen. Es stellen sich hier Fragen wie die, was erfahren wird und in welchem Sinne es verlässlich sein kann.

Das Thema der Verlässlichkeit ist nicht nur für die bisher genannten Fragen zu Wissen und Überprüfbarkeit relevant. Die Erfahrbarkeit von etwas, das kontinuierlich ist und auf das man sich insofern verlassen kann, wird auch aus Gründen für wichtig angesehen, die zwar nach wie vor etwas mit der Möglichkeit von Wissenserwerb zu tun haben, aber zugleich auf sehr elementare Verhaltensweisen und Fähigkeiten Bezug nehmen. Zu diesen Gründen gehört, dass die Erfahrung von Kontinuität für die Möglichkeit einer Orientierung in der Welt oder auch eines erfolgreichen Selbstbezugs unabdingbar ist. Wenn ein Individuum sich orientiert, bringt es die Erwartung mit, sich auf etwas verlassen zu können. Man mag sich fragen, worin diese Erwartung gründet. Jedenfalls muss ihr offenbar auch etwas entsprechen. Die Möglichkeit der Orientierung in der Welt sowie die eines gelungenen Selbstbezugs ist an einen bestimmten Typ von Erfahrungen gebunden.

Eines der Themen, die mit der Frage nach der Relevanz von Erfahrungen zusammenhängen, möchte ich noch hervorheben: Die Frage nach der Rolle von Erfahrungen für grundlegende Annahmen über die Welt. Einige Philosophen weisen zum Beispiel die naheliegende Annahme zurück, dass wir die Realität der äußeren Dinge deshalb *nicht beweisen* müssen, weil wir uns ihrer Realität durch Erfahrungen versichern können. Es ist, ihnen zufolge, nicht klar, ob dasjenige, dessen wir uns meinen zu versichern, wirklich äußere Dinge sind und nicht zum Beispiel nur Sinnesdaten. Schon angesichts dieses Beispiels stellen sich folgende Fragen: Muss man für etwas, das erfahren werden kann, noch argumentieren? Kann man sich alles, was man erfahren kann, durch Argumente aneignen?

Die Relevanz von Erfahrung kann also in unterschiedlichen epistemischen Bereichen nachgewiesen werden. Die angesprochenen Themen haben zwar klarer Weise alle etwas mit dem Erwerb oder der Rechtfertigung von Wissen zu tun. Sie sind aber nicht hierauf beschränkt. Was in den vorhergehenden Überlegungen thematisiert wurde, könnte man vielmehr auch als erkenntnistheoretische, im weitesten Sinne anthropologische und methodische Fragen klassifizieren. Und in allen angeführten Bereichen wird Erfahrung nicht nur als relevant angesehen, sondern es wird ihr sogar eine wesentliche oder grundlegende Rolle zugesprochen. Was man jeweils ausblenden kann, wo man Relevanz bestreiten muss, und ob und wie man einen Zusammenhang der verschiedenen Themen herstellt, muss man durch seinen konkreten Begriff von Erfahrung festlegen. Aber wer eine Konzeption von Erfahrung entwirft, muss sich über die Relevanz von Erfahrungen für epistemische Fragen im Klaren sein. Erfahrungen sind für den Erwerb und die Rechtfertigung von Wissen unabdingbar.

(3) Der nächste Aspekt, dem ich nachgehen will, betrifft die Struktur von Erfahrung. Das, was erfahren wird, ist in irgendeiner Form etwas gegenüber einem selbst Anderes,[3] zu dem man aber durch Erfahrung in eine Beziehung kommt, in der es aufhört, etwas einem gegenüber Anderes zu sein. Man erfährt zum Beispiel etwas, das man zuvor nicht wusste, aber dann in der Erfahrung als Überzeugung annimmt – würde man nicht glauben, was man erfährt, wäre der Ausdruck, dass man es erfahren habe, zumindest erläuterungsbedürftig. Das Moment der Andersheit ist in diesem Beispiel durch Neuheit repräsentiert.

Es gibt also eine für Erfahrung typische Struktur, in der etwas, das einem selbst gegenüber etwas Anderes ist, einem zu eigen wird. Man lernt etwas. Alle Momente dieser Struktur können verschieden ausgelegt werden. Es können zum Beispiel verschiedene Antworten auf die Fragen gegeben werden, ob die Beziehung auf etwas Anderes intendiert sein muss und ob das Subjekt sich weitgehend aktiv oder passiv verhalten muss. „Anderssein" kann heißen, dass etwas physisch selbständig ist sowie dass es einem bisher unbekannt gewesen ist. Wenn das Andere etwas sein muss, das zum Eigenen (erst) wird, muss es jedenfalls ein (näher zu erläuterndes) Moment von Unabhängigkeit und Widerständigkeit haben. Wenn einem etwas zu eigen wird, so muss man hierfür in irgendeiner Form eine Tätigkeit vollziehen und sich insofern etwas auch zu eigen *machen*. Sich etwas *zu eigen machen* kann von Ertasten bis Verstehen oder Anerkennen reichen. Diese Struktur legt folglich zunächst noch nicht fest, dass das, was erfahren wird, irgendwie besonders geartet sein muss (also etwa sinnlich gegeben), sondern sie bestimmt das, was erfahren wird, nur darüber, dass es etwas ist, das sich das Subjekt in irgendeiner Form zu eigen machen kann. Wie bereits deutlich geworden sein dürfte, bedarf es für Erfahrung etwas, das erfahren werden kann und nach dem man sich richtet. Dies muss berücksichtigt werden, wenn man davon spricht, dass man sich etwas zu eigen macht. Hin und wieder werde ich statt „zu eigen machen" „Aneignung"[4] sagen, ohne dass hiermit eine andere Konnotation als mit „zu eigen machen" verbunden sein soll.

---

[3] Man kann auch Erfahrungen von sich machen, aber dies widerspricht, wie sich noch zeigen wird, nicht dieser Bestimmung.

[4] Damit ist zunächst „erwerben durch Lernen" gemeint. Es kann damit auch ein „in Besitz nehmen" gemeint sein. Wenn man sagt, dass Erfahren ein in Besitz nehmen ist, dann übersieht man leicht, dass man sich in der Erfahrung auch nach etwas Anderem richtet. Dieses Thema wird in der vorliegenden Abhandlung vor allem unter dem Titel „Begierde" behandelt werden. „Aneignung" hat dann eine negative Konnotation. Aber dieser Begriff kann auch eine positive Konnotation haben. Zum positiven Begriff der Aneignung vgl. z.B. Kierkegaard 1984, 13 (*Der Begriff Angst* von 1844).

Für die Charakterisierung der Struktur von Erfahrung als einer Beziehung auf etwas Anderes, das einem zu eigen wird, spricht unter anderem, dass die in den vorangegangenen beiden Überlegungen aufgeworfenen Themen bzw. Fragen fast alle gut mit Blick auf diese Struktur diskutiert werden können. Die der Erfahrung zugesprochenen Weisen, für Wissen relevant zu sein, unterstellen genauer besehen eine Erfahrung von etwas einem selbst gegenüber Anderem. Es ermöglicht beispielsweise nur der Bezug auf etwas einem selbst gegenüber Anderes eine Orientierung im Raum. Nur etwas einem selbst gegenüber in irgendeiner Form Unabhängiges, auf das man sich aber beziehen kann, ist als Maßstab für eine Überprüfung von Annahmen geeignet usw. Ebenso ist die Frage nach Kandidaten für etwas, das man erfährt, also das einem gegenüber anders ist, durch diese Struktur vorgegeben, also etwa in der Form der Frage, ob das sinnlich Gegebene ein oder der einzige Kandidat für etwas ist, das einem gegenüber etwas Anderes ist. Dass eine Reflexion auf die Struktur des Aneignens auch viele Fragen aufwirft, ist kein Einwand gegen sie. Fragen wie beispielsweise die, wie man etwas, das einem selbst gegenüber etwas Anderes ist, zum Eigenen machen kann, sind Fragen, die durch die jeweilige Konzeption von Erfahrung, deren Struktur hier angegeben wurde, beantwortet werden müssen. Wer Erfahrung als etwas ansieht, das für unser Selbst- und Weltverständnis konstitutiv ist, der nimmt auch an, dass es etwas Anderes, Widerständiges gibt, das uns zu eigen werden kann. – Dies ist eine der Folgerungen, die man aus den bisherigen Ausführungen ziehen kann. Für was genauer Erfahrungen konstitutiv sind und was dieses Andere, Widerständige ist, ist offen geblieben. Die Antworten auf diese Fragen hängen nicht nur vom Begriff der Erfahrung, sondern auch von anderen inhaltlichen Entscheidungen ab.

Nimmt man die Resultate der drei angestellten Überlegungen zusammen, so kann man „Erfahren" auf folgende Weise bestimmen: Erfahren ist eine Tätigkeit, in der etwas einem selbst gegenüber Anderes einem zu eigen wird. Das Andere, auf das man im Erfahren bezogen ist, muss existieren. Die Tätigkeit geht mit einem sinnlichen Erlebnis einher. Von Erfahren sprechen wir hierbei in der Regel nur, wenn das, was wir erleben, für uns irgendwie verständlich ist. In diesem Sinne ist die Tätigkeit epistemisch relevant. Daher kann man auch sagen, dass dasjenige, was wir erfahren, sich in bestätigender oder korrigierender Hinsicht in unsere Auffassungen von etwas integrieren lassen muss. „Erfahrung" kann man dasjenige nennen, das aus einer derartigen aneignenden Bezugnahme resultiert.

In diesem Buch wird es um Hegels Begriff der Erfahrung gehen. Die soeben gegebene allgemeine Bestimmung von Erfahrung ist natürlich auch für Hegel einschlägig. Für Hegel werde ich aber auch die Antworten auf die anderen hier aufgeworfenen Fragen geben. Hierfür werde ich mich auf die *Phänomenologie des Geistes* und in ihr besonders auf die ersten vier Kapitel beziehen. Wie man nach dem obigen Aufriss von Themen ahnen kann, werden hierbei Hegels Auffassung von Erkenntnis, vom sinnlichen Gegebenen und davon, was Gegenstände sind, zur Sprache kommen. Die Struktur eines Anderen, in dem man sein Eigenes erkennt, sowie die Überlegungen zur Überprüfbarkeit von Wissen und zum Selbstbezug über Anderes sind unschwer als Hegelsche Themen zu identifizieren. Will man sich damit, was Erfahrung ist, auseinandersetzen, spricht für eine Beschäftigung mit Hegel, dass sich kaum ein anderer Philosoph zum Thema der Beziehung auf Anderes und seine Aneignung so eingehend geäußert hat wie er. Dadurch, dass Hegel in seiner Konzeption der Erfahrung die Beziehung zum Anderen in den Fokus stellt, gelingt es ihm, die Schwächen des Kantischen Erfahrungsbegriffs aufzudecken und wichtige Einsichten eines eher phänomenologisch oder pragmatistisch ausgerichteten Projekts zur Geltung zu bringen. Dies soll im vorliegenden Buch gezeigt werden.

Mit Hegels Konzeption von Erfahrung sind vor allem drei Aspekte seiner Philosophie verbunden, denen ich mich widmen werde: (1) Hegel will eine Alternative zur (Kantischen) transzendentalen Methode anbieten. Diese Alternative impliziert, dass man sich in seinen Begriffen und philosophischen Thesen an dem orientiert, was die alltägliche Praxis bietet. Wir sollen, so Hegel, philosophische Thesen durch eine Analyse von Erfahrungen überprüfen und entwickeln. Einen Weg zur Beantwortung der Frage nach der Möglichkeit von Erkenntnis darzustellen, der sich an den *Erfahrungen* verschiedener Theorien ausrichtet, unternimmt die *Phänomenologie des Geistes*. Ich werde somit der in der Forschungsliteratur weit verbreiteten These entgegentreten, dass die *Phänomenologie* als ein transzendentales Argument rekonstruiert werden müsse.

(2) Hegel versteht unter Erkenntnis eine Tätigkeit, für die das Machen von Erfahrungen konstitutiv ist. Das bedeutet unter anderem, dass Erkennen ein Prozess der Aneignung von etwas Neuem ist. Es bedeutet aber auch, dass Hegel eine gegenüber Kant andere Theorie über das für Erkenntnis relevante Verhältnis von Begriffen und sinnlichen Elementen entwickelt. Ich will zeigen, dass Hegels Begriff der Erfahrung den Begriff des sinnlichen Erlebens enthält und dass wir uns nach Hegel bei der Erfahrung auf konkrete, sinnliche Gegenstände beziehen müssen. Dass Hegel in der *Phänomenologie des Geistes* einen Erfahrungsbegriff entwickelt, der rein begriffliche Operationen meint, ist in meinen Augen ebenso ein Missverständnis wie die ebenfalls häufig vertretene These, dass das Seiende für Hegel nichts anderes als die Ausdifferenzierung des Begrifflichen sei. Es ist zwar richtig, dass Hegel sagen würde, dass alles, was als wahr erkannt wird, vollständig begrifflich vermittelt sein muss.

Die Rolle, die für diese Vermittlung das Seiende und die Bezugnahme auf unterschiedlich Seiendes spielt, muss aber neu bedacht werden. Es ist eine der Hauptabsichten des vorliegenden Buches, mit Blick auf Hegel aufzuzeigen, dass der Bezug auf uns selbst gegenüber andere, widerständige und auch sinnlich erlebbare Gegenstände konstitutiv für unser Denken ist.

(3) Hegel entwickelt eine Ontologie, der zufolge geistige Individuen die grundlegenden Elemente der Welt sind. Die Auseinandersetzung mit Hegels Konzeption von Erfahrung erlaubt es, seine Ontologie in einer Weise zu thematisieren, die gegenüber den gängigen Interpretationen seiner Philosophie neu ist. Normalerweise orientiert man sich zur Darstellung der Hegelschen Ontologie eher daran, dass Hegel die Realität eines absoluten Geistes behauptet hat. Stattdessen will ich ausgehend vom Erfahrungsbegriff Hegels Auffassung von verschiedenen Arten von Gegenständen und ihrem ontologischen Status verständlich machen. Dass es einen Unterschied macht, ob man sich erkennend auf einen physikalischen Gegenstand oder auf ein anderes geistiges Individuum richtet, lässt sich demnach durch unsere Erfahrungen aufzeigen.

Die Beschäftigung mit Hegels Theorie der Erfahrung ermöglicht eine neue und für das Verständnis schwieriger Themen gewinnbringende Sicht auf Hegel. Zweifel könnten aber bestehen, ob es sinnvoll ist, eine Konzeption der Erfahrung mit Rückgriff auf Hegel zu entwickeln. Ist Hegel nicht aufgrund seiner Komplexität sowie seiner metaphysischen Voraussetzungen per se ungeeignet, um für eine Theorie der Erfahrung gewinnbringend auf ihn zurückzugreifen?[5] Ich will ein derartiges Urteil mit meinem Buch widerlegen. Ich werde dies allerdings nicht ohne Einschränkung tun. Obwohl Hegel eine überzeugende Theorie der Erfahrung anbietet, lässt sich diese Theorie nicht einfach übernehmen. Dies hängt damit zusammen, dass in diese Theorie Überzeugungen eingehen, die ziemlich weit ab vom Verständnis vieler gegenwärtiger Philosophen von den entsprechenden Themenfeldern liegen. Folgt man meinen Überlegungen in diesem Buch, vertritt Hegel unter anderem die folgenden drei Thesen: (1) Wer einen Erkenntnisanspruch erhebt, erhebt Anspruch darauf, dass das, was er behauptet, unabhängig von ihm wahr ist und dass er dieser Unabhängigkeit bei der Rechtfertigung seiner Behauptung auch Rechnung tragen kann. Alles andere ist Meinung oder Beschreibung. (2) Wenn man sich verdeutlicht, was es heißt, dass ein Gegenstand als Gegenstand identifizierbar sein soll, so ist klar, dass Organismen im Vergleich zu anderen physikalischen Objekten bessere Kandidaten für Gegenstände sind. (3) Die Welt als reinen Mechanismus anzusehen, ist nicht falsch, aber wenn diese Sicht nicht durch andere Weltbestimmungen ergänzt wird, lässt sich die

---

[5] Einen anderen Einwand, der mit Hegels Aktualität zusammenhängt, werde ich im Schlussabschnitt des Buches diskutieren.

Beschreibung der Welt als reiner Mechanismus nicht als wahr behaupten. Mit Blick auf diese (und weitere) Thesen werde ich nicht immer zeigen können, dass wir sie uns zu eigen machen sollten. Wäre dies mein Ziel gewesen, hätte ich andere Philosophen, die Alternativen für dringend erforderlich halten oder anbieten, stärker zu Wort kommen lassen und damit ein ganz anderes Buch schreiben müssen. Es soll hier geklärt werden, wo, inwiefern und warum Hegel andere Thesen vertritt, andere Rahmenbedingungen wählt oder andere Ziele verfolgt als andere Philosophen. Die Entscheidung, ob Hegel auch angesichts nicht näher diskutierter Alternativen und Einwände zu überzeugen vermag, überlasse ich dem Leser. Ebenso werde ich Ähnlichkeiten, die gerade mit Blick auf die zweite und dritte oben genannte These zu phänomenologisch orientierten Philosophen bestehen, nur andeuten.

Wen Hegels Thesen nicht überzeugen, muss auch bei Hegels Theorie der Erfahrung Abstriche machen. Als Ertrag der Lektüre dieses Buches bleibt dann eine Interpretation von Hegels Philosophie, eine kritische Diskussion Kantischer Thesen sowie eine Diskussion von mit dem Begriff „Erfahrung" zusammenhängender Fragen, bei denen man, auch ohne Hegels Konzeption als ganzer zu folgen, Dinge von Hegel lernen kann. Damit meine ich nicht nur, dass es für unsere philosophische Selbstverständigung wichtig ist zu wissen, wo andere Wege gegangen wurden, sondern auch, dass Hegel auf viele einzelne Fragen überzeugende Antworten hat.

Ein Beispiel dafür, dass man für eine Theorie von Erfahrung etwas von Hegel lernen kann, möchte ich schon hier nennen: Auch wenn man Hegels Gesamtkonzeption nicht teilt, kann man beim Thema „Erfahren" dennoch seinem philosophischen Ansatz folgen. Warum und in welchem Sinne man Hegel hier folgen kann und sogar folgen sollte, will ich kurz andeuten: Hegels Name steht für das in dieser Einleitung bereits beanspruchte Verfahren, sich bei der Bestimmung von Erfahrung wesentlich an deren Struktur zu orientieren. Gegenüber dem Resultat („Erfahrung" genannt) wird der Prozess des Erfahrens stärker in den Blick gebracht als dies in den meisten philosophischen Theorien der Fall ist. Auf diese Weise soll unser alltäglicher Erfahrungsbegriff für die philosophischen Diskussionen über Erfahrung fruchtbar gemacht werden. Die Attraktivität eines solchen Verfahrens besteht einerseits in der Aussicht, auf den Zusammenhang der in verschiedenen Bereichen (etwa naturwissenschaftlichen und kulturellen) beanspruchten Begriffe der Erfahrung reflektieren zu können, die ansonsten auf den ersten Blick wenig miteinander gemein haben.[6] Andererseits ist die mit dem Verfahren verbundene und für

---

[6] Dass ein neuer Erfahrungsbegriff ein Desiderat ist, weil wissenschaftliche Erfahrung oft als Gegnerin der Alltagserfahrung angesehen wurde, während, nicht zuletzt aufgrund von Veränderungen des Wissenschaftsverständnisses in den letzten Jahrzehnten, heute keine scharfe

es verbindliche Annahme attraktiv, dass sich der philosophische Begriff „Erfahrung" nicht analysieren lässt, ohne dass man die jeweils angenommene Beziehung zwischen dem, der etwas erfährt, und dem, was erfahren wird, thematisiert. Es ist in meinen Augen eine wichtige und zutreffende (Hegelsche) Annahme, dass zum Beispiel Kants Begriff der Erfahrung als „empirische Erkenntnis" direkt damit zusammenhängt, dass für Kant Objekte Produkte unserer auf das Repertoire der von Kant gegebenen Grundsätze beschränkten Leistungen sind. Es geht hier noch nicht um eine Beurteilung des Kantischen Vorschlags zur Erfahrung. Festzuhalten ist vielmehr Hegels Annahme, dass man bei der Beurteilung von Auffassungen über „Erfahrung" das Verhältnis von dem, der etwas erfährt, und dem, was erfahren wird, im Blick haben muss. Darin, dem Prozess der Bildung von Erfahrung und hierbei deren Struktur und ihren Relata mehr Aufmerksamkeit zu schenken, kann man Hegel auch dann folgen, wenn man seine philosophische Gesamtkonzeption nicht teilt.

Das vorliegende Buch gliedert sich in folgender Weise: In den ersten beiden Kapiteln soll Hegels Konzeption von Erfahrung und Erkenntnis in ihren Grundzügen aufgezeigt werden. Hier finden sich auch Überlegungen zu Hegels philosophischer Methode. Diese werde ich später, insbesondere im fünften Kapitel, noch einmal aufnehmen. Ich beziehe mich in den beiden ersten Kapiteln dieses Buches vorrangig auf einige bekannte Passagen der Einleitung der *Phänomenologie des Geistes*. Im ersten Kapitel wird außerdem auf die *Enzyklopädie*, im zweiten Kapitel auf die *Wissenschaft der Logik* Bezug genommen. In den folgenden beiden Kapiteln werden die ersten drei Kapitel der *Phänomenologie* interpretiert. Mir geht es hier insbesondere darum zu zeigen, (1) welche Rolle für Hegel der Bezug auf sinnlich Gegebenes spielt, (2) wie Hegel seine Konzeption von Erkenntnis in der *Phänomenologie* umsetzt und (3) was Hegels Auffassung von der begrifflichen Bestimmbarkeit von Gegenständen ist. Letzteres impliziert Hegels kritische Auseinandersetzung mit einem naturwissenschaftlichen Gesetzesbegriff und mit einer Kantischen Position. Diese Kapitel lassen sich auch als Textkommentar zu den entsprechenden Kapiteln der *Phänomenologie* lesen. Im fünften Kapitel widme ich mich Hegels Konzeption verschiedener Gegenstandsarten. Dazu gehört die Einschätzung des Lebendigen als eines paradigmatischen Gegenstands sowie eine Antwort auf die Frage, was die Welt ist oder was es gibt. Diese Konzeption verschiedener Gegenstandsarten werde ich unter Rückgriff auf das vierte Kapitel der *Phänomenologie* zu entwickeln versuchen. Wie hier bereits deutlich wird, werde ich mich auf Themen konzentrieren, die klassischerweise als Themen der theoretischen Philosophie angesehen werden. Innerhalb dieser Themen werde ich

Grenze mehr zwischen wissenschaftlichen und anderen Erfahrungsarten gezogen werden kann, ist eine grundlegende These von Hampe und Lotter 2000, vgl. dort die Einleitung, 11 und 13.

mich auf Hegels Gegenstandskonzeption, insbesondere auf seine Auffassung des Lebendigen im Unterschied zum physikalischen Gegenstand, beziehen. Mit dieser Einschränkung ist nicht die These verbunden, dass sich Hegels Konzeption von Erfahrung in diesen Themen erschöpft. Zwar hängen für Hegel „Erfahren" und „Erkennen" eng zusammen, aber weder Erfahrungen noch Erkenntnisse sind, wie auch deutlich werden soll, auf das Gebiet theoretischen Wissens beschränkt.

I. HEGELS KONZEPTION DER ERFAHRUNG

Mein Zugang zur *Phänomenologie des Geistes* beruht auf der Beobachtung einer ihrer Eigentümlichkeiten, die ich anhand einer Zusammenfassung eines Gedankens aus dem ersten Kapitel der *Phänomenologie*,[1] nämlich dem Kapitel über *Sinnliche Gewißheit*, ausführen will. In diesem Kapitel wird eine Person dargestellt, die meint, einen Gegenstand dadurch erkennen zu können, dass er ihr unmittelbar sinnlich gegeben ist. Genauer gesagt positioniert sich diese Person (aus Gründen, die hier noch nicht interessieren) auf die Annahme, dass sie erkennt, dass der ihr unmittelbar sinnlich gegebene Gegenstand existiert. Nach einigen erfolglosen Versuchen der verbalen Rechtfertigung zeigt die Person auf den Gegenstand. Sie will damit so etwas sagen wie: Ich erkenne, dass es diesen Baum gibt, weil dieser Baum hier und jetzt präsent ist (selbst wenn sich dies verbal nicht ausdrücken lässt). Mit der Inanspruchnahme dieser Geste wandelt sich allerdings die Position, die die Person bisher eingenommen hat, grundlegend bzw. sie geht in eine neue Position über. Die Geste des Aufzeigens ist nämlich eine komplexe Bewegung, in der etwas, das sich über einen längeren Zeitraum erstreckt, durch eine einheitliche zeigende Bewegung als dasselbe angenommen wird. Es ist keine unmittelbare, sondern eine synthetisierende Bezugnahme. Wenn die Person tatsächlich auf diese Weise die Erkenntnis, dass es diesen Baum gibt, bewahrheiten kann, so tut sie dies nicht auf der Grundlage ihrer Annahme, dass sie sich unmittelbar auf den Gegenstand beziehen kann. Vielmehr hat sie eine neue Position bezogen, der zufolge man sich mittels einer synthetisierenden Bezugnahme auf einen Gegenstand der Wahrnehmung bezieht.

Mir geht es hier nicht um eine Diskussion des Inhalts der Position bzw. der beiden Positionen, die von Hegel hier thematisiert werden. Worum es mir geht, ist die Frage, warum die Person ihre Position wechselt. Die Person,

---

[1] Hegels Werke werden, wenn nicht anders angegeben, unter Angabe der Bandnummer und der Seitenzahl sowie, wenn nötig, der vorangestellten Abkürzung *GW* zitiert nach *G.W.F. Hegel. Gesammelte Werke*, Hamburg 1968 ff. Die Enzyklopädie wird nach der dritten Auflage von 1830 unter Angabe des Paragraphen sowie der vorangestellten Abkürzung *Enz.* zitiert. Auf die Abschnitte der *Phänomenologie des Geistes* (hier meist: *Phänomenologie*), die Hegel mit römischen Zahlen versehen hat, beziehe ich mich als „Kapitel" und gebe diesen Kurztitel, die Teilen des Titels entsprechen. Hegel hat (nach Abschluss der Drucklegung der *Phänomenologie*) weitere Überschriften zur Gliederung eingetragen, die mit den Buchstaben A., B. usw. versehen sind. Unter dem Titel *A. Bewußtsein* werden die ersten drei Kapitel gefasst, mit *B. Selbstbewußtsein* ist das Kapitel IV. *Die Wahrheit der Gewißheit seiner selbst* überschrieben. *Vernunft, Geist und Religion* werden unter C. mit weiteren Unterteilungen AA usw. gefasst. Wenn ich mich auf diese Einteilung beziehe, werde ich von Abschnitten reden. Die Abschnitte zur Vernunft und zum Geist werde ich Abschnitte oder Kapitel nennen. Zur Gliederung der *Phänomenologie* durch die Überschriften vgl. Stewart 1998 und Förster 2008.

I. Hegels Konzeption der Erfahrung

die auf den Gegenstand zeigt, hat im Vorangegangenen erfahren, dass sie ihre Annahme, dass es diesen Baum gibt, nicht dadurch als wahr ausweisen kann, dass sie Sätze über den Baum äußert. Deshalb zeigt sie auf den Baum. Ihrer Selbsteinschätzung folgend vertritt sie hierbei nach wie vor dieselbe Position wie zuvor, also die Annahme, dass Gegenstände unmittelbar erkannt werden können. Tatsächlich hat sich ihre Position aber zu einer neuen Position gewandelt. Dieser Wandel geschieht durch Reaktionen auf die von der Person gemachten Erfahrungen. Die *Phänomenologie* legt also dar, wie Annahmen durch Erfahrungen widerlegt werden und wie neue Annahmen an die Stelle der früheren treten. Die Annahmen betreffen die Fragen, was Erkenntnis ist und was es in der Welt gibt. Sie definieren jeweils eine Position. Diese wird durch die Erfahrung korrigiert.

Mit der hier herausgestellten Eigentümlichkeit der *Phänomenologie* will ich mich in diesem Buch beschäftigen. Dafür, dass die Frage nach der Rolle von Erfahrung einen Schlüssel zum Verständnis der *Phänomenologie* an die Hand gibt, spricht schon der erste Titel, den Hegel seinem Buch geben wollte, „Wissenschaft der Erfahrung des Bewußtseins". Ebenso legt dies die häufige Verwendung von „Erfahrung" und „erfahren" in Hegels Text nahe. Mehr noch können Überlegungen wie die, die ich soeben vorgestellt habe, eine Beschäftigung mit der Konzeption der Erfahrung in der *Phänomenologie* rechtfertigen. Folgt man ihnen, scheint das Besondere der *Phänomenologie* nämlich zu sein, dass dasjenige, was die Aufgabe einer Position erzwingt, kein Argument ist und dass der Weg, den die *Phänomenologie* darstellt, keine argumentative Rechtfertigung der Hegelschen Position ist. Vielmehr soll eine Position deshalb aufgegeben werden, weil sich zeigt, dass sie falsch ist. Wenn sich zeigt, dass die Person sich nicht unmittelbar auf den Gegenstand beziehen kann, so ist die Position widerlegt, ohne dass überhaupt ein Argument oder eine Erklärung dafür vorgebracht werden muss. Tatsächlich denke ich, dass Hegel zwar immer logische[2] Analysen anbietet, dass aber dasjenige, was die Aufgabe einer Position in der *Phänomenologie* bedingt, eine Erfahrung ist. Diese These hat Auswirkung darauf, als was für eine Art von Projekt man die *Phänomenologie* einschätzt, und auch darauf, wie man ihre Funktion als Einleitung in Hegels *Logik* bzw. in sein System der Philosophie bestimmt. Dies soll im letzten (fünften) Abschnitt dieses Kapitels deutlich werden. Der Grund, warum ich mich mit Hegels Konzeption der Erfahrung auseinandersetzen will, ist allerdings nicht der, dass ich primär an der Besonderheit und

---

[2] Wie in der Kantischen Tradition üblich, ist mit „Logik", „logischen Prinzipien" usw. sowohl das gemeint, was die Formen des Urteilens und Schließens betrifft als auch die Kategorien bzw. Prinzipien für Gegenständlichkeit. Eine „logische Analyse" ist demnach eine Analyse, die notwendige begriffliche (urteilsmäßige oder kategoriale) Zusammenhänge thematisiert.

I. Hegels Konzeption der Erfahrung

Rolle der *Phänomenologie* interessiert bin. Mein Interesse gilt Hegels Konzeption der Erfahrung selbst. Wenn meine These richtig ist, dass Hegel seine *Phänomenologie* als eine Betrachtung versteht, die sich an dem ausrichtet, was wir erfahren können (nicht etwa an argumentativen, logischen oder konzeptuellen Zusammenhängen), so kann man die *Phänomenologie* auch mit Blick darauf lesen, was Erfahrungen sind und welche Bedeutung sie für uns haben. Da die *Phänomenologie* die Frage beantworten will, was Erkenntnis ist, ist klar, dass Hegel an der Bedeutung von Erfahrungen für epistemische Fragen interessiert ist. Diese Fragen umfassen für Hegel die Fragen, was es gibt, und mit welchen begrifflichen Prinzipien (oder Kategorien) wir uns erfolgreich auf die Welt beziehen können. Dass wir uns bei der Beantwortung dieser Fragen an Erfahrungen orientieren können oder sogar müssen, ist die bemerkenswerte Grundthese der *Phänomenologie* oder sogar von Hegels Philosophie insgesamt. Mit dieser These will ich mich beschäftigen. Diese These impliziert die Möglichkeit eines phänomenalen Zugangs zur Welt und einer phänomenologischen Betrachtung dessen, was es gibt. Zum Beispiel kann der Unterschied zwischen physikalischen[3] Objekten und Organismen auf der Ebene der Erfahrungen von diesen Dingen gemacht werden.[4] Mit „phänomenalem Zugang" und „phänomenologischer Betrachtung" meine ich im (lockeren) Anschluss an den Begriff der Phänomenologie der phänomenologischen Schule (im Ausgang von Husserl), dass sich uns die Verfasstheit der Dinge in einer bestimmten Weise in den Erfahrungen mit ihnen erschließt, dass wir in der Philosophie genaue Beschreibungen und Analysen von Erfahrungen liefern müssen, um zu verstehen, wie wissender Weltbezug möglich ist, und dass die als grundlegend angenommenen begrifflichen Prinzipien mit unseren alltäglichen Erfahrungen übereinstimmen müssen. Hegels *Phänomenologie* setzt ein durch diese Prinzipien bestimmtes Programm um.[5] Diese Umsetzung ist auch deshalb beachtenswert, weil es zum Programm der *Phänomenologie* gehört, darüber aufzuklären, wie man Erfahrungen machen und analysieren kann.

---

[3] „Physikalisch" verwende ich hier zumeist nicht im Sinne von Hegels Naturphilosophie, sondern im Sinn von „durch Ursache und Wirkungsverhältnisse von Kräften und anderen physikalischen Prinzipien oder Eigenschaften bestimmt".

[4] Vgl. das fünfte Kapitel. Der Unterschied wird sonst meistens ausgehend von Überlegungen aus der *Logik* erläutert, vgl. etwa Wolff 1992, 135 f.; Horstmann 1984, 70 ff.

[5] In diesen genannten Hinsichten sehe ich eine Nähe zu verschiedenen Vertretern der phänomenologischen Schule, die ich hier leider nicht ausführen kann. Zur Nähe zu Heidegger vgl. Pippin 1997. Redding 1996 stellt eine Verbindung zur Hermeneutik her, indem er darauf aufmerksam macht, dass wir uns in das Bewusstsein hineinversetzen müssten, um den Fortgang der *Phänomenologie* nachvollziehen zu können. Ich will bei all dem nicht behaupten, dass Hegel selbst den Begriff „Phänomenologie" in diesem Sinne verwendet hat. Zum Begriff „Phänomenologie" zu Hegels Zeit vgl. Bonsiepen 1988. Wenn Hegel sich im Titel seines Werks des Ausdrucks der Phänomenologie bedient, so ist damit wohl gemeint, dass das Werk die Darstellung

In diesem Kapitel will ich Hegels Konzeption der Erfahrung darlegen. Im ersten Abschnitt werde ich angeben, was Hegel unter Erfahrung versteht. Im zweiten und dritten Abschnitt will ich darstellen, wie Hegel sein Programm der Beantwortung der Frage, was Erkenntnis ist, so durchführen kann, dass für die Antwort der Bezug auf Erfahrungen wesentlich ist. Im vierten Abschnitt werde ich noch einmal auf die Frage zurückkommen, was Erfahrung ist, diesmal aber unter besonderer Berücksichtigung der für Erfahrung konstitutiven Beziehung zwischen Subjekt und Gegenstand. Im fünften Abschnitt werde ich diskutieren, was für Auswirkungen für das Verständnis der *Phänomenologie* es hat, wenn man Erfahrungen die von mir behauptete Funktion zubilligt.

1. Was ist Erfahrung?

Ehe zu dem Versuch übergegangen wird, sich eine erste Idee davon zu verschaffen, was Erfahrung ist, muss das Thema der *Phänomenologie* genannt werden: Die *Phänomenologie* ist eine schrittweise Beantwortung der Frage, was Erkenntnis ist. Zu dieser Frage gehört wesentlich, Aufschluss darüber zu geben, was wir erkennen und was die Begriffe sind, die in Erkenntnis eine Rolle spielen. Am Ende der *Phänomenologie* wissen wir, was Erkenntnis ist. Die Antwort besteht aus mehreren Teilantworten, von denen ich hier nur einige nennen will: Alles, worauf wir uns erkennend beziehen können, ist Element einer vollständig begrifflich strukturierten Wirklichkeit. Zum Teil – aber nicht ausschließlich – ist die Wirklichkeit deshalb begrifflich strukturiert, weil wir sie im Akt des Erkennens begrifflich strukturieren. Die begrifflichen Strukturen der Wirklichkeit lassen sich vollständig begreifen – und zwar sowohl in den Bereichen, in denen wir die Strukturierung vornehmen, als auch in allen anderen. Sie lassen sich als logisch notwendige Strukturen aufzeigen. Diesen Nachweis soll Hegels *Logik* leisten. Die von uns begriffene vollständig begrifflich strukturierte Wirklichkeit soll als Maßstab für die Wahrheit von Urteilen dienen können. Urteile sind wahr, wenn sie mit unserem vollständigen Begriff der Wirklichkeit übereinstimmen. Diese Zusammenfassung von Hegels Antwort auf die Frage, was Erkenntnis ist, ist äußerst erklärungsbedürftig, und sicherlich ist sie weder unstrittig, noch ist an dieser Stelle schon klar, was sie genauer bedeuten soll. Für meine Zwecke muss sie aber vorerst

---

des erscheinenden Wissens ist (*GW* 9, 55), also die Darstellung davon, wie sich der Prozess der Erkenntnis darstellt, solange noch nicht klar ist, was der wahre Maßstab für Wissen ist.

genügen. Die Überlegungen zum Erfahrungsbegriff in diesem Kapitel, und mehr noch die Interpretation der ersten Teile der *Phänomenologie* in den folgenden Kapiteln, sollen diese Einschätzung der *Phänomenologie* erläutern und begründen. Hier sollte nur die Fragestellung genannt werden, innerhalb derer meiner Interpretation zufolge Erfahrungen eine wesentliche Rolle spielen.

Hegel behauptet, Erfahrung sei eine „dialektische Bewegung, welche das Bewußtsein an ihm selbst, sowohl an seinem Wissen als an seinem Gegenstand ausübt, insofern ihm der neue wahre Gegenstand daraus entspringt" (*GW* 9, 60). Ich werde mich mit diesem Zitat aus der Einleitung der *Phänomenologie* noch ausführlich beschäftigen. Seinem Selbstverständnis nach schließt Hegel mit seiner Bestimmung von Erfahrung an den Alltagsgebrauch von „Erfahrung" an. Ich will zeigen, dass er dies tatsächlich tut und dass dies für das Verständnis des von ihm in der *Phänomenologie* verfolgten Projekts wesentlich ist. Ich setze voraus, dass zu Hegels Zeit die Verwendungsweise von „Erfahrung" und „Erfahren" im Alltag kaum von der heutigen unterschieden gewesen ist.[6] Unter dieser Voraussetzung werde ich eine Analyse des Begriffs „Erfahrung" anbieten, welche die mit diesem Begriff verbundenen Fragen und Aspekte so freilegen soll, dass klar wird oder im Anschluss an sie klar gemacht werden kann, warum es für Hegels Projekt wesentlich ist, sich an dem alltäglichen Begriff der Erfahrung zu orientieren.

Als erste relativ naheliegende Bestimmung von „Erfahren" schlage ich folgende vor:[7] Erfahren lässt sich durch Intentionalität, Lernen von etwas Neuem und Erlebnisgehalt charakterisieren. Diese drei Momente klingen auch in dem im letzten Absatz angeführten Zitat an, in dem Hegel eine auf einen Gegenstand gerichtete „Bewegung" annimmt, die das Subjekt selbst bewusst und aktiv vollziehen soll und in der es etwas Neues lernt. Die drei entsprechenden Merkmale sind nicht notwendig oder hinreichend dafür, dass wir von „erfahren" sprechen. Die Begriffe geben eher ein Bedeutungsspektrum an, das mit dem Begriff „erfahren" verbunden ist. Man verwendet beispielsweise „erfahren", wenn man betonen will, dass dasjenige, was man erfährt, mit einem bestimmten Erlebnisgehalt verbunden ist. So kann man sagen: „Die Erfahrung musst du selbst machen, um zu wissen, was ich meine." Man kann auch den Aspekt der Neuheit betonen, wenn man beispielsweise sagt: „Das habe ich erst von Peter erfahren." Es wird hier nicht nur ausgedrückt, dass man etwas Neues gehört oder erlebt hat, sondern dass man es sich in irgendeinem Sinne zu eigen macht, es verarbeitet oder lernt. In vielen Fällen könnte man „erfahren" durch „lernen" oder „kennenlernen" ersetzen. Verloren ginge

---

[6] Dies lässt sich leicht an Buchtiteln belegen.
[7] Mit diesen Ausführungen knüpfe ich an das an, was ich in der Einleitung schon über „erfahren" gesagt habe.

dabei ein Aspekt, welcher die Direktheit und den Erlebnischarakter der Tätigkeit hervorhebt. So entspricht auch die sprachliche Konstruktion mit „erfahren" den Konstruktionen mit „lernen" und „kennenlernen". Auf „erfahren" kann wie auf „lernen" ein dass-Satz folgen oder ein Interrogativpronomen wie „wo" „wie" usw., wobei bei „erfahren" die „wie" Fälle besonders häufig vorkommen. Auf „erfahren" kann auch ein Substantiv folgen, zum Beispiel bei „ich habe Unheil erfahren". Hier könnte man oft auch „kennenlernen" sagen. Bemerkenswert ist auch, dass man „erfahren" wie „lernen" oft in dreistelligen Relationen verwendet, indem man sagt, dass man etwas von jemandem erfahren hat. Im Extremfall kann der Aspekt des Lernens von etwas Neuem den Aspekt des Erlebnisgehalts ersetzen. Wir verstehen, wenn jemand sagt, habe gestern in einem Gespräch mehr über Amerika erfahren, als in der Zeit, in der er dort gewesen sei. Wir würden sogar verstehen, wenn jemand sagen würde, er hätte gestern mehr über Mathematik erfahren, als in seiner ganzen Schulzeit. Allerdings würden wir es hier in der Regel aber passender finden, wenn jemand sagen würde, er hätte „mehr gelernt". Der Grund für den unterschiedlichen Grad der Akzeptanz dieser Reden hängt damit zusammen, dass die Bemerkung über Amerika leichter so verstanden werden kann, dass der Erlebnischarakter beim Erwerb des Wissens eine Rolle gespielt hat.

Schließlich kann man auch betonen, dass Erfahren eine intentionale, das heißt gerichtete Tätigkeit ist. Zwar sprechen wir auch dann von „erfahren", wenn wir nicht sagen würden, dass ein bestimmtes Ergebnis von Anfang an angestrebt wurde, aber zumindest im Verlauf des Erlebens muss eine Aufmerksamkeit und ein sich Richten auf etwas stattfinden, damit wir von „erfahren" sprechen. In diesem Sinne ist Intentionalität also immer mit im Spiel, wenn davon geredet wird, dass jemand etwas erfährt. Man kann mit „erfahren" aber auch meinen, dass jemand die „erfahren" genannte Tätigkeit von Anfang an gerichtet ausgeübt hat. Man kann zum Beispiel sagen: „Im Laufe dieser Ermittlungen haben wir schließlich doch noch erfahren, was mit P eigentlich los ist." Es ist allerdings bemerkenswert, dass auch für diejenige, die etwas in einer zielgerichteten Tätigkeit erfährt, dasjenige, was sie erfährt, neu und bestenfalls sogar überraschend sein sollte. Wenn man bei gerichteten Tätigkeiten von „erfahren" spricht, meint man damit häufig, dass man etwas zur Kenntnis nehmen musste, was man nicht erwartet hatte.

Folgt man den bisherigen Überlegungen, kann man zum Beispiel formulieren: Erfahren ist eine auf einen Gegenstand gerichtete Tätigkeit, in der die Person, die die Tätigkeit ausübt, über den Gegenstand etwas Neues lernt und zwar so, dass es für das Lernen von Bedeutung ist, dass die Tätigkeit von der

Person selbst vollzogen und erlebt wird. Nach dem Bisherigen kann auch festgehalten werden, dass Hegels Bestimmung von „Erfahrung" durchaus dazu passt, wie wir das Wort „Erfahren" alltäglich verwenden.

Gilt, was für „Erfahren" zutrifft, auch für unser alltägliches Verständnis von „Erfahrung"? Man kann Erfahrung als das Ergebnis davon ansehen, dass man etwas erfahren hat. Es ist das Wissen, das aus der Tätigkeit resultiert. Angesichts dessen ist mit Blick auf das Verb „erfahren" noch nachzutragen: Davon, dass wir etwas erfahren haben oder eine Erfahrung gemacht haben, sprechen wir in der Regel nur, wenn wir der Meinung sind, dass es sich um etwas handelt, das das einzelne Erlebnis irgendwie transzendiert. Erfahrungen werden als beispielhaft für etwas angesehen, das nicht nur durch sie realisiert ist. Es wird daher angenommen, dass Erfahrungen im Prinzip wiederholbar sind oder dass das, was erfahren worden ist, sich auch von anderen erfahren lässt. In diesem Sinne sagt man zum Beispiel, dass man die Erfahrung gemacht hat, „was es heißt, allein zu sein". Offensichtlich spielt zumeist bei solchen Äußerungen der Erlebnisgehalt von Erfahrungen eine wichtige Rolle, indem ausgedrückt werden soll, dass man das Alleinsein nicht nur vom Hörensagen kennt. Aber es spielt auch eine Rolle, dass das, was gelernt worden ist, etwas ist, das andere Menschen auch erfahren können und man Erfahrungen teilen kann. Man kann also vermuten: Erfahrungen vermitteln eine Art von Wissen, das *nur* durch Erfahrungen vermittelt werden kann oder das zumindest durch Erfahrungen besonders eindringlich vermittelt wird, das aber dennoch als Wissen oder Kenntnis die einzelnen Fälle von Erfahrungen transzendiert. Mit Blick auf das Substantiv ist weiterhin festzustellen, dass wir mit „Erfahrung" im Singular sehr oft nicht eine einzelne Erfahrung in einer Reihe mehrerer Erfahrungen meinen, sondern vielmehr die Summe vieler Erfahrungen. So kann „Erfahrung" das Wissen (oder die Kenntnis) genannt werden, welches aus vielen Fällen oder aus vielen Erfahrungen gewonnen worden ist.

Wenn man so von Erfahrung spricht, scheint man sich in besonderer Weise auf ein Wissen beziehen zu wollen. Ist mit „Erfahrung" eine besondere Art von Wissen gemeint? Es wird zuweilen behauptet, dass der Begriff „Erfahrung" nur dann passend verwendet wird, wenn das erworbene Wissen ein praktisches im Unterschied zu einem theoretischen Wissen ist. Diese Einschränkung ist durch die bisherigen Überlegungen nicht vorgegeben. Ist diese Einschränkung zu machen?

Zunächst gilt Folgendes: Man kann zwar sagen, man habe erfahren, dass Amerika ein großes Land ist. Hier sollte man aber einen Unterschied von „erfahren" und „Erfahrung" beachten. Man würde nämlich wohl kaum sagen, man habe die Erfahrung gemacht, dass Amerika ein großes Land ist, wenn man es tatsächlich nur aus einem (wenn auch vielleicht besonders anschaulichem) Vortrag gelernt hat. Unsere Handhabung von „erfahren" unterscheidet sich von „Erfahrung" darin, dass wir bei „erfahren" schneller bereit sind, den Begriff in Fällen anzuwenden, bei denen einfach nur der Aspekt der Neuheit oder Überraschung im Lernen betont werden soll. Bei dem Begriff „Erfahrung" hat dagegen die Art des Erwerbs des Wissens eine konstitutive und in den normalen Fällen nicht zu vernachlässigende Bedeutung. Der Erlebnisgehalt oder vielleicht auch eine Art von Engagement muss dafür gegeben sein, dass wir von „Erfahrung" reden. Es wird allerdings noch komplizierter. Nicht nur spielt bei „Erfahrung" die Art des Erwerbs von Wissen, anders als bei „erfahren", eine auf keinen Fall zu vernachlässigende Rolle. Wir können mit „Erfahrung" außerdem auf verschiedene Arten eines besonderen Erwerbs von Wissen Bezug nehmen. Man kann grob drei Arten unterscheiden:

1) Eine Art des Erwerbs von Wissen, auf die wir uns mit „Erfahrung" beziehen können, ist eine praktische Tätigkeit, die wiederholt ausgeübt worden ist. Mit Erfahrung ist hier die Summe von vielen Erfahrungen gemeint. Jemand, der seine Erfahrungen in einem bestimmten Tätigkeitsbereich gemacht hat, ist kompetent in diesem Bereich. Der Bezug auf praktische Tätigkeit ist für die Ausdrücke, dass jemand „mit etwas Erfahrung hat" oder „erfahren ist", zumeist entscheidend. So redet man beispielsweise von einem erfahrenen Seemann nur dann, wenn jemand auch wirklich viel zur See gefahren ist. Allerdings gilt natürlich auch, dass nicht jeder Seemann, der viel zur See gefahren ist, ein erfahrener Seemann ist. Der erfahrene Seefahrer hat bei seiner praktischen Tätigkeit auch wirklich etwas Neues gelernt. Weiterhin kann man auch in Aufnahme des oben verwendeten Begriffs der Intentionalität sagen, dass der Seemann eine Tätigkeit zum Erwerb eines Wissens gerichtet ausgeübt hat. Der Seefahrer sammelt gewissermaßen Erfahrungen, die zum Typ Erfahrung von Seefahrten gehören. Orientiert man sich an diesen Verwendungsweisen bei der Beantwortung der Frage, was mit „Erfahrung" für eine Art von Wissen gemeint sein kann, so wird die Antwort lauten, dass mit Erfahrung ein praktisches Wissen gemeint ist.

Man könnte an dieser Stelle sagen, der Seemann habe eigentlich kein Wissen erworben, sondern Kenntnisse. Gemeint ist damit, dass der Seemann, um als erfahren zu gelten, kein Wissen erworben haben muss, das er in dass-Sätzen ausdrücken kann. Er vollzieht seine Handlungen einfach auf besonders geübte, geschickte Weise, ohne über Situationen überhaupt urteilen zu müssen. Man könnte auch sagen, er hat Fähigkeiten erworben. Denn mit den Ausdrücken „Erfahren sein" oder „Erfahrung haben" schreiben wir jemandem die Eigenschaft zu *erfahren zu sein*. Diese Eigenschaft soll auf eine besondere Weise erworben worden sein. Angesichts des Prozesses des Lernens und der Vermittlung von Neuem scheint es mir allerdings nicht sinnvoll, hier ganz auf den Begriff „Wissen" (zum Beispiel zu Gunsten von „Fähigkeit") zu verzichten. Man kann an dieser Stelle weiterhin sagen, dass Erfahrung eine besondere Art von Wissen ist, nämlich ein *Wissen, wie*, das nicht auf ein *Wissen, dass* zurückgeführt werden kann und nicht mit einem solchen einhergehen muss. In meinen Augen ist es bei Fällen wie dem Seemann jedoch plausibel, dass man zumindest auch mit Blick auf einiges, was dieser erworben hat, von einem *Wissen, dass* sprechen kann. Zu dieser Frage, ob es eine besondere Art des *Wissen, wie* gibt, gibt es spätestens seit Gilbert Ryles *The Concept of Mind* (1949) eine subtile philosophische Diskussion. Auf sie Bezug zu nehmen, würde hier zu weit führen. Es geht mir im Moment nicht um den Begriff des Wissens und die Frage, ob es eine eigene Art des *Wissens, wie* gibt. Mit Blick auf den Begriff „Erfahrung" will ich festhalten: Es gibt eine gängige Verwendung des Begriffs „Erfahrung", in der „Erfahrung" ein praktisches Wissen oder Können bezeichnet. Es ist nicht ein abstraktes, allgemeines und in diesem Sinn theoretisches Wissen, sondern eines, das in konkreten Fällen (vielleicht über Erinnerung an frühere Fälle) aktiviert werden kann. Für diesen Begriff von Erfahrung gilt, dass man ihn von theoretischem Wissen unterscheiden muss. Will man dieses praktische Wissen oder Können in ein theoretisches Wissen überführen, so muss man gegenüber Erfahrungen einen zusätzlichen Schritt vollziehen. Diesen Schritt muss man dafür, dass über einen gesagt werden kann, man habe Erfahrung, nicht vollziehen, möglicherweise erfordert dieser auch zusätzlicher Ressourcen zum Beispiel begrifflicher Art.

Die Besonderheit dieser Verwendung von „Erfahrung" liegt nicht nur darin, dass sie sich in der Regel auf praktische Tätigkeiten bezieht. Wir reden von Erfahrung hier auch nur, wenn eine Handlung wiederholt ausgeübt worden ist. Ich habe oben schon angedeutet, dass Wiederholbarkeit von Erfahrungen etwas ist, was mit unserem Begriff von Erfahrung generell eng verbunden ist. Aber für die Verwendung von Erfahrung in dem soeben erörterten Sinn muss die Wiederholung der Bewegung von demjenigen, dem Erfahrung zugesprochen wird, auch wirklich vollzogen worden sein. Erfahrung ist hier sozusagen etwas, das man erst mit der Zeit erwirbt. „Erfahrung" kann also auf eine wiederholte praktische Tätigkeit Bezug nehmen, deren Ergebnis ein praktisches Wissen ist, das „Erfahrung" genannt wird.

2) Wir können uns mit „Erfahrung" auch auf ein Wissen beziehen, das auf direkter Beobachtung oder Teilnahme beruht. Erfahrung mit Armut hat nur jemand gemacht, der wirklich arm ist (oder war) oder die Armut Anderer aus nächster Nähe erlebt hat. Von jemanden, der sagt, er habe die Erfahrung gemacht, dass Amerika ein großes Land ist, erwartet man in der Regel, dass er dagewesen ist und dort etwas gesehen oder gemacht hat, das mit der Größe des Landes zu tun hat. Allerdings beziehen wir uns hier zumeist mit „Erfah-

rung" nicht direkt auf das Wissen, sondern auf die Quelle oder auf die Art des Erwerbs. Man kann mit „Erfahrung" einerseits auf die Quelle des Wissens als unterschieden vom Wissen referieren und andererseits kann man darauf Bezug nehmen, dass das Wissen, das man hat, durch die „Erfahrung" genannte Tätigkeit erworben wurde. So kann man sagen: „Ich weiß aus Erfahrung, dass Armut Gewaltbereitschaft erhöht." Oder: „Ich weiß aus Erfahrung, dass Orangen nicht wie Zitronen schmecken." Aber man kann auch sagen: „Ich habe die Erfahrung gemacht, dass Armut Gewaltbereitschaft erhöht" bzw. „Ich habe die Erfahrung gemacht, dass Orangen nicht wie Zitronen schmecken." In den letzten Fällen bezieht man sich mit „Erfahrung" indirekt auch auf das erworbene Wissen. Dies tut man zum Beispiel auch, wenn man sagt, man habe Erfahrungswissen, oder wenn man sagt, man habe die Erfahrung gemacht, dass p, und damit meint „ich weiß, dass p".

Orientiert man sich an diesen letztgenannten Verwendungsweisen bei der Beantwortung der Frage, was für eine Art von Wissen mit Erfahrung gemeint sein kann, so wird die Antwort lauten, dass mit Erfahrung ein Wissen gemeint ist, das sich durch eine mit diesem Wissen verbundene subjektive Perspektive auszeichnet. Für diese Verwendung von „Erfahrung" ist eine direkte und persönliche Teilnahme erforderlich. Diese direkte Teilnahme ermöglicht das bewusste Erleben von etwas, und dieses ist ausschlaggebend dafür, dass wir jemandem die „Erfahrung" genannte besondere Art des Wissenserwerbs zusprechen. Das Wissen ist auf eine besondere, eine subjektive Weise erworben worden. Auch bei den (unter (1) gefassten) Fällen, in denen jemand Erfahrungen in einer wiederholten praktischen Tätigkeit gesammelt hat, beruht das Wissen, das erlangt wird, wohlgemerkt auf einer direkten Teilnahme. Jetzt (unter (2)) geht es aber um Fälle, in denen „Erfahrung" sich auf die direkte Beobachtung oder Teilnahme des Erwerbs von Wissen bezieht. Während wir in beiden (unter (1) und (2) angeführten) Fällen sagen können, dass jemand Erfahrungen macht, verwenden wir für das Ergebnis einmal den Ausdruck „er hat Erfahrung" oder auch „er ist erfahren" und einmal den Ausdruck „er hat die Erfahrung gemacht" oder „er weiß aus Erfahrung".

Die angesprochene subjektive Perspektive kann sich in unterschiedlicher Weise realisieren. Grob gesagt kann die Subjektivität sowohl im Empfinden als auch im bewussten Durchleben bestehen. Sowohl auf die subjektive Dimension des Empfindens als auf die des Durchlebens kann man sich mit „Erfahrung" und mit „experience" beziehen. Anders als bei „experience" beziehen wir uns mit „Erfahrung" im Alltagsgebrauch allerdings weniger oft direkt auf den sinnlichen Gehalt des Erfahrens. Dies hängt damit zusammen, dass „Erfahrung" mit einem aktiven Lernprozess verbunden gedacht wird, der bei „experience" tendenziell nicht so sehr im Vordergrund steht. So wird das englische „experience" im Deutschen oft mit „Erlebnis" übersetzt (wofür es im Englischen ja kein eigenes Wort gibt). Es findet sich auch im Deutschen eine Verwendung des Begriffs „Erfahrung", durch die angezeigt werden soll, dass dem phänomenalen oder sinnlichen Gehalt einer Bezugnahme besondere Aufmerksamkeit zukommt. So sagt man, dass man „Erfahrungen mit allen Sinnen macht" oder die „Tasterfahrung mit einer Seherfahrung vergleicht". Selbst hier scheint es aber eine Rolle zu spielen, dass man diese Erfahrungen aktiv erlebt und in besonderer Weise auf sie geachtet hat. Insgesamt ist für die richtige Verwendung von „Erfahrung" im Alltag nicht so sehr der sinnliche Gehalt, sondern vielmehr das bewusste Durchleben oder Teilnehmen einschlägig, wobei allerdings Teilnehmen sinnliches Erleben einschließen soll. Bei der Fortsetzung der Beantwortung der Frage, wodurch sich das Wissen auszeichnet, das als „Erfahrung" bezeichnet wird, ist der soeben gemachte Unterschied von Empfinden und Durchleben zu berücksichtigen. Schon hier ist anzumerken, dass in der Philosophie – anders als im Alltagsgebrauch – das sinnliche Erleben für die Verwendung von „Erfahrung" oft als wesentlich angesehen wird.

Indem man mit „Erfahrung" die besondere Art des Erwerbs von Wissen anzeigt und das gemeinte Wissen sich durch direkte Teilnahme auszeichnen soll, rückt die konkrete Situation des Lernens oder der Vermittlung des Wissens in den Vordergrund. Was soll das heißen? Auch dass zwei und zwei vier ist, lernt man in einer konkreten Situation. Aber mit Erfahrung ist gemeint, dass die konkrete Situation des Wissenserwerbs etwas mit dem, was man lernt, zu tun hat.

In dem Fall, dass man mit „Erfahrung" den sinnlichen Gehalt anzeigen will, ist die Idee zumeist die, dass das Wissen eine Verallgemeinerung eines oder mehrerer Fälle von konkreten Erfahrungen ist. Man weiß aus Erfahrung, wie Orangen schmecken. Für den Fall, in dem „Erfahrung" verwendet wird, weil Wissen auf Grundlage des Durchlebens einer für dieses Wissen relevanten Situation erworben wurde, ist zumeist die Vorstellung verbindlich, dass man etwas Paradigmatisches erlebt hat, das einem eine besondere Art von Aufschluss über dasjenige gibt, wofür es paradigmatisch ist. Man kann wissen, was Armut ist, indem man weiß, wie „Armut" definiert ist und wie die Menschen leben, auf die dieser Begriff zutrifft. Aber wenn man sagt, man habe erfahren, was Armut ist, dann meint man nicht (nur), dass man über ein bestimmtes Wissen verfügt, sondern das man dieses Wissen in einer besonderen, konkreten und eindringlichen Weise vermittelt bekommen hat.

Auch hier (wie angesichts des praktischen Wissens) bietet es sich an, darüber nachzudenken, was „Wissen" bedeutet und was wir in Fällen von Erfahrung eigentlich zu wissen beanspruchen. So kann man fragen, ob und in welchem Sinn man in Fällen von Wissen durch Erfahrung dasselbe zu wissen beansprucht, wie in anderen Fällen. Dadurch dass Wissen auf andere Art erworben wird, wird es nicht automatisch ein Wissen von einer besonderen Art von Sachverhalten. Aber behauptet der, der sagt, dass er aus Erfahrung weiß, was Armut ist, dasselbe zu wissen, wie der, der es in einem Buch gelesen hat? Behauptet er überhaupt zu wissen, was Armut ist, oder behauptet er, dass er weiß, wie es sich anfühlt, arm zu sein? Sollte man bei Erfahrung überhaupt noch von Wissen reden oder eher davon sprechen, dass man Armut kennt (und damit vielleicht wieder eine Art praktischen Wissens in Anspruch nehmen)? Zu diesen Fragen – insbesondere zu der, ob die Empfindung der subjektiven Perspektive das Wissen einer (subjektiven) Tatsache implizieren kann – gibt es ausgiebige philosophische Diskussionen, auf die ich hier nicht eingehen kann (zum Beispiel bei Thomas Nagel, Frank Jackson und David Lewis).[8] Mit Blick auf „Erfahrung" ist Folgendes festzuhalten: Wenn gilt, dass Erfahrungen in konkreten Situationen bestehen oder gemacht werden, so liegt es auch hier nahe, dass Aussagen über Erfahrungen eines gegenüber den Erfahrungen anderen und zusätzlichen Schrittes bedürfen, der möglicherweise auch zusätzliche, vor allem begriffliche, Ressourcen benötigt. Man muss seine Erfahrungen ordnen und vergleichen, analysieren, verallgemeinern oder begrifflich aufarbeiten, um über theoretisches *Wissen* zu verfügen. Aber die Situation ist hier nicht so (wie in den Fällen, in denen man sagt, dass jemand erfahren ist), dass wir „Erfahrung" die Kenntnis oder das *Wissen, wie* nennen und davon noch eine andere Art von Wissen unterscheiden. Mit „Erfahrung" ist vorrangig die Besonderheit des Erwerbs von Wissen und Kenntnissen gemeint. Die Teilnahme beim Wissenserwerb und das subjektive Erleben wird zuweilen als so wichtig angesehen, dass man jemandem, der dasselbe behaup-

---

[8] In dieser Diskussion geht es – wie hier – um die Frage nach der Bedeutung einer Perspektive, die man als „subjektive Perspektive", als „Perspektive der ersten Person Singular" oder auch als „Erlebnisperspektive" bezeichnet. Es geht allerdings nicht so sehr um den Begriff der Erfahrung und auch nicht um die Frage, welche Rolle die Erlebnisperspektive beim Erwerb von Wissen spielt, sondern um die Frage, ob die Erlebnisperspektive der ontologischen These eines Physikalisten widerspricht. Diese Frage ist für Hegel auch wichtig, sie wird in der *Phänomenologie* aber im Rahmen der Frage behandelt, inwiefern wir beim Wissenserwerb auf die Erlebnisperspektive nicht verzichten können. Der Physikalismus ist in Hegels Augen nicht einfach deshalb ungenügend, weil er dem phänomenalen Bewusstsein nicht Rechnung tragen kann, sondern weil er der Rolle der Erfahrung im Zusammenhang mit unseren Aktivitäten als erkennenden und handelnden Wesen nicht genügend Rechnung trägt. (Dies wird im vierten und fünften Teil dieses Buches erläutert.) Bei dem, was bei Nagel anhand des berühmten Beispiels der Fledermaus als „subjektive Perspektive" beschrieben wird (und ähnlich bei Jackson), sieht man in der Diskussion vor allem den phänomenalen Charakter als relevant an. Beschrieben wird bei Nagel allerdings ein Typ von Erfahrung, bei dem nicht nur phänomenales Erleben eine Rolle spielt, sondern auch das bewusste Durchleben oder Teilnehmen, das zu einem anspruchsvolleren Erfahrungsbegriff gehört. Dies müsste genauer analysiert werden, wenn man einen Zusammenhang zu Hegels Erfahrungsbegriff herstellen will.

tet, ohne sich auf Erfahrung beziehen zu können, abspricht, das Behauptete wirklich erfasst haben zu können (selbst wenn es als wahr angesehen wird, was er behauptet). Wenn man nach unserer alltäglichen Verwendung des Erfahrungsbegriffs geht, lässt sich sogar vermuten, dass es Sachverhalte gibt, die nur mit einer gewissen Qualität des Erfahrens in vollem Umfang erfasst werden können.

Auch der Erfahrungsbegriff, dem zufolge es um ein Wissen geht, das durch direkte Beobachtung oder Teilnahme erworben wird, setzt voraus, dass Erfahrungen in einem bestimmten Sinn wiederholbar sind. Für die Fälle, in denen es auf den sinnlichen Gehalt ankommt gilt zum Beispiel: Nur, wenn man wiederholt etwas beobachtet hat, ist eine Verallgemeinerung naheliegend. Für die Fälle des bewussten Durchlebens kann man sagen, dass dasjenige, das erfahren wird, sich dadurch auszeichnet, dass es von verschiedenen Menschen zu verschiedenen Zeiten erfahren werden kann und in diesem Sinne wiederholbar ist.

3) Eine andere Art des Erwerbs von Wissen, auf das wir uns mit „Erfahrung" beziehen können, ist ein Wissen, das sich in konkreten Situationen bewährt hat. Dies kann den Erwerb von Wissen unter wissenschaftlich akzeptierten Voraussetzungen meinen. Eine besondere Rolle spielt hierbei einerseits, dass man mit „Erfahrung" den Bezug auf öffentlich zugängliche Fakten meint, und andererseits, dass man Erfahrung als Ergebnis von gezielten Experimenten versteht. Dieser Begriff ist in den Naturwissenschaften dominant. Er findet sich aber in allen an empirischen Daten orientierten wissenschaftlichen Bereichen. So nennt man heute „Erfahrungswissenschaften" alle Wissenschaften, die sich mit wissenschaftlichen Methoden an Fakten orientieren. In der Philosophie ist dieser Begriff von „Erfahrung" oft übernommen worden. Man findet die Bedeutung von „Erfahrung" als ein bewährtes Wissen oder als etwas, wodurch sich Wissen bewährt, aber auch in der Alltagssprache. Wenn man beispielsweise sagt, etwas sei durch die Erfahrung geprüft oder habe sich in der Erfahrung bewährt oder es sei durch die Erfahrung bestätigt, so ist damit gemeint, dass die Überzeugung, die man hat, sich als eine erwiesen hat, auf die man sich verlassen kann. Gemeint ist hier dann in der Regel nicht, dass man sie anhand eines wissenschaftlichen Verfahrens geprüft hat, sondern dass sie sich in Lebenszusammenhängen bewährt hat. Mit dem Begriff „Erfahrung" nimmt man hier zumeist darauf Bezug, auf welche Weise sich das, was man weiß, als wahr bestätigt hat. Es steht nicht so sehr der Erwerb einer Überzeugung, sondern ihr Ausweisen oder Überprüfen im Vordergrund des Interesses.

Erfahrung wird hier als etwas Operatives angesehen. Man macht Erfahrungen in dem Sinne, dass man sie vornimmt. Man kann sie sogar erzwingen, um etwas zu zeigen, zu überprüfen oder korrigiert zu werden. Das Wissen, das man auf diese Weise erhält, ist ein besonders sicheres Wissen, insofern es sich bereits in einer Prüfung bewährt hat. Auch in diesem Kontext ist der Begriff „Erfahrung" damit verbunden, dass Erfahrungen wiederholbar sind, denn die Prüfung setzt voraus, dass das Erfahrene sich wiederholen lässt.

Dieser Begriff von Erfahrung bekommt, wenn er in wissenschaftlichen oder philosophischen Kontexten gebraucht wird, oft eine besondere Konnotation. Er unterscheidet sich dann vom Begriff unserer Alltagssprache. Die Art von Wissen, die dann im Blick ist, kann auch als wissenschaftliche Erfahrung bezeichnet werden. Diese Bezeichnung soll oft eine mögliche Diskrepanz zu unserer alltäglichen Erfahrung anzeigen. Hierbei ist dann vielleicht folgende Überlegung im Spiel: Wie die Welt wirklich ist, erfahren wir nicht, indem wir alltägliche Erfahrungen mit ihr machen, sondern kann nur durch gezielte Überprüfungen von Hypothesen herausgefunden werden.

Nach diesen Ausführungen kann man sagen, dass sich „Erfahrung" in unserem alltäglichen Sprachgebrauch auf eine besondere Art des Erwerbs von Wissen bezieht. Die Besonderheit dieses Erwerbs kann in (mindestens) drei Hinsichten ausdifferenziert werden, die sich gegenseitig nicht ausschließen: Es kann eine wiederholte praktische Tätigkeit sein, durch die man in etwas eingeübt wird, es kann ein Erwerb sein, bei dem die direkte Teilnahme wesentlich ist, und es kann ein Erwerb von Wissen sein, bei dem sich das Wissen dadurch auszeichnet, dass es geprüft und bestätigt worden ist.

Hegels Versuch, den alltäglichen Erfahrungsbegriff für sein philosophisches Projekt zu beanspruchen, ist keineswegs selbstverständlich. Zu Hegels Zeit ist es, wie ich später noch ausführen werde, in der Philosophie üblich, unter „Erfahrung" die Quelle von Wissen oder das Wissen selbst zu verstehen, das in direkter, sinnlicher Beobachtung gewonnen wird. Diese Bedeutung steht im Kontext des zweiten angeführten Erfahrungsbegriffs. Aber die Betonung liegt hier, anders als im Alltagsgebrauch, nicht auf einem bewussten Durchleben und Erleben, sondern auf der direkten Beobachtung und das heißt auf der sinnlichen Präsenz dessen, von dem man Erfahrungen macht. Dieser Erfahrungsbegriff wird von einigen Philosophen mit einem operativen, an den Naturwissenschaften angelehnten Erfahrungsbegriff verbunden, dem zufolge man für sicheres Wissen gezielt Erfahrungen durchführen und mit wissenschaftlichen Kriterien überprüfen muss. Dieser Begriff entspricht dem dritten angeführten Erfahrungsbegriff. Während im Alltag mit Bewährung gemeint ist, dass etwas sich in Lebenszusammenhängen bewährt, geht es hier um die Bewährung anhand spezieller wissenschaftlicher Verfahren.

Hegel dagegen knüpft in der *Phänomenologie* klar am alltäglichen Erfahrungsbegriff an. Die in der *Phänomenologie* beschriebenen Erfahrungen macht ein Bewusstsein beziehungsweise ein Individuum, das sich bewusst auf etwas bezieht. Die Weise, wie das Individuum Erfahrungen macht, zeichnet sich durch Intentionalität, dem Lernen von etwas Neuem und einem Erlebnisgehalt aus. Wenn Hegel sagt, dass das Bewusstsein Erfahrungen macht, so ist damit gemeint, dass sich für einen Menschen mit diesem Bewusstsein herausstellt, ob sich seine Überzeugungen bewähren. Die Bewährungsprobe findet, jedenfalls meistens, in lebensweltlichen Situationen statt. Bei dem, was das Bewusstsein auf diese Weise lernt, kommt es darauf an, dass eine direkte Teilnahme, ein Durchleben der entsprechenden Situationen, gegeben ist. So heißt es an einer Stelle in der *Phänomenologie* im Zusammenhang mit einer von Hegel ausgeführten in Todesgefahr erworbenen Selbsterkenntnis: „Das Individuum, welches das Leben nicht gewagt hat, kann wohl als Person anerkannt werden; aber es hat die Wahrheit dieses Anerkanntseins nicht erreicht" (*GW* 9, 111). Erfahrungen sind demnach durch direkte Teilnahme und Bewährung im Sinne der unter (2) und (3) skizzierten Verwendungsweisen ausgezeichnet. Hierbei stehen die Aspekte im Vordergrund, die in unserem Alltagsverständnis wichtig sind, nicht etwa diejenigen, die für einen wissenschaftlichen Erfahrungsbegriff in Anspruch genommen werden (wie direkte Beobachtung und wissenschaftliche Prüfungsverfahren). Hegel unterscheidet wissenschaftliche Betrachtung von Erfahrungen. Denn in der *Phänomenologie* sollen die Erfahrungen, die das Bewusstsein macht, beobachtet und analysiert werden. Auch mit dieser Unterscheidung von Erfahrung und Analyse knüpft Hegel an den Alltagsgebrauch an: Es bedarf eines zusätzlichen Schrittes, zumindest einer anderen Betrachtungsweise, um dasjenige, was man in Erfahrungen lernt, begrifflich aufzuarbeiten. Es lässt sich also sagen, dass Hegel an den alltäglichen Begriff von Erfahrung anschließt.

Das Projekt der *Phänomenologie* besteht allerdings nicht einfach darin, alltägliche Erfahrungen zu analysieren. Ich werde im fünften Abschnitt noch zeigen, dass Hegel im zweiten Teil der *Phänomenologie* auch insofern auf Erfahrungen des Alltags Bezug nimmt, als er geschichtlich gemachte Erfahrungen thematisiert. Aber insbesondere wenn man den Teil der *Phänomenologie* vom Anfang bis zum Ende des Vernunft-Abschnitts im Blick hat, an dem ich mich zunächst orientieren werde, gilt: Erfahrungen werden ganz gezielt angestellt. Ziel ist die Beantwortung der Frage, was Erkenntnis oder was der Maßstab für Wissensbehauptungen ist. Hypothesen zu dieser Frage werden geprüft und auf ihre Bewährung hin untersucht. Wissenschaftlich ist in der

Phänomenologie nach Meinung Hegels also nicht nur die Analyse von Erfahrungen, sondern die Erfahrung selbst stellt eine Art wissenschaftliches – und damit systematisch betriebenes – Experiment dar.

Wenn man die *Phänomenologie* als ein solches Prüfungsverfahren oder Experiment lesen muss, so kann man davon ausgehen, dass die in der *Phänomenologie* unter einer wissenschaftlichen Perspektive dargestellten Erfahrungen durch die wissenschaftliche Ausrichtung auch einen anderen Charakter bekommen als sie ihn ohne diese Ausrichtung hätten. Ich denke (und will später auch noch am Text zeigen), dass das Projekt der *Phänomenologie* (im ersten Teil) in folgendem Zusammenhang zu alltäglichen Erfahrungen steht: Erfahrungen sind Operationen, die wir alltäglich vornehmen, indem wir uns auf Gegenstände mit bestimmten Erwartungen richten, die mit unserer Einschätzung dessen zu tun haben, was diese Gegenstände sind. Diese Erwartungen an Gegenstände implizieren, dass wir wissen, was die Gegenstände sind. Die Frage, ob und wann dies überhaupt der Fall ist, ist die Frage, die in der *Phänomenologie* interessiert. Das heißt, die *Phänomenologie* lässt unter einer explizit erkenntnistheoretischen Fragestellung Erfahrungen machen, die zum Teil Erfahrungen im Alltag entsprechen.

In dieses Projekt gehen viele Annahmen ein, von denen noch einige zur Sprache gebracht werden müssen. Im Moment geht es um Hegels Begriff der Erfahrung. Zu diesem ist Folgendes festzuhalten: Erfahrungen sind Operationen, die ein Subjekt macht, indem es sich mit bestimmten Erwartungen auf einen Gegenstand richtet, insofern das Subjekt in diesen Operationen eine Bestätigung seiner Erwartungen erfährt oder zu einer Korrektur seiner Erwartungen genötigt wird. Das Subjekt nimmt die Operation selbst vor. Es ist (schon) daher direkt beteiligt. Die direkte Teilnahme, die für Erfahrung konstitutiv ist, bedeutet sowohl ein Durchleben als auch einen direkten Kontakt mit einem konkreten Gegenstand, von dem etwas gelernt wird. Das Subjekt kann seine alltäglichen Operationen auch gezielt unter einer Fragestellung vornehmen. Dies soll in der *Phänomenologie* geschehen. Es tut dann nicht etwas ganz anderes als sonst, aber es operiert ergebnisorientiert und so, dass die Operation als solche bewusst wird. Das, was es lernt, wird damit für eine bestimmte Frage systematisch aufschlussreich. Eine solche Operation, die ergebnisorientiert vorgenommen wird und an der man aktiv teilnehmen soll, ist die *Phänomenologie*. Hegel macht daher zu Recht darauf aufmerksam, dass er zwar an den alltäglichen Erfahrungsbegriff anschließt, Erfahrungen aber in seinem Projekt einen besonderen Charakter bekommen, indem sie unter einer besonderen Perspektive betrachtet werden.⁹ Dies ist auch der Grund, warum Hegel „Erfahrung" oft im Singular verwendet, wenn er vom Projekt der *Phänomenologie* spricht. Es geht um das Ergebnis vieler Erfahrungen, die analysiert (oder gesammelt) werden.

In diesem Zusammenhang ist beachtenswert, dass Hegel von der in der *Phänomenologie* dargestellten Erfahrung auch behauptet, dass die systematische Betreibung einer Tätigkeit etwas ist, durch das man in dieser Tätigkeit Geschicklichkeit erlangt. Dies ist die Konnotation von „Erfahrung", die oben als erste angeführt wurde, der zufolge Erfahrung ein praktisches Wissen ist. In diesem Sinne sagt Hegel: „Der sich auf den ganzen Umfang des erscheinenden Bewußtseins richtende Skeptizismus macht dagegen den Geist erst geschickt zu prüfen, was Wahrheit ist" (*GW* 9, 56). Auch in der Vorrede der *Phänomenologie* spricht Hegel davon, dass, wie bei allen Handwerken und Geschicklichkeiten, um eine Wissenschaft zu besitzen, „eine vielfache Bemühung des Erlernens und Übens derselben nötig ist" (46). Hegel meint also, dass jemand, der Erfahrungen in einer systematischen, wie in der *Phänomenologie* betriebenen Art anstellt, auch ein praktisches Wissen oder ein *Wissen, wie* erwirbt. Wenn dies auch zunächst eher befremdet – und späterer weiterer Kommentierungen bedarf –, so ist es hier deshalb erwähnenswert, weil es die vielfältige Nähe von Hegels Begriff der Erfahrung zum alltäglichen anzeigt.

Was spricht dafür, einen Begriff von Erfahrung zu wählen, der unserem Alltagsverständnis entspricht? Die umfassende Antwort auf diese Frage soll das vorliegende Buch geben. Eine Teilantwort auf diese Frage kann jedoch auch schon gegeben werden, bevor näher auf die Ausführungen der *Phänomenologie* oder auf ihre Aufgabe eingegangen wird: Es gehört zu unserem Verständnis von Erkenntnis und Wahrheit, dass etwas, das wir erkannt haben, oder etwas, das wahr ist, mit unseren Erfahrungen zusammenpasst. Hiermit ist nicht gemeint, dass es mit einem bestimmten Typ von Erfahrungen – also etwa wissenschaftlichen oder naturwissenschaftlichen – zusammenpasst, sondern dass es auch mit unseren Alltagserfahrungen zusammenpasst. Versteht man unter Erfahrung einen bestimmten Typ (natur-)wissenschaftlicher Erfahrungen, so gibt man eine künstliche Bedeutung für Erkenntnis und Wahrheit vor, die nicht unserem Alltagsverständnis entspricht. Dies scheint kein Vorteil für ein philosophisches Unternehmen zu sein, das seinem Selbstverständnis nach die Frage beantworten will, was Wahrheit und Erkenntnis ist. Auch wenn es sich herausstellen würde, dass (nur) eine rein physikalische Beschreibung der

---

⁹ „Dagegen es sonst scheint, daß wir die Erfahrung von der Unwahrheit unseres ersten Begriffs *an einem andern* Gegenstande machen, den wir zufälligerweise und äußerlich etwa finden, so daß überhaupt nur das reine *Auffassen* dessen, was an und für sich ist, in uns falle. In jener Ansicht aber zeigt sich der neue Gegenstand als geworden, durch eine *Umkehrung des Bewußtseins* selbst." *GW* 9, 60 f.

Welt diese vollständig und wahr erfassen könnte, so stünde diese Beschreibung in einem Konflikt mit unserer alltäglichen Weltbeschreibung. Es wäre dann eine Aufgabe der Philosophie, die Vereinbarkeit mit unseren alltäglichen Begriffen oder Praktiken aufzuzeigen und uns ein Angebot zu machen, die Diskrepanz zu unseren alltäglichen Erfahrungen zu überbrücken. (Dasselbe gälte für andere als *wissenschaftlich* ausgezeichnete Erfahrungen.) Dieser unüberbrückbare Konflikt zu unseren Alltagsbeschreibungen ist für Philosophen unakzeptabel. Um einen solchen Konflikt zu überbrücken oder auch nur verständlich machen zu können, ist es nützlich und nahe liegend, mit einem Begriff von Erfahrung zu arbeiten, der diese nicht von Anfang an auf (natur-)wissenschaftliche Erfahrungen einschränkt.

Zum selben Ergebnis kommt man, wenn man sich überlegt, warum Erfahrungen für unser Verständnis von Wahrheit und Erkenntnis eine wichtige Rolle spielen. Ein (oben unter dem Stichwort „Bewährung" angesprochener) Grund hängt mit der Annahme zusammen, dass wir für Erkenntnis und Wahrheit Kriterien brauchen. Die Funktionalität von Kriterien hängt wiederum davon ab, dass wir mit ihnen in einsichtiger und eindeutiger Weise über Wahrheit und Falschheit entscheiden können. Hierfür sind Erfahrungen geeignete Kandidaten. Vielleicht sind naturwissenschaftliche Erfahrungen tatsächlich die geeignetsten Kandidaten. Dies sollte sich aber erst herausstellen und nicht von Anfang an angenommen werden. Denn alles, was zugunsten (natur-)wissenschaftlicher Erfahrungen angeführt werden kann, beruht solange auf einer letztlich nicht begründbaren Bevorzugung naturwissenschaftlicher Vorstellungen von Überprüfbarkeit, solange nicht gezeigt wird, dass andere Verfahren das Ziel der einsichtigen und eindeutigen Überprüfung nicht angemessen erfüllen können. Versteht man unter Erfahrungen nur naturwissenschaftliche Erfahrungen, so ist eine begründete Auszeichnung der naturwissenschaftlichen Erfahrungen gar nicht mehr möglich.

An dieser Stelle will ich zur Orientierung schließlich auch eine grobe philosophiehistorische Einordnung von Hegels Begriff der Erfahrung vornehmen. Ich denke, die Rechtmäßigkeit des häufig angestellten Versuchs, eine Verwandtschaft zwischen Hegel und den philosophischen Richtungen der Phänomenologie, der Hermeneutik, des Pragmatismus und des Neopragmatismus zu sehen, gründet wesentlich in Hegels Begriff der Erfahrung. Ich will nicht behaupten, dass der Versuch, am alltäglichen Erfahrungsbegriff anzuschließen, zu Hegels Zeit erstmals oder ausschließlich von Hegel unternommen wurde. Zum Beispiel versucht Goethe einen Erfahrungsbegriff zu etablieren, dem zufolge der operative Begriff von Erfahrung gerade nicht bedeutet, dass man Experimente veranstaltet, die aus den Lebenszusammenhängen herausgelöst sind, sondern solche, die sich in diesen lebensweltlichen Kontexten ergeben.[10] Aber die dominante Strömung der Philosophie zu Hegels Zeit wollte nicht an den alltäglichen Erfahrungsbegriff anschließen.[11] Und so kann man Hegels Konzeption der Erfahrung gut vor dem Hintergrund von Kants Philosophie darstellen.[12]

In der Zeit vor Kant wird Erfahrung einerseits mit dem identifiziert, was man wahrnehmen kann. Andererseits wird Erfahrung das genannt, was man aus dem, was man wahrnehmen kann, lernen kann. Hier ist die Idee folgende: Erfahrung entsteht dann, wenn etwas regelmäßig auf uns einwirkt und daher als Ding oder als Folge von Dingen assoziiert werden kann. Erfahrung ist also auf sinnlichen Eindrücken beruhendes Wissen. Diese Verwendung des Begriffs (die sich in Teilen mit dem zweiten oben angeführten Begriff der Erfahrung deckt) findet sich sowohl bei den Empiristen als auch bei den Rationalisten[13] (und auch an einigen Stellen bei Kant und Hegel).

Kant schließt an diesen Gebrauch des Begriffs von Erfahrung an. Er nennt einerseits das sinnlich Gegebene oder auch Wahrnehmungen „Erfahrungen". Andererseits versteht Kant unter „Erfahrung" empirische Erkenntnis (*KrV* B 147).[14] Zunächst scheint es so, als würde Kant hiermit nur aufnehmen, dass man sich mit „Erfahrung" sowohl auf die Quelle des Wissens als auch auf das aus dieser Quelle resultierende Wissen beziehen kann. Bei genauerer Betrachtung schließt sich Kant aber diesem Gebrauch nicht an, sondern versucht ihn im Rahmen seiner Philosophie zu modifizieren. In der *Kritik der reinen Vernunft* sagt Kant: „Wenn man von verschiedenen Erfahrungen spricht, so sind es nur so viel Wahrnehmungen, sofern solche zu einer und derselben allgemeinen Erfahrung gehören" (A 110). Eine Klärung des Begriffs im Sinne Kants

---

[10] „Der Versuch als Vermittler von Objekt und Subjekt" (1792) in: Goethe ([11]1994).
[11] Der an praktischer Tätigkeit ausgerichtete Begriff von Erfahrung findet sich nicht nur in unserem Alltagsgebrauch. In der Philosophie wird er besonders mit Aristoteles in Verbindung gebracht. Ich würde daher auch sagen, dass der unten ausgeführte Gedanke der Aneignung durch Erinnerung in der *Phänomenologie* in der Tradition Aristoteles' stehen soll.
[12] Eine interessante andere Möglichkeit bestünde darin, Hegels Projekt mit Schellings Ausführungen zur Möglichkeit des Lernens der Philosophie in seinen Vorlesungen von 1802 zu kontrastieren. Für Schelling kann man das Wesentliche der Philosophie letztlich nicht lernen, weil es auf unmittelbarer Einsicht beruht. Dem widerspricht Hegel mit seiner *Phänomenologie*, vgl. Schelling (1965), 288 ff.
[13] Zwischen diesen Traditionen besteht allerdings Uneinigkeit darüber, wie weit Wissen aus der Erfahrung, also Wahrnehmung reicht. Dies führt auch zu Unterschieden im Begriff der Erfahrung; zum Beispiel mit Blick auf die Frage, ob Verallgemeinerungen von Wahrnehmungsfolgen als Erfahrung oder Erfahrungswissen bezeichnet werden dürfen (wie die Empiristen sagen) oder nicht.
[14] Kants *Kritik der reinen Vernunft* wird hier wie üblich unter dem Kürzel *KrV* nach der Originalpaginierung der ersten (A) und zweiten (B) Auflage zitiert. Die anderen Schriften Kants werden unter der Abkürzung AA mit Angabe von Band und Seitenzahlen nach der Akademie-Ausgabe von *Kant's Gesammelte Schriften* (hg. von der Preußischen Akademie der Wissenschaften, Berlin 1900 ff.) angeführt.

besteht darin, dass „Erfahrung" im Singular reserviert wird für das Wissen, das aus den Wahrnehmungen oder Erfahrungen gewonnen wird.[15] Vor allem aber nimmt Kant eine entscheidende Umdeutung des Begriffs der Erfahrung vor, indem er von „derselben allgemeinen Erfahrung" spricht. Auf diese Weise wird Erfahrung als Erkenntnis nicht mehr einfach als Erkenntnis aus den Sinnen verstanden. Es ist eine Erkenntnis, die das sinnliche Material auf gesetzmäßige Weise verbindet und ordnet. Entsprechend fährt Kant an derselben Stelle fort: „Die durchgängige und synthetische Einheit der Wahrnehmungen macht nämlich gerade die Form der Erfahrung aus, und sie [die Erfahrung, D.E.] ist nichts anderes, als die synthetische Einheit der Erscheinungen nach Begriffen" (A 110). Was auch immer diese Stelle genauer heißen soll, klar ist, dass Kant hier mit einem traditionellen Dualismus von Erkenntnis aus dem Bereich des Sinnlichen auf der einen Seite und allgemeiner, rationaler Erkenntnis auf der anderen Seite bricht. Erfahrung ist Erkenntnis, in der man sich mit Begriffen auf sinnlich Gegebenes so bezogen hat, dass objektive – allgemeine – Erkenntnis von sinnlichen Gegenständen möglich ist.

Dieser Kantische Begriff von Erfahrung knüpft unverkennbar auch an die Verwendung des Begriffs „Erfahrung" an, in der der Begriff operativ verstanden wird. Diese Verwendungsweise des Begriffs „Erfahrung", die ich oben an dritter Stelle ausgeführt habe, sieht Erfahrung als Ergebnis aktiver und systematischer Operationen oder Experimente an. In der Philosophie wird diese Verwendungsweise vor allem mit der Tradition von Bacon assoziiert. Es spielt in dieser Tradition der Gedanke eine Rolle, dass nur Experimente und systematische Beobachtungen die Wissenschaftlichkeit von Thesen garantieren können. Mit diesem Gedanken geht die Zurückweisung der Vorstellungen einher, dass das, was wirklich ist, sich einfach einem passiven Subjekt darbietet und dass sich das, was wahr ist, schon in Alltagserfahrungen erschließt. Der Gedanke ist auch bei Kant leitend. Die damit verbundene Auffassung von Erkenntnis drückt sich besonders deutlich in der zweiten *Vorrede* der *Kritik der reinen Vernunft* (*KrV* B XIII) aus, in der Kant die experimentelle Naturforschung als Paradigma eigentlicher Wissenschaftlichkeit anführt.

Auch hinsichtlich des operativen Gehalts verwendet Kant den Begriff „Erfahrung" aber nicht einfach in Kontinuität mit der Tradition. Es ist nämlich zu bedenken, dass sich ein operativer Erfahrungsbegriff im Rahmen eines empiristischen Programms in Anspruch nehmen lässt und so auch zumeist in Anspruch genommen wurde. Man nahm zumeist an, wir würden durch unsere wiederholten sinnlichen Erfahrungen Hypothesen ausbilden, die wir dann anhand von Experimenten gezielt überprüfen können. Was bei Kant

---

[15] Kant selbst spricht von Erfahrung allerdings auch zuweilen im Singular, wenn er „Wahrnehmung" meint, vgl. *Prolegomena*, § 22, Anm. (AA 4, 305).

die systematische Befragung der Natur möglich macht, sind hingegen keine empirisch gebildeten Hypothesen. Es sind Verstandesprinzipien, die keiner Verallgemeinerung aus Wahrnehmungen entspringen können sollen. Das Programm ist daher überhaupt nicht mehr im Rahmen einer empiristischen Konzeption realisierbar. Erfahrung ist *allgemeine* Erkenntnis (und zwar die einzige mögliche Erkenntnis), weil sie durch apriorische Begriffe und Prinzipien bestimmt ist. Dadurch, dass das Subjekt der Erkenntnis nicht mehr nur Hypothesen prüft, sondern auch die Begriffe bereitstellt, die Erfahrung (als Erkenntnis) möglich machen, bekommt der operative Erfahrungsbegriff bei Kant eine neue Konnotation. Diese kann man vielleicht kurz so ausdrücken: Das Machen von Erfahrungen bedeutet nicht mehr nur ein Überprüfen von Hypothesen, sondern dass das Ergebnis (Erfahrung) durch bestimmte subjektive Leistungen hergestellt wird.[16]

Vor dem Hintergrund dieser Skizze von Kants Begriff „Erfahrung", kann man Hegels Projekt in drei Hinsichten auszeichnen: (1) Obwohl Kant einen operativen Begriff von Erfahrung hat, und dies auch in dem (nicht empiristischen) Sinn, dass zur Operation eine begriffliche Leistung des Subjekts gehört, gibt es bei Kant keine philosophische Darstellung der Operationen. Bei Kant bleiben daher zum Beispiel Fragen wie die folgenden überraschend unklar: Was ist eigentlich die Ordnungsleistung der Kategorien? Ordnen wir mit ihnen ein irgendwie gegebenes Material so, dass wir es allererst als Gegenstand auffassen können, dem wir Eigenschaften zuschreiben können? Oder ordnen wir mit ihnen etwas, das wir schon als ein einheitliches Ding wahrnehmen und dem wir auch bereits Eigenschaften zusprechen können, bevor wir es kategorial bestimmen? Hegel will mit der *Phänomenologie* eine Darstellung der Operationen liefern, durch die wir uns die Welt begrifflich aneignen. „Erfahrung" wird bei ihm daher als „Bewegung" bezeichnet und in enge Nähe zum Verb „erfahren" gerückt.

(2) Für Kant ist Erfahrung empirische Erkenntnis, und diese ist durch die Kategorien als den Prinzipien, die festlegen, wann etwas für uns Gegenstand möglicher Erfahrung sein soll, bestimmt. Die Kategorien entsprechen, so Kant, den Formen des Urteils. Sie belaufen sich auf zwölf (wenn man die Kategorien der Modalität mitzählt). Die Kategorien bestimmen die möglichen Gegenstände der Erfahrung als physikalische Objekte, also als Objekte, die durch raum-zeitliche Ordnung, Substantialität, Kausalität und Wechselwirkung bestimmt sind. Hierdurch wird Erfahrung bei Kant von Anfang an auf naturwissenschaftliche Erfahrung restringiert. Dies führt unter anderem zu einem sehr eingeschränkten Begriff von Erkenntnis (der sogar Kant selbst in

---

[16] So sagt Kant zum Beispiel, dass wir „den rohen Stoff sinnlicher Eindrücke zu einer Erkenntnis der Gegenstände verarbeiten, die Erfahrung heißt" (*KrV* B 1).

anderen philosophischen Bereichen, wie zum Beispiel in seiner Moralphilosophie, Schwierigkeiten macht) sowie zu einer nicht wirklich begründeten Auszeichnung wissenschaftlicher Prüfungsverfahren. Hegel diskutiert das zuletzt genannte Problem, wenn er in der Einleitung der *Phänomenologie* erörtert, inwiefern man den Maßstab seiner Prüfungen voraussetzen darf.[17] Das zuerst genannte Problem findet sich bei Hegel adressiert, wenn er Kants Dualismen angreift.

Kants Begriff der Erfahrung als empirischer Erkenntnis setzt Erfahrung mit naturwissenschaftlich zugänglichem und geprüftem, systematischem Wissen gleich.[18] Hegels Begriff von Erfahrung ist nicht auf diese Weise eingeschränkt. Erfahrung wird nicht in Abgrenzung zu alltäglicher Erfahrung bestimmt, sondern wissenschaftliche Erfahrung soll innerhalb verschiedener Formen von Erfahrung ausgezeichnet werden. Es ist nach Hegel außerdem so, dass die naturwissenschaftliche Beschreibung der Welt nur eine der wissenschaftlichen Beschreibungen ist und zwar eine, die für sich allein genommen überhaupt nicht als wahr ausgewiesen werden kann. Diese Differenzierung von naturwissenschaftlicher und wissenschaftlicher Erkenntnis kann aber im Moment vernachlässigt werden. Es geht vielmehr um Hegels Idee, wissenschaftliche Erfahrungen in Kontinuität, nicht in strikter Abgrenzung zu alltäglichen Erfahrungen zu verstehen. Wenn sich etwas in alltäglichen Erfahrungen wirklich bewährt, ist das ein ziemlich gutes Indiz für die Wahrheit der entsprechenden Behauptung. Vor allem aber gilt: Ein Begriff von Wahrheit oder Erkenntnis, der so ausgeführt wird, dass die alltäglichen Erfahrungen dem zuwiderlaufen, was als wahr behauptet wird, ist kein brauchbarer Begriff von Erkenntnis.[19] Der Erfahrungsbegriff soll aus diesem Grund bei Hegel auch alle Konnotationen von Übung, Gewohnheit, Teilnahme und Bewährung enthalten, die unser alltäglicher Erfahrungsbegriff hat.

---

[17] Das Verfahren der Naturwissenschaft, die ihre Messverfahren als zuverlässig voraussetzt, lässt sich nicht einfach auf die Philosophie übertragen. Denn damit stünde die Philosophie unter einer Voraussetzung, die sie nicht begründen könnte, und dies würde in Hegels Augen ihrem Anspruch nicht gerecht werden. Auf dieses Problem reagiert Hegel so, dass die Prüfung eine Prüfung von Positionen ist, die den Maßstab, anhand dessen sie geprüft werden dürfen, selbst bestimmen können. Wie das gehen soll, werde ich später ausführen.

[18] Die Diskrepanz zu unserem Alltagsverständnis wird in Kauf genommen. Dass allgemeine Erkenntnis gerade nicht durch Erfahrung erworben werden kann, setzen wir zum Beispiel in vielen alltäglichen Verwendungsweisen des Begriffs der Erfahrung voraus. Wenn ich sagte, ich hätte erfahren, dass immer *p*, so wäre es keineswegs verwunderlich, wenn mein Gesprächspartner antwortete, dass ich nur erfahren haben könne, dass in bestimmten Situationen gegolten hat, dass *p*. Folgt man dem Kantischen Begriff von Erfahrung, so kann eine solche allgemeine Erkenntnis aber als Erfahrungswissen bezeichnet werden. Man könnte sagen: Die Erfahrung sagt, dass notwendigerweise *p*.

[19] Dass dies so ist, zeigt sich in der *Phänomenologie* in aller Deutlichkeit in der Auseinandersetzung mit dem Skeptiker, *GW*, 9, 119 ff.

(3) „Erfahrung" wird bei Kant mit systematischem und wissenschaftlichem bzw. naturwissenschaftlichem Wissen identifiziert. Der Begriff wird im Rahmen eines Projekts beansprucht, das von Anfang an klar auf Objektivität ausgerichtet ist. Demgegenüber ist beim alltäglichen Erfahrungsbegriff subjektives Erleben ein konstitutives Moment. Mit der Inanspruchnahme des alltäglichen Erfahrungsbegriffs will Hegel auch darauf hinaus, dass die Wahrheit seiner Philosophie aus der subjektiven Perspektive des Nachvollziehens und Erlebens eingesehen werden kann. Die Hypothesen, die in der *Phänomenologie* überprüft werden, sind Hypothesen, von deren Wahrheit für die Vertreter dieser Hypothesen etwas abhängt. Wer eine solche Hypothese vertritt, der erfährt in dem Experiment nicht nur die Widerlegung oder Bestätigung einer Aussage. Vielmehr durchlebt er die Widerlegung oder Bestätigung. Die Bestätigung einer philosophischen Überzeugung durch die subjektive Perspektive ist für Hegel nicht die einzig erforderliche Bestätigung, aber auf sie kann und muss auch nicht verzichtet werden. Für Hegel liegt die Bedeutung der subjektiven Perspektive darin, dass sie eine eindringliche Art der Wissensvermittlung darstellt. Hegel will (wie noch zu zeigen ist) letztlich außerdem dafür argumentieren, dass man keinen reduktiven Physikalismus vertreten kann und dass die subjektive Perspektive zu einer vollständigen Beschreibung der wesentlichen Struktur der Welt gehört.

Erfahrungen sind für Hegel Operationen, die im alltäglichen Leben vorkommen, die aber in der *Phänomenologie* unter einer bestimmten Perspektive thematisiert werden. Bisher habe ich den Erfahrungsbegriff eher allgemein erläutert. Jetzt soll das besondere Projekt oder Experiment, das in der *Phänomenologie* meines Erachtens betrieben wird, näher betrachtet werden.

2. *Erfahrung als Moment intendierter Erkenntnis*

Die Erfahrungen, deren Analyse in der *Phänomenologie* vorgenommen werden soll, stehen unter einer bestimmten Fragestellung. Die Frage lautet, was Erkenntnis ist. Zu deren Beantwortung sollen Antworten auf die Frage, wann Erkenntnis vorliegt, geprüft werden. Alle diese Antworten müssen sich daran orientieren, was nach Hegels Meinung Erkenntnis auf jeden Fall sein muss. Erkenntnis ist eine Relation von einem Subjekt oder auch Bewusstsein auf einen Gegenstand, in der das Subjekt sich in einer bestimmten Weise auf den Gegenstand bezieht. Diese Beziehung nennt Hegel *Wissen*. Wahrheit liegt dann vor, wenn der Gegenstand unabhängig von der Beziehung des Subjekts auf ihn so ist, wie das Subjekt annimmt. Weiterhin kann man sagen (wie ich im nächsten Kapitel noch diskutieren werde), dass Erkenntnis vorliegt, wenn das Subjekt sein wahres Wissen auch erfolgreich als solches ausweisen kann. Zweierlei ist bei dieser Konzeption im Moment wichtig: (a) Das Bewusstsein will zwar etwas über den Gegenstand sagen, das unabhängig von seiner Bezugnahme auf ihn gilt, es soll aber geprüft werden, ob das, was gesagt wird, auch tatsächlich vom Subjekt als etwas behauptet werden kann, das unabhängig vom Bewusstsein der Fall ist. Wenn dies nicht so ist, erfährt das Bewusstsein dies. Es erfährt also etwas über die Möglichkeit, seine Behauptungen als wahr auszuweisen. (b) Das Subjekt hat bestimmte Vorstellungen davon, wie es seine Wissensbehauptungen rechtfertigen oder begründen kann (ich werde zwischen „Rechtfertigung" und „Begründung" zunächst keinen Unterschied machen, aber nicht immer beide Begriffe erwähnen). Diese Vorstellungen drücken sich zum Beispiel in seiner Vorstellung vom Gegenstand aus. Daher adressiert das Subjekt den Gegenstand mit diesen Vorstellungen und erwartet vom Gegenstand, dass er ihnen entspricht. Entspricht der Gegenstand den Vorstellungen nicht, so erfährt das Subjekt, dass der Gegenstand anders ist als es erwartet hat. Dann muss es auch seine Vorstellungen über die Möglichkeit, Wissensansprüche zu rechtfertigen, ändern. Für die Frage danach, wann Erkenntnis vorliegt, ergibt sich in der *Phänomenologie* genauer betrachtet ein zweifacher Bezug zu (alltäglichen) Erfahrungen:

(1) Wenn die leitende Frage lautet, wann Erkenntnis möglich ist, so handelt es sich bei den Erfahrungen in der *Phänomenologie* zunächst um solche, durch die nicht (oder nicht nur) Annahmen über einzelne Gegenstände, sondern allgemeine oder grundlegende Annahmen korrigiert werden. Wie noch deutlich werden wird, betreffen die Annahmen neben der Frage, wann Erkenntnis vorliegt, Annahmen darüber, wie die Welt verfasst ist und was das Erkenntnissubjekt ist. Es sind daher Erfahrungen, die jemanden zur Aufgabe einer ihn bis dahin wesentlich bestimmenden Position zwingen und durch die er zu einer grundlegend neuen Position kommt.

Die *Phänomenologie* ist also eine Darstellung von Erfahrungen, die man darüber machen können soll, wie man Wissensansprüche rechtfertigen kann. Erfahrungen soll man über mögliche Rechtfertigungen machen können, indem die Rechtfertigung von Wissensansprüchen mit Auffassungen über die Welt und dem, der etwas erkennen will, zusammenhängt. Geprüft wird, ob sich die entsprechenden Vorstellungen von der Welt und sich selbst (dies werde ich nicht immer dazu sagen, auch wenn es nach Hegel immer dazu gehört), die man für ihre Rechtfertigung benötigt, in Erfahrungen bestätigen lassen. Auf diese Weise kann eine allgemeine Frage nach der Möglichkeit der Rechtfertigung durch konkrete Erfahrungen mit den Dingen in der Welt überprüft werden, wenn man die Dinge mit einer seinen Vorstellungen von Erkenntnis entsprechenden Erwartung adressiert. Diese für die *Phänomenologie* leitende Idee steht unter den Voraussetzungen, dass Erkenntnis etwas mit Rechtfertigung oder Begründung zu tun hat und dass diese Rechtfertigung mit überprüfbaren Annahmen über die Welt zusammenhängt. Mit diesen Voraussetzungen werde ich mich im zweiten Kapitel näher beschäftigen. Im Moment muss nur angemerkt werden, dass für Hegel Erkenntnis und Erfahrung eng zusammenhängen, weil sich Rechtfertigungsmuster in der Praxis bewähren müssen, und man daher erfährt, wenn diese nicht funktionieren. Genauer gesagt lautet einer der Gründe dafür, dass eine Theorie der Erkenntnis auf Erfahrungen Bezug nehmen muss, dass Erkenntnis das Ausweisen von mit Wissen verbundenen Ansprüchen auf Wahrheit impliziert, welches sich bewähren muss und dessen Funktionalität daher erfahren werden kann. Es ist hier wohlgemerkt von der Praxis der Rechtfertigung die Rede. Für diese gilt: Auch wenn man der Meinung ist, dass Erkenntnis nur in ganz bestimmten Bereichen – wie zum Beispiel in der Naturwissenschaft – stattfinden kann, so wird man als einen Bereich (oder vielleicht besser Gebiet) der Bestätigung dennoch alltägliche Lebenszusammenhänge annehmen müssen, denn auch physikalische Erkenntnis soll in alltäglichen Lebenszusammenhänge zu rechtfertigen sein. Offen ist aber, auf welche Details dieser Lebenszusammenhänge man in seiner Rechtfertigung explizit Bezug nimmt (oder von was man sogar absehen soll). Man kann in alltäglichen Lebenszusammenhängen nur physikalische Gesetze als mögliche Rechtfertiger akzeptieren. Hegels These ist, dass man zur Rechtfertigung letztlich auf die Lebenszusammenhänge insgesamt Bezug nehmen muss. Dies ergibt sich aber erst im Verlauf der *Phänomenologie*. Am Anfang der *Phänomenologie* spricht durchaus noch nichts dagegen, dass mögliche Erkenntnis nur durch physikalische Prinzipien begründet werden kann und auf eine physikalische Welt beschränkt ist.

(2) Es scheint außerdem eine Kontinuität des Projekts der Prüfung von Erkenntnisansprüchen zu unseren alltäglichen Erfahrungen dadurch zu bestehen, dass sowohl beim Projekt der Prüfung als auch bei alltäglichen Erfahrungen etwas stattfindet, das man so beschreiben kann: Wir adressieren einen Gegenstand mit Erwartungen und lassen uns durch die Erfahrungen in unseren Erwartungen korrigieren. Es gibt bei der Interpretation dieses Zusammenhangs von Erkenntnis und Erfahrung allerdings zwei Möglichkeiten: Man kann annehmen, dass erst durch die Frage nach Erkenntnis der Bezug auf den Gegenstand epistemisch wird. Oder man kann sagen, dass die Erwartungen an Gegenstände, die unsere alltäglichen Erfahrungen anleiten, schon implizieren, dass wir wissen, wie die Gegenstände sind, und sie insofern schon epistemisch sind. Ich interpretiere den Zusammenhang von alltäglichen Erfahrungen und Erkenntnis in diesem letzten Sinn. Nur dann besteht strengge-

nommen eine Kontinuität zwischen alltäglichen Erfahrungen und der Beantwortung der Frage, was Erkenntnis ist. Die Frage, wie Erkenntnis möglich ist, ergibt sich dann aus dem lebensweltlichen Kontext von Erfahrungen, indem für Erfahrungen eigentlich immer schon Wissensansprüche eine Rolle spielen. Im ersten Fall würden zwar bei alltäglichen Erfahrungen auch Korrekturen von Erwartungen eine Rolle spielen, aber weder würden diese Erfahrungen dieselben sein können wie die in der *Phänomenologie* beschriebenen, noch würden die unter der Frage nach Erkenntnis gemachten Erfahrungen etwas erläutern, das schon in alltäglichen Erfahrungen stattfindet.

Es ist hier hilfreich, zwischen verschiedenen epistemischen Einstellungen zu unterscheiden. Diese verschiedenen epistemischen Einstellungen kann man begrifflich als „Wissen" und „Erkenntnis" fassen. Diesen Unterschied kann man so erläutern: Erkenntnis hat eine subjektive und eine objektive Seite. Die subjektive Seite besteht im Fürwahrhalten, also in einem Zustand des Subjekts. Der objektiven Seite nach muss dasjenige, was man weiß, als wahr ausgewiesen werden können. Dies geschieht, indem es durch Gründe qualifiziert wird. Geschieht dies nicht, so kann, auch wenn das, was für wahr gehalten wird, wahr ist, nicht von „Erkennen" die Rede sein. Die Qualifizierung durch Gründe versteht Hegel so, dass wir durch die Angabe von Gründen auch einen Maßstab annehmen, der über wahr und falsch entscheidet. Erfolgreiches Erkennen ist nur mit dem (in der *Phänomenologie* gesuchten) richtigen Maßstab möglich. Aber der Anspruch zu erkennen besteht bereits dann, wenn es das Ziel ist, Wissen als wahr ausweisen zu können. Befindet sich jemand im Zustand des Wissens, muss dieser Versuch noch nicht erfolgt sein. Die „Wissen" genannte epistemische Einstellung setzt noch nicht voraus, dass man das, was man zu wissen glaubt, als wahr ausgewiesen hat. Man darf das allerdings nicht so verstehen, als gäbe es einen von Erkenntnis unterschiedenen Wissensanspruch. Es ist vielmehr so, dass im Wissen ein Anspruch liegt, dem nachgekommen wird, indem versucht wird, Wissen als wahr auszuweisen, und dem entsprochen wird, wenn dies gelingt. „Erkennen" und „Wissen" bezeichnen also zwar verschiedene epistemische Einstellungen, diese sind aber nicht unabhängig voneinander.

Die hier von mir mit „Erkennen" und „Wissen" beanspruchte Begrifflichkeit schließt sich insofern an Hegels eigene an, als er Erkennen als eine Relation von Wissen und Wahrheit bestimmt, „Wissen" und „Erkennen" also auch unterscheidet. Daneben findet sich bei Hegel (zum Beispiel in der Vorrede) oft die Rede vom „wirklichen", „vernünftigen" oder „eigentlichen" Wissen. Er meint damit das Wissen, das seinen Ort im wissenschaftlichen System hat. Dies ist für ihn ein Wissen, bei dem klar ist, wie es als wahr ausgewiesen werden kann – insofern entspricht es dem, was ich hier „Erkenntnis" nenne.

Allerdings will ich das, was ich hier „Erkennen" nenne, nicht mit dem Wissen im wissenschaftlichen System identifizieren. Dies hängt mit etwas zusammen, das ich im fünften Abschnitt ausführen werde. Kurz gesagt sieht Hegel in der Fragestellung, wann Erkenntnis vorliegt, eine gewisse Beschränkung, die durch den zweiten Teil der *Phänomenologie* ausgeglichen werden und die für den Standpunkt des wirklichen Wissens nicht gelten soll. Dies muss hier aber noch nicht interessieren.

Die Behauptung, dass die Erwartungen an Gegenstände, die schon unsere alltäglichen (und nicht erst die für die Frage nach Erkenntnis relevanten) Erfahrungen anleiten, die Erwartung implizieren, dass wir wissen, wie die Gegenstände sind, wirft Fragen auf. Wie ist es zum Beispiel mit Tieren, können die keine Erfahrungen machen oder haben sie epistemische Einstellungen oder sogar einen impliziten Wissensanspruch? Die These ist auch zugegebenermaßen latent unklar: *Wann* liegt Wissen oder ein impliziter Wissensanspruch vor? Wann ist es sinnvoll von einem solchen zu sprechen? Denn formuliert wird der Anspruch bei dem, was wir mit „Erfahrung" meinen, sicherlich nicht immer. Liegt ein Wissensanspruch immer dann vor, wenn Erwartungen im Spiel sind, nach denen man sich ausrichtet und die angesichts dessen, was passiert, bewusst korrigiert werden? Aber was soll hier sonst „bewusst" heißen? Und kann man Lebewesen Wissen oder einen Wissensanspruch unterstellen, die diesen nie als solchen thematisieren können? Sind Erwartungen überhaupt immer bestimmte Erwartungen oder können sie auch diffus sein und erst in der Erfahrung zu bestimmten Annahmen über einen Gegenstand werden? Auch wenn diese Fragen Zweifel daran wecken können, dass man schon bei alltäglichen Erfahrungen von Wissensansprüchen sprechen kann, will ich dies mit Hegel behaupten.

Vielleicht sollte man besser von einer Erwartung, dass etwas in einer bestimmten Weise verfasst ist, sprechen als von einem Wissensanspruch. Aber der Unterschied zwischen „Anspruch" und „Erwartung" ist ziemlich ungenau. Außerdem gilt: Die Erwartungen, die in Erfahrungen eine Rolle spielen, beziehen sich nicht nur auf das, worauf man sich richtet. In ihnen liegt vielmehr auch, dass man das Richtige über es annimmt. Man ist enttäuscht, man versucht vielleicht, an seinen Erwartungen festhalten, solange es geht, man korrigiert sich, wenn es unausweichlich ist, man sucht Bestätigung. Die Erwartung muss zudem auch durchaus eine bestimmte Erwartung sein, damit sie enttäuscht und korrigiert werden kann. In diesem Fall scheint mir die Rede von einem Wissensanspruch durchaus berechtigt. Man kann allerdings einen solchen Anspruch, der eine Erfahrung immer anleitet, von einem expliziten Anspruch, etwas zu wissen, unterscheiden. Wenn man fragt, was Erkenntnis ist oder wie Erkenntnis möglich ist, fragt man nicht nur, wie man dazu kommt, etwas Wahres zu glauben, sondern auch, wie man sicher sein kann, dass man etwas Wahres glaubt. Nicht jeder implizite Wissensanspruch geht schon damit einher, dass man eine explizite Meinung darüber hat, wie man ihn ausweisen kann. Man kann einen impliziten von einem expliziten Anspruch auf Wahrheit unterscheiden. Der Unterschied kann nicht darin liegen, dass man nach Bestätigung sucht und gegebenenfalls Korrekturen vornimmt. Das tun wir auch bei Erfahrungen, in denen die Erwartungen oder Ansprüche als solche nicht explizit wurden. Aber ein expliziter Anspruch sollte auch in begrifflicher Form verteidigt werden können. Für ihn sollte man daher auch Gründe haben, die einen in dem, was man behauptet, rechtfertigen.

Nun ist auch dieser Unterschied zugegebenermaßen noch nicht sehr klar. Dies betrifft zunächst die Rede von „explizit". Wenn ich von einem expliziten Anspruch spreche, meine ich, dass jemand einen Anspruch explizit vertritt, ihn also thematisiert oder auch theoretisiert. Hegel spricht Tieren zu, in rudimentäre Weisheiten über die Welt eingeweiht zu sein.[20] Das sind Weisheiten, die begrifflich für Hegel erst vom Menschen erfasst werden. Genau genommen, werden sie vom Menschen auch nicht ad hoc als solche erfasst. Auch der Mensch befindet sich oft in Situationen, etwas mit Erwartungen zu adressieren, ohne dass er sich über diese als solche bewusst ist oder sich Rechenschaft darüber abgibt. Aber er kann sich ihrer bewusst werden und auch Rechenschaft über sie ablegen. In der *Phänomenologie* wird dies dadurch gemacht, dass die leitende Frage die Frage ist, wann man etwas erkennt. Das heißt, wie ich noch ausführen werde, dass jemand nicht nur Erwartungen hat, sondern auch sagt, worin diese bestehen und wodurch sich seine Erwartungen rechtfertigen. Er weist, mit anderen Worten, seinen Anspruch irgendwie aus. Für Hegel gehört dies zur Erkenntnis und zur Wissenschaft: Man steht in der Pflicht nachzuweisen, dass das, was man behauptet, auch wahr ist.

Die Rede von einem expliziten Anspruch soll auch heißen, dass die Äußerungen in sprachlicher Form vorliegen und in sprachlicher Form verteidigt werden können müssen. Ein expliziter Anspruch liegt vor, wenn man zum Beispiel sagt: „Hier steht ein Tisch", nicht aber, wenn man nur auf diesen Gegenstand zugehen und sich an ihn setzen würde. Nur bei sprachlichen Äußerungen weiß man, was genau man prüfen soll. Daher ist man auf eine sprachliche Form angewiesen, wenn man seine Ansprüche ausweisen soll. Dies gilt auch dann, wenn man annimmt, dass mit einer sprachlichen Äußerung dieser Art nur explizit gemacht werden würde, was sonst implizit ist. Auch wenn Erfahrungen, die nicht sprachlich sind, Lernprozesse sind, kann man sie als solche nur analysieren, wenn man für sie sprachliche Formen anbietet. Man könnte in der Verbalisierung die Gefahr eines Verlustes sehen. Aber ich denke,

---

[20] *GW* 9, 69, vgl. zu dieser Passage das fünfte Kapitel, Abschnitt 1.3.

dass Hegel einen überzeugend vor folgende Alternative stellt: Entweder man verzichtet auf Explikation – das ist in seinen Augen schon (aber nicht nur) aus psychologischen Gründen unmöglich –, oder man bezieht die Frage der richtigen sprachlichen Form in die Frage nach der Möglichkeit der Erkenntnis mit ein. Das bedeutet, dass man, um überhaupt etwas zu begreifen, die Diskrepanz, die beispielsweise zwischen einem Erlebnis und seiner verbalisierten Form zunächst bestehen mag, in der Explikation überwinden muss.

Eine weitere zu erwähnende Unklarheit, die damit einhergeht, wie ich hier von Wissensansprüchen spreche, betrifft den Begriff „Wissen". Man kann – wie spätestens die Debatte um den Kontextualismus zeigt – dafür oder dagegen argumentieren, etwas als „Wissen" zu bezeichnen, für dessen Fürwahrhalten jemand keine Gründe anführen kann. Mit einer diesbezüglichen Unterscheidung von „Wissen" und „Erkennen", wie sie bei Hegel vorliegt, entfernt man sich allerdings vom gängigen heutigen Sprachgebrauch (wobei das natürlich im Einzelnen genauer untersucht werden müsste). Ich will auf diese Diskussion hier nicht eingehen. Es ist nur festzuhalten, dass es für Hegel Erkenntnis gibt, die sich gegenüber anderen epistemischen Einstellungen dadurch auszeichnet, dass man seinen Anspruch auf Wissen ausweisen kann. Da nicht unmittelbar klar ist, wie man Wissensansprüche überhaupt ausweisen kann (dies will die *Phänomenologie* herausarbeiten), gibt es auch Fälle intendierter Erkenntnis. Mit intendierter Erkenntnis meine ich, dass jemand (möglicherweise erfolglos) versucht, den Anspruch explizit auszuweisen. Es gibt aber auch zahlreiche Weisen unseres Umgangs mit Dingen, in denen wir uns epistemisch zu ihnen verhalten, zum Beispiel, indem wir Erwartungen an Dinge haben oder etwas über sie behaupten, in denen wir diese Ansprüche aber überhaupt nicht (oder jedenfalls nicht begrifflich) versuchen auszuweisen. Da insgesamt gilt, dass derjenige, der etwas für wahr hält, über die Mittel der erfolgreichen Begründung verfügen muss, damit wir von Erkenntnis sprechen können, kann man mit Blick auf Wissen sagen: Wenn jemand nicht über diese Mittel verfügt, so ist sein Wissen ein bloßes Meinen; wenn er über die Mittel verfügt, ist sein Wissen Erkenntnis. „Wissen" wird somit zu einem Begriff, der einen Zustand benennt, der zwischen Meinen und Erkennen liegt. Natürlich könnte man hier einwenden, dass wir mit Wissen nicht einen Zustand meinen, sondern nur dann von „Wissen" reden, wenn eine wahre Meinung gerechtfertigt ist. Aber Hegels Sprachgebrauch will zum Ausdruck bringen, dass der Akt des Rechtfertigens oder Begründens keine Bedingung für ein Wissen im Sinne eines Fürwahrhaltens ist und dass wir dennoch Rechtfertigung oder Begründung als etwas anzusehen haben, das zum Wissen im strengen Sinn gehört. Hierzu wäre noch viel zu sagen und einiges davon werde ich im zweiten Kapitel noch ansprechen. Es geht im Moment aber darum, in welchem Zusammenhang die Frage danach, wann Erkenntnis vorliegt, zu alltäglichen Erfahrungen steht. Die erste von mir oben (1) gegebene Antwort lautete, dass in der *Phänomenologie* Erfahrungen darüber gemacht werden sollen, wie man Wissensansprüche ausweisen kann. Hierfür adressiert man Gegenstände mit der seinen Vorstellungen von Rechtfertigung oder Begründung entsprechenden Erwartungen. Nun will ich versuchen, die letzten Überlegungen (unter 2) zu einer weiteren Antwort zusammenzufassen.

Durch das Ausweisen und Prüfen expliziter Erkenntnisansprüche werden auch die in alltäglichen Erfahrungen relevanten impliziten Ansprüche geprüft. Die *Phänomenologie* ist daher auch eine Analyse alltäglicher Erfahrungen. Wer die *Phänomenologie* liest, der weiß zum Beispiel, was er gelernt hat, wenn er in seinem Leben gelernt haben sollte, dass Verknechtung ein defizitärer Modus menschlichen Zusammenlebens ist. Dass die *Phänomenologie* auf alltägliche Erfahrungen rekurriert und diese auch analysiert, ist allerdings eine These, bei der man einige Komplikationen in Kauf nehmen muss. Zunächst steht dieser These nämlich die Tatsache entgegen, dass die *Phänomenologie* nicht direkt unseren täglichen Umgang mit Gegenständen oder mit der Welt analysiert (in diesem Sinne ist die *Phänomenologie* zumindest zunächst nicht phänomenologisch). Die Bezüge auf Gegenstände stehen unter der Voraussetzung einer bestimmten (zur Prüfung freigegebenen) Auffassung von Erkenntnis, durch welche Erwartungen festgelegt werden. Die Situationen, in denen die in der *Phänomenologie* beschriebenen Erfahrungen gemacht werden, sind also aus der Lebenswelt, sie stehen aber hier unter einer Perspektive, unter der sie im Alltag so normalerweise nicht stehen, indem nach Theorien über mögliche Erkenntnis gefragt wird. Jemand, der zum Tisch geht und sich setzt, kann eine Bestätigung seiner (verbalisierbaren) Erwartung über den Tisch erfahren, aber danach wird so in der *Phänomenologie* nicht gefragt. Geprüft werden soll, ob Begründungen für Annahmen taugen. Die in der *Phänomenologie* interessierende Beweislast trägt der, der eine Behauptung der Art aufstellt: „Ich weiß, dass dort ein Tisch steht, weil ich ihn sehe." (Diese Annahme mag auch denjenigen, der zum Tisch gegangen ist, motiviert haben; das muss aber nicht sein.) Was interessiert, sind die Annahmen über den Tisch, auf die die Person durch die Weise festgelegt ist, wie sie die Wahrheit ihrer Aussage begründen will. Es sind in diesem Sinne philosophische Positionen. So kommt es zum Beispiel, dass die Position zur Erkenntnis lebensfremd in dem Sinne sein kann, dass sie hinter den Stand der alltäglichen (wie Hegel sagt: der allgemeinen) Erfahrung zurückfällt. Die Position der sinnlichen Gewissheit ist naiver als der durch die alltäglichen Erfahrungen geschulte Mensch (und liegt sogar unter dem Wissensstand der Tiere). Mit dem Nachvollziehen des Scheiterns der sinnlichen Gewissheit lernt man nicht nur (wie unter 1 festgehalten), dass das

Gefühl der Gewissheit keine Begründungsinstanz sein kann, sondern lernt auch begreifen, was man im alltäglichen Umgang mit der Welt schon gelernt hat: Dass Dinge ohne begriffliche Verbindung zu anderen Dingen flüchtig sind. Es findet also ein doppelter Lernprozess statt. Man lernt etwas mit Blick auf mögliche Antworten auf die Frage, was Erkenntnis ist (nämlich welche nicht funktionieren und welche vielleicht funktionieren) und man lernt etwas über die Welt. Was man über die Welt lernt, hat man (zumindest zum Teil) vielleicht schon durch Erfahrungen gelernt, aber oft wurde dies nicht begrifflich erfasst, und dann lernt man, was das, was man gelernt hat, explizit heißt. Wenn sich in einer Prüfung zeigt, dass man nicht alle Gegenstände als bloß physikalische betrachten kann, dann korrigiert das erstens jemanden, der in seiner Begründung für Wissen davon ausgeht, dass die Welt ein rein physikalischer Zusammenhang ist. Es korrigiert aber zweitens auch jemanden, der aus welchen Gründen auch immer von allen Gegenständen erwartet, dass sie bloß physikalisch zu betrachten sind. Letzteres kann durch alltägliche Erfahrungen bereits geschehen sein. Dann vollzieht die *Phänomenologie* in expliziter Form nach, was alltägliche Erfahrungen bereits ergeben haben. Allerdings gilt an dieser Stelle zu bedenken: Wenn man Gegenstände mit dem ausdrücklichen Ziel adressiert, sie zu erkennen (wie das in der *Phänomenologie* im Rahmen der Frage, was Erkenntnis ist, gemacht wird), so kann durch diese Operationen auch Neues zustande kommen. Damit meine ich, dass es sein kann, dass man im Akt des Erkennens auch Fakten oder Zusammenhänge herstellt, die so an sich nicht bestanden und vielleicht auch in der alltäglichen Erfahrung so nicht vorkamen.

Das hier ausgeführte Verhältnis von dem, was in der *Phänomenologie* dargestellt wird, und alltäglichen Erfahrungen kann man nach den vorstehenden Überlegungen (unter 1 und 2) so angeben, dass in der *Phänomenologie* Ansprüche explizit gemacht werden. Die Rede von implizit–explizit ist allerdings nach wie vor noch in einigen Aspekten unklar. So kann man Hegel die über das Bisherige noch hinausgehende These unterstellen, dass die in den Erfahrungen impliziten Wissensansprüche irgendwie darauf angelegt sind, explizit gemacht zu werden. In diesem Sinn vertritt Hegel zum Beispiel die These, die Natur käme im Geist irgendwie zu sich. Für eine solche These kann es nach dem bisher Gesagten zwei Gründe geben: Es könnte erstens ein Bedürfnis des Explizitmachens geben (das selbst nicht begründet werden muss). Zweitens könnte man im Anschluss an das, was ich am Ende des letzten Abschnitts über Erkenntnis gesagt habe, auch sagen, dass das Explizieren gewisse Zusammenhänge allererst herstellt, die wir wiederum danach auch in unserem Alltag in Anspruch nehmen. Von dieser über das Bisherige hinausgehenden These zum Verhältnis impliziter und expliziter Ansprüche will ich aber zumindest im Moment absehen, da diese These hier erst mal nicht nötig ist.

Im ersten Abschnitt habe ich gesagt, dass Erfahren eine auf einen Gegenstand gerichtete Tätigkeit ist, in der die Person, die die Tätigkeit ausübt, etwas Neues über den Gegenstand lernt und zwar so, dass es für das Lernen von Bedeutung ist, dass die Tätigkeit von der Person selbst vollzogen und erlebt wird. Alternativ könnte man jetzt mit Blick auf die Bedeutung der Erwartungen von Seiten des Subjekts auch sagen: „Erfahren" nennen wir eine Tätigkeit, in der sich jemand vor dem Hintergrund seiner Erwartungen auf etwas Anderes richtet und dies in einer Integration oder Aneignung dessen mündet, das sich in der Tätigkeit für ihn ergibt. Weiterhin sollte man spezifizieren, wie diese Erwartungen geartet sind. Im Alltag ergeben sich die Erwartungen wahrscheinlich zumeist ebenso wie die Korrekturen aus dem Umgang mit der Welt. Erwartungen können sich aber beispielsweise auch aus dem ergeben, was jemand über die Möglichkeit von Erkenntnis annimmt. In diesem Fall richten sich die Erwartungen auch nach Gesichtspunkten der Funktionalität der Kriterien für Rechtfertigung. Zeigt sich in diesem Fall ein Gegenstand anders als erwartet, so kann man nicht einfach nur das Neue in seine Auffassungen vom Gegenstand integrieren oder diese entsprechend modifizieren. Man muss außerdem überlegen, ob und auf welche Weise man seine Rechtfertigungsstrategien trotz dieser Enttäuschung aufrecht erhalten kann. Die Enttäuschung bestimmter Erwartungen gibt dem Subjekt Hinweise dafür, wie es seine Rechtfertigung besser bewerkstelligen könnte. Zu klären, wie dies genau aussieht, ist eine der Aufgaben des vorliegenden Buches. In der *Phänomenologie* geht es jedenfalls primär um die Erfahrungen, bei denen die Erwartungen sich aus der jeweiligen Konzeption von Erkenntnis ergeben. Diese Erwartungen können, was ihren Inhalt angeht, identisch sein mit denen alltäglicher Erfahrungen. Hierzu noch ein Beispiel: Im Kapitel über Selbstbewusstsein macht ein Bewusstsein, das annimmt, alle Gegenstände seien physikalische Gegenstände, die Erfahrung, dass es Lebendiges gibt. Hierauf wäre die einfache Reaktion, Lebendiges als Vorkommnis in der alltäglichen Welt zu akzeptieren. Dies tut auch das Bewusstsein an dieser Stelle der *Phänomenologie*. Aber darum geht es hier nicht primär. Vor allem muss das auf seine Erkenntniskonzeption hin geprüfte Bewusstsein sich fragen, ob oder inwieweit sich dann seine bisherige Annahme über die Möglichkeit von Erkenntnis aufrecht erhalten lässt oder ob diese voraussetzt, dass Gegenstände als rein physikalische Gegenstände beschrieben werden können.

Über die in der *Phänomenologie* behandelten Erfahrungen ist zu sagen, dass in der *Phänomenologie* zwar durchgehend von den behandelten Positionen Erkenntnis intendiert wird, dass diese Intention aber in den meisten Fällen, die Hegel diskutiert, erfolglos ist. Es sind also enttäuschende oder negative Erfahrungen. Die alltäglichen Erfahrungen mit der Welt, die im Rahmen dieser Abhandlung dargestellt werden, sind dagegen für sich betrachtet, nur manchmal, aber nicht immer enttäuschend. Hier könnte man einwenden, dass sie dann, wenn sie dazu führen, dass Erwartungen aufgegeben werden, nach allem, was ich gesagt habe, auch enttäuschend sein müssen. Dies ist aber deshalb nicht so, weil die entsprechende Gegenstandskonzeption manchmal komplex ist und zumindest Teile der Auffassung von der Welt sich den Erwartungen gemäß bestätigen können. Diese Differenzierung mit Blick auf Erfahrungen ist unter anderem wichtig, um einschätzen zu können, welche Rolle für Hegel Erfahrungen jenseits des Projektes der *Phänomenologie* spielen können. Auf diese Frage werde ich im fünften Abschnitt zurückkommen. Terminologisch werde ich diese Differenzierung durch die Rede von „Erfahrungen im engeren Sinn" und „Erfahrungen im weiteren Sinn" abdecken. Erfahrungen, die im Rahmen des Projekts der *Phänomenologie* gemacht werden können, nenne ich „Erfahrung im engeren Sinn". „Im engeren Sinn" deshalb, weil Hegel von der Umkehr des Bewusstseins redet, und während diese Formulierung mit Blick auf unsere Erwartungskorrekturen im Alltäglichen sicherlich oft übertrieben ist, zeichnet sie die Erfahrungen, die zu einer Änderung in der Konzeption von Erkenntnis führen, aus. Über Erfahrungen im engeren Sinn kann man sagen:[21] (1) Erfahrung spielt in der Beziehung eines Subjekts auf einen Gegenstand eine Rolle, die als Erkenntnisbeziehung intendiert ist. Sie ist die Weise, wie sich der Gegenstand dem Subjekt zeigt, wenn er mit falschen Erwartungen adressiert ist. Erfahrungen stellen eine Art Widerlegung von Annahmen durch den Gegenstand dar, die derart sind, dass das Subjekt sich nach dem, was sich ihm zeigt, richten kann.

Die Unterscheidung zwischen Erfahrung im engeren und im weiteren Sinn braucht man, um bestimmte Prozesse in der *Phänomenologie* verstehen zu können. Beispielsweise lässt sich so zur Einführung des Lebendigen im vierten Kapitel der *Phänomenologie*, mit der ich mich später noch ausführlich beschäftigen werde, sagen: Obwohl, wie hier klar wird, sich nach Hegel ein Gegenstand durchaus als das zeigen kann, was er ist (indem sich das lebendige Wesen als selbständig zeigt), ist Hegels Darstellung der Erfahrungen von Lebendigem und lebendigem Selbstbewusstsein nicht hierauf konzentriert. Durch die Erfahrung des Lebendigen soll sich hier etwas darüber zeigen, wie

---

[21] Dies ist die erste von vier Bestimmungen, die in den Abschnitten zwei und vier gegeben werden.

Gegenstände begrifflich bestimmt sind. Daher erstrecken sich die Erwartungen des Subjekts in diesem Fall auf das Selbstbewusstsein und sein Verhältnis zum Gegenstand, und das Subjekt soll prüfen, ob es sich als der Grund für die begriffliche Bestimmtheit verstehen kann. Dies wird durch die Erfahrung (im engeren Sinn) verneint.

Allgemein kann man sagen, dass Erfahrungen im engeren Sinn sich gegenüber Erfahrungen im weiteren Sinn dadurch auszeichnen, dass das Subjekt bewusster agiert und aktiver ist. Es hat nicht nur eine beliebige falsifizierbare Erwartung, sondern ist der Überzeugung, dass es diese Erwartung auch als wahr behaupten und verteidigen kann. Mit dieser Auszeichnung kann eine Reihe von wichtigen weiteren Unterschieden einhergehen. Man kann sogar sagen, dass nur die epistemische Beziehung auf einen Gegenstand Erfahrungen im engeren Sinn hervorruft, durch die tatsächlich eine *Position* zur Erkenntnis vertreten wird. Hierbei ist zu bedenken, dass Hegel im Verlauf der *Phänomenologie* zum Thema machen will, in welchem Sinn theoretische Positionierungen bei der Frage nach Erkenntnis überhaupt sinnvoll sind. Die *Phänomenologie* beginnt daher zwar mit der Prüfung klarer Positionen, später (spätestens im Geist-Kapitel) sind diese Positionen aber nicht mehr so klar. Das hängt nicht nur damit zusammen, dass – wie ich oben sagte – die geprüften Auffassungen von Erkenntnis immer mehr Lebenszusammenhänge in ihre Begründungen einbeziehen. Sie verstehen sich auch – wie ich im fünften Abschnitt ausführen werde – zum Teil gar nicht mehr als einzelne erkenntnistheoretische Position, sondern als etwas, das sich geschichtlich als die richtige Auffassung herausgebildet hat.

Nach diesen Ausführungen zur Erfahrung sollte noch eine Eigentümlichkeit von Hegels Projekt in der *Phänomenologie* betrachtet werden. Hegel unterscheidet in der *Phänomenologie* zwischen Beobachter und Bewusstsein. Diese Unterscheidung wird schon in der Einleitung als grundlegend für das Projekt eingeführt und auch mit dem Begriff der Besonderheit der Erfahrungen in der *Phänomenologie* in Verbindung gebracht. Der Beobachter ist jemand, der die Erfahrungen nicht aktuell macht, sondern sie analysiert. Während das Bewusstsein etwas erfährt, wählt Hegel mit Blick auf den Beobachter Ausdrücke wie: „Wir sehen", „wir kommen dahin".[22] Es scheint aber, als könnte man in beiden Fällen, also sowohl beim Bewusstsein als auch beim Beobachter, sagen, dass sich ihnen *etwas zeigt*. Worin liegt dann der Unterschied von Sehen (im Sinne des Beobachters) und Erfahren? Die nach den obigen Ausführungen nahe liegende Antwort lautet, dass das Bewusstsein die Erfahrungen selbst durchlebt bzw. an ihnen beteiligt ist. Man kann daher hier noch einmal darauf hinweisen: Erfahrungen gehen mit einem Erlebnisgehalt einer und

---

[22] Etwa *GW* 9, 67.

ihnen haftet dadurch etwas Unmittelbares und Persönliches an. Diese Unmittelbarkeit verlieren Erfahrungen, wenn man sie aus der Distanz betrachtet oder auf sie zurückblickt und wenn man sie aus der Perspektive einer dritten Person analysiert. Mit Erfahrung ist ein Erlebnisgehalt verbunden, der sogar als *Nötigung* beschrieben werden kann. Dass der Erlebnisgehalt so etwas wie Nötigung impliziert, hängt damit zusammen, dass das, was erfahren wird, den eigenen Erwartungen widerstehend auftritt. Was erfahren wird, widersteht einem und hält einen zurück, zugleich drängt einen das Interesse aber auch weiter und daher muss man irgendwie auf den Widerstand reagieren.[23] Das kann in vielen Fällen, in denen wir etwas erfahren ganz harmlos und beinahe unbemerkt vor sich gehen. Je mehr die Erwartungen – wie die in der *Phänomenologie* dargestellten – mit unserem elementaren Welt- und Selbstverständnis zusammenhängen, umso mehr können wir diese Nötigung aber sogar als etwas Gewaltsames erleben. Und dies vielleicht noch besonders, wenn wir uns auf eine Position festgelegt haben. Aus der Perspektive der dritten Person wird diese Nötigung nicht empfunden. Aber an die Stelle des Gefühls der Nötigung tritt etwas anderes: Wenn man sagt, jemand erfährt etwas, dann meint man damit in der Regel, dass das, was erfahren wird, etwas Wahres ist, und eine Korrektur der Meinungen dessen, der etwas erfährt, bewirkt. Man kann daher aus der Perspektive der dritten Person oft sagen, dass es richtig oder sogar notwendig war, dass jemandes Erwartungen durch die Erfahrung korrigiert wurden. Notwendig sind die Korrekturen in dem Sinn, dass sie gemacht werden müssen unter der Voraussetzung, dass das, was wir behaupten, mit dem, was wir erfahren, nicht in einem Widerspruch stehen darf. Man könnte daher auch sagen, die Korrekturen waren erforderlich. Erfahrungen gehen demnach mit einer Nötigung einher, die der, der Erfahrungen macht, direkt erlebt, während sie aus der Perspektive der dritten Person als notwendige Korrekturen einer falschen Erwartung interpretiert werden können. Die Unterscheidung zwischen Bewusstsein und Beobachter der Erfahrung ermöglicht es dem Leser daher, eine doppelte Perspektive einzunehmen – eine, in der die Nötigung nachvollzogen wird, und eine, in der die Notwendigkeit der Korrektur der Annahmen klar wird.

Auf Basis des bisher Gesagten kann über Hegels Unterscheidung zwischen einem Bewusstsein oder Subjekt der Erfahrung und einem Beobachter aber noch mehr gesagt werden. Normalerweise ist es, wie ich oben gesagt habe, nicht so wichtig, wie die Erwartungen entstanden sind. Aber bei der Frage

---

[23] Wie sich im Verlauf der *Phänomenologie* zeigt, ist es oft sogar so, dass gegen das, was erfahren wird, ein Widerstand des Bewusstseins besteht, der nur aufgegeben wird, wenn es unvermeidlich geworden ist. So soll zum Beispiel die Aufgabe des Anspruchs des selbstbewussten Individuums, allein bestimmend zu sein, nur dadurch zustande kommen, dass die Vernichtung des eigenen Lebens ansteht (*GW* 9, 112 f.).

nach Erkenntnis sollen diese Erwartungen nach Konzeptionen zur Erkenntnis gebildet sein. Der Beobachter, der die Notwendigkeit des Übergangs von einer Position zur nächsten im Blick hat (und nicht die Nötigung spürt), erhält eine systematische Aufklärung zur Frage, was Erkenntnis ist. Normalerweise sind Erfahrungen zwar eine Art von Lernprozess oder Aneignung von Neuem, aber dieser Prozess muss nicht ganz durchschaut werden und er muss demjenigen, der ihn durchlebt, auch nicht gegenwärtig bleiben. In der Analyse von Erfahrungen tritt dagegen der Prozess in den Blick. Der Beobachter sieht nicht nur eine Position, sondern auch, wie diese entstanden ist. Im Fall einer systematischen Aufklärung zur Frage nach Erkenntnis ist dies erforderlich.

Als zweite, sehr grobe Bestimmung der Erfahrung im engeren Sinn kann nach diesen Überlegungen festgehalten werden, dass (2) das Machen von Erfahrungen im engeren Sinn das Einnehmen einer Position voraussetzt, deren Aufgabe mit einem starken Erlebnisgehalt verbunden ist, während der Gehalt dieser Erfahrungen auch im erinnernden Nachvollzug oder in der Beobachtung und Analyse gegenwärtig sein kann.

3. Erfahrung als Lernprozess

Vergegenwärtigt man sich die erste oben[24] gegebene Bestimmung des Begriffs der Erfahrung im engeren Sinn, dass nämlich Erfahrungen immer eine Art Widerlegung von Annahmen des Subjekts sind, so stellt sich die Frage, wie genau man aus diesen Widerlegungen etwas lernen soll. Dies betrifft die Frage danach, wie Hegel den Fortgang der *Phänomenologie* denkt, denn diese soll einen durch Erfahrung geleiteten Lern- oder Bildungsprozess des Bewusstseins darstellen.[25] Klar ist nach dem Bisherigen, dass das Subjekt einen Hinweis für die richtige Antwort schon dadurch erhält, dass Möglichkeiten für das, was es sucht, ausgeschlossen werden. Jede neu gewählte Position zu der Frage, wann Erkenntnis vorliegt, ergibt sich daraus, was man über den Gegenstand erfahren hat, und aus dem, wonach man sucht, nämlich nach der Antwort auf die Frage, wie sich eine Wissensbehauptung rechtfertigen lässt. Man kann daher grob sagen, dass die Erfahrung das direkt widerlegt, was über Erkenntnis angenommen wurde. Aber sie bringt indirekt auch etwas Positives zu der Frage, wie Erkenntnis möglich ist, zum Vorschein. Die direkte negative Erfahrung

---

[24] Abschnitt 2, S. 55
[25] „Die Reihe seiner Gestaltungen, welche das Bewußtsein auf diesem Wege durchläuft, ist vielmehr die ausführliche Geschichte der *Bildung* des Bewußtseins selbst zur Wissenschaft" (*GW* 9, 56).

ist ihrem Gehalt nach eindeutig: Es wird verneint, was geglaubt wurde. Hier kann das Bewusstsein nichts missverstehen. Aber dasjenige, was sich tatsächlich mitteilt, kann für das Bewusstsein durchaus so geartet sein, dass es es nicht richtig begreift. Das Bewusstsein wird das, was es erfährt, gemäß seinen Ressourcen interpretieren und möglicherweise als das, was es ist, verfehlen.

Um diesen Prozess genauer zu verstehen, sollte man verschiedene Aspekte unterscheiden. Zunächst kann man (1) die Erfahrung von etwas und (2) die Interpretation der Erfahrung unterscheiden, die eine neue Position bedingt. Ich werde den Prozess am Beispiel der Position aus dem Kapitel der sinnlichen Gewissheit darlegen. Zunächst zur Erfahrung (1): In Hegels Darstellung sieht es so aus, als zeige sich dem Bewusstsein in der Erfahrung durchaus etwas Positives, indem seine bestimmten Erwartungen enttäuscht werden. Zum Beispiel erfährt die Person, welche die Position der sinnlichen Gewissheit bezieht, nicht nur das Scheitern ihrer Position, indem sie nicht behaupten kann, den Gegenstand und sich selbst als „reines Dieses" erkannt zu haben. Vielmehr erfährt die Person auch, dass der Gegenstand und das *Ich* etwas „Allgemeines" sind.[26] Nun sind sie das (nach Hegel) tatsächlich. In welchem Sinn sie es sind, wird sich im weiteren Verlauf der *Phänomenologie* herausstellen (und ich werde es noch zu erklären versuchen). Es hat sich dem Bewusstsein also in der Erfahrung zumindest indirekt etwas Wahres gezeigt.

Wie kommt das Bewusstsein darauf, dass der Gegenstand etwas Allgemeines ist? Folgt man dem, was zur Erfahrung gesagt worden ist, muss dies zumindest auch daran liegen, dass es etwas gibt, das die Erwartungen, die an den adressierten Gegenstand unter der Fragestellung, wie Erkenntnis möglich ist, herangetragen wurden, besser erfüllt. Dies mag zunächst überraschen. Das Bewusstsein sollte nach dem bisher Gesagten in seinen Annahmen widerlegt und in seinen Erwartungen enttäuscht werden. Dies ist auch tatsächlich der Fall. Zugleich gilt aber: Die Enttäuschung besteht darin, dass das Bewusstsein seine Erwartungen nicht in der Weise bestätigt findet, auf die es ausgerichtet war. Es zeigt sich ihm aber etwas anderes, und zwar etwas, das es nicht erwartet hatte, das seine Erwartungen aber besser erfüllt. Dies kann man wiederum nur verstehen, wenn man bedenkt, dass das Bewusstsein, von dem die *Phänomenologie* handelt, zwei Erwartungen miteinander verbindet: Die Erwartung, dass es den Gegenstand erkennen kann, und die bestimmte Erwartung über die Verfasstheit des Gegenstands. Während die bestimmte Erwartung enttäuscht wird, gilt das nicht in derselben Weise für die Erwartung, dass der Gegenstand erkannt werden kann. Hier scheint es etwas zu geben, das diese Erwartungen erfüllen könnte. Das Bewusstsein muss sich daher selbst ändern,

---

[26] „Die sinnliche Gewißheit erfährt also [...] der Gegenstand und ich sind Allgemeine", *GW* 9, 66 f.; dies werde ich im dritten Kapitel erläutern.

das heißt, es muss sich in seiner bestimmten Erwartung des Gegenstands nach dem richten, was seine Erwartungen auf Erkenntnis erfüllen könnte, auch wenn dies bedeutet, dass es seine ursprüngliche Position damit aufgibt. Tut es dies, vollzieht es eine Wandlung. Es vollzieht, wie Hegel sagt, „eine Umkehrung seiner selbst" (*GW* 9, 61), und gewinnt so eine neue, vielversprechendere Position. Der Begriff „Umkehrung" bezeichnet das reflexive Moment der Bewegung, das heißt, er verweist darauf, dass das Bewusstsein sich nach der Erfahrung, die es mit dem Gegenstand macht, sich selbst zuwenden und ändern muss.

Was ich soeben ausgeführt habe, klingt so, als würde das Bewusstsein etwas als etwas Positives erfahren, als würde es zum Beispiel den Gegenstand, den es als reines Dieses adressiert hat, als etwas Allgemeines erfahren. Aber wenn der Gegenstand als Allgemeines erfahren wird und wenn er tatsächlich als Allgemeines so geartet wäre, dass durch ihn gute Begründungen für Wissensbehauptungen gegeben werden könnten, dann könnte man die Frage, wie Erkenntnis möglich ist, ganz einfach beantworten und müsste nicht den Prozess der *Phänomenologie* durchlaufen. Die entscheidende Frage für das Verständnis des Prozesses der *Phänomenologie* ist daher: Was ist wirklich positiv erfahren worden? Tatsächlich ist Hegel nicht der Meinung, dass etwas Positives erfahren worden ist, wenn man damit meint, dass etwas als etwas Bestimmtes erfahren worden ist. Bestimmt hat sich nur ergeben, dass die bisherige Annahme über den Gegenstand falsch ist.[27] Wie wurde das Allgemeine erfahren? Um diese Frage zu beantworten, ist zunächst der zweite (2) oben angekündigte Aspekt zu betrachten, das heißt, die Frage zu beantworten, wie das Bewusstsein dasjenige, was sich ihm zeigt, seinen Ressourcen gemäß interpretiert. Mit anderen Worten: Wie kommt es zu neuen bestimmten Erwartungen darüber, was der Gegenstand ist? Hierzu ist noch einmal auf Hegels Bestimmung von Erfahrung zurückzukommen:

„Diese dialektische Bewegung, welche das Bewußtsein an ihm selbst, sowohl an seinem Wissen als an seinem Gegenstande ausübt, *insofern ihm der neue wahre Gegenstand daraus entspringt*, ist eigentlich dasjenige, was Erfahrung genannt wird" (*GW* 9, 61; Herv. von Hegel).

Hegel sagt hier, dass dem Bewusstsein etwas über den Gegenstand klar wird, was damit zusammenhängt, mit welchen Erwartungen es auf den Gegenstand gerichtet war. Die Erwartung ist in unserem Beispiel der sinnlichen Gewissheit, dass der Gegenstand etwas Einzelnes ist (mit dieser Erwartung ist das

---

[27] So meint Hegel auch, dass sich nur aus einem bestimmten Negativem etwas Positives ergeben könne, vgl. Vorrede und Einleitung der *Phänomenologie* (*GW* 9, 42 und *GW* 9, 57).

Bewusstsein auf den Gegenstand gerichtet) und dass man zur Begründung
seiner Wissensbehauptung auf den so gearteten Gegenstand Bezug nehmen
kann (damit ist es auf sein Wissen gerichtet). Klar wird dem Bewusstsein in
dem, was es erfährt, dass der Gegenstand für seine Funktion bei der Wissensbegründung
etwas Allgemeines sein muss und dass der Gegenstand, an den
es sich richtet, dies auch ist. Genauer: Die Annahme, die das Bewusstsein
gemacht hatte – also im Fall der sinnlichen Gewissheit: „Der Gegenstand ist
das reine Diese", – wird durch die Erfahrung verneint. Die Annahme wird
aber nicht einfach pauschal verneint, sondern es wird verneint, dass das *bestimmte*
Behauptete über den Gegenstand wahr ist, auf den sich die Annahme
bezogen hatte. Der Gegenstand bleibt also etwas, auf das man bezogen ist,
ohne dass die Annahme über ihn sich bewahrheitet. Damit wird gesagt, dass
die Verneinung der bisherigen Annahme über den Gegenstand wahr ist. Im
Fall der sinnlichen Gewissheit müsste das etwa so lauten: Der Gegenstand als
Dieses ist nicht ein Einzelnes. Das heißt, dass der Gegenstand als Dieses etwas
Existierendes ist, ohne dass er als etwas Einzelnes existiert. Etwas Existierendes,
das nicht als Einzelnes existiert, nennt Hegel Allgemeines. Der Gegenstand
als Dieses ist daher etwas Allgemeines. Wichtig ist hier Folgendes: Die
erste Annahme über den Gegenstand wird nicht einfach aufgegeben, sondern
wird (lax gesagt) mit einer anderen Annahme kombiniert. Die Kombination
der Annahmen ist ein logischer Prozess, den der Beobachter analysiert. Die
Kombination entspricht dem, was das Bewusstsein erfahren hat, in folgender
Weise: Es hat sich dem Individuum gezeigt, dass es etwas Allgemeines gibt.
Dadurch hat sich auch gezeigt, dass seine Erwartungen einer möglichen Erkenntnis
(über die Existenz des Gegenstandes) irgendwie berechtigt waren,
aber in anderer Weise, als es es erwartet hatte. Es muss daher einen diese
Erwartungen erfüllenden Gegenstand geben, obwohl die bestimmten Erwartungen,
die bisher unterhalten wurden, enttäuscht wurden. Von sich aus gibt
die Erfahrung ihm jedoch keinen neuen bestimmten Gegenstand. Diese Bestimmung
wird erst erreicht, wenn das Bewusstsein die Verneinung seiner
bestimmten früheren Annahme realisiert. Weil dieser Schritt vom Bewusstsein
gemacht werden muss, spricht Hegel in dem angeführten Zitat davon,
dass das Bewusstsein die Bewegung selbst vollzieht. Das soll heißen, dass das
Bewusstsein dazu übergehen muss, sich eine neue bestimmte Vorstellung zu
machen, also beispielsweise darüber, was der Gegenstand als Allgemeines ist.
Das so geartete positive Ergebnis der Verneinung seiner früheren Vorstellung
stellt den Gegenstand der neuen Position dar. So verstehe ich auch Hegels
Bemerkung, dass der neue Gegenstand sich uns als „geworden" zeige „durch
eine Umkehrung des Bewußtseins seiner selbst" (*GW* 9, 61). Auf diese Weise
entsteht unter der Fragestellung, wie Erkenntnis möglich ist, eine neue be-

stimmte Annahme über den Gegenstand, die zumindest in gewisser Hinsicht das Gegenteil der vorherigen Annahme besagt. Wie dies genauer aussehen soll, wird sich in der Darstellung der Positionen zeigen. Mit „Umkehrung" ist jedenfalls nicht nur gemeint, dass das Bewusstsein eine radikale Änderung seiner Annahmen, die durch die Erfahrung mit dem Gegenstand bedingt ist, selbst vollziehen muss, insofern es neue bestimmte Annahmen aufstellen muss. „Umkehrung" nennt Hegel diese Bewegung vor allem, weil die durch die neuen Annahmen definierte neue Position zumindest in gewisser Hinsicht das Gegenteil der früheren bedeutet.[28]

Folgt man diesen Ausführungen, so kommt das Bewusstsein nicht durch eine Reflexion zu seiner neuen Position. Es reflektiert nicht etwa in folgender Weise: Wenn meine Erwartungen an den Gegenstand irgendwie berechtigt sein sollen, so muss es etwas Allgemeines geben usw. Vielmehr hat sich seine Position bereits durch Erfahrungen gewandelt, bevor es auf diese Wandlungen reflektiert,[29] indem es beim Versuch der Begründung seiner Wissensbehauptung auf den Gegenstand als etwas Allgemeines Bezug genommen hat. Gleichwohl spielt in der Wandlung Reflexion eine Rolle, indem das Bewusstsein seine Erfahrungen mit dem Gegenstand auf seine Konzeption von Erkenntnis bezieht. Die Entstehung des neuen Gegenstands kommt insofern durch eine Reflexion zustande, als der neue Gegenstand vom Bewusstsein als etwas Bestimmtes gedacht wird. Das Bewusstsein interpretiert den Gegenstand als etwas Allgemeines im Rahmen seiner bisherigen Annahme über den Gegenstand. Nur in dem, was negiert wird, ist die Erfahrung eindeutig, während das, was positiv erfahren wird, für denjenigen, der es erfährt, durchaus in gewisser Weise unbestimmt ist und interpretiert werden muss. Der Unterschied von Ergebnissen der Prüfungen, die für das Bewusstsein eindeutig

---

[28] Pippin (2008) hat mit Blick auf Hegels Bestimmung der Erfahrung als „Umkehrung des Bewußtseins" die These vertreten, dass Hegel bei Erfahrung vor allem an religiöse Konversion denke (17). Darin, so Pippin, liegt gerade das Problem, denn von diesen Formen der Erfahrung nehmen wir an, dass sie keinen Logos besitzen. Folgt man meiner Interpretation, würde man eher sagen, die Umkehr entspricht einem Wandel in meinen grundlegenden metaphysischen Behauptungen (ein gutes Beispiel für eine solche Umkehr ist die kopernikanische Wende). Für diese Art von Umkehrung ist das, was Hegel über Erfahrung sagt, durchaus unmittelbar einleuchtend: Dieser Wandel mag dadurch zustande kommen, dass wir plötzlich etwas anders sehen und uns daher zu diesem Wandel genötigt sehen. Aber einem derartigen Wandel würden wir auch gerne zusprechen, Resultat eines vernünftig nachzuvollziehenden Prozesses zu sein.

[29] Dass in der *Phänomenologie* die Reflexion auf das Gedachtsein das Movens des Fortschritts ist, hat etwa Henrich (1971, 87) vertreten. Dies gilt meines Erachtens (nur) insofern, als dass das Bewusstsein seine Bezogenheit auf den Gegenstand bei der Wandlung innerhalb einer Position von Anfang an bedenkt. Das bedeutet aber nicht, dass die Umkehr aufgrund von Reflexionen zustande kommt. Der Idee, dass der Wandel *aufgrund* von Reflexion stattfindet, folgen diejenigen Interpreten, die meinen, das Movens der *Phänomenologie* sei die Beseitigung von Inkonsistenzen. Hierauf werde ich in Abschnitt 5.1 zurückkommen.

sind, und solchen, die für es noch unklar sind, ist eine Bedingung dafür, dass in der *Phänomenologie* eine über Erfahrungen motivierte Entwicklung stattfinden kann. Dass die Bewegung, wie Hegel in dem Zitat sagt, „dialektisch" ist, bedeutet, dass die Bewegung auf dem Umweg über Enttäuschung und Verneinung zu ihrem jeweils zwischenzeitlichen Ergebnis führt.[30]

Die vom Bewusstsein gegebene bestimmte Interpretation des Gegenstands als etwas Allgemeines muss einer neuen Prüfung unterzogen werden. Dies geschieht im zweiten Kapitel der *Phänomenologie*. Diese bestimmte Interpretation wird sich auch als unhaltbar herausstellen. Da das Bewustsein seinen Gegenstand (und sich) diesmal schon mit der Erwartung prüft, dass er etwas Allgemeines ist, wird sich durch diese Prüfung konkreter zeigen, was der Gegenstand als Allgemeines ist. Dies wird wieder so vor sich gehen, dass die bestimmte Erwartung enttäuscht wird. Und so wird es weitergehen, bis keine Enttäuschungen dieser Art mehr auftreten. So bilden sich das Bewusstsein, seine Vorstellungen vom Gegenstand und seine Auffassung darüber, was Erkenntnis ist, in der Erfahrung.[31] Im Folgenden soll vor dem Hintergrund des Erfahrungsbegriffs die Relation von Subjekt und Gegenstand noch eingehender erläutert werden. Auf die Frage, inwiefern der hier beschriebene Prozess eine Prüfung darstellen soll, werde ich im zweiten Kapitel genauer eingehen.

4. Die Relation von Subjekt und Gegenstand

4.1 Das Subjekt der Erfahrung

Folgt man den bisherigen Ausführungen, zeichnet sich jede Erfahrung (nicht nur Erfahrung im engeren Sinn) dadurch aus, dass das Subjekt etwas von etwas erwartet und diese Erwartung bestätigt oder widerlegt wird. Dadurch kommen der Beziehung des Subjekts zum Gegenstand in Erfahrungen immer zwei Merkmale zu: (1) Sie ist eine epistemische Beziehung. (2) Die Beziehung

---

[30] Auch später sagt Hegel häufiger, dass wir in Beziehungen auf den Gegenstand eine Dialektik erfahren (etwa *GW* 9, 66): Das Bewusstsein intendiert zwar etwas, aber das Umgekehrte von dem, was herauskommt. Dies gilt auch für die folgenden Szenarien: Der Herr will selbständig sein, aus dem Versuch der Realisierung dieses Willens resultiert aber die Unselbständigkeit: „[D]ie Herrschaft zeigte, daß ihr Wesen das Verkehrte dessen ist, was sie sein will" (114). Dass wir auch über uns selbst als selbstbewusste Wesen nur indirekt, vermittelt über die Erfahrung von Anderen, etwas herausbekommen können, ist eine in sich interessante These, die, wie sich hier andeutet, aber vollständig in Kontinuität mit Hegels Erfahrungsbegriff insgesamt steht.

[31] In diesem Sinne sagt Hegel, dass „die Seele" durch „die vollständige Erfahrung ihrer selbst zur Kenntnis desjenigen gelangt, was sie an sich selbst ist" (*GW* 9, 55).

ist so, dass sich das Subjekt dadurch, dass es um seine eigenen Vorstellungen geht, immer auch auf sich selbst bezieht. Denkt man die Beziehung vom Subjekt ausgehend, kann man daher sagen, die Beziehung ist selbstbezüglich. Beide Merkmale sind für die Erfahrungen, die das Subjekt in der *Phänomenologie* mit Blick auf die Frage nach der Möglichkeit von Erkenntnis macht, wichtig. Ich werde diese Merkmale kurz erläutern.

(1) Für Erfahrungen adressiert das Subjekt den Gegenstand mit Erwartungen. Diese Erwartungen implizieren, dass etwas tatsächlich so ist, wie es vorgestellt, angenommen oder behauptet worden ist. Die Erwartungen, die für Erfahrungen eine Rolle spielen, sind also immer (implizit oder explizit) mit einem Wissensanspruch verbunden. Erfahrungen sind an eine im allerdings weiten Sinn epistemische Einstellung gekoppelt. Folgt man diesen Bestimmungen, ist auch die Annahme nahe liegend, dass die bestimmten Erwartungen des Subjekts sich nicht nur auf den direkt adressierten Gegenstand erstrecken, sondern auch auf andere Gegenstände und letztlich, zumindest indirekt, auf etwas, das man den Inbegriff aller Gegenstände der Welt nennen kann. Jede Erfahrung steht also im Zusammenhang mit einer Vorstellung von der Welt.

In diesem Kontext ist zu fragen, ob wir uns überhaupt nicht-epistemisch zur Welt verhalten können. Eine Frage kann lauten, ob es sinnvoll ist, schon bei relativ einfachen Prozessen, in denen Erwartungen eine Rolle spielen, von Wissensansprüchen zu sprechen. Dies habe ich schon thematisiert. Die Rede von Wissensansprüchen ist, so habe ich behauptet, deshalb hier angebracht, weil man hinsichtlich der Erfahrungen anleitenden Erwartungen von einer richtigen und einer falschen Erwartung sprechen können muss. Ob es auch einen unbewussten Prozess von Enttäuschungen oder Entsprechungen von Erwartungen gibt, bei dem dies vielleicht nicht möglich oder sinnvoll ist, kann offen bleiben. Man würde in solchen Fällen nicht von Erfahrungen sprechen. Die Rede von Wissensansprüchen ist in diesem Kontext nach obigen Ausführungen dann weiterhin sinnvoll aufrecht zu erhalten, wenn man, wie Hegel dies tut, von diesen uns anleitenden Erwartungen solche Einstellungen (begrifflich) unterscheiden kann, in denen wir auch explizit unsere Ansprüche verteidigen können.

Neben dieser Frage, ab wann man sinnvoller Weise von Wissensansprüchen reden sollte, ist auch zu fragen, ob unter der Voraussetzung, dass schon bewusste erwartungsgeleitete Beziehungen als epistemische verstanden werden, überhaupt noch ein nicht-epistemischer Umgang mit der Welt angenommen werden kann. Wird so nicht alles Verhalten oder zumindest alles bewusste

Verhalten an eine epistemische Einstellung gebunden? Von dieser Frage kann hier aber noch abgesehen werden.[32] Erfahrungen sind jedenfalls keine nicht-epistemischen Umgangsweisen mit der Welt.

Wenn ich behaupte, dass Erfahrungen an eine epistemische Einstellung gekoppelt sind, dann meine ich also nicht nur, dass man sich in Erfahrungen eine Art von Wissen aneignet, sondern auch, dass Erfahrungen vor dem Hintergrund von Erwartungen gemacht werden, die Wissensansprüche implizieren. Diese Art von Gerichtetsein ist, wie ich im letzten Abschnitt gezeigt habe, essentiell für Hegels Verständnis der Herausbildung neuer Positionen zur Erkenntnis. Denn das, was dem Subjekt in der Erfahrung über den Gegenstand der Erkenntnis bewusst wird, hängt wesentlich mit seinen früheren Erwartungen und Einstellungen zusammen.

(2) In der Beziehung des Subjekts auf den Gegenstand oder die Welt findet in Erfahrung immer eine Rückkopplung statt. In einer Beziehung, in der sich ein Subjekt mit der Erwartung auf Bestätigung auf etwas bezieht, bezieht sich das Subjekt immer auch auf sich selbst. Dies gilt für jede Art von Erwartungen. Zunächst ist damit gesagt, dass das Subjekt sich, wenn es Erfahrungen macht, im Beziehen auf den Gegenstand auch auf sich bezieht, indem es erfährt, ob seine Erwartungen richtig waren. Nahe liegend ist aber darüber hinaus, dass mit diesen Vorstellungen vom Gegenstand und der Welt auch bestimmte Vorstellungen von sich selbst als Bewusstsein und als erkennendem Subjekt einhergehen. Ein Individuum kann von sich als Subjekt der Erfahrung unterschiedliche Vorstellungen haben. Zu diesen Vorstellungen von sich und von der Welt gehören weiterhin einige grundlegende Überzeugungen, die festlegen, in welcher Beziehung man sich zur Welt sieht und wie man sich der Welt gegenüber in bestimmten Situationen verhält. Man kann daher von einer *Haltung zur Welt* sprechen. Als Erkenntnissubjekt kann man annehmen, dass man als Mitglied einer vernünftigen Gemeinschaft vernunftbestimmt ist. Dann wird man sich anders verhalten als jemand, der glaubt, die Welt nur unmittelbar wahrnehmend erkennen zu können. Man wird zum Beispiel umsichtiger um Einigkeit mit Anderen bemüht sein. Dieser Selbstbezug wiederum ist besonders wichtig für die Frage danach, wie man Wissensbehauptungen begründet. Dies deshalb, weil das Subjekt seine Konzeption von Erkenntnis korrigieren soll und sich dafür in der Erfahrung von etwas auf sich beziehen können muss.[33]

---

[32] Diese Frage wird in Kapitel 3 diskutiert.
[33] Das heißt mit Blick auf den Verlauf der *Phänomenologie*: Schon die Vertreter der von Hegel im Abschnitt über das Bewusstsein diskutierten Positionen nehmen auch ausdrücklich auf sich Bezug. Sie tun dies, indem sie zum Beispiel auf sich als diejenigen verweisen, die etwas wahrnehmen, um die Wahrheit einer Behauptung zu begründen, oder indem sie Widersprüche in ihren Behauptungen damit zu erklären versuchen, dass sie sich täuschen könnten. Auf die

Man sieht an dieser Stelle besonders gut, wie dem Projekt, die Frage nach der Erkenntnis zu beantworten, durch den Bezug zur Erfahrung eine existentielle Bedeutung gegeben wird. Das soll unter anderem heißen, dass Begründungen für Wissensbehauptungen mit Blick auf ihre handlungstheoretischen und psychologischen Aspekte hin betrachtet werden. Dasjenige, worauf man sich richtet, behandelt man, mehr oder weniger bewusst, entsprechend den Erwartungen, die man hat, zum Beispiel mit Begierde oder mit Gleichgültigkeit. Dass in Erfahrungen die Erwartungen bestätigt oder widerlegt werden, muss sich dann auch in den entsprechenden Handlungen zeigen. Man erfährt, ob das, was man tut, sinnvoll ist. Wenn ich mich – wie es der Erfahrung der Entfremdung entspricht – in der Erwartung an die Welt richte, dass die Dinge in einer Weise vernunftbestimmt sind, durch die ich mich als vernunftbestimmtes Wesen unschwer in ihnen wiederfinden kann, ich dann aber die Dinge nur als mir fremd erfahre, geht es nicht mehr nur darum, ob ich mit meinen Überzeugungen über mich und die Dinge Recht oder Unrecht habe, sondern auch darum, ob ich mit dem, was ich tue, indem ich mich meinen Überzeugungen entsprechend verhalte, meinen eigenen Intentionen widerspreche. Nicht ein Argument, sondern die Einsicht, dass das, was ich tue, gar nicht sinnvoll ist, nötigt mich zu einer neuen Position zur Erkenntnis. Außer dieser These, dass Prüfungen von Überzeugungen so vollzogen werden können, dass die Sinnhaftigkeit einer Handlung als Prüfstein angesehen werden kann, lässt sich unter Voraussetzung der Annahme, dass das Subjekt seine Überzeugungen durch seine Haltungen verkörpert, folgende These vertreten: Die Frage danach, wie wir erkennen, ist keineswegs nur eine theoretische oder abstrakte Frage, sondern von der Antwort auf sie hängt ab, ob wir ein Verhältnis uns selbst und der Welt gegenüber ausbilden, das friedlich und versöhnlich ist und mit dem wir zufrieden sind. Diese Dimension von Erkenntnis hängt wohlgemerkt schon mit der Ausrichtung an Erfahrung beim Erkennen zusammen: Mit dem Ziel etwas zu erkennen, ist nicht vereinbar, dass dem, was man zu wissen beansprucht, die Erfahrungen widerstehen. Wer etwas erkennt, ist durch seine Erfahrungen mit ihm befriedigt. Wenn das Subjekt Erfahrungen macht, die es letztlich frustrieren oder die gewaltsam sind, so liegt dies auch daran, dass das Subjekt falsche Erwartungen und Haltungen verkörpert.

Die bisher angestellten Überlegungen bieten nicht nur eine Erklärung dafür, dass Hegel in der *Phänomenologie* als einem erkenntnistheoretischen Projekt Themen wie Selbsterkenntnis, soziale Verhältnisse, Befindlichkeiten und moralische Handlungen einbezieht. Sie lassen sich auch auf den Gang der

---

Selbstbezüglichkeit hat vor allem Cramer (1978, 379) nachdrücklich aufmerksam gemacht. Ich werde hierauf im fünften Kapitel zurückkommen.

Phänomenologie beziehen. Eine grundlegende Änderung in der Haltung des Subjekts findet sich in der *Phänomenologie* zum Beispiel beim Übergang vom Abschnitt über das Bewusstsein zum Abschnitt über das Selbstbewusstsein. Die Beziehung, die das Subjekt zum Gegenstand unterhält, ist von Seiten des Subjekts zunächst – also bei dem, was Hegel im Abschnitt über das *Bewußtsein* beschreibt – durch zwei Momente ausgezeichnet: (a) das Subjekt behauptet etwas über den Gegenstand, und (b) das Subjekt erwartet etwas vom Gegenstand – nämlich, dass er so ist, wie das Subjekt behauptet. Die Haltung dem Gegenstand gegenüber ist hier geprägt durch die Erwartung einer einfachen Bestätigung dessen, was das Subjekt zu wissen glaubt. Aber ab dem Abschnitt *Selbstbewußtsein* in der *Phänomenologie* ist diese Beziehung verändert. Das Subjekt bezieht sich mit der Erwartung auf den Gegenstand, dass es selbst diesen vollständig durch seine begrifflichen Prinzipien bestimmen kann. Damit diese Beziehung nach wie vor dieselbe Struktur wie die vorangegangene hat, könnte man sagen: Das Subjekt behauptet über den Gegenstand, dass er begrifflich bestimmt ist, und es erwartet von dem Gegenstand, dass er sich als begrifflich bestimmt erweist. Aber es geht dem Subjekt tatsächlich nicht mehr einfach um Erkenntnis des Gegenstands, sondern darum, dass die begrifflichen Prinzipien, durch die etwas bestimmt wird, durch es als selbstbewusstes Wesen vorgegeben werden. Die Relation zwischen Subjekt und Gegenstand ist keine einfache zweistellige Beziehung mehr. Das Subjekt bezieht sich nun auch explizit auf sich selbst, indem es sich auf den Gegenstand bezieht. Dies hat wiederum eine interessante Änderung hinsichtlich dessen zur Folge, was erfahren werden kann. Zwar erfährt das Subjekt immer etwas über sich, indem es erfährt, ob seine Erwartungen zutreffen. Aber wenn es (unter anderem) die Vorstellung hat, dass es den Gegenstand durch begriffliche Bestimmung zu dem macht, was er ist, so erfährt es in der Bestätigung oder Widerlegung auch direkt etwas über seine Selbsteinschätzung. Deutlich wird auf diese Weise auch, dass die Beziehung von Subjekt und Gegenstand in Erfahrung nicht so aufgefasst werden kann, dass die beiden Relata unabhängig voneinander sind. Sie sind nicht unabhängig voneinander bestimmbar und verhalten sich auch in Abhängigkeit vom je anderen. Bestimmte Erwartungen ermöglichen überhaupt erst bestimmte Erfahrungen eines Gegenstands und durch diese Erfahrungen eines Gegenstands entsteht auch eine andere Vorstellung von sich als Subjekt und dadurch eine neue Haltung und neue Erwartungen gegenüber dem Gegenstand. Es gilt auf der einen Seite: Die Weise, wie das Individuum sich sieht und wie es der Welt gegenüber auftritt, ist davon abhängig, was es bisher erfahren hat. Auf der anderen Seite gilt auch: Die Welt zeigt sich anders, je nachdem, mit welchen Erwartungen man sie adressiert. Um hierfür ein Beispiel zu geben, kann noch einmal auf den Abschnitt über das

Selbstbewußtsein in der *Phänomenologie* vorgegriffen werden: Um sich selbst als selbstbewusstes Individuum zu erkennen, muss ein Individuum seinesgleichen als selbstbewusste Wesen erfahren. Dass es andere selbstbewusste Wesen gibt, kann aber nur ein Individuum erfahren, dessen Haltung zur Welt nicht dadurch bestimmt ist, dass es die Welt ausschließlich als einen gegebenen physikalischen Zusammenhang betrachtet.

Schließlich ist noch zu klären, wer oder was Subjekt der Erfahrung sein kann. Subjekt kann nur ein Individuum sein, welches mit Erwartungen auftritt. Dieses nennt Hegel Bewusstsein bzw. später auch lebendiges Selbstbewusstsein. Das Individuum, das Erfahrung macht, muss lebendig sein und Empfindungsvermögen haben sowie auch intentional auf etwas gerichtet sein können, denn es muss etwas erleben und an etwas bewusst teilnehmen. Außerdem ist das Individuum immer sozial eingebunden. Dies ergibt sich schon daraus, dass in der *Phänomenologie* Erfahrung als Moment einer Prüfung von Erkenntnis verstanden wird, weil diese Prüfungen zumindest im Prinzip eines Anderen als Dialogpartner bedürfen. Lebendigkeit und Sozialität sind Charakteristika, die sich also schon aus den Bedingungen des Rahmens ergeben, innerhalb dessen Erfahrung stattfindet. Im Laufe des in der *Phänomenologie* beschriebenen Erfahrungsprozesses werden diese Charakteristika aber auch ausdrücklich thematisiert und als wesentlich für Erkennen erkannt werden. Dies geschieht im Rahmen einer nach Hegel für Erkenntnis unabdingbaren Selbsterkenntnis.

Wenn man von kollektiver Erfahrung spricht, so meint man demnach nicht, dass ein Kollektiv Erfahrungen macht, sondern dass Individuen in einer bestimmten Weise (zum Beispiel gemeinsam, in Abhängigkeit voneinander, im Wissen voneinander) Erfahrungen machen. Nimmt man nicht die Individuen als eigentliche Subjekte der Erfahrung an, kann man nicht erklären, wem das Erlebte bewusst sein soll. Nun ist die These, dass für Hegel Subjekt der Erfahrung immer ein Individuum ist, sicherlich nicht unstrittig. Daher will ich hierzu eine Anmerkung machen: Hegel redet manchmal so, dass nicht nur das Individuum, sondern auch beispielsweise die Vernunft als Subjekt auftritt, wenn es darum geht, dass etwas, das gewusst wird, geprüft werden soll. Es ist mit dieser Rede Hegels aber nicht gemeint, dass die Vernunft als Subjekt tatsächlich etwas erfahren kann. Die Rede ist vielmehr dadurch gerechtfertigt, dass das Individuum, von dem in diesem Fall die Rede ist, sich selbst als allgemeine Vernunft versteht, also von sich glaubt, es urteile und handle nach einer allgemeinen Vernunft. Dass die Vernunft etwas erfährt, kann schon deshalb nicht gemeint sein, weil die Vernunft als selbständige Einheit für Hegel nicht wirklich ist. Sie ist nur durch Individuen wirklich. Hegel sagt daher zum Beispiel auch, dass die Vorstellung der Vernunft die Gewissheit des *Bewusstseins* ist, in seiner Einzelheit alle Realität zu sein (*GW* 9, 131). Etwas schwieriger sieht die Lage bei Hegels Rede über den Geist aus. Hegel behandelt den Geist durchaus als Subjekt oder sogar als ein konkretes Individuum. So spricht er ihm Befriedigung, Freude und Erfahrungen zu (so soll sich etwa die Seele durch Erfahrung zum Geiste läutern, *GW* 9, 55). Ich lese „Geist" als Kurzform für Individuen, die „geistig" sind, das heißt, die sich mit den Anderen als eine Einheit erkennen. Die Pointe der Rede vom Geist ist, dass Erfahrungen, die man in einer bestimmten Weise mit Anderen macht, eine eigene Qualität bekommen und daher nicht auf Erfahrungen eines Einzelnen zu reduzieren sind. Durch die Rede vom Geist ist somit aber kein Grund gegeben, ein anderes Subjekt der Erfahrung als die selbstbewussten Individuen anzunehmen. Individuen erfahren vielmehr in einer bestimmten Weise etwas gemeinsam. Und die erfolgreiche Begründung von Wissensbehauptungen ist auch darauf angewiesen, dass man sich gemeinsam auf etwas beziehen kann. Auf diesen Begriff „Geist" werde ich noch verschiedentlich zu sprechen kommen.

Für eine nähere Bestimmung dessen, was Erfahrung im engeren Sinn ist, lässt sich nach all dem festhalten: (3) Das Subjekt der Erfahrung ist ein mit einem Wissensanspruch auftretendes Individuum, das diesen Anspruch einlösen will und das dabei eine bestimmte Vorstellung von sich hat und eine bestimmte Haltung zur Welt verkörpert.

4.2 *Der Gegenstand der Erfahrung*

Bei Erfahrung gibt es immer einen konkreten Gegenstand,[34] auf den sich das Subjekt bezieht. Wenn Erwartungen durch Erfahrung enttäuscht oder befriedigt werden, werden sie immer durch etwas enttäuscht oder befriedigt. Dieses Etwas muss etwas Bestimmtes, Konkretes sein. Nur so können wir angeben, wann und durch was wir etwas erfahren haben und da Erfahren eine bewusst vollzogene Tätigkeit sein soll, müssen solche Angaben möglich sein. Die Behauptung, dass man bei Erfahrung immer auf einen konkreten Gegenstand bezogen ist, ruft (sowohl mit Blick auf Hegel als auch unabhängig davon) eine Reihe von Fragen oder Einwänden hervor.

Als erstes sollte gesagt werden, was in diesem Kontext mit „Gegenstand" gemeint ist. Ein Gegenstand soll etwas Konkretes sein und eine Einheit darstellen, so dass (relativ) klar ist, was dazu gehört und wann man sich darauf bezieht. Er sollte (relativ) eindeutig identifizierbar sein. Dies deshalb, weil der Gegenstand bei einer zeitlich gestreckten Erfahrung oder bei anderen Erfahrungen entweder wiedererkannt werden können muss oder andere Gegenstän-

---

[34] Ich ziehe es vor, von „Gegenstand" statt von „Objekt" zu reden, die beiden Begriffe werden aber nicht streng unterschieden. An vielen Stellen könnte man außerdem „Sachverhalt" sagen.

de als ihm ähnlich erkannt werden können müssen. Im ersten Fall, also bei einer zeitlich gestreckten Erfahrung, muss dem Gegenstand auch eine qualitative Identität zugesprochen werden. Ein Gegenstand sollte außerdem als etwas von einem selbst unterschiedenes identifizierbar sein, damit man von ihm als etwas Erfahrungen machen kann, bei dem man auch etwas Neues lernt. Diese letzten Bestimmungen sprechen dafür, dem Gegenstand eine gewisse Selbständigkeit zuzusprechen. Unter „Selbständigkeit" des Gegenstands – ein Begriff, der für Hegel wichtig ist, – verstehe ich hier zunächst, dass einem Gegenstand wenigstens einige der Bestimmungen, die ihm zugesprochen werden, wirklich zukommen; sie bestehen nicht nur für denjenigen, der die Erfahrung macht, sondern auch unabhängig von ihm oder „an sich" (das kann man je nach Konzeption verschieden interpretieren. Auch ein Idealist wie Kant kann versuchen, Bestimmungen als objektiv auszuweisen). Das Konkrete von Gegenständen hängt zumeist mit ihrer sinnlichen Präsenz zusammen und für die Reidentifizierbarkeit sind raum–zeitliche Gegenstände gute Kandidaten. Zu bemerken ist außerdem Folgendes: Wenn in Erfahrungen etwas erfahren wird, das seiend ist,[35] kann auch der Dimension des physischen Erlebnisses[36] und der sinnlichen Präsenz Rechnung getragen werden, die wir, folgt man den obigen Ausführungen, zumeist mit Erfahrungen verbinden. Und tatsächlich spielt, wenn wir von Erfahrungen sprechen, zumeist das eine Rolle, was man normalerweise Gegenstand nennt (so etwas wie Tische oder Bänke). Die Selbständigkeit des Gegenstands, die ich hier erläutern wollte, kann man auch durch den Begriff der Widerständigkeit ausdrücken:[37] Ein Gegenstand ist etwas dem Subjekt gegenüber Anderes, das ihm sowohl physisch widerstehen kann als auch seine Erwartungen enttäuschen oder sie korrigieren kann. „Widerständigkeit" kann bei Hegel als ein grundlegender Begriff zur Bestimmung realer Gegenstände aufgefasst werden. Der Begriff soll die physische Präsenz und die sinnliche Erlebbarkeit des Gegenstands ausdrücken. Der Gegenstand kann als widerständig erlebt werden. Der Begriff kann aber auch zum Ausdruck bringen, dass Gegenstände in dem Sinne beharrend sein müssen, dass sie zeitlichen Veränderungen (relativ) widerstehen müssen und sich auch nicht beliebig modifizieren lassen dürfen. Gegenstände können daher auch Erwar-

---

[35] Auch die Materie, die beim physikalischen Gegenstand erfahren wird, ist, wie später noch deutlich werden wird, seiend.

[36] Damit meine ich (wie in der Einleitung erwähnt), dass der Gegenstand eine physische Wirkung auf das Subjekt haben kann.

[37] Diese Verwendung von „Widerstand" lässt sich bei Hegel bisweilen finden. Bei der Bestimmung des Mechanismus in der enzyklopädischen Logik sagt Hegel: „Die Objekte bleiben in dieser Beziehung und [in dieser] Unselbständigkeit ebenso selbständig, Widerstand leistend, einander äußerlich" (*Enz.* § 195, vgl. auch die Stelle *GW* 12, 238, s. hierzu auch den Schlussteil dieses Buches).

tungen, mit denen man sich an sie richtet, widerstreiten. Schließlich kann im Begriff „Widerständigkeit" auch liegen, dass sich etwas aktiv unserem Zugriff widersetzen und sich damit als uns gegenüber selbständig erweisen kann. Dies wird sich später als für Hegels Gegenstandskonzeption wichtig erweisen. Ich werde den Begriff „Widerständigkeit" daher als einen für Hegels Konzeption von Erfahrung grundlegenden Begriff behandeln.[38]

Das Thema des Bezugs auf Gegenstände in Erfahrung ist trotz dieser Klärungen noch mit vielen Fragen und Komplikationen verbunden. Das sieht man schon, wenn man überlegt, was für ein Gegenstandsbezug bei einem erfahrenen Seefahrer vorliegt. Natürlich spielen Gegenstände, wie das Schiff oder das Meer oder der Wind eine Rolle. Aber beim Wind ist zum Beispiel nicht so klar, dass wir ihn überhaupt als Gegenstand ansehen. Es ist außerdem überhaupt nicht klar, ob diese einzelnen Gegenstände dasjenige sind, auf das der Seemann gerichtet ist, oder nicht eher die einzelne Seefahrt, also ein Begebenheit. Es ist auch nicht ohne weiteres klar, ob dasjenige, von dem der Seemann Erfahrungen macht, überhaupt etwas Konkretes ist oder ob er nicht eher erfährt, was der Typ der Tätigkeit Seefahren ist. Ich möchte trotz dieser Unklarheiten daran festhalten, dass es bei Erfahrung Gegenstandsbezug geben muss und dass dies zumindest in den paradigmatischen Fällen auch sinnlich präsente, raum–zeitliche Gegenstände sind. In der *Phänomenologie* ergibt sich der Bezug des Subjekts auf konkrete Gegenstände dadurch, dass hier Erfahrung als ein Moment intendierter Erkenntnis betrachtet wird und in Erkenntnis, wie später auszuführen ist, Gegenstandsbezug gegeben sein muss.[39] Im Folgenden möchte ich die These, dass in Erfahrungen konkreter Gegenstandsbezug gegeben sein muss, durch einige Differenzierungen plausibler machen:

---

[38] Einer der wenigen Philosophen, die dem Begriff in ihrer Philosophie eine zentrale Rolle zugesprochen haben (und zwar in ausdrücklicher Bezugnahme auf Hegel), ist Charles S. Peirce. Für Peirce, der Widerständigkeit primär als ein physikalisches Phänomen auffasst, ist die Erfahrung von Widerständigkeit für unser Verständnis der Welt und unser Selbstverständnis unverzichtbar (vgl. v. a. die zweite Vorlesung der *Harvard Lectures on Pragmatism* von 1903, Peirce 1998, bes. 150 ff.). Zu nennen ist außerdem Wilhelm Dilthey, der in einem Text von 1890 über die Realität der Außenwelt *Widerstand* als wesentliches Moment einer Realitätserfahrung annimmt. Diese Realitätserfahrung soll jeden Beweis für die Wirklichkeit überflüssig machen und wesentlich dafür verantwortlich sein, dass wir ein Selbstgefühl ausbilden (vgl. Dilthey 1924). Dieser Gedanke findet sich in einigen philosophischen Konzeptionen. Bei der Diskussion von Dilthey wird zum Beispiel zumeist auch auf Fichte rekurriert. Ich habe sowohl mit Blick auf Dilthey als auch auf Fichte Zweifel, ob ihre Auffassungen über Widerstand ergiebig sind, weil in ihnen nicht verständlich wird, wie wir etwas als widerständig auffassen können sollen. In der Phänomenologie (d.h. bei der phänomenologischen Schule im Ausgang von Husserl) spielt der Begriff (bis auf Ausnahmen wie A. Gurwitsch) eine erstaunlich geringe Rolle.

[39] Vgl. das zweite Kapitel dieses Buches.

(1) Auch wenn man in manchen Fällen primär etwas über eine Begebenheit oder ein Ereignis oder ähnliches erfährt, nicht über einen sinnlichen, raum-zeitlichen Gegenstand, so sind auch in diesen Fällen sinnliche, raum-zeitliche Gegenstände beteiligt, und was man erfährt, hat auch etwas mit ihnen zu tun. Weiterhin lassen sich auch viele Ereignisse lokalisieren; diese können also als eine Art besonderer Gegenstand betrachtet werden. Folgt man dem, so lässt sich die These, dass in Erfahrung der Bezug auf konkrete Gegenstände gegeben sein muss, besser vertreten.

(2) Dass in Erfahrungen der Bezug auf einen konkreten Gegenstand eine Rolle spielt, bedeutet nicht, dass das, was man erfährt, nicht auch etwas *Allgemeines* sein kann. Unter dem Allgemeinen kann man hier zunächst das verstehen, was von verschiedenem Einzelnen ausgesagt werden kann oder verschiedene Einzelne unter sich fasst. Man könnte etwa einen physikalischen Bewegungsablauf erkennen wollen und etwas über Gesetze erfahren. Dass man allgemeine Gesetze hier als Gesetze oder als Allgemeines erfährt, ist allerdings nach den obigen Ausführungen zum Begriff „Erfahrung" nicht gut zu behaupten. Man müsste in einem solchen Fall besser sagen, dass man von konkreten Bewegungsabläufen zum Beispiel erfährt, dass diese keine notwendigen Gesetzeszusammenhänge darstellen. Auch hier erfährt man also nicht das Allgemeine, sondern ob etwas allgemein ist usw. (also etwa, dass etwas nicht notwendigerweise passiert). Auch mit Blick auf diesen Punkt gilt: Wenn man dem folgt, ist die These, dass in Erfahrung der Bezug auf konkrete Gegenstände vorliegen muss, überzeugender. Der Seefahrer erfährt dann beispielsweise durch die Erfahrung der einzelnen Seefahrten als raum-zeitlichen Begebenheiten etwas darüber, wie Seefahrten sind.

(3) Eine weitere Differenzierung mit Blick auf den Gegenstand ist nötig. Sie lautet, dass man zwischen dem, was in Erfahrung adressiert wird, und dem, was der Gegenstand ist, der sich in der Erfahrung zeigt, unterscheiden können muss. Die Differenz von Adressat und dem, was man erfährt, liegt nicht nur darin, dass das, was man erfährt, anders ist, als das, was man zu adressieren meinte. Wenn man in Erfahrung etwas Neues lernt, muss dies so sein. Es ist aber auch möglich, dass ein anderer Gegenstand erfahren wird. Man kann sich dies an Fällen von Illusion und Halluzination verdeutlichen. Ein als Reh adressierter Baum wird als Reh adressiert, zeigt sich aber als Baum. Man könnte zum Beispiel auch einen Schatten oder ein Traumbild als Reh adressieren. Was adressiert wird, muss also gar nicht selbst ein Gegenstand sein, wenn man unter Gegenstand etwas versteht, das selbständig existieren kann. Erfahren werden kann aber nur ein Gegenstand. Das, was erfahren wird, muss der Fall sein; man kann sich hierin nicht täuschen. Dies soll nicht deshalb gelten, weil die Erfahrungen dem widersprechen, was man erwartet hatte, und

sie dadurch nicht durch einen selbst hervorgerufen sein können – obwohl dies ein guter Grund dafür ist, dass die Erfahrung glaubwürdig ist. Dass das, was erfahren wird, der Fall sein muss, gilt vielmehr deshalb, weil die Erfahrung von dem ausgehen muss, was erfahren wird. Metaphorisch gesagt: Die Erfahrungen widersprechen nicht nur den Erwartungen, sondern den Erwartungen steht etwas entgegen, das ihnen widerspricht.

Die Unterscheidung von Adressat und Gegenstand ist für Hegel zunächst deshalb wichtig, weil wir nach Hegel etwas, also zum Beispiel etwas, das wir wahrnehmen, adressieren können, das nur scheinbar ein konkreter selbständiger Gegenstand ist. Einerseits zeigt sich gerade in der Erfahrung manchmal, dass das, was wir adressiert haben, nicht das ist, was unsere Erwartungen erfüllt, und in dieser negativen Erfahrung von dem, was wir adressieren, kann sich ein anderer Gegenstand als der adressierte als den Erwartungen gemäß anbieten; andererseits kann es nach Hegel auch sein, dass wir durch ein bestimmtes Adressieren von etwas Gegenstände sogar überhaupt erst zu identischen Objekten machen.

Obwohl dies etwas vom Thema wegführt, will ich beide Aspekte kurz durch das Beispiel physikalischer Gegenstände bei Hegel erläutern. Ich gehe von folgender Annahme aus: Physikalischen Gegenständen kommt an sich nicht zu, über die Zeit hinweg als derselbe Gegenstand zu existieren. Das Holz, das im Feuer verbrennt, ist mit dem, was in diesem Prozess aus ihm wird, nicht einfach identisch. Dasselbe gilt auch für weniger dramatische Zustandsveränderungen. Die erste Frage, die sich dann stellt ist: Wie können physikalische Objekte dann überhaupt als Gegenstände adressiert werden? Die Antwort auf diese Frage im Sinne Hegels lautet: Es muss zwar etwas adressiert werden, das dem Bewusstsein als konkreter, raum-zeitlicher Gegenstand erscheint. Dieses muss aber nicht ein selbständiger Gegenstand sein. Als Gegenstand erscheint gemäß dem dritten Kapitel der *Phänomenologie*, also dem Kapitel über *Kraft und Verstand,* primär ein physikalischer Körper. In den beiden vorstehenden Kapiteln wird als Adressat von Erwartungen etwas behandelt, das noch nicht als physikalischer Körper aufgefasst wird, sondern als „Dieses" oder als „Ding". Auch für diese Positionen gilt, dass etwas adressiert wird, das als konkreter raum-zeitlicher Gegenstand erscheint.[40] Adressat von Erwartungen, die zu Erfahrungen führen, ist demnach etwas, das ein Gegenstand ist oder zumindest dem Bewusstsein als Gegenstand erscheint.

---

[40] Ich gehe davon aus, dass die Gegenstandsvorstellungen, die hier durchgegangen werden, alle Vorstellungen von einem physikalischen oder materiellen Gegenstand sind. Dies erweist sich am Ende des Bewusstseinsabschnitts. Zur These, dass es verschiedene Vorstellungen von Gegenständen gibt, die sich in Wahrheit als eine Gegenstandsart erweisen – wie dem physikalischen Gegenstand –, vgl. Horstmann 2006, bes. 39.

Wenn das Bewusstsein den physikalischen Körper als Gegenstand adressieren kann, weil es ihm so erscheint, als sei da ein selbständiger Gegenstand, sich in der Erfahrung aber erweist, dass dieser Gegenstand nur scheinbar ein selbständiger Gegenstand ist, so stellt sich die weitere Frage, von wem dann etwas erfahren wurde. Hegels Antwort auf die Frage, was im Fall der physikalischen Körper erfahren wird, ist kompliziert. Ich will sie hier aber kurz skizzieren[41], um die Struktur der Erfahrung herausstellen zu können. Erfahren worden ist Materie als dasjenige, was der konkrete physikalische Gegenstand tatsächlich (also entgegen dem Anschein) ist. Die Materie wechselt ihren Zustand von Holz zu Asche bzw. Rauch. Also scheint Materie der identische Gegenstand zu sein. Aber Materie ist wiederum deshalb kein Gegenstand, den man adressieren kann, weil Materie an sich keine Einheit darstellt. Ein Gegenstand muss aber immer eine Einheit darstellen, damit wir überhaupt von einem Gegenstand reden können. Materie ist nicht einfach als ein Gegenstand zu adressieren; sie stellt sich der Wahrnehmung auch gar nicht als ein Gegenstand dar. Ein (einheitlicher) Gegenstand ist Materie nur, wenn sie begrifflich (als Einheit) bestimmt ist. Das heißt, wenn man fragt, von was etwas erfahren wurde, als erfahren wurde, dass der physikalische Körper kein selbständiger Gegenstand ist, so kann die Antwort „Materie" sein. Wenn man aber spezifischer fragt, was für ein Gegenstand hiermit erfahren worden ist, so muss die Antwort lauten: Es wird Materie erfahren, die aber nur insofern ein Gegenstand ist, als sie begrifflich als Gegenstand (oder auch als Inbegriff von Gegenständen) bestimmt wird. Verhält es sich so, wie hier ausgeführt, ist für die Frage danach, was der Gegenstand der Erfahrung ist, festzuhalten, dass es sein kann, dass in der Erfahrung ein einzelner raum-zeitlicher Gegenstand adressiert wird, dass der Gegenstand, der sich in der Erfahrung mitteilt, aber nicht als einzelner raum-zeitlicher Gegenstand wahrgenommen werden können muss. Ein Beispiel hierfür ist die Materie. Noch wichtiger ist aber, dass der Gegenstand, von dem in diesem Fall letztlich etwas durch Erfahrung gewusst wird, nämlich Materie, etwas begrifflich Bestimmtes ist. Die Erfahrungen erstrecken sich damit auch auf die begrifflichen Bestimmungen, also auch auf Allgemeines. Dies gilt schließlich auch für die Identität der wahrnehmbaren Gegenstände. Wenn wir uns auf die Asche als auf denselben Gegenstand wie das Holzstück beziehen, so tun wir das aufgrund begrifflicher oder gesetzmäßiger Zusammenhänge, anhand derer wir die Materie bestimmen. Die Identität der Gegenstände über die Zeit hinweg ist in diesem Sinne etwas Begriffliches, vom Subjekt Konstituiertes. Es ist die Weise, wie Materie von uns bestimmt wird.

---

[41] Ausführlicher im vierten Kapitel.

Die Relation von Subjekt und Gegenstand 75

Die hier angestellten Überlegungen sind in das einzubeziehen, was ich oben über den Lernprozess der *Phänomenologie* ausgeführt habe. Wenn das Bewusstsein den physikalischen Körper adressiert, während das, was sich ihm mitteilt, die Materie als etwas begrifflich Bestimmtes ist, so ist die Materie das begrifflich Allgemeine, das sich dem Bewusstsein durch seine Enttäuschung hindurch als dasjenige mitteilt, was seinen Versuchen der Begründung von Wissensbehauptungen besser genügt. Das Bewusstsein erfährt direkt, was der physikalische Körper nicht ist – denn dieser hält den Erwartungen an ihn nicht stand. Er ist kein selbständiger Gegenstand. Dass der Gegenstand den Erwartungen nicht stand hält, liegt daran, dass er etwas anderes ist, als das Bewusstsein glaubt. Was der Gegenstand ist, teilt sich zwar dem Bewusstsein mit, aber vermittelt über Enttäuschungen, also indirekt.

Diese Überlegungen legen die weitergehende Frage nahe, wie es zur begrifflichen Bestimmtheit von Materie kommt. Die Antwort lässt sich in einer Aussage und verschiedenen Klarstellungen zusammenfassen. Die Aussage lautet: Die Materie wird erst dadurch zum Gegenstand, dass sich ein Bewusstsein mit Begriffen (und Gesetzen) auf sie bezieht. Von den Klarstellungen will ich nur drei nennen: (a) Das hier gemeinte Bewusstsein kann kein einzelnes Individuum sein. Gemeint ist mit „wir" nicht das individuelle selbstbewusste Wesen, sondern eine Gemeinschaft von Individuen. Hegel nennt diese Gemeinschaft (aus Gründen, die hier keine Rolle spielen) „Geist". (b) Die Weise, wie Materie bestimmt wird, folgt einer Logik, die unabhängig vom Bewusstsein notwendig ist. (c) Dass Materie durch begriffliche Bestimmungen konstituiert ist, kann das Bewusstsein (oder der Geist) nur dann auch erkennen, wenn es sich schon darüber im Klaren ist, dass Begriffe eine Bedingung für Gegenständlichkeit sind. Der Prozess der begrifflichen Bestimmung vollzieht sich also zunächst in einer Weise, die dem Bewusstsein nicht durchsichtig ist.

Was durch den vorstehenden Rekurs auf physikalische Gegenstände deutlich werden sollte, ist, dass Hegels Auffassung des Gegenstands der Erfahrung (1) die Möglichkeit impliziert, dass der adressierte Gegenstand und der Gegenstand, von dem man etwas erfährt, verschiedene sein können: Wir können etwas als selbständigen physikalischen Gegenstand adressieren und nicht nur etwas über ihn, sondern auch über die Materie als eigentlichen Gegenstand erfahren. (2) Es ist nach Hegel möglich, dass ein Gegenstand erst dadurch, dass wir ihn in einer bestimmten Weise adressieren, zu einem über die Zeit hinweg identischen Gegenstand wird: Die Identität physikalischer Gegenstände ist für Hegel zum Beispiel ein Resultat unserer begrifflichen Bestimmungen. Es kann also sein, dass der Gegenstand, den das Bewusstsein erfährt, das, als was er erfahren wird, auch dadurch ist, dass das Bewusstsein sich in einer bestimmten Weise auf ihn bezogen hat.

Die hier ausgeführte Differenz von dem, was adressiert, und dem, was erfahren wird, liegt für Hegel in Erfahrung nicht immer vor. Es ist eine der Besonderheiten des physikalischen Gegenstands gegenüber anderen Gegenständen, wie etwa Organismen und selbstbewussten Wesen. Dies führt zu Hegels Konzeption verschiedener Gegenstandsarten, die ich im fünften Kapitel ausführen will. Die direkten Adressaten von Erfahrungen als konkrete einzelne und raum-zeitliche Gegenstände sind dieser Konzeption zufolge physikalische Objekte, Organismen und selbstbewusste Wesen. Der Unterschied der Gegenstandsarten macht sich darin geltend, als was die Gegenstände erfahren werden können. Einen physikalischen Körper kann man nicht als selbständigen oder unabhängigen Gegenstand erfahren. Zwar kann man ihn als etwas adressieren, was er nicht ist: das Bewusstsein adressiert ihn als selbständigen Gegenstand. Aber in der Erfahrung zeigt er sich als das, was er ist: als die Weise, wie Materie vorübergehend auftritt und wie sie vom Subjekt als Gegenstand bestimmt wird. Organismen und selbstbewusste Wesen erfährt man (wenn auch wiederum in unterschiedlicher Weise) als selbständig. Die Erfahrung der Selbständigkeit eines Gegenstands ist daran gebunden, dass sich etwas als selbständig mitteilt. Dies kann auch so passieren und wird gerade dann besonders bemerkt werden, wenn sich etwas wider Erwarten als widerständig erweist.[42] Das Lebendige muss selbständig sein, um sich als selbständig mitzuteilen.

Zusammenfassend kann man als viertes Bestimmungselement von Erfahrung im engeren Sinn festhalten: (4) Der Gegenstand der Erfahrung ist ein konkreter raum-zeitlicher Gegenstand. Das, was erfahren wird oder was sich in der Erfahrung zeigt, ist, was der Gegenstand ist. Hierbei spielt seine begriffliche Bestimmtheit eine entscheidende Rolle. Wird der Gegenstand bereits als etwas begrifflich Bestimmtes adressiert, so kann auch erfahren werden, wie er durch Begriffliches bestimmt ist.

An dieser Stelle ist eine wichtige Bemerkung anzufügen: Indem die *Phänomenologie* bei der Frage nach Erkenntnis auch die Frage beantwortet, inwiefern der Gegenstand der Erkenntnis etwas begrifflich Bestimmtes ist, behandelt sie auch die begrifflichen oder logischen Prinzipien, welche die Welt laut Hegel strukturieren. Betrachtet man das, was in der *Phänomenologie* vonstattengeht, aus der Perspektive von jemandem, der die richtige Antwort auf die Frage, was Erkenntnis ist, gibt, so sieht man, dass sie auch eine logische Genese von Be-

---

[42] Ich beziehe mich hier besonders auf das Kapitel *Die Wahrheit der Gewißheit seiner selbst*, in dem es beispielsweise heißt: „[D]as Selbstbewußtsein [ist] hiermit seiner selbst nur gewiß durch das Aufheben dieses Anderen, das sich ihm als selbständiges Leben darstellt; es ist Begierde. Der Nichtigkeit dieses Anderen gewiß […]. In dieser Befriedigung aber macht es die Erfahrung von der Selbständigkeit seines Gegenstands" (*GW* 9, 107).

griffen und begrifflichen Strukturen enthält. Indirekt soll die *Phänomenologie* daher zeigen, dass die logischen Prinzipien so sind, wie Hegel dies in seiner *Logik* ausführen will.

5. Die *Phänomenologie* als *Darstellung von Erfahrungen*

5.1 *Die Bedeutung der Erfahrungen für das Projekt*

Das Projekt, das Hegel in der *Phänomenologie* durchführen will, steht unter der Fragestellung, was Erkenntnis ist. Schon in der Einleitung der *Phänomenologie des Geistes* kündigt Hegel an, diese Frage durch eine Prüfung beantworten zu wollen. Hegel nennt sein Vorhaben eine „Prüfung der Realität des Erkennens".[43] Es ist bemerkenswert, dass Hegel mit diesem Titel und der Beschreibung seines Projekts auf Kants Erläuterung des Projekts der *Kritik der reinen Vernunft* als „freie und öffentliche Prüfung" (A XI, Anm.) Bezug nimmt, welche alles „Scheinwissen" (A XI) entlarven und unberechtigte Anmaßungen zurückweisen würde. Kant behauptet an derselben Stelle der *Kritik der reinen Vernunft*, an der er von der freien und öffentlichen Prüfung spricht, die „ewigen und unwandelbaren Gesetze" der Vernunft seien dasjenige, wonach sich Wissensansprüche zu richten haben. Weder dass es solche ewigen und unwandelbaren Gesetze gibt, noch dass wir sie kennen, stellt Kant hier (zumindest allem Anschein nach) in Frage. Dass es ewige und unwandelbare Gesetze der Vernunft gibt, ist die grundlegende Annahme einer der Positionen zur Erkenntnis, die Hegel im Laufe der *Phänomenologie*[44] einer Prüfung mit negativem Ergebnis unterziehen wird. Hiermit soll laut Hegel Kants Position zur Erkenntnis widerlegt sein. Was Kants Vorhaben der Prüfung von „Scheinwissen" angeht, so wird dieses Vorhaben aber auch schon in der Einleitung der *Phänomenologie* thematisiert, indem Hegel direkt von der Erwähnung der Idee einer Prüfung zu einer Frage überleitet, die sein Projekt grundlegend

---

[43] „Diese Darstellung, als ein *Verhalten* der *Wissenschaft* zu dem *erscheinenden* Wissen und als *Untersuchung* und *Prüfung der Realität des Erkennens* vorgestellt" (*GW* 9, 58).
[44] Mit unwandelbaren Gesetzen sind in der *Phänomenologie* Gesetze der Vernunft zur Beurteilung berechtigter Wissensansprüche gemeint (und nicht Gesetze, die der Natur vorschreiben, wie sie ist). Die Kritik dieser Position erfolgt im Vernunft-Abschnitt der *Phänomenologie*. Die dort thematisierte Konzeption der Vernunft stellt den Versuch dar, eine Einheit verschiedener Individuen herzustellen, die widersprüchliche Ansprüche haben. Dies passt gut zu der oben zitierten Stelle, in der Kant vom Gerichtshof über Machtansprüche spricht (*KrV* A XI; ähnliche Überlegungen dazu, dass dogmatische Ansprüche zurückzuweisen sind, finden sich in der zweiten Auflage der *Kritik der reinen Vernunft*, B XXX; B 23.)

bestimmen soll und die Kant an besagter Stelle allem Anschein nach nicht ernsthaft gestellt hat, nämlich der Frage nach dem Maßstab der Prüfung. Der Maßstab darf in der Prüfung dem, was geprüft wird, nicht von Außen vorgegeben werden.[45] Es gibt noch etwas, durch das sich Hegels Durchführung der Prüfung gegenüber Kants auszeichnen soll. Hegel sagt, dass er die „*Realität* des Erkennens" prüfen will. Man kann dies so verstehen, dass die Rechtmäßigkeit eines Anspruchs geprüft wird und dass er real ist, wenn er zu Recht besteht. In diesem Fall wäre die Formulierung noch ganz im Sinne Kants gedeutet. Der Ausdruck der Realität des Erkennens ist aber unverkennbar auch als Gegenkonzeption zu Kants Projekt der Aufdeckung der Bedingungen der *Möglichkeit* der Erkenntnis gewählt.[46] Er bezieht sich damit auf die Methode der Untersuchung. Hegel weist generell die von Kant (*KrV* B 2) proklamierte Vorstellung zurück, dass es philosophisch gehaltvolle Untersuchungen vor oder unabhängig von Erfahrung geben kann. In der *Phänomenologie* drückt sich dies durch die oben ausführlich dargestellte Inanspruchnahme von Erfahrung für die Beantwortung der Frage nach Erkenntnis aus.[47] Anstatt abstrakt nach Bedingungen für Erkenntnis zu suchen, soll man, so Hegel, mit den jeweiligen Anwärtern von Meinungen darüber, wie man etwas erkennen kann, in Dialog treten und sie fragen, was sie erkennen können, weil bei der Beantwortung dieser Frage erfahren wird, ob sie dem Anspruch, etwas zu erkennen, gerecht werden können. In diesem Sinn stellt die Inanspruchnahme von Erfahrungen für das Projekt der *Phänomenologie* in jedem Fall eine methodische Pointe Hegels dar. Anders als bei Kant werden für die Beantwortung der Frage nach Erkenntnis Erfahrungen in Anspruch genommen.

Nun ist mit dieser Beschreibung von Hegels Projekt noch nicht gesagt, wodurch genau sich eine Position in der *Phänomenologie* als unhaltbar erweist. Diese Frage wird in der Literatur explizit oder implizit fast immer so beantwortet, dass Modifikationen oder die Aufgabe von Annahmen durch interne Inkonsistenzen oder begriffliche Widersprüche der jeweiligen Position not-

---

[45] Hiermit werde ich mich im zweiten Kapitel noch ausführlich beschäftigen.

[46] Das wird besonders am Anfang der Einleitung deutlich, wenn Hegel zum Beispiel sagt, dass die Furcht zu irren schon der Irrtum selbst sei (*GW* 9, 54; vgl. Theunissen 1978, 325 ff.). Bemerkenswerter Weise findet sich in der Vorrede zur zweiten Auflage der *Kritik der reinen Vernunft* auch bei Kant die Idee, die Frage nach der Möglichkeit von Erkenntnis in der Weise durchzuführen, in der die experimentelle Naturforschung verfahren ist. Gemeint ist damit, dass man mit der Hypothese, dass wir der Natur ihre Gesetze vorschreiben, weiter kommt, als mit der Annahme, dass wir die Gesetze der Natur entnehmen. Hegel verwirklicht diese Idee eines Experiments also in anderer Weise, nämlich wirklich unter Bezug auf Erfahrungen.

[47] Auch Hegels *Logik* ist keineswegs eine im Kantischen Sinne transzendentale Abhandlung. Dies kann hier noch unbeachtet bleiben. Für seine Pointe benutzt Hegel hin und wieder das Bild, dass man nicht schwimmen lernen solle, ohne ins Wasser zu gehen (vgl. *Enz.* § 10).

wendig werden.⁴⁸ Der dahinter stehende Gedanke ist einfach: Wenn man eine Position auf interne Widersprüche aufmerksam macht, muss sie auf diese reagieren und Annahmen modifizieren oder sogar aufgeben. Die einzige Position, die keine internen Widersprüche aufweist, muss dann Hegels eigene sein. Folgt man dem, was ich oben zur Rolle der Erfahrungen ausgeführt habe, so ist klar, dass ich das Vorgehen in der *Phänomenologie* anders beschreiben würde. In dieser Beschreibung müssen Erfahrungen eine wesentliche Rolle spielen. Dies meine ich nicht nur so, dass die Vertreter philosophischer Positionen ihre Annahmen als widersprüchlich *erfahren*, indem ihnen die Widersprüche ihrer Position vor Augen geführt werden. „Erfahren" könnte hier einfach heißen, dass man etwas dadurch lernt, dass man es selbst nachvollzieht und dadurch von seinen falschen Vorstellungen abgebracht wird.⁴⁹ Diese Bedeutung von „erfahren" kann auch eine Interpretation für sich in Anspruch nehmen, die die *Phänomenologie* als Darstellung begrifflicher Inkonsistenzen anderer Philosophen auffasst. Nach meiner Interpretation erschöpft sich Hegels Begriff der Erfahrung aber nicht darin, dass die behandelten Positionen in einer Weise dargestellt werden, die ihr Scheitern irgendwie nachvollziehbar und in diesem Sinne erfahrbar machen. Mit Erfahrung ist meiner Interpretation zufolge vielmehr wirklich gemeint, dass das Bewusstsein etwas aus seinen Erlebnissen mit der Welt lernt. Was die Frage nach der Unhaltbarkeit einer Position angeht, so ist dies die Pointe: Positionen lassen sich angesichts von Erfahrungen nicht halten. Die jeweils geprüfte Position muss aufgegeben werden, weil sie durch Erfahrungen widerlegt wird. Dabei braucht man kein Argument nachzuvollziehen und muss nicht irgendeine Inkonsistenz zwischen Überzeu-

---

⁴⁸ Dass der Übergang von einer Position zur nächsten so erfolgt, dass ihm eine Einsicht in die Widersprüche oder Inkonsistenzen der eigenen Position (oder auch eine Schlussfolgerung auf die Unhaltbarkeit derselben) vorhergeht, vertreten die meisten Interpreten, die sich überhaupt dazu äußern, warum der Übergang stattfindet (vgl. zum Beispiel Marx ²1981, 90; Pinkard 1994, 33; Forster 1998, 115–122; Graeser 1998; Siep 2000, 63 ff.; Horstmann 2006). Das bedeutet natürlich nicht, dass in diesen Interpretationen Erfahrungen überhaupt keine Bedeutung zugesprochen werden kann (vgl. zum Beispiel Siep ebd.). Horstmann (41 f.) räumt die Möglichkeit „nicht konzeptueller Gründe" für einen Wechsel der Position explizit ein. Bei diesen Überlegungen zur Methode der *Phänomenologie* wäre eine Diskussion der Beziehung der *Phänomenologie* zu Hegels vorphänomenologischen Abhandlungen hilfreich. Es scheint mir, dass zum Beispiel Forster 1998 die *Phänomenologie* in zu große Nähe zu den früheren Einleitungskonzeptionen bringt und dadurch Hegels neue Konzeption von Erfahrung verfehlt.

⁴⁹ So charakterisiert Forster 1998 unter der These, dass es um Selbstwidersprüchlichkeit der Positionen geht, eine Aufgabe der *Phänomenologie* als pädagogisch, durch die der moderne Mensch von seinen Irrtümern geheilt werde (103). Beuthan 2008 versteht unter „Erfahrung" explizit eine „Dynamik der Generierung einer Objektkonzeption", welche allein durch „begriffliche Reflexion" vorangetrieben werde (82).

gungen feststellen. Es zeigt sich, dass eine Position unhaltbar ist. Inwiefern dies wirklich eine methodische Pointe der *Phänomenologie* darstellt, will ich ausführlicher erörtern.

Es ist (im Anschluss an das, was ich im ersten Abschnitt ausgeführt habe) zu konstatieren, dass ein Begriff von Erfahrung, der Hegel darauf festlegen würde, Selbstwidersprüche der eigenen Position, logische Fehler oder begriffliche Inkonsistenzen einzusehen, nicht zu dem passt, wie Hegel Erfahrungen beschreibt. Was in der *Phänomenologie* als Erfahrungen beschrieben wird, sind keine intellektuellen Prozesse. Man erfährt Befriedigung in der Arbeit, man erfährt, dass etwas sich einem entfremdet hat usw.[50] Ebenso ist klar, dass der in der *Phänomenologie* dargestellte Gang ohne subjektive Erlebnisse überhaupt nicht stattfinden könnte. Die drohende Vernichtung seiner leiblichen Existenz bringt dem selbstbewussten Wesen erst zum Bewusstsein, dass Selbstbewusstsein haben heißt, sich von sich als leiblichem Wesen distanzieren zu können, aber auch, sich gegen das, was man für vernünftig hält, entscheiden zu können. Auf diese Weise ist es überhaupt nur möglich, sich als vernünftig zu erkennen und sich im Denken und Handeln nach der Vernunft zu richten.[51] Der Knecht wiederum ist unter anderem deshalb frei, weil die Angst um sein Leben, die er erfahren hat, ihn so „erzittert" (*GW* 9, 114) hat, dass alles, was ihm beständig schien, diesen Schein verloren hat. Diese Erfahrung der Angst ist nach Hegel notwendiger Bestandteil der Erkenntnis seiner selbst als frei. Hegel macht auch deutlich, dass Erfahrungen zumindest aus der Perspektive des Individuums eine gar nicht auf anderem Weg zu erreichende Einsicht bringen. Als Beleg hierfür kann noch einmal das Zitat dienen: „Das Individuum, welches das Leben nicht gewagt hat, kann wohl als Person anerkannt werden; aber es hat die Wahrheit dieses Anerkanntseins nicht erreicht" (*GW* 9, 111). Was diese Stellen auch immer sonst noch besagen, es ist durch sie offensichtlich, dass der Begriff „Erfahrung" in der *Phänomenologie* nicht nur so etwas besagt wie Einsicht, Feststellung, Kenntnisnahme oder Ähnliches. Angesichts dieser Stellen ist es daher erstaunlich, dass Erfahrungen in der *Phänomenologie* als begriffliche oder subjektinterne Operationen verstanden werden. Dieses Missverständnis kommt wahrscheinlich dadurch zustande, dass man Hegel generell einfach unterstellt, nur an logischen oder begriff-

---

[50] Zwar sind diese Passagen alle nicht dem Anfang der *Phänomenologie* entnommen, aber selbst wenn sich der Erfahrungsbegriff innerhalb der *Phänomenologie* wandelt, so ist es nahe liegend, auch für den Beginn der Schrift nicht anzunehmen, dass Erfahrungen eine Art Untersuchung begrifflicher Inkonsistenzen sind oder auf solche reduziert werden können. Für die ersten Kapitel werde ich dies später auch zeigen.

[51] Die praktische Dimension der Selbsterkenntnis ist vor allem von den Interpreten hervorgehoben worden, denen es um Fragen zur ethischen Selbstbestimmung geht (vgl. zum Beispiel Wood 1990, 17 ff.; Pinkard 2002, 217 ff, Theunissen 1982).

lichen Zusammenhängen interessiert zu sein. Zwar ist richtig, dass mit den Erfahrungen in der *Phänomenologie* eine Einsicht einhergeht, aber erstens ist die Weise, wie man zu dieser Einsicht kommt, wenn man sie erfährt, für das, was Hegel sagen will, wesentlich. Das subjektive Erleben und die aktive Teilnahme gibt der Einsicht eine besondere Qualität. Subjektives Erleben und aktive Teilnahme können, müssen aber bei einer Einsicht aufgrund logischer Überlegungen nicht vorliegen. In Hegels Darstellung von Einsichten in existenziellen Lebenssituationen liegen sie immer vor. Zweitens hat das, was man einsieht, auch etwas mit der Verfasstheit der Welt zu tun, und es kann daher nicht durch eine bloße Untersuchung auf Selbstwidersprüchlichkeit hin eingesehen werden. Während das, was geprüft wird, im weiten Sinn zum einen Überzeugungen sind, die sich darauf beziehen, wie etwas in der Welt erkannt werden kann, und zum anderen Überzeugungen, die sich auf die Verfasstheit der Welt oder der Gegenstände in der Welt beziehen, ist das, was in dieser Prüfung erfahren wird, immer auch, wie die Welt ist.

Ebenso eindeutig wie, dass das, was erfahren wird, nicht nur Begriffliches oder Subjektinternes ist, ist, dass der Wechsel von Positionen in der *Phänomenologie* nicht oder zumindest sehr oft nicht als Resultat eines Begreifens von Seiten des Bewusstseins angesehen wird. Derjenige, der etwas erfährt, erfasst die intellektuellen Einsichten zumeist überhaupt nicht, wenn er seine Position ändert. Die Erfahrungen ändern das Bewusstsein, ohne dass das Bewusstsein diese Änderungen irgendwie aktiv autorisieren muss. Immer dann, wenn das Bewusstsein die Änderungen nicht autorisiert, also nicht deshalb vornimmt, weil es begriffen hat, was zu tun ist, tritt ein Beobachter auf, der anstelle des Bewusstseins diese begriffliche Arbeit übernimmt. So heißt es zum Beispiel am Ende des Kapitels über sinnliche Gewissheit: „Das natürliche Bewußtsein geht deswegen auch zu diesem Resultate, was an ihr das Wahre ist, immer selbst fort, und macht die Erfahrung darüber; aber vergißt es nur ebenso immer wieder und fängt die Bewegung von vorne an" (*GW* 9, 68 f.).

Allerdings gibt es gegen meine These, dass die Erfahrungen den Fortgang der *Phänomenologie* bestimmen, zwei nahe liegende Einwände, die ich anführen möchte, um anhand ihrer meine These zu spezifizieren. Der erste Einwand kann so zusammengefasst werden: (1) Hegel beansprucht, dass der Fortgang der *Phänomenologie* notwendig ist und sich also sowohl die Aufgabe einer Position als auch die Generierung der ihr Folgenden mit Notwendigkeit ergibt. (2) Dass etwas notwendig ist, kann (für Hegel) nur eingesehen werden, wenn es (auch) als begrifflicher Zusammenhang erfasst werden kann. (3) Also ist es nicht möglich, dass die Aufgabe einer Position sowie die Hervorbringung einer anderen einfach durch Erfahrungen erfolgen. Die Übergänge müssen begrifflich bedingt sein und hierbei ist bei Hegel zu erwarten, dass es begriffliche Widersprüche sind, die den Übergang zur neuen Position bedingen. Zweifellos muss man nach Hegel die Übergänge tatsächlich so rekonstruieren können, dass sie begrifflich erfasst werden und die je neuen Überzeugungen sich notwendigerweise aus dem, was ihnen vorhergeht, ergeben. Ich will daher kurz erläutern, wieso man dies im Rahmen meiner Interpretation auch behaupten kann.

Ein Schlüssel hierfür liegt in Hegels Unterscheidung von demjenigen, der die Erfahrungen macht, und demjenigen, der sie beobachtet. Während die beobachtete Person erfährt, dass das, was sie angenommen hatte, widerlegt wird und etwas anderes sich zeigt, analysiert der Beobachter, warum dies so sein muss.[52] Der Beobachter analysiert die Behauptungen, auf die sich das Bewusstsein festgelegt hat, und zeigt auf, inwiefern und wie sie revidiert werden müssen. Nur wenn man analysiert, was sich abspielt, erhält man Einsicht in die Notwendigkeit des Prozesses.[53] Man muss also zwischen dem, was erfahren wird, und der Analyse des Prozesses der Erfahrung unterscheiden. Dass man durch eine Analyse sieht, dass die Erfahrung notwendig war, bedeutet natürlich nicht, dass die Erfahrung selbst nicht unabhängig von jeder Analyse vonstattengehen kann. Um dies genauer auszuführen, muss man auf das eingehen, was ich oben als den Lernprozess der *Phänomenologie* ausgeführt habe. Demnach hat jeder, der sich zur Frage danach, wann Erkenntnis vorliegt, positioniert, Erwartungen, die sich aus zwei Komponenten zusammensetzen: aus der Erwartung, etwas erkennen zu können, und aus der Erwartung darüber, wie der Gegenstand ist. Die Position verbindet diese Annahmen natürlich, indem sie meint, dass sie durch einen Gegenstand, der so bestimmt ist, wie sie erwartet, ihre Wissensbehauptung begründen (und damit etwas erkennen) kann. Aber die Erfahrung widerspricht dieser Meinung. Was die Person erfährt, ist, dass sie ihre Erwartungen an den Gegenstand ändern muss, damit sie ihre Erkenntniserwartungen aufrechterhalten kann. Sie erfährt auch, wie diese Änderung geartet sein muss, also in welche Richtung sie ihre Erwartungen ändern muss. Der Beobachter analysiert diesen Prozess so, dass er zeigt, wie aus den verschiedenen Annahmen des Bewusstseins und der Widerlegung von Annahmen in der Erfahrung, die Änderungen, die das Bewusstsein vornimmt, notwendig sind, wenn es seine Erwartungen, etwas erkennen zu können, nicht aufgeben will. Die Aufgabe der jeweiligen Position ist also auch nur

---

[52] Folgt man meinem Interpretationsvorschlag, ist auch einsichtig, warum Hegel einerseits sagt, uns bleibe bei der Prüfung nur das reine Zusehen (*GW* 9, 59) – denn die Erfahrungen macht das Bewusstsein in seinem Versuch, etwas zu erkennen –, und andererseits sagt, dass die Notwendigkeit sich hinter dem Rücken des Bewusstseins zeige und „unsere Zutat" ist" (61) – hiermit ist die Analyse gemeint.

[53] Was in dieser Analyse genau gemacht wird, wird noch diskutiert.

unter der Vorgabe notwendig, dass die Person ihre Erwartung, dass sie etwas erkennen kann, nicht aufgibt. Dies motiviert (anders als viele unserer alltäglichen Erfahrungen) gerade den Gang der *Phänomenologie*.

Aus der Perspektive des Beobachters sieht man daher tatsächlich, dass die jeweiligen Positionen zwischenzeitlich mit Annahmen arbeiten müssen, die im Widerspruch zueinander stehen. Diese Widersprüche sind aber keine begrifflichen Inkonsistenzen oder Selbstwidersprüche, die in der Position angelegt sind. Es sind Widersprüche, die innerhalb der Position entstehen, weil die Verfasstheit der Welt für die Haltbarkeit der Position eine essentielle Rolle spielt und man durch diese zu Annahmen oder zur Aufgabe von Annahmen gezwungen wird. Ich will, wie hier noch einmal deutlich wird, also nicht nur behaupten, dass die Erfahrungen in der *Phänomenologie* einen nicht auf begriffliche Operationen reduzierbaren Status haben, weil der Erlebnisgehalt wichtig ist. Vielmehr behaupte ich außerdem, dass das, was die *Phänomenologie* argumentativ leistet, auf den Erfahrungen in oder mit der Welt aufbaut und keine von den Erfahrungen unabhängige theoretische Überlegung darstellt. Dass Hegel eine Alternative zu einem apriorischen Verfahren oder einem transzendentalen Argument[54] entwickeln will, ist, so denke ich, gerade ein wesentlicher und interessanter Aspekt der *Phänomenologie*. Wie ich genauer ausführen werde,[55] kann der Gang der *Phänomenologie* daher auch nicht als transzendentales Argument oder als eine Reihe transzendentaler Argumente verstanden werden, wie dies oft vorgeschlagen worden ist.[56] Sie verfolgt in den argumentativen und analysierenden Teilen, die die Entwicklung bedingen sollen, eine andere Strategie. Dies hängt mit der hier erörterten Rolle der Erfahrung zusammen. Die *Phänomenologie* stellt Erfahrungen dar und analysiert diese. Sie analysiert keine rein begrifflichen Zusammenhänge, wie das im transzendentalen Argument gemacht werden soll. Auch ist die in der *Phänomenologie* jeweils resultierende Annahme nicht eine Voraussetzung dafür, dass man die erste Annahme (begrifflich stabil) behaupten kann. Die resultierende Annahme ist das Resultat aus der ersten Annahme und der ge-

---

[54] Unter einem transzendentalen Argument verstehe ich in diesem Buch (ziemlich lax) ein Argument, das eine notwendige Bedingung für etwas angibt, das als unbezweifelbar angesehen wird, wodurch das, was die notwendige Bedingung sein soll, selbst wahr sein muss. Der angenommene Zusammenhang zwischen unbezweifelbarer Prämisse und notwendiger Bedingung soll kein empirischer sein, sondern logisch oder begrifflich.

[55] Vgl. im fünften Kapitel die Abschnitte 1.4.1 und 2.1.1.

[56] Vgl. etwa Neuhouser 1986; Pippin 1989; Taylor 1972; Stewart, 2000. Mit Neuhouser werde ich mich im 5. Kapitel (1.4.2) noch genauer auseinandersetzen. Als ein transzendentales Argument besonderer Art interpretieren die *Phänomenologie* auch Forster 1998, 186 f. und Horstmann 2006, 26 ff. All diesen Auffassungen will ich mit meinen Überlegungen widersprechen. Gegen die Rekonstruktion der *Phänomenologie* als transzendentales Argument argumentiert auch Houlgate (im Erscheinen).

machten Erfahrung. Ohne diese Erfahrung mit der Welt wüssten wir nicht, dass die erste Annahme unhaltbar ist. Die *Phänomenologie* verfolgt damit ein phänomenologisches Projekt.[57]

Der zweite nahe liegende Einwand, der gegen meine Interpretation vorgebracht werden kann, lautet: Eine solches Programm kann man Hegel gar nicht unterstellen, denn es ist offensichtlich, dass es eines von Hegels Zielen ist, die Überzeugung zu widerlegen, dass wir einen unmittelbaren Zugang zur Welt haben. Wir scheinen so etwas wie *die Welt* gar nicht erfahren zu können. Dann, so der Einwand, können Erfahrungen der Welt aber auch keine korrigierende Funktion übernehmen. Dieser Einwand scheint mir auf einem Missverständnis zu beruhen. Ich werde mich mit diesem Einwand bei der genaueren Darstellung dessen, wie die Prüfung vor sich gehen soll, noch einmal beschäftigen.[58] Aber bereits hier dürfte klar geworden sein, dass ich nicht behaupten will, dass Hegel meint, wir könnten einfach auf unsere Erfahrungen verweisen oder sie beschreiben, um zu wissen, wie die Welt ist oder wie wir erkennen können. Die unterschiedlichsten philosophischen Positionen berufen sich auf Erfahrung, indem sie auf etwas verweisen, das angeblich jeder erleben kann.[59] Aber auch wenn tatsächlich mit Erfahrungen immer ein Erlebnisgehalt einhergeht, reicht es nicht, auf das eigene Erlebnis zu verweisen, um jemanden davon zu überzeugen, dass es entsprechende Erfahrungen gibt. Weil Erfahrungen von Erwartungen abhängig sind, können wir sie nicht einfach als eine Art besonderen (phänomenalen) Zugang zu dem, wie die Welt

---

[57] Auch diese Lesart ist sicherlich nicht ganz neu. Zu erwähnen sind Lesarten aus der phänomenologischen Schule (im Ausgang von Husserl). Was die Hegeldeutung von Heidegger angeht, so hat er in meinen Augen die Erfahrung zu sehr als eine Art Dialog des Subjekts mit sich selbst verstanden und daher im Sinne einer Subjektivitätsphilosophie gedeutet (und dadurch gerade nicht phänomenologisch, vgl. Heidegger 1950, 93 f.). Auf die Deutungen von Michael Theunissen werde ich an den entsprechenden Stellen zu sprechen kommen. Zu erwähnen ist noch Eugen Fink. Fink ²2007 hat eine Interpretation der *Phänomenologie* vorgelegt, die er wohl in mindestens drei Hinsichten als eine phänomenologische Interpretation bezeichnet: (1) der Weltbegriff wird auf seine phänomenologische Bedeutung hin untersucht (138), (2) die Seinsfrage wird als zentral angesehen (136 f.), (3) Realität wird von Vorhandensein unterschieden und als ein komplexes Resultat einer Beziehung des Subjekts zur Welt verstanden (45). Vor allem in der letztgenannten Hinsicht würde ich meine Überlegungen auch als phänomenologisch verstehen. Eine Nähe könnte man vielleicht auch zu McDowell und Pippin sehen. Mit ihnen werde ich mich an den hierfür geeigneten Stellen beschäftigen. Förster 2003 hat Hegels Entwicklungsgedanken in der *Phänomenologie* durch eine Beziehung auf Goethes Gedanken der Metamorphose in ein neues Licht gestellt. Im Rahmen meiner Untersuchung könnte man den Begriff der Erfahrung stärker als Förster (126 f.) auf die von ihm ausgeführte Idee der Entwicklung beziehen.

[58] Vgl. das zweite und dritte Kapitel.

[59] Die Position der sinnlichen Gewissheit beruft sich auf „die allgemeine Erfahrung", das heißt hier auf den Commonsense. Dagegen meint Hegel „vielmehr ist das Gegenteil allgemeine Erfahrung" (vgl. *GW* 9, 69 f.).

Die Phänomenologie *als Darstellung von Erfahrungen* 85

wirklich verfasst ist, auffassen. Erfahrungen sind keine neutrale Quelle, die uns über die Verfasstheit der Welt Aufschluss geben. Man muss Erfahrungen operativ machen und wiederholen, sie analysieren und auswerten, um philosophische (also für Hegel wissenschaftliche) Fragen zu beantworten. Aber in diesem Projekt von Hegel soll und kann die Idee eines phänomenalen Zugangs zur Welt nicht verabschiedet werden. Der phänomenale Zugang ist in diesem Projekt sozusagen als etwas vorausgesetzt, mit dem man sich innerhalb des Projekts auch kritisch zu beschäftigen hat.

Man könnte an dieser Stelle fragen, warum es so wichtig sein soll, dass das, was man erfährt, keine begrifflichen Inkonsistenzen sind, oder: Warum kann das, was erfahren wird, nicht als begriffliche Inkonsistenz angemessen dargestellt werden? Hierauf will ich drei Antworten geben: Erstens ist die richtige Einschätzung und Darstellung der Erfahrung für eine angemessene Interpretation des Textes wichtig. Zweitens denke ich, wie klar geworden sein dürfte, dass es sich lohnt, die Konzeption der Erfahrungen, die sich in der *Phänomenologie* findet, genauer zu betrachten. Der dritte Punkt betrifft den Charakter dieser Schrift mit Blick auf ihre Funktion im Hegelschen System. In meinen bisherigen Überlegungen habe ich eine Frage unberührt gelassen, die beim Thema der *Phänomenologie des Geistes* nicht ganz unerwähnt bleiben kann. Dies ist die Frage, inwiefern die *Phänomenologie* eine Einleitung für die *Logik* darstellt und inwiefern sie eine die *Logik* rechtfertigende Funktion hat. Wenn man meiner Interpretation folgt, richtet sich die *Phänomenologie* an diejenigen, die auf die Frage, wann Erkenntnis vorliegt, nicht die Antwort geben, die Hegel ihr gibt. Und zwar richtet sich die *Phänomenologie* nicht nur mit dem Vorhaben an sie, ihnen ein Argument zu präsentieren, ihnen etwas zu beweisen oder ihnen direkt vor Augen zu führen, was Hegels Auffassung zur Erkenntnis ist. Sie richtet sich ebenso mit einer Analyse ihrer täglichen Erfahrungen an sie wie mit dem Versuch, sie dazu zu bringen, Positionen einzunehmen, durch die sie die Erfahrungen machen werden, die sie letztlich zur Hegelschen Auffassung bringen werden. Sie ist in diesem Sinne ein therapeutisches Projekt.[60] Ein therapeutisches Projekt, das unter anderem mit Einübungen in Praktiken, mit Erinnerungen und Wiederholungen arbeitet. Eine Art von Therapie ist auch insofern nötig, als die Person, die Hegels Antwort

---

[60] Für diese Interpretation spricht zum Beispiel, dass Hegel von Läuterung spricht. So sagt er, die Darstellung der *Phänomenologie* sei „der Weg des natürlichen Bewußtseins, das zum wahren Wissen dringt, [...] oder als der Weg der Seele [...] daß sie sich zum Geiste läutere" (*GW* 9, 55; allerdings ist einzuräumen, dass die Rede von Seele und Geist hier wieder nicht eindeutig auf das Individuum bezogen ist). Dass Hegel mit der *Phänomenologie* die Absicht einer Art Heilung oder Therapie verfolgt, wird von einigen Interpreten so gesehen (zum Beispiel Forster 1998, 103). Zur Diskussion, inwiefern sich Hegels Philosophie insgesamt als eine Art Therapie verstehen lässt, vgl. Quante 2004b. Ich denke, dass man für das richtige Verständnis dieses therapeutischen Anliegens den Erfahrungsbegriff im oben erläuterten Sinne analysieren muss.

auf die Frage, was Erkenntnis ist, gibt, eine grundlegend neue Sicht auf alles hat. Sie betrachtet zum Beispiel den Anderen nicht als von sich getrennten Anderen mit eigenen intellektuellen Vorstellungen, sondern erkennt ihn vollständig als Ihresgleichen, und das heißt, als zu ihr gehörig.[61] Dass ein solches Resultat durch ein Argument allein erreicht werden kann, ist eher zweifelhaft.

Nun könnte man sagen, dass die Erfahrungen als eine Art begleitendes Moment einzuschätzen sind, sie aber nicht den Fortgang der *Phänomenologie* bestimmen dürfen, weil sie nicht die Arbeit leisten können, das eigentliche Ziel der *Phänomenologie* herbeizuführen, nämlich den Standpunkt der Wissenschaft zu rechtfertigen. Hierzu wäre viel zu sagen. Es ist zum Beispiel zu konstatieren, dass Hegel zumeist Formulierungen wählt, denen zufolge er zur Wissenschaft *hinführt*, man mit ihm deren Standpunkt *erreicht* usw. Solche Redewendungen sind mit dem Programm einer Therapie gut zu vereinbaren. Man muss weiterhin auch bedenken, dass es gerade zu Hegels philosophischem Programm gehört, Rechtfertigung nicht als eine bloß begriffliche Absicherung anzusehen. Man kann durchaus sagen: Wenn unsere Erfahrungen uns zum Standpunkt der Wissenschaft nötigen, sind wir in diesem Standpunkt gerechtfertigt.[62] Rechtfertigung ist sogar überhaupt nicht ohne Erfahrungen möglich, weil, da nach Hegel Begriffe nichts Abstraktes sein können, alles, was wir begrifflich wirklich erkennen, schon auf Erfahrungen und Erlebnisse Bezug nimmt oder im erfahrenden und erlebenden Bezug stattfindet. Hegels eigene Auffassung über Erkenntnis bewährt sich meiner Interpretation nach folglich auch nicht dadurch, dass sie die einzige ist, die nicht selbstwidersprüchlich ist, sondern es ist die Auffassung, zu der unsere Erfahrungen uns führen. Dies begreifen wir, wenn wir diese Erfahrungen analysieren. Wer dies noch nicht begriffen hat, muss die *Phänomenologie* lesen. Wer es begreift, wird das Projekt der *Logik* zumindest als Projekt akzeptieren. Denn die *Logik* soll die Struktur der begrifflichen Wirklichkeit zum Gegenstand einer logisch-begrifflichen Untersuchung machen. Sie setzt damit die philosophische These voraus, dass Begriffe nicht abstrakte Formen einer materiellen Wirklichkeit sind, sondern Weisen des Umgangs mit der Welt. Diese Voraussetzung der

---

[61] Zum therapeutischen Charakter des Projekts gehört zum Beispiel, was ich oben ausgeführt habe: Wir werden durch Erfahrungen davon überzeugt, dass wir unsere eigenen Ziele verfehlt haben. Ebenso gehört dazu, dass Hegel meint, der Mensch verderbe sich immer wieder seine erreichte beschränkte Befriedigung (*GW* 9, 57). Dies setzt nämlich voraus, dass das Bewusstsein irgendwie auf der Suche ist.

[62] Auch dass Hegel hier Vollständigkeit der Darstellung aller möglichen (sinnvollen) Positionen zur Frage, wann Erkenntnis vorliegt, beansprucht, widerspricht nicht per se der Interpretation als therapeutischer Erfahrungslehre. Denn Hegel kann der Meinung sein, dass man die Möglichkeiten der Erfahrungen ausschöpfen muss, um die Wahrheit der Hegelschen Antwort wirklich zu begreifen. So sagt Hegel etwa, dass die Läuterung zum Geiste durch die „vollständige Erfahrung" (*GW* 9, 55) erreicht werden könne.

Logik ist aber zugleich keine bloß philosophische These, die allererst bewiesen werden muss. Die These hat sich bereits bewährt, dies muss nur noch erkannt werden. Hierzu dient die *Phänomenologie*. Ich werde später noch einmal auf das Thema einer möglichen Rechtfertigung der Wissenschaft zurückkommen. Es ist aber in jedem Fall wichtig für das Verständnis der *Phänomenologie*, dass man sie als Mittel ansehen kann, den Standpunkt von Hegel durch eine Art therapeutischer Katharsis zu erreichen.

Hegel sagt nicht nur, dass die *Phänomenologie* zum Standpunkt der Wissenschaft hinführen soll, sondern auch, dass sie durch ihre Notwendigkeit „selbst schon Wissenschaft" sei (*GW* 9, 61). Die *Phänomenologie* ist Wissenschaft nicht nur, weil sie ein wissenschaftliches Experiment zur Frage, was Erkenntnis ist, durchführt. Auch das, was in der *Phänomenologie* dargestellt wird, ist nicht nur unter therapeutischen Gesichtspunkten interessant. Dass Hegel die Strukturen des Denkens und der Wirklichkeit, die in der *Phänomenologie* aufgedeckt werden, um die Frage, was Erkenntnis ist, zu beantworten, auch in seiner Wissenschaft behandeln will und dass diese Strukturen, was die logischen Zusammenhänge angeht, auch in der *Phänomenologie* schon richtig dargestellt sein müssen, ist nicht überraschend. Und es ist zu berücksichtigen, dass die Wissenschaft bei Hegel, wie ich hier allerdings nur thetisch behaupten kann, selbst keine apriorische oder rein begriffliche Abhandlung sein soll und auch daher der *Phänomenologie* nicht entgegengesetzt sein muss. Daher widerspricht Hegels Behauptung, dass die *Phänomenologie* in gewisser Weise selbst schon Wissenschaft ist, nicht ihrem therapeutischen Charakter.

5.2 Die Konzeption der Phänomenologie

An das, was ich in den ersten vier Abschnitten dieses Kapitels zur Erfahrung ausgeführt habe, noch einmal anschließend, kann man sagen: Die Erfahrungen, die als Umkehr des Bewusstseins beschrieben werden, sind Erfahrungen im engeren Sinn. Wenn man die Frage, was Erkenntnis ist, richtig beantwortet, wird es bei den Erfahrungen, die man macht, nicht mehr zu einer Umkehr des Bewusstseins kommen. Dinge lassen sich als anders erfahren als erwartet, aber die grundlegenden Annahmen über die Welt und die damit einhergehende Haltung, die man in der Erwartung ausgedrückt hat, bedarf dann keiner Korrektur. In diesem Fall spreche ich von Erfahrung im weiteren Sinn. Folgt man dieser Auffassung zu Hegels Projekt, kann man verstehen, warum Hegel Erfahrungen im engeren Sinn als Weg zur richtigen Beantwortung der Frage ansieht, was Erkenntnis ist. Zugleich muss man dann nicht behaupten, dass für Hegel Erfahrungen für erfolgreiches Erkennen keine Rolle mehr spielen können. Denn man kann in dieser Hinsicht annehmen, dass es auch Erfahrungen im weiteren Sinn gibt. Nach den bisherigen Ausführungen ist damit die Vermutung wohl begründet, dass Hegel in der *Phänomenologie* alle möglichen Positionen zur Frage, wann Erkenntnis vorliegt, durchgeht und es sich nur bei seiner eigenen am Ende erweist, dass sie sich tatsächlich realisieren lässt. Dieser Erwartung entspricht Hegel bis zum Ende des Vernunft-Abschnitts. Aber dann scheint Hegel diese Linie zu verlassen. Dass Hegel mit dem Geist-Kapitel etwas Neues beginnt, hat in der Literatur viel Diskussion hervorgerufen. Was im Rahmen meiner Überlegungen vor allem interessiert, ist die Frage, inwiefern sich mit dem Geist-Kapitel die Rolle von Erfahrungen oder das Verständnis dessen ändert, was Erfahrungen sein sollen.

Kurz gesagt sieht der Gang der *Phänomenologie* bis zum Ende des Vernunft-Abschnitts so aus: Das Resultat des ersten Abschnitts über das Bewusstsein ist, dass der Maßstab für Wissen etwas Begriffliches sein muss und dass dieses Begriffliche etwas sein muss, durch welches das Seiende bestimmt ist. Im Abschnitt über das Selbstbewusstsein wird klar, dass das alles bestimmende begriffliche Prinzip etwas von allen Individuen Geteiltes sein muss. Als solches wird es (in Anlehnung an Kant) „Vernunft" genannt. Im Vernunft-Kapitel stellt sich heraus, dass sich durch dieses Prinzip nur etwas erkennen lässt, wenn es ein konkretes, die Welt tatsächlich bestimmendes Prinzip ist. Es ist nicht die abstrakte Vernunft, die das Wissen und die Handlungen bestimmt, sondern die Prinzipien einer lebendigen menschlichen Gemeinschaft.[63] Dies soll sich, wie gesagt, aus dem Vernunft-Abschnitt ergeben haben.

Ein erkenntnistheoretisches Projekt ist die *Phänomenologie* hierbei, da sie Positionen zur Frage, was Erkenntnis ist, daraufhin betrachtet, ob sich der von ihnen angebotene Maßstab zur Überprüfung von Wissensbehauptungen erfolgreich anwenden lässt. Weil man bei der Frage nach dem Maßstab für Wissen zum Beispiel auch Intersubjektivität als wesentlich ansehen kann, ist es nicht besonders überraschend, dass Hegel hier auch Themen behandelt, die man zum Beispiel in der Sozialphilosophie findet. Im Geist-Kapitel wird die Darstellung jedoch nicht nur thematisch erweitert, sondern auch der Duktus ändert sich. Im Geist-Kapitel sind Positionen zur Erkenntnis zumindest nicht mehr ohne Weiteres zu identifizieren. Und von hier ab sind auch Prüfungen

---

[63] Die Trennung von Vernunft und selbstbewussten Individuen soll hiermit wegfallen sein. Das selbstbewusste Individuum hat nicht Vernunft, sondern ist die Vernunft (vgl. *GW* 9, 239). Das bedeutet auch: Die Vernunft als Inbegriff der begrifflichen oder vernünftigen Prinzipien ist nur durch die Individuen und in ihrem Zusammenleben wirklich. Daher sagt Hegel: „Gerade darin, daß sie [der Geist als Substanz] das im Selbst [das heißt in einem Selbst des wirklichen Bewußtseins] aufgelöste Sein ist, ist sie nicht das tote Wesen, sondern wirklich und lebendig." Das mit „Selbst" hier „Selbst des wirklichen Bewußtseins" (und d. h. m. E. des Individuums) gemeint ist, lässt sich durch eine Stelle belegen, die am Anfang desselben Abschnitts steht, dessen Ende das Zitat entnommen ist: „[D]er Geist aber ist die sittliche Wirklichkeit. Er ist das Selbst des wirklichen Bewußtseins, [...]" (*GW* 9, 238).

im engeren Sinn nicht oder nicht leicht auszumachen. Hegels Beschreibung nach tritt mit dem Geist-Kapitel die Darstellung der Wirklichkeit oder der wirklichen Welt an die Stelle der Abstraktion von Wirklichkeit. Der Unterschied der Entwicklungen, die im Abschnitt *Geist* beschrieben sind, zum Bisherigen soll sein, „daß sie die realen Geister sind, eigentliche Wirklichkeiten, und statt Gestalten nur des Bewußtseins, Gestalten einer Welt" (*GW* 9, 240). Die bisher in der *Phänomenologie* behandelten erkenntnistheoretischen Positionen sind immer eine Art sich vom Lebenszusammenhang ablösender Konstruktionen des Bewusstseins, das sich zur Frage, was Erkenntnis ist, äußern will.[64] Im Geist-Kapitel soll dagegen dargestellt werden, wie sich die „sittliche Welt" (*GW* 9, 240) so entwickelt hat, dass Individuen sich ihrer selbst als Gesetzgeber bewusst werden. Dies ist letztlich eine Darstellung der geschichtlichen Entwicklung des Menschen oder der Geschichte. Für diese neue Darstellungsform sehe ich folgenden Grund: Die leitende Frage, wann Erkenntnis vorliegt, wird von der Position, die sich aus dem Vernunft-Kapitel ergeben haben soll, unter anderem ungefähr mit folgender Behauptung beantwortet (ich sehe hier von vielen Aspekten ab, daher sage ich „unter anderem"): Der Maßstab für Wissen muss in einer Form von Begriffen vorliegen, bei der sich Begriffe (und damit der Maßstab) aus der sozialen Wirklichkeit oder Praxis miteinander lebender Subjekte ergeben. Diese Behauptung ist in Hegels Augen richtig. Damit ist die *Phänomenologie* aber nicht zu Ende. Denn es muss sich zeigen lassen, dass sich diese Antwort bewährt. Um dies zu zeigen, muss die Antwort – wie immer beim Verfahren der *Phänomenologie* – spezifiziert werden. Tatsächlich soll sich dann zeigen, dass die Antwort sich bewährt, zumindest wenn man sie in einer bestimmten Weise versteht. Im Moment geht es darum, dass die durch das Vernunft-Kapitel erreichte Einsicht impliziert, dass mit der bisherigen Darstellungsweise der *Phänomenologie* zu brechen ist. Bisher wurden die Maßstäbe zur Prüfung von der Position vorgegeben. Jetzt soll sich der Maßstab aus der Praxis ergeben. Eine Prüfung in dem Sinne wie bisher, indem man nämlich fragt: „Ist das realisierbar?", ist nicht mehr sinnvoll, weil man auf etwas schon in der Praxis Realisiertes Bezug nimmt. Als die nun offene Frage, also als das, worin sich der Vorschlag des Geist-Kapitels bewähren muss, kann man die Frage ansehen, ob wir die in der Praxis befindlichen Begriffe als unseren Maßstab für Wissen anerkennen können. Mit anderen Worten: Die Begriffe, die wir als Maßstab für Wissen haben, müssen wirklich oder im Gebrauch sein. Das hat sich bis zum Ende des Vernunft-Kapitels ergeben. Aber Hegel ist auch der Meinung, dass sich erst in der Geschichte ein Bewusstsein dafür bilden konnte, dass diese

---

[64] Dies zeigt sich zum Beispiel, wenn Hegel sagt: „Was dem Stoizismus nur in der Abstraktion des Ansich ist, ist nun wirkliche Welt" (*GW* 9, 261).

Begriffe als Maßstab richtig sind und von uns autorisiert werden. Letzteres zeigt grob gesagt das Geist-Kapitel mit der Geschichte, die hier vor allem eine Darstellung davon ist, wie der Mensch allgemeine begriffliche Prinzipien, die sein Handeln und Denken anleiten, als seine eigenen vernünftigen Prinzipien erkennt (wenn auch noch nicht ganz erfolgreich, weshalb die *Phänomenologie* nach dem Geist-Kapitel noch weiter geht: Der Abschnitt über Religion thematisiert, inwiefern eine Gottesvorstellung für den Menschen wesentlich war, um seine Vernünftigkeit begreifen zu können). Die Wende, die im Übergang vom Vernunft- zum Geist-Kapitel stattfindet, kann man mit verschiedenen Begriffspaaren beschreiben. Wenn man zum Beispiel Wahrheit als das auffasst, was in Wirklichkeit ist, so kann man sagen, dass der Weg erst vom Wissen zur Wahrheit führen soll, dann von der Wahrheit zum Wissen. Oder, um Hegels Vokabular aus der Vorrede zu verwenden, kann man sagen, dass sich am Ende des Vernunft-Kapitels zeigt, dass (für Erkenntnis) Subjektivität oder Vernunft wirklich oder Substanz sein muss, während sich zum Ende des Geist-Kapitels zeigt, dass (für Erkenntnis) Substanz oder Wirklichkeit ganz Subjektivität oder Vernunft werden muss.[65] In Hegels Augen müssen für die Beantwortung der Frage, was der Maßstab für Wissensbehauptungen ist, jedenfalls beide Prozesse durchlaufen werden: Wir müssen die Begriffe als wirklich erkennen und wir müssen uns die Wirklichkeit begrifflich zu eigen gemacht haben.

Beachtenswert ist, welche Rolle Erfahrungen unter der Geist-Perspektive spielen: Die Erfahrungen sind jetzt nicht mehr solche, die eine Position bei einer fingierten Prüfung ihrer Annahmen machen soll, sondern die Erfahrungen, die die Menschen in ihrer Geschichte gemacht haben sollen. Es sind damit alltägliche Erfahrungen oder doch zumindest Erfahrungen, die so im Leben vorgekommen sein sollen.[66] Diese Erfahrungen werden nicht aktuell vorgenommen, sondern sie werden erinnert. Dass Erfahrungen erinnert werden, gibt der Darstellung von Erfahrung einen ganz neuen Charakter. Für die Erfahrungen in den Prüfungen bis zum Ende des Vernunft-Kapitels gilt, dass sie als etwas Gewaltsames erlebt werden, indem durch sie eine Position widerlegt wird. Dieses Gewaltsame kann den beschriebenen Erfahrungen der Geschichte sicherlich zum Teil auch zugesprochen werden. Zum Beispiel lehrt uns die Extremsituation der französischen Revolution etwas darüber, in welcher Weise wir frei sein können. In diesem Sinn könnte man hier analog zur „Umkehr des Bewusstseins" von einer „Umkehr in der geschichtlichen

---

[65] So heißt es im Geist-Kapitel: „Indem seine Vollendung darin besteht, das, was er ist, seine Substanz, vollkommen zu wissen, so ist dies Wissen sein Insichgehen, in welchem er sein Dasein verläßt und seine Gestalt der Erinnerung übergibt" (*GW* 9, 433).

[66] Die These, dass mit dem Geist-Kapitel eine neue Dimension von Erfahrung einhergeht, indem Erfahrung jetzt mit der geschichtlichen Wirklichkeit zusammen fällt, findet sich auch bei Beuthan 2008, 84.

Entwicklung sprechen". Aber das Gewaltsame der Erfahrungen ist im Geist-Kapitel anders verarbeitet. Während im Gang bis zum Ende des Vernunft-Kapitels der Beobachter hinzutreten muss, um im Wechsel der Positionen das sich Durchgängige zu sehen, ist es nun derjenige, der auf die Frage danach, was der Maßstab für Wissen ist, mit „Der lebendige Geist" geantwortet hat, der das Durchgängige sieht. Er sieht es als derjenige, der sich an die Geschichte der Menschen erinnert. Die Geschichte der Erinnerung der menschlichen Erfahrung ist eine Geschichte des Geistes, weil die Erinnerung die Identität der begrifflichen Entwicklung herstellt, die der Beobachter im ersten Teil der *Phänomenologie* quasi von außen hinzutretend geleistet hatte. Was die Position betrifft, die das Geist-Kapitel definiert, also die Position, die unter anderem durch die Annahme bestimmt ist, dass die Begriffe wirklich sind, so gilt für deren Vertreter also, dass er nicht selbst Erfahrungen macht. Die Erfahrungen sind hier nicht Umkehrungen desjenigen, dessen Behauptung auf Bewährung hin untersucht wird. Er sieht geschichtliche Gestalten zwar scheitern, aber er sieht auch Kontinuität und etwas sich Bewahrendes.[67] Die Erinnerung tritt anstelle der Erfahrung: Nicht aktuelle Teilnahme bestimmt die Haltung der Position, die sich im Geist-Kapitel bewähren soll, sondern eine Art Sammeln gemachter Erfahrungen.

Was heißt das für die in der *Phänomenologie* dargestellten Erfahrungen? Bis zum Ende des Vernunft-Abschnitts wird ein Typ von Erfahrungen dargestellt, der durch eine Art philosophischen operativen Experiments entsteht. Jeder kann diese Erfahrungen nachvollziehen, wenn er sich auf dieses Experiment einlässt. Er vollzieht dann Erfahrungen innerhalb eines erkenntnistheoretischen Programms. Im Ergebnis wird er eine Antwort auf die Frage, was der Maßstab für Wissen ist, haben (Maßstab ist nämlich die begrifflich bestimmte Wirklichkeit). Aber mit dieser Antwort ist auch das erkenntnistheoretische Projekt in der bisherigen Form zu einem Ende gekommen: Die Erfahrungen haben ihn auch gelehrt, dass alle begrifflichen Konstruktionen sich (noch) nicht als Maßstab für Wissensbehauptungen eignen, solange wir sie als begriffliche Konstruktionen einer Wirklichkeit gegenübergestellt sehen. Diese Einsicht steht im Zusammenhang mit dem, was das Bewusstsein gelernt hat: Für Erkenntnis muss dasjenige, was mir als Maßstab dienen soll, sich aus dem Umgang mit der Welt ergeben haben. Die bis zum Ende des Vernunft-Kapitels leitende (wenn auch immer wieder stark variierte) Annahme, dass ich Begriffe und Gegenstände irgendwie erst zusammenbringen muss, wird aufgegeben. Diese Änderung in der Weise, wie die Welt gesehen wird, impliziert auch, dass eine bestimmte Auffassung von Maßstab und Prüfung verab-

---

[67] Zum bewahrenden Charakter der Erinnerung vgl. auch schon die Vorrede (*GW* 9, 35).

schiedet wird.⁶⁸ Das Bild des Maßstabs hat in Hegels Augen etwas Missliches, indem es nahe legt, dass Gemessenes und Maßstab voneinander unabhängig sind und es auch bleiben. Wenn, wie Hegels Vorschlag zur Erkenntnis lautet, etwas dann erkannt wird, wenn es als Teil der begrifflichen erkannten Wirklichkeit erkannt wird, ist dieses Bild zu verwerfen. Dieses Bild entspricht sicherlich der Weise, wie sich die Individuen zu einer bestimmten Zeit oder in bestimmten Situationen sehen, aber dieses Bild ist selbst das Produkt einer Abstraktion oder einer einseitigen Perspektive. So erklärt sich, wieso der Abschnitt über die *Vernunft* auch explizit mit einer Aufgabe des Anspruchs von Seiten des Individuums endet, etwas zu prüfen.⁶⁹

Was ich soeben behauptet habe, könnte so missverstanden werden, als solle nach Hegel in der *Phänomenologie* die Einsicht erreicht werden, dass man die Frage, was Erkenntnis ist, nicht durch eine abstrakte Prüfung, sondern nur durch geschichtliche Erinnerung beantworten kann. Ich denke aber, dass Hegel vielmehr sagen will, dass die Frage, was Erkenntnis ist, nicht vollständig durch eine abstrakte Prüfung beantwortet werden kann, sondern dass die so erreichte Antwort durch Antworten, die mit anderen Verfahren erreicht werden, zu ergänzen ist. Hegel meint, dass die Prüfung im ersten Teil und die geschichtliche Darstellung im zweiten in einem komplexen Verhältnis der gegenseitigen Abhängigkeit stehen. Dies kann ich hier nur andeuten: Im Geist-Kapitel werden geschichtliche Erfahrungen dargestellt. Diese Erfahrungen werden als Prozess der geistigen Aneignung der Wirklichkeit gelesen. Im Ergebnis führen diese Erfahrungen zur selben Antwort auf die Frage, was der Maßstab für Wissensbehauptungen sein kann, wie die, die bis zum Vernunft-Kapitel gegeben wurde. Kurz gesagt: Der Maßstab ist eine begrifflich bestimmte Welt, die von den Individuen als solche anerkannt wird. An dieser Stelle kann man sagen, dass das Geist-Kapitel den Prozess, der bis zum Ende des Vernunft-Kapitels stattgefunden hat, noch einmal durchläuft – wenn auch, wie gesagt, unter umgekehrten Voraussetzungen, insofern im Geist-Kapitel von dem, was wirklich ist, ausgegangen wird und von hier gefragt wird, inwiefern der Mensch Wissen von dem, was ist, erlangen kann. Die Darstellung bis zum Ende des Vernunft-Kapitels und das Geist-Kapitel sind aber nicht einfach spiegelbildliche Darstellungen mit demselben Ergebnis.⁷⁰

---

⁶⁸ In dieser Kritik an einem im engeren Sinn erkenntnistheoretischen Projekt kann man wieder eine Parallele zu einem phänomenologischen Programm sehen, wie es zum Beispiel Heidegger in *Sein und Zeit* verfolgt.

⁶⁹ Vgl. *GW* 9, 236. Dies bezieht sich primär auf die Widerlegung der gesetzprüfenden Vernunft.

⁷⁰ Bei diesem Vorschlag zur Strukturierung ist zu beachten, dass Hegels Einteilung (wie Stewart 1998 hervorhebt) die Abschnitte *Vernunft*, *Geist* und *Religion* auf eine Ebene setzt. Ich würde sagen, dass dies daran liegt, dass diese Kapitel alle davon handeln, wie man die

Sie verhalten sich in manchen Hinsichten auch im Ergebnis asymmetrisch. Die Darstellungsform des Geist-Kapitels ist insofern der bis einschließlich des Vernunft-Kapitels überlegen, als sie dadurch, dass sie mit Erinnerung arbeitet, im Ergebnis festhalten kann, dass das, was der Mensch am Ende als seine eigenen vernünftigen Prinzipien betrachtet, etwas gewesen ist, dass sich ihm zunächst als eine von ihm unabhängige Wirklichkeit präsentierte. Die Erinnerung relativiert daher auch das am Ende des Geist-Abschnitts dargestellte Ergebnis der Geschichte des Menschen, das in einem radikalen Subjektivismus besteht.[71] Die Asymmetrie von dem, was bis zum Geist-Kapitel dargestellt wurde und dem Geist-Kapitel, besteht aber auch darin, dass das philosophische Experiment zu Beginn der *Phänomenologie* den Leser in die Lage versetzt, den zweiten Teil der *Phänomenologie* mit zu vollziehen. Selbst ein Leser, der an einer erkenntnistheoretischen Frage interessiert ist und bei dem die übliche Meinung nicht sein dürfte, dass man diese Frage auf dem Weg einer Geistesgeschichte beantworten kann, wird in die Lage versetzt, den zweiten Teil der *Phänomenologie* als Antwort auf die Frage nach Erkenntnis zu lesen.[72]

Folgt man dieser These, so ist auch zu berücksichtigen, dass im Abschnitt *Geist* dargestellt wird, wie sich der Prozess der Geschichte, der für die Frage nach Erkenntnis relevant sein soll, *als ganzer* darstellt. Jemand, der in diesem Prozess ist, kann diese Sicht auf den Prozess als ganzen nicht einnehmen. Diese Sicht ist vielmehr nur in einer bestimmten Form des Rückblicks und damit zu einem bestimmten geschichtlichen Zeitpunkt möglich. Hegel hat vor diesen geschichtlichen Bezügen keine Scheu gehabt. Im Gegenteil strukturieren gerade sie sein Programm. Man kann die Grundidee der *Phänomenologie* daher nun so wiedergeben: Wir haben in der Geschichte Erfahrungen gesammelt, die uns die Mittel an die Hand geben, die Frage, was Erkenntnis ist, zu beantworten. Diese Mittel sehen so aus, dass wir uns in einem philosophischen Experiment unter anderem zuerst klar machen können, dass unsere Begriffe gerade deshalb als Maßstab funktionieren, weil sie nicht der Wirklichkeit abstrakt gegenüber stehen. Haben wir dies deutlich vor Augen, so können wir die geschichtlichen Erfahrungen in einer Weise erinnern, durch die wir uns der begrifflich strukturierten Wirklichkeit als etwas versichern, das

---

Identität von Begriffen und Wirklichkeit zu denken hat (abstrakt, geschichtlich, religiös). Es widerspricht so gelesen nicht der These, dass das Geist-Kapitel den ganzen bisherigen Gang (in anderer Reihenfolge) wiederholt.

[71] Das Resultat dieser Relativierung zieht Hegel im Abschnitt über das absolute Wissen. Dies geht allerdings wieder auf komplizierte Weise vor sich, indem Hegel hier die Moralität vom Ende des Geist-Kapitels mit der Entwicklung der Religion zusammen sehen will.

[72] In diesem Sinn ist das Zitat zu verstehen, das ich bei der Explikation des Erfahrungsbegriffs angeführt hatte: Dass wir durch Erfahrungen darin geschickt werden würden zu prüfen (*GW* 9, 56).

uns als Maßstab für Erkenntnis dienen kann. Hat sich unsere Vorstellung des Maßstabs auch in diesem Sinn bewährt, so haben wir die Frage, was Erkenntnis ist, beantwortet.

An dieser Stelle möchte ich eine Anmerkung zur Entstehungsgeschichte der *Phänomenologie* machen: Für Hegel selbst könnte es bei der ursprünglichen Planung der *Phänomenologie* so ausgesehen haben, als reiche es, das philosophische Experiment bis zu dem Punkt durchzuführen, an dem die Begrenzung der philosophischen Positionen zur Frage, was Erkenntnis ist, klar wird, also bis zum Ende des Vernunft-Kapitels. Denn es besteht eine Uneindeutigkeit oder Offenheit mit Blick auf die Realisierung des Programms: Einerseits könnte das Projekt des Geist-Kapitels, so wie hier beschrieben, erst innerhalb eines Hegelschen Systems, also im Anschluss an die *Phänomenologie*, durchgeführt werden. Andererseits will Hegel bereits in der *Phänomenologie* seinen philosophischen Standpunkt als einen darstellen, der sich gegenüber anderen bewährt hat. Dies hat Hegel vor allem in der Einleitung deutlich als Aufgabe der *Phänomenologie* herausgestellt. Für diese Bewährung braucht es, wie ich argumentiert habe, den weiteren Fortgang der *Phänomenologie* im Geist-Kapitel. Bekanntlich entschließt sich Hegel dann wirklich, die Darstellung der Geschichte noch in der *Phänomenologie* zu liefern. Dadurch wird allerdings die Stellung zu Hegels System noch komplizierter, als sie es schon wäre, wenn die *Phänomenologie* sich mit dem Programm bis zum Ende des Vernunft-Kapitels beschäftigt hätte.

Förster (2008 und 2010) hat dafür argumentiert, dass die *Phänomenologie* ursprünglich mit dem (dann heraus gefallenen) Abschnitt *Die Wissenschaft* enden sollte.[73] Folgt man meiner Interpretation, spricht für Försters These, dass der Geist-Abschnitt tatsächlich nicht mehr so gut unter den Titel passt, den Hegel seiner *Phänomenologie* erst geben wollte: „Wissenschaft der Erfahrung des Bewusstseins". Denn, wie oben gezeigt, wird im Abschnitt über den Geist nicht mehr das wissenschaftliche Experiment mit dem Bewusstsein dargestellt, sondern es sollen die Erfahrungen in der Geschichte erinnert werden. Die Diskussion über die ursprüngliche Konzeption der *Phänomenologie* und die Rolle des Geist-Kapitels nimmt, wie schon angedeutet, in vielen Interpretationen der *Phänomenologie* eine zentrale Rolle ein. Oft wird sie mit der Frage verbunden, an welche Logik Hegel bei der Konzeption der *Phänomenologie* gedacht hat – ob eine seiner früheren Logikkonzeptionen verbindlich sein soll, oder ob Hegel schon die spätere Logikkonzeption antizipiert. Für ersteres argumentieren Fulda (1973) und Pöggeler (1973 und 2004) sowie Henrich (1971) und Förster (2008), für letzteres Forster (1998, 511ff.). Vor allem Ful-

---

[73] Nach Förster 2008 (50) kommt Hegel im Laufe des Ausarbeitens der *Phänomenologie* zu der Einsicht, dass das Absolute als sich seinen Inhalt gebendes Wesen verstanden werden müsse.

da (1973) argumentiert, dass durch den Bezug zur Logik klar sei, dass die *Phänomenologie* schon ursprünglich so angelegt sein musste, wie sie später vorlag. Dies kann man sicherlich auch anders sehen. Ich will diese Diskussion zur Logik aber hier aussparen. Wie sich zeigen wird, will ich zwar durchaus behaupten, dass alle Übergange der *Phänomenologie* einer (in Hegels Sinn) logischen Genese folgen sollen, dennoch halte ich die Struktur der Logik nicht für den Schlüssel zum Verständnis der Konzeption der *Phänomenologie*. Die der *Phänomenologie* bereits zugrundeliegende logische Genese folgt dem für Hegel zu allen Zeiten leitenden Vermittlungsgedanken von Allgemeinem, Besonderem und Einzelnem. Die Frage, ob das Geist-Kapitel in die *Phänomenologie* gehört, kann durchaus unter dieser logischen Perspektive diskutiert werden. Denn aus der Perspektive der Logik im Sinne Hegels betrachtet, kann man über den Geist-Abschnitt sagen, dass er ausgehend von der Annahme, dass das Allgemeine wirklich ist, zeigt, wie das einfache Allgemeine durch eine Vermittlung mit Besonderem und Einzelnem zu einem komplexen Allgemeinen wird. Man könnte mit Fulda sagen, dass der Geist-Abschnitt zur Grundkonzeption der *Phänomenologie* gehören muss, wenn erstens klar wäre, dass diese Art der Vermittlung Thema der Logik im Sinne Hegels sein muss (was aber gerade für die frühere Logik nicht so klar ist, wie Fulda bei seiner These anzunehmen scheint), und wenn zweitens klar wäre, dass in der *Phänomenologie* alle logischen Vermittlungen vollzogen werden sollen. Hegel scheint letzteres anzunehmen, oder zumindest hat er im Rahmen der ursprünglichen Fassung der *Phänomenologie*, nämlich in der Einleitung, auch gesagt, dass die Erfahrung des Bewusstseins *das ganze Reich der Wahrheit des Geistes* darstellen soll. Die meisten Interpreten setzen voraus, dies bedeute, dass die *Phänomenologie* die Logik vollständig abbilden müsse. Dass man die von Hegel behauptete Notwendigkeit der Entwicklung in der *Phänomenologie* ohne Rekurs auf die Logik erklären kann, habe ich im Bisherigen schon gezeigt. Und was die Vollständigkeit der logischen Operationen angeht, so besteht in meinen Augen gerade hier eine Offenheit für die Durchführung der *Phänomenologie*: Indem Hegel sein Programm in der Regel so durchführt, dass es verschiedene Teile gibt, die in manchen Hinsichten symmetrisch, in anderen asymmetrisch sind (wie ich oben für die *Phänomenologie* ausgeführt habe), so ist auch nicht klar, was man meint, wenn man sagt, dass „das ganze Reich" oder *alles* dargestellt werden soll: Man kann mit Recht sagen, dass schon alles vorkommt, wenn man den ersten Teil durchläuft (insofern die Teile symmetrisch sind), man kann aber auch (die Asymmetrie berücksichtigend) sagen, dass erst alles vorkommt, wenn man beide Teile zusammennimmt. Die Entscheidung hierüber kann einem nicht die Logik Hegels (welche auch immer) abnehmen, denn diese ist selbst in dieser Weise strukturiert. Ich will also behaupten, dass von der Logik (welcher auch immer) ausgehend das Projekt der *Phänomenologie* nicht eindeutig in seinem Umfang bestimmt werden kann. Von der Logik aus betrachtet, kann man die Erfahrungen darstellen, die bis zu dem Punkt führen, an dem klar ist, dass man eine Philosophie des Geistes betreiben muss, in der die Begriffe als wirklich angenommen werden. Dies wäre am Ende des Vernunft-Abschnitts der Fall. Man kann aber auch das Programm noch so weit fortsetzen, dass die Darstellung der schon erbrachten Vermittlung von Allgemeinem, Besonderem und Einzelnem vom umgekehrten Ausgangspunkt als dem anfänglichen mit in dieses Programm gehört. Der Umfang des Programms ist durch solche Überlegungen nicht eindeutig festzulegen. Für die Durchführung des Programms der *Phänomenologie* so, wie Hegel es dann tatsächlich getan hat, spricht eindeutig, dass ohne den Geist-Abschnitt nicht klar wäre, dass sich der sich aus dem Vernunft-Abschnitt ergebende Vorschlag zur Erkenntnis wirklich bewährt. In diesem Sinn kann man verstehen, was Hegel rückblickend in der *Enzyklopädie* von 1830 gesagt hat:

„In meiner Phänomenologie des Geistes [...] ist der Gang genommen [...] bis zum Standpunkte der philosophischen Wissenschaft [...]. Es konnte hierfür aber nicht beim Formellen des bloßen Bewußtseins stehen geblieben werden; denn der Standpunkt des philosophischen Wissens ist zugleich in sich der gehaltvollste und konkreteste; somit als Resultat hervorgehend, setzte er auch die konkreten Gestalten des Bewußtseins, wie z.B. der Moral, Sittlichkeit, Kunst, Religion voraus. [...] Die Darstellung wird darum verwickelter" (*Enz.* § 25, Anm.).

Nach dem, was ich ausgeführt habe, kann es nicht überraschen, wenn die Erfahrungen in der *Phänomenologie* eine Doppelrolle inne haben. Vergegenwärtigt man sich das Geist-Kapitel, so kann man die Frage nach der Rolle der Erfahrungen so beantworten: Erfahrungen waren als Weisen relevant, wie sich der Maßstab für Wissensbehauptungen für den Menschen als solcher herausgebildet hat. Hätten die Individuen nicht beispielsweise die Erfahrung der Entfremdung gemacht, wären sie nicht zu der Einsicht gekommen, dass Vernunft keine abstrakte Entität ist (eine Einsicht, welche die Menschen Hegel zufolge aber vollzogen haben oder gerade vollziehen). Mit Blick auf den Prozess als einen Prozess von Erfahrungen des Bewusstseins, die in den ersten Abschnitten der *Phänomenologie* dargestellt werden, also in jenen bis einschließlich des Abschnitts über *Vernunft*, kann die Rolle der Erfahrungen so angegeben werden: Um zu verstehen, was wir aus unseren Erfahrungen lernen können, müssen wir verstehen, dass unsere Begriffe sich aus der Wirklichkeit und in unseren Erfahrungen mit der Welt bilden. Hierfür nimmt Hegel ein philosophisches Experiment vor, das im ersten Teil der *Phänomenologie* stattfindet. Wenn man eine andere Position zur Frage, was Erkenntnis ist, bezieht, als sie am Ende der *Phänomenologie* steht, und wenn man diese Frage systematisch verfolgt, sind Erfahrungen dieser Art unvermeidbar und haben die mit ihnen verbundenen Einsichten notwendig zur Folge. Das heißt auch, diese Erfahrungen sind nicht in dem Sinne obsolet, dass sie nicht mehr gemacht werden können, sondern höchstens, dass dies nicht mehr nötig ist, weil der mit ihnen verbundene Erkenntnisgewinn zwar vielleicht nicht von mir, aber von Anderen gemacht wurde. Bei der Diskussion darüber, welche Position zur Erkenntnis die richtige ist, sieht man von der wirklichen Welt ab. Aber richtig verstanden führt uns diese philosophische Diskussion dazu, das Abstrahieren von der wirklichen Welt aufzugeben. Die philosophisch experimentellen Erfahrungen lassen uns letztlich keine andere Möglichkeit, als unsere alltäglichen Erfahrungen einzubeziehen.

Man sieht hier allerdings auch, dass die Erfahrungen, die im ersten Teil der *Phänomenologie* bis zum Ende des Vernunft-Kapitels dargestellt werden, in einer gewissen Hinsicht obsolet werden: Man kann sie zwar auch, wenn man deren Ergebnis nicht anerkennt, jederzeit nachvollziehen, aber wenn man das Ergebnis anerkennt, kann man auf diese Erfahrungen auch verzichten. Dies scheint Hegel später auch gemeint zu haben, wenn er sich zur Funktion der *Phänomenologie* als Einleitung eher zurückhaltend äußert.

Allerdings ruft dies vielleicht auch eine neue Frage hervor. Kommen Erfahrungen noch vor, wenn man erkannt hat, was am Ende der *Phänomenologie* stehen soll? Bei der Beantwortung dieser Frage ist auf die von mir oben bereits eingeführte Unterscheidung von Erfahrungen im engeren und im weiteren Sinn zurückzugreifen. An die Stelle der Erfahrungen im engeren Sinn müssen nach dem Erreichen des Ziels der *Phänomenologie* Erfahrungen im weiteren Sinn treten können. Dies muss zumindest unter der von mir gemachten Voraussetzung gelten, dass für Hegel auch auf dem Standpunkt seiner Wissenschaft wir als individuelle selbstbewusste Wesen Erkenntnisse haben oder, etwas technischer formuliert, sofern gelten soll, dass eine der Bedingungen von Erkenntnis für Hegel ist, dass die Relata, welche die Erkenntnisbeziehung bilden, zwar eine Einheit sind, dass sie aber auch als Bewusstsein und Gegenstand voneinander unterschieden sind. Zum Projekt der *Phänomenologie* gehört also, dass die Haltung des Prüfens und Erwartens einer zu revidierenden Position zur Frage, was Erkenntnis ist, die den Gang der *Phänomenologie* prägt, tatsächlich aufgegeben wird. Aber in Fällen, in denen man dem Gegenstand oder auch seinem Gegenüber so begegnet, wie er ist (und vollständig eingedenk dessen, was man selbst ist), können andere Arten von Erfahrungen gemacht werden, nämlich Erfahrungen im weiteren Sinn. So war oben bereits davon die Rede, dass man etwas, das man adressiert, als selbständig erfährt.

Man kann Hegel nicht unterstellen, dass mit dem Standpunkt der Wissenschaft jede Art von Erfahrung des anderen selbstbewussten Wesens als selbständig obsolet werden soll.[74]

Wie man hier deutlich sieht, führt Hegel sein Programm in der *Phänomenologie* auf ziemlich komplexe Weise durch. Man kann dazu viel mehr sagen, als ich hier getan habe. Mir ging es vor allem darum, erstens zu zeigen, dass das, was ich unter „Erfahrung" verstanden habe, für die *Phänomenologie* relevant ist, und zweitens wenigstens anzudeuten, dass man auch den Einleitungsstatus der *Phänomenologie* sowie ihre Gesamtkonzeption durch diese Interpretation von Erfahrungen neu erfassen kann.

5.3 „Erfahrung" in der Enzyklopädie

In der Einleitung, die in der *Enzyklopädie* von 1830 dem ganzen System vorsteht (§ 6), behauptet Hegel, dass die Philosophie die Wirklichkeit zum Inhalt habe, und fügt dem hinzu: „Das nächste Bewußtsein dieses Inhalts nennen wir *Erfahrung.*" Diese Bemerkung will ich kurz zur *Phänomenologie* als der Lehre der Erfahrung des Bewusstseins in Bezug setzen.

Der Text der *Enzyklopädie* spricht insgesamt dafür, dass Hegel mit „Erfahrung" hier nicht, wie in der *Phänomenologie*, die Umkehrung des Bewusstseins meint, sondern dass „Erfahrung" hier anders verwendet wird. Hegel identifiziert „Erfahrung" hier mit „Wirklichkeit" (§ 6), mit dem „Aposteriorischen" (§12) oder mit dem Bereich der sinnlichen, raum-zeitlichen Gegenstände. In diesem Sinne sagt Hegel beispielsweise, dass die Philosophie mit den empirischen Wissenschaften anfangen müsse, aber dann darüber hinaus gehe,[75] und zwar unter anderem, weil sie sich auch mit Gegenständen wie Gott befasse, die ihrem Inhalt nach unendlich seien.[76] Dieser Begriff „Erfahrung"

---

[74] Theunissen gibt ein Beispiel dafür, dass sich nach Hegel auch logische Strukturen hinsichtlich ihres Erfahrungsbezugs unterscheiden: Konkrete Identität ist in einem Erfahrungsprozess entstanden, während sich abstrakte Identität in einer stationären Erfahrung darstellt (vgl. Theunissen 1998, 385).

[75] Hier wird deutlich, dass Hegel keine strikte Trennung von empirischen Wissenschaften und Philosophie anstrebt, gleichwohl aber der Philosophie unterstellt, dass sie über die Wissenschaften jeweils hinausgehe. Dies tue sie, indem sie erstens bezwecke, allgemeine Grundsätze aufzustellen (§ 7), indem sie sich zweitens auch mit Gegenständen wie Gott befasse, die ihrem Inhalt nach unendlich sind (§ 8), und indem sie drittens nur in Form von Notwendigkeit Befriedigung finde (§ 9).

[76] Wohlgemerkt sagt Hegel an derselben Stelle, dass auch diese Gegenstände als Gegenstände des Bewusstseins erfahren werden könnten. Weiterhin sagt Hegel ausdrücklich, dass die Erfahrung bzw. die empirischen Wissenschaften den Ausgangspunkt der Philosophie bilden müssten. Dies eröffnet die oben schon angedeutete Interpretationsmöglichkeit, dass die Vernunft oder auch Gott allgemeine Prinzipien sind, die wir zum Beispiel durch den Bezug auf andere Menschen als wirklich erfahren(vgl. hierzu auch *Enz.* § 12).

entspricht dem oben erwähnten Begriff, der in der Philosophie zu Hegels Zeit üblich war, wonach mit „Erfahrung" der Bereich des sinnlich direkt Gegebenen gemeint ist.[77] Wie oben gezeigt, hat Kant sich dieser Verwendungsweise angeschlossen. Mit Blick auf diesen Erfahrungsbegriff will sich Hegel folgendermaßen positionieren: Es ist den Empiristen und Kant darin Recht zu geben, dass Erkenntnis immer den Ausgangspunkt in der Erfahrung hat.[78] Für Erkenntnis ist der Bezug auf Seiendes konstitutiv. Nicht Recht zu geben ist den Empiristen und Kant aber, wenn sie behaupten, dass das, was wir erkennen können, auch mit dem sinnlich, raum-zeitlich Gegebenen identifiziert werden kann. Was wir erkennen, wenn wir uns auf Gegenstände in der Welt beziehen, ist nicht einfach gleichzusetzen mit diesen Gegenständen. Wir erkennen auch die allgemeinen Prinzipien, die wir in der Erkenntnis der Gegenstände beanspruchen. Wir erkennen weiterhin auch den Anderen als selbständige, freie Person usw. Mit anderen Worten: Wenn man von dem engen empiristischen Begriff der Erfahrung ausgeht, dann ist Erfahrung nicht alles, womit sich die Philosophie beschäftigt. Der phänomenologische Erfahrungsbegriff ist demgegenüber weiter.

Auch wenn Hegel hier einen anderen Begriff von Erfahrung verwendet, besteht eine Kontinuität in der Sache. So lassen sich in der *Enzyklopädie* auch andere Kritikpunkte an Kant finden, die ich oben im Zusammenhang mit dem Projekt der *Phänomenologie* schon geltend gemacht habe. Auch in der *Enzyklopädie* zielt Hegel beispielsweise kritisch auf die Kantische Unterscheidung von Apriorischem und Aposteriorischem. Kant unterscheidet dasjenige, was uns *bloß* die Erfahrung lehrt, von demjenigen, was wir a priori wissen.[79] Diese Unterscheidung hat innerhalb der Kantischen Philosophie durchaus etwas Irritierendes. Denn erstens gibt es Erfahrung für Kant nur insofern, als sie durch unsere apriorischen Begriffe geordnet ist, wir können also Erfahrung nicht unabhängig von apriorischen Begriffen haben. Zweitens ist Erkenntnis nach Kant auf den Bereich der Bedingungen der Sinnlichkeit eingeschränkt und insofern kann man Zweifel daran haben, ob es Erkenntnisse, die rein a priori sind, geben kann. Hegel gibt diese Art der Unterscheidung von a priori und a posteriori auf bzw. interpretiert sie im Rahmen seiner Philosophie um. Kurz gesagt ist das Apriorische für Hegel nicht etwas vor aller Erfahrung, son-

---

[77] Auch für diesen Begriff der Erfahrung gilt, dass direkte Teilnahme eine Bedingung ist. So sagt Hegel: „Das Prinzip der Erfahrung enthält die unendlich wichtige Bestimmung, daß für das Annehmen und Fürwahrhalten eines Inhalts, der Mensch dabei sein müsse" (§ 7).
[78] Vgl. *Enz.* § 246. Hegel nimmt hier ausdrücklich auf die Einleitung zum ganzen System Bezug.
[79] Vgl. insbes. *KrV* A 1f.

dern apriorisch ist etwas, das einen Inhalt, der erfahren worden ist, in einer bestimmten Form zur Darstellung bringt, nämlich in einer Form, die Hegel die Form des Denkens nennt.[80]

Weiterhin nimmt Kant die Grenzbestimmung der Erkenntnis auf den Bereich sinnlicher Gegenstände[81] in einer Weise vor, die Hegel in der *Enzyklopädie* als problematisch herausstellt. Zur Markierung der Grenze der Erkenntnis unterscheidet Kant von den sinnlich gegebenen Dingen die unerkennbaren Dinge an sich.[82] Diese Art der Grenzbestimmung ist eine Folge davon, dass Kant meint, die logischen Prinzipien ohne Erfahrungsbezug aufstellen und ohne Bezug auf Erfahrung entwickeln zu können. Für Kant entsteht so eine Situation, in der wir nach dem Anwendungsbereich für logische Prinzipien fragen müssen. Geht man, wie Hegel schon in der *Phänomenologie*, davon aus, dass die logischen Prinzipien nicht unabhängig von dem zu entwickeln sind, was erkannt werden soll, so entsteht diese Situation nicht. Man muss daher die Grenzbestimmung nicht mit einer von der Entwicklung der Prinzipien unabhängig zu beantwortenden Frage einfordern. Die Frage des Anwendungsbereichs logischer Prinzipien ist, etwas plakativ ausgedrückt, eine Frage, die sich immer schon beantwortet hat, weil wir die Prinzipien schon verwenden, indem wir sie explizieren.[83] Dies hat eine in meinen Augen erfreuliche Konsequenz: Die Frage, ob apriorischen Begriffen oder Prinzipien überhaupt etwas entspricht, wird unsinnig. Wir können beispielsweise gar nicht fragen, ob dem Begriff der Kausalität etwas entspricht, weil diese Frage eine unzulässige Trennung von Begriff und Gegenstand voraussetzt.[84]

---

[80] *Enz.* § 12.

[81] Der Extension nach umfasst für Kant der Bereich der Gegenstände, die unter Raum–Zeit-Bedingungen stehen, den Bereich der Gegenstände, die mit seienden Gegenständen in Gesetzeszusammenhang stehen, wenn man von mathematischen Gegenständen absieht.

[82] Das Ding an sich kritisiert Hegel oft (vgl. etwa *GW* 21, 47). Zur Grenzbestimmung vgl. Zöller 2003.

[83] Hegel drückt dies so aus: „Indem die Philosophie von anderem Bewußtwerden dieses einen und desselben Gehalts nur nach der Form unterschieden ist, so ist ihre Übereinstimmung mit der Wirklichkeit und Erfahrung notwendig" (*Enz.* § 6).

[84] Im Fragment *Zwei Anmerkungen zum System* (*GW* 7, 343–347), das um 1804 entstanden ist (wobei die Datierung nicht eindeutig ist, vgl. Horstmann 1982, XXI) und als einer der entwicklungsgeschichtlich für die *Phänomenologie* entscheidenden Texte angesehen wird (Pöggeler 1973, 346), schreibt Hegel, dass durch die Kantische Philosophie die Frage: „Wie kommt ihr doch mit dem Begriffe zu seinem Inhalte" „zum Ekel wiederholt worden" sei. Weiterhin sagt Hegel hier, dass man die Trennung von Erkennen und Gegenstand aus der *„sogenannten* Erfahrung vorausgesetzt" habe. Diese sogenannte Erfahrung ist, so Hegel, aber nicht wirklich Erfahrung, „indem in der wahrhaften Erfahrung selbst auch nichts vorkommen kann, was in Wahrheit der Philosophie [widerspricht]" (*GW* 7, 346 f.).

6. Zusammenfassung

Wie sich im letzten Abschnitt (5) gezeigt hat, ist es aus verschiedenen Gründen interessant, dass Hegel das Projekt der *Phänomenologie*, nämlich die Beantwortung der Frage, was Erkenntnis ist, als eine Erfahrungslehre durchführt. Unter anderem kann Hegel seiner *Phänomenologie* auf diese Weise eine geradezu therapeutische Rolle zusprechen, weil es eine zum Nachvollzug sich anbietende Darstellung von Erfahrungen ist, die Änderungen (hin zu Hegels Philosophie) bewirken, ohne dass Hegels Position begrifflich gerechtfertigt oder überhaupt für sie argumentiert werden muss. Die Weise, wie Erfahrungen in das Projekt der Beantwortung der Frage, was Erkenntnis ist, eingebunden werden, macht aber auch Folgendes klar: Erfahrungen sind zweifellos psychologisch interessant, aber sie sind für Hegel nicht nur ein psychologischer Aspekt von Erkenntnis. Erfahrungen haben eine unmittelbare, phänomenale Dimension. Diese fällt in der Analyse weg. Man kann das Wissen, das durch Erfahrung vermittelt wird, in einer begrifflichen Form haben. Aber das heißt nicht, dass Erfahrungen nur ein subjektiver Zusatz sind und man dasselbe Wissen ohne Erfahrungen haben könnte. Welche nicht-psychologische Rolle Erfahrungen nach Hegel für Erkenntnis haben, will ich hier in drei Punkten unter Rückgriff auf das ganze Kapitel zusammenfassen:

(1) Was eine Analyse leistet, also was begrifflich erreicht werden kann, muss auf Erfahrungen und Erlebnisse Bezug nehmen. Das einzelne Individuum kann zwar in vielen Fällen auf das, was ist, Bezug nehmen, auch ohne einen Erlebnisgehalt zu haben oder auf ihn Bezug zu nehmen. Es kann zum Beispiel einfach von anderen Menschen mitgeteilt bekommen, dass es frei ist. In diesem Fall sind Erfahrungen anderer Individuen die Basis für das Wissen des Individuums. Wie man an den in Abschnitt 5.1 angeführten Stellen über den Knecht (*GW* 9, 114) sehen kann, würde Hegel aber mit Blick auf die Aneignung von Wissen sagen, dass eigene Erfahrungen hier in dem Sinne unverzichtbar sind, dass wir nur dann, wenn wir uns Wahrheiten auf dem Weg der subjektiven Teilnahme zu eigen machen, diese als wirklich verbindlich akzeptieren. Dies ist nicht etwas rein Psychologisches, weil sich die Verbindlichkeit in unseren Handlungen niederschlägt. Jemand der sich als frei *erfahren* hat, agiert anders als jemand, der diese Erfahrung nicht gemacht hat. Erfahrungen sind insofern eine Art von Ereignissen in der Welt, keine bloß psychischen Nebenprodukte. In diesem Sinn ist es wichtig, dass wir den Weg der Erfahrungen der *Phänomenologie* gehen können: Sie vermittelt uns Wissen auf unverzichtbar eindringliche Weise.

(2) Darüber hinaus kann es auch Fälle geben, bei denen das Erleben des Individuums dafür, dass es etwas überhaupt weiß, konstitutiv ist. Das Erleben ist dann bestimmend für das, was gewusst wird, nicht deshalb, weil es zu einer anderen Art von Wissen oder Tatsachen führt als ein anderer Weg des Wissenserwerbs, sondern weil das Subjekt ohne diese Erlebnisse bestimmte Erkenntnisse nicht hätte. Menschen können nach Hegel nur durch Erfahrungen lernen, dass sie frei sind (und was das heißt). Und diese Erfahrung schlägt sich in ihren Handlungen nieder. Auch in dem Sinne kann das Erleben den Zustand der Welt ändern, von dem das Subjekt Wissen hat. Hegel will in der *Phänomenologie* zeigen, dass die subjektive Perspektive des erkennenden Subjekts in diesem Sinn nicht auf anderes reduziert werden kann.

Es zeigt sich in diesen beiden Punkten eine Struktur von Realisieren und Erkennen, die für Hegels Erkenntnisbegriff bezeichnend ist: Wenn wir uns als frei begreifen sollen, müssen wir freie Handlungen realisieren. Jemand, der nicht frei lebt, kann sich deshalb nicht wirklich als frei begreifen, weil er es im vollen Sinn gar nicht ist. Damit wir etwas begreifen oder erkennen können, muss es real sein. Diese Realität soll in Hegels Begriff der Erkenntnis aber nicht dem Moment der aktiven Aneignung und Veränderung widersprechen, das auch für Erkenntnis konstitutiv ist. Der Widerspruch wird vermieden, indem das Reale als Realisiertes verstanden werden soll. Bei diesem Prozess spielt Erfahrung eine wesentliche Rolle, weil wir – wie in dem Beispiel – dasjenige realisieren, was wir erfahren haben (nämlich dass wir frei sind). Hegels Konzeption von Erkenntnis werde ich im folgenden Kapitel genauer betrachten.

(3) Subjektive Erfahrungen einzubeziehen, wenn man die Frage, was Erkenntnis ist, beantworten will, wird sich in der *Phänomenologie* als wichtig erweisen, weil bei der Antwort auf diese Frage die Rolle eines Subjekts berücksichtigt werden muss, das bewusste Erfahrungen machen kann. Hierauf werde ich im fünften Kapitel zurückkommen.

II. HEGELS BEGRIFF DER ERKENNTNIS

Im letzten Kapitel war viel von Erkenntnis die Rede. Erstens ist für Hegel Erfahrung innerhalb des Projektes relevant, das von der Frage geleitet wird, was Erkenntnis ist. Zweitens soll, folgt man meiner Interpretation, Erfahrung auch immer ein Wissensanspruch immanent sein, der durch die Frage nach Erkenntnis thematisiert wird. Und drittens soll auch gelten, dass Erkenntnis immer etwas mit Erfahrung zu tun hat. Denn Erkenntnis ist ein durch Erfahrung gewonnenes, durch Erfahrung zu prüfendes und sich in ihr bewährendes Wissen. Während die ersten beiden Aspekte im letzten Kapitel schon ausführlich behandelt wurden, werde ich mich in diesem Kapitel vor allem dem dritten Aspekt widmen.

Hegels Theorie der Erkenntnis ist nicht nur anspruchsvoll, sondern scheint auch schwer mit dem zusammen zu passen, was wir in der Philosophie gegenwärtig unter Erkenntnis verstehen. Verantwortlich dafür ist wahrscheinlich vor allem Hegels Verständnis der Logik. Hegel orientiert sich an der syllogistischen Logik seiner Zeit und schlägt vor, diese formale Logik so zu interpretieren, dass Inhalte für sie relevant sind. Die Frage nach der Form des Urteils ist von der Frage abhängig, worüber, also über welchen Typ von Gegenständen, wir urteilen. Urteile über Gott oder über soziale Gemeinschaften haben demnach eine andere Struktur und andere Wahrheitsbedingungen als Urteile über Tische. Urteile sollen weiterhin nur dann ein Fall von Erkenntnis sein können, wenn sie holistisch mit anderen Urteilen zu einem System verbunden werden. Man muss diese beiden Ideen, also die Abhängigkeit der Urteilsarten von den Gegenständen und den Holismus zusammen denken. Und die Weise, wie Hegel dies tut, entfernt sich noch einmal vom Commonsense der gegenwärtigen Philosophie: Da die fundamentalen Eigenschaften der Welt das Prinzip des Lebens und des Geistes umfassen, ist Erkenntnis letztlich nur möglich, wenn wir in einem System von Urteilen Gegenstände bestimmen, in dem (neben beispielsweise physikalischen Gesetzen) die Gesamtheit aller sozialen und geistigen Verbindungen auch in Form von miteinander verbundenen Urteilen erfasst wird. Das heißt, der Holismus bezieht sich nicht nur auf die Urteile, die wir fällen, sondern auch auf die unterschiedlichen Arten von Urteilen, die in einem System verbunden sein müssen.

Diesen einleitenden allgemeinen Bemerkungen könnte viel hinzugefügt werden. In mancher Hinsicht folgt Hegel mit diesen Ideen dem Geist seiner Zeit. Den Gedanken, dass wir die formale Logik durch eine inhaltliche Logik komplementieren müssen, findet sich zum Beispiel auch bei Kant. Weiterhin sah man in der Nachfolge Kants in der möglichen Skepsis gegenüber Wissen einen zwingenden Grund für den Nachweis, dass das philosophische System des Wissens keine unbegründeten Prinzipien voraussetzt. Hegel setzt dies so um: Unsere Weise des Urteilens über Gegenstände muss logisch mit erfasst werden, das heißt physikalische Gesetze können nur dann als Erkenntnis gelten, wenn man auch klar machen kann, wie sich die Operation mit dem für sie konstitutiven Begriff der Kraft legitimiert, und das tut sie letztlich geistig.

In anderen Hinsichten folgen zeitgenössische Philosophen Hegel. So findet sich die Idee, dass die ontologische Frage nach der Verfasstheit von Gegenständen für die Interpretation der Urteilsform relevant ist, zum Beispiel in Michael Thompsons *Life and Action*. Den Holismus hat explizit und prominent Robert Brandom aufgegriffen. Ich werde mich mit diesen Dimensionen von Hegels Theorie der Erkenntnis noch auseinander setzen. Den Ausgang möchte ich aber bei etwas anderem nehmen, das man als Grund dafür ansehen kann, dass Hegels Auffassung von Erkenntnis befremdlich wirkt: Die im letzten Kapitel schon thematisierte Unterscheidung von Wissen als einer Einstellung des Subjekts und Erkenntnis als einem Wissen, bei dem ausgewiesen ist, dass das Gewusste auch wahr ist.

Ich will behaupten, dass laut Hegel für Erkenntnis der Bezug auf seiende[1] Gegenstände, also auf Gegenstände, die existieren oder in der Welt sind, konstitutiv ist.[2] Angesichts des gängigen Bildes von Hegel als jemandem, der Realität nur dem Begriff zuspricht, mag diese Behauptung überraschen. Jedoch bringt meine im letzten Kapitel bereits ausgeführte Interpretation Hegels als jemanden, für den Erfahrung konstitutiv für Erkenntnis ist, den Beweis für die Richtigkeit dieser Behauptung in gewisser Weise schon mit sich. Denn wenn Hegel seiende Gegenstände nicht als konstitutiv für Erkenntnis ansehen würde, könnte man nicht verstehen, dass sich in Erkenntnis die Situation ergeben soll, dass sich ein Gegenstand so zeigt, wie er ist. In Erkenntnis gibt es einen Bezug auf Gegenstände in der Welt, so dass wir Erfahrungen von den Gegenständen (oder der Welt) machen können. Und insofern wir Gegenstände auch als das, was sie sind, erfahren können sollen, muss weiterhin gelten, dass wir uns auf einen Gegenstand beziehen, der von uns insofern unabhängig ist, als er uns widerstreiten und sich uns mitteilen kann. Was das für Gegenstände sind, also die Verfasstheit der Gegenstände, die tatsächlich widerstän-

---

[1] Mit „seiend" ist im Folgenden immer gemeint, dass etwas in der Welt ist. Dies ist entweder ein konkreter, in der Welt zu verortender Gegenstand oder es erscheint (wie Materie) als ein solcher.

[2] Dies wirft die Frage auf, inwiefern wir Erkenntnisse in der Mathematik haben können. Ich werde diese Frage hier aussparen. Die Antwort muss lauten, dass die Mathematik nur insofern Erkenntnisse liefern kann, als sie Teil des Prozesses der Bestimmung des Seienden als etwas Wahres ist.

dig sind, wird erst später gefragt werden. Aber dass Hegel Erkenntnis als etwas ansieht, das die Unabhängigkeit des Gegenstands zulässt oder sogar erfordert, soll in diesem Kapitel nachgewiesen werden.

Im ersten Abschnitt werde ich aufzeigen, welche Bedingungen für Hegel erfüllt sein müssen, damit wir von Erkenntnis sprechen können. Im zweiten Abschnitt will ich auf die im letzten Kapitel bereits angesprochene Frage zurückkommen, inwiefern der Lernprozess, der in der *Phänomenologie* vollzogen werden soll, eine Prüfung darstellt. Im dritten Abschnitt soll skizziert werden, wie sich Hegel die Konzeption von Erkenntnis bei Kant denkt und wie er seine eigene Vorstellung konzipiert. Im vierten Abschnitt werde ich auf den Erfahrungsbegriff der *Phänomenologie* zurückkommen und einige Fragen diskutieren, die sich mit Blick auf diesen Begriff im Rahmen von Hegels Auffassung von Erkenntnis stellen.

1. Der Begriff der Erkenntnis in der Phänomenologie

Wenn eine Person etwas zu wissen meint, vertritt sie es mit dem Anspruch, dass es wahr ist. Dieser Anspruch ist nicht durch den Zustand des Fürwahrhaltens erfüllt, sondern muss sich durch etwas anderes erfüllen. Es muss etwas geben, das vom Fürwahrhalten so unterschieden ist, dass es eine von diesem unabhängige Bestätigung dessen, was für wahr gehalten wurde, geben kann. Hier liegt ein Problem, das man mit Hegel als Maßstabproblem formulieren kann: Wenn man prüfen will, ob eine Wissensbehauptung wahr ist, braucht man einen Maßstab. Man braucht etwas Objektives, Unabhängiges, anhand dessen man Wissen prüfen kann. Es darf also nicht selbst einfach ein Fall von Wissen oder Fürwahrhalten sein. Am besten wäre es, wenn man einfach den Gegenstand nehmen und ihn an die Aussage halten könnte. Aber dass es einen Gegenstand im Sinne von etwas Gegebenen gibt, der als Maßstab geeignet ist, ist eine Behauptung, die selbst einer Prüfung unterzogen werden muss. Wenn man wissen will, wann Erkenntnis vorliegt, muss man die Frage beantworten, was der Maßstab für wahr oder falsch ist.

Die Frage nach dem Maßstab wirft Hegel in der *Phänomenologie* im Zusammenhang mit der Frage auf, was Erkenntnis ist. Folgt man dem Vorstehenden, kann man leicht sehen, dass Hegel Erkenntnis als eine Relation auffasst. Als Relata fungieren hier zunächst Fürwahrhalten und Wahrheit. Damit Erkenntnis vorliegt, müssen die Relata übereinstimmen. Dies reicht aber nicht aus. Diese Übereinstimmung muss außerdem als eine Übereinstimmung erkannt werden. Diese letzte Anforderung ist der Grund dafür, dass Hegel die Frage nach dem Maßstab für Erkenntnis stellt. Es reicht nicht zu sagen, dass Erkenntnis Übereinstimmung ist, sondern man muss auch einen Maßstab dafür angeben, wann Übereinstimmung von Fürwahrhalten und Wahrheit vorliegt, damit die Aussage gehaltvoll ist. Mit anderen Worten: Von der Definition der Erkenntnis als Übereinstimmung ist die Frage zu unterscheiden, wann diese Übereinstimmung vorliegt.[3]

Man kann die Frage nach dem Maßstab dadurch beantworten, dass man seinen eigenen Maßstab nennt.[4] Dann hat man allerdings diejenigen nicht überzeugt, die eine andere Vorstellung vom Maßstab haben.[5] Oder man kann den Maßstab suchen, indem man die verschiedenen Vorschläge dazu, wann Erkenntnis vorliegt, näher betrachtet. Letzteres ist der Weg, den Hegel in der *Phänomenologie* wählt. Hegel fragt, wann Erkenntnis vorliegt, ohne seinen eigenen Standard vorauszusetzen. Er prüft vielmehr bestehende Meinungen über den Maßstab und versucht, auf diese Weise den richtigen Maßstab zu finden. Der richtige Maßstab würde uns eine Antwort auf die Frage geben, wann Erkenntnis vorliegt.

Hegel geht für die anvisierte Prüfung folgendermaßen vor: Zunächst klärt er, was der Fall sein muss, damit wir überhaupt sinnvoll von Erkenntnis sprechen können. Diese Klärung übernimmt die Einleitung der *Phänomenologie*. Im Anschluss daran, also in den Hauptteilen der *Phänomenologie*, wird die Prüfung durchgeführt. In der Einleitung finden sich demnach die Bedingungen, der eine Position dazu, wann Erkenntnis vorliegt, Rechnung tragen können muss, um überhaupt eine Position zur Erkenntnis zu sein. Kurz lauten sie so: (1) Man muss einen Unterschied zwischen Fürwahrhalten und Wahrsein machen können derart, dass man angeben kann, warum das, was man zu wissen behauptet, nicht nur einem subjektiven Eindruck entspricht. Anders ausgedrückt muss der Begriff von Erkenntnis dem Unterschied von Fürwahrhalten und Wahrsein oder Wahrheit Rechnung tragen können und zugleich festlegen, dass in Erkenntnis das Fürwahrgehaltene wahr ist. Letzteres soll man auch als Übereinstimmung von Fürwahrhalten und Wahrheit ausdrücken können. (2) Für Erkenntnis ist konstitutiv, dass man sich auf einen Gegenstand bezieht, wobei hier unter Gegenstand etwas Seiendes ver-

---

[3] Wie ich später noch diskutieren werde, folgt Hegel hier in gewisser Weise Kant, der betont hatte, dass die Definition der Wahrheit durch eine Bestimmung ihres Kriteriums ergänzt werden müsse (*KrV* A 58/B 82). Dem Kriterium bei Kant entspricht in der obigen Darstellung der Maßstab.

[4] Nach Hegels Meinung macht Kant dies in der *Kritik der reinen Vernunft*.

[5] Hegel führt aus, dass man sich von der Wissenschaft, also demjenigen, welches Hegel als Maßstab anbieten wird, nicht einfach sicher sein sollte, dass sie wahr ist, weil sich die Wissenschaft hierdurch zunächst nicht von anderen Vorschlägen bezüglich des Maßstabs unterscheidet: „Durch jene Versicherung erklärte sie [die Wissenschaft] ihr Sein für ihre Kraft; aber das unwahre Wissen beruft sich ebenso darauf [...]" (*GW* 9, 55).

standen wird. Diese Bestimmung lässt sich ausdifferenzieren: Es wird erstens behauptet, dass es das, was erkannt wird, geben muss oder dass es wirklich ist. Zweitens wird behauptet, dass dasjenige, was es gibt, etwas sinnlich Gegebenes ist oder durch etwas sinnlich Gegebenes instantiiert sein muss.

Die beiden hier angegebenen für Erkenntnis konstitutiven Bestimmungen werde ich im Folgenden ausführen und diskutieren. Was die erste Bestimmung betrifft, so orientiere ich mich an dem, was Hegel über Wissen und Wahrheit sagt. Die zweite Bestimmung ergibt sich daraus, dass Hegel sagt, die Beziehung von Wissen und Wahrheit ließe sich auch als Übereinstimmungsrelation von Begriff und Gegenstand formulieren.

Folgt man meiner Interpretation, geht also in der *Phänomenologie* der Prüfung der Positionen Hegels Behauptung voraus, dass alle möglichen Vorschläge dazu, wann Erkenntnis vorliegt, gewissen Grundbedingungen genügen müssen und dass die zu prüfenden Vorschläge insofern auch strukturell identisch sind. Dadurch lassen sich alle möglichen Vorschläge auch systematisch analysieren. Sie sollen sich alle so beschreiben lassen, dass eine Wissensbehauptung von dem, der sie behauptet, als wahr ausgewiesen werden können muss, damit sie als Erkenntnis gelten kann. Man kann sich daher auch nicht der Beantwortung der Frage nach dem Maßstab enthalten, wenn man etwas zu erkennen beansprucht, insofern man mit jeder Begründung einer Wissensbehauptung einen Maßstab für Wahrheit affirmiert.

Es ist nun allerdings mit Blick auf meine Interpretation einzuräumen, dass die betreffenden Ausführungen in der Einleitung der *Phänomenologie* mit verschiedenen Unklarheiten und Schwierigkeiten verbunden sind. Denn erstens wählt Hegel bei der Vorstellung dessen, was ich hier als Grundbedingungen bezeichnet habe, ein Vokabular und Formulierungen, welche bei Hegel gewöhnlich dafür sprechen, dass er sich von der entsprechenden Beschreibung distanzieren möchte (er nennt die Bestimmungen zum Beispiel „abstrakt"). Das hat in der Forschungsliteratur dazu geführt, dass Hegels Beschreibung oft als Beschreibung einer Struktur angesehen wird, die Hegel dem Bewusstsein unterstellt, aber selbst ablehnt.[6] Dies ist aber eine für das Projekt der *Phänomenologie* wenig günstige Annahme. Denn, wie ich noch zeigen werde, begründet Hegel in der Prüfung das Scheitern der jeweiligen Positionen damit, dass sie den hier angegeben Grundbedingungen nicht entsprechen. Warum sollten die Positionen an etwas scheitern müssen, dem Hegels eigene Position auch nicht entspricht? Mit dem hier angesprochenen Problem werde ich mich

---

[6] Vgl. v.a. Cramer 1978, Marx ²1981, 69ff. Dass die Bewusstseinsstruktur zu überwinden ist, wird fast immer angenommen (vgl. Longuenesse 2007, 11f.; Klotz 2008, 171). Zu überwinden ist aber nur eine bestimmte Interpretation dieser Struktur.

separat in Abschnitt 1.3 beschäftigen, weil seine Lösung zu komplex ist, um sie hier kurz zu nennen. (Statt von „Grundbedingungen" werde ich zuweilen von einer „grundlegenden Struktur" von Erkenntnis sprechen.)

Eine zweite Unklarheit kommt dadurch zustande, dass Hegel an einigen Stellen der Einleitung ein Vokabular wählt, das für sein eigenes philosophisches Projekt, aber nicht für das anderer Philosophen, die sich mit der Frage nach Erkenntnis beschäftigen, zu passen scheint. So spricht er zum Beispiel davon, dass es um das gehe, „wodurch man des Absoluten sich bemächtige" (*GW* 9, 53). Dies hat zu der Annahme geführt, dass Hegel unter „Erkenntnis" von Anfang an etwas Spezielles verstehe. Dies bringt jedoch das Projekt abermals in Schwierigkeiten: Warum sollte sich jemand wie Kant, der in der *Phänomenologie* offensichtlich adressiert wird, überhaupt von irgendetwas in der *Phänomenologie* angesprochen fühlen, wenn das Projekt so zu beschreiben wäre, dass es um die Erkenntnis des Absoluten im Sinne Gottes gehe? Ich lese die betreffenden Stellen nicht so, als wolle Hegel hiermit von Anfang an auf Erkenntnis bestimmter Gegenstände hinaus, sondern ich lese sie als zu dem Projekt passend, allgemeine Bedingungen für Erkenntnis anzugeben, die für jeden gelten sollen. Zu sagen, „wir wissen das Absolute", heißt demnach so viel wie „wir wissen etwas so, wie es ist". Das heißt, dass es bei Erkenntnis darum geht, dass wir von etwas wissen können, das so ist, wie wir behaupten, unabhängig oder ‚abgelöst' davon, dass wir es behaupten.

Ich gehe für die folgenden Überlegungen also davon aus, dass Hegel die Frage beantworten will, was Erkenntnis ist. Ich verstehe diese Frage so, dass mit ihr danach gefragt wird, was der Fall sein muss, damit Erkenntnis vorliegt, nicht aber so, dass in dieser Frage bereits unter Erkenntnis etwas Spezielles (zum Beispiel Erkenntnis des Absoluten) verstanden wird. Weiterhin gehe ich davon aus, dass das, was Hegel als Grundbedingungen für Erkenntnis vorschlägt, für alle möglichen Positionen bezüglich dessen, was Erkenntnis ist, (also auch für Hegels eigene) gelten soll. Der Grund für diese Annahmen ist, dass ich das Projekt, von seiner Philosophie überzeugen zu wollen, von Anfang an für verfehlt ansehen würde, wenn Hegel eine Struktur von Erkenntnis voraussetzen würde, die von denen, die überzeugt werden sollen, zurückgewiesen werden würde. Selbst wenn Hegels eigene Antwort auf die Frage, was Erkenntnis ist, sich in vielen Punkten deutlich von dem unterscheiden wird, was die anderen Positionen am Anfang annehmen, muss auch sie als Realisierung der in der Einleitung vorgestellten Grundstruktur für Erkenntnis verstanden werden können. Tatsächlich wird sich auch bei der Diskussion der einzelnen Positionen im Gang der *Phänomenologie* zeigen, dass das, was in der Einleitung über Erkenntnis gesagt wird, als Richtlinie der Prüfung der Positionen genommen wird. An mehreren Stellen der *Phänomenologie* (insbesondere gegenüber Kants Gesetzesbegriff und Fichtes Ich-Theorie) argumentiert Hegel dafür, dass eine Variante dieser Position unhaltbar ist, mit dem Hinweis, dass in dieser Variante dasjenige, was als Erkenntnis ausgegeben werde, nur eine „Tautologie" sei. Man versteht diese Stellen meines Erachtens nur, wenn man die zweite oben genannte Bedingung, der Erkenntnis genügen muss, anerkennt.

Die dritte Schwierigkeit meiner Interpretation der Einleitung ist etwas anderer Natur: Auch wenn man bereit ist, das, was ich bisher gesagt habe, zu akzeptieren, könnte man weiteren Diskussionsbedarf hinsichtlich der Frage sehen, ob Hegel Voraussetzungen bei seinem Projekt einer Prüfung machen darf. Muss das Projekt nicht ohne jede Voraussetzung auskommen, wenn Hegel beansprucht, mit seinem Erkenntnisbegriff alle möglichen Positionen abdecken zu können, die man zur Frage, was Erkenntnis ist, einnehmen kann? Dadurch dass Hegel eine Grundstruktur zur Erkenntnis angibt, ist sein Projekt der Prüfung nicht mehr voraussetzungslos. Erkenntnis liegt nach Hegel nur dann vor, wenn bestimmte, von ihm in der Einleitung festgesetzte Bedingungen erfüllt sind. In meinen Augen darf Hegel durchaus Minimalbedingungen angeben, unter denen die Rede von Erkenntnis überhaupt noch sinnvoll ist. Es ist dann zwar immer möglich, diese Minimalbedingungen zurückzuweisen, aber nur zum Preis einer Reduzierung von Erkenntnis auf etwas, das Hegel von Erkenntnis begrifflich unterscheiden möchte. Hegel muss sogar bestimmte Voraussetzungen festlegen. Ansonsten wäre nämlich das Projekt einer Prüfung, ob die jeweiligen Positionen sich bewähren, schwer vorstellbar, denn hierfür müssen diese unter einem bestimmten Anspruch stehen, an dem sie scheitern können. Mit anderen Worten: Es ist in meinen Augen der Fall, dass Hegel einen anspruchsvollen und auch angreifbaren Begriff von Erkenntnis voraussetzt. Erkenntnis soll von rein begrifflichen Operationen unterschieden werden können. Außerdem soll Erkenntnis von bloßen Wissensbehauptungen unterschieden werden können, indem Wahrheit als unterschieden von einem Fürwahrhalten vorkommen soll. Gegeben diese Voraussetzungen, die erfüllt sein müssen, damit man sinnvoll von Erkenntnis sprechen kann, legt Hegel aber in der Prüfung nichts weiter zugrunde. Nur angesichts von Positionen, die die angegebenen Minimalbedingungen gar nicht erfüllen wollen und sich hier daher nicht einordnen lassen, bleibt Hegel als Erwiderung nichts weiter übrig, als zu sagen, dass man dann überhaupt nicht sinnvoll von Erkenntnis sprechen könne. Der Philosoph, der die angegebenen Minimalbedingungen zurückweist, ist damit zufrieden, dass wir nur bloße Meinungen verkünden. Mit ihm setzt Hegel sich nicht weiter auseinander.

Ich werde folgendermaßen vorgehen: Zunächst (1.1) werde ich die erste oben genannte Bestimmung ausführen. Ihr zufolge besteht Erkenntnis aus zwei Momenten, dem Fürwahrhalten und der Wahrheit, die (vom Erkennenden) unterschieden werden können müssen, zugleich aber in Erkenntnis übereinstimmen sollen. Diese Bestimmung reicht aber für das Verständnis dessen, was Hegel in der Einleitung zu Erkenntnis insgesamt sagt, nicht aus. Hegel formuliert Erkenntnis als eine Übereinstimmungsrelation von Begriff und Gegenstand, und die Weise, wie er dies macht, muss erläutert werden. Dies werde ich im zweiten Unterabschnitt (1.2) tun. Die Übereinstimmungsrelation impliziert diesen Betrachtungen folgend die zweite der oben angegebenen Bestimmungen für Erkenntnis, auf die hin Hegel die Positionen prüfen wird: Erkenntnis setzt einen Gegenstandsbezug voraus. Schließlich muss im Rahmen meiner Interpretation noch kommentiert werden, warum Hegel die Angaben zu Wissen und Wahrheit, mit denen ich mich hier beschäftige, als „abstrakte Bestimmungen" (GW 9, 58) bezeichnet hat. Dies muss schon deshalb angesprochen werden, weil es Anlass für die Interpretationen war, die die Strukturbeschreibung nicht als eine angesehen haben, die auch für Hegels eigene Position zutrifft. Diesem Thema widmet sich der dritte Unterabschnitt (1.3).

1.1 Erkenntnis als wahres Wissen

Hegel beschreibt sein Projekt in der Einleitung der *Phänomenologie* so, dass geprüft werden soll, wann Wissen Wahrheit entspricht. Um das Projekt richtig zu verstehen, muss man „Wissen" hier als Fürwahrhalten verstehen, während „Wahrheit" heißt, dass etwas der Fall ist. Erkenntnis liegt demnach nur dann vor, wenn etwas für wahr gehalten wird, das auch der Fall ist. Etwas ist so, wie man – mit Anspruch auf Wahrheit – behauptet, und dies unabhängig davon, dass man sich (wissend) darauf bezieht. Die Bedingung für Erkenntnis impliziert laut Hegel aber mehr als das. Es gehört zur Erkenntnis, dass diejenige Person, die etwas zu erkennen beansprucht, auch sagt, wodurch ihr Anspruch auf Wahrheit begründet ist. Erkenntnis ist daher an Rechtfertigung gekoppelt. Wäre dies nicht so, wäre die Prüfung, die Hegel durchführen möchte, gar nicht möglich, denn die Prüfung besteht in dem Versuch der Rechtfertigung von Behauptungen. Wer etwas mit dem Anspruch auf Wahrheit behauptet, muss diese Behauptung begründen können. Es geht Hegel aber nicht darum zu klären, welche spezifischen Gründe für eine bestimmte Behauptung überzeugen können. Es geht vielmehr um die Frage, was überhaupt als Grund angeführt werden kann. Die Gründe müssen laut Hegel derart sein, dass sie klar machen, dass die Behauptung wahr ist. Man könnte auch sagen: Wer etwas mit dem Anspruch auf Wahrheit behauptet, muss die Behauptung als wahr ausweisen können, und dazu muss er sagen, auf welche Weise sie sich als wahr ausweisen lässt. Wer zur Begründung der Wahrheit der Behauptung, dass der Stein wärmer sei als vor einer Stunde, anführt, dass die Temperaturerhöhung von der Sonne verursacht worden ist, der legt sich damit auch darauf fest, dass es wahr ist, dass die Welt kausal verfasst ist und dass die Wahrheit einer Behauptung daher davon abhängt, ob man das mit ihr Behauptete kausal erklären kann. Auf diese Weise hat jede Rechtfertigung einer Wissensbehauptung ontologische Implikationen. Diese Gründe, durch die etwas als wahr ausgewiesen werden können soll (und die man daher auch ‚wahrmachende' Gründe nennen kann), legen nach Hegel den Maßstab für Wissen fest. Mit der Art von Gründen, durch die man sein Wissen als wahr ausweisen will, affirmiert man einen Maßstab, an dem Behauptungen auf ihre Wahrheit hin geprüft werden können sollen. So ist in dem gegebenen Beispiel die kausale Erklärung der Maßstab, anhand dessen darüber entschieden wird, ob es unabhängig vom Empfinden des Subjekts zutrifft, dass der Stein eine andere Temperatur hat als vor einer Stunde.

Hegel will, wie er sagt, die von den jeweiligen Positionen selbst vorgegebenen Maßstäbe prüfen. Geprüft werden sie daraufhin, ob man anhand ihrer die Unterscheidung zwischen Fürwahrhalten und Wahrheit machen kann: Kann die Person sagen, dass das, was sie weiß, unabhängig davon, dass sie es weiß, auch wirklich so ist, wie sie behauptet? Für Erkenntnis müssen Fürwahrhalten und Wahrheit unterscheidbar sein, das Fürwahrgehaltene muss wahr sein und dies muss erkannt werden können. Diese Skizze dessen, was Hegel mit Wissen und Wahrheit meint, werde ich im Folgenden ausführlicher und mit Blick auf Hegels Text darlegen.

Offensichtlich ist für Hegel „Wissen" nicht gleichbedeutend mit „Erkenntnis". Wissen stellt vielmehr eine der notwendigen Bedingungen für Erkenntnis dar, nämlich die, dass eine Person etwas für wahr hält. Dass Wissen für Hegel bedeutet, etwas für wahr zu halten, geht aus seinen beiden Bemerkungen zum Wissen hervor: (1) dass das Bewusstsein etwas von sich unterscheidet, „worauf es sich zugleich bezieht", und (2) dass das heißt, „es ist etwas für dasselbe; und die bestimmte Seite des Beziehens […] ist das Wissen" (*GW* 9, 58). Mit (1) wird gesagt, dass das Bewusstsein etwas von sich unterscheidet – das soll heißen: für wahr erklärt –, auf das es sich zugleich bezieht – das heißt, auf das es im Modus des Fürwahrhaltens bezogen ist. Mit (2) wird behauptet, dass das Bewusstsein sich etwas, auf das es bezogen ist, vergegenwärtigt oder zu eigen macht – es ist etwas *für dieses Bewusstsein* – und dass diese Beziehung auf etwas, in der etwas für das Subjekt ist, *Wissen* sei. Für Erkenntnis muss also etwas für wahr gehalten werden.

Mit Blick auf Hegels Verwendung des Begriffs „Wissen" ist auch zu berücksichtigen, dass Hegel offenbar der Auffassung ist, dass man etwas Falsches wissen kann. So zumindest klingt es in der Vorrede der *Phänomenologie*.[7] Dies scheint für meine These zu sprechen, dass „Wissen" mit „Fürwahrhalten" gleichgesetzt werden kann, denn klarer Weise ist nicht immer dann, wenn man etwas für wahr hält, dieses auch wahr ist. Hegel meint an besagter Stelle über falsches Wissen allerdings nicht einfach, dass man etwas Falsches für wahr halten kann. Gemeint ist, dass es passieren kann, dass wir etwas für wahr halten und, gegeben die Situation, in der wir sind, auch alles dafür spricht, dass es so ist, wie wir meinen, dass sich aber dennoch durch (wahre) neu hinzukommende Annahmen erweist, dass die Meinung nicht wahr ist. Gemeint sind Behauptungen, die zu einer bestimmten Zeit quasi zu Recht als wahr gelten, obwohl sie sich später als falsch erweisen. In solchen Fällen sollen wir berechtigt sein, von Wissen zu sprechen. In einem solchen Fall liegt aber nicht nur ein Fürwahrhalten vor. Vielmehr ist ein Fürwahrhalten gemeint, bei dem das Fürwahrgehaltene auch mit der Wirklichkeit übereinstimmt, wenn auch unter einer bestimmten eingeschränkten und letztlich zu korrigierenden Perspektive. Ich denke, was hier deutlich wird, gilt für Hegels Begriff „Wissen" insgesamt: „Wissen" verwendet Hegel nur dann, wenn dem, was man weiß, etwas entspricht (was die Relata sein sollen, ist noch zu klären). Das heißt, wenn ich sage, „Wissen" ist als „Fürwahrhalten" zu verstehen, dann meine ich nicht, dass ein bloßes Fürwahrhalten, ohne dass dem etwas entspricht, für Hegel schon Wissen wäre (es wäre höchstens scheinbares Wissen). Ich meine vielmehr (wie ich schon im ersten Kapitel deutlich gemacht habe), dass in Erkenntnis ein Aspekt des subjektiven Fürwahrhaltens gegeben sein muss, den Hegel Wissen nennt.

Die Bestimmung von Wahrheit, von der Hegel in der Prüfung ausgeht, lautet, dass das, was wir wissen, auch „an sich" sein muss, damit Erkenntnis vorliegt. Dieser Gedanke motiviert sich durch die Überlegung, dass der Anspruch, dass etwas wahr ist, noch nicht bedeutet, dass dieser Anspruch zu Recht besteht. Fürwahrhalten impliziert noch nicht Wahrheit. Nur dann, wenn der Anspruch auf Wahrheit zu Recht besteht, kann man von Erkenntnis sprechen. Wenn Wissen Fürwahrhalten bedeutet, muss davon das Wahre[8] oder das, was in Wahrheit ist, unterschieden werden können.[9] Dass Fürwahr-

---

[7] Vgl. *GW* 9, 30.

[8] Die Handhabung der Begriffe „das Wahre" und „Wahrheit" wird im Folgenden eher lax gehalten, um die Formulierungen nicht zu künstlich werden zu lassen. Wahrheit kommt demnach zunächst Einstellungen oder Urteilen bzw. Behauptungen zu. Diese können nach Hegels Auffassung zur Wahrheit bestimmt werden. Das Wahre ist das Resultat dieser Bestimmung, also dasjenige, was objektiv oder wahr ist.

[9] „Von diesem Sein für ein Anderes unterscheiden wir aber das an sich Sein" (*GW* 9, 58).

Der Begriff der Erkenntnis in der Phänomenologie

halten und Wahrheit nicht dasselbe sind, setzt Hegel voraus.[10] Für Erkenntnis ist aber nicht nur dieser Unterschied eine Voraussetzung, sondern auch, dass wir als diejenigen, die etwas erkennen, diesen Unterschied auch tatsächlich machen können. Das Fürwahrgehaltene muss, so Hegel, in Erkenntnis nicht nur mit der Wahrheit übereinstimmen, sondern es muss als übereinstimmend mit dem, was wahr ist, erkannt werden. Das Wahre soll der Maßstab dafür sein, ob Erkenntnis vorliegt.

Man könnte hier verwirrend finden, dass offenbar das Wahre gewusst werden können muss, um Wissen anhand seiner als wahres Wissen auszuzeichnen. Jedoch ist zu berücksichtigen, dass das, was Hegel hier formuliert, die Anforderung an jemanden ist, der sagen will, wann Erkenntnis vorliegt. Diejenige Person, die sagen will, wann Erkenntnis vorliegt, muss dem Rechnung tragen können, dass Fürwahrhalten und Wahrheit nicht dasselbe sind. Sie muss angeben können, wann, also unter welchen Bedingungen, etwas Fürwahrgehaltenes auch wirklich wahr ist. Zu sagen, dass das Wahre als Maßstab fungieren soll, heißt daher nicht, dass die Person wissen muss, was – im Unterschied zu dem, was sie weiß – wahr ist, sondern dass sie wissen muss, wann etwas wahr ist. Die Person, die etwas zu wissen beansprucht, muss daher selbst zwischen Wissen und Wahrheit unterscheiden, insofern sie über einen Maßstab dafür verfügen muss, wann das, was sie für wahr hält, auch wirklich wahr ist. Hierauf werde ich bei der genauen Darstellung der Prüfung im 2. Abschnitt noch einmal zurückkommen.

Dass eine Behauptung wahr ist, muss bedeuten, dass etwas so ist, wie behauptet, unabhängig davon, dass es behauptet wird. Dies formuliert Hegel so, dass es für das Subjekt *außer der Beziehung* oder *an sich* sei.[11] Da Hegel untersuchen will, welcher Maßstab der richtige ist, ohne seine Idee des Maßstabs vorzugeben, wird untersucht werden müssen, was zufolge verschiedener Positionen als Maßstab oder als *Ansich* angenommen wird. Daher sagt Hegel, er untersuche, was innerhalb des Wissens (nämlich von der Position, die geprüft wird) als außer der Beziehung des Wissens seiend (als etwas, das von der epistemischen Bezugnahme auf das Wissen unabhängig ist) vorgestellt wird.[12] Dass das, was Gegenstand des Wissens ist, auch unabhängig davon sein muss,

---

[10] Hegel sieht das Ansich in meinen Augen nicht als das „vermeinte Ansich" des Bewusstseins an, wie etwa Baum (1983, 243) behauptet. Es muss einen vom Wissen unabhängigen Maßstab geben. Nur die gescheiterten Maßstäbe sind „vermeinte Ansich", ähnlich argumentiert Sedgwick (2008, 98 ff.).

[11] „[Z]ugleich ist ihm dies Andere nicht nur für es, sondern auch außer dieser Beziehung oder ansich" (*GW* 9, 59). Auch aus der Perspektive der dritten Person besteht das Ansich unabhängig der Beziehung desjenigen, der die Wissensbehauptung macht: „[D]as auf das Wissen bezogene wird ebenso von ihm unterschieden, und gesetzt als seiend auch außer dieser Beziehung" (58).

[12] „An dem also, was das Bewußtsein innerhalb seiner für das Ansich oder das Wahre erklärt, haben wir den Maßstab, den es selbst aufstellt, sein Wissen daran zu messen" (*GW* 9, 59).

dass es gewusst wird, gilt nicht nur aus der Perspektive einer anderen Person, sondern muss auch aus der Perspektive der Person, die etwas zu erkennen beansprucht, behauptet werden können. Die erste Bestimmung darüber, welche Ansprüche eine Position, die behauptet, die Frage zu beantworten, was Erkenntnis sei, in Hegels Augen erfüllen muss, lautet also: Sie muss einen Unterschied von Fürwahrhalten und Wahrheit derart machen können, dass sie klar machen kann, warum dasjenige, was sie zu wissen behauptet, auch wahr ist. Ist diese Bedingung nicht erfüllt, liegt nicht nur kein Fall von Erkenntnis vor, sondern auch kein Vorschlag dazu, wann Erkenntnis vorliegt. Jede Position, die schließlich so etwas sagen muss wie: „Das, was ich weiß, ist wahr, weil ich es weiß." oder: „Ich erkenne, dass mein Urteil wahr ist, weil es dem entspricht, wie ich den mit ihm erläuterten Begriff definiert habe.", ist nach dieser Bedingung gescheitert. Dasselbe gilt auch für Positionen, die auf die Behauptung hinauslaufen, dass etwas deshalb wahr ist, weil wir nicht anders können, als es zu glauben. Auch dann wäre die Unabhängigkeit der Wahrheit von Wissen nicht gewährleistet. Genauso kann jemand, der (wie es im Abschnitt *Sinnliche Gewißheit* passiert) sagen muss: „Ich weiß dass p, weil es mir so erscheint", nicht sagen, warum diese Behauptung nicht nur einem subjektiven Eindruck entspricht, sondern etwas ausdrückt, das unabhängig von der epistemischen Beziehung auf es der Fall ist. Jede Position dazu, was Erkenntnis ist und wann Erkenntnis vorliegt, muss dem Anspruch genügen, dass sie klar machen kann, dass etwas unabhängig davon, dass sie sich gerade in einer bestimmten Weise auf es bezieht, so ist, wie sie sagt. Oder in Hegels Terminologie: Sie muss für Wissen einen Maßstab bereitstellen, durch den Wissen von Wahrheit unterschieden werden kann. Man kann daher auch sagen, dass jede Position Erkenntnis als etwas Normatives verstehen muss, wenn man mit normativ hier meint, dass es einen Maßstab als Norm gibt, etwas, das erfüllt oder nicht erfüllt werden kann.

Allerdings könnte man hier Folgendes zu bedenken geben: Da Hegel Wissen so bestimmt hat, dass es die Beziehung eines (einzelnen) Bewusstseins auf etwas ist, in der das Gewusste zugleich als Wahrheit von diesem Bewusstsein unterschieden werden soll, ist, so könnte man sagen, damit noch nicht gesagt, dass Wahrheit etwas sein muss, was außerhalb *jeder* Wissensbeziehung steht. Man könnte daher sagen, dass eine Position, der zufolge jemand sagt, dass Wahrheit sich dadurch vom Wissen des Bewusstseins unterscheidet, dass dieses Wissen ein intersubjektiv geteiltes Wissen ist, durch diese Bestimmung noch nicht ausgeschieden ist, denn sie kann einen Unterschied zwischen Wissen als Bezugnahme und einem Maßstab für Wahrheit machen.[13] Nach dem

---

[13] Als real könnte man beispielsweise die Summe akzeptierter Sätze eines sozial etablierten Systems annehmen.

bisher Gesagten wäre sie immer noch eine mögliche Position und daher zumindest daraufhin zu prüfen, ob diese Weise des Unterscheidens für Erkenntnis hinreichend ist. Ich denke, dass Hegels Unterscheidung von Wissen und Wahrheit impliziert, dass Wahrheit auch von einem intersubjektiv geteilten Wissen dadurch unterschieden ist, dass Wahrheit Wissen wahr macht und nicht in Wissen besteht. Dafür, dass Hegel ausschließt, dass Wahrheit intersubjektiv geteiltes Wissen ist, spricht, dass Wahrheit *an sich* sein soll. „Ansich" bedeutet etwas anderes als *„nicht nur für mich"*. Eine Sache, die *an sich* ist, ist unabhängig davon, dass sich anderes auf sie bezieht. Dies ist aber ein schwieriges Thema. Es umfasst die Frage, wie Hegels eigene Konzeption aussieht – also die Frage, ob er annimmt, dass zwischen Wissen und Wahrheit ein Unterschied gemacht werden muss. Genau dafür werde ich in meinem Buch argumentieren.[14] Wenn man Wahrheit mit intersubjektiv geteiltem Wissen gleichsetzt, so ist beispielsweise die Rolle, die in Hegels Augen logische Prinzipien und Begriffe spielen sollen, nicht mehr befriedigend zu erklären. Im Moment geht es allerdings um die Frage, wie Hegel die Bedingungen dafür, dass wir überhaupt von Erkenntnis sprechen können, ausbuchstabiert. Wenn Hegel von Anfang an ohne weiteres Argument ausschließen würde, dass Wissen sich dadurch als wahr erweist, dass es intersubjektiv geteiltes Wissen ist, so könnte der Verdacht entstehen, dass sein Programm zu restriktiv ist, um eine befriedigende Diskussion anderer Vorschläge darzustellen. Tatsächlich muss man einen solchen Vorschlag zur Erkenntnis im Moment noch nicht ausschließen. Es reicht zu betonen, dass es einen klaren Unterschied zwischen Wissen als meiner Bezugnahme auf einen Gegenstand und Wahrheit als etwas, das unabhängig von mir gilt, geben muss.

Die bisher diskutierte Bestimmung von Erkenntnis als wahres Wissen, das als wahres Wissen erkannt werden muss, impliziert eine Reihe von Annahmen über Erkenntnis. Ein paar sollen hier noch explizit gemacht werden. Zunächst führt die Bestimmung, dass für Erkenntnis das wahre Wissen als solches ausgewiesen werden muss, auf den Begriff der Prüfung. Denn es gilt erstens: Wenn jede Position einen Maßstab für wahres Wissen bereitstellen muss, impliziert für jede Position Erkenntnis die Prüfung von Wissensbehauptungen anhand ihres Maßstabs. Es gilt zweitens auch: Positionen, die sagen, was Erkenntnis ist, müssen sich darauf prüfen lassen, ob innerhalb ihrer Position erkannt werden kann, dass wahres Wissen vorliegt. Denn jede Position zur Frage, was Erkenntnis ist, steht unter dem Anspruch, dem Begriff von Erkenntnis gerecht zu werden. Der Anspruch wird nicht von außen an die Position herangetragen, sondern die Position unterstellt sich ihm, indem sie

---

[14] Vgl. Abschnitt 4 dieses Kapitels. Dagegen argumentiert Stekeler-Weithofer (1992, 417) dafür, dass Hegel keinen Wahrheitsbegriff habe, bei dem Wahrheit von Wissen unabhängig sei.

eine Position zur Frage, was Erkenntnis ist, formuliert Da jede Position selbst ihre Wissensbehauptungen einer Prüfung unterzieht, besteht Hegels Prüfung darin, diese Prüfung zu evaluieren. Hegel untersucht also, ob der einer Position eigene Maßstab zur Prüfung von Wissensbehauptungen so ist, dass die Position mit ihm dem gerecht werden kann, was wir mit „Erkenntnis" meinen.

Daraus, dass Hegel einen Begriff von Erkenntnis hat, dem zufolge die Person, die etwas zu wissen beansprucht, diesen Anspruch einer Prüfung unterzieht (oder einer Prüfung unterziehen lassen muss), damit sie ihn aufrecht erhalten kann, ergibt sich, dass das, auf das eine Person wissend bezogen ist, auch von ihr formuliert und behauptet oder zumindest von ihr demonstriert und von uns begrifflich rekonstruiert werden können muss. Außerdem ergibt sich, dass die Person für das, was sie zu wissen beansprucht, einschlägige Gründe angeben können muss. Wann immer Erkenntnis vorliegt, setzt dies für Hegel voraus, dass das, was gewusst wird, wahr ist und dass die Person dafür, dass es wahr ist, auch Gründe hat. Mit Gründen sind hier Angaben gemeint, die einen dazu bringen sollen, von der Wahrheit der Behauptung überzeugt zu sein. Selbst jemand, der beansprucht, etwas durch reines Anschauen zu erkennen, begründet sein Wissen mit dem Verweis auf reines Anschauen. Da die Gründe für eine mit Anspruch auf Wahrheit erhobene Behauptung von Hegel zunächst mit unter die Ansprüche auf Wissen gezählt werden müssen, insofern sie vom Subjekt des Wissens mit Anspruch auf Wahrheit geäußert werden, kann man sagen, Erkenntnis liegt nur vor, wenn die Behauptungen, die als Begründungen angeführt werden, ebenfalls wahr sind.

Diese Rede von Gründen könnte leicht zu Missverständnissen führen. Man kann mit Recht so etwas sagen wie: Für Hegel liegt Erkenntnis (ceteris paribus)[15] vor, wenn das, was jemand für wahr hält, unabhängig davon wahr ist, dass er es für wahr hält, und wenn derjenige, der es für wahr hält, auch einschlägige Gründe für das hat, was er für wahr hält. Folgendes muss jedoch von Anfang an berücksichtigt werden: Wenn man über Gründe für Behauptungen oder Urteile spricht, kann das heißen, dass man innerhalb eines akzeptierten Standards Gründe anführt. Beispielsweise kann man einen kausalen Zusammenhang als einen Erklärungsgrund anführen. Eignet sich dieser als Grund und ist zudem ein einschlägiger Grund für eine wahre Behauptung, so liegt Erkenntnis vor. Aber in Hegels Projekt geht es nicht oder jedenfalls nicht nur darum, dass wir Gründe anführen. Es geht auch darum, was für Gründe überhaupt die Wahrheit einer Behauptung belegen können, also quasi um die Standards oder den Maßstab, der bei der Praxis des Ge-

---

[15] Das füge ich hier ein, weil sich diese Definition noch modifizieren lässt zum Beispiel mit Blick darauf, ob die Gründe, die die Person hat, das, was sie weiß, auch tatsächlich rechtfertigen. Dies kann hier aber vernachlässigt werden.

bens von Gründen vorausgesetzt wird.[16] Im angeführten Beispiel geht es also auch darum, dass ein kausaler Zusammenhang als Erklärung akzeptiert werden muss. Wenn wir eine Kausalerklärung als einen Grund anerkennen, der eine Behauptung als wahr ausweist, so deshalb, weil wir annehmen, dass uns Kausalerklärungen darüber Aufschluss geben, was es gibt.[17] Das heißt letztlich: Kausalerklärungen sind Gründe, die für die Wahrheit einer Behauptung angeführt werden können, wenn gilt, dass die Welt ein Kausalzusammenhang ist. Andernfalls würde man nicht sagen können, dass durch diesen Grund etwas als *wahr* ausgewiesen wird, sondern könnte höchstens sagen, dass der Grund von einer Gruppe von Menschen als einschlägig akzeptiert wird. Die Rede von Gründen sollte also nicht dazu veranlassen, Hegels Vorschlag zur Erkenntnis als einen wenig kontroversen Beitrag zu einer heute noch anhaltenden Diskussion über Erkenntnis als gerechtfertigter wahrer Meinung zu halten. Denn das Projekt Hegels besteht nicht allein darin, einen Zusammenhang zwischen Wissen und Wahrheit aufzuzeigen, sondern die Frage zu beantworten, was wahr ist oder welche Gründe die wahren Gründe sind – also die, durch die eine Behauptung als wahr ausgewiesen werden kann. Es geht nicht nur darum, ob und wie Gründe für Wissen relevant sind, sondern darum, welcher Typ von Gründen auf den richtigen Annahmen über die wahre Verfasstheit der Welt beruht. Dass in Erkenntnis Fürwahrhalten und Wahrheit übereinstimmen, wird von der Person, die mit dem Anspruch auf Wahrheit auftritt, durch ihre Begründungen nachgewiesen und hierfür müssen die Gründe immer auch etwas darüber aussagen, was der Fall ist. Man kann einen Nachteil von Hegels Vorschlag zu Gründen darin sehen, dass der Begriff von Erkenntnis anspruchsvoller wird, als wir ihn im Alltag in der Regel vielleicht haben wollen (wobei auch das keineswegs klar ist). Aber es gibt, denke ich, die starke Intuition, dass etwas unabhängig davon wahr ist, was im Kontext von Äußerungen gesellschaftlich akzeptiert wird, und dass unsere Gründe auch so geartet sein müssen, dass sie dieser Unabhängigkeit Rechnung tragen können. Wenn man dieser Intuition folgt, wird der Begriff von Erkenntnis (und von Gründen) von Hegel zu Recht als anspruchsvoller Begriff verstanden.

---

[16] Die Inanspruchnahme von Hegel (und Kant) für Brandoms Bedeutungstheorie hat m.E. das Problem, dass nicht berücksichtigt wird, dass die Rolle der logischen Prinzipien für die Praxis des Gebens von Gründen fundamental ist (vgl. Brandom 2007, bes. die zweite Vorlesung).
[17] Man kann Hegels „ansich" weitgehend auch mit „wesentlich" oder „seinem Wesen nach" gleichsetzen. So kann man sagen: Das Bewusstsein muss sagen, was die Dinge ihrem Wesen nach sind, um Gründe für die Wahrheit seiner Wissensbehauptungen anzugeben. „Ihrem Wesen nach" bedeutet dann, dass sie das, was man über sie behauptet, unabhängig davon sind, dass man sich in einer bestimmten Weise auf sie bezieht.

Wohlgemerkt teilt Hegel die hier beschriebene Ausrichtung seines Projekts mit Kant. Genauer ist Hegel mit Kant der Überzeugung, dass es logische Prinzipien gibt, die in dem Sinne grundlegend sind, als sie bestimmend dafür sind, was wir als Grund für eine Behauptung akzeptieren sollten (wenn Erkenntnis möglich sein soll), weil sie bestimmen, was es gibt. Für Kant sind dies die transzendentalen (im Unterschied zu den formalen) Bedingungen für Erkenntnis, also die Kategorien bzw. die Grundsätze. Kant verfährt so, dass er diese logischen Prinzipien in einer Abhandlung – der *Kritik der reinen Vernunft* – untersucht, die davon absieht, wie wir uns konkret erkennend auf etwas beziehen. Hegel dagegen verfährt in der *Phänomenologie* so, dass er die Weise untersucht, wie wir etwas begründen, wie wir also faktisch unsere Ansprüche, etwas zu wissen, zum Ausdruck bringen. Hierbei werden die transzendentalen oder logischen[18] Prinzipien deshalb zum Thema, weil sie festlegen, was als Grund dienen kann. Diese unterschiedliche Verfahrensweise hat etwas damit zu tun, dass Kant eine Trennung zwischen reinen und empirischen Prinzipien und zwischen Verstand und Urteilskraft macht, die Hegel zurückweist. Wichtig ist aber im Moment, dass Hegel und Kant die logischen Prinzipien thematisieren, die uns Aufschluss über die ontologische Verfassung der (oder wenn man will: unserer) Welt geben.

Dass Kant sein Projekt tatsächlich in der Weise ontologisch ausrichtet, wie ich hier behaupte, kann man bestreiten.[19] Manches mag dafür sprechen, dass Kant, weil er sich nicht zur Frage, wie Dinge an sich beschaffen sind, äußern will, die Prinzipien, die Gegenständlichkeit ausmachen, ausschließlich als Prinzipien unserer Möglichkeit der Erkenntnis ansieht. Aber Sachen zu sagen wie: „Ich erkenne, dass die Sonne den Stein erwärmt, aber vielleicht ist die Welt auch nicht gesetzmäßig verfasst.", ist keine attraktive Option. Daher muss Kant sagen, dass die Welt, auf die wir uns beziehen, wirklich so verfasst ist, wie die Kategorien sagen (was auch immer das Material an sich betrachtet wäre). In diesem Sinn kann man dann aber auch von einer ontologischen Implikation der Frage nach der Möglichkeit von Erkenntnis sprechen.

---

[18] Wie bereits im Vorangegangen, werde ich auch zukünftig immer einfach von logischen Prinzipien reden, wenn ich mit Blick auf Kant und Hegel die Prinzipien meine, die für die Objektivität unserer Bezüge verantwortlich sein sollen und die man mit Kant auch als transzendental-logische Prinzipien bezeichnen kann.

[19] Was ich letztlich sagen werde, ist, dass Kant und Hegel die ontologische Ausrichtung teilen, dass Hegel sie aber in einer Weise umsetzt, angesichts derer man, anders als bei Kant, sagen kann, dass die Welt auch an sich (unabhängig vom Subjekt) begrifflich strukturiert ist. Demgegenüber hat Horstmann 1997 Kant im Unterschied zu Hegel eine (bloß) epistemologische Funktion der Kategorien zugesprochen. Er kann daher Hegels Besonderheit bereits in der ontologischen Funktion selbst sehen (ähnlich mit Blick auf Hegel und die Besonderheit seiner „ontologischen Thesen" Halbig 2004, 142).

Was ich bisher zu Wissen und Wahrheit ausgeführt habe, macht nach Hegel nur die allgemeine *Struktur* von Erkenntnis aus. Was konkret als Maßstab dienen soll, was hier überhaupt Wahrheit und Wissen genau heißt, ist durch die bisherigen Angaben zur Struktur nicht bestimmt; es muss aber von den jeweiligen Positionen zur Frage, was Erkenntnis ist, festgelegt werden, um eine inhaltlich interessante Position zu sein. Und diese Festlegung des Maßstabs ist es, die einer Prüfung unterzogen werden soll. Die verschiedenen Positionen, die Hegel in der *Phänomenologie* thematisiert, sollen also die durch die bisherigen Angaben zu Wissen und Wahrheit bestimmte allgemeine Struktur von Erkenntnis jeweils in ihrem Sinne interpretieren. Bevor ich zu diesen verschiedenen Interpretationen komme, möchte ich die Struktur noch genauer explizieren. Genauer zu explizieren ist vor allem meine schon erwähnte These, dass für Hegel Wahrheit nichts rein Begriffliches sein kann.

Noch eine terminologische Anmerkung: Folgt man dem bisher Gesagten, kann man für „an sich" oder „ist wahr" auch „real" oder auch „ist der Fall" sagen. Dann ist allerdings darauf zu achten, dass mit „real" oder „ist der Fall" nicht festgelegt sein soll, wie etwas verfasst sein muss (also etwa raum-zeitlich). „Real" meint hier dann nicht „seiend" oder „gegenständlich", sondern eher „objektiv". Wofür ich im Folgenden argumentieren möchte, ist, dass das, was wir erkennen, nicht nur objektiv sein muss, sondern dass für Erkenntnis auch der Bezug auf Seiendes konstitutiv ist.

1.2 *Erkenntnis als Übereinstimmung*

Nach dem bisher Gesagten müssen für Erkenntnis Fürwahrhalten und Wahrheit unterscheidbar sein und das Fürwahrgehaltene muss wahr sein und als wahr erkannt werden können. Eine Schwierigkeit dieser Darstellung liegt darin, dass bisher noch nicht darauf eingegangen wurde, dass Hegel Erkenntnis auch als eine Übereinstimmungsrelation von Begriff und Gegenstand auffassen will. Man kann nach Hegel sagen, dass Erkenntnis dann und nur dann vorliegt, wenn Begriff und Gegenstand übereinstimmen.[20] Beachtenswert ist dies, weil Hegel hier nicht einfach den Gegenstand (als intentionalen Gegenstand) mit dem Wahren identifiziert und sagt: „Erkenntnis liegt vor, wenn Begriff und das Wahre übereinstimmen." Die Übereinstimmungsrelation von Begriff und Gegenstand wird von Hegel so eingeführt, dass mit Gegenstand

---

[20] Hegel führt die Rede von Übereinstimmung in der *Phänomenologie* folgendermaßen ein: „Das Ziel aber ist dem Wissen ebenso notwendig als die Reihe des Fortganges, gesteckt; es ist da, wo [...] der Begriff dem Gegenstande, der Gegenstand dem Begriff entspricht" (*GW* 9, 57). Dass Hegel beide Richtungen der Beziehungen explizit nennt, wird im Folgenden noch kommentiert.

etwas Seiendes, Existierendes gemeint ist. So sagt Hegel (im unten angegebenen Zitat) zum Beispiel „das Seiende oder der Gegenstand". Irritierend ist dies zunächst aus folgendem Grund: Wenn man unter dem Gegenstand etwas Seiendes versteht und unter Begriff dasjenige, was wir über dieses Seiende sagen, wird man den Begriff mit dem Wissen, den Gegenstand mit Wahrheit identifizieren. Die Redeweise legt dann das bereits oben erwähnte Bild nahe, dass man den Gegenstand an die Aussage (oder den Begriff) halten kann, um zu sehen, ob sie wahr ist. Für Hegel ist dies aber sicherlich nicht die einzige (und auch nicht die richtige) Möglichkeit, die Struktur von Wissen und Wahrheit zu interpretieren. Nun ist es tatsächlich so, dass Hegel die Übereinstimmungsrelation ausdrücklich so versteht, dass sie nicht nur diese Möglichkeit der Interpretation erlaubt. Hegel führt die Übereinstimmungsbeziehung nämlich beachtenswerter Weise in zwei Richtungen aus:[21]

„Nennen wir das Wissen den Begriff, das Wesen oder das Wahre aber das Seiende oder den Gegenstand, so besteht die Prüfung darin, zuzusehen, ob der Begriff dem Gegenstand entspricht. Nennen wir aber das Wesen oder das Ansich des Gegenstandes den Begriff und verstehen dagegen unter dem Gegenstand ihn als Gegenstand, nämlich wie er für ein anderes ist, so besteht die Prüfung darin, daß wir zusehen, ob der Gegenstand seinem Begriffe entspricht" (*GW* 9, 59).

Es darf demnach nicht einfach „Wissen" mit „Begriff" und „Wahrheit" mit „Gegenstand" identifiziert werden.[22] Stattdessen kann als das Ansich, also als Wahrheit, sowohl der seiende Gegenstand als auch der Begriff angesehen werden und entsprechend als die Seite der Beziehung, die Wissen genannt wird, ebenfalls sowohl Begriff als auch Gegenstand. Das heißt sowohl der Begriff als auch der Gegenstand können in der Beziehung als Maßstab fungieren. Dies lässt sich zunächst als eine Art philosophiegeschichtlicher These lesen, die sich in der Darlegung der Positionen in der *Phänomenologie* in den ersten Kapiteln widerspiegelt: Einige Philosophen haben die Auffassung vertreten, dass Wahrheit vorliegt, wenn der seiende Gegenstand so ist, wie über ihn geurteilt wird. Hier fungiert der Gegenstand als das Wahre oder als der Maßstab, anhand dessen die Wahrheit eines Urteils gemessen wird. Diese Positionen bilden in

---

[21] Wie sich zeigen wird, liest Hegel die Formel nicht nur (wie zum Beispiel Thomas von Aquin, vgl. Künne 2003, 102 f.) von zwei Richtungen, sondern für ihn impliziert jede der beiden Richtungen eine andere Übereinstimmungsstruktur.

[22] Zwar kann man statt „Erkenntnis liegt vor, wenn Begriff und Gegenstand übereinstimmen" auch sagen „Erkenntnis liegt vor, wenn Wissen und Wahrheit übereinstimmen", aber dies nur, weil durch diese Rede nicht festgelegt wird, welche Relata gegeneinander austauschbar sein sollen: Wenn man sagt, dass Erkenntnis vorliegt, wenn Begriff und Gegenstand übereinstimmen, können Begriff und Gegenstand jeweils entweder für Wissen oder für Wahrheit stehen.

der *Phänomenologie* mit den Abschnitten *Sinnliche Gewißheit* und *Wahrnehmung* die ersten Prüfungen. Andere Philosophen haben die Position vertreten, dass ein seiender Gegenstand nicht so geartet ist, dass er über Wahrheit oder Falschheit entscheiden kann, sondern dass als Maßstab für Wahrheit etwas Begriffliches fungieren muss. Diese Positionen, etwa durch Kant und Fichte repräsentiert, prüft Hegel in den Kapiteln *Kraft und Verstand* und *Wahrheit der Gewißheit seiner selbst*.

Dadurch dass Hegel bei der Exposition des Begriffs der Erkenntnis in der Einleitung der *Phänomenologie* offen lässt, ob das Seiende als dasjenige angesehen wird, das den Maßstab für Wahrheit abgibt, oder ob der Maßstab in etwas Begrifflichem gesehen werden muss, kann Hegel die Übereinstimmungsbeziehung von Begriff und Gegenstand in Anspruch nehmen, ohne dass er damit zugleich den raum-zeitlichen Gegenstand als Maßstab für wahres Wissen bereits affirmieren muss. Auch Positionen, die Begriffe oder Gesetze als Maßstab für Wissen behandeln, können unter die Formel der Erkenntnis als Übereinstimmung gebracht werden. Bei Erkenntnis spielen damit einerseits immer Begriffe eine Rolle. Die Alternative besteht dazwischen, ob man Begriffe (nur) als subjektive Ausdrucksmittel oder (auch) als Maßstab dafür ansieht, wann Erkenntnis vorliegt. Andererseits spielt in jedem Fall der konkrete Gegenstand eine Rolle. Alternativ kann man ihn entweder als etwas auffassen, das in einer bestimmten Weise für uns ist, also von uns in einer bestimmten Weise wahrgenommen usw. wird, oder als etwas, das an sich und unabhängig von uns ist. Die Möglichkeit, dass in Erkenntnis überhaupt nur Begriffe eine Rolle spielen, wird aber nicht eingeräumt.

Ein Resultat dieser Interpretation der Übereinstimmungsrelation ist, dass Begriff und Gegenstand ihrem Status und ihrer Funktion nach auf zwei Weisen verstanden werden können: Wenn von Begriff die Rede ist, kann dies einerseits heißen, dass das Bewusstsein etwas in einer bestimmten Weise ausdrückt, andererseits kann es auch heißen: Der Begriff ist objektiv, er ist das Wesen einer Sache und nicht vom Bewusstsein abhängig. Wenn von Gegenstand die Rede ist, kann das einerseits bedeuten, dass etwas objektiv oder unabhängig vom Bewusstsein der Fall ist; andererseits kann es bedeutet, dass etwas für ein Bewusstsein als etwas erscheint.[23] Die Zuschreibung der verschiedenen Bewertungen in der Erkenntnisrelation setzt voraus, dass bei den Begriffen „Begriff" und „Gegenstand" jeweils ein Bedeutungskern identisch ist. Man kann vorläufig sagen, „Begriff" meint immer etwas Begriffliches oder auch Allgemeines und „Gegenstand" meint immer etwas Seiendes, wenngleich beides darüber hinaus sehr unterschiedlich bestimmt werden kann.

---

[23] Damit ist noch nicht gesagt, dass der Gegenstand eine bloße Erscheinung ist. Es könnte sich zum Beispiel erweisen, dass der Gegenstand so ist, wie er wahrgenommen wird.

Wenn dies richtig ist, heißt das: (1) für Erkenntnis ist nach Hegel konstitutiv, dass wir uns auf etwas Seiendes beziehen, welches in Übereinstimmung mit etwas Begrifflichem stehen muss. Dies kann so gedacht werden, dass ein Begriff vom Gegenstand dem Gegenstand als an sich Seiendem entspricht, oder so, dass eine Erscheinung dem Begriff unterzuordnen ist, um Erkenntnis zu haben. Übereinstimmung soll in beiden Fällen zwischen Begriff und Gegenstand hergestellt werden, also entweder zwischen dem Begriff als etwas Subjektivem und dem Gegenstand als Wahrem oder zwischen dem Begriff als etwas Objektivem und dem Gegenstand als Erscheinung. (2) Wenn man sich in Erkenntnis immer auf einen Gegenstand als etwas Seiendes bezieht und wenn man – im Rahmen der Voraussetzungen einiger Positionen – hiervon den Begriff als etwas *Objektives* unterscheiden kann, so hat man in diesen Fällen, also in den Fällen, in denen man den Gegenstand nicht mit dem, was objektiv ist, identifiziert, zwei Bezugsobjekte: den Gegenstand als Seiendes und den Begriff als Objektives.[24] Man bezieht sich in diesen Fällen mit einem Begriff nicht auf einen von einem selbst unabhängigen Gegenstand und behauptet die Übereinstimmung zwischen beiden, sondern man bezieht sich auf einen Gegenstand und behauptet dessen Übereinstimmung mit einem Begriff, den man als etwas Objektives ansieht. Außerdem muss man in diesen Fällen auch zwei Arten von Begriffen unterscheiden können: die Begriffe, mit denen man sich auf etwas bezieht, also etwa seine Wissensansprüche artikuliert, und die Begriffe, die objektiv sind.

In den jeweiligen Positionen werden aber nicht nur verschiedene Interpretationen dazu gegeben, was Begriffe und Gegenstände sind, sondern es wird auch unter Übereinstimmung Unterschiedliches verstanden. Dies ist sicherlich ein besonders heikler Punkt. Zunächst kann man sagen, dass zwei Dinge miteinander übereinstimmen, wenn sie in mindestens einer Hinsicht oder unter einer Beschreibung miteinander identisch sind. Übereinstimmung kann aber auch bedeuten, dass etwas mit etwas anderem in jeder Hinsicht übereinstimmen muss, das heißt vollständig identisch ist. Die Weise, wie Hegel von Übereinstimmung spricht, klingt nun so, als würde er für Erkenntnis eine vollständige Übereinstimmung voraussetzen.[25] Wenn er dies tun würde, wären wieder Zweifel angebracht, ob der Begriff der Erkenntnis aus der Einleitung der *Phänomenologie* nicht zu voraussetzungsreich ist.[26] Ich möchte

---

[24] Dass sich daraus, dass die Übereinstimmungsrelation von zwei Seiten gelesen werden kann, ein Doppelsinn von Begriff und Gegenstand ergibt, hat Theunissen 1978 ausgeführt. M.E. wird dieser doppelte Sinn erst mit den Positionen erreicht, die den seienden Gegenstand nicht mehr als Maßstab ansehen, also genauer: zuerst mit einer Kantischen Position.

[25] Hegel drückt sich hier eher unklar so aus, dass Übereinstimmung vorliege, wo das Wissen „nicht mehr über sich hinauszugehen nötig hat" und „sich selbst findet" (*GW* 9, 57).

[26] Vgl. Horstmann 2006, 35.

hierzu folgenden Vorschlag machen: Alle Positionen müssen laut Hegel garantieren , dass man sinnvoller Weise sagen kann, dass das, was man behauptet, dann, wenn es wahr ist, auch so ist, wie man behauptet. In einem Sinne, der eine solche Redeweise rechtfertigt, müssen Begriff und Gegenstand identisch oder übereinstimmend sein. Aber Hegel lässt offen, was genauer unter „Übereinstimmung" zu verstehen ist. Es kann die Vorstellung sein, dass ein Begriff einem Gegenstand adäquat ist, oder die, dass ein Urteil in ein System von Urteilen vollständig integrierbar ist. Im letzten Fall muss man allerdings noch geltend machen, dass das System von Urteilen selbst etwas Seiendes ist (das heißt faktisch selbst wiederum übereinstimmt mit dem, was es gibt). Herauszufinden, was die richtige Auffassung von Identität oder Übereinstimmung ist, obliegt der Prüfung, die in der *Phänomenologie* vorgenommen werden soll, und wird nicht vorausgesetzt.

Ich schreibe Hegel also unter anderem die These zu, dass wir uns für Erkenntnis immer auf etwas Seiendes beziehen müssen. Wenn ich Recht habe, schließt Hegel den Vorschlag aus, demzufolge Wissen ein rein begriffliches Urteil mit Erkenntnisanspruch ist und Wahrheit vorliegt, wenn dieses Urteil mit einem System der Gesetze übereinstimmt. Dies kann nicht gemeint sein, wenn Hegel sagt, dass geprüft werde, ob der Gegenstand dem Begriff entspricht. Wir brauchen, um von Erkenntnis reden zu können, auf jeden Fall einen Gegenstandsbezug, wobei hiermit gemeint ist, dass wir einen Bezug zu etwas Seiendem brauchen. Wenn man ein Urteil mit einem System von Gesetzen vergleicht, so gilt das Urteil für Hegel nur dann als Erkenntnis, wenn das Urteil einen nachvollziehbaren Bezug auf einen existierenden Gegenstand hat, so dass die Übereinstimmung als Übereinstimmung zwischen Begriff und Gegenstand angesehen werden kann. Obwohl ich mich mit dieser These noch ausführlicher beschäftigen werde, will ich hier bereits Folgendes dazu anmerken: Kant hat die These eines notwendigen Bezugs auf Seiendes in der Form des für Erkenntnis notwendigen Anschauungsbezugs ausgeführt, wobei man hier noch zwischen reinen und empirischen Anschauungen unterscheiden muss.[27] Dass mit Blick auf Kant die These von einem für Erkenntnis notwendigen Bezug auf existierende Gegenstände überzeugend ist, bedeutet natürlich nicht, dass dies auch für Hegel gilt. Es scheint vielmehr so, als wäre Hegel

---

[27] Auch mit Blick auf Kant stellt sich hier natürlich die Frage, ob es in der Mathematik keine Erkenntnisse geben kann. Folgt man meiner Interpretation, muss man sagen: Es gibt Erkenntnisse für Kant in der Mathematik, insofern sie sich auf die Formen der Sinnlichkeit bezieht, welche die Formen der Gegenstände der Erfahrung sind. Vielleicht muss man sogar soweit gehen zu sagen, dass auch dafür, dass diese Formen die entsprechenden (geometrischen) Eigenschaften haben, auf Anschauungsmaterial Bezug genommen werden muss. Beides scheint mir im Rahmen von Kants Lehre von Mathematik und von Raum und Zeit vertretbar zu sein. Diese Diskussion kann hier aber nicht geführt werden.

gerade mit Blick auf die Rolle der Anschauungen bei Kant kritisch gewesen und hätte dessen Auffassung vom Ding an sich deshalb kritisiert, weil hier Seiendes vorausgesetzt wird. Es scheint weiterhin zuzutreffen, dass Hegel logische Tatsachen als Tatsachen anerkennt, die wir erkennen können, und dies widerspricht der These der für Erkenntnis notwendigen Beziehung auf Seiendes, wenn man den oben eingeführten Unterschied zwischen Seiendem (oder Gegenständlichem) auf der einen Seite und Objektivem (oder Wahrem) auf der anderen Seite aufrecht erhalten möchte. Beide Bedenken sind berechtigt. Ich will aber zu zeigen versuchen, dass Hegel den für Erkenntnis notwendigen Bezug zu Seiendem nicht verwirft, sondern dass er ihn (teils mit Kant, teils in Distanz zu ihm) vielmehr neu interpretiert. Den angeführten Bedenken ist also im weiteren Verlauf des Buches noch zu begegnen.

1.3 Wissen und Wahrheit als abstrakte Bestimmungen

Nach meiner Interpretation gibt Hegel in der Einleitung der *Phänomenologie* eine allgemeine Struktur von Erkenntnis an, die für alle später behandelten Positionen gelten soll – einschließlich Hegels eigener. Wie schon erwähnt, stellt sich für eine solche Interpretation eine Schwierigkeit. Hegel beginnt die Darstellung von Erkenntnis als Übereinstimmung von Wissen und Wahrheit mit der Bemerkung, dass er an die Begriffe „Wissen" und „Wahrheit" anknüpfe, wie sie „an dem Bewußtsein vorkommen" (*GW* 9, 58). Er bezeichnet diese Bestimmungen außerdem als „abstrakte Bestimmungen" (*GW* 9, 58). Die Frage, was Hegel hiermit meint, stellt sich umso dringender, als man den Verdacht haben kann, dass Hegel die hier vorgestellte Auffassung nicht etwa, wie ich behaupte, auch für sich selbst in Anspruch nimmt, sondern dass er sie vielmehr ablehnt. Ich will daher kurz erläutern, wie ich diese Bemerkung verstehe.

Die Bemerkung, dass die abstrakten Bestimmungen von Wissen und Wahrheit „an dem Bewusstsein vorkommen", ist so zu verstehen, dass Hegel die Bestimmungen als allgemein akzeptiert ansieht. Nicht nur soll jeder den Bestimmungen zustimmen, sondern man kann sagen, dass jede (sowohl wahre als auch falsche) Vorstellung von Erkenntnis eine Interpretation der der Prüfung vorangestellten abstrakten Bestimmungen von Wissen und Wahrheit ist.[28] Abstrakt sind die Bestimmungen erstens, sofern sie noch unbestimmt sind.

---

[28] Mit dieser Interpretation widerspreche ich Cramer 1978. Mir scheint seine Annahme, dass das natürliche Bewusstsein sich in der Charakterisierung von Hegel nicht wiederfinden könne (362) und dass sich Hegels Äußerungen nicht sinnvoll als Aussagen über Wahrheit rekonstruieren lassen (363), nicht überzeugend. Cramer schlägt vor, die Bestimmungen als Bestimmungen von Bewusstsein zu verstehen. Bewusstsein soll durch die Bestimmungen als selbstbezügliche Struktur eingeführt werden, die es in der *Phänomenologie* zu entwickeln gilt. Zustimmen würde

In der Einleitung wird kein Vorschlag dazu unterbreitet, wann Erkenntnis vorliegt, sondern eine Struktur vorgestellt, die jede Position, die diese Frage beantwortet, akzeptieren wird. Es ist zu Beginn der *Phänomenologie* beispielsweise noch nicht einmal bestimmt, ob man den Gegenstand als objektiven Maßstab ansieht oder ob man den Begriff für dasjenige ansieht, was festlegt, ob etwas wahr oder falsch ist.[29]

Zweitens bedeutet die Aussage, dass die Bestimmungen abstrakt seien, dass sich erst noch erweisen muss, ob sich die hier gegebenen Bestimmungen überhaupt realisieren lassen. Die konkrete Auffassung von Erkenntnis, die am Ende der *Phänomenologie* stehen soll, ist eine Realisierung der zu Beginn abstrakt aufgestellten Bestimmung von Erkenntnis. In der Vorrede der *Phänomenologie* wird in diesem Sinne das Unerfahrene als „das Abstrakte" (*GW* 9, 29) bezeichnet. Die Konkretisierung der Bestimmung der Erkenntnis durch Erfahrung geschieht durch die verschiedenen einander folgenden Bestimmungsversuche, die den Weg der *Phänomenologie* ausmachen.

Es soll hier allerdings nicht geleugnet werden, dass in Hegels Rede von „abstrakt" auch eine Distanzierung liegt. Zwar ist nicht anzunehmen, dass Hegel die hier vorgestellte Auffassung von Erkenntnis für falsch hält. Denn eines der offensichtlichen Ziele bei der Vorstellung des Projekts der Prüfung ist klarzustellen, dass die Prüfung nichts voraussetzt, was nicht jeder Vertreter, welcher Theorie über Erkenntnis auch immer, akzeptieren muss – dies muss auch für Hegels Position gelten. Hegel sieht die Auffassung aber als eine an, die nur aus einer bestimmten Perspektive in dieser Form alternativlos ist. Für mögliche Antworten auf die Frage, was Erkenntnis ist, sieht Hegel die angegebenen Grundbedingungen als verbindlich an. Allerdings will Hegel, wie im letzten Kapitel bereits herausgearbeitet, die bloß erkenntnistheoretische Ausrichtung der Philosophie selbst kritisieren und daher wählt er bei der Beschreibung der Ausgangssituation der *Phänomenologie* ein Vokabular, das ihm auch eine Distanzierung erlaubt: Die Bestimmungen sind hier so „abstrakt" wie auch die Konstruktionen zur Frage, was Erkenntnis ist, „abstrakt" sind. Hegel selbst ergänzt daher die Frage nach Erkenntnis und die Abhandlung abstrakter Bedingungen für Erkenntnis durch eine Darstellung dessen, wie wir Menschen dazu gekommen sind, uns die Wirklichkeit (das Wahre) begrifflich (wissend) anzuzeigen. Aber auch wenn für Hegel die Frage, was Erkenntnis ist, auf diese

---

ich in dem Punkt, dass Erkenntnis durch die Bestimmungen von Wissen und Wahrheit eine Struktur hat, welche die Selbstbezüglichkeit des Bewusstseins impliziert (vgl. das erste Kapitel).

[29] Abstrakte Aussagen sind nicht falsch, sondern werden es erst, wenn man ihnen eine bestimmte Bedeutung gibt. Man könnte sagen, abstrakte Bestimmungen sind unvollständig – dies allerdings meist als ein Produkt von Ignoranz (vgl. hierzu Hegels Abhandlung *Wer denkt abstract?*, *GW* 5, 379–387).

Weise ergänzt werden muss, können die in der Einleitung der *Phänomenologie* angegeben Grundbedingungen verbindlich für alle Positionen zur Erkenntnis gelten.

2. Die Prüfung

In der *Phänomenologie* soll der Maßstab für Erkenntnis geprüft werden, das heißt Hegel will prüfen, wie die Positionen ihre Wissensbehauptungen (oder Einstellungen) prüfen. Die Frage, was eigentlich wie geprüft werden soll, muss aber noch genauer diskutiert werden. Zunächst ist vor dem Hintergrund der Ausführungen zu Erkenntnis noch einmal zu fragen, inwiefern Hegel sagen kann, dass das Bewusstsein die Prüfung selbst vornimmt. Die Prüfung ist nur dann legitim, so Hegel, wenn die Unterscheidung von Wissen und Wahrheit als eine Unterscheidung angesehen wird, die das Bewusstsein vornimmt oder, wie Hegel formuliert, die in das Bewusstsein fällt. Mit dieser Behauptung soll ausgeschlossen werden, dass eine Person, die sagt, was sie weiß (was sie also zu erkennen beansprucht), daran gemessen wird, was wir oder andere Personen für wahr halten.[30] Die Ablehnung einer solchen Prüfungssituation ist zunächst einleuchtend: Da jede der gefragten Personen immer nur sagen kann, was sie weiß, das heißt was sie für wahr hält, würde jede andere Person, die die Wissensbehauptung aus ihrer Perspektive prüft, die Behauptungen der Person nur an ihren eigenen Wissensbehauptungen messen.[31] Dass niemand (also auch nicht Hegel) vorgeben können soll, was wahr ist, bedeutet für Hegels Projekt einer Kritik der Erkenntnistheorien, dass diese immanent verfahren muss und nur den Positionen eigene Voraussetzungen dazu gemacht werden dürfen, was der Maßstab ist. Inwiefern lässt sich aber – statt dass das, was wahr ist, von einer die Prüfung durchführenden Person vorgegeben wird – behaupten, das die Unterscheidung von Wissen und Wahrheit in das Bewusstsein fällt? Wie ich oben bereits angedeutet habe, ist es unplausibel anzunehmen, dass die Person das, was sie weiß, von dem, was der Fall ist, tatsächlich unterscheidet. Dies ergibt unter der oben gegebenen Bestimmung von Wissen und Wahrheit keinen Sinn, denn dann würde die Person Sätze äußern, wie „Ich weiß, dass *p*, und außerdem *p*". Es ist seltsam, der Person zu unterstellen, ihr Wissen von dem, was wahr ist, zu unterscheiden, denn Wissen soll bedeuten, dass

---

[30] Hegel macht zuerst diesen Vorschlag, korrigiert sich dann aber (*GW* 9, 58).

[31] Daher sagt Hegel, wenn wir sagten, was wahr ist, fiele die Unterscheidung in uns (*GW* 9, 58).

die Person überzeugt davon ist, dass sie etwas Wahres behauptet.[32] Die Person kann die Unterscheidung von *für es* und *an sich* in der Gegenwart nicht in einer inhaltlichen Weise machen. Aber man kann zwei Hinsichten geltend machen, in denen die Unterscheidung vom Bewusstsein vorgenommen werden können muss: (1) Obwohl die Person das, was sie weiß, nicht von dem, was wahr ist, unterscheiden kann, muss sie prinzipiell über die Unterscheidung von *für es* und *an sich* verfügen, um Erkenntnis haben zu können. Denn folgt man Hegels Charakterisierung von Erkenntnis, muss sie dafür Anspruch auf Wahrheit haben und hierfür wiederum muss sie über die Unterscheidung von wahr und falsch verfügen. Sie muss anerkennen, dass die Wahrheit ihres Wissens davon abhängt, was wahr ist.[33] Sie muss beispielsweise ihre Meinung revidieren, wenn sich etwas anderes als der Fall seiend erweist. Dann wird sie auch natürlich sagen können: „Ich habe geglaubt, dass *p*, und *p* war nicht der Fall." Das heißt: Was bei der Prüfung vorausgesetzt werden darf, ist, dass die Person, die geprüft werden soll, über die Unterscheidung von *für es* und *an sich* im Prinzip verfügt. (2) Obwohl die Person die Unterscheidung von Wissen und Wahrheit nicht in der Form machen kann, dass sie, was sie weiß, von dem, was wahr ist, unterscheidet, muss sie die Unterscheidung von Wissen und Wahrheit insofern antizipieren, als die Begründungen, die sie für ihre Behauptung anführt, für die Realität dessen, was sie behauptet, sprechen sollen. Hier gibt es verschiedene Möglichkeiten der Begründung. Hegel geht es vor allem darum, dass die Person durch ihre Begründungen auf von ihr allgemein akzeptierte Standards der Verifikation verweist. Diese können folglich bei der faktischen Überprüfung angewandt werden. Die geprüfte Person gibt nicht nur einen Grund für ihre Wissensbehauptung an, sondern behauptet auch, dass dieser Grund sich zur Wissensprüfung eignet, also der wahre Maßstab für Wissensbehauptungen ist. Dies habe ich oben anhand des Beispiels der Kausalerklärungen zu veranschaulichen versucht.

Erstaunlicherweise ist es abermals nicht ganz einfach zu sagen, was genau in der *Phänomenologie* geprüft wird. Man könnte mit Blick auf den Text der Einleitung sagen: Geprüft wird, ob der jeweiligen geprüften Konzeption zufolge Begriff und Gegenstand oder Wissen und Wahrheit übereinstimmen. Dies ist wenig hilfreich, solange man nicht weiß, was „Wissen" und „Wahrheit"

---

[32] Oft wird behauptet, dass geprüft wird, ob die begrifflichen Ressourcen ausreichen, um etwas, das man als Gegenstand annimmt, zu beschreiben. Das trifft zwar das Verfahren von Hegel zum Teil ganz gut, aber die Verbindung zur Frage, was Erkenntnis ist, bleibt damit unklar.

[33] Aus diesem Grund betont Hegel, dass für das Bewusstsein der Unterschied vorhanden ist und auf dieser Unterscheidung die Möglichkeit der Prüfung beruht und nicht auf den inhaltlichen Unterschieden. „Allein gerade darin, daß es überhaupt von einem Gegenstande weiß, ist schon der Unterschied vorhanden, […] auf dieser Unterscheidung beruht die Prüfung" (*GW* 9, 59 f.).

heißen sollen. Folgt man den bisherigen Ausführungen, kann man es aber so explizieren: Die geprüfte Person muss erstens einen Unterschied von Fürwahrhalten und Wahrsein machen können. Dies deshalb, weil es (auf jeden Fall) im Rahmen einer Theorie der Erkenntnis möglich sein muss, dass etwas mit Anspruch auf Wahrheit behauptet wird, das nicht wahr ist.[34] Zweitens muss die Person behaupten können, dass Wissen und Wahrheit übereinstimmen können, denn sonst gäbe es kein wahres Wissen. Es muss weiterhin sichergestellt werden, dass dann, wenn im Sinne der geprüften Position Wissen an dem Maßstab gemessen worden ist, der als der wahre Maßstab gilt, nicht mehr der Fall eintreten kann, dass eine Nichtübereinstimmung von Begriff und Gegenstand auftritt. Es muss, mit anderen Worten, ausgeschlossen werden können, dass eine Behauptung als wahr evaluiert wird und sie dennoch nicht ausdrückt, was der Fall ist. Letztlich geprüft werden soll also tatsächlich der Maßstab für Erkenntnis. Die Frage ist: Was kann als Maßstab für unsere Wissensbehauptungen fungieren, so dass wir sagen können, dass eine als wahr evaluierte Behauptung auch wahr ist?

Diese Frage bringt es allerdings mit sich, dass eine Position durch ein ganzes Set von Annahmen bestimmt ist, die der Prüfung unterzogen werden müssen. Dabei geht es auch um Fragen wie: Wie können wir etwas als einen Gegenstand erkennen? Was ist ein Gegenstand? In welchem Verhältnis stehen wir zur Welt: Haben wir etwa einen unmittelbaren Zugang zur Realität?[35] Alle Annahmen, auch die sehr allgemeinen wie die, dass wir einen unmittelbaren Zugang zur Realität haben, werden nur insofern geprüft, als sie entweder selbst mit Anspruch auf Wahrheit behauptet werden oder als Begründungen von Wissensbehauptungen eine Rolle spielen. Hegel fragt in seinem Projekt in der *Phänomenologie* also nicht, ob wir uns unmittelbar auf die Welt beziehen können. Er fragt, ob wir, wenn wir uns unmittelbar auf die Welt beziehen, etwas erkennen bzw. das als wahr ausweisen können, was wir behaupten.

Der bisherigen Darstellung folgend scheint in der Prüfung Folgendes zu passieren: Wenn die Behauptung aufgestellt wird, dass *p*, soll diejenige Person, die diese Behauptung aufstellt, gefragt werden, wie sie diese Behauptung begründet. Die Begründung wird gezielt daraufhin befragt (oder es wird eine Art der Begründung eingefordert, die darauf befragt werden kann), was die geprüfte Person als Bedingung dafür ansieht, dass etwas wahr ist. Angenommen die Person begründet ihre Behauptung mit der Präsenz des Gegenstands. Durch Nachfragen soll die Person in diesem Fall zur Präzisierung ihrer Auf-

---

[34] Es soll auch der Fall vorkommen können, dass etwas wahr ist, aber nicht mit Anspruch auf Wahrheit behauptet wird. Da das aber weniger strittig ist, lasse ich diesen Fall hier beiseite.
[35] Vgl. zum Beispiel Graeser 1998, 33: „[D]as erkennende Subjekt meint, unmittelbaren Zugang zur Realität zu haben". Vgl. auch Wieland 1973.

fassung des Gegenstands gezwungen werden. Unter Gegenstand ist der Gegenstand, der diese Behauptung wahr machen soll, gemeint, also bei „Dieser Baum existiert" der sinnlich präsente Baum. Die Person präzisiert, inwiefern der Gegenstand etwas ist, das als Maßstab fungieren kann. Sie tut dies unter Rückgriff auf eine allgemeine Annahme, die ihre Position definieren soll. Eine solche allgemeine Annahme ist beispielsweise die, dass Erkenntnis dadurch möglich ist, dass wir einen unmittelbaren Zugang zur Realität haben. Diese allgemeine Annahme gibt vor, was die Person über den Gegenstand, nach dem sie gefragt wird, sagen kann. Bei einer Annahme wie der über den unmittelbaren Zugang wäre das etwa nur die Bestimmung, dass etwas Einzelnes hier und jetzt existiert. Die Person kann aufgrund ihrer allgemeinen Annahme beispielsweise nicht sagen, dass der Gegenstand ein Ding mit Eigenschaften ist, denn dann müsste sie annehmen, dass wir Einzelnes (in irgendeiner Form) vermittelt über seine Eigenschaften erkennen, und dies widerspricht ihrer Annahme des unmittelbaren Zugangs. Soweit die Explikation dessen, welche Annahmen geprüft werden.

Geprüft wird also, ob sich eine Wissensbehauptung unter den Bedingungen als wahr erweist, die die Person angegeben hat, als sie ihren Anspruch auf Wahrheit begründen sollte. Die Person sagt etwa: „Ich weiß, dass es diesen Baum gibt, weil ich ihn direkt vor mir präsent habe." Der erste Teil ist die Behauptung, mit der ein Wissensanspruch aufgestellt wird, der zweite Teil gibt den Maßstab der Begründung. Die Bedingungen, die die Person angegeben hatte, werden von der Person selbst oder (an ihrer Stelle) von uns hierfür so interpretiert, dass sie ein Kriterium an die Hand geben, das von Anwendungsbedingungen (also etwa Zeitpunkt, Person usw.) unabhängig angewandt werden kann. Der Schritt ist insofern legitim, als der Anspruch auf Wahrheit implizieren sollte, dass das, was behauptet wird, unabhängig von der Bezugnahme bzw. vom Akt des Behauptens wahr ist. Das Kriterium, das die Person angibt, kann also unabhängig von den Umständen der Äußerung der Wissensbehauptung angewendet werden. Angenommen, man tut dies und die Prüfung fällt negativ aus – was heißt das? Es zeigt sich, dass das, was die Person als Bedingungen der Wahrheit angegeben hat, nicht von dem unterschieden werden kann, was sie im Modus des Glaubens behaupten kann. Damit zeigt sich, dass die Person den Unterschied zwischen Fürwahrhalten und Wahrsein als prinzipiellen Unterschied nicht aufrechterhalten kann. Daher ist das Ergebnis nicht etwa – wie man vielleicht zunächst erwarten könnte –, dass die geprüfte Wissensbehauptung aufgegeben werden muss, sondern die bisherige Begründung muss spezifiziert oder eine neue Begründung für die

Behauptung gegeben werden. Dies deshalb, weil eine der von allen akzeptierten Bedingungen für Erkenntnis die gewesen ist, dass zwischen Fürwahrhalten und Wahrsein prinzipiell unterschieden werden kann.

Mit Blick auf das im letzten Abschnitt beschriebene Prüfungsszenario könnte man einwenden, dass das Kriterium der Wahrheit nicht so angewendet werden durfte. Man könnte sagen, dass die Wissensbehauptung der Person nicht implizierte, dass das, was behauptet wurde, unter *allen* Umständen wahr ist. Dass die Behauptung sich nicht bestätigen ließ, könnte dann daran gelegen haben, dass Umstände vorlagen, die eine Bestätigung ausschlossen, unter denen eine Bestätigung aber auch nicht eintreten musste. Aber dies kann Hegel zugestehen. Er setzt nicht voraus, dass „unabhängig" heißt „unter allen Umständen". Die geprüfte Person muss jedoch angeben können, wie sich Fürwahrhalten von Wahrsein prinzipiell unterscheidet. Heißt „unabhängig" nicht „unter allen Umständen", dann muss die Person angeben, was sie meint. Der angegebene Grund, im hier diskutierten Fall also der Verweis auf die Präsenz des Gegenstands,[36] war dann als Grund für die Wahrheit der Behauptung nicht spezifisch genug. Damit ist es wieder Aufgabe der geprüften Person zu sagen, warum ihr Anspruch auf Wahrheit zu Recht besteht, und die Prüfung findet erneut statt. Auf diese Weise wird die Prüfung fortgesetzt: Anhand dessen, was als der neue Grund angeführt wird, wird die Wissensbehauptung abermals überprüft. Indem die Person jedes Mal darauf reagiert, dass die Prüfung ein für sie missliches Ergebnis hat, ergibt sich schließlich Folgendes: In dem Fall, in dem die Begründung bzw. das Kriterium schließlich nicht mehr zurückgewiesen werden muss, hat es sich so stark verändert, dass es nicht mehr im Rahmen der allgemeinen Annahme, also der Annahme der Art, dass unser Zugang zur Welt unmittelbar ist, vertretbar ist. Man kann gar nicht mehr von derselben Position sprechen. Vielmehr gilt es nun zu überlegen, wie die Position, die sich bereits formiert hat, genauer aussieht, um dann *sie* einer Prüfung zu unterziehen.

Angesichts der soeben gegebenen Skizze der Prüfungssituation mag man sich wundern, dass die jeweils betrachteten Personen sich so im Unklaren darüber gewesen sein sollen, was die Folgen ihrer anfangs gemachten Behauptungen sind. Dies ist jedoch einerseits dadurch plausibel, dass die Person in der Prüfung tatsächlich auch Dinge erfährt, also nicht alles hätte vorhersehen können. Andererseits ist die Gegenstandsvorstellung, die das Bewusstsein unterhält, zunächst vage, und die Schwierigkeiten kommen erst durch Präzisierungen zustande, die das Bewusstsein vornehmen muss. Auch dies geschieht

---

[36] Hier muss wieder berücksichtigt werden, dass Hegel primär an Gründen interessiert ist, die sich dazu eignen sollen, eine Behauptung als *wahr* auszuweisen (vgl. Kapitel 2 Abschnitt 1.1).

auf Grundlage der Erfahrungen, die das Bewusstsein macht. Während die Person den Anspruch auf Wahrheit zumeist gegenüber anderen Personen vertritt, richten sich ihre Erwartungen nicht nur auf deren Zustimmung. Der Anspruch auf Wahrheit geht vielmehr auch mit Erwartungen einher, die an Gegenstände sowie an die Welt gerichtet sind. Diese sollen sich so erweisen, dass die Wissensbehauptungen und deren Begründungen sich in der erwarteten Weise als wahr bestätigen. Diese Erwartungen werden durch die Erfahrungen enttäuscht und entsprechend korrigiert. Zumindest unter der Bedingung, dass das Bewusstsein seinen Anspruch aufrechterhalten will, etwas zu erkennen,[37] zwingen die Erfahrungen es zum Fortgang in der Prüfung.

3. Erkenntnis bei Kant und Hegel

In den folgenden Abschnitten werde ich skizzieren, wie Hegel die verschiedenen Positionen zur Erkenntnis als Interpretationen der Übereinstimmungsrelation auffasst und wie seine eigene Auffassung von Erkenntnis aussieht. Ich greife in dieser Skizze teils auf Sachen vor, die ich anhand des Textes der *Phänomenologie* in den späteren Kapiteln genauer ausführen werde, teils werden die Ausführungen aber auch thetisch bleiben müssen. Die Skizze soll einen Überblick über die *Phänomenologie* bieten. Vor allem aber soll sie vorstellen, worauf Hegel in seiner Auffassung von Erkenntnis letztlich hinaus will. Dass ich mich neben Hegel auf Kant konzentriere, hat zwei Gründe: (1) Wenn das Projekt der *Phänomenologie* so verstanden werden soll, wie ich bisher behauptet habe, so muss für alle von Hegel als relevant angesehenen Positionen zur Frage, was Erkenntnis ist, die Übereinstimmung von Begriff und Gegenstand eine Rolle spielen. Es ist aber nicht klar, wie sich eine Position wie die von Kant hier tatsächlich unterbringen lässt. Wenn man es schafft zu zeigen, wie Hegel sich dies gedacht hat – und dies werde ich im Folgenden unter anderem versuchen –, dann hat man einen entscheidenden Beitrag dazu geleistet, das Projekt der *Phänomenologie* in dem hier vorgestellten Sinne zu erläutern. (2) Es ist klar, dass die Übereinstimmungsbeziehung auch von Hegels eigenem philosophischen Standpunkt aus in Anspruch genommen werden muss. Es ist aber nicht klar, wie Hegel sie in Anspruch nehmen kann. Es ist naheliegend,

---

[37] Wie ich bereits oben gesagt habe, könnten Personen durchaus so reagieren, dass sie die Bedingungen dafür, dass wir Erkenntnis haben, für zu hoch ansehen. Für Hegel ist klar, so denke ich, dass diese Bedingung (Wissen und Wahrheit unterscheiden zu können usw.) Minimalbedingungen sind. Wer sie aufgibt, würde Wissen zu einem subjektiven Vorstellen degradieren, etwas, das in Hegels Augen schlicht kein Philosoph ernsthaft wollen kann.

dass man hierüber etwas erfährt, wenn man sich damit beschäftigt, wie Kants Inanspruchnahme aufzufassen ist, weil in Hegels Augen Kants Philosophie durch seine eigene in irgendeinem Sinne weitergeführt werden soll. In der Literatur besteht die Tendenz, Hegel so zu verstehen, als würde er Kants Auffassung radikalisieren, dass das Begriffliche als das für Wahrheit Wesentliche angesehen werden müsse.[38] Eine Betrachtung der Interpretation der Übereinstimmung von Begriff und Gegenstand muss auch hierüber Aufschluss geben.

3.1 Kants Kriterium für Wahrheit

Kant wird von Hegel als Vertreter einer Position zu Erkenntnis behandelt, welche die Übereinstimmungsbeziehung von Begriff und Gegenstand realisiert, indem sie den Begriff als das Wahre ansieht. Wie das aussehen soll, werde ich nun skizzieren. Zunächst zum Gegenstand: Den obigen Ausführungen folgend, soll Wissen nicht gleichbedeutend mit Erkenntnis sein, sondern darin bestehen, dass etwas für mich dadurch ist, dass ich mich auf es in einer bestimmten Weise (nämlich wissend) beziehe.[39] Daher habe ich dies als „Fürwahrhalten" oder auch als den von mir abhängigen, subjektiven[40] Aspekt der Erkenntnis bezeichnet. Wahrheit als das, was von meiner Beziehung auf etwas unabhängig sein soll, kann als objektiv bezeichnet werden. Sie ist damit auch der Maßstab, anhand dessen geprüft werden soll, ob Wissen vorliegt. Dies legt folgenden Vorschlag nahe: Bei einer Position, die den Begriff als das Wahre betrachtet und demzufolge den Gegenstand als „Wissen" ansehen muss, ist der Gegenstand als subjektives Moment der Beziehung eine Erscheinung. Was soll das heißen? Der Gegenstand soll hier etwas sein, das einer Person in einer bestimmten Weise erscheint, ohne dass dadurch schon klar ist, dass es so ist, wie es erscheint. Mehr noch: Es ist nicht einmal klar, ob es dasjenige, das erscheint, unabhängig davon gibt, dass es erscheint.[41] Um zu sagen, dass

---

[38] Pippin 1989, 32–41, Longuenesse 2007, 14–38.

[39] Diese Unterscheidung ließe sich auch auf Kants Begrifflichkeit in der Methodenlehre der ersten Kritik beziehen (vgl. A 820/B 848). Kant führt dort drei Stufen des „Führwahrhaltens" an: Meinen, Glauben und Wissen.

[40] Mit „subjektiv" ist hier: „von mir abhängig", aber nicht „privat" gemeint.

[41] Wissen ist genau genommen nicht einfach die Weise, wie etwas erscheint, sondern es ist der Akt, mit dem über eine Erscheinung etwas behauptet wird. Man darf also eigentlich nicht sagen „Hier wird ‚Wissen' mit ‚Gegenstand' gleichgesetzt", sondern man muss sagen „In einer bestimmten Beziehung auf den Gegenstand als Erscheinung (die man „Wissen" nennt) wird etwas über ihn für wahr gehalten". Die Probleme, die man hier sehen kann, indem man zur Bestimmung von etwas immer schon Kategorien braucht, werde ich unten thematisieren.

und wie es ist, bedarf es des Begriffs. Wenn der Gegenstand als Erscheinung aufgefasst wird, was ist dann der Begriff und worin soll die Übereinstimmung von Begriff und Gegenstand bestehen?

Kant lässt in der *Kritik der reinen Vernunft* keinen Zweifel daran aufkommen, dass er Wahrheit als Übereinstimmung von Begriff und Gegenstand auffasst.[42] Für die Möglichkeit von Erkenntnis kommt es darauf an, so Kant, ein Kriterium der Übereinstimmung anzugeben.[43] Mit Blick auf die Frage nach einem Kriterium unterscheidet Kant zwischen Wahrheit der Erkenntnis der Materie bzw. dem Inhalt und der Form nach.[44] Dem Inhalt nach, so Kant, kann kein allgemeines Kriterium angegeben werden, sondern nur der Form nach. Ein allgemeines Kriterium der Form ist aber für Wahrheit nicht hinreichend.[45] Daher bedarf es einer Logik, die nicht vom Inhalt absieht. Dies soll die transzendentale Logik sein. Die transzendentale Logik gibt Bedingungen an, ohne welche Gegenstände der Erfahrung nicht möglich wären. So gibt sie die Bedingungen der Übereinstimmung von Erkenntnis mit dem Gegenstand und daher Bedingungen für Wahrheit an, die gleichwohl nicht empirisch sind. Die transzendentale Wahrheit geht, so Kant, der empirischen Wahrheit vorher und macht sie möglich.[46] Durch die Theorie der transzendentalen Wahrheit wird damit, so Kant, der Rede von der Übereinstimmung von Begriff und Gegenstand eine neue Bedeutung gegeben. Daher kann man Kants erkenntnistheoretischen Vorschlag in der *Kritik der reinen Vernunft* also tatsächlich so interpretieren, dass Erkenntnis die Übereinstimmung von Begriff und Gegenstand sein soll: Der Begriff oder das Wahre sind die formalen und transzendentalen Bedingungen für Erkenntnis. Es wird geprüft, ob der Gegenstand mit dem Begriff übereinstimmt, nicht umgekehrt, und somit wird der Gegenstand als dasjenige aufgefasst, was den subjektiven Aspekt der Beziehung, also, wie Hegel sagt, „das Sein für anderes" bildet.[47]

---

[42] Kant sagt etwa, dass die Kategorien „zur Wahrheit, d.i. zur Übereinstimmung unserer Begriffe mit dem Objekte führen" (*KrV* A 643/B 670). An den meisten Stellen redet Kant von Wahrheit als Übereinstimmung von Erkenntnis mit dem Objekt (vgl. etwa A 58/B 82; A 191/B 236). Unter „Erkenntnis" kann man hier „Erkenntnisurteil" verstehen. Wenn Kant nach dem Kriterium für die Übereinstimmung fragt, fragt er, wie Hegel, nach der Möglichkeit von Erkenntnis.

[43] Zum Folgenden vgl. v.a. *KrV* A 58/B 82 ff.

[44] Vgl. *KrV* A 58/B 82; A 191/B 236.

[45] *KrV* A 293/B 350 „In der Übereinstimmung mit den Gesetzen des Verstandes besteht aber das Formale aller Wahrheit".

[46] *KrV* A 146/B 185.

[47] Der Gegenstand ist dasjenige, was in einer Beziehung zum Subjekt steht. Dies wird besonders deutlich, wenn Hegel sagt: „[D]as auf das Wissen Bezogene [der Gegenstand!] wird ebenso von ihm unterschieden, und gesetzt als seiend auch außer dieser Beziehung" (*GW* 9, 58).

II. Hegels Begriff der Erkenntnis

Genauer gesehen muss man hier allerdings Folgendes bemerken: Selbst dann, wenn ein Urteil mit den formalen und den transzendentalen Bedingungen für Erkenntnis übereinstimmt, ist auch im Rahmen der Kantischen Philosophie noch nicht ausgemacht, ob ein Urteil wahr ist. Als weiteres Kriterium muss mindestens noch hinzukommen, dass das Urteil mit bereits bestätigten Urteilen und mit dem System von empirischen Gesetzen übereinstimmt.[48] Das bedeutet, für die Frage, was Übereinstimmung heißt, ist nicht (allein) der Unterschied von formalen und transzendentalen Prinzipien ausschlaggebend, sondern (auch) der zwischen transzendentalen und empirischen Prinzipien. Man könnte etwa sagen: Ein Urteil hat einen Wahrheitswert, wenn es sich auf einen kategorial bestimmten Gegenstand bezieht, es ist wahr, wenn es in ein System aller empirischen Gesetze und Urteile integriert werden kann. Jedes Urteil, das wir über Gegenstände machen, muss daher auch, wenn es einen Wahrheitswert haben soll, mit den (schematisierten) Kategorien bzw. mit den Grundsätzen als Gesetzen des Verstandes übereinstimmen und – als wahres Urteil – mit dem System aller empirischen Gesetze und Urteile. Man kann hier also zwei Bedeutungen von Übereinstimmung unterscheiden: Es gibt eine Übereinstimmung zwischen Kategorien und Material und eine zwischen Urteil und System aller (empirischen) Gesetze und Urteile.

Zwischen diesen beiden Übereinstimmungsrelationen besteht ein Abhängigkeitsverhältnis: Wenn man sagt, dass man etwas weiß, weil man Einsicht in den kausalen Zusammenhang seiner (empirischen) Verursachung oder Ent-

---

[48] Was genau die Kriterien für Wahrheit bei Kant sind, ist nicht eindeutig. Wenn ich hier und zukünftig vom System empirischer Gesetze und Urteile rede, so wäre dies in verschiedenen Hinsichten noch genauer auszuführen. Die Übereinstimmung mit den empirischen Gesetzen als ein Kriterium für Wahrheit bedeutet, dass Urteile und Gesetze daraufhin geprüft werden müssen, ob sie in Übereinstimmung mit dem naturwissenschaftlichen System der Gesetze stehen, welches durch die *Metaphysischen Anfangsgründe der Naturwissenschaft* von 1786 (AA 4, 385–464, künftig: *Metaphysische Anfangsgründe*) begründet wurde. Dieses Kriterium ist notwendig für Wahrheit. Es ist aber nicht (zumindest nicht in allen Fällen) hinreichend. Kant stellt außerdem noch das Kriterium auf, dass man seine Urteile daraufhin prüft, ob sie mit den Urteilen Anderer übereinstimmen. Diese Überlegungen finden sich in der Methodenlehre der *Kritik der reinen Vernunft* (B 848 f), in der *Kritik der Urteilskraft* im Zusammenhang mit den Ausführungen zum Gemeinsinn (§ 40) sowie in der *Anthropologie* (AA 7, 128 f; vgl. ferner AA 8, 144). Weiterhin kennt Kant auch die Überprüfung wissenschaftlicher Aussagen anhand von Beobachtungen und Experimenten. In meinen Augen hat Kant (zumindest seiner Absicht nach) sowohl das Kriterium der Übereinstimmung mit empirischen Gesetzen als auch das intersubjektive Kriterium als durch das transzendentale Kriterium der Übereinstimmung mit den Gesetzen des Verstandes begründet angesehen. Wer das Kriterium der Übereinstimmung der Gesetze des Verstandes zur Anwendung bringt, der kann dies angesichts empirischer Urteile nur so tun, dass er die beiden genannten „empirischen Kriterien" anwendet. Trotz dieses Vorschlags kann man an der These festhalten, dass die Übereinstimmung mit den transzendentalen Prinzipien nur eine notwendige Bedingung für Wahrheit ist, weil etwa auch falsche empirische Kausalgesetze eine formale Übereinstimmung mit den Kategorien aufweisen (vgl. Emundts 2011).

stehung hat, so muss, damit dieses Urteil wahr ist, eine Übereinstimmung der Wissensbehauptung mit dem System aller (auch der empirischen) Gesetze bestehen – der behauptete empirische kausale Zusammenhang muss sich in das System aller Gesetze integrieren lassen. Ein wahres Urteil stimmt mit dem System aller Gesetze überein. Eine Voraussetzung dafür, dass dies ein Kriterium für die Wahrheit des Urteils ist, ist aber, dass alles, worauf man sich als Gegenstand beziehen kann, mit den Kategorien bzw. mit den Gesetzen des Verstandes übereinstimmt. Denn durch die Gesetze des Verstandes werden die Standards der Beurteilung festgelegt und ausgeschlossen, dass eine mögliche andere Auffassung von Gegenständlichkeit andere Urteile wahr machen würde.[49] Es wird bei Kant durch die Grundsätze beispielsweise ausgeschlossen, dass etwas ein wahres Urteil sein könnte, das die Zeitbedingungen der Folge und des Zugleichseins nicht beachtet. Auf diese Weise erhalten wir die Bedingungen dafür, wann unsere Urteile sich auf dasselbe oder auf verschiedene Objekte beziehen, und dies ist eine Bedingung, die erfüllt sein muss, damit wir die Übereinstimmung des Urteils mit dem System aller Gesetze als Kriterium für die Wahrheit unserer Urteile überhaupt sinnvoll zur Anwendung bringen können. Eine Voraussetzung dafür, dass ein Urteil als wahr gelten kann, wenn es mit dem System der empirischen Gesetzen übereinstimmt, ist also, dass Gegenstände, auf die wir uns urteilend beziehen, kategorial bestimmtes Material sind. Die Übereinstimmung der Gegenstände als Erscheinungen mit den Kategorien ist eine Bedingung dafür, dass die Übereinstimmung mit einem System empirischer Gesetze ein Kriterium für die Wahrheit oder Falschheit einer Aussage abgibt. Bei dem hier skizzierte Verhältnis der Kategorien und dem System empirischer Gesetze gilt also, dass die erkenntnistheoretischen Überlegungen ontologische Implikationen haben. Denn nur, wenn Kant behaupten kann, dass Gegenstände als Erscheinungen tatsächlich nichts anderes sind als durch die Grundsätze bestimmte Gegenstände, kann er als Kriterium für die Wahrheit von Wissensbehauptungen deren Übereinstimmung mit dem System der Gesetze annehmen. Etwas zu erkennen, bedeutet nicht nur, dass wir uns auf eine Methode der Evaluation geeinigt haben oder dass wir ein Verfahren der Begründung für angemessen halten. Es bedeutet, dass wir Kriterien angeben, von denen wir erkennen können, dass sie dem entsprechen, wie die Welt tatsächlich ist.

Folgt man den hier angestellten Überlegungen, finden sich bei Kant also (mindestens) zwei Bedeutungen von Übereinstimmung. Übereinstimmung meint einerseits, dass sich das Urteil in das System von Gesetzen integrieren lässt. Wahrheit, so scheint es, kommt hier nur Urteilen zu. Diese Über-

---

[49] Die formalen logischen Prinzipien schließen beispielsweise auch widersprüchliche Aussagen aus.

einstimmung des Urteils mit dem System von Gesetzen soll aber nur unter der Voraussetzung als Kriterium für Wahrheit gelten, dass man auch sagen kann, dass die Wirklichkeit nichts anderes ist als ein durchgehender Zusammenhang von Kausalgesetzen. Dass die Wirklichkeit nichts anderes ist als ein durchgehender Kausalzusammenhang, wird auch als eine Übereinstimmungsbeziehung aufgefasst: Übereinstimmen müssen im Rahmen der Kantischen Position das Material der Sinnlichkeit und die Kategorien bzw. Gesetze des Verstandes. Das Produkt dieser Übereinstimmung ist die Wirklichkeit als ein durchgehender Kausalzusammenhang (usw.). Bei der Übereinstimmung mit Blick auf das Verhältnis von Wissensbehauptung und System aller Gesetze ist ein Vergleich beider Relata und sowohl eine Übereinstimmung als auch eine Nichtübereinstimmung möglich. Es muss aber auch eine Übereinstimmung von Gegenstand bzw. Material der Anschauung und Kategorien bzw. Gesetzen des Verstandes geben. Diese Übereinstimmung bedeutet, dass die Welt ein Gesetzeszusammenhang ist. Wann immer ein Gegenstand vorkommt, ist er kategorial bestimmt. Hier soll Übereinstimmung daher Identität in dem Sinne meinen, dass eine Nichtübereinstimmung gar nicht möglich ist. Für Kant ist nicht unmittelbar das Seiende Gegenstand, sondern dieses als durch den Verstand Bestimmtes. Das heißt, man kann Kant die These einer Übereinstimmung von Kategorien und Gegenstand unterstellen, ohne ihm die These zu unterstellen, dass es einen Gegenstand ohne Kategorien gibt.

Hier stellt sich vielleicht die Frage, warum die Wirklichkeit als kategorial bestimmtes Material als Produkt einer *Übereinstimmung* aufgefasst wird. Dafür spricht vor allem, dass wir Kategorien und Material der Anschauung philosophisch unterscheiden können, selbst wenn in Wirklichkeit immer ihre Identität vorliegt. Zur Veranschaulichung einer solchen Übereinstimmung kann man an eine Form und eine geformte Materie denken: Ihre Form ist identisch, in dieser Hinsicht stimmen sie überein. Dass sie übereinstimmen, liegt daran, dass die Form der Materie ihre Form gegeben hat.

Die Weise, wie Kant meinen Überlegungen zufolge die Übereinstimmungsbeziehung von Begriff und Gegenstand realisiert, hat Hegel nirgendwo in dieser Weise ausgeführt. Sie ergibt sich aber aus der *Phänomenologie* auf folgende Weise: Erstens wird in der Einleitung die Übereinstimmungsrelation von Begriff und Gegenstand als verbindlich für alle Positionen herausgestellt, zweitens ergibt sich in den ersten Kapiteln der *Phänomenologie*, dass als Maßstab für Wissen etwas Allgemeines oder Begriffliches angenommen werden muss, und die Ausführung dieser Position entspricht der Auseinandersetzung mit Kant im Kapitel *Kraft und Verstand*. Drittens will Hegel im Kapitel *Kraft und*

Verstand (so jedenfalls meine Deutung im vierten Kapitel) zeigen, dass Kants Auffassung der transzendentallogischen Prinzipien zu einem System von empirischen Gesetzen führt, das sich als Kriterium für Wahrheit nicht eignet.

3.2 Kants Einsichten

In Hegels Augen ist eines der Ergebnisse der Kantischen Philosophie, das es zu bewahren gilt, dass die Gegenstände, auf die wir uns erkennend beziehen, durch die Kategorien, d.h. durch logische Prinzipien bestimmt sind. Da die logischen Prinzipien etwas Allgemeines sind, kann man auch sagen, dass die erkannten Gegenstände durch etwas Allgemeines bestimmt sind.

Diese Konzeption soll einen entscheidenden Vorteil gegenüber solchen Konzeptionen haben, die den seienden Gegenstand unmittelbar als Maßstab für Wahrheit auffassen. Folgt man der *Phänomenologie*, ergibt sich Kants Auffassung vom Gegenstand deshalb als Folge aus dem Scheitern anderer Vorschläge zur Erkenntnis, weil es den anderen Vorschlägen jeweils an Möglichkeiten fehlte, das, was sie als wahr behaupten, auch als etwas ausweisen zu können, das unabhängig von der Bezugnahme auf es so ist, wie sie behaupten. Dass wir dasjenige, das wir behaupten, als etwas rechtfertigen können, das unabhängig von unserem Fürwahrhalten wahr ist, ist nach Hegel eine Bedingung dafür, dass wir überhaupt von Erkenntnis sprechen können. Etwas zu erkennen heißt zu beanspruchen, dass es unabhängig so ist, wie behauptet. Dass wir uns auf etwas Unabhängiges beziehen können, ist unter anderem deshalb erforderlich, weil nur so eine Überprüfbarkeit von Behauptungen über bestimmte Gegenstände möglich ist. Zur Überprüfung müssen wir uns urteilend zu verschiedenen Zeiten und aus verschiedenen Perspektiven auf denselben Gegenstand beziehen können. Was eine Person behauptet, muss nicht nur unabhängig von ihr der Fall sein, sondern sie muss auch angeben können, worin diese Unabhängigkeit besteht. Hieran scheitern die Positionen, die den sinnlichen Gegenstand als Maßstab für Wahrheit annehmen. Sofern wir uns auf einen Gegenstand nur sinnlich beziehen, fehlt es uns an Mitteln, den Gegenstand als etwas zu behandeln, das eine identische Entität über die Zeit hinweg bildet. Die Behauptungen über den Gegenstand können nur durch subjektive Bezüge auf den Gegenstand bestätigt werden. Dass derjenige, der etwas zu erkennen behauptet, begründen kann, dass seine Behauptung wahr ist, scheint erstmals bei Kant möglich und zwar dadurch, dass dasjenige, was über den Gegenstand behauptet wird, nicht davon abhängig ist, wie man situativ auf den Gegenstand bezogen ist. Man kann sich dies an dem oben schon einmal angeführten Beispiel der Erwärmung eines Steines verdeutlichen. Wenn man etwas über die Temperatur des Steines zu wissen behauptet, so begründet man das nach Kant dadurch, dass man Kausalverhältnisse angibt. Diese Kausalverhältnisse sind kategorial fundierte Bestimmungen und haben – anders als Wahrnehmungen – nichts damit zu tun, wie der einzelne Mensch sich in seinem Wissenserwerb auf seinen Gegenstand bezieht. Durch die kategorialen Bestimmungen ist es also möglich, in einer Weise über den Gegenstand zu urteilen, die von jeder besonderen Subjektperspektive absieht.[50]

Bei der bisherigen Darstellung von Kants Einsichten habe ich mich auf die Rolle des Begrifflichen konzentriert. Man sollte jedoch nicht vergessen, dass Kant in seiner Philosophie einen für Erkenntnis notwendigen Bezug auf Seiendes ausdrücklich in Anspruch nimmt. Hegel unterstellt Kant damit zu Recht die These, dass wir uns in Erkenntnis nicht auf rein logische Konstruktionen beziehen können, sondern dass wir uns auf etwas Seiendes beziehen müssen. Das Material der Anschauung ist nicht die Welt, sondern die Welt ist das Produkt der Übereinstimmung von Kategorien und Material. Die Welt als Produkt ist zwar nicht bloß sinnlich, aber sie ist dennoch zweifellos etwas Seiendes. Daher kann Erkenntnis nicht etwas rein Begriffliches sein.[51] Es gilt nicht, dass das Urteil wahr ist, wenn es etwas Wahres ausdrückt, sondern: Das Urteil ist wahr, wenn es in Übereinstimmung mit dem Seienden oder dem Gegenstand ist, aber dieser muss so bestimmt werden, dass er selbst etwas Begriffliches ist.

Wenn meine oben ausgeführte Einschätzung stimmt, dass Hegel die Übereinstimmung von Begriff und Gegenstand als konstitutiv für Erkenntnis ansieht, so kann Hegel Kant nicht zum Vorwurf machen, dass dieser Bezug auf Seiendes bestehen soll. Bevor ich im nächsten Abschnitt herausarbeite, was Hegel kritisiert, möchte ich hier auch mit Blick auf den Bezug auf Seiendes etwas hervorheben, das Hegel als eine Einsicht Kants festhalten will, also als etwas ansieht, mit dem in der Kantischen Position Probleme anderer Konzeptionen von Erkenntnis überwunden werden: Nach Kant beziehen wir uns erkennend nicht einfach auf einen einzelnen Gegenstand, sondern immer auch auf seine Relationen zu anderen. Schon daher muss der auf Erkenntnis gerichtete Bezug auf Gegenstände urteilend stattfinden, indem wir Gegenständen Merkmale zuschreiben, die sie mit anderen teilen. Dass wir uns erkennend auf Seiendes beziehen, das nicht einfach mit einem einzelnen Gegenstand identifiziert werden kann, sondern auf Gegenstände in einer durchgehenden Gemeinschaft (welche ein Resultat der Kategorien darstellt), ist deshalb not-

---

[50] Es gilt, dass etwas wahr ist, wenn es im Objekt – also nicht nur im Subjekt – verbunden ist. Vgl. etwa *KrV* B 142, wo Kant „Vorstellungen, worin bloß subjektive Gültigkeit wäre," von denen unterscheidet, die „im Objekt, d.i. ohne Unterschied des Zustandes des Subjekts, verbunden" sind. Dies ist nur durch die Kategorien möglich.
[51] Zur Rolle der Mathematik vgl. Kapitel II, Fn. 2 und 27.

wendig, weil wir nur so – also durch eine Bestimmung der Bezüge des Gegenstands zu Anderem – die Unabhängigkeit unserer Behauptungen über den Gegenstand gewährleisten können. Man kann die Kapitel der *Phänomenologie* bis zum Kapitel *Kraft und Verstand* als die Entwicklung der These ansehen, dass wir Gegenstände nur erkennen können, wenn wir sie durch ihre Relationen zu anderen bestimmen. Dies schließt nicht aus, dass man sich auf einen einzelnen Gegenstand in der Welt richtet mit dem Anspruch, ihn zu erkennen. Daneben besteht aber bei Kant (auch nach Hegels Meinung) die Möglichkeit, dass der einzelne Gegenstand eines Urteils nicht mehr etwas direkt zugängliches Seiendes ist. Wir können auch über etwas urteilen, das Kant als „real möglich" bezeichnen würde, nämlich etwas, das in gesetzmäßigen Beziehungen zu Seiendem steht, welche es erlauben, von ihm als Gegenstand möglicher Erfahrung und insofern als Seiendem zu sprechen.[52] Auch hier bleibt also der Bezug auf Seiendes bewahrt. Dass für Erkenntnis eine Bezugnahme auf Seiendes erforderlich ist, in der das Seiende begrifflich mit anderem Seienden vermittelt wird, gehört in Hegels Augen zu den Einsichten Kants.

Wie man hier sieht, ist Kant den früher in der *Phänomenologie* behandelten Positionen letztlich deshalb überlegen, weil er eine andere Auffassung vom Gegenstand der Erkenntnis hat. Diese lässt sich so zusammenfassen: Ein Gegenstand ist etwas, das kategorial als ein Gegenstand bestimmt ist. Auf diese Weise zeichnen sich Gegenstände erstens durch Einheit und Identität aus. Einheit und (qualitative) Identität von Gegenständen sind durch die kategorialen Bestimmungen möglich, denn durch diese können beispielsweise verschiedene Teile eines Gegenstandes in ihrer Einheit begriffen oder in der Zeit wechselnde Zustände als Veränderungen desselben Gegenstands aufgefasst werden. Gegenstände sind konstante und über die Zeit beharrliche Entitäten.[53] Dass Einheit und Identität dem Gegenstand zukommen, über den wir etwas wissen wollen, ist, wie ausgeführt, schon deshalb erforderlich, weil unsere Wissensansprüche überprüfbar sein müssen, wie Hegel schon durch die Exposition der Grundstruktur von Erkenntnis in der Einleitung der *Phänomenologie* festlegt.

---

[52] Dass Kant die objektive Gültigkeit mit der realen Möglichkeit identifiziert, erklärt sich meines Erachtens auf folgende Weise: Ein Begriff ist objektiv gültig, wenn er sich entweder auf etwas Wirkliches bezieht oder auf etwas, das mit etwas, das wirklich ist, in gesetzmäßigen Zusammenhängen steht oder stehen könnte (real möglich ist). Der Erscheinungsbegriff ist nicht ein rein technischer Begriff dafür, dass etwas dem Urteil als Wahrheitsträger entsprechen muss, sondern Erscheinungen sind immer auch etwas Materielles oder mit etwas Materiellem verknüpft.
[53] Henrich (1976, 18) bezeichnet Objekte entsprechend als „konstante Einzelne", die auf verschiedene Weise gegeben sein können.

Mit der Anforderung der möglichen Überprüfbarkeit ist noch ein zweites Charakteristikum des Gegenstands verbunden: Überprüfbarkeit setzt eine Unabhängigkeit dessen, was das Subjekt behauptet, von den Zuständen des Subjekts voraus. Wenn etwas *im Objekt* vereinigt ist, kann das entsprechende Urteil auch dann wahr sein, wenn das Subjekt diese Wahrheit nicht erfasst. Dem Objekt muss also eine gewisse Unabhängigkeit und Selbständigkeit zukommen. Auch dies soll, folgt man den bisherigen Überlegungen zu Kant, durch die kategorialen Bestimmungen möglich sein, da diese es unter anderem erlauben, in einer Weise über den Gegenstand zu urteilen, die von jeder besonderen Subjektperspektive absieht. Man denke etwa an das oben diskutierte Beispiel des Urteils, dass die Sonne den Stein erwärmt, im Unterschied zu der Einschätzung, dass der Stein warm ist.

Den genannten Charakteristika ist drittens noch Folgendes hinzufügen: Gegenstände sind etwas, von dem man Erfahrungen machen kann. Bei Kant findet sich der Gedanke der Erfahrbarkeit von Gegenständen wohl am deutlichsten in seiner These, dass Erkenntnis auf mögliche Gegenstände der Erfahrung beschränkt ist. Diese These entspricht der von Hegel für Erkenntnis formulierten Anforderung, dass man sich immer auf einen Gegenstand als Seiendes beziehen können muss. Wenngleich Hegel Kants Gegenstandsauffassung nicht einfach übernehmen wird, folgt er ihm doch darin, dass Gegenstände durch ihre logische oder begriffliche Strukturiertheit erfahrbare, selbständige, über die Zeit hinweg identische Entitäten sind, auf die wir uns aufgrund unserer Begriffe auch als solche beziehen können.

Hegel will in den ersten zwei Kapiteln der *Phänomenologie* die Übereinstimmungsrelation, die Erkenntnis sein soll, so entwickeln, dass daraus die Kantische Lesart (oder das, was Hegel als die Kantische Lesart ansieht) resultiert. Es zeigt sich, so Hegel, dass wir für Wissen nur dann einen Maßstab haben, wenn der Gegenstand durch etwas Allgemeines oder durch Begriffe bestimmt ist. Aber worauf will Hegel im Unterschied zu Kant hinaus? Welche Probleme sieht Hegel in der Kantischen Konzeption?

3.3 Probleme bei Kant

Der Kantischen Position zufolge ist der seiende Gegenstand, insofern wir uns erkennend auf ihn beziehen, schon kategorial bestimmt. Oben habe ich gesagt, dass für Hegel Gegenstand Seiendes meint und dass der Bezug auf einen Gegenstand als Seiendes konstitutiv für Erkenntnis ist. Wenn der wissende Bezug auf einen Gegenstand für Kant den Bezug auf Begriffe schon voraussetzt und Begriffe für Kant das Objektive sind, so muss Kant sagen, dass ein Gegenstand etwas ist, das seiend ist *und* das immer auch begrifflich bestimmt ist. Hierin liegt zunächst noch kein Problem. Hegel hat in der Einleitung zur *Phänomenologie* offen gelassen, wie man für Erkenntnis die Übereinstimmungsbeziehung genauer ausführt. Man könnte an dieser Stelle einwenden: Wenn für Kant ein Gegenstand immer schon Produkt einer kategorialen Bestimmung ist, dann ist die Rede von einer Übereinstimmung zwischen Gegenstand und Kategorie, die ich bei der Darstellung Kants in Anspruch genommen habe, unsinnig. Dieser Einwand übersieht aber, dass ich die Übereinstimmung von Kategorie und Material der Bestimmung so charakterisiert habe, in der Nichtübereinstimmung nicht möglich ist.

Bei genauerer Betrachtung von Kants Auffassung der Übereinstimmungsrelation ergibt sich allerdings ein Problem: Wenn die Kategorien der Maßstab für Wahrheit – beziehungsweise für Objektivität, wie man bei Kant auch sagen kann – sind, dann können die Kategorien nicht für jeden Gegenstandsbezug konstitutiv sein. Denn der Maßstab für Wahrheit soll von anderen Weisen der Bezugnahme auf Gegenstände unterschieden werden können. Kant müsste also, wenn er die Kategorien als Maßstab für Wahrheit annimmt, einen nicht-kategorialen Gegenstandsbezug einräumen. Dies scheint aber im Rahmen von Kants Philosophie nicht vorgesehen. In Hegels schon erläuterter Terminologie ausgedrückt, lautet das Problem: In Kants Modell sind Fürwahrhalten („Wissen") und Wahrheit letztlich nicht unterscheidbar. Damit verfehlt Kant eine der Bedingungen, die für eine Theorie der Erkenntnis konstitutiv sein sollen.[54] Dass Kant Fürwahrhalten und Wahrheit nicht hinreichend unterscheiden kann, lässt sich folgendermaßen deutlich machen: Wenn wir mittels Kategorien Objektbezug herstellen, hat das entsprechende Urteil objektive Gültigkeit, und nur dann kann das Urteil wahr sein.[55] Das Urteil hat durch Objektbezug zunächst allerdings nur einen Wahrheitswert, ohne dass klar ist, ob es wahr oder falsch ist. Es ist durch Kategorienbezug noch nicht gesichert, dass das Urteil auch wahr ist. Denn ein Urteil könnte mit den Kategorien übereinstimmen, aber empirisch falsch sein. Wenn man aber nun wie Kant sagt, dass Objektivität heißt, dass etwas *im Objekt* (nicht nur im Subjekt) verbunden ist,[56] fällt Objektivität mit Wahrheit zusammen und bedeutet nicht nur, dass ein Urteil einen Wahrheitswert hat. Denn dass etwas im Objekt verbunden ist, heißt, dass es unabhängig der Fall, d.h. wahr ist.

---

[54] Man könnte das so formulieren, dass Wissen unabhängig von Wahrheit gar nicht mehr möglich ist, weil dasjenige, was Wahrheit garantieren soll, schon in der Bezugnahme vorausgesetzt wird. Eine andere Position könnte behaupten, dass Wahrheit immer unmittelbar mit der epistemischen Bezugnahme (Wissen) gegeben ist. Auch in diesem Fall wird der Unterschied zwischen Wissen und Wahrheit tendenziell dementiert. Dies ist die Position, die Hegel als *sinnliche Gewißheit* bezeichnet.
[55] Etwa *KrV* A 788/B 816.
[56] Vgl. *KrV* B 142.

Wenn ein Urteil falsch ist, würde man nicht sagen, dass dasjenige, das man im Urteil verbunden hat, tatsächlich im Objekt verbunden ist. Also sind bei Kant Kategorien nicht nur (notwendige und hinreichende) Bedingung für jede Art von Objektbezug, sondern auch (notwendige und hinreichende) Bedingung dafür, dass ein Urteil wahr ist. Es fallen damit epistemische Bezugnahme und Maßstab für richtige epistemische Bezugnahme zusammen.

Das Kant hier attestierte Problem ergibt sich aus der Perspektive Hegels. Denn Hegel behandelt Kant als jemanden, der bei der Übereinstimmungsrelation die Kategorien (oder die aus ihnen resultierenden transzendentalen Grundsätze) als den Maßstab für Wahrheit annimmt. Es könnte daher der Verdacht entstehen, dass Hegel dieses Problem von außen an Kant heranträgt und sein Programm einer immanenten Kritik scheitert. Inwiefern ist dieses Problem für Kant wirklich ein Problem? Diese Frage ist nicht leicht zu beantworten. Wie ich oben argumentiert habe, legt es Kants Text tatsächlich nahe, die transzendentalen Prinzipien als Kriterium für Wahrheit aufzufassen. Insofern müsste das genannte Problem auch im Rahmen der Kantischen Philosophie ein Problem sein. Allerdings ist erstens nicht klar, ob die Darstellung der Philosophie Kants, die ich gegeben habe, nicht zu diesem Problem beiträgt und ob nicht insofern eine andere Interpretation von Kants Texten vorzuziehen wäre. Zweitens ist nicht klar, ob Kant als Maßstab für Wahrheit wirklich die Kategorien angeben würde.

Genauer betrachtet entstehen diese beiden Unklarheiten mit Blick auf Hegels Programm dadurch, dass es bei Kant Unklarheiten bei der Bestimmung der Ordnungsleistungen von Kategorien gibt. Zwei dieser Unklarheiten will ich hier nennen: (1) Erstens ist bei Kant gar nicht ganz klar, welche Leistung die Kategorien übernehmen: Sind sie schon für jede Art des Synthetisierens von Mannigfaltigem zu einer Einheit verantwortlich, so dass es keine Anschauung oder Wahrnehmung von etwas als einer Einheit in Raum und Zeit gibt, ohne dass die Kategorien im Spiel sind? – Dies habe ich in meiner bisherigen Darstellung behauptet. Demgegenüber könnte man aber auch sagen, dass die Kategorien die Regeln sind, die objektive Urteile über Wahrnehmungsgegenstände ermöglichen, wobei Wahrnehmungsgegenstände schon Gegenstände sind, auf die wir uns (subjektiv) als Gegenstände beziehen können. Kants Konzeption ist in diesem Punkt genauer betrachtet unklar. Die Unterscheidung von „Wahrnehmungs- und Erfahrungsurteilen" in den *Prolegomena* legt zum Beispiel nahe, dass man ohne Kategorien Gegenstände als einheitlich wahrnehmen, nur nicht objektiv über sie urteilen kann. Anders sieht das unter der These der zweiten Auflage der *Kritik der reinen Vernunft* aus, der zufolge Gegenstandsbezug nur durch Kategorien möglich sein soll (B 161).

Dass bei Kant hier eine Unklarheit vorliegt, sieht man unter anderem daran, dass die Diskussion darüber, ob es bei Kant einen kategorial unbestimmten oder auch „subjektiven" Gegenstand gibt, seit dem Erscheinen der *Kritik der reinen Vernunft* bis heute nicht abgebrochen ist. Interessant ist dabei, dass sowohl die Annahme, dass es Gegenstände gibt, die nicht kategorial verfasst sind, nicht ohne weiteres überzeugend ist als auch die, dass es keine kategorial unbestimmten Gegenstände gibt. Erstere birgt das Problem, dass Kategorien schon die Bedingung für räumliche Einheiten sein sollen – was soll dann ein subjektiver Gegenstand überhaupt noch sein können? Dies ist einer der Gründe dafür, dass ich diese alternative Lesart von Kant für nicht attraktiv halte. Die zweite Annahme birgt das Problem, dass der Gegenstandsbegriff, wenn er vollständig kategorial bestimmt ist, ein sehr anspruchsvoller Begriff eines Gegenstands ist. Er ist viel zu anspruchsvoll für einen Gegenstand, den wir einfach über die Zeit hinweg als denselben wahrnehmen oder auf den wir uns als eine sinnliche Einheit ohne epistemischen Anspruch beziehen.[57] Es scheint hier nahe liegend, dass man verschiedene Kategorienarten so unterscheidet, dass sie teils für die einheitliche Wahrnehmung oder Erscheinung, teils für die Bestimmung der Relation zu anderen Gegenständen zuständig sind, die ein Urteil über sie objektiv machen. Dies würde das Problem des Maßstabs lösen, wenn man als Maßstab für Wahrheit nicht den Kategorienbezug überhaupt, sondern nur einen bestimmten oder den vollständigen Kategorienbezug gelten lässt. Diese Option ist bei Kant nicht angelegt, oder jedenfalls nicht ausgeführt.[58] Hegel greift sie in seiner Konzeption der Erkenntnis auf.

(2) Die zweite zu nennende Unklarheit bei Kant kann man in der Frage zusammenfassen: Worin besteht die Priorität der transzendentalen Prinzipien, die Kant, wie ich oben dargelegt habe, behaupten will? Dass jemand über etwas objektiv urteilt, also beispielsweise urteilt, dass die Sonne den Stein erwärmt, ist nämlich faktisch überhaupt nur möglich, wenn das Urteil schon durch andere empirische Urteile angeleitet wird. Die Person muss empirische

---

[57] Zwischen einem subjektiven und einem objektiven Gegenstand unterscheidet beispielsweise Prauss 1971; zur Kritik vgl. Baum und Horstmann 1978. Kant-Interpreten, welche die These vertreten, dass Gegenstände der Wahrnehmung nicht kategorial bestimmt sein müssen (zum Beispiel Hannah 2005), könnten auch von einem subjektiven Gegenstand reden, der mit den Kategorien verglichen oder unter die Kategorien gebracht werden kann. Demgegenüber stehen auch in der gegenwärtigen Debatte Interpreten, die Kant entweder unterstellen, dass wir uns nur begrifflich und urteilend auf Gegenstände beziehen können oder solche, die versuchen, auf die entstehenden Probleme zu reagieren, indem sie annehmen, dass Kant eine begriffliche Bezugnahme auf Gegenstände zulässt, in denen die begriffliche (oder begriffsgemäße) Funktion der Ordnung von Mannigfaltigkeit dem Subjekt als solche nicht bewusst sein muss (zum Beispiel Longuenesse 1998; Grüne 2009).

[58] Prauss (1971, 308) argumentiert allerdings dafür, dass auch bei Kant erst durch die Relationskategorien die Erscheinungen einen objektiven Charakter bekommen.

Fakten über Körper und Temperatur wissen. Das heißt aber: Um den Gegenstand kategorial zu bestimmen, muss das System der empirischen Gesetze und Urteile schon in Anspruch genommen werden. Wir bestimmen nicht erst etwas kategorial und beziehen uns dann urteilend auf diesen Gegenstand, um dieses Urteil daraufhin zu prüfen, ob es mit dem System der Gesetze übereinstimmt. Vielmehr bestimmen wir einen Gegenstand kategorial durch den Rückgriff auf empirische Gesetze. Die Unterscheidung von apriorischer und empirischer Synthesis bei Kant kann also nicht so gedeutet werden, dass die apriorische Synthesis der empirischen gegenüber zeitlich primär ist. Aber auch der Begründungsfolge nach ist die Hierarchie nicht klar. Muss man die transzendentalen Prinzipien als solche vor jedem faktischen Urteilen kennen? Dann könnte kaum jemand objektiv urteilen. Sollen die transzendentalen Prinzipien implizit in den empirischen Verfahren stecken? Dann ist die Charakterisierung als transzendental oder apriorisch zumindest verwirrend. Es ist nicht klar, was Kants oben (in Abschnitt 3.1) erwähnte These, dass die transzendentale Wahrheit die empirische möglich macht, genau heißen soll. Diese Unklarheit führt letztlich dazu, dass nicht klar ist, ob Kant überhaupt die Kategorien beziehungsweise die transzendentalen Grundsätze als Maßstab für Wahrheit angeben würde. Denn offensichtlich ist dieser Maßstab nur handhabbar, wenn empirische Bedingungen hinzukommen. Aber diese empirischen Bedingungen werden von Kant nicht klar unter die Bedingungen der Möglichkeit von Erkenntnis gezählt.

In Hegels Augen muss die strikte Trennung der Übereinstimmung zwischen Kategorie und Gegenstand und der Übereinstimmung zwischen Urteil und einem System von Urteilen oder Gesetzen aufgegeben werden. Hegel selbst begreift beides als Phasen eines Prozesses des Erkennens, der nur als ganzer dazu führt, dass etwas als Objekt bestimmt wird.[59] Die Unterscheidung von apriorischen und empirischen Prinzipien in der Kantischen Form gibt Hegel dagegen auf. Dies wird insofern nahegelegt, als sich bei der Kritik an Kant zeigt, dass die Kenntnis empirischer Gesetze für die Bestimmung von etwas als Objekt vorausgesetzt werden muss. Auch mit Blick auf diese Diskussion gibt es zahlreiche Anknüpfungspunkte zur heutigen Kant-Forschung. So wird bis heute diskutiert, ob die Kategorien schon hinreichend für Objektbezug sein sollen oder ob noch weitere Prinzipien hinzukommen müssen. Der Status und die Bedeutung der Vernunft-Prinzipien, die im Anhang zur Dialektik der *Kritik der reinen Vernunft* angeführt werden, sind unklar. Kant selbst hat in

---

[59] Dass Hegels Kritik an Kant hier ansetzt und diese Kritik seine eigene Konzeption motiviert, übersieht Baum (1983), wenn er allein auf die Unterscheidung von formalen und transzendentalen Gesetzen verweist, um Kant und Hegel einander als Vertreter der Korrespondenz- und der Kohärenztheorie gegenüberzustellen.

dieser Frage dann auch weiteren Anlass zur Irritation gegeben, indem er in der *Kritik der Urteilskraft* ein transzendentales Prinzip der Urteilskraft einführt, das mehr oder weniger die Funktion übernehmen soll, weitere Bedingungen für die Möglichkeit von Erkenntnis geltend zu machen.

Angesichts der beiden hier angeführten Unklarheiten bei Kant lässt sich festhalten, dass das Kant von Hegel attestierte Problem zumindest insofern ein Problem für Kant ist, als weder offensichtlich ist, wie Kant die Frage nach den Ordnungsleistungen der Kategorien und damit nach dem Maßstab für Wissen beantworten will, noch, wie er sie konsistent beantworten kann.

Da Kant in Hegels Darstellung in der *Phänomenologie* zu einer Antwort gezwungen werden soll, muss Hegel verschiedene Varianten der möglichen Reaktionen Kants durchspielen. Dies werde ich im vierten Kapitel darlegen. Vorgreifend kann man sagen: Kant könnte entweder seine These aufgeben, dass Kategorien Objektbezug herstellen, oder er muss zwei Objektbegriffe haben, indem er zwischen einem apriorischen Gegenstand unterscheidet, der real möglich ist, und einem empirisch gegebenen, der wirklich ist. Wählt Kant erstere Möglichkeit, so gibt er die Grundthese seiner Philosophie auf. Zwar könnte man sagen, die Integration eines Urteils in ein System von Urteilen stellt Objektbezug her und sie stellt insofern auch den Maßstab für Wahrheit dar. Aber hierdurch wird der Status von Kants transzendentalen Prinzipen als den Bedingungen der Möglichkeit für Erkenntnis fraglich. Wählt Kant die zweite Option (was anzunehmen ist), so gilt nicht mehr, dass Wahrheit die Übereinstimmung mit Seiendem erfordert. Dass ein Urteil wahr ist, kann dann nur in Fällen entschieden werden, in denen wir nicht über etwas Empirisches urteilen. Wenn Kant sagt, dass eigentlich nur die apodiktischen Naturgesetze notwendig und allgemeingültig sind, so hat er in Hegels Augen die letzte Option explizit gemacht. Erkenntnis ist dann aber, wie Hegel im Kapitel *Kraft und Verstand* zu zeigen versucht, eine Tautologie: Der Verstand verbindet Begriffe in einem Begriff vom Gegenstand. Dieser Konzeption will Hegel seine eigene entgegenstellen. Diese soll jetzt skizziert werden.

3.4 Hegels Konzeption von Erkenntnis

Hegel leitet im Kapitel *Kraft und Verstand* seine eigene Konzeption von Erkenntnis durch eine Kritik an Kant ein. Hegels Konzeption stellt damit eine Transformation von Kants Interpretation der Erkenntnis als Übereinstimmung dar. Wenn ich dies nun skizziere, geschieht dies vor allem aus zwei Motiven. Einerseits soll dadurch gezeigt werden, dass die in der Einleitung der *Phänomenologie* vorgestellte Erkenntnisbeziehung auch für Hegels eigene Konzeption verbindlich ist. Andererseits soll Hegels eigene Auffassung von

Erkenntnis skizziert werden. Hierbei soll auch gezeigt werden, dass dieser Auffassung zufolge für Erkenntnisse Erfahrungen eine Rolle spielen können, das heißt, dass Hegel zufolge Erkenntnis keine rein begriffliche Operation darstellt.

Letztlich will Hegel fast alles modifizieren, was sich bei Kant findet. Zwar ist er wie Kant der Auffassung, dass die Gegenstände, auf die wir uns mit dem Anspruch beziehen, sie zu erkennen, durch die Kategorien als logische Prinzipien bestimmt sind. Er hat aber eine andere Auffassung davon, welche logischen (oder transzendentalen) Prinzipien die Welt strukturieren und wie sie die Welt strukturieren. Anders als Kant nimmt er beispielsweise an, dass nicht nur das Prinzip der Kausalität, sondern auch das Prinzip des Lebens strukturierend ist. Während Kant alle transzendentalen Prinzipien im Subjekt der Erkenntnis verankert, welches die Welt konstituiert, gilt dies für Hegel nur für einen Teil der Prinzipien. Für die Welt als lebendiger oder geistiger Zusammenhang gilt, dass sie sich auch an sich (also unabhängig vom erkennenden Subjekt) so organisiert und nicht nur durch ein sie erkennendes Subjekt so strukturiert wird. Hegel hat weiterhin andere Auffassungen über den Zusammenhang der logischen Prinzipien. Er ist der Meinung, dass es Kant nicht gelungen ist (und auf die Weise, wie Kant dies angeht, auch nicht gelingen konnte), die Notwendigkeit und Vollständigkeit der von ihm aufgestellten Prinzipien zu erweisen. Hegel dagegen meint den Zusammenhang der logischen Prinzipien dadurch als notwendig aufzeigen zu können, dass er einfachere Prinzipien als eine Art Abstraktion von komplexeren Prinzipien darstellt. Die logischen Prinzipien sind nicht nur Thema der *Logik*. Wie ich gezeigt habe, soll im Rahmen der Frage nach Erkenntnis auch die Frage beantwortet werden müssen, wie die Welt eigentlich verfasst ist (weil nur so Gründe evaluiert werden können, durch die etwas als wahr ausgewiesen werden kann). Die logischen Prinzipien, von denen hier die Rede ist, sind die Prinzipien, durch die die Welt erkannt und durch die sie bestimmt ist. Ich werde im vierten und fünften Kapitel die Diskussion der logischen Prinzipien einbeziehen. Im Folgenden werde ich versuchen, eine Skizze von Hegels Auffassung von Erkenntnis, Objektivität, Übereinstimmung und Wahrheit zu geben, die sich direkt an die obige Darstellung von Kant anschließt.

Ich beginne mit der zweiten Unklarheit, die der obigen Darstellung zufolge bei Kant auftritt. Diese besteht darin, dass auf der einen Seite die Kategorien hinreichend für Objektbezug und damit für Erkenntnis sein sollen, auf der anderen Seite aber weitere Bedingungen für Erkenntnis als notwendig angenommen werden. Als weitere notwendige Bedingung für Erkenntnis habe ich die Integrierbarkeit eines Urteils in ein System von Urteilen genannt. Ein Grund für dieses Problem liegt darin, dass Kant die Übereinstimmung von

Kategorien und Material, bei denen die Kategorien apriorische Elemente der Synthesis bilden, von der Übereinstimmung von Urteil und System von Urteilen, die eine Synthesis empirischer Elemente darstellt, streng unterscheidet. Hegel reagiert auf dieses Problem, indem er die logische Bestimmung von Gegenständen als einen Prozess mit verschiedenen Phasen denkt, bei dem erst am Ende Objektivität erreicht ist.

Diese These zu Hegels Auffassung der Bestimmung von Objektivität lässt sich anhand des Aufbaus der *Logik* belegen. Auch wenn die *Logik* in ihrer Struktur zur Zeit der *Phänomenologie* keineswegs schon festgestanden haben muss, kann sie in diesem Punkt als aufschlussreich gelten.[60] Hegels *Logik* ist in drei Teile geteilt. Obwohl der zweite Teil die Kantischen Relationskategorien entwickelt, wird der Begriff des Objekts bzw. der Objektivität[61] erst im dritten Teil behandelt. Die Ausführungen zu Objekt und Objektivität finden sich also in der so genannten subjektiven Logik. Genauer behauptet Hegel hier, dass der Schluss sich zur Objektivität bestimme.[62] Da für Hegel die Schlusslehre das Verfahren darstellt, Urteile miteinander zu verbinden und die Urteile, die als Prämissen fungieren, als Resultate von anderen Schlüssen auszuweisen, kann man die Schlusslehre Hegels als ein System von Sätzen betrachten, in dem jede Behauptung in einem durchgängigen begrifflichem Zusammenhang zu anderen steht.[63] Die Herstellung dieses Zusammenhangs

---

[60] Hiermit setze ich mich dem Vorwurf aus, die Entwicklung in Hegels Logikkonzeption nicht genügend zu berücksichtigen. Aber Vieles von dem, was ich im Folgenden anführen werde (zum Beispiel der Zusammenhang von Urteilen und Schlüssen), findet sich schon in den Jenaer *Systementwürfen* II von 1804/05. Allerdings findet sich der Übergang von der Schlusslehre zur Objektivität nicht oder zumindest nicht in dieser Form. Es findet sich aber 1804/05 in der *Metaphysik* die „Metaphysik der Objektivität", auf die ich mich hier beziehen könnte.

[61] Ich behandle die Begriffe „Objektivität" und „das Wahre" hier weitgehend als synonym. In meiner Interpretation gewinnt der Begriff „Objektivität" eine gewichtige Rolle, weil Erkennen für Hegel meiner Interpretation nach die Bestimmung zur Objektivität ist. Für die *Phänomenologie*, in der der Begriff der Objektivität kaum eine Rolle spielt, scheint diese Gewichtung vielleicht unberechtigt. Hegel wählt hier eher den Begriff des Wahren (vgl. *Vorrede, GW* 9, 19). Diese Wahl Hegels liegt wahrscheinlich darin begründet, dass für Hegel Objektivität eine Verfassung des Wahren ist, die selbst wieder in anderen Formen fundiert ist. Dies kann aber bei der Begriffsverwendung unberücksichtigt bleiben. Dass der Begriff „Objektivität" auch in Hegels Augen zur Charakterisierung seines philosophischen Standpunkts geeignet ist, sieht man an der Wahl des Titels für die spätere enzyklopädische Einleitung in seine Logik: *Die drei Stellungen des Gedankens zur Objektivität* (*Enz.* §§ 19–83).

[62] In der *Phänomenologie* findet sich in der Vorrede (*GW* 9, 44 ff.) eine Theorie des spekulativen Satzes, die in enger Beziehung zur Schlusslehre steht. Unter dem Stichwort des spekulativen Satzes thematisiert Hegel vor allem die Überwindung anderer Auffassungen darüber, was Wahrheit ist. Für seine positive Konzeption beziehe ich mich daher auf die Schlusslehre.

[63] Zur Interpretation der Schlusslehre vgl. Sans 2004. Für meine Interpretation der Übereinstimmungsrelation kann Sans allerdings nicht herangezogen werden. Er betont sehr (26), dass das Thema der Begriffslogik sei zu zeigen, was der Hegelsche Begriff sei. Auf diese Weise macht er in meinen Augen die Verbindung zur Wesenslogik nicht deutlich genug. Weiterhin

ist, so Hegel, die Bestimmung zur Objektivität. Ein Objekt ist, so könnte man sagen, die Gesamtheit begrifflicher Bestimmungen, in der jeder Bezug zu etwas Gegebenem, der in einem Urteil noch besteht, wieder begrifflich vermittelt ist. Die hier angedeuteten Ausführungen Hegels finden sich, wie gesagt, in der subjektiven Logik.[64] Es ist nun ziemlich offensichtlich, dass Hegel die subjektive Logik als den Teil der *Logik* ansieht, der bei Kant der Vernunft-Lehre, das heißt der Dialektik entspricht.[65] Ihr gehen zwei Teile einer so genannten objektiven Logik voran, die sich vorrangig mit den Kantischen Kategorien als den logischen Prinzipien beschäftigen. Schon diesem Aufbau der *Logik* kann man daher Folgendes entnehmen: Anders als bei Kant werden die Vernunft-Prinzipien als zur Objektbestimmung notwendig angesehen.[66] Ein Objekt ist nicht nur kategorial bestimmt, sondern auch durch Urteile, die selbst durch Schlüsse mit allen anderen Urteilen vermittelt sind.[67]

An dieser Stelle kann auch die Unklarheit Kants bedacht werden, die ich oben als erstes genannt habe. Sie besteht darin, dass Kants Auffassung eines Gegenstands nicht wirklich Raum für etwas zu lassen scheint, das in einem schwachen Sinn als Gegenstand bezeichnet werden kann. Es scheint eine unplausible Alternative zwischen völliger Unbestimmtheit und einem Objekt zu bestehen, das sehr anspruchsvollen Bedingungen genügt. Angesichts dieses Problems liegt es nahe, die kategoriale Bestimmung von Gegenständen als einen Prozess mit verschiedenen Phasen anzusehen. Nach dem, was ich zu Hegels Begriff der Objektivität gesagt habe, trifft dies auf Hegels Konzeption zu. Allerdings kann man demnach zunächst nur die begrifflich bestimmte Welt als Objekt ansehen. Denn Hegel zufolge verbürgt nur die Gesamtheit begrifflicher Bestimmungen, die miteinander vermittelt sind, Objektivität. Objekt

---

behauptet Sans, mit Objektivität wolle Hegel „lediglich zeigen, dass der Begriff eine Bedeutung angenommen hat, die es zu sagen erlaubt, man habe es mit etwas Objektiven zu tun" (208) und die Bemerkungen zum Verhältnis von formellen Begriff und Objektivität sind auch eher vage (207).

[64] Diese behandelt unter dem Titel „Subjektivität" Begriff, Urteil und Schluss sowie Objektivität und Idee.

[65] Die Entsprechung besteht unter anderem darin, dass den Themen der *Subjektiven Logik* (Subjektivität, Objektivität und Idee) die Themen Seele, Welt und Gott zugeordnet werden können, die Kants Dialektik gliedern.

[66] Genauer behandelt die Seinslogik Qualität und Quantität, die Wesenslogik die Kategorien der Relation.

[67] Die hier angedeutete Interpretation der Logik ist weiterer Begründungen bedürftig. So müsste diskutiert werden, ob sich die hier vertretene These, dass die Begriffslogik die Wesenslogik fortsetzt, mit dem kritischen Potential der Wesenslogik verbinden lässt (vgl. hierzu Theunissen 1980, 16 sowie Fulda, Horstmann und Theunissen 1980, 17 ff., 50 ff.; zu einer Interpretation der Wesenslogik als Korrektur Kants vgl. Longuenesse 2007, 10–162).

im strengen Sinn ist demnach die begrifflich bestimmte Welt.[68] Lag bisher die Betonung darauf, dass Hegel die Bestimmung des Objekts als *einen* Prozess verstanden wissen will, so ist jetzt zu betonen, dass es ein *Prozess* sein soll.[69] In diesen einen logischen Prozess gehören auch alle anderen Bestimmungen, die bei Kant zu finden sind. Vor allem wird die raum-zeitliche Bestimmung von etwas zusammen mit den ersten beiden Kategoriengruppen als Moment in diesem einen Prozess betrachtet. Bei Kant könnte man neben der Übereinstimmung von Kategorie und Gegenstand und der von Urteil und System von Gesetzen von einer weiteren erforderlichen Übereinstimmung von Material und den Bedingungen von Raum und Zeit sprechen. Mit Hegels These des einen Prozesses der Bestimmung zur Objektivität ist daher auch Hegels Kritik an der Trennung von Sinnlichkeit und Verstand bei Kant verbunden.[70] Etwas ist nicht entweder begrifflich bestimmt oder nicht, sondern kann begrifflich als raum-zeitlicher Gegenstand oder in Relationen zu anderen Gegenständen bestimmt werden usw.

Welche These zur Übereinstimmung ist in Hegels Konzeption angelegt?[71] Für eine Antwort ist zunächst zu bedenken, dass die Begriffe des logischen Prozesses, der zur Objektivität führt, in einem Verhältnis der umgekehrten Fundierung stehen sollen. Denn Objektivität ist Bedingung dafür, dass das, worauf Bezug genommen wird, bevor die Objektivität erreicht wird, erkannt werden kann. Erst wenn die Bestimmung zur Objektivität vollzogen ist, kann man sich erkennend auf einen Gegenstand als eine qualitative Eigenschaft habend (als rot) oder auf Verhältnisse von existierenden Substanzen zueinander beziehen (z.B. dass die Kraft einer Substanz eine Bewegungsveränderung einer anderen Substanz verursacht). Ein Beispiel für diese Fundierungsordnung ist Folgendes: Die letzte Kategorie vor der subjektiven Logik ist die Kategorie der Wechselwirkung, also Kants dritte Kategorie unter der Gruppe der Relationskategorien. Wechselwirkung wird als eine Totalität verschiede-

---

[68] Später wird sich zeigen, dass Organismen für Hegel Einzeldinge sind, die diese Struktur einer begrifflich vermittelten Gesamtheit verkörpern und insofern auch im strengen Sinn Objekte sind.

[69] Die hierfür einschlägige Stelle aus der Vorrede der *Phänomenologie* lautet: „Das Wahre ist das Ganze. Das Ganze ist nur das durch seine Entwicklung sich vollendende Wesen. Es ist von dem Absoluten zu sagen, daß es wesentlich Resultat, daß es erst am Ende das ist, was es in Wahrheit ist" (*GW* 9, 19).

[70] Vgl. Pippin 1989, für eine Verteidigung Kants gegen Hegel vgl. Guyer 2000.

[71] Das Thema der Übereinstimmung sowie die Kritik an Kant, dieser habe die Übereinstimmung nicht richtig erfasst, findet sich gerade zu Beginn der subjektiven Logik häufig. Die Frage, warum Wahrheit als Übereinstimmung mit der Begriffslogik erreicht sein soll, wird in der Forschungsliteratur zumeist so beantwortet, dass der Begriff mit sich übereinstimme, weil er das Instantiierende seiner selbst sei (etwa Duque 1996, 185). Hierbei wird nicht befriedigend erklärt, inwiefern der Begriff für Hegel die Übereinstimmung mit der Realität ist.

ner miteinander in Wirkungsverhältnissen stehender Substanzen verstanden. Die These Hegels ist, dass eine Totalität von Substanzen, die miteinander in Wechselwirkung stehen, nur unter der Bedingung erkannt werden kann, dass erkannt wird, dass die Welt nichts anderes ist als die Gesamtheit begrifflicher Bestimmungen, welche durch Schlüsse bestimmt wird. Letzteres, das heißt die Welt als Gesamtheit begrifflicher Bestimmungen, ist also das Wahre, anhand dessen Wissensbehauptungen gemessen werden. Das Wahre ist die Übereinstimmung von Begriff und Gegenstand, bei der Nichtübereinstimmung gar nicht möglich sein soll. Damit entspricht diese Übereinstimmung in dieser Hinsicht der Übereinstimmung von Kategorie und Material der Anschauung in Kants Philosophie. Diese Übereinstimmung ist – auch analog zu Kants Modell – die Voraussetzung dafür, dass Fälle von wahr und falsch als Übereinstimmung und Nichtübereinstimmung auftreten können. Wenn die Behauptung, etwas sei rot, nicht richtig ist, stimmt sie nicht mit dem Wahren oder dem Objektiven überein.

Bisher habe ich mich bei dem, was für Hegel „Übereinstimmung" bedeutet, darauf konzentriert, dass Objektivität erst am Ende des Prozesses erreicht sein soll. Mit Blick auf Objektivität als Resultat des Prozesses will Hegel, wie gesagt, die Fundierungsordnung umgekehrt zur Entwicklung in der *Logik* verstanden wissen, indem man die Objektivität als Übereinstimmung von Begriff und Gegenstand für jede Art der epistemischen Beziehungen braucht, die auf Begriffen und begrifflichen Beziehungen beruhen, die in der *Logik* vorhergehen. Nun ist aber auch zu bedenken, dass in dem Prozess, den Hegel beschreibt, etwas zunehmend begrifflich erfasst werden soll. Hier scheint gemeint zu sein, dass der Prozess des Erkennens ein Prozess des Übereinstimmendmachens von Begriff und Gegenstand ist. Die Übereinstimmung ist hergestellt, wenn die begriffliche Vermittlung vollständig ist. Der letzte Schritt in diesem Vermittlungsprozess ist der Schluss.[72] Daher ist der Schluss (als Tätigkeit des geregelten Verbindens von Urteilen miteinander) die Bestimmung zur Objektivität.

---

[72] Hierzu steht scheinbar im Widerspruch, dass Hegels *Logik* nicht mit *Objektivität* endet, sondern mit der *Idee*. Diese soll die wahre Einheit von Begriff und Objektivität sein (vgl. *Enz.* § 213). Dies hängt, wie oben schon angedeutet, damit zusammen, dass Hegel unter Objektivität eine Bestimmung der Welt versteht, die noch durch andere Bestimmungen fundiert werden muss. Theunissen (1978) vertritt die These, dass die Übereinstimmungsbeziehung von Hegel in der *Logik* neu konzipiert wird. Während Übereinstimmung in der *Phänomenologie* als Entsprechung ausgelegt wird, in die als Entsprechungsrelation ein dialogisches Moment eingeht – also Begriff und Realität sich als Anspruch und Erfüllung aufeinander beziehen –, und diese Beziehung eine gewisse Selbständigkeit der Realität (des Antworten-Könnens) voraussetzt, wird dieses Modell, so Theunissen, von Hegel in der *Logik* zurückgenommen, indem er das Entsprechungsverhältnis von Begriff und Realität als ein Übergreifen des Begriffs über die Realität auffasst, welches sich vor allem dadurch auszeichnet, dass dieser Übergriff eigentlich immer schon stattgefunden hat. Auf diese Weise sinkt die Selbständigkeit des Realen zum bloßen Schein herab. Liest man die Bestimmung zur Objektivität und das Verhältnis von Objektivität

Mit Blick auf die prozessuale Bestimmung gilt es, Folgendes zu bemerken: Dass die Darstellung der umgekehrten Folge der Fundierungsordnung nachgeht, hat keineswegs nur einen didaktischen Wert. Vielmehr vollzieht sich der Prozess tatsächlich in der dargestellten Weise.

In der *Logik* entspricht die Darstellungsfolge der logischen Entwicklung der logischen Prinzipien und damit auch ihrer logischen Explikation. Dies ist deshalb interessant für meine These, dass für Hegel der Bezug auf Seiendes konstitutiv ist, weil in diesem Prozess Übereinstimmung bzw. Übereinstimmendmachen eine wichtige Rolle spielt. Dann muss man Hegel aber auch die These unterstellen, dass man logische Prinzipien überhaupt nicht entwickeln könnte, wenn man sie nicht im Rahmen des Prozesses des Erkennens von etwas Nicht-Begrifflichem gebrauchen würde.[73] Hegelisch ausgedrückt: Begriffliche Prinzipien können sich nur entwickeln und auch nur expliziert werden, wenn sie sich realisieren, und sie realisieren sich in einem Prozess, in dem alles, was ihnen gegenüber äußerlich ist, ihnen gemäß begrifflich bestimmt wird. In diesem Prozess ist der Bezug auf Nicht-Begriffliches notwendig. Diese These findet sich schon in der *Phänomenologie*.[74] Sie drückt sich beispielsweise darin aus, dass die *Realität* der Erkenntnis geprüft werden soll.[75] Darüber hinaus ist aber Hegels *Logik* eine Abhandlung, die nicht Begriffe oder Kategorien im Unterschied zu Nicht-Begrifflichem untersuchen soll.[76] In der *Logik* wird beispielsweise das im Kapitel *Kraft und Verstand* thematisierte Verhältnis von Erscheinung und Gesetzen wieder aufgegriffen („Die Erscheinung"). Hegel behandelt offensichtlich auch in der *Logik* nicht nur rein begriffliche Tatsachen. Der Bezug auf Seiendes ist eine Voraussetzung für die Entwicklung logischer Prinzipien.

Wendet man sich nun wieder dem Thema des Prozesses des Erkennens zu, kann man weiterhin sagen: Die in der *Logik* präsentierte Darstellungsfolge wurde nicht nur gewählt, weil sie die beste Explikation logischer Prinzipien ist, sondern auch weil sie darstellt, wie sich der Prozess des Erkennens vollzieht. Wenn ich oben gesagt habe, dass die Fundierungsordnung so zu verstehen sei, dass eine Bedingung dafür, etwas als rot zu erkennen, ist, dass wir

und Idee so, wie ich vorschlage, so trifft dies nicht zu. Im Prozess des Erkennens besteht auch in der *Logik* ein Entsprechungsverhältnis von Begriff und Gegenstand.

[73] Dies werde ich im fünften Kapitel bei der Diskussion der Einführung des Lebendigen zeigen.

[74] Die *Phänomenologie* thematisiert den Prozess des Erkennens allerdings unter der hier interessierenden Fragestellung, was Erkenntnis ist.

[75] Im Sinne dieser These der Realisierung von Begriffen sagt Hegel auch im Verlauf der *Phänomenologie* häufig so etwas wie: „Etwas muss auch die Gestalt des Seins haben" (*GW* 9, 104).

[76] Ohne zu sagen, was das im Einzelnen heißen soll, kann man feststellen: Das Sein geht in Dasein über, das Wesen in Existenz, der Begriff bestimmt sich zur Objektivität. (Das Verhältnis der Idee zur Natur ist gesondert zu sehen.)

Objektivität als die Gesamtheit begrifflicher Bestimmungen erreicht haben, so gilt dies insofern, als nur die Objektivität die Wahrheit einer Behauptung garantiert. Davon unterschieden werden kann jedoch das sich auf einen Gegenstand Beziehen, das Hegel „Wissen" nennt. Wenn man sich auf etwas mit dem *Anspruch* bezieht, etwas zu erkennen, tut man dies nicht notwendiger Weise unter der Voraussetzung eines vollständig expliziten Systems wahrer Urteile, also unter Voraussetzung der Objektivität. Dass Erkennen ein *Prozess* ist, bedeutet, dass wir unseren Anspruch, etwas zu erkennen, so lange verfolgen müssen, bis Objektivität erreicht ist. Beziehen wir uns auf etwas als rot seiend, so können wir den damit verbundenen Anspruch zu wissen, dass es rot ist, nur einlösen, wenn wir alle Bezüge, die von Anfang an implizit in dieser Beziehung liegen – denn beim Bezug auf etwas als rot setzen wir dieses in Bezug zu (allem) anderem –, begrifflich einholen. Der Prozess besteht also in einem Fortschreiten zu etwas, das bezüglich Erkenntnis fundierend ist.

Bemerkenswerterweise findet sich ein ausgezeichnetes Beispiel eines Fortgangs zu dem, was dem Behandelten gegenüber fundierender ist, in Kants A-Deduktion der *Kritik der reinen Vernunft* (A 96 ff.). Was Kant dort zu Assoziation, Reproduktion und Rekognition sagt, kann man so verstehen, dass es einen Prozess beschreibt, dessen Resultat ein Begriff ist, der wiederum die Voraussetzung dafür darstellt, dass man die im Prozess vorhergehenden Akte als Teil eines Erkenntnisprozesses ansehen kann. Liest man diese Passagen so, dann stellen sie durchaus ein Modell vor, das dem von mir Hegel in seiner kritischen Reaktion auf Kant zugeschriebenen Modell verwandt ist. Allerdings ist nicht klar, ob Kant wirklich sagen will, dass wir ohne Begriffe zu Assoziation und Rekognition in der Lage wären und nur alle drei zur Erkenntnis erforderlich seien, oder ob Begriffe schon eine Bedingung dafür sein sollen, dass wir etwas überhaupt erinnernd reproduzieren können.[77] Zudem hat Kant in der zweiten Auflage der *Kritik der reinen Vernunft* diese Passagen nicht wiederholt. Dennoch ist anzunehmen, dass Hegel ein solches Modell aufgenommen und konsequent verfolgt hat.[78]

Möglicherweise entsteht hier der Eindruck, dass ich Hegel zu schnell zugestehe, Kant in der Kritik angemessen dargestellt zu haben. Aber hier, wie an vielen anderen Stellen, möchte ich sagen: Wenn Hegels Kritik an Kants Vorstellung vom Prozess des Erkennens deshalb nicht trifft, weil Kant selbst schon dasjenige macht, was Hegel als Reaktion auf Kant vorschlägt, dann

---

[77] Vgl. beispielsweise A 101 für beide Lesarten.
[78] Hegel drückt das in dem Fragment *Zwei Anmerkungen zum System* (*GW* 7, 343–347; um 1804) so aus: „[D]as Folgende bedingt das Vorherige und umgekehrt. Idee einmal das Ganze, insofern bedingend; einmal Bestimmtheit, insofern bedingt" (*GW* 7, 344).

ist das kein Problem für Hegel. Er kann in diesem Fall dennoch mit seinem Programm fortfahren, denn dieses versteht er als das einer bestimmten Entwicklung der Kantischen Ideen.

Wie sich gezeigt hat, kann man den Prozess des Erkennens so beschreiben: Der Anspruch auf Wahrheit kann nur als erfüllt gelten, wenn die Wissensbehauptung mit dem Wahren übereinstimmt, welches die objektiv bestimmte Wirklichkeit oder, mit anderen Worten, die Gesamtheit aller begrifflichen Bestimmungen ist, die sich aus dem Prozess des begrifflichen Einholens aller Bezüge auf Nicht-Begriffliches ergibt. Auch in Hegels Konzeption können also Wissen und Wahrheit unterschieden werden. Dies ist für meine Behauptung wichtig, dass auch für Hegels Konzeption die von ihm in der Einleitung der *Phänomenologie* gemachte Unterscheidung von Wissen und Wahrheit zutrifft. Wie man an dem genannten Beispiel sieht, kann man sich mit dem Anspruch auf Wahrheit auf etwas als rot beziehen. Das entsprechende Urteil ist wahr, wenn es sich in die Gesamtheit der begrifflichen Bestimmungen integrieren lässt. Man kann auch sagen: es ist wahr, wenn es Teil der Bestimmung zur Objektivität ist. Die Objektivität ist die Übereinstimmung von Begriff (als Gesamtheit aller begrifflichen Bestimmungen) und Gegenstand (als der Welt). Erkennen ist die Übereinstimmung von Wissen und Wahrheit, wobei etwas nur dann erkannt wird, wenn die Übereinstimmung von Wissen und Wahrheit auch erkannt wird. Hierfür muss man den Prozess der Bestimmung zur Objektivität durchlaufen haben, das heißt man muss alles, was in der Beziehung auf etwas als rot noch nicht durch Begriffe vermittelt ist, begrifflich vermitteln, und das tut man (kurz gesagt), indem man allgemeine Begriffe verwendet, Urteile fällt und diese durch andere Urteile begründet bzw. mit ihnen vermittelt. In diesem Prozess des Erkennens sind nicht nur Urteile mit Wissensanspruch möglich, ohne dass die begriffliche Vermittlung als dasjenige, was Objektivität verbürgt, abgeschlossen ist. In diesem Prozess sind auch wahrnehmende Bezüge möglich, ohne dass etwas durch Begriffe als Objekt bestimmt worden ist.[79] Das Ergebnis von Kant, dass *jeder* Bezug auf Gegenstände schon Kategorien voraussetzt, wird von Hegel nicht übernommen (wie oft angenommen) oder gar radikalisiert.[80] Es gibt für Hegel wahrnehmende Bezugnahmen, bei denen ein Gegenstand noch nicht in Relation zu anderen bestimmt sein muss. Was Hegel bestreitet, ist, dass Wahrnehmungen dazu geeignet sind, die Wahrheit von Behauptungen zu begründen oder Maßstab für Wissen zu sein. Die Kategorien sind im Prozess der Erkenntnis erforderlich, um etwas, auf das wir uns beziehen, *als etwas* zu bestimmen und sich so auf es als eine Instanz beziehen zu können, die die Wahrheit unserer Behauptung

---

[79] Hiermit werde ich mich im dritten Kapitel beschäftigen.
[80] Vgl. Pippin 1989, 32–41, und Longuenesse 2007, 14–38.

bestätigt. Wenn Hegel die Rolle der Anschauungen bei Kant kritisiert,[81] dann insofern, als Kant die wahrnehmende Bezugnahme auf Gegenstände nicht überzeugend in den begrifflichen Prozess des Erkennens einbezogen hat. Dies zeigen Kants Thesen zum Ding an sich und zum Dualismus der beiden Erkenntnisstämme Sinnlichkeit und Verstand.

Man kann noch weiter gehen und etwas über Unabhängigkeit von Wahrheit und Wissen voneinander sagen. Eine Unabhängigkeit der Wahrheit vom Akt des Wissens soll bei Hegel dadurch erreicht werden, dass die begrifflichen Zusammenhänge notwendig sind. Das heißt, die Unabhängigkeit der Wahrheit verdankt sich den Begriffen und wird nicht dadurch erreicht, dass wir über die Welt als Gegenstand urteilen. Wahrheit ist demzufolge unabhängig von Wissen in dem Sinne, dass die begrifflichen Strukturen, die dafür verantwortlich sind, dass Objektivität erreicht werden kann, logische (nicht nur subjektive) Notwendigkeit haben. In dem Sinne fundiert Wahrheit wahres Wissen.[82] Aber Wahrheit nimmt ihren Ausgang von Wissen als der Bezugnahme, die sich als objektiv erweisen soll. Insofern setzt Wahrheit Wissen voraus. Es gilt nach Hegel außerdem, dass das Wahre (also die begrifflich bestimmte Wirklichkeit) nur als Maßstab dienen kann, wenn wir durchschauen und explizieren können, dass und wie wir uns auf die Wirklichkeit beziehen. Auch in diesem Sinn ist Wissen als eine subjektive Bezugnahme auf etwas Voraussetzung für Wahrheit. Wissen ist unabhängig von Wahrheit in dem Sinne, dass subjektive Bezüge auf Gegenstände ohne Wahrheit möglich sind: Man kann zum Beispiel eine Wissensbehauptung aufstellen, ohne dass sie wahr ist. Aber dass Wissen wahr ist und als wahr erkannt werden kann, ist nur durch Wahrheit möglich. Auf Hegels Begriff der Wahrheit werde ich am Ende dieses Abschnitts noch einmal zurückkommen.

Übereinstimmung ist bei Hegel also ein Prozess, in dem Seiendes vollständig begrifflich bestimmt wird. Bei Auslegungen der Übereinstimmungsrelation, denen zufolge etwas Begriffliches mit etwas Nichtbegrifflichem verglichen wird, stellt sich die Frage, wie so unterschiedliche Elemente wie Begriffliches und Nichtbegriffliches eigentlich übereinstimmen sollen. Dieses Problem hat Hegel nicht. Wenn das Wahre die begrifflich bestimmte Wirklichkeit ist, so wird verständlich, wie die Übereinstimmung eines Urteils mit dem Wahren

---

[81] Dass Hegel Kant in der Annahme kritisiert, Wahrnehmungen von Gegenständen seien nicht möglich, ohne dass Gegenstände kategorial vollständig bestimmt sind, sieht man schon daran, dass der in *Kraft und Verstand* dargestellten Position Kants ein Prozess vorhergeht, wobei Kant selbst nicht gegenwärtig sein soll, dass seine Position ein aus dem Prozess des Erkennens herausgelöster Prozess ist, dem unter anderem wahrnehmende Bezüge vorhergehen. (Jede Position, die in der *Phänomenologie* auftritt, ist Resultat der früheren Positionen. Diese Herkunft ist aber der Position selbst nicht gegenwärtig.)

[82] Ich stimme mit Theunissen (1978, 331ff.) darin überein, dass dieser Gedanke einen Brückenschlag zur Phänomenologie (v.a. zu Husserl) erlaubt.

möglich ist, weil beide Relata begrifflich sind. Dadurch, dass das Wahre die begrifflich bestimmte Wirklichkeit ist, gilt aber auch: Wenn etwas mit dem Wahren übereinstimmt, stimmt es mit der Wirklichkeit überein. Es wird also einer realistischen Intuition Rechnung getragen. Weiterhin wird verständlich, wie wir in der Lage sind, die Übereinstimmung nicht nur zu behaupten, sondern sie mittels eines objektiven Maßstabs nachweisen zu können. Denn die begriffliche Bestimmung der Wirklichkeit haben wir vorgenommen oder nachvollzogen. Sucht man nach einem Bild für diese Art von Übereinstimmung, so kann man vielleicht an die Redeweise denken, dass man miteinander in einer Sache übereinstimmt. So kann man sich ein Projekt vorstellen, bei dem man durch verschiedene individuelle Beiträge zu einem gemeinsamen Ergebnis kommt, mit dem alle übereinstimmen. Dies ist aber nur eine unzureichende Veranschaulichung.

Nach dem bisher Gesagten lässt sich zusammenfassen, dass Hegel auf die Probleme Kants so reagiert, dass er eine prozessuale begriffliche Bestimmung der Gegenstände annimmt, durch die im Resultat der Maßstab für Erkenntnis bereit gestellt wird. So überzeugend diese Änderungen angesichts der Kantischen Problemlage auch sind, so führen sie doch auch zu neuen Fragen und Problemen. Es stellen sich beispielsweise Fragen zu Hegels Begriff des Objekts. Gegenüber der Kantischen Auffassung hat sich durch das neue Verständnis davon, was Übereinstimmung ist, offensichtlich auch eine andere Konzeption von Objekt oder Objektivität ergeben. Das Objekt bei Hegel ist, wie man nach dem bisher Gesagten verkürzt sagen kann, die Einheit oder Gesamtheit begrifflicher Bestimmungen. Diesem Objekt kommen die Charakteristika zu (also Einheit und Identität, Selbständigkeit, Erfahrbarkeit), die auch Kant bei seiner Objektauffassung in Anspruch genommen hat. Aber angesichts der These, dass die begrifflich bestimmte Welt Objekt ist, stellt sich die Frage: Gibt es keine Einzelgegenstände als Objekte? Und widerspricht das nicht unserem Objektbegriff? Weiterhin stellen sich auch Fragen zur These der begrifflichen Vermittlung. Wann ist eine begriffliche Vermittlung vollständig? Hegels Konzeption von Erkenntnis wird nicht zuletzt aufgrund dessen, dass solche Fragen beantwortet werden müssen, sehr komplex. Mit der Frage, was für Hegel ein Objekt ist, werde ich mich noch ausführlich (vor allem im vierten und fünften Kapitel) beschäftigen. Zwei Thesen, die Hegel in diesem Zusammenhang im bisher skizzierten Rahmen seiner Auffassung von Erkenntnis vertreten will, sollen hier schon angeführt werden.

(1) Das Objekt ist zunächst die Welt, verstanden als durch physikalische begriffliche Prinzipien bestimmt, also durch Kausalität usw. Man kann auch (etwas vereinfachend) sagen: Die Welt ist objektiv als Mechanismus bestimmt. Diesem Objekt kommt Unabhängigkeit und Selbständigkeit insofern zu, als

es vollständig objektiv bestimmt werden kann, und zwar nach notwendigen logischen Prinzipien. Hegel sieht in diesem Ergebnis (das in seinen Augen tatsächlich ein Ergebnis darstellt) jedoch kein Ergebnis, das (für sich genommen) allen Bedingungen für Erkenntnis schon vollständig Rechnung trägt. Diese begriffliche Bestimmung der Welt muss noch weitergeführt werden. Grob kann man sagen, dass nach Hegel diese Bestimmung der Welt deshalb defizitär ist, weil in ihr nicht auf dasjenige, was diese Bestimmung ist, Bezug genommen werden kann. Wenn wir die Welt physikalisch objektiv bestimmen, dann müssen wir, damit diese Bestimmung als Erkenntnis gelten kann, nach Hegels Auffassung auch klar machen, dass und inwiefern diese Bestimmung objektiv ist. Dies ist nur eine Andeutung, die genaueren Gründe dafür, dass ein ausschließlich physikalisches Weltverständnis für Hegel defizitär ist, werden noch zu diskutieren sein. An dieser Stelle will ich vor allem mit Blick auf die Übereinstimmungsrelation Folgendes festhalten: Es gibt in Hegels Konzeption verschiedene Formen von Übereinstimmung. Die Übereinstimmung von Begriff und Gegenstand, die mit der als Mechanismus bestimmten Welt erreicht ist, ist eine einfache Form von Übereinstimmung von Begriff und Gegenstand. Man kann im Sinne Hegels sagen: Das Verhältnis von Begriff und Seiendem bleibt hier in gewissem Sinn ein externes, denn als Mechanismus ist das Objekt eine begriffliche Einheit, die das Resultat des Bezugs auf Seiendes ist, aber selbst nicht als seiend erfahren werden kann. Weiterhin könnte man auch sagen, dass das Subjekt, das die Bestimmungen vornehmen soll, im Mechanismus in gewisser Weise extern ist, insofern die Tätigkeit des Erkennens nicht begrifflich erfasst wird. Man kann sich demgegenüber eine Form oder Formen von Übereinstimmung vorstellen, in der die Übereinstimmung von Begriff und Gegenstand umfassender ist. In beiden hier angeführten Punkten kann die bisher angeführte Übereinstimmungsbeziehung noch so entwickelt werden, dass das, was hier als extern bezeichnet wurde, in die Beziehung integriert wird. Die These Hegels lautet, dass sich Objektivität als Übereinstimmung von Begriff und Gegenstand notwendigerweise noch weiter entwickeln muss, und zwar in einer Weise, die durch die soeben angeführten Überlegungen bestimmt ist. Beispielsweise nimmt Hegel an, dass sich ein lebendiges Wesen in einer Weise erfassen lässt, in der Begriff und Gegenstand ein irgendwie innigeres Verhältnis haben als im Fall des Mechanismus'. Hier gibt es dann auch Einzeldinge, die als selbständige Objekte zählen können. Obwohl noch offen ist, warum Hegel dies behauptet, ist klar, dass Erkennen letztlich eine Übereinstimmung von Begriff und Gegenstand bedeuten soll, in der zwischen Begriff und Gegenstand in keinerlei Hinsicht mehr eine Differenz bestehen bleibt. Dies ist für Hegel bei der Bestimmung der Welt als einer geistigen Welt (unter bestimmten Bedingungen) der Fall.[83] Hegel vertritt also nicht nur die These, dass Erkennen ein Prozess ist, der die begrifflich vollständig bestimmte Wirklichkeit zum Ergebnis hat, die den Maßstab für Wissen bildet. Erkennen als Prozess durchläuft außerdem verschiedene Formen einer begrifflich bestimmten Wirklichkeit. Die Welt als physikalische und die Welt als Lebensraum lebendiger Individuen stellen unterschiedliche Formen der begrifflich bestimmten Wirklichkeit dar. In diesen unterschiedlichen Formen kann man in unterschiedlicher Weise auf Gegenstände als erkennbare Einzelgegenstände Bezug nehmen. Diese These enthält auch eine Behauptung mit Blick auf die Frage nach der Vollständigkeit der begrifflichen Vermittlung. Die begriffliche Vermittlung besteht demnach einerseits darin, dass man im Prinzip über alles, auf das man sich bezieht, Urteile fällen und diese Urteile über die Welt als konsistent miteinander verbunden annehmen und entsprechend verfahren kann. Sie besteht darüber hinaus darin, dass man auf alles, auf das man sich bezieht, in unterschiedlich komplexer Weise Bezug nehmen kann. Hegels Idee ist hierbei, dass die komplexen Bezüge letztlich so geartet sein müssen, dass die Bezugnahme und ihre Legitimation in der Bezugnahme reflektiert werden kann, damit Erkenntnis vorliegt. Hierauf werde ich mit der zweiten These noch Bezug nehmen.

Terminologisch ist Folgendes anzumerken: Während ich oft sowohl mit den Begriffen „Objekt", „das Objektive" und „Objektivität" als auch mit den Begriffen „das Wahre" oder „Wahrheit" auf die Gesamtheit begrifflicher Bestimmungen Bezug nehme, muss man nach dem, was ich soeben ausgeführt habe, strenggenommen hier noch differenzieren. Die Begriffe „Objekt", „das Objektive" und „Objektivität" bezeichnen eine Form der Gesamtheit begrifflicher Bestimmungen, die weniger komplex ist, als andere Formen. Nur der Begriff „das Wahre" (oder „Wahrheit") bezieht sich auf alle Formen der Gesamtheit begrifflichen Bestimmungen (egal, wie komplex sie sind).

(2) Die zweite These, die ich erwähnen will, lautet, dass man den Prozess des Erkennens auch als einen geschichtlichen Prozess denken muss. Auf einige hiermit verbundene Fragen werde ich im vierten Abschnitt dieses Kapitels zurückkommen. Zunächst möchte ich nur erläutern, wie sich eine solche

---

[83] Horstmann (2004) hat verschiedene Arten von Identität ausgeführt, die verschiedenen Arten von Selbstbezügen (nämlich Unendlichkeit, Substantialität und Subjektivität) in den drei Teilen der *Logik* entsprechen. Demnach können wir strukturelle Identität, numerische Identität und selbstbezügliche Identität unterscheiden. Folgt man meiner Interpretation, wird man diesen Vorschlag wie folgt ergänzen: Mit Objektivität ist für Hegel wahre Identität, das heißt selbstbezügliche Identität erreicht; diese kann aber wiederum (zumindest im Modus des Erkennens) in verschiedenen Formen vorliegen.

These explizieren lässt. Hegel ist erstens der Meinung, dass die Ressourcen der begrifflichen Vermittelbarkeit sich erst im Laufe der Geschichte – einschließlich der Wissenschaftsgeschichte – ausbilden konnten und dass sie sich zu seiner Zeit ausreichend ausgebildet haben. In der Impetuslehre konnten beispielsweise die Elemente noch nicht so zusammengebracht werden, dass eine umfassende Bewegungslehre möglich war. Zweitens ist Hegel, wie schon mehrfach gesagt, der Meinung, dass zur begrifflichen Vermittlung letztlich gehört, dass wir unsere Rolle als diejenigen, die denken und Zusammenhänge herstellen, auch begrifflich angemessen erfassen. Nur wenn wir das tun, können wir unsere epistemischen Bezugnahmen dadurch rechtfertigen, dass wir auf ihren Zusammenhang mit einer begrifflichen Wirklichkeit verweisen, da sonst die begriffliche Vermittlung der Wirklichkeit selbst ein Rätsel bleibt. Hegel meint nun, dass der Mensch zu seiner Zeit in der Lage ist, diese Zusammenhänge zu durchschauen, also zu verstehen, was Begriffe sind und inwiefern der Mensch selbst Gesetzgeber ist usw. Das bedeutet, dass die Frage, was Erkenntnis ist, tatsächlich auch erst zu Hegels Zeit befriedigend beantwortet werden kann. Vorher hätte man zwar sagen können: Man muss eine Behauptung daraufhin prüfen, ob sie mit unserer begrifflich vermittelten Wirklichkeit übereinstimmt. Aber erstens wäre die begriffliche Vermittlung, was den vollständigen Zusammenhang der Elemente angeht, noch unvollständig gewesen und insofern als Maßstab nicht hinreichend. Zweitens wäre das Verständnis dessen, was Begriffe sind, was wir tun, wenn wir urteilen usw. noch unvollständig gewesen und insofern wäre es auch nicht möglich gewesen, den Maßstab als das anzuerkennen, was er ist.

3.5 Hegels Begriff der Wahrheit

Erkennen ist ein Prozess, in dem es zur Wahrheit als Übereinstimmung von Begriff und Gegenstand kommt. Wahrheit als Maßstab für Erkenntnis ist das Ergebnis dieses Prozesses der Bestimmung zur Wahrheit. Einige exkursartige Bemerkungen zu diesem Begriff der Wahrheit sollen diese Ausführungen zur Erkenntnis vorerst zu einem Abschluss bringen.

Das Entscheidende an Hegels Konzeption von Wahrheit in der *Phänomenologie* ist, dass eine Behauptung oder ein Urteil wahr ist, wenn das, worüber geurteilt wird, auch unabhängig vom urteilenden Bezug auf es so ist, wie es das Urteil behauptet. Ein Urteil ist wahr, wenn es mit dem Wahren übereinstimmt.[84] Das Wahre ist die begrifflich bestimmte Wirklichkeit, also

---

[84] Man kann hier sagen, dass Hegel die Bedingungen der Möglichkeit für Aussagenwahrheit aufzeigen will. Man kann gegen einen solchen Versuch einwenden, dass die Begriffe „wahr" oder auch „das Wahre" nur dann sinnvoll verwendet werden können, wenn etwas auch falsch

etwas Begriffliches, das mit Seiendem vermittelt oder durch Bezug auf die Welt ausgebildet worden ist. Das soll unter anderem heißen: Als Maßstab für Wahrheit oder Falschheit von Urteilen dient ein System von miteinander vermittelten Urteilen. Dieses System ist in dem Sinne umfassend, als in ihm auf alle Arten von Gegenständen Bezug genommen wird. Wie ich im letzten Abschnitt schon angemerkt habe, ist das Wahre für Hegel nicht einfach mit dem Objektiven (oder mit Objektivität) zu identifizieren. Das Wahre umfasst alle Formen der begrifflich bestimmten Wirklichkeit, während das Objektive nur die einfachste Form darstellt. Zwei Aspekte zur Wahrheit will ich hier besonders hervorheben:

(1) Das Wahre ist für Hegel Resultat eines Prozesses. Es ist das begrifflich nach Regeln bestimmte Ganze, das durch Herstellung begrifflicher Zusammenhänge entsteht. Das sich mit Erkenntnisintention auf Gegenstände in der Welt beziehende Bewusstsein ist immer in diesen Prozess eingebunden. Daher kann man sogar sagen: Indem sich das Bewusstsein epistemisch auf etwas in der Welt bezieht, trägt es zur Konstitution des Wahren bei. Vollständig begriffliche Vermittlung ist erst am Ende des Prozesses erreicht. Sie ist Resultat eines Prozesses, in welchem die begriffliche Bestimmung schrittweise vonstattengeht. Die These, dass das Wahre die begrifflich bestimmte Wirklichkeit ist, bedeutet also nicht, dass jeder Bezug auf etwas immer schon begrifflich ist oder dass das, worauf wir uns beziehen, schon begrifflich strukturiert sein muss.[85]

Genauer gesehen liegen in der Auffassung des Wahren als Ergebnis eines Prozesses allerdings einige Schwierigkeiten. Diese hängen damit zusammen, dass auf der einen Seite, wie soeben angedeutet, das Resultat wirklich erst mit dem Prozess entsteht. Auf der anderen Seite ist dieser Prozess zum Wahren aber eine Erkenntnis von etwas in dem Sinne, dass man es so erkennt, wie es (schon) ist. Hegels Idee ist, dass wir die Welt in bestimmter Hinsicht konstituieren, in anderer Hinsicht aber vielmehr nachvollziehen, wie die Welt strukturiert ist. Beides soll von uns in einer Weise begriffen werden können, die es uns erlaubt, die Welt, wie wir sie konstituieren, als objektiv, und die Welt, wie wir sie nachvollziehen, als durch unsere Begrifflichkeit erfassbar anzuerkennen. Ob man sagt, dass das Wahre eher durch uns hergestellt oder vielmehr

sein könnte, was bei der begrifflich bestimmten Wirklichkeit nicht der Fall zu sein scheint. Durch meine Ausführungen ist jedoch ein Grund für diese Rede von „wahr" und „das Wahre" gegeben: Wahrheit soll die Übereinstimmung von Begriff und Gegenstand sein, die hier in besonderem Maße vorkommt.

[85] Dies ist der Grund, warum ich McDowell (1994, IX) und Halbig (2002) in ihrer These nicht Recht geben kann, dass Hegel ein direkter Realist im Sinne McDowells ist, wenngleich ich mit ihnen mit Blick auf die begrifflich bestimmte Wirklichkeit in vielen Aspekten übereinstimme, beispielsweise darin, dass der begrifflich bestimmten Wirklichkeit nichts Nichtbegriffliches gegenübersteht (vgl. den Exkurs zum direkten Realismus im dritten Kapitel).

von uns nachvollzogen wird, ist davon abhängig, ob man betrachtet, wie die Materie objektiv bestimmt ist, oder ob man betrachtet, wie etwas Lebendiges bestimmt ist. Besonders diese These muss im Rahmen einer Darstellung von Hegels Ontologie, also im fünften Kapitel, wieder aufgenommen werden.

(2) Hegel vertritt die These, dass Wahrheit nicht nur Urteilen zukommt. Nach Hegel kann man sogar sagen, dass die Rede davon, dass Wahrheit eine Eigenschaft von Urteilen ist, verkürzt ist. Hierfür gibt es einen ganzen Komplex verschiedener und auch verschiedenartiger Gründe, von denen ich nur drei nennen will, die sich durch die bisherigen Ausführungen bereits anbieten:

(a) Wenn man das Wahre als Produkt eines Prozesses ansieht und wenn man annimmt, dass Urteile wahr sind, insofern sie mit dem Wahren übereinstimmen, dann können Urteile nicht wahr sein, ohne dass der Prozess zum Wahren vollzogen ist. In Hegels Theorie kann man daher nicht sagen: Ein Urteil ist wahr, wenn es mit dem Wahren übereinstimmt, unabhängig davon, ob diese Übereinstimmung erkannt wird oder nicht. Die Wahrheit des Urteils impliziert, dass mit dem Urteil etwas *gemacht* wird. Ein Urteil ist wahr, insofern es als Moment einer begrifflichen Ganzheit *begriffen* ist. Unabhängig von dieser begrifflichen Ganzheit, die auch teils durch den Prozess des Begreifens hergestellt wird, ist es nicht wahr. Man kann daher sagen, dass Urteile dadurch, dass sie mit anderen Urteilen nach Regeln vermittelt werden, zur Wahrheit bestimmt werden. Dass das Urteil unabhängig von der begrifflichen Ganzheit nicht wahr ist, drückt sich, so Hegel, bereits in der Form des Urteils aus.[86]

(b) Wenn man sagt, dass Urteile zur Wahrheit bestimmt werden und dass das Resultat dieser Bestimmung so sein soll, dass alles, was vorkommt, vollständig begrifflich vermittelt ist, dann liegt es nahe, dass man auch verschiedene Arten von Urteilen unterscheidet. Der Inhalt von Urteilen über Wahrnehmungsinhalte, wie „Die Rose ist rot" (für Hegel so genannte qualitative Urteile), kann zum Beispiel offensichtlich nicht so ohne weiteres objektiv bestimmt werden. Es ist in anderer Weise auf das Subjekt und auf das Dasein von etwas bezogen als ein Urteil über einen gesetzmäßigen Zusammenhang.[87] Dass Hegel über Urteile dieser Art sagt, sie hätten Richtigkeit, aber keine Wahrheit, bedeutet nicht, dass Urteile generell nicht wahrheitsfähig sind.

(c) In Hegels Konzeption kann man sich einerseits mit der Frage beschäftigen, was Erkenntnis ist. Hierbei spielt das Thema der Wahrheit von Urteilen eine wichtige Rolle. Dies ist die Frage, die ich im Vorangegangenen vorrangig behandelt habe. Man kann sich aber andererseits auch mit der Frage beschäfti-

---

[86] Horstmann 1984, 49 ff.

[87] Den *Prolegomena* zufolge wären solche Urteile bei Kant Wahrnehmungsurteile. Auch Kant würde diesen nicht ohne weiteres zugestehen, einen Wahrheitswert zu haben.

gen, wie das Wahre als das Resultat der begrifflichen Bestimmung strukturiert ist. Hegel vertritt mit Blick auf die zweite Frage folgende These: Die erkennbare begrifflich bestimmte Wirklichkeit bildet immer eine begriffliche Ganzheit, und sie ist auch immer so geartet, dass in ihr insofern nicht zwischen Begriff auf der einen und Gegenstand auf der anderen Seite unterschieden werden kann, als das, was man erkennt, vollständig begrifflich bestimmt ist. Die begrifflich bestimmte Wirklichkeit kann aber unterschiedlich komplex ausgebildet sein, und die Weise, wie sie als begriffliche wirklich ist, kann auch unterschiedlich sein. Die Welt kann begrifflich so bestimmt werden, dass sie einen physikalischen Zusammenhang bzw. einen Mechanismus bildet. Diese begrifflich bestimmte Wirklichkeit (das Objektive) ist, wie schon angedeutet, in einem bestimmten Sinne unvollständig. Sie muss daher durch Bestimmungen der Welt als lebendig und geistig ergänzt werden. Die Betrachtung des Wahren unter der Frage nach seiner Strukturiertheit ist für Hegel ein wichtiges Thema.[88] Im Rahmen dessen lassen sich Fragen wie die für die meisten heute befremdlich wirkende Frage, ob und welche Objekte wahr sind, verständlich machen. Dies bedeutet dann zum Beispiel, ob etwas als Seiendes seinen Begriff verwirklicht oder nicht. Wie ich oben erwähnt habe, ist dies bei Materie und Lebendigem in unterschiedlicher Weise der Fall.[89]

Die Besonderheit von Hegels Konzeption der Wahrheit wird zumeist darin gesehen, dass Hegel Wahrheit nicht als Eigenschaft von Urteilen auffasst. Genauer wird gesagt, dass Hegel Richtigkeit, die Urteilen zukommt, und Wahrheit von einander unterscheidet und dass sein eigentliches Interesse der Wahrheit im Unterschied zur Richtigkeit gelte, wohingegen die Fragen der gegenwärtigen Theorien zur Wahrheit sich auf das beziehen würden, was Hegel Richtigkeit nenne.[90] Obwohl auch nach meiner Interpretation Wahrheit nicht primär Urteilen zukommt, finde ich es problematisch, wenn man Hegel unterstellt, an der Wahrheit von Urteilen nicht wirklich interessiert zu sein. Erstens denke ich nicht, dass für Hegel Urteilen generell nur Richtigkeit zukommt. Diese kommt, wie oben bereits kurz angeführt, nur qualitativen Ur-

---

[88] Hierauf werde ich im fünften Kapitel zurückkommen.

[89] Damit hängt auch zusammen, dass Hegel Wahrheit mit Wahrhaftigkeit in Verbindung bringt (Bspl.: „Jemand, der einen betrügt, ist kein wahrhafter Freund").

[90] Vgl. etwa Halbig 2002 und 2004; Stern 1993; Künne: 2003, 104 ff. Stern hat sich gegen Baldwin (1999) gerichtet, der dafür argumentiert hatte, dass Hegel der Identitätstheorie im Sinne Bradleys nahe steht; darauf hat Baldwin (2004) seine Interpretation im Prinzip verteidigt (bes. 29 ff.). Diese Diskussion betrifft hauptsächlich den Unterschied von propositionaler und materialer Wahrheit, d.h. es geht darum, inwiefern Hegel Wahrheit überhaupt als Eigenschaft von Sätzen ansieht. Dass Hegel Wahrheit nicht primär als Eigenschaft von Sätzen auffasst, ist auch eine zentrale These der Interpretationen, die Hegels ontologischen Wahrheitsbegriff geltend machen, wie Horstmann (1984) und Halbig (2002 und 2004). Als Vertreter einer Kohärenztheorie versteht beispielsweise Baum (1983) Hegel.

teilen zu. Zweitens muss bei der Begründung für Hegels These, dass Urteilen keine Wahrheit zukommt, berücksichtigt werden, dass das Wahre Resultat eines Prozesses ist, an dessen Ende miteinander vermittelte Urteile stehen. Dies wird aber meist übersehen. Ein Teil des Defizits von Urteilen liegt darin, dass sie als einzelne nicht wahr sind, sondern mit anderen vermittelt werden müssen, um wahr zu sein.[91] Drittens sehe ich, wie aus meinen Ausführungen hervorgegangen sein sollte, eine engere Verbindung von dem, was nach Hegel das Wahre ist, und Fragen zur Wahrheit von Urteilen. Denn das Wahre soll der Maßstab für Urteile sein.[92] Der Schlüssel zum Verständnis, wie Hegel sich zu den modernen Debatten verhält, liegt in der Frage, wie er ontologische Fragen in Fragen zur Begründung von Urteilen einbezieht. Wie ich schon gesagt habe, hat Hegel auch hier einen Vorläufer in Kant, denn obwohl Kant Wahrheit als Eigenschaft von Urteilen betrachtet, macht er die Wahrheit von Urteilen selbst von einer ontologischen These abhängig, also der These darüber, was es gibt. Folgt man den vorstehenden Ausführungen, ist für Hegel das Wahre die begrifflich bestimmte Wirklichkeit. Ein Urteil ist wahr, wenn es mit dem Wahren übereinstimmt.

4. Fragen zum Erfahrungsbegriff

Da die Ausführungen zu Hegels Konzeption von Erkenntnis allgemein gehalten sind und sich als Textgrundlage nur an der *Logik* orientieren, müssen einige Fragen, die sich mit Blick auf die *Phänomenologie* ergeben, noch beantwortet werden. In der *Phänomenologie* wird nicht nur der Prozess des Erkennens beschrieben, sondern es werden auch Positionen zu der Frage evaluiert, was Erkenntnis ist bzw. wann Erkenntnis vorliegt. Ich will in den folgenden Kapiteln die These vertreten, dass sich in der *Phänomenologie* dennoch ein Prozess derselben Art abzeichnet, wie ich ihn in den letzten Abschnitten für die *Logik* behauptet habe: ein Fortgang zu einer immer umfassenderen begrifflichen Bestimmung der Wirklichkeit. Die Perspektiven der beiden Schriften

---

[91] Dies werde ich im vierten Kapitel mit Blick auf einzelne Gesetze zu zeigen versuchen.

[92] Das Verhältnis von Wahrheit und Richtigkeit wird in der Literatur nicht einheitlich eingeschätzt. Dass beide wichtige Bestandteile von Hegels Theorie sind, behauptet beispielsweise auch Halbig (2002, 186). Er unterscheidet sie als ontologische und epistemologische so voneinander, dass Wahrheit und Richtigkeit unabhängig voneinander vorliegen können. Wie deutlich geworden sein dürfte, würde ich dies so nicht sagen. Wahrheit hat eine ontologische und eine epistemologische Dimension, wohingegen Richtigkeit zunächst auf bestimmte Typen von Urteilen zutrifft, die ihrem Inhalt nach nicht vollständig als objektiv bestimmt werden können („Diese Rose ist rot").

ist verschieden, insofern es in der *Logik* direkt um logische Prinzipien geht, während die *Phänomenologie* nach Erkenntnis fragt und in diesem Zusammenhang die logischen Prinzipien deshalb thematisiert, weil Behauptungen über die Welt immer auch Behauptungen über deren logische Verfasstheit implizieren sollen.

Liest man die *Phänomenologie* so, ergibt sich zunächst die Frage: Soll jeder Wissensanspruch, der erhoben wird, mit einer Antwort auf die Frage einhergehen, was Erkenntnis ist? Und gehen Wissensansprüche dann immer mit der in der *Phänomenologie* beschriebenen Erfahrung einher? Hegel muss annehmen, dass jede Wissensbehauptung mit der Beantwortung der Frage einhergeht, was Erkenntnis ist, insofern die Wissensbehauptung als solche thematisiert werden kann. Solange diese Frage nicht richtig beantwortet ist, kommt es immer zu der in der *Phänomenologie* beschriebenen Art von Erfahrungen. Denn so lange eine Wissensbehauptung noch nicht bewusst in den begrifflichen Zusammenhang mit anderen Urteilen gestellt wird, der Objektivität verbürgen kann, muss das Bewusstsein mit dem Wissen immer zugleich beanspruchen, im Prinzip im Besitz eines wahren Maßstabs zu sein, auch wenn dies nicht der Fall ist. Das heißt, die Frage, was Erkenntnis ist, ist für Hegel eine Frage, die immer mitbeantwortet wird oder zumindest eine Antwort verlangt, wenn eine Wissensbehauptung aufgestellt wird. Sie ist keine metaphilosophische Frage in dem Sinne,[93] dass sie erst aus einer philosophischen Betrachtung entspringt. Zumindest implizit ist sie immer schon mitbehandelt. Und sie ist, wie sich schon früher gezeigt hat, auch nicht metaphilosophisch, weil sie unabhängig von konkreten Wissensansprüchen gar nicht zu beantworten ist. Jeder Wissensbehauptung, bei der die Frage nicht richtig beantwortet ist, was Erkenntnis ist, ist die in der *Phänomenologie* als Erfahrung beschriebene Dynamik eigen, sobald man sich daran macht, sie als wahr auszuweisen.

Aber ist dies wirklich so? Sind beispielsweise die Wissensbehauptungen der empirischen Wissenschaften tatsächlich der Art, dass sie eine Antwort auf die Frage implizieren, was Erkenntnis ist? Oder sind sie anderer Art, und Erfahrungen im engeren Sinn machen nur Personen, die ihre Wissensbehauptung mit einer (falschen) philosophischen Theorie über Erkenntnis verbinden? Bei der Beantwortung dieser Frage gilt es zu berücksichtigen, dass Hegel die Philosophie und die anderen Wissenschaften sicherlich nicht strikt voneinander trennen will. Man könnte aber vielleicht sagen, dass die empirischen Wissenschaften die Wissensbehauptungen, die sie aufstellen, von sich aus zunächst nicht einer Prüfung in dem Sinne unterziehen, dass sie den Gründen für ihre Behauptungen auch kritisch nachgehen. Sie setzen den gängigen Standard

---

[93] Halbig (2004, 139) spricht von der *Phänomenologie* als „meta-epistemologischer Untersuchung".

an Gründen einfach voraus, während die Frage nach dem wahren Standard eine philosophische ist. Zwar impliziert im Prinzip jede Wissensbehauptung dadurch, dass sie begründet werden muss, die Frage danach, was Erkenntnis ist; diese Betrachtung muss aber nicht explizit gemacht werden. Explizit stellt die Philosophie diese Frage, und insofern werden auch im ersten Teil der *Phänomenologie* Philosophen in ihren Antworten kritisiert.

Folgt man dem, was ich soeben gesagt habe, so wird eine weitere Frage sein, ob für Hegel dasjenige, was er als Maßstab für wahres Wissen anerkennt, inhaltlich fixiert ist, also Wissenschaften auf bestimmte Wissensbehauptungen festlegt. Von der Beantwortung dieser Frage hängt unter anderem ab, ob Hegel das Wissen der Wissenschaften für modifizierbar, erweiterbar oder sogar austauschbar gehalten hat. Ich werde diese Frage hier nicht diskutieren können. Es scheint mir jedoch folgende Antwort nahe liegend: Hegel versteht unter Wahrheit die begrifflich bestimmte Wirklichkeit, wobei „begrifflich bestimmt" hier heißt, dass wir ein System von Sätzen bilden müssen, die alle miteinander begrifflich vermittelt sind. Insofern hat das, was Hegel unter Wahrheit versteht, eindeutig eine methodische Pointe. Aber Hegel vertritt auch die These, dass wir dieses System nur erreichen, wenn wir logischen Prinzipien folgen, die notwendig sind. Andernfalls könnten wir nicht sagen, dass die Wahrheit unabhängig von Wissen ist. Diese logischen Prinzipien implizieren nun viele grundlegende theoretische Annahmen. So implizieren sie beispielsweise Angaben dazu, welche Rolle die Newton'sche Physik spielt, was Prinzipien der Biologie sind usw., Folgt man dem, was ich in diesem Kapitel ausgeführt habe, sind diese theoretischen Annahmen keine speziellen inhaltlichen Wissensbehauptungen, sondern betreffen die allgemeinen logischen Prinzipien, die eine Position definieren, die sagt, was Erkenntnis ist. Akzeptiert man dies, kann man tatsächlich sagen: Hegels Begriff der Wahrheit verpflichtet zu einem bestimmten Verfahren und einer bestimmten Methode, aber sie legt uns auf keine spezifischen inhaltlichen Behauptungen fest. In der Folge kann man auch annehmen, dass es in den Wissenschaften auch immer neue Wissensbehauptungen geben kann. Nur die Frage, woran man diese prüft, wäre nicht mehr zu diskutieren: Man prüft sie an der begrifflich bestimmten Wirklichkeit, die in einer bestimmten Weise logisch strukturiert ist. Das Problem besteht hier allerdings darin, dass die grundlegenden theoretischen Annahmen, die den allgemeinen Prinzipien zur Strukturierung der Welt entsprechen, wenn auch sehr allgemeine, so doch inhaltliche Festlegungen vorgeben. Es könnte daher sein, dass sie mehr inhaltliche Festlegungen beinhalten, als es wünschenswert ist. Beispielsweise könnten sie dies tun, indem sie uns darauf festlegen, welche Rolle Newtons Physik spielt. Hegel glaubte (wie Kant) sicherlich, dass diese grundlegenden theoretischen Annahmen nicht mehr revidiert werden müssen. Insofern sich dies als unhaltbar zeigt, muss entweder Hegels These über den Stand der Entwicklung zur Zeit Hegels revidiert werden oder es müssen die grundlegenden theoretischen Annahmen weniger an Inhalte gebunden gedacht werden. Beide Vorschläge sind offensichtlich schwer zu realisieren. Aber dies kann hier nicht weiter verfolgt werden.

In diesem Kontext ist auf eine Frage zurückzukommen, die ich im ersten Kapitel (in anderer Form) schon einmal gestellt habe: Was passiert, wenn der Prozess der Beantwortung der Frage, was Erkenntnis ist, vollendet ist, das heißt, wenn man den Prozess der *Phänomenologie* durchlaufen hat? Wenn Philosophie eine Antwort auf die Frage geben soll, was Erkenntnis und was Wahrheit ist, kommt sie mit dieser Antwort zu ihrem Ende. Wer die Wahrheit erkannt hat, hat einen Maßstab für Wissen, welcher seine Wissensansprüche befriedigt. Zwar können nach wie vor Wissensansprüche enttäuscht werden, aber nur noch in dem Sinne, dass Wissensbehauptungen nicht mit dem System von Sätzen übereinstimmen, das die Wirklichkeit ist. Erfahrung als Umkehrung des Bewusstseins, so wie sie hier im ersten Kapitel beschrieben wurde, bleibt dagegen aus. Wohlgemerkt kann man auch dann noch sagen, dass die Wirklichkeit erfahren wird, aber hier heißt „erfahren": Man erfährt, ob seine Wissensbehauptung mit der Wirklichkeit übereinstimmt, und nicht, dass der angenommene Maßstab für Wahrheit unhaltbar ist. Dies wirft die Frage auf, was nach der *Phänomenologie* philosophisch überhaupt noch folgen soll. Diese Frage lässt sich mit Blick auf Hegels *Logik* und Realphilosophie beantworten. Die Philosophie hat, so Hegel in der Einleitung, die in der *Enzyklopädie* von 1830 dem ganzen System vorsteht, die Aufgabe, dem Bedürfnis nach Notwendigkeit Genüge zu tun.[94] Sie soll die logischen Strukturen als solche darstellen, die für die Bestimmung zur Wahrheit (oder auch zur Objektivität) notwendig sind, und die daher auch dafür verantwortlich sind, dass Wahrheit unabhängig von Wissen ist. Dies ist die *Logik*. Man könnte sagen: Die *Logik* zeigt den logischen Weg, wie Wissensbehauptungen als wahr bestimmt werden können und müssen. Ihr Inhalt ist „die Wirklichkeit"[95] und insofern überschneidet sie sich thematisch mit der *Phänomenologie*. Die Darstellungsform ist eine andere.[96]

Damit komme ich zu dem, was dann der *Logik* folgen soll, nämlich Hegels sogenannte Realphilosophie. Diese folgt nicht der Entwicklung der *Logik* von Anfang an, sondern beginnt mit dem Mechanismus und daher mit der objek-

---

[94] *Enz.* § 6.
[95] Ebd.: „daß ihr Inhalt die Wirklichkeit ist".
[96] Die Anordnung der Begriffe oder logischen Prinzipien ist in beiden Schriften nicht identisch. Der Grund für diese Verschiedenheit hängt mit der Rolle der Reflexion in den beiden Schriften zusammen (vgl. hierzu Kapitel III, Fn. 76).

tiv bestimmten Welt. Der hiermit fokussierte Teil der *Logik* soll zeigen, dass die Welt als begrifflich bestimmte Ganzheit kein reiner Mechanismus ist, sondern dass diese Ganzheit in ihrer vollen Bestimmtheit Leben und schließlich selbstbewusstes Leben ist. Folgt man diesem Gedanken, kann man die Realphilosophie als die Darstellung der Entwicklung der Wirklichkeit verstehen, wenn man sie als begrifflich bestimmte Ganzheit begriffen hat.[97] Hegel sagt in der Realphilosophie ausdrücklich, dass zum Beispiel für seine Naturphilosophie das *Wissen* der empirischen Wissenschaften Voraussetzung ist.[98] Auch hier sieht man daher wieder, dass die Philosophie inhaltlich nichts Bestimmtes vorschreiben soll, sondern nach philosophischer Methode Zusammenhänge herstellt. Was die Arbeit der Philosophie angeht, so sieht Hegel dennoch deren Hauptgeschäft am Ende, weil die zentralen Fragen durch die Reflexion des Erfahrungsgangs der Menschen beantwortet sind. Philosophie kann daher entweder so mit den Ergebnissen arbeiten, dass sie gemeinsam mit den Wissenschaften das Weltbild inhaltlich anreichert. Oder sie kann natürlich auch erneut die Frage nach Wahrheit und der Möglichkeit von Erkenntnis und ähnliche Fragen aufwerfen. Aufgrund dessen, dass Hegel – wie Kant und andere – eine Entwicklung in der Logik ausschloss, können solche Fragen nur früher bereits erreichte Erkenntnisstandpunkte wiederholen.

---

[97] Bei Hegel klingt das so: „Die Natur ist als ein System von Stufen zu betrachten, deren eine aus der anderen notwendig hervorgeht […] in der inneren, den Grund der Natur ausmachenden Idee" (*Enz.* § 249; vgl. auch den Anfang von *Enz.* § 251). Sagt man, dass für Hegel die Wirklichkeit der sich selbst erkennende Geist ist, so wird man die Realphilosophie als diesen Erkenntnisprozess verstehen. Meine Interpretation ist aber so auf die Struktur von Erkenntnis bezogen, und zwar einer Erkenntnis, die das Bewusstsein (mit-)vollzieht, dass diese Erläuterung nicht sehr hilfreich wäre. Die Weise, wie Hegel hier von Idee spricht, scheint mir auch dafür zu sprechen, dass Hegel damit etwas anderes meint als den Geist oder die Vernunft, nämlich die *Methode* zur Bestimmung eines System der begrifflichen Bestimmungen der Wirklichkeit. Dies wird besonders am Ende der *Wissenschaft der Logik* deutlich.

[98] Vgl. *Enz.* § 246.

III. WAHRNEHMEN

In den folgenden zwei Kapiteln dieses Buches werde ich mich mit den ersten drei Kapiteln der *Phänomenologie* beschäftigen. Hegel fasst diese Kapitel in einem mit *Bewußtsein* betitelten Abschnitt zusammen. Die Überschriften der Kapitel sind: 1. *Die Sinnliche Gewißheit oder das Diese und das Meinen*, 2. *Die Wahrnehmung oder das Ding und die Täuschung* und 3. *Kraft und Verstand, Erscheinung und übersinnliche Welt*. Der Abschnitt über das Bewusstsein beantwortet eine Frage dazu, was Erkenntnis ist, nämlich die, was der Maßstab für wahres Wissen ist. In den ersten beiden Kapiteln des Abschnitts werden Positionen zur Frage, was Erkenntnis ist, geprüft, denen zufolge der sinnlich gegebene Gegenstand den Maßstab für wahres Wissen darstellt. Damit eine Meinung wahr ist, muss sie mit dem seienden Gegenstand[1] übereinstimmen bzw. ihm adäquat sein. Die Struktur von Erkenntnis, die diese Positionen annehmen, ist eine zweistellige Relation, in der ein Begriff bzw. eine Behauptung über den Gegenstand das eine, und der Gegenstand als das Wahre das andere Relatum darstellt. Die Prüfungen dieser Positionen führen zu dem Ergebnis, dass ein Gegenstand nur dann als Maßstab für Wissen dienen kann, wenn er etwas begrifflich Bestimmtes ist. Eine Position zu der Frage, was Erkenntnis ist, die sich dieses Ergebnis zu eigen macht, ist eine Position, die in verschiedenen Hinsichten geradezu das Gegenteil zu derjenigen darstellt, von der der Abschnitt über das Bewusstsein im ersten Kapitel der *Phänomenologie* ausgegangen war. Eine solche Position wird im dritten Kapitel des Abschnitts über das Bewusstsein der *Phänomenologie* entwickelt. Ihr gemäß soll nicht mehr der sinnlich gegebene Gegenstand den Maßstab für wahres Wissen darstellen. Vielmehr wird angenommen, dass etwas sinnlich Gegebenes begrifflich bestimmt werden muss und dass dieses begrifflich Bestimmte den Maßstab dafür abgibt, ob wahres Wissen vorliegt. Damit ist der Maßstab etwas Begriffliches. Die Struktur von Erkenntnis ist nun eine Relation, in der, wie man veranschaulichend sagen kann, auf der Seite des Wahren nicht mehr nur ein sinnlicher Gegenstand steht, sondern ein begrifflich bestimmter sinnlicher Gegenstand, das heißt es ist eine Relation, in der eines der Elemente (nämlich

---

[1] Im Folgenden wird „Gegenstand" im Sinne von „seiendem Gegenstand" verwendet. Zunächst wird (mit der Position der sinnlichen Gewissheit) ein Gegenstand als Einzelnes verstanden. Wenn sich dies ändert, wird es auch schwieriger, „Gegenstand" einfach mit „Seiendem" zu identifizieren, weil etwas Seiendem dann nicht mehr dadurch Einheit und Identität zukommt, dass es etwas Einzelnes ist. Daher findet sich dann in meinem Text (vor allem im zweiten Abschnitt) auch eine Rede von Gegenstand (etwas als einen Gegenstand erkennen), bei der es vor allem darum geht, dass dem, worauf wir uns als Seiendem beziehen, Einheit und Identität zukommen soll.

der Gegenstand) selbst wieder eine Relation bildet. Aus dieser Position generiert Hegel seine eigene Antwort auf die Frage, was der Maßstab für wahres Wissen ist. Dies findet ebenfalls im dritten Kapitel der *Phänomenologie* statt. Mit diesem Kapitel werde ich mich ausführlich im vierten Kapitel beschäftigen. Der Abschnitt über das Bewusstsein entwickelt also insgesamt Hegels Antwort auf die Frage, was der Maßstab für wahres Wissen ist,[2] wobei diese Antwort eine bestimmte Deutung der Auffassung ist, dass das Wahre, das als Maßstab für Wissen fungieren soll, etwas Begriffliches ist.

Die Interpretation, die ich im Folgenden von den ersten drei Kapiteln der *Phänomenologie* geben werde, muss die bisher explizierte Auffassung von Erfahrung und Erkenntnis im Durchgang durch die Positionen bestätigen. Jede Position wird demnach prüfen bzw. darauf geprüft werden, ob sie zwischen Wissen und Wahrheit unterscheiden und als Erkenntnis die Identität der beiden behaupten kann. Kann sie dies nicht, wird sich dies in der Weise ausdrücken, wie der Gegenstand sich ihr tatsächlich zeigt, wenn sie sich mit in der Intention auf Erkenntnis gebildeten Erwartungen an ihn richtet. Außerdem muss sich in dieser Interpretation zeigen, dass die *Phänomenologie* als eine Lehre von den Erfahrungen des Bewusstseins verstanden werden kann. Die Aufgabe der einen und die Aneignung einer anderen Position erfolgen, so die leitende Annahme, nicht deshalb, weil die erste Position logisch inkonsistent ist, oder als logisch inkonsistent erkannt wurde, sondern aufgrund von Erfahrungen und angesichts dessen, was erfahren wird.

Im vorliegenden Kapitel werde ich mich mit den ersten beiden Kapiteln der *Phänomenologie* beschäftigen. Zwei Annahmen, die die Frage betreffen, welche Rolle die jetzt zu interpretierenden Textabschnitte in Hegels Konzeption der Erkenntnis spielen, sollen vor der Textinterpretation genannt werden. Im Laufe des vorliegenden Kapitels werde ich noch häufiger auf sie zurückkommen.

(1) Die Positionen, die in den ersten beiden Kapiteln der *Phänomenologie* dargestellt werden, sollen aufgegeben und durch andere Positionen ersetzt werden, die über einen anderen Maßstab für Wissen verfügen. Der Verweis auf Wahrnehmungen ist, wie sich herausstellt, nicht geeignet, um Wissen als wahr auszuweisen.[3] Was die in der *Phänomenologie* dargestellten Erfahrungen zeigen, ist, wie diese Positionen zur Aufgabe gezwungen werden. Die Entwicklung zeigt dabei eine zunehmende begriffliche Bestimmung von etwas als einem Gegenstand, und die begriffliche Bestimmtheit ist erforderlich,

---

[2] Dies wirft die Frage auf, wie sich der Abschnitt über das Bewusstsein zu dem über das Selbstbewusstsein verhält (vgl. hierzu das fünfte Kapitel, Abschnitt 1.2).
[3] Ich fasse die Position der sinnlichen Gewissheit mit unter „Wahrnehmung", man muss dann zwei unterschiedliche Auffassungen von Wahrnehmen unterscheiden.

um einen Maßstab für Wissen zu haben.[4] Dass Positionen zur Frage, was der Maßstab für Wissen ist, aufgegeben werden müssen, bedeutet aber nicht, dass das, was in den betreffenden Kapiteln beschrieben wird, also zum Beispiel die wahrnehmende Bezugnahme auf einen Gegenstand, nicht stattfinden kann, ohne dass das, was in den jeweils folgenden Kapiteln beschrieben wird, schon vorausgesetzt wird. Wir können uns bloß passiv aufnehmend verhalten (wie im ersten Kapitel der *Phänomenologie* angenommen) und uns wahrnehmend auf etwas beziehen (wie im zweiten Kapitel angenommen), ohne dass hierfür die Begriffe im Spiel sein müssen, die die Relationen von Dingen durch ihre gesetzmäßigen Zusammenhänge erklären (wie im dritten Kapitel angenommen). Mit anderen Worten: Die in den Kapiteln des Bewusstseinsabschnitts dargestellten Prozesse, also etwa die wahrnehmende Bezugnahme auf etwas, stehen nicht in einer zu ihrer Darstellung umgekehrten Entwicklungsordnung zueinander. In der *Phänomenologie* wird vielmehr insgesamt ein Prozess dargestellt, durch den die Frage nach dem Maßstab für Wissen beantwortet wird. Die Beantwortung dieser Frage stellt auch den Prozess zum Wahren als der begrifflich bestimmten Wirklichkeit dar. Nur, wenn man davon abstrahiert, dass ein Prozess dargestellt wird, erhält man philosophische Positionen zur Frage, was Erkenntnis ist. Diese Positionen werden von dem jeweils vom Prozess absehenden Bewusstsein verkörpert. Sieht man jedoch auf den Prozess als einen Prozess der Bestimmung zum Wahren, so müssen die einzelnen dargestellten Momente (das Wahrnehmen usw.) im Prozess als Momente der Bestimmung stattfinden können, also möglich sein.

(2) Hieran knüpft die zweite der Textinterpretation voran zu schickende Annahme an: Die Interpretation der *Phänomenologie*, die ich vorschlage, impliziert noch mehr als die soeben herausgestellte Möglichkeit der Wahrnehmung von etwas, das noch nicht in seinen begrifflichen Relationen zu anderen Dingen bestimmt ist. Folgt man meiner Lesart, muss man sich im Prozess des Erkennens sogar zuerst wahrnehmend auf etwas beziehen, bevor man das, was man wahrnimmt, als in begrifflichen Relationen zu anderen Dingen stehend begreift. Die hiermit aufgestellte These, dass das, was Hegel in den ersten beiden Kapiteln der *Phänomenologie* beschreibt, also unmittelbare Bezugnahme und Wahrnehmung, auch im Prozess der Erkenntnis als Weisen der Beziehung auf Gegenstände vorkommen müssen, wird in meinen Augen dadurch belegt, dass Hegel bei der Entwicklung der Positionen in der *Phänomenologie* betont, dass die Positionen jeweils vergessen, dass sie aus der vorherigen Position entstanden sind. Wenn man, wie der Beobachter der Entwicklung der

---

[4] Damit will ich nicht sagen, dass Wahrnehmungen für Hegel nicht-begrifflich sind; hierauf werde ich noch zu sprechen kommen.

Phänomenologie, die Entstehung einer Position aus der vorherigen im Blick hat, sieht man einen Prozess der Bestimmung zur Objektivität oder zum wahren Maßstab.[5]

1. Sinnliche Gewissheit

1.1 Die Position

Die Position, die als erstes geprüft werden soll, ist eine Position, die einen Begriff von Erkenntnis hat, demzufolge Erkenntnis keinerlei begrifflichen oder operativen Bedingungen unterliegt.[6] Wir erkennen ihr zufolge Gegenstände unmittelbar. „Unmittelbar" heißt hier: (1) instantan und (2) direkt, das heißt ohne irgendwelche aktive Beteiligung oder Tätigkeit des Subjekts und ohne auf etwas anderes als den sinnlichen Gegenstand selbst Bezug zu nehmen. Es soll also weder auf andere Gegenstände, noch auf Prädikatbegriffe, noch auf andere vermittelnde Instanzen Bezug genommen werden.[7] Dies definiert die

---

[5] Diese Darstellung ist eine Vereinfachung. Wie im ersten Kapitel schon dargelegt, muss außerdem u.a. der neuen Darstellungsweise im Geist-Kapitel der *Phänomenologie* Rechnung getragen werden. In der der Philosophie angemessenen Form wird dieser Prozess der Bestimmung der begrifflichen Zusammenhänge als dem Wahren in der *Logik* dargestellt.

[6] Das Kapitel *Sinnliche Gewißheit* wird vorwiegend entweder als eine Vorbereitung auf die folgenden Positionen aufgefasst. In diesem Fall wird weder der hier gemachten Erfahrung noch dem hier gemachten Ergebnis ein erhellendes positives Resultat zugeschrieben (vgl. insbesondere Pippin 1989, 120 und 126). Oder das Kapitel wird als ein Beitrag zur Theorie der Referenz verstanden. Diese These wurde in verschiedener Weise ausgeführt, und ich werde mich auf diese Ausführungen noch beziehen. In diesem Zusammenhang wird deutlich werden, dass ich nicht der Meinung bin, dass Referenz im engeren Sinne diskutiert wird, also die Frage: Wie können wir uns auf einen einzelnen Gegenstand beziehen? Vielmehr würde ich als Frage nennen: Können wir, wenn wir uns unmittelbar auf einzelne Gegenstände beziehen, mit dieser Bezugnahme etwas erkennen? Bowman hat jüngst die soweit ich sehe schon von Heidegger (1950) vertretene These verteidigt, dass die Frage Hegels von Anfang an eine metaphysische Frage ist, nämlich: Was weiß ich, wenn ich mich auf meine gegenwärtige sinnliche Wirklichkeit als ein Absolutes beziehe (Bowman 2003, 89). Das würde heißen, dass Hegel in der *Phänomenologie* von Anfang an eher einen spekulativen Holismus vertritt (75). In meinen Augen sprechen zwei Dinge entscheidend dagegen, Hegels Fragestellung in der *Phänomenologie* als in dieser Weise eingeschränkt zu interpretieren: Erstens ist nicht zu sehen, wie die folgenden Positionen, insbesondere die Wahrnehmungsposition, hier überzeugend anschließen sollen. Zweitens würde diese Fragestellung ausschließen, dass Hegel eine Position wie die Kantische in den Prüfungsablauf integrieren kann.

[7] Dass „unmittelbar" hier nicht nur „ohne Vermittlung durch etwas anders" heißt, sondern auch „nicht mittels einer Tätigkeit" und „instantan", ist für meine Deutung wichtig. Es scheint mir offensichtlich, dass Hegel bei der sinnlichen Gewißheit „unmittelbar" in einem sehr radikalen Sinn meint, der alle möglichen Aspekte umfasst. Dass „unmittelbar" auch „instantan"

erste Position. Was wir unmittelbar erkennen, ist dieser Position zufolge, dass die Gegenstände, auf die wir uns instantan beziehen, existieren.[8] Dass die Person, die diese Position vertritt, im Grunde nur behaupten will, dass es den Gegenstand, auf den sie sich bezieht oder von dem sie einen Eindruck hat, tatsächlich gibt, kann man sich so verständlich machen: Wenn man die Person fragt, was sie aufgrund ihres Eindrucks vom Gegenstand wirklich weiß, versichert sie, dass der Gegenstand existiert, sie muss sich aber nicht darauf festlegen, dass er zum Beispiel tatsächlich grün ist.[9] Sätze, die die Person (ohne weitere Annahmen) als wahr rechtfertigen können soll, lauten „Hier ist ein Baum", „Jetzt ist Nacht"[10] usw. Dass die Person Behauptungen dieser Art aufstellt – und nicht etwa behauptet: „Den Baum, auf den ich mich beziehe, gibt es." – liegt daran, dass sie das, was sie behauptet, als unabhängig von sich behaupten will. Daher kann sie den Baum nicht durch ihre Bezugnahme auf ihn charakterisieren. Die Sätze „Hier ist ein Baum" oder, wie Hegel vorzieht zu sagen, „Das Hier ist ein Baum" sollen bedeuten, dass der Baum, von dem ein sinnlicher Eindruck besteht, auch unabhängig vom Subjekt da ist.

Man kann gegen die Situationsbeschreibung Hegels einwenden, dass das sinnliche Bewusstsein, welchem der Gegenstand unmittelbar gewiss sein soll (und nicht vermittelt durch Begriffe), überhaupt nicht Rede und Antwort stehen kann und daher die Prüfung nicht zustande komme.[11] Aber es geht Hegel nicht darum, was die geprüfte Person sagen kann, sondern was sie für Mittel hat, wenn es um die Ausweisung ihrer Meinung als wahr geht. Sie kann beispielsweise auch auf den Gegenstand zeigen, um die Wahrheit ihrer Aussage durch seine Präsenz auszuweisen. Dass Wissen oder die Mittel der Rechtfertigung für Wissen sprachlicher Natur sein müssen, wird nicht vorausgesetzt. Vergegenwärtigt man sich die Bestimmungen der Erkenntnis, die

umfasst, zeigt sich daran, dass Hegel sagt, das unmittelbar Gegebene sei „hier und jetzt". Kantisch könnte man formulieren: Erkenntnis bedarf nur der passiven Aufnahme, keiner raumzeitlichen Synthesis und keiner Reproduktion durchlaufender Vorstellungen.

[8] Hegel sagt bei der ersten Charakterisierung der Position, „ihre Wahrheit enthält allein das Sein der Sache" und „die Sache ist, und sie ist, nur weil sie ist" (GW 9, 63).

[9] Man kann hierin die Position eines so genannten direkten Realismus verkörpert sehen (vgl. zum Beispiel Graeser 1998 und Wieland 1973). Dies werde ich in dem diesen Abschnitt abschließenden Exkurs diskutieren.

[10] Da Hegel den Gegenstand nachher als *einzelnen* Gegenstand charakterisiert, kann man das Beispiel der Nacht schlecht gewählt finden. Und auch, wenn man die Kontinuität zu den Beispielen der nächsten zwei Kapitel in der *Phänomenologie* bedenkt, würde ein materieller Gegenstand (wie der Baum) besser passen. Hegel wählt das Beispiel der Nacht, weil es neben dem Beispiel für eine räumliche Präsenz (Hier) auch ein Beispiel für zeitliche Präsenz (Jetzt) geben soll.

[11] Diesen Einwand diskutieren sowohl Graeser (1998) als auch Wieland (1973). Wieland macht in diesem Zusammenhang die Analogie zu platonischen Dialogen geltend. Diese Analogie könnte man auch im Rahmen meiner Interpretation passend ziehen.

die Interpretation der Einleitung der *Phänomenologie* ergeben hat, so gilt allerdings, dass die Position nur dann als eine zu verstehen ist, in der überhaupt Erkenntnis intendiert wird, wenn sie sich in einer Weise auf etwas bezieht, in der sie das, worauf sie sich bezieht, zugleich von sich unterscheidet und dessen Unabhängigkeit von sich behauptet. Eine Position, die annimmt, dass Erkenntnis etwas rein Mystisches, Privates sein kann, kann nicht gemeint sein, weil diese überhaupt keine Position zur Erkenntnis darstellt.

1.2 Der Maßstab

Der erste Schritt der Prüfung der Position der sinnlichen Gewissheit[12] besteht darin, dass die Person, die diese Position vertritt, daraufhin befragt wird, wie sie Behauptungen der Art wie „Hier ist ein Baum" begründet. Die Position der sinnlichen Gewissheit zeichnet sich allerdings dadurch aus, dass sie das, was sie behauptet, für nicht fallibel hält. Gewissheit soll in Evidenz gründen, also nicht ein Produkt von Inferenzen sein. Wenn die Person, die die Position der sinnlichen Gewissheit vertritt, sich über etwas gewiss ist, ist dies in ihren Augen zweifelsfrei. Es wäre demnach im Fall der sinnlichen Gewissheit nicht im Sinne einer immanenten Kritik, von der Person Gründe im Sinne von rechtfertigenden anderen Urteilen für die Wahrheit ihrer Behauptung einzufordern. Aber ein Grund für diese Behauptungen in der Art, dass die Person sich darüber im Klaren sein muss, was ihre Behauptung wahr macht, muss angegeben werden können, damit wir überhaupt von Erkenntnis sprechen können. Die erste Begründung, die die Person Hegels Darstellung zufolge gibt, lautet, dass der Gegenstand dasjenige ist, was die Gewissheit der unmittelbaren erkennenden Bezugnahme garantiert. Die Präsenz des Gegenstands wird damit als Grund für die Wahrheit der Behauptung angeführt. Auf die Frage, woher sie weiß, dass hier ein Baum ist, sagt die Person etwa: „Schau doch hin, dann kannst du dich von dem Baum vergewissern, dass er hier ist." Da die Person sich selbst als passiv versteht, könnte sie beispielsweise auch sagen: „Schau doch hin, dann wird sich der Baum dir als etwas, das hier ist, mitteilen." Die Behauptung über den Gegenstand soll durch den sinnlichen Gegenstand bewahrheitet werden.

Es ist nun keineswegs so, dass die Person besonders viel über den Gegenstand zu wissen beansprucht. Ohne zusätzliche Annahmen zu machen, kann sie im Rahmen ihrer Position über den Gegenstand nur zu wissen beanspru-

---

[12] Die Abweichungen von der Präsentation, die Hegel selbst gibt, sind vor allem die Folge davon, dass ich die Ordnung der geprüften Annahmen etwas anders konzipiere. So vertausche ich die Anordnung der Annahmen mit Blick auf die konkrete Aussage über den Baum und darüber, was der Gegenstand ist (das Dieses).

chen (dies gilt, selbst wenn man zugesteht, dass sie den Gegenstand beispielsweise als farbig und als geformt wahrnimmt),[13] (1) dass der Gegenstand existiert. Sie kann sagen, (2) dass der Gegenstand ein einzelner Gegenstand ist. Dass der Gegenstand für die Person ein einzelner Gegenstand ist, ist schon insofern deutlich, als sie ihn überhaupt nicht im Verhältnis zu anderen betrachtet – er ist, wie Hegel sagt, für die Person nur ein *Dieses*. Und weiterhin (3) muss für die Person gelten, dass der Gegenstand raum-zeitlich ist, weil er der Person hier und jetzt präsent ist.[14] Letzteres heißt wohlgemerkt nicht, dass die Person den Gegenstand in Raum und Zeit verorten kann, wenn man unter Raum-Zeit ein objektives Koordinatensystem versteht, sondern es heißt nur: Der Gegenstand ist ihr punktuell raum-zeitlich präsent. Dass die Person den Gegenstand nur als präsent ansieht, ohne ihn raum-zeitlich verordnen zu können, kann man auch als Grund dafür ansehen, warum die Person nach der Darstellung Hegels nicht Sätze äußert wie „Hier ist ein Baum", sondern nur Sätze wie „Das Hier ist der Baum". Hierdurch will Hegel klar machen, dass die Person den einzelnen Gegenstand nicht innerhalb eines allgemeinen Systems verortet, sondern nur auf diesen als Präsentes, als punktuelles Einzelnes gerichtet ist. Es muss daher für die folgenden Ausführungen festgehalten werden, dass die Person sich über einen Gegenstand äußert, so wie er sinnlich instantan präsent ist. Die Person hat ihre Position nun insgesamt so expliziert, dass sie etwas weiß, nämlich zum Beispiel, dass hier ein Baum ist, und dass dieser Wissensanspruch durch den Gegenstand bewahrheitet wird, über den die Behauptung gemacht wird.

Indem die Person den Gegenstand als Maßstab für ihre Wissensbehauptung angibt, behauptet sie implizit auch, dass er an sich so ist, wie sie sagt. Hegel formuliert diesen für die Prüfung entscheidenden Schritt etwas lapidar, indem er aus der Perspektive des Bewusstseins mit Blick auf den Gegenstand sagt: „[E]r bleibt, wenn er auch nicht gewusst wird" (*GW* 9, 64).

Warum soll die Person sich auf diese Annahme verpflichtet haben? Angenommen, die betreffende Person würde die Annahme, dass der Gegenstand bleibend ist, zurückweisen und stattdessen sagen, der Gegenstand existiere, solange er gewusst wird, oder auch: solange er als präsent wahrgenommen wird. In diesem Fall könnte die Person Wissen und Wahrheit nicht voneinander unterscheiden, und sie könnte nicht sagen, dass der Gegenstand ihre Behauptung wahr macht. Wenn der Gegenstand die Behauptung, dass er existiert, wahr machen soll, muss er existieren, unabhängig davon, ob sich

---

[13] Ob sie, was unter (2) und (3) genannt wird, überhaupt explizit zu wissen beansprucht, oder ob es nur zur Beschreibung des Gegenstands benötigt wird, von dem behauptet wird, dass er existiert, kann hier offen gelassen werden.

[14] Das einzelne Dieses hat, so Hegel, die doppelte Gestalt des Hier und Jetzt.

ein Bewusstsein auf ihn bezieht. Dies ist die bereits im letzten Kapitel herausgestellte metaphysische Pointe, die Hegel der Praxis des Gebens von Gründen gibt: Mit der Begründung, die eine Person für die Wahrheit einer Behauptung gibt, macht die Person eine Annahme über die Welt, also darüber, was es in der Welt gibt und wie es beschaffen ist. Der Gegenstand bewahrheitet ihre Behauptung nur dann, wenn er auch unabhängig von ihr so ist, wie sie behauptet.[15] Im Fall der sinnlichen Gewissheit muss der Gegenstand dann etwas Bleibendes sein.

Aber warum kann die Person nicht sagen, dass der Gegenstand unabhängig von ihr „jetzt hier ist", warum sollte sie sagen müssen, dass er etwas Bleibendes ist oder dass er unter allen Umständen existiert?[16] Wenn die Person sagt, dass hier ein Baum ist, so ist diese Behauptung nach ihrem eigenen Maßstab wahr, wenn das, was sie sagt, mit dem Gegenstand übereinstimmt. Nun hat die Person keine Angaben dazu gemacht, wann der Baum wo ist, die die Prüfung anleiten können. Die betreffende Person kann dies mit ihren Mitteln auch gar nicht tun. Sie kann nicht etwa sagen oder auch nur meinen, dass ihre Behauptung, dass jetzt hier ein Baum ist, durch den Sachverhalt bewahrheitet würde, dass zum Zeitpunkt t an der Raumstelle xy ein Baum ist.[17] Wenn sie den Gegenstand, der ihre Behauptung bewahrheiten soll, so auffasst, dass er, um als Maßstab zu dienen, raum-zeitlich oder in Bezug auf andere Gegenstände bestimmt werden muss, dann hat sie die Position, dass der Gegenstand unmittelbar als Einzelner ihre Behauptung bewahrheitet, schon aufgegeben. In diesem Sinne müsste sie auch die sie definierende Meinung aufgeben, dass sie durch den unmittelbaren Bezug auf etwas die Gewissheit seiner Existenz hat.

Der Maßstab der Prüfung ist also der Gegenstand, und dieser kann nur als Maßstab fungieren, wenn er etwas Bleibendes ist. Diese letzte Annahme muss der betreffenden Person nicht einmal bewusst sein. Sie wird sich in der Prüfung aber mit der Erwartung an den Gegenstand richten, dass er ihre Behauptung bestätigt. Indem sie seine Präsenz als Grund für die Wahrheit ihres Wissens anführt, verlässt sie sich darauf, dass er unabhängig davon existiert, ob sie sich auf ihn bezieht oder nicht.

---

[15] Man könnte einwenden, dass eine Position wie die Berkeleys nicht einfach übergangen werden darf. Dies ist jedoch nicht der Fall. Es gilt auch für Berkeley, dass erstens die Ideen durch Gott eine vom individuellen Bewusstsein unabhängige Existenz haben und dass zweitens Kriterien für veridische Wahrnehmungen angegebenen werden.

[16] Den Einwand, dass dies eine absurd starke Anforderung an die Position darstellt, hat Thöle (Manuskript) gemacht.

[17] Wäre der Gegenstand nicht dort gewesen, wäre das, was die Person mit Anspruch auf Wahrheit behauptet hatte, falsifiziert worden. In diesem Fall hätte aber nicht der Maßstab der Prüfung angezweifelt werden müssen.

1.3 Das Versagen des Maßstabs

Die Person scheitert in der Prüfung daran, dass ihre Behauptung darüber, woher sie weiß, was sie zu wissen vorgibt, nicht geeignet ist, um eine Wissensbehauptung zu begründen. Es soll gelten, dass die Behauptung einer Person nach ihrem eigenen Maßstab wahr ist, wenn sie durch den Gegenstand, auf den sie referiert, bestätigt wird. Da die Behauptung „Hier ist ein Baum" keine objektive Verortung in Raum und Zeit enthält, die etwa die Präsenz des Baumes auf einen bestimmten Zeitraum einschränken würde, darf die Prüfung jederzeit durchgeführt werden, ohne Ort und Zeitpunkt zu berücksichtigen. Natürlich ist das Ergebnis negativ (ich gehe hier zunächst davon aus, dass die Behauptung nicht zufällig unter anderen Umständen bestätigt wird, dieser Fall wird später aber noch angesprochen werden). Der Wissensanspruch der Person wird nicht bestätigt.

Dass die Prüfung einer Behauptung negativ ausfällt, muss natürlich im Allgemeinen kein Grund dafür sein, den Maßstab der Prüfung aufzugeben. Dies ist allerdings dann der Fall, wenn in der Prüfung nicht der einzelne Fall falsifiziert wurde, sondern wenn sich zeigt, dass die Prüfung aus prinzipiellen Gründen nicht positiv ausfallen konnte.[18] Dies soll für die hier dargestellte Prüfung zutreffen. Der Grund dafür ist, dass der in der Prüfung als Maßstab angenommene Gegenstand etwas Bleibendes sein müsste, um diese Funktion erfüllen zu können. Der Gegenstand ist aber nichts Bleibendes. Dass er es nicht ist, erfährt die geprüfte Person in der Prüfung.

1.4 Wie erfahren wird, was der Gegenstand nicht ist

Um das Ergebnis der Prüfung zu verstehen, will ich zunächst die Frage aufwerfen, wann die Prüfung erfolgreich gewesen wäre. Ich werde hierfür ein Szenario vorschlagen, welches sich an der Beschreibung orientiert, die sich im Text findet. „Das Itzt, welches Nacht ist" und welches als „Seiendes" behauptet wurde, erweist sich in der Prüfung „vielmehr als ein nicht Seiendes" (*GW* 9, 65). Als Szenario, unter dem die Prüfung erfolgreich gewesen wäre, muss man sich folglich eins vorstellen, in dem die Nacht sich „erhalten" hätte oder etwas

---

[18] Dies gilt zumindest dann, wenn man die Prüfung unter verschiedenen Umständen wiederholt. Es gibt vielleicht Umstände, unter denen das, was die Person sagt, in einer einzelnen Prüfungssituation bestätigt wird. Dies sind aber Situationen, in denen zufälligerweise wieder ganz bestimmte Umstände gegeben sind. Die ursprüngliche Behauptung wird dann nur dadurch bestätigt, dass derselbe Satz mit dem Anspruch auf Wahrheit noch einmal unter Umständen geäußert wird, unter denen er zutrifft, aber nicht so, dass er unabhängig von diesen bestimmten, zufällig gegebenen Umständen bestätigt wird.

Bleibendes, Dauerhaftes oder Beständiges[19] wäre. Angenommen, unsere Welt wäre so, dass es immer und überall Nacht wäre, so würde die Aussage „Das Jetzt ist die Nacht" anhand des angegebenen Maßstabs verifiziert werden.[20] Das heißt, dass die Prüfung aus prinzipiellen Gründen nicht positiv ausfallen kann, liegt daran, dass eine der Annahmen, die die Person machen muss, um zu begründen, dass das, was sie weiß, wahr ist, falsch ist. Die Annahme, die die Person machen muss, wenn sie die Präsenz des Gegenstands als dasjenige annimmt, was die Wahrheit garantieren soll, nämlich „er bleibt, auch wenn er nicht gewusst wird", erweist sich in der Prüfung als falsch. Das Bewusstsein bezieht sich auf die Nacht als Gegenstand und behauptet von ihr, dass sie an sich besteht. Ohne weitere Differenzierung heißt das, dass die Nacht etwas Bleibendes ist, also etwas, das über die Zeit hinweg einfach als dasselbe existiert. Ist diese Annahme falsch, so kann die Person sich für die Wahrheit ihrer Wissensbehauptung nicht auf die Präsenz des Gegenstands berufen.

Es kommt hier also zu einem Gegensatz zwischen dem, was die Person annehmen muss – nämlich dass der Gegenstand beständig ist –, und dem, was der Fall ist – dass der Gegenstand tatsächlich unbeständig ist.[21] Dies ist kein konzeptueller Widerspruch. Vielmehr widerstreitet dem, was die Person annehmen muss, das, was der Fall ist. Die Person oder wir an ihrer Stelle wenden uns in der Prüfung an den Gegenstand mit der Erwartung, dass er die Wissensbehauptung bestätigt. Diese Erwartung wird enttäuscht. Die Position ist unhaltbar, weil sie, wenn die Annahme falsch ist, dass der Gegenstand etwas Bleibendes ist, keine Begründung mehr dafür hat, dass ihre Behauptung wahr ist. Damit verfügt sie nicht über die Möglichkeit einer Unterscheidung von

---

[19] Ich verwende zukünftig oft „beständig" anstelle von „bleibend". „Dauerhaft" kann man auch sagen.

[20] Man kann gegen das beschriebene Szenario einwenden, dass der Begriff der Nacht, so wie wir ihn verwenden, ohne den des Tages gar nicht sinnvoll verwendet werden könnte und dass die betreffende Person nicht über unseren Begriff des Tages verfügen könnte, wenn immer Nacht wäre usw. Dass Begriffe gegen andere abgegrenzt werden müssen, ist zweifellos eine Überlegung, mit der Hegel sympathisiert, aber sie darf nicht im Kapitel *Sinnliche Gewißheit* vorausgesetzt werden. Man könnte auch einwenden, dass die Position unter dem beschriebenen Szenario nicht formulierbar wäre, weil sich die Person gar nicht mehr auf einen einzelnen raum-zeitlichen Gegenstand bezöge, dies aber in ihren Annahmen impliziert sein soll. Der einzelne Gegenstand ist von der betreffenden Person jedoch über die Präsenz von etwas eingeführt worden (unabhängig wo und wie lange es präsent ist) und das scheint in dem vorgestellten Szenario noch genauso zu sein. (Im Übrigen könnte man angesichts der beiden Einwände mit der Vorstellung weiterhelfen, die Person wechsle in eine andere Welt, in der immer und überall Nacht ist.)

[21] Zu berücksichtigen ist hier, was ich oben schon geltend gemacht habe: Wenn hier von einem einzelnen Gegenstand die Rede ist, ist ein Gegenstand, so wie er sinnlich instantan präsent ist, gemeint.

Fürwahrhalten und Wahrheit, die eine Bedingung für Erkenntnis sein sollte. Alles, was die Person jetzt noch sagen kann, ist, dass sie zu wissen glaubte, dass der Baum existierte. Offenbar war ihr Wissensanspruch nicht berechtigt.

1.5 Wie erfahren wird, was der Gegenstand ist

Dass der Gegenstand, auf den sich das Bewusstsein bezogen hat, als es behauptete, „Jetzt ist Nacht", nichts Bleibendes ist, und damit die Begründung der betreffenden Person hinfällig geworden ist, ist allerdings nicht das einzige, das sich bei der Prüfung zeigt. Hegel fährt an der obigen Stelle fort: „Das Itzt selbst erhält sich wohl, aber als ein solches, das nicht Nacht ist […]; das Allgemeine ist also in der Tat das Wahre der sinnlichen Gewißheit" (*GW* 9, 65). Neben dem negativen Resultat soll es offenbar ein positives geben, nämlich dass es etwas Beständiges gibt. Dieses allerdings ist, anders als angenommen und erwartet, etwas *Allgemeines*. Das Allgemeine definiert Hegel an dieser Stelle als „Einfaches, das durch Negation ist, weder dieses noch jenes, ein nicht dieses, und ebenso gleichgültig, auch dieses wie jenes zu sein" (*GW* 9, 65). Es zeigt sich, dass, obwohl der einzelne Gegenstand (die Nacht oder der Baum) nicht mehr da ist, etwas anderes an seiner Stelle ist. Damit zeigt sich nicht einfach ein anderer Gegenstand, sondern etwas, das mit dem früheren Gegenstand in einem raum-zeitlichen Kontinuum steht. Man könnte daher vielleicht sagen: Was bleibt ist etwas raum-zeitlich Bestimmtes. Wenn Hegel (wie oben zitiert) sagt, „das Allgemeine ist also in der Tat das Wahre der sinnlichen Gewißheit", so stellen sich die Fragen: Was ist das Allgemeine? Wie ist es möglich, dass sich das Allgemeine als das Wahre herausstellt? Ich beginne mit der zweiten Frage.

Die Person richtet sich mit der Erwartung an den Gegenstand, dass er etwas Bleibendes ist und diese Erwartung wird enttäuscht. Was die Person erfährt, ist aber nicht, dass es nichts Bleibendes gibt, sondern dass etwas anderes bleibt als das, was sie erwartet hatte. Es bleibt etwas, das Hegel als „Allgemeines" bezeichnet. Zunächst ist zu überlegen, wo das Allgemeine herkommt. Man könnte denken, das Allgemeine sei eine Konstruktion oder eine neue Konzeption des Bewusstseins. Gemeint sein kann dann allerdings nicht das Bewusstsein, das die Position bestimmte, von der bisher die Rede war. Vielmehr muss es eine Position darstellen, die nicht mehr durch die Meinung der Bezugnahme auf Einzelnes als dasjenige, was Wahrheit garantiert, bestimmt ist. Dagegen, dass das Allgemeine überhaupt eine Konstruktion oder neue Konzeption des Bewusstseins ist, sprechen in meinen Augen vor allem drei Gründe: Erstens dass dieser Übergang zu einer neuen Konzeption ad hoc wäre, zweitens dass der Übergang zur neuen Konzeption oder zu einer anderen Position mit dem im Moment behandelten Schritt noch gar nicht erreicht ist. Nicht nur wurde die alte Position hier noch gar nicht verabschiedet. Es gilt auch: Wenn sich zeigt, dass sich trotz des Verschwindens der Nacht etwas erhält, so ist damit noch keine neue positive Konzeption eines Gegenstands erreicht. Es ist nur klar, dass es etwas Allgemeines gibt. Wie sich dieses Allgemeine als Gegenstand denken lässt, wird tatsächlich erst die neue Konzeption, nämlich die Wahrnehmungskonzeption, bestimmen. Das Allgemeine wird folglich nicht vom Bewusstsein als eine neue Konzeption eingeführt. Drittens spricht gegen die Annahme, dass das Allgemeine die neue Konzeption von einem anderen Bewusstseins ist, auch der Text. Hegel sagt, dass sich *das* Jetzt erhält und damit muss gemeint sein, dass sich etwas erhält, das im vorherigen Szenario schon irgendwie eine Rolle spielte.[22]

Eine andere mögliche Erklärung dafür, wo das Allgemeine herkommt bzw. wie es sein kann, dass das Allgemeine sich als das Wahre der sinnlichen Gewissheit erweist, besteht in der Behauptung, dass das Bewusstsein sich eigentlich schon auf etwas Allgemeines bezogen hatte, indem es sich auf den einzelnen Gegenstand bezogen hat. Es besteht in meinen Augen allerdings kein Anlass dafür, anzunehmen, dass die Person für ihren Eindruck, dass etwas existiert, schon auf etwas Allgemeines zurückgreifen musste.[23] Was sich in der Prüfung erweist, ist nicht, dass es nicht möglich ist, einen Eindruck von einem Gegenstand zu haben, sondern dass der einzelne Gegenstand keinen Maßstab für die Wahrheit der Meinung abgibt, dass der Gegenstand eines solchen Eindrucks existiert. Man könnte dann vielleicht sagen, dass das Bewusstsein sich tatsächlich auf etwas Allgemeines bezogen hat, als es den einzelnen Gegenstand als Maßstab für seine Wissensbehauptung anführte. Aber was hier „tatsächlich" heißt, ist unklar. Es ist sicherlich richtig zu sagen, es bestehe ein Widerspruch zwischen dem, was die Person will, und dem, was sie tut.[24] Aber diese Äuße-

---

[22] Hegel drückt sich auch so aus, dass der Gegenstand oder „das Dieses" sich als Allgemeines zeigt (vgl. *GW* 9, 65).

[23] Auf diese Annahmen scheinen mir diejenigen verpflichtet, die annehmen, dass jede Bezugnahme auf etwas Einzelnes die folgende Position und das durch sie eingeführte Allgemeine eigentlich schon voraussetzt (vgl. zum Beispiel Koch 2008, 140 ff.).

[24] Dazu passt, dass Hegel sagt, es sei gar nicht möglich, „daß wir ein sinnliches Sein, das wir meinen, je sagen können" (*GW* 9, 65). Wir könnten demnach die Erfahrungen antizipieren, die die betreffende Person machen wird, indem wir auf ihre Handlungen, nicht auf ihre Überzeugungen sehen. Diese Möglichkeit setzt allerdings voraus, dass wir selbst das Allgemeine und das Einzelne schon in einer anderen Weise voneinander unterscheiden als die Person dies tut. Das heißt, wir müssen das Prüfungsergebnis schon vorwegnehmen. Dennoch liegt in dieser Überlegung eine psychologische Pointe sowie eine Polemik gegen die philosophische Position der sinnlichen Gewissheit: Handlungen sind der theoretischen Einstellung gegenüber überlegen und die Position der sinnlichen Gewissheit ist die Folge einer Abstraktion von funktionierenden Lebenszusammenhängen. Dass Hegel Letzteres behaupten will, zeigt sich auch an seiner These, dass sogar Tiere das Wissen haben, dass das Einzelne nicht beständig ist (vgl. *GW* 9, 69).

Sinnliche Gewissheit 179

rung ist nicht hilfreich. Denn sie kann hier nicht bedeuten, dass der Person dann, wenn sie das Einzelne als Allgemeines behandelt, auch irgendwie als implizite Überzeugung zugeschrieben werden kann, dass es etwas Allgemeines ist.[25] Es ist sicherlich nicht so, dass das Bewusstsein sich über seine Meinung täuscht oder zwei widersprüchliche Meinungen unterhalten hat.[26] Das Bewusstsein erfährt vielmehr tatsächlich etwas für es Neues. Es zeigt sich ihm entgegen seiner Erwartung, dass es etwas Allgemeines gibt.[27] Es zeigt sich allerdings nur dann, wenn und indem die Erwartung, dass es etwas Bleibendes gibt, sich auf etwas Einzelnes bezieht und in dieser Bezugnahme enttäuscht wird.[28] Dass das Jetzt sich erhält, ist weder ein bestehender Sachverhalt, noch etwas, das sich das Bewusstsein nur so konzipiert als ob. Es gibt etwas Allgemeines, das sich zeigt, wenn das Bewusstsein sich in einer bestimmten Weise auf einzelne Gegenstände bezieht.

Damit komme ich zur Frage, was das Allgemeine ist. Die meisten Interpreten der *Sinnlichen Gewißheit* identifizieren das Allgemeine, das in diesem Kapitel eingeführt wird, sogleich mit Begriffen. Worauf Hegel ihrer Meinung nach hinaus will, ist, dass wir uns nur mittels Begriffen auf etwas Einzelnes beziehen und dieses überhaupt als Einzelnes identifizieren können.[29] Während die Position der sinnlichen Gewissheit annimmt, dass sie direkten Zugang zur Welt habe, erweist sich, so die Interpreten, dass jeder Bezug auf etwas in

---

[25] Man kann daher nicht von einem internen konzeptuellen Widerspruch der Position sprechen.

[26] Dann würde die Position, die in dieser Meinung bestehen soll, nicht aufgegeben, sondern korrigiert werden.

[27] So sagt Hegel „Das Dieses *zeigt sich* also wieder als vermittelte Einfachheit, oder als Allgemeinheit [Herv. von D.E.]" und es erweise sich das Allgemeine als die Wahrheit ihres Gegenstands (*GW* 9, 65).

[28] Daher sagt Hegel, dass das Allgemeine „in der Tat" das Wahre der sinnlichen Gewißheit sei (*GW* 9, 65). „In der Tat" heißt hier (neben „wirklich") „in der Tätigkeit des sich auf etwas Beziehens".

[29] Als Prädikatbegriffe interpretieren das Allgemeine u.a. Taylor 1983, 197, und Pippin 1989, 117. In diesem Zusammenhang wird Hegels Rekurs auf Jetzt und Hier einerseits als eine Diskussion von Indexikalien gelesen und dadurch mit Überlegungen von Wittgenstein in Verbindung gebracht (vgl. Taylor 1972). Die Folge davon ist, dass man Hegel mit Sätzen wie „Das Hier ist das Jetzt" ein sehr eigentümliches Verständnis von Indexikalien unterstellen muss. Andererseits wurde das Kapitel so gelesen, dass es Hegel eigentlich um Universalien gehe (vgl. de Vries 1988 und Pinkard 1994, 20–28). Interessanter Weise sieht Pinkard (26) ein Problem für seine Interpretation darin, dass Hegel statt allgemeiner Begriffe „Hier" und „Jetzt" verhandelt. Dieses Problem soll Hegel nach Pinkard in einer Selbstkritik in der Enzyklopädie (§ 418) selbst zur Sprache gebracht haben. Dort sagt Hegel, die räumliche und zeitliche Einzelheit, wie in der *Phänomenologie* behandelt, gehöre dem Anschauen an. Man muss diese Stelle aber nicht als Selbstkritik lesen, wenn man die von der *Phänomenologie* unterschiedene Ausrichtung der enzyklopädischen Phänomenologie bedenkt. Dass Hegel „Hier" und „Jetzt" verhandelt, bedeutet m.E., dass es nicht um Universalien, sondern um qualitative und quantitative Bestimmungen geht.

der Welt begrifflich ist. Im Rahmen meiner Interpretation treffen diese Annahmen, wie schon deutlich geworden sein dürfte, nicht zu. Zunächst ist in meinen Augen die Annahme nicht zutreffend, dass Hegel dafür argumentiert, *jeder* Bezug auf etwas in der Welt sei begrifflich. Hegel will dem Bewusstsein nicht absprechen, über etwas instantan sinnlich Präsentes Meinungen bilden zu können. Es kann diese Meinungen nur nicht als wahr verteidigen.[30] Mit Blick auf die Frage, was das Allgemeine ist, gilt: Die Weise, wie Hegel von Hier und Jetzt spricht, wenn er zum Beispiel sagt „das Jetzt selbst erhält sich wohl", spricht dafür, dass er meint, dass auf der Gegenstandsseite etwas bleibt und nicht auf der Seite des Bewusstseins, das über Begriffe verfügt. Aber was ist das Allgemeine, wenn es nicht die Begriffe sind, die das Bewusstsein in seiner Bezugnahme voraussetzen muss?

Hegel sagt, „das Itzt selbst" würde sich „wohl" erhalten, „aber als ein solches, das nicht Nacht ist" (*GW* 9, 65). Das sich erhaltende Jetzt könnte die Zeitreihe von Jetztpunkten sein, „das Hier" die Raumstellen eines objektiven Koordinatensystems meinen.[31] Das spricht dafür, dass das Allgemeine Raum-Zeit-Bestimmungen sind. Allerdings sind für Hegel Raum- und Zeitbestimmungen nicht etwas von begrifflichen Bestimmungen Abzutrennendes. Für Hegel gibt es keine allgemeinen Raum-Zeit-Formen, die wir als eine von begrifflichen Bestimmungen unabhängige Voraussetzung für erkennenden Gegenstandsbezug ansehen können. Das Kontinuierliche in Raum und Zeit

---

[30] Es ist zwar richtig, wenn die Vertreter der hier diskutierten Begriffsthese behaupten, dass wir dann, wenn wir Aussagen über einen Gegenstand machen, der etwas raum-zeitlich Kontinuierliches sein soll, diesen Gegenstand irgendwie individuieren können müssen. Aber erstens könnte diese Individuierung raum-zeitlicher Natur sein, zum Beispiel „Das, was zwischen Zeitpunkt t_1 und t_2 von r_1 nach r_2 gerollt ist, ist zum Zeitpunkt t_3 an r_3". Zweitens will ich mit meiner Interpretation gar nicht bestreiten, dass für die Individuierung in der Position der Wahrnehmung auch Allgemeinbegriffe verwendet werden. In meinen Augen ist dies aber nicht das, wofür Hegel argumentieren will. Er will vielmehr dafür argumentieren, dass der Maßstab für Wissen etwas Allgemeines sein muss. Dies ist für Hegel zunächst etwas Allgemeines als qualitativ Bestimmtes.

[31] Den Vorschlag, das Allgemeine, das Hegel hier meint, nicht mit Begriffen, sondern mit Raum und Zeit in Verbindung zu bringen, machen in unterschiedlicher Weise auch Westphal 2000, Kettner 1990, Solomon 1983, Heidemann 2002 und Koch 2008. Bei Westphal, Kettner und Koch wird dies aber erstens mit Raum und Zeit als Formen der Anschauung identifiziert, während ich sagen würde, dass sich Dinge als räumlich und zeitlich erweisen, und zweitens beziehen sie sich mit dieser These nur auf den ersten Teil des Kapitels (vgl. Kettner 211; Westphal 173; Koch 140, 151), während ich dafür argumentiere, dass dies Thema des ganzen Kapitels ist. Meine Deutung hat mit Blick auf Hegels Beziehung zu Kant eine bemerkenswerte Pointe: Das Bewusstseinskapitel rekurriert mit der *Sinnlichen Gewissheit* auf den der Empfindung korrespondierenden Gegenstand bzw. auf den Aspekt des Gegenstands, der bei Kant die Empfindung als dasjenige darstellt, was an einer empirischen Anschauung das eigentlich Empirische ist (*KrV* A 21/B 35). Mit dem Wahrnehmungskapitel wird auf die Raum-Zeit-Bestimmungen und die ersten beiden Kategoriengruppen Bezug genommen, mit dem Kapitel *Kraft und Verstand* auf die Relationskategorien.

muss für Hegel etwas kategorial Bestimmtes sein. In Raum und Zeit ist etwas Kontinuierliches, insofern etwas quantitativ und qualitativ so bestimmt ist, dass es sich als etwas Allgemeines über verschiedene Zustände hinweg durchhält. Das Allgemeine sind quantitative und qualitative Bestimmungen, aber noch nicht etwas Begriffliches im Sinne von etwas Gesetzmäßigem (welches das Verhältnis der Gegenstände untereinander bestimmt). Und es ist auch nicht etwas Begriffliches im Sinne eines Prädikatbegriffs gemeint.[32]

Aber ist dies kategorial bestimmte Allgemeine wirklich das, als was sich das Jetzt erweist? Es sind hierbei noch zwei Dinge zu berücksichtigen: Erstens ist zu berücksichtigen, dass das positive Resultat der Prüfung, das hier darin bestehen soll, dass es etwas Allgemeines gibt, selbst noch unbestimmt ist. Hegels oben (S. 177) gegebene Definition des Allgemeinen ist daher auch negativ: etwas, das nicht Einzelnes ist. Das soll heißen, dass weder wir, noch das betreffende Bewusstsein schon über eine positive Konzeption eines Gegenstands verfügen, der allgemein ist – dies wird erst bei der folgenden Position, also im nächsten Kapitel erarbeitet. Man kann hier vermuten, dass der Gegenstand allgemeine Bestimmungen, wie die, raum-zeitlich zu sein, haben muss und dass er etwas raum-zeitlich Ausgedehntes sein muss. Aber es ist noch nicht klar, wie ein Gegenstand, also etwas, das (unter anderem) eine Einheit ist und etwas Identisches sein soll, nach diesen Vorgaben bestimmt ist. Das Bewusstsein hat, mit anderen Worten, noch keine bestimmte Vorstellung davon, auf was für einen Gegenstand es sich bezieht, wenn es sich auf etwas Allgemeines bezieht. Zweitens muss man Folgendes berücksichtigen: Die Einsicht, dass wir uns auf etwas in Raum und Zeit Kontinuierliches beziehen können, wird im Kapitel *Sinnliche Gewißheit* nicht in Anspruch genommen. Auf sie kommt Hegel erst im Wahrnehmungskapitel zurück. Dass die Einsicht hier nicht genutzt wird, liegt daran, dass sie innerhalb der hier behandelten Position nicht genutzt werden kann, denn die Position ist durch die Annahme definiert, dass sich eine Behauptung über einen Gegenstand instantan bewahrheitet. Soll sie sich durch den Gegenstand bewahrheiten, dann muss sie sich dadurch bewahrheiten, dass der einzelne Gegenstand präsent ist. Genau dies ist aber durch die Erfahrung widerlegt worden. Der Vorschlag, eine Behauptung werde dadurch bewahrheitet, dass sich in Raum und Zeit etwas Bleibendes findet, das nicht einfach mit dem instantan präsenten Gegenstand identisch ist, stellt eine neue Position dar. Hier gilt wieder, was ich schon oben betont habe:

---

[32] Für diese Deutung spricht in meinen Augen vor allem der Fortgang der *Phänomenologie*: Bei der letzten Variante, die im Kapitel *Sinnliche Gewißheit* thematisiert wird – dem Aufzeigen eines Gegenstands – wird offensichtlich auf die räumliche und zeitliche Dimension der Bezugnahme rekurriert, aber nicht darauf, dass sie begrifflich ist. Und vor allem betrachtet die Position, die sich an die sinnliche Gewißheit anschließt – die Wahrnehmung –, das Allgemeine ausdrücklich als etwas sinnlich Allgemeines.

Wenn die Person den Gegenstand, der ihre Behauptung wahr machen soll, als etwas raum-zeitlich Bestimmtes oder als etwas raum-zeitlich Kontinuierliches auffasst, hat sie ihre Position der sinnlichen Gewissheit schon aufgegeben. Die Einsicht, dass es etwas Kontinuierliches in Raum und Zeit gibt, kann hier auch deshalb noch nicht aktiv in Anspruch genommen werden, weil eine solche Gegenstandsauffassung nicht der jetzigen Position entspricht. Diese kann nicht behaupten, auf etwas Kontinuierliches in Raum und Zeit Bezug nehmen zu können, weil sie gleichzeitig behauptet, sich *instantan* auf einen Gegenstand zu *beziehen*. Die Möglichkeit einer Beziehung auf Gegenstände, die nicht instantan und vollständig passiv ist, sondern eine Art Durchlaufen und Zusammennehmen verschiedener Momente, wird sich erst in der letzten Phase des Kapitels *Sinnliche Gewißheit* ergeben. Auch wenn man diese beiden Dinge berücksichtigt, bleibt eine Frage offen: Wenn das Allgemeine etwas kategorial Bestimmtes ist und nicht etwas in der Welt einfach Anzutreffendes, wie kann es dann etwas sein, das sich dem Bewusstsein zeigt? Ist es dann nicht etwas, das das Bewusstsein auf irgendeine Weise herstellt? Da das Allgemeine, wie ich oben herausgestellt habe, etwas ist, das man nur erfahren kann, wenn man sich in einer bestimmten Perspektive auf einzelne Gegenstände richtet, ist seine Erfahrbarkeit zweifellos an eine Tätigkeit des Bewusstseins gebunden. Das bedeutet natürlich noch nicht, dass das Allgemeine auch vom Bewusstsein hergestellt wird. Aber wie ist es mit der begrifflichen Bestimmtheit dessen, worauf man sich als Kontinuierliches bezieht? Ist es nicht das Bewusstsein, das etwas als kontinuierlich bestimmt, also etwas Mannigfaltiges über die Zeit hinweg als Einheit zusammenfasst, und ist nicht daher der allgemeine Gegenstand Produkt des Bewusstseins? Die Antwort, die Hegel mit seiner Philosophie auf diese Frage geben will, ist komplex. Man muss das Verhältnis von Bewusstsein und Geist berücksichtigen, und man muss beachten, dass die Bestimmungen notwendigen logischen Prinzipien folgen. Was aber in meinen Augen bereits hier deutlich wird, ist, dass sich das Bewusstsein auf das Allgemeine nicht als seine bloße Konstruktion beziehen kann.[33] Dass man sich auf etwas beziehen kann, das über Veränderungen hinweg bleibend ist, liegt daran, dass etwas Seiendes, wenn es in einer bestimmten Weise begrifflich bestimmt ist, bleibend ist. Dass es bleibend ist, liegt nicht daran, dass wir sagen oder festlegen, dass es so ist. Höchstens könnte man sagen, dass, wenn wir uns nicht auf es beziehen würden, es zu keiner begrifflichen Bestimmung käme. Gemeint ist mit „wir" dann allerdings nicht das einzelne Bewusstsein. Es ist

---

[33] Vgl. hierzu das von Hegel in der *Enzyklopädie* unter „Das sinnliche Bewusstsein" Ausgeführte (*Enz.* § 419): „für dasselbe [das Ich] als erscheinend hat der Gegenstand sich so verändert".

hier zunächst vor allem festzuhalten, dass das, worauf das Bewusstsein sich bezieht, wenn es sich auf das begrifflich bestimmte Kontinuierliche bezieht, keine Konstruktion des Bewusstseins ist, sondern etwas, das wirklich so ist.

Da das Allgemeine, von dem hier die Rede ist, noch unbestimmt ist und erst vom Standpunkt der Wahrnehmung aus geklärt wird, wie es *als Gegenstand* bestimmt ist, könnte man auch folgende These nahe liegend finden: (a) Dem Bewusstsein zeigt sich schon, dass etwas bleibt, obwohl das, was bleibt, noch nicht zu einem Gegenstand bestimmt ist. (b) Also bietet sich das Seiende von sich aus so dar, dass es als ein Gegenstand als etwas Allgemeines bestimmt werden kann.[34] Ich will diese These nicht vertreten. In meinen Augen stellt sie das, worauf Hegel hinaus will, in einer missverständlichen Weise dar. Denn auch, wenn das Allgemeine noch nicht als Gegenstand bestimmt ist, ist es nach Hegel nicht anders zu denken als etwas, das allgemein durch begriffliche Bestimmungen ist.

1.6 Die weiteren Prüfungsphasen

Im weiteren Verlauf des Kapitels *Sinnliche Gewißheit* wird dargestellt, wie die betreffende Person dazu gebracht wird, das Resultat zu akzeptieren, dass ihre Grundannahme unhaltbar ist. Die Person, die durch den Standpunkt der sinnlichen Gewissheit definiert ist, zieht erst einmal die Konsequenz, dass der einzelne Gegenstand (als dasjenige, was uns sinnlich unmittelbar präsent ist) nicht beständig ist, dass er sich daher als Maßstab für die Wahrheit ihrer Behauptungen nicht eignet und dass sie daher eine andere Begründung für Behauptungen der Art „Hier ist der Baum" geben muss. Was einen Maßstab für Wissen betrifft, der sich bewährt, so wird man hier an den Anfang der Prüfungssituation zurückversetzt, da ein solcher Maßstab bisher nicht gefunden wurde. Der zweite Vorschlag einer Begründung lautet, dass „das Ich" die Wahrheit der Behauptung garantiert. „Das Ich" meint hier das Subjekt der Erkenntnis. Dieses soll also so ausgestattet sein, dass es als Grund für eine Behauptung auf seine Gewissheit verweisen kann. Zugleich sind die Angaben auf die Frage, was das *Ich* ist, gemäß der allgemeinen Annahme der Position wieder seine Charakterisierung als Einzelnes. Die Person sagt jetzt etwa: „Das, was ich behaupte, gründet in dem, was ich unmittelbar wahrnehme,

---

[34] Ich denke hier u.a. an Kants recht dunkle Bemerkungen, dass es möglich wäre, dass beispielsweise der Zinnober bald rot, bald schwarz wäre usw. und wir daher keine empirische Ordnung in die Mannigfaltigkeit bekommen könnten (vgl. *KrV* A 100; vgl. auch A 90/B 123). Kant will darauf hinaus, dass wir uns bei der Frage der Möglichkeit von Erkenntnis nicht auf den Erfolg empirischer Synthesisleistungen allein stützen können. Diese Bemerkungen legen jedoch auch die Vermutung nahe, dass das Mannigfaltige faktisch eine Ordnung mit sich bringt oder dieser korrespondiert.

und zwar dadurch, dass ich seine Wahrheit bezeugen kann. Was ich zu wissen beanspruche, etwa ‚Hier ist ein Baum', kann durch mich bezeugt werden und ist daher gewiss." In der Prüfung erweist sich, dass das einzelne *Ich* nicht als Maßstab fungieren kann, weil andere Personen aus der ersten Personenperspektive Äußerungen machen können, die denen der ersten Person widersprechen und die mit dem gleichen Recht behauptet werden können. Über die verschiedenen Perspektiven sagt Hegel: „Beide Wahrheiten haben dieselbe Beglaubigung" (*GW* 9, 66). Dass sich wahres Wissen durch den Verweis auf die Perspektive der ersten Person ausweisen lässt, wird hier dadurch widerlegt, dass die Versicherungen des *Ichs* gegenüber anders lautenden Versicherungen des anderen *Ichs* nicht als dasjenige Bestand haben, das wahr ist.[35] Jedes einzelne *Ich* kann sich nur auf seinen Wissensstandpunkt berufen, aber dies reicht nicht aus, das, was es weiß, auch als wahr auszuweisen. Auf diese Weise zeigt sich der Person abermals, dass das, was sie als Begründung gegeben hat, nicht als Maßstab dienen kann. Ihre Erwartungen an das einzelne *Ich* als eine Instanz, die die Wahrheit der Behauptungen garantieren kann, werden enttäuscht. Auch hier gibt es ein positives Ergebnis: „Was darin nicht verschwindet, ist das *Ich*, als Allgemeines" (*GW* 9, 66). Das „allgemeine Ich" meint hier, dass es in jedem Akt des Wahrnehmens ein Subjekt gibt, das im Wahrnehmen tätig ist. Wenn sich das Bewusstsein auf sich als einzelnes Individuum richtet mit der Erwartung, dass hier eine Instanz anzutreffen ist, die die Wahrheit ihrer Behauptungen verbürgen kann, so zeigt sich, dass es durchaus eine solche Instanz gibt. Aber diese Instanz ist nicht identisch mit dem einzelnen Akt der Wahrnehmung. Die Tätigkeit des Wahrnehmens wird unabhängig davon verübt, was der Inhalt der einzelnen Wahrnehmung ist. Sie ist daher etwas sich Durchhaltendes, etwas Allgemeines. Als solche ist sie aber von der hier behandelten Person nicht zu begreifen.[36]

Eine dritte Begründung, die die Person vom Standpunkt der sinnlichen Gewissheit aus für ihre Behauptungen gibt, diskutiert Hegel im dritten und letzten Teil des Kapitels. Als Begründung dafür, dass die Behauptungen der Art „Hier ist ein Baum" wahr sind, zeigt die Person jetzt auf den Gegenstand. Auf diese Weise kann die Person auf den Wechsel der Umstände und Perspektiven, den sie erfahren hat, reagieren, indem sie die Erlebnissituation zur Mitteilungs- und zur Prüfungssituation erklärt. „Wir müssen daher", so Hegel, „in denselben Punkt der Zeit und des Raumes eintreten" (*GW* 9, 67). Diese Begründung, die die als sinnliche Gewissheit definierte Position angibt, entspricht einem besseren Selbstverständnis von ihrer Seite. Das Zeigen muss

---

[35] Hegel sagt: „[D]ie eine [Wahrheit] verschwindet in der andern" (*GW* 9, 66).

[36] Ob und inwiefern das Subjekt als Allgemeines die Wahrheit einer Behauptung garantieren kann, ist hier natürlich auch noch nicht entschieden – daher geht die Prüfung weiter.

man als eine Geste verstehen, die ausdrückt: „Schau doch, da ist die Nacht, von der ich sage, dass sie jetzt ist."[37] Nachdem der Gegenstand und das *Ich* als Instanzen für die Garantie der Wahrheit ausgefallen sind, wird die Beziehung zwischen ihnen als dasjenige angeführt, was die Wahrheit der Behauptung garantieren soll. Die Charakterisierung der Beziehung lautet abermals, dass es eine einzelne und gegenwärtige Beziehung ist. In diesem Fall ergibt sich diese Charakterisierung direkt daraus, wie die Position definiert ist, da die Erkenntnisbeziehung unmittelbar sein soll.

Die Prüfung soll hier zum Vorschein bringen, dass die Bewegung des Aufzeigens, die jetzt als Begründung für die Wahrheit der Behauptung fungiert, selbst nicht etwas Unmittelbares, Einfaches ist, wie die Person annehmen muss, sondern dass die Bewegung eine Einheit aus verschiedenen, sich ablösenden Momenten ist. Wenn die Person mit ihrer Geste einen Grund der Art geben will: „Schau doch, da ist die Nacht, von der ich sage, dass sie jetzt ist", so muss sie sich mit dieser Geste auf etwas zurückbeziehen, das in der Vergangenheit liegt, also gewesen ist. Wohlgemerkt: Nicht wir prüfen etwas zeitlich versetzt (wie in der ersten Prüfungsphase), sondern die Handlungen des Behauptens (Jetzt ist Nacht) und Begründens (Schau hin) sind zeitlich versetzt. Indem die Person sich auf etwas zurückbeziehen muss, negiert sie ihre eigene Geste, weil diese ja in der Gegenwart stattfindet. Sie kann darauf reagieren, indem sie (korrigierend) sagt: „Da ist die Nacht, auf die ich mich bezogen habe." Indem sie dies tut (oder dies tun würde, wenn sie ausdrückte, was nun richtig zu sein scheint), widerspricht sie sich abermals, denn die Nacht, auf die sie sich mit ihrer Geste bezieht, ist nicht die gewesene, sondern die gegenwärtige. Damit bezieht sie sich wieder darauf, was jetzt ist, aber in einer Weise, in der berücksichtigt wird, dass die Geste selbst eine Bewegung ist und nur als Einheit von sich ablösenden Momenten verstanden werden kann, das heißt als etwas, dass die Nacht aufzeigt, so wie sie während dieser ganzen Bewegung ist. Die Bewegung ist damit etwas Allgemeines im Sinne von Hegels oben (S. 177) genannter Definition: Sie ist etwas Einfaches, das durch Negation ist. Nicht der einzelne Moment wird als Bewegung aufgefasst, sondern etwas, das vermittelst der Ablösung der einzelnen Momente zustande kommt, denn die Bewegung besteht darin, dass die einzelnen Momente Momente einer einheitlichen Bewegung sind. Die Beziehung auf den Gegenstand, die dazu dienen kann, die Wahrheit der Behauptung aufzuzeigen, ist, wie sich hier zeigt, nicht instantan. Sie ist in dem Sinne vermittelt, als verschie-

---

[37] Man kann das auf folgende Weise veranschaulichen: Ein Mensch könnte einen anderen vor ein Fernrohr holen, um seine Behauptung zu belegen. Das Fernrohr ist in dieser Veranschaulichung die Beziehung zwischen Subjekt und Gegenstand, die die Wahrheit der Behauptung garantieren soll.

ne Momente zusammengenommen werden müssen. Die Erfahrung, dass die begründende Beziehung auf den Gegenstand nicht unmittelbar ist, ist eine Erfahrung, die die Position der sinnlichen Gewissheit endgültig widerlegt.[38] Die Widerlegung erfolgt dadurch, dass die die Position definierende Annahme – dass eine unmittelbare Bezugnahme auf den Gegenstand Wahrheit verbürgt – in der Erfahrung dadurch widerlegt wird, dass sich als wahr erweist, dass die Bezugnahme, mit der man sich auf den Gegenstand als Garant der Wahrheit einer Behauptung beziehen kann, vermittelt ist. Die Person, die diese Erfahrung realisiert, hat schon eine andere Position bezogen als die, die bis jetzt diskutiert wurde: Für sie bewahrheitet sich eine Annahme dadurch, dass sie sich wahrnehmend auf etwas bezieht, aber Wahrnehmung ist für sie nichts Unmittelbares. Wahrnehmen besteht vielmehr in einem synthetisierenden Durchlaufen verschiedener Momente von etwas, das als Gegenstand eine Einheit verschiedener Momente sein muss. Wie dies genauer expliziert werden kann, wird im nächsten Kapitel der *Phänomenologie* erläutert.

1.7 Das Ergebnis

Jede Position muss nach Hegels Vorgaben zur Erkenntnis gewährleisten, dass sie Wissen und Wahrheit unterscheiden und in Erkenntnis die Identität von beiden behaupten kann. Die Position der sinnlichen Gewissheit macht einen Unterschied zwischen Wissen und Wahrheit, indem sie sich darauf festlegt, was ihre Behauptung wahr macht, und die Prüfung von Wissen anhand dieses Maßstabs akzeptiert. Erkenntnis ist der Position der sinnlichen Gewissheit folgend allerdings immer dann gegeben, wenn ein unmittelbarer Zugang zu einem einzelnen Gegenstand besteht, dieser also als präsent gewusst wird. Dies kann man so ausdrücken: Immer wenn Wissen als eine unmittelbare Bezugnahme auf einen Gegenstand vorliegt, liegt unmittelbar Wahrheit vor. In Hegels Augen hätte man gegen die Position der sinnlichen Gewissheit nicht einfach einwenden können, dass es keinen Fall geben kann, in welchem ihr Wissen falsch ist. Dass es keinen Fall geben kann, in dem ihr Wissen falsch ist, entspricht vielmehr der Meinung der sinnlichen Gewissheit, dass Gewissheit zweifelsfrei ist. Ein solches Vorgehen wäre daher nicht im Sinne einer immanenten Kritik gewesen. Aber in der Prüfung hat sich gezeigt, dass die

---

[38] Eine ähnliche Interpretation dieser Passage gibt Houlgate (im Erscheinen). Houlgate tritt mit dieser Interpretation der Rekonstruktion des Übergangs als einem transzendentalen Argument entgegen, wie beispielsweise Pippin (1989, 116 ff.) sie gegeben hat. Anders als ich nimmt Houlgate allerdings an, dass nicht das Bewusstsein seine Umkehrung selbst vollzieht, sondern nur der Beobachter diese Umkehrung vornimmt. In meinen Augen ist die Umkehrung durch die Erfahrung schon eingeleitet, nur der neue Gegenstand wird durch eine Aneignung des Bewusstseins von dem gegeben, was es erfahren hat (vgl. hierzu 2.1 dieses Kapitels).

unmittelbare Bezugnahme auf einen Gegenstand nicht Wahrheit verbürgt. In der Prüfung, ob es wahr ist, dass ein Gegenstand existiert, kommt man nicht umhin, sich in einer Weise auf diesen Gegenstand zu beziehen, in der man über eine Zeit hinweg auf ihn bezogen ist. In diesem Ergebnis liegen einige Implikationen, die klar sein sollten:

(1) Wenn die Versicherung der Wahrheit keinen unmittelbaren Akt darstellt, so gilt auch nicht mehr, dass jede individuelle Bezugnahme auf etwas Wahrheit garantiert. Dennoch muss auch im Rahmen jeder neuen Position gelten, dass in Erkenntnis Wissen und Wahrheit übereinstimmen. Klar geworden ist, dass die Übereinstimmung von dem, was in einem einzelnen Akt der Bezugnahme auf einen Gegenstand präsent ist (zum Beispiel: Hier ist ein Baum), und dem, was wahr ist (also: Zum Zeitpunkt t existiert an Raumstelle xy ein Baum unabhängig von einem Bewusstsein), nur dann gegeben sein kann, wenn das im einzelnen Akt Präsente zu einer einheitlichen Wahrnehmung über die Zeit hinweg synthetisiert wird.[39] Damit gehört es nun zum Begriff der Erkenntnis, dass man sich täuschen kann. Man kann einen einzelnen Eindruck gehabt haben, der sich nicht in die gesamte Synthesis einfügt und der damit als Täuschung identifiziert wird.

(2) Was soeben ausgeführt wurde, kann man, so Hegel, auch in logischen Verhältnissen wiedergeben. Bei der Position der sinnlichen Gewissheit hat sich gezeigt, dass etwas Bestimmtes (ein Gegenstand) nicht etwas Einzelnes, sondern etwas Allgemeines ist. Wie etwas Einzelnes als Allgemeines aufgefasst werden kann, wird sich bei der Formation der neuen Position und ihres Gegenstands noch genauer zeigen. Und zwar wird sich zeigen, dass etwas (komplexer) *bestimmtes Einzelnes* etwas Allgemeines *ist*. Dies ist die logische Wahrheit, die der Übergang von sinnlicher Gewissheit zur Wahrnehmung enthält. Wenn man auf die logischen Verhältnisse reflektiert, ohne zu beachten, was sich aus der Position direkt ergeben hat, könnte man folgende Überlegung anstellen: Die Position hat Einzelnes und Allgemeines miteinander identifiziert. Sie hat den einzelnen Gegenstand in einer Weise bestimmt, die ihn gar nicht als einzelnen Gegenstand auszeichnet: Das *Dieses* sollte keine weitere Bestimmung haben als die, raum-zeitlich präsent zu sein. Aber das Merkmal der raum-zeitlichen Präsenz gilt nicht nur von dem, worauf sich die Person bezieht, sondern von allem, was existiert. Es ist somit etwas Allgemeines. Das Einzelne ist also vom Allgemeinen nicht zu unterscheiden, sie

---

[39] Man kann hierin eine gewisse Parallele zu Kants A-Deduktion sehen. Wenn wir etwas als Objekt der Erkenntnis bestimmen wollen, so müssen wir es nicht nur apprehendieren (dem entspricht hier die unmittelbare Präsenz), sondern die einzelnen Momente auch reproduzieren (vgl. *KrV* A 101 ff.).

sind identisch miteinander.[40] Ähnliches gilt für Wissen und Wahrheit: Wissen wurde als einzelne Bezugnahme verstanden. Die einzelne Bezugnahme sollte auch Wahrheit garantieren. Wenn man sagt, dass das, was wahr ist, unabhängig davon der Fall sein soll, dass es gewusst wird, kann man auch sagen: Das Wahre soll etwas Allgemeines sein. Dann gilt auch mit Blick auf Wissen und Wahrheit, dass die sinnliche Gewissheit Einzelnes und Allgemeines identifiziert, ohne dass sie miteinander vermittelt wurden. Es besteht im Rahmen der sinnlichen Gewissheit eine Identität zwischen ihnen, die man als *unmittelbar* oder *einfach* charakterisieren kann. Was dann gelernt wird, ist, dass Einzelnes und Allgemeines keine unmittelbare Identität miteinander bilden. Sie können nicht nur unterschieden werden, sie können sogar in einen Gegensatz zueinander geraten und ihre Identität ist das Produkt einer Vermittlung. Diese Überlegungen kann man aber nur anstellen, ohne zu beachten, was sich in der Prüfung der sinnlichen Gewissheit direkt ergeben hat.

(3) Das erreichte Ergebnis kann so formuliert werden, dass Erkenntnis als Übereinstimmung von Wissen und Wahrheit nur dann gegeben ist, wenn man das im einzelnen Akt Präsente zu einer einheitlichen Wahrnehmung über die Zeit hinweg synthetisieren kann. Wohlgemerkt ist dies das Mindeste, was man für Erkenntnis tun können muss. Es soll sich im weiteren Verlauf der *Phänomenologie* ergeben, dass dies noch nicht ausreicht. Dieser Tatbestand erlaubt es noch einmal, auf den Typ der Überlegungen zu reflektieren, die Hegel in der *Phänomenologie* anstellt. Der Prozess, der beschrieben wird, beantwortet die Frage, was der Maßstab für Wissen ist. Diese Frage wird beantwortet, indem untersucht wird, was man tun muss, um eine Behauptung als wahr auszuweisen. Die Antwort erfolgt schrittweise. Diese Weise der Beantwortung entspricht der Weise, wie eine Behauptung als wahr ausgewiesen werden kann. Daher besteht die Antwort nicht darin, Vorschläge anderer Positionen einfach zu verneinen. Was bisher beschrieben wurde, wurde nicht deshalb beschrieben, um es einfach zu verwerfen. Vielmehr ist der bisher beschriebene Prozess der Prüfung durch eine zeitlich erstreckte Wahrnehmungssequenz Teil eines ganzen Prozesses der begrifflichen Bestimmung der Wirklichkeit (und insofern der Bestimmung zur Wahrheit). Falsch ist die bisherige Antwort auf die Frage, wie Erkenntnis möglich ist, nur sofern man denkt, man sei mit ihr bereits am Ziel angelangt.

(4) Obwohl offensichtlich eine erste Antwort dazu gegeben wurde, wie Wissen geprüft werden muss, ist eine andere Frage, zumindest in meiner Darstellung davon, was in der *Phänomenologie* passiert, weitgehend in den Hin-

---

[40] Was ich hier sage, soll keine mögliche Widerlegung der Position darstellen: Die Position legt sich einfach auf die logische Behauptung fest, dass Allgemeines und Einzelnes identisch sind. Dass dies nicht der Fall ist, zeigt sich in der Prüfung.

tergrund geraten. Gemeint ist hier die Frage danach, was es in der Welt gibt. Der Hauptgrund dafür, dass diese Frage nicht beantwortet wurde, ist, dass man sie erst am Ende des Prozesses, der gerade begonnen hat, beantworten kann. Oben wurde herausgestellt, dass die Begründung, die eine Person für ihre Wissensbehauptungen gibt, Annahmen über die Welt impliziert. Wenn diese Annahmen wahr sind, werden sie von den Erfahrungen bestätigt werden. Auf diese Weise wird die *Phänomenologie* die Antwort auf die Frage, was es gibt, geben, denn, was es gibt, zeigt sich, wenn die Prüfung ein positives Resultat hat. Allerdings stimmt auch nicht ganz, dass die Frage, was es gibt, erst am Ende des in der *Phänomenologie* dargestellten Prozesses beantwortet wird. Um dies zu verstehen, muss man noch einmal auf die bisherige Darstellung der Prüfung zurückblicken. Wie deutlich geworden sein dürfte, will Hegel nicht sagen, dass wir etwas Einzelnes nur erkennen können, wenn wir etwas Allgemeines voraussetzen. Dies wäre tatsächlich eine Antwort auf die Frage, wie Erkenntnis möglich ist, die die Frage danach, wie die Welt ist, unberührt lässt. Was Hegel stattdessen sagen will, lässt sich etwa so formulieren: Die Frage, was über etwas Einzelnes Wahres gesagt werden kann, ist die Frage danach, was etwas Einzelnes ist, und dies lässt sich nur erkennen, wenn erkannt wird, dass das, worauf wir uns bezogen haben, in einem (zunächst vor allem raumzeitlich bestimmten) Zusammenhang zu anderem steht.[41] Diese Aussage ist eine Aussage darüber, was es in der Welt gibt oder wie die Welt beschaffen ist. Natürlich ist sie noch nicht sehr konkret, insbesondere was ihren positiven Gehalt betrifft. Sie soll sich erst im weiteren Prozess konkretisieren.

Das Bewusstsein erfährt in den Prüfungen nicht nur etwas über die Welt im Sinne der äußeren Gegenstände, sondern auch etwas über sich und darüber, wie es erkennend auf etwas Bezug nimmt. Genauer betrachtet erfährt es immer darüber etwas, was es bei den Wissensbehauptungen als dasjenige bestimmt, das die Wahrheit der Behauptung garantieren soll, weil diese Begründungen Annahmen über die Welt implizieren.

(5) In diesem Zusammenhang sollte auch noch einmal erwähnt werden, dass nach der bisherigen Darstellung aus der Prüfung der sinnlichen Gewissheit nicht folgt, dass man sich nicht unmittelbar auf einzelne Gegenstände beziehen kann. Woran die Position scheitert, ist die Annahme, dass Erkenntnis durch unmittelbare Beziehung auf etwas möglich ist. Wir können etwas als präsent erleben, und dies mag uns Anlass geben, zu sagen, dass es existiert, aber dafür, dass diese Behauptung wahr ist, eignet sich der Verweis auf das Erleben der Präsenz nicht.

---

[41] Für das einzelne *Ich* gilt auch, dass das, was das *Ich* ist, nur verstanden wird, wenn es in seiner Einheit mit anderen erkannt wird. Die Analogie trifft jedoch nicht in allen Punkten zu und ich konzentriere mich hier auf die Ergebnisse mit Blick auf den Gegenstand.

(6) Bevor ich die Wahrnehmungsposition darstelle, will ich noch erläutern, was sich mit Blick auf die mich insgesamt anleitende Frage nach dem Erfahrungsbegriff ergeben hat. Die Person erfährt zunächst, dass der Gegenstand, auf den sie sich bezieht, nicht als Maßstab geeignet ist. Sie sucht daher nach anderen Möglichkeiten, ihre Position aufrechtzuerhalten.[42] Sie erfährt weiterhin, dass auch die anderen Begründungsstrategien, die sie zur Verfügung hat, nicht taugen. Die Erfahrungen, die sie macht, wandeln ihre Position derart, dass am Ende eine Position erreicht ist, die mit der ersten unvereinbar oder sogar gegensätzlich zu ihr ist. Dieser Prozess hat offensichtlich zunächst eine negative Bedeutung für die Person, die an der Position der sinnlichen Gewißheit festhalten will. Daher wird exemplifiziert, was Hegel in der Einleitung gesagt hat: „Indem es [das Bewusstsein, DE] aber unmittelbar sich vielmehr für das reale Wissen hält, so hat dieser Weg für es negative Bedeutung, und ihm gilt das vielmehr als Verlust seiner selbst, was die Realisierung des Begriffs ist" (*GW* 9, 56). Der Prozess hat aber auch die positive Bedeutung, dass sich durch Erfahrungen eine neue Position herausgebildet hat. Auch diese Perspektive könnte das Bewusstsein einnehmen, wenn es auf seinen Weg zurücksehen würde. Dies entspricht Hegels Charakterisierung des Prozesses als Bildungsprozess in der Einleitung der *Phänomenologie*.

An diese Überlegung will ich noch eine Bemerkung anfügen, die meine generelle Interpretation der *Phänomenologie* betrifft und an das anschließt, was ich über den in der Einleitung der *Phänomenologie* vorgestellten Erkenntnisbegriff ausgeführt habe. Ich habe das Kapitel *Sinnliche Gewißheit* als Interpretation einer Relation von Wissen und Wahrheit verstanden. Hegel meint, dass die Relation von Wissen und Wahrheit als Erläuterung für den Begriff der Erkenntnis sinnvoll ist, dass sie aber erst genauer interpretiert werden muss, damit man beurteilen kann, ob der bestimmte Vorschlag, den jemand dazu macht, was Erkenntnis ist, brauchbar ist. Die Interpretation, die die Position der sinnlichen Gewissheit gegeben hat, hat sich als unbrauchbar erwiesen. Für das Resultat der Prüfung der sinnlichen Gewissheit gilt, dass es dann wahr ist, wenn es richtig interpretiert wird. Das Resultat ist noch unbestimmt, insofern noch nicht klar ist, wie es zu verstehen ist, dass der *Gegenstand*, der Wahrheit verbürgen soll, etwas Allgemeines ist. Der Vorschlag, der im nächsten Kapitel gegeben wird, ist die voraussetzungsärmste und die am wenigsten komplexe Interpretation dessen, was sich im Kapitel *Sinnliche Gewißheit* ergeben hat. Diese Interpretation wird sich in der neuen Prüfung mit einem Ergebnis als falsch erweisen, das abermals interpretiert werden muss. Wenn diese hier von mir gegebene Beschreibung von der Entwicklung der *Phänomenologie* zutrifft,

---

[42] Diese These hat eine psychologische Pointe: Die allgemeinsten Annahmen sind immer am tiefsten im Weltbild verankert. Sie werden als letzte aufgegeben.

kann man sagen, dass die Erfahrung das Bewusstsein nichts Falsches gelehrt hat, also nichts, das im weiteren Verlauf der *Phänomenologie* noch korrigiert werden muss. Korrigiert werden müssen nur die Interpretationen der Ergebnisse, die erfahren worden sind.

Exkurs zum direkten Realismus

Im Kapitel *Sinnliche Gewißheit* wird die Position eines direkten Realisten behandelt, also von jemandem, der behauptet, einen unmittelbaren Zugang zu den Dingen in der Welt zu haben.[43] Genauer betrachtet diskutiert Hegel den direkten Realisten als jemanden, der eine Position zur Erkenntnis einnehmen will, das heißt als jemanden, der behauptet, dass der unmittelbare Zugang zu den Dingen in der Welt hinreichend dafür ist, dass die Behauptung, dass etwas existiert, wahr ist. Einen direkten Realismus kann man in mindestens zwei Formen vertreten: (a) Der direkte Realismus besteht in der Behauptung, dass wir nicht mittels Repräsentationen und in dem Sinne indirekt auf Dinge in der Welt Bezug nehmen.[44] (b) Der direkte Realist kann außerdem sowohl einen direkten Realismus im Sinne von (a) vertreten, als auch behaupten, dass wir zu den Dingen in der Welt ohne Begriffe, also etwa rein wahrnehmend, Zugang haben können.[45] Die im Kapitel *Sinnliche Gewißheit* behandelte Position geht auch über die zweite hier charakterisierte Form insofern noch hinaus, als sie auch Wahrnehmungen *ausdrücklich* als etwas auffasst, bei dem *keinerlei* Vermittlung stattfindet. Wahrnehmungen sind kein vermitteltes Produkt, sondern eine direkte Relation eines Subjekts auf einen einzelnen Gegenstand. Zu berücksichtigen ist nun, wie gesagt, dass Hegel in der *Phänomenologie* nicht die Frage beantworten will, wie wir wahrnehmen oder wie uns etwas sinnlich präsent ist. Vielmehr will er prüfen, ob wir einen unmittelbaren Zugang zu den Dingen haben, der als Maßstab für die Prüfung von Wissensansprüchen geeignet ist. Aus dem bisher Gesagten folgt nur, dass er einen direkten Realismus ablehnen würde, der behauptet, er könnte die Dinge nicht nur wahrnehmen, wie sie sind, sondern durch Wahrnehmung auch wissen, dass seine Behauptungen über den Gegenstand wahr sind. Dass Hegel die Unzulänglichkeit des direkten Realismus für die Frage danach, wann Erkenntnis vorliegt, aufzeigen will, scheint mir nach den obigen Ausführungen eindeu-

---

[43] Vgl. zum Beispiel Graeser 1998, 33; Wieland 1973.
[44] Vgl. etwa McDowell 1994, vgl. etwa auch Willaschek 2003, bes. 281 ff.
[45] Ein Vertreter eines solchen Realismus ist etwa Smith 2002.

tig. Schwieriger ist es zu sagen, wie Hegel sich zum direkten Realismus (oder seinen verschiedenen Formen) als einer Theorie darüber, wie wir Zugang zur Welt haben, positioniert.[46] Soweit ich sehe, impliziert meine Interpretation Hegels, dass wir die Dinge in der Welt nur erkennen, wenn wir nicht mittels Repräsentationen auf sie Bezug nehmen bzw. wenn wir den repräsentationalen Standpunkt überwinden. Insofern kann Hegel der Behauptung (a) wenigstens teilweise zustimmen. Mit Blick auf die Behauptung (b) ist anzumerken, dass, folgt man meiner Interpretation, unsere Bezüge auf etwas in der Welt dadurch, dass wir sie mit Wissensansprüchen verbinden, immer bestimmter werden. Bei dieser Bestimmtheit kann man nicht zwischen sinnlichen und begrifflichen Elementen trennen. Wenn wir uns zum Beispiel auf etwas uns unmittelbar Präsentes beziehen und zu wissen beanspruchen, dass es dies gibt, so müssen wir es hierfür als in der Zeit bleibend auffassen, und dies geht nur, indem wir es als qualitativ und quantitativ bestimmt wahrnehmen. Qualitative und quantitative Bestimmungen sind für Hegel begrifflicher Art. Daher sollte man in meinen Augen mit Blick auf den direkten Realismus in Version (b) sagen: Wenn man unter Wahrnehmung einen unmittelbaren Eindruck versteht, so ist eine nichtbegriffliche Wahrnehmung möglich; wenn man unter Wahrnehmung etwas versteht, in dem wir auf etwas über eine Zeit hinweg Bezug nehmen können, so sind diese Wahrnehmungen für Hegel schon kategorial, nämlich qualitativ und quantitativ bestimmt. Allerdings gilt noch nicht, dass wir für die Wahrnehmung etwas als dasselbe über eine Zeit hinweg identifizieren können müssen. Das können wir nur durch weitere kategoriale Bestimmungen. Diese sind auch erforderlich, um die auf Wahrnehmungen beruhenden Behauptungen als wahr auszuweisen. Denn um zu erkennen, wie das ist, was wir wahrnehmen, reicht die qualitativ und quantitativ bestimmte Wahrnehmung nicht aus. Hierauf werde ich am Ende des nächsten Abschnitts zurückkommen, nachdem ich die Position der Wahrnehmung be-

---

[46] Dass Hegel selbst einen direkten Realismus in der ersten oben genannten Form vertritt, haben McDowell und Halbig vertreten (vgl. McDowell 1994, IX sowie 2003 und Halbig 2002, bes. 360 ff.). Beide sehen eine Pointe Hegels in der Ablehnung der zweiten oben genannten Form eines Realisten (vgl. McDowell 1994, 39). Folgt man meiner Interpretation, lehnt Hegel aber auch diesen nicht pauschal ab. In diesem Zusammenhang wäre auch das Verständnis der Kant-Kritik Hegels zu diskutieren. Ich stimme zwar mit Halbig (etwa 350; vgl. auch McDowell 2003, 86) darin überein, dass Hegel die Unabhängigkeit der Wirklichkeit vom Bewusstsein dadurch behaupten kann, dass er eine bestimmte Begriffsauffassung vertritt, teile aber nicht seine Einschätzung, dass Hegel das Bild einer begrifflichen Verarbeitung eines nichtbegrifflichen Materials grundsätzlich verwirft. Diese Debatte geht zum Teil darauf zurück, dass sich Sellars (1963, 127) in seinem Angriff auf den Mythos des Gegebenen auf Hegel als jemanden bezieht, der mit seinem Projekt sympathisieren müsste. M.E. würde Hegel zwar Sellars grundlegender These, dass Erkenntnis und Rechtfertigung nicht durch Unmittelbarkeit herzustellen seien, zustimmen. Aber Wahrnehmen und die Tätigkeit, sich auf etwas epistemisch zu beziehen, setzen für Hegel nicht voraus, dass man schon substantielles Wissen hat.

handelt habe. Zunächst kann man festhalten, dass sich Hegel nicht der These anschließen würde, dass Wahrnehmungen, verstanden als zeitlich erstreckte Bezugnahmen auf Gegenstände, nichtbegrifflich sind. Dies zumindest dann nicht, wenn man, wie Hegel dies tut, Kategorien als Begriffe auffasst.

Schließlich muss man mit Blick auf den direkten Realisten wohl auch sagen, dass dann, wenn man das Ergebnis von Hegels Prüfung von rechtmäßigen Wissensansprüchen betrachtet, Hegel den Vertretern des direkten Realismus zumindest in einem Punkt nicht nahe kommt: Viele der Meinungen, die ein Mensch sich – auch aufgrund seiner Wahrnehmungen – bildet, erweisen sich in der Prüfung als falsch. Falsch ist zum Beispiel die Behauptung, dass einzelne physikalische Gegenstände selbständige Entitäten sind.[47] Ein direkter Realist, der diese Behauptung zum Bestandteil seiner Theorie macht, ist mit Hegels Standpunkt nicht vereinbar. Dagegen verhält es sich, folgt man meiner Interpretation, bei Behauptungen der Art, dass die Dinge, die wir wahrnehmen, davon unabhängig sind, dass wir sie wahrnehmen, komplizierter. Für die begrifflich bestimmte Wirklichkeit gilt nach Hegel, dass sie unabhängig von demjenigen ist, der sich wahrnehmend auf sie[48] bezieht. Der Grund für diese Unabhängigkeit ist allerdings nicht, dass die wahrgenommenen Gegenstände an sich bzw. ohne Begriffe so sind, wie wir sie wahrnehmen.[49] Besteht der direkte Realist hierauf, ist seine Position wiederum nicht mit dem, was Hegel vertritt, vereinbar.

2. Die Wahrnehmung

2.1 Die Position

Es hat sich im Scheitern der sinnlichen Gewissheit ergeben, dass wir uns auf das, was uns sinnlich gegeben ist, als etwas Beständiges beziehen können, obwohl nichts Einzelnes beständig ist. Wir sehen in dem, worauf wir uns beziehen, damit etwas Allgemeines. Daher lautet die erste Charakterisierung der neuen Position: „Die Wahrnehmung nimmt hingegen das, was ihr das Seiende ist, als Allgemeines" (*GW* 9, 71). Für die Position der Wahrnehmung gilt, dass man etwas dadurch erkennt, dass man es wahrnimmt. Die zu prüfende Person macht Behauptungen über einzelne, in Raum und Zeit lokalisierte

---
[47] Dies werde ich im vierten und fünften Kapitel zu zeigen versuchen.
[48] Genauer: auf das, was als begriffliche Wirklichkeit bestimmt wird.
[49] Hierauf werde ich am Ende des nächsten Abschnitts zurückkommen.

Dinge. Es wird mit einem auf eine Raum-Zeit-Stelle bezogenen Ausdruck auf einen Gegenstand referiert. Über diesen äußert sich die Person mit Anspruch auf Wahrheit. Sie sagt jetzt aber nicht mehr einfach (wie die Position der sinnlichen Gewissheit), dass „etwas jetzt hier ist", sondern sie versucht, das Seiende, worauf sie sich bezieht, als Bestimmtes zu erfassen. Die Sätze, die die Person mit Anspruch auf Wahrheit äußert, lauten etwa: „Dieses Salz ist weiß und scharf und kubisch." Diejenigen, die diese Position vertreten, verstehen sich (zumindest am Anfang) als weitgehend passiv und rezeptiv. Die Qualitäten des Salzes werden zunächst nicht als allgemeine Begriffe oder Eigenschaften verstanden,[50] sondern es sind Wahrnehmungsinhalte, die raumzeitlich zusammen auftreten, und die daher als Bestimmtheiten dieses Dinges angesehen werden.[51]

Bevor ich darstelle, was die Person als Maßstab für Wissen angibt, muss noch ausgeführt werden, wie die Wahrnehmungsposition innerhalb der *Phänomenologie* eingeführt wird. Dem Selbstverständnis Hegels nach besteht der Übergang von der Position der sinnlichen Gewissheit zur Position der Wahrnehmung darin, dass die Bewegung des Aufzeigens, mit der die Diskussion der Position der sinnlichen Gewissheit abschloss, die Grundlage der neuen Position darstellt.[52] Das Aufzeigen sollte so verstanden werden müssen: Es ist eine einfache Einheit verschiedener Momente, die in der Bewegung durchlaufen werden und gemeinsam die einheitliche Bewegung darstellen, so dass man über eine Zeit hinweg auf einen sinnlich gegenwärtigen Gegenstand bezogen ist. Dies ist dasjenige, was am Anfang der neuen Position unter „Wahrnehmen" verstanden wird. Gemäß dieser Weise der Bezugnahme auf etwas muss der Gegenstand nun verstanden werden: Gegenstand muss etwas sein, das durch Wahrnehmen erfasst werden kann.

Das klingt vielleicht wiederum so, als wäre der neue Gegenstand nicht etwas, das sich dem Bewusstsein durch Erfahrung mitgeteilt hat oder das es erfahren hat, sondern es klingt, als wäre der neue Gegenstand eine bloße Konstruktion des Bewusstseins. Wie ist das zu verstehen, und wie passt es zu meiner Interpretation, nach der Gegenstände als das, was sie sind, erfahren werden können? Zu erinnern ist zunächst daran, dass es zwar zu den erfahrenen Resultaten der sinnlichen Gewissheit gehört, dass sich das Bewusstsein auf etwas Allgemeines beziehen kann, dass hierbei aber zugleich noch offen

---

[50] „Das Sinnliche ist […] vorhanden […] als Allgemeines, oder als das, was sich als eine Eigenschaft bestimmen wird" (*GW*, 9, 72).

[51] „Dieses Ding" ist das *„Zusammengefaßtsein der Momente* [Herv. DE]" (*GW* 9, 71).

[52] „Der Gegenstand ist dem Wesen nach dasselbe, was die Bewegung ist, sie die Entfaltung und Unterscheidung der Momente, er das Zusammengefaßtsein derselben" (*GW* 9, 71). In diesem Sinne sagt Hegel in der Einleitung der *Phänomenologie*, dass der Gegenstand sich verändere, weil er dem Wissen angehöre und dieses sich verändere (*GW* 9, 60).

war, wie dieses Allgemeine als ein Gegenstand bestimmt ist. Direkt und unmissverständlich erfährt das Bewusstsein in der Prüfung der sinnlichen Gewissheit nur, was der Gegenstand nicht ist, aber nicht, was er ist. Selbst durch das zuletzt erreichte Aufzeigen des Gegenstands wurde nicht der Gegenstand bestimmt, sondern nur das Verhältnis des Bewusstseins zum Gegenstand.

Dass der Gegenstand etwas Allgemeines ist, hat sich allerdings in der Erfahrung der sinnlichen Gewissheit schon ergeben. Und es ergibt sich für die neue Position zudem auch daraus, dass der Gegenstand analog zur Bewegung der Wahrnehmung verstanden werden muss. Aber es ist noch nicht klar, wie der Gegenstand genauer bestimmt ist. Einem Gegenstand sollen Einheit und Identität zukommen. Solange der seiende Gegenstand als einzelner sinnlicher Gegenstand verstanden wurde, war dies unproblematisch, aber bei einem sinnlichen Gegenstand, der über die Zeit hinweg derselbe Gegenstand sein soll, stellt sich die Frage, wodurch er *als ein* Gegenstand bestimmt ist.[53] Es kann also mit einem allgemeinen Gegenstand nicht einfach die Negation von etwas Bestimmten gemeint sein – das wäre die bloße Raum-Zeit-Stelle –, sondern der Gegenstand als Allgemeines muss durch einen Inhalt bestimmt sein. Hegel sagt in diesem Sinne, der Gegenstand sei „ein bestimmtes Nichts, oder ein Nichts von einem Inhalte, nämlich dem Diesen" (*GW* 9, 72). Dass der Gegenstand etwas Inhaltliches, *Bestimmtes* sein muss, hat sich allerdings auch schon dadurch im Erfahrungsprozess der sinnlichen Gewissheit ergeben, dass der Gegenstand sich als etwas Allgemeines zeigte: Es blieb auf der Gegenstandsseite etwas, worauf das Bewusstsein sich beziehen konnte.[54] Was erst mit der neuen Position hinzukommt, ist die Antwort auf die Frage, wie der Gegenstand bestimmt ist. Der Gegenstand ist dieser Antwort zufolge ein „einfaches Zusammen von vielen Bestimmtheiten".

Wie kommt es zu dieser Antwort? Noch einmal: Das Ergebnis, dass es etwas Allgemeines gibt, das als Gegenstand die Einheit verschiedener Momente sein muss, ist ein Ergebnis des Kapitels *Sinnliche Gewißheit*. Zwar hat sich in der Erfahrung genauer betrachtet nur ergeben, dass es etwas Allgemeines gibt, während sich die Tatsache, dass dieses Allgemeine als ein Gegenstand bestimmt die Einheit der verschiedenen Momente sein muss, die über die Zeit identisch bleibt, daraus ergibt, dass einem Gegenstand das Charakteristikum der Einheit zukommen muss. Aber auch dieses Ergebnis, das man immer noch dem Kapitel *Sinnliche Gewißheit* zuschreiben kann, ist noch nicht so, dass eine bestimmte Gegenstandsvorstellung damit verbunden ist. Das Ergebnis lässt sich nämlich bislang verschieden interpretieren. Man könnte etwa

---

[53] Hier spreche ich von „Gegenstand" mit Blick auf die Charakteristika von Einheit und Identität.

[54] Wie Hegel sagt, war der Gegenstand nicht Nichts (*GW* 9, 72).

sagen: Der Gegenstand ist eine Einheit verschiedener Momente dadurch, dass er etwas Begriffliches ist. Das ist aber nicht die Position der Wahrnehmung. Sie behauptet, dass der Gegenstand ein „einfaches Zusammen" von vielen Bestimmtheiten sei. Ihr zufolge ist der Gegenstand als etwas Sinnliches dadurch eine Einheit verschiedener Momente, dass verschiedene Bestimmtheiten *einfach* zusammen auftreten. Der rote Ball ist ein Gegenstand, weil Rotsein und Rundsein usw. über eine Zeit hinweg zusammen da sind.[55] Das heißt, die Position der Wahrnehmung gibt nicht die einzig mögliche Interpretation der Annahme, die sich aus der Prüfung der sinnlichen Gewissheit ergeben hat. Wie kommt es dann zu ihrer bestimmten Vorstellung von dem Gegenstand?

Man könnte sagen, die neue Position stelle die unmittelbarste Interpretation des Ergebnisses der alten Position dar. Dies soll nicht nur heißen: die Interpretation, die am nächsten liegt, sondern auch: die Interpretation die am einfachsten ist, die am wenigsten hinzufügt und die in diesem Sinne der Erfahrung am meisten angemessen ist. Es hatte sich tatsächlich das sinnlich Präsente als Allgemeines gezeigt, nicht als etwas Begriffliches. Dies ist aber nicht Hegels Auffassung von der Bildung einer neuen Gegenstandsauffassung. Die neue Vorstellung vom Gegenstand ergibt sich ihm zufolge daraus, dass die frühere Vorstellung verneint wird. Dies entspricht dem Verfahren der *Phänomenologie*, wie ich es in den ersten beiden Kapiteln charakterisiert habe. Die Verneinung vollzieht das Bewusstsein, wenn es eine neue Position einnimmt. Mit dieser Verneinung wird nachvollzogen, was das Bewusstsein erfahren hat, insofern durch die Erfahrung seine frühere Annahme widerlegt wurde. Dass es einen Gegenstand gibt, der sinnlich präsent ist, wird hierbei weiterhin vorausgesetzt, nur wird dieser Gegenstand nun dadurch bestimmt, dass das Negative, das über ihn erfahren worden ist, wahr ist. Dass in der Verneinung daran festgehalten wird, dass es einen Gegenstand gibt, entspricht auch der Erfahrung, insofern sich der Gegenstand als Allgemeines zeigt. Das Ergebnis der Verneinung einer bestimmten Annahme unter der Vorgabe, dass das, worüber die Annahme gemacht wird, existiert, ergibt die neue, bestimmte Ge-

---

[55] Den verschiedenen Varianten dieser Position entsprechen verschiedene mögliche Einstellungen dazu, inwiefern wir Erkenntnis durch Wahrnehmung gewinnen können. Philosophiegeschichtlich betrachtet finden sich hier sowohl empiristische als auch rationalistische Positionen. Außerdem bezieht sich Hegel auf Kants *Transzendentale Ästhetik*, das heißt auf die Raum-Zeit-Bestimmungen bei Kant. Die Bestimmtheiten sind die Inhalte der Wahrnehmung, die, wie Hegel ausdrücklich bemerkt, in der sinnlichen Gewißheit überraschender Weise gar nicht zur Geltung kamen („Der Reichtum des sinnlichen Wissens gehört der Wahrnehmung […]", *GW* 9, 71), die aber dann, wenn sie als Inhalte einer allgemeinen Form verstanden werden, vorkommen können. Kant nennt die Inhalte der Wahrnehmung auch das, was zur Empfindung gehört und zählt unter sie Undurchdringlichkeit, Härte, Farbe (etwa *KrV* B 35). Empfindungen können bei Kant auch Materie der Wahrnehmung heißen, was Hegel mit seiner Rede von den Materien im Wahrnehmungskapitel ausdrücklich aufnimmt.

genstandsvorstellung. Aus der Negation der Annahme, dass der Gegenstand das *reine Diese* ist, resultiert, so Hegel, die Annahme, dass der Gegenstand als *Dieses* etwas Allgemeines ist. Dies soll bedeuten, dass etwas ein Gegenstand ist, indem seine wahrnehmbaren Bestimmtheiten (wie Rotsein) über eine Zeit hinweg zusammen da sind. Die Verneinung vollzieht die Erfahrung nach, aber darin, dass aus der Verneinung eine bestimmte positive Annahme über den Gegenstand resultiert, folgt sie, so Hegel, einem logischen Gesetz. Nachzuvollziehen, wie aus einer Verneinung dessen, was über einen Gegenstand Bestimmtes gesagt wurde, eine neue Annahme über den Gegenstand resultiert, ist vorrangige Aufgabe des Beobachters.

Was nach dieser Bemerkung dazu, wie die Wahrnehmungsposition eingeführt wird, noch einmal hervorgehoben werden kann, ist, dass Hegel mit der Wahrnehmungsposition keine Position darstellt, in der schon zu Beginn vermittelt durch Begriffe auf Einzelnes Bezug genommen werden soll.[56] Es handelt sich nach wie vor (also wie im Kapitel *Sinnliche Gewißheit*) um eine Position, die ihre Bezugnahme auf den Gegenstand als zweistellige Relation denkt und die den Gegenstand als etwas sinnlich Gegebenes, nicht als etwas durch Begriffe Vermitteltes ansieht. Hegel sagt allerdings gleich zu Beginn des Wahrnehmungskapitels, dass das Allgemeine „die Vermittlung an ihm hat" (*GW* 9, 72). Dies gilt in dem Sinne, dass das Allgemeine etwas sein soll, das besteht, während die einzelnen Momente, die es ausmachen, nicht beständig sind.[57] Dies war von Anfang an die Struktur des Allgemeinen. In der Bewegung des Aufzeigens kam sie am klarsten zur Geltung: Nicht der einzelne Moment ist die Bewegung des Aufzeigens, sondern etwas, das vermittelst des Verschwindens der einzelnen Momente zustande kommt, denn die Bewegung besteht darin, dass die einzelnen Momente nur Momente einer einheitlichen

---

[56] Dies nehmen die Interpreten an, die das Ergebnis der *Sinnlichen Gewißheit* darin sehen, dass Einzelnes begrifflich vermittelt ist. Zu erwähnen ist mit Blick auf das Wahrnehmungskapitel insbesondere Westphal 1998. Obwohl Westphal anders als die meisten Interpreten die Raum-Zeit-Bestimmung als Thema der *Sinnlichen Gewißheit* erkennt, soll auch nach ihm die *Sinnliche Gewißheit* (anders als meiner Interpretation zufolge) letztlich gezeigt haben, dass begriffsfreie Erkenntnis nicht möglich ist (70) bzw. Allgemeinbegriffe notwendig für menschliche Erkenntnis sind (72). Westphal diskutiert das Wahrnehmungskapitel fast ausschließlich unter dem Thema des Dings und seinen Eigenschaften und bildet es direkt auf Hegels Auseinandersetzung mit Hume ab. Ich würde sagen, dass die Positionen von Hume – und auch von Locke – insofern in dem Kapitel behandelt werden, als sie Positionen darstellen, die den Gegenstand einerseits als etwas Sinnliches (nicht Begriffliches) auffassen, andererseits aber als etwas, das, wie Westphal zutreffend sagt: „[…] durch seine Eigenschaften existiert, aber sich nicht mit der einen oder der anderen seiner Eigenschaften identifizieren läßt" (Westphal 1998, 74). Ich würde Hume allerdings nicht als Vertreter der Position am Anfang des Kapitels zuordnen, weil hier der Gegenstand selbst als Einheit gegeben sein soll.

[57] Daher sagt Hegel, dass das Allgemeine die Negation an sich habe sowie dass es ein Negieren und Aufbewahren zugleich sei (*GW* 9, 72).

Bewegung sind. Vermittlung meint also zunächst: etwas ist *durch* verschiedene Momente. Das sinnliche Allgemeine als Gegenstand ist durch die verschiedenen sinnlich gegebenen Bestimmtheiten, die zusammen auftreten. Dass das Allgemeine als Vermitteltes nur dann, wenn es nicht selbst als etwas Sinnliches verstanden wird, geeignet ist, einen Maßstab für Wissen abzugeben, ist das, was im Kapitel über Wahrnehmung erfahren werden soll.

2.2 Der Maßstab

Als ersten Vorschlag zur Präzisierung ihrer Annahme, dass die Wahrnehmung den Grund für ihr Wissen geben soll, sagt die geprüfte Person, der wahrnehmbare Gegenstand sei weiß, scharf und kubisch und dies erkenne sie dadurch, dass sie ihn als einen weißen, scharfen und kubischen Gegenstand wahrnehme. Folgt man Hegels Begriff von Erkenntnis,[58] kann die Wahrnehmung als Grund für die Wahrheit der Behauptung, dass der Gegenstand weiß, scharf und kubisch ist, nur gelten, wenn die wahrgenommenen Bestimmtheiten dem Gegenstand auch unabhängig davon zukommen, dass sie wahrgenommen werden.[59] Und zwar müssen dem Gegenstand dieselben Bestimmtheiten über die Zeit hinweg zukommen, weil der Gegenstand als etwas Bleibendes bestimmt ist. Berücksichtigt man, dass der Gegenstand zufolge der Position, die gerade geprüft werden soll, nichts anderes sein soll als das „einfache Zusammen" von Bestimmtheiten (*GW* 9, 72), sollte man sich hier besser so ausdrücken: Es müssen dieselben Bestimmtheiten zusammen über die Zeit hinweg auftreten, denn nur dann gibt es einen Gegenstand der Wahrnehmung. Der Gegenstand ist qualitativ identisch, er ist, wie Hegel sagt, etwas, das sich selbst gleich ist.[60]

Es gilt an dieser Stelle zu bedenken, dass es erforderlich ist, dass der Gegenstand etwas sich selbst Gleiches ist, um ihn als Maßstab für Wissensbehauptungen ansehen zu können. Wenn die Behauptung: „Dieses Salz ist weiß und kubisch", geprüft werden soll, und die Wahrnehmung als Begründung für die Wahrheit der Behauptung angeführt wird, braucht man ein Kriterium dafür, wann eine Wahrnehmung die Wahrheit der Behauptung gewährleistet. Ein solches Kriterium ist erforderlich, weil die Wahrnehmung als Bewegung durch verschiedene Momente bestimmt worden ist. Die Bezugnahme in einzelnen Momenten kann, wie in der Prüfung der Position der sinnlichen Gewissheit erfahren worden ist, nicht die Wahrheit einer Behauptung garan-

---

[58] Vgl. die Ausführungen im zweiten Kapitel.
[59] So heißt es beispielsweise: „[D]er Gegenstand, ist das Wesen, gleichgültig dagegen ob er wahrgenommen wird, oder nicht" (*GW* 9, 71).
[60] Vgl. *GW* 9, 72: „Die einfache sich selbst gleiche Allgemeinheit".

tieren. Die Wahrnehmung als bestehend aus verschiedenen Momenten kann dies nur dann, wenn der wahrgenommene Gegenstand beim Durchlaufen der verschiedenen Momente sich selbst gleich bleibt. Dies ist das Kriterium für Wahrheit. Hegel drückt dies so aus: „Sein [d.h. des Bewusstseins] Kriterium der Wahrheit ist daher die Sichselbstgleichheit, und sein Verhalten[,] als sich selbst gleiches auszufassen" (GW 9, 74). In den Augen der geprüften Person gilt etwas nur dann als wahr, wenn es in der Wahrnehmung sich selbst gleich bleibt. Die Behauptung „Dies Salz ist weiß und kubisch" ist dann wahr, wenn das Wahrgenommene als Gleiches wahrgenommen wird. Andernfalls hat die Person sich getäuscht.[61] Sie glaubt nur dann, den Gegenstand erkannt zu haben, wenn der Gegenstand dem Kriterium der Sichselbstgleichheit genügt.

Hier will man natürlich wissen, wann der Gegenstand sich selbst gleich ist. Es kann damit nicht gemeint sein, dass genau dieselben Bestimmungen über die Zeit hinweg wahrgenommen werden müssen, denn die Person, die die Position der Wahrnehmung vertritt, hat die Erfahrung bereits gemacht, dass sie sich trotz Veränderungen ihres Eindrucks oder ihrer instantanen Wahrnehmung auf denselben Gegenstand beziehen kann.[62] Das Kriterium der Sichselbstgleichheit kann daher nicht so interpretiert werden, dass der Gegenstand in verschiedenen Situationen gleich wahrgenommen werden muss. Das Kriterium könnte aber so verstanden werden, dass der Gegenstand unter denselben Wahrnehmungsbedingungen gleich wahrgenommen wird. Daher spricht Hegel (im oben angeführten Zitat) davon, dass auch das Verhalten als sich selbst gleiches aufzufassen sei. Dies ist, so denke ich, der erste Vorschlag, den die Position der Wahrnehmung macht. Ein anderer Vorschlag dazu, wie das Kriterium der Sichselbstgleichheit ausgelegt werden sollte, lautet, dass einige Bestimmtheiten des Gegenstands sich ändern dürfen, aber andere sich gleich bleiben müssen. Dies ist ein Vorschlag, der sich im Laufe der Prüfung der Position ergeben wird. Über das Kriterium der Sichselbstgleichheit ist hier nicht zufällig schwer etwas Eindeutiges zu sagen: Genau hieran wird die Position scheitern.

---

[61] „Das Wahrnehmende hat das Bewußtsein der Möglichkeit der Täuschung; denn in der Allgemeinheit, welche das Prinzip ist, ist das Anderssein selbst unmittelbar für es, aber als das Nichtige" (GW 9, 74).

[62] Ich verkürze hier ziemlich. Zu berücksichtigen ist vor allem, dass die Bestimmtheiten selbst als etwas einfaches Allgemeines konzipiert werden. Dies schon deshalb, weil die Position der Wahrnehmung als Prinzip die Allgemeinheit hat und dieses Prinzip ihr durchgehend zugrundeliegt. Der sachliche Grund ist, dass die Position die Meinung unterhält, dass man nicht wahrnehmend auf die einzelne Eigenschaft bezogen ist. Wenn Bestimmtheiten wahrgenommen werden, so geht die Wahrnehmungsposition davon aus, dass sie sich auch durchhalten, wenn sie im einzelnen Fall nicht wahrgenommen werden. Das heißt in der Terminologie, die Hegel eingeführt hat, Bestimmtheiten werden als einfaches Allgemeines aufgefasst.

2.3 Das Scheitern der Position

Hegels Darstellung der Prüfung der Wahrnehmungsposition kann so zusammengefasst werden: Die Person, deren Position hier einer Prüfung unterzogen wird, vergleicht ihre Wahrnehmungen miteinander – wie es ihr Kriterium ja vorschreibt –, aber in diesem Vergleich nimmt die Person den Gegenstand immer als etwas anderes wahr. Sie muss die Auffassungen über den Gegenstand, die sie sich aufgrund ihrer Wahrnehmungen gemacht hatte, stets revidieren. Die Person erfährt auf diese Weise, dass der sinnlich wahrgenommene Gegenstand nicht etwas sich selbst Gleiches ist. Da sie sich auf diese Annahme verpflichtet hatte, als sie die Wahrnehmung des Gegenstands als Maßstab für die Wahrheit ihrer Behauptung angab, ist diese Position dazu, was der Maßstab für Wissen ist, gescheitert. Die geprüfte Person versucht ihre Annahme nun so zu modifizieren, dass sie daran festhalten kann, dass die Wahrnehmung der Maßstab für Wissen ist. Sie sagt daher, dass die Sichselbstgleichheit nicht dem Gegenstand zukommt, sondern dass das erkennende Subjekt verschiedene Wahrnehmungsinhalte so bündelt, dass es einen über die Zeit hinweg gleichen Gegenstand erhält. Auch in dieser und in weiteren Variationen ihrer Position scheitert die Person. Sie erfährt, dass der Gegenstand der Wahrnehmung unter keiner der von ihr angeführten Bedingungen etwas sich selbst Gleiches ist.

Hegels hier verfolgte Grundidee lautet, dass die Annahme, dass der Gegenstand der Wahrnehmung sich selbst gleich ist, sich als falsch erweist und dass sich stattdessen zeigt, dass dem Gegenstand widersprechende Bestimmungen zukommen. Mit anderen Worten: (1) Es gibt keinen sich selbst gleichen Gegenstand der Wahrnehmung. (2) Mit diesem negativen Resultat ist ein positives verbunden. Es lautet: Da wir uns in der Wahrnehmung auf denselben Gegenstand beziehen, obwohl diesem widersprechende Bestimmungen zukommen, muss die Identität des Gegenstands in etwas anderem als in der qualitativen Identität bestehen. Der Gegenstand ist derselbe aufgrund von etwas, das sich in entgegengesetzten Bestimmungen durchhält.

Im Folgenden will ich versuchen, das hier Zusammengefasste in verschiedenen Hinsichten genauer aufzuklären. Ich will zunächst darstellen, wie sich zeigt, dass der Gegenstand nicht etwas sich selbst Gleiches ist (2.4). Hierbei wird auch zu kommentieren sein, dass Hegel im Kapitel über verschiedene Gegenstandskonzeptionen spricht und weniger über das, was das Bewusstsein wahrnimmt. Im Weiteren (2.5) werde ich erörtern, was sich in den Prüfungen positiv zeigen soll. Besonders betont werden sollte, dass die Antwort auf die Frage, als was die Person in der Prüfung den Gegenstand erfährt, wenn sie erfährt, dass er nicht etwas ist, das sich selbst gleich ist, lautet, dass der

Gegenstand als etwas erfahren wird, dem widersprüchliche[63] Bestimmungen zukommen. Diese Antwort spielt in der folgenden Interpretation eine wichtige Rolle. Wie schon in der Zusammenfassung deutlich geworden sein dürfte, geht Hegel auch im Wahrnehmungskapitel verschiedene Varianten der geprüften Position durch. Hierauf werde ich vor allem im Zusammenhang mit der Frage nach dem positiven Prüfungsergebnis (in Abschnitt 2.6) eingehen.

2.4 Wie erfahren wird, was der Gegenstand nicht ist

Eine Beschreibung der ersten Prüfungsphase könnte so lauten: Erst nimmt die Person den Gegenstand als einen Gegenstand (dieses Salz) wahr, dann nimmt sie eine Bestimmtheit an ihm wahr, die der Gegenstand mit anderen gemein hat (die Weißheit). Die Person kann diese beiden Wahrnehmungen nicht – oder zumindest nicht mit ihren Mitteln – als Wahrnehmungen des gleichen Gegenstands auffassen. Sie könnte allerdings ihre erste Wahrnehmung des Gegenstands als Produkt einer Täuschung ansehen und den Gegenstand als in einer Gemeinschaft mit anderen stehend auffassen. Auch diese und die folgenden Auffassungen sollen jedoch aufgrund einer Wahrnehmung des Gegenstandes revidiert werden. Die Erwartung, dass der Gegenstand sich selbst gleich ist, wird immer wieder enttäuscht.

Zunächst will ich nur grob angeben, wie der Gegenstand im ersten Durchlauf der Position der Wahrnehmung aufgefasst wird und welche, auf anderen Wahrnehmungen basierte Annahmen jeweils dagegen sprechen. Der Gegenstand wird konzipiert: 1. als Eins – dagegen spricht, dass die Eigenschaft auch anderen Gegenständen gemein ist, 2. als Gemeinschaft mit Anderen – dagegen spricht, dass die Eigenschaften des Gegenstands bestimmte Eigenschaften sind, 3. als ausschließendes Eins – dagegen spricht, dass viele der Eigenschaften des Gegenstands nicht in einem ausschließenden Verhältnis stehen, 4. als gemeinschaftliches Medium vieler Eigenschaften. – Als das, was wahrgenommen wird, kann hier nur eine Eigenschaft fungieren (da man kein gemeinschaftliches Medium wahrnehmen kann). Diese Auffassung stellt genauer besehen einen Rückfall auf die Position der sinnlichen Gewissheit dar. Denn nun müsste man unmittelbar die Eigenschaft (die Schärfe) wahrnehmen,[64] während die Wahrnehmungsposition entgegen der Position der sinnlichen

---

[63] Ich werde hier terminologisch nicht streng zwischen widersprüchlichen und gegensätzlichen Bestimmungen unterscheiden. Man könnte sagen: Gegensätzlich sind die Bestimmungen in ihrer Beziehung aufeinander. Widersprüchlich sind die Bestimmungen insofern, als es Bestimmungen sind, die einem schon bestimmten Gegenstand zukommen. Zu diesem Begriff von Widerspruch als eines bestimmten Typs von Gegensatz vgl. Wolff 1981, 139 ff.

[64] „Sie [die Eigenschaft] bleibt als dies reine sich auf sich selbst Beziehen, nur sinnliches Sein überhaupt, [...]" (*GW* 9, 74 f.).

Gewissheit ihren Gegenstand als etwas konzipieren wollte, das sich auch durchhält, wenn das verschwindet, worauf man unmittelbar bezogen ist. Mit anderen Worten: Wenn wir nur eine einzelne Eigenschaft direkt wahrnehmen würden und keine Erklärung dafür geben können, inwiefern diese Eigenschaft einem Ding zukommen soll, haben wir überhaupt keine Vorstellung von einem Ding, sondern beziehen uns nur auf ein einzelnes Datum – was der Position der sinnlichen Gewissheit entspricht. Damit ist die erste Variante der Position der Wahrnehmung gescheitert. Die hier geprüfte Person reagiert auf dieses Ergebnis, indem sie einen neuen Vorschlag dazu macht, wie ihre allgemeine Annahme zu verstehen ist, dass sie etwas weiß, weil sie es wahrnimmt.

Der weitere Verlauf der Prüfung kann kurz so zusammengefasst werden:[65] Die Person hat bisher erfahren (wie ich noch ausführen werde), dass ihre Wahrnehmungen zu widersprüchlichen Gegenstandsauffassungen führen. Sie versucht im Folgenden zu reagieren, indem sie verschiedene Hinsichten unterscheidet, in denen diese Annahmen über den Gegenstand gemacht werden können. Erst schreibt sie nur einen Teil der Annahmen dem Gegenstand zu, den anderen ihrer Interpretation des Gegenstands. Dann schreibt sie beides dem Gegenstand zu, unterscheidet aber zwischen dem, was dem Gegenstand wesentlich zukommt, und dem, was ihm unwesentlich zukommt. In diesen Versuchen scheitert die Position, weil die Hinsichten nicht voneinander unterschieden werden können.

Folgt man dieser Darstellung der Prüfung,[66] fällt auf, dass in der Prüfung Gegenstandskonzeptionen durchgegangen werden. Man hätte erwarten können, dass der Vergleich von Wahrnehmungen anders ausfällt. So wird zum Beispiel nicht geprüft, ob etwas unter bestimmten Bedingungen als weiß wahrgenommen wird, sondern es wird gefragt, ob das Wahrgenommene in Gemeinschaft mit anderem steht. Zwar soll jeder Gegenstandskonzeption eine Wahrnehmungssituation entsprechen, indem wir in der Wahrnehmung Verschiedenes fokussieren können – also etwa den einzelnen Gegenstand oder diesen und andere Gegenstände –, aber dennoch ist auffallend, dass die Person daran scheitert, dass sie ihre Annahme, dass der Gegenstand das sich selbst Gleiche ist, nicht verteidigen kann, weil sie nicht die Frage beantworten kann, was sich eigentlich gleich bleiben soll. Offenbar fragt die Person sich in jeder Wahrnehmung: Was ist der Gegenstand? Man kann sich dies dadurch erklären, dass die Person dann, wenn sie die Sichselbstgleichheit als Kriterium der Wahrheit angibt, auch angeben muss, in welcher Hinsicht der Gegenstand sich selbst gleich bleiben soll. Dies muss sie tun, um die Täu-

---

[65] Diese Zusammenfassung bezieht sich auf die Passagen ab *GW* 9, 75: „Das Bewußtsein durchläuft […]."
[66] Ich beziehe mich hier auf *GW* 9, 74 ff.: „Sehen wir nun zu […]."

schungen von veridischen Wahrnehmungen unterscheiden zu können. Wenn sie so etwas sagen will, wie: Ein Gegenstand wird so wahrgenommen, wie er ist, wenn er unter normalen Bedingungen wahrgenommen wird, so muss sie sagen, was normale Bedingungen sind und warum dies die Bedingungen sind, unter denen wir den Gegenstand so wahrnehmen, wie er ist. Dass Hegel im Wahrnehmungskapitel Gegenstandskonzeptionen untersucht und nicht Wahrnehmungssituationen, bestätigt meine Annahme, dass es um die Frage geht, ob Wahrnehmungen oder das Wahrgenommene als Maßstab für Wissensbehauptungen fungieren können.

2.5 Wie erfahren wird, was der Gegenstand ist

Um zu fragen, als was der Gegenstand erfahren wird oder was der Gegenstand ist, muss man sich noch einmal an dem orientieren, was soeben als erste Prüfungssituation beschrieben worden ist: Anfangs ist die Person, die das Salz wahrnimmt, nur auf dieses Salz bezogen. Dann jedoch nimmt sie an diesem Salz das Weiß wahr, das sie an einem anderen Ding zuvor (oder gleichzeitig) wahrgenommen hat. Sie nimmt nun etwas wahr, das den beiden wahrgenommenen Dingen gemeinsam ist. Würde sie ihre Begründung für die Wahrheit ihrer Behauptung mit der ersten Wahrnehmungssequenz geben, würde sie sagen: (1) Das Salz ist weiß und scharf und dies kann ich wahrnehmen, weil ich auf dieses Salz wahrnehmend bezogen bin. Damit legt sie sich darauf fest, dass der Gegenstand als ein *einfaches Eins* wahrnehmend erfasst wird. Das soll heißen: Der Gegenstand ist nichts anderes als ein Zusammenauftreten verschiedener Bestimmtheiten. Die Bestimmtheiten sind weder miteinander noch mit etwas anderem vermittelt. Der Gegenstand ist einfach das Zusammensein von Weißheit und kubischer Geformtheit. Wäre er es nicht, könnte er nicht in der Wahrnehmung erfasst werden. Was die Person aufgrund ihrer zweiten Wahrnehmungssequenz sagen würde, ist etwa Folgendes: (2) Ich nehme an dem Salz etwas wahr, das es mit anderen Gegenständen gemeinsam hat, und daher muss ich in meiner Wahrnehmung auch auf anderes als auf dieses Salz bezogen sein. Hiermit legt sich die Person auf die Annahme fest, dass Dinge, die in Gemeinschaft mit anderen wahrgenommen werden, die Wahrheit einer Behauptung garantieren können. Diese beiden Annahmen sind wohlgemerkt noch keine widersprüchlichen Annahmen *über den Gegenstand*. Vielmehr ist die Frage hier eher, wann der Gegenstand richtig wahrgenommen wird. Allerdings wurde oben herausgestellt, dass das Kriterium der Sichselbstgleichheit bedeuten soll, dass die Person sich dem Gegenstand gegenüber gleich verhalten soll, um zu prüfen, ob er sich selbst gleich ist, und hierfür muss die Position festlegen, wann bzw. unter welchen Bedingungen der Gegenstand angemessen wahrgenommen wird. Die ersten beiden Annahmen sind, was das Verhalten des Wahrnehmenden betrifft, bereits miteinander unvereinbar.[67] Was aber den Gegenstand angeht, könnte man sie etwa folgenderweise zu verbinden versuchen: Gegenstände sind nichts anderes als ein einfaches Eins von Bestimmtheiten, sie haben diese Bestimmtheiten aber mit anderen Gegenständen gemeinsam. Zu den ersten beiden Annahmen kommt allerdings noch eine auf einer weiteren Wahrnehmung basierenden Annahme hinzu, die zu einem Widerspruch in der Gegenstandskonzeption führen soll: (3) Ich nehme das Weiß dieses Salzes als eine Bestimmtheit wahr, die andere Bestimmtheiten (wie blau) ausschließt.[68] Die Wahrnehmung der Eigenschaft an diesem einfachen raum-zeitlich lokalisierten Gegenstand ist, so Hegel, dieses Weiß im Unterschied zu anderen Bestimmtheiten. Durch diese Annahme (3) werden die Bestimmtheiten als etwas angesehen, das durch eine Negation oder eine Abgrenzung von anderem vermittelt ist. Die Bestimmtheiten kommen einem Gegenstand *im Unterschied* zu anderen Gegenständen zu. Der Gegenstand ist nur eine Einheit von Bestimmtheiten, weil diese Bestimmtheiten genau diese Bestimmtheiten im Unterschied zu anderen sind. Ein Gegenstand, der durch diese Art von Bestimmtheiten definiert ist, ist nicht einfaches Eins, wie der ersten Annahme zufolge, sondern er ist *ausschließendes Eins*. Damit gibt es zwei widersprüchliche Annahmen über den Gegenstand und die Weise, wie ihm die Bestimmtheiten zukommen. Die Bestimmtheiten des Gegenstands sind der ersten Annahme zufolge einfache Einheiten, die einfach zusammen den Gegenstand bestimmen (Dieses Salz ist weiß und *auch* kubisch). Zufolge

---

[67] Die Erfahrung zeigt, dass das Verhalten der Person dem Gegenstand gegenüber nicht sich selbst gleich ist. Die Person begegnet dem Gegenstand stets mit der Erwartung, dass er derselbe Gegenstand ist, wie der, den sie zuvor wahrgenommen hat, aber das, was sie von ihm erwartet, ist stets etwas anderes. Denn die Person begegnet dem Gegenstand jeweils mit Erwartungen, die den Annahmen entsprechen, die sie soeben über ihn auf der Basis ihrer Wahrnehmungen aufgestellt hat. Da die Wahrnehmungen wechseln, ändern sich auch die Erwartungen. Daher begegnet die Person dem Gegenstand faktisch jeweils mit anderen Erwartungen. Widersprüchliche Bestimmungen ergeben sich also nicht nur für den Gegenstand, sondern auch das Verhalten zum Gegenstand ist widersprüchlich. Ähnlich hier Westphal 1998 (84) der auch zwei Widersprüche unterscheidet. Allerdings versteht Westphal letztlich die widersprüchlichen Bestimmungen des Gegenstands anders als ich nur als die (falsche) Gegenstandskonzeption der Wahrnehmungsposition (vgl. Westphal 1998, 110).

[68] Dass eine Bestimmtheit nicht verschiedenen Gegenständen einfach gemeinsam ist, könnte man auch folgendermaßen erläutern: Das an diesem Gegenstand wahrgenommene Weiß wird als dieses ganz bestimmte Weiß dieses Gegenstands im Unterschied zu anderen Weißtönen wahrgenommen. Den auftretenden Widerspruch müsste man dann entsprechend so erläutern, dass Eigenschaften einerseits individuell sein sollen, andererseits den Gegenständen gemeinsam sein müssen.

der dritten Annahme sind sie als anderen entgegengesetzte Bestimmtheiten und bestimmen den Gegenstand im Unterschied zu anderen als diesen bestimmten Gegenstand (Dieses Salz ist weiß und nicht blau).[69]

Woran genau scheitert die Position? Hegel ist offenbar der Auffassung, dass in der Prüfung ein oder mehrere Widersprüche auftreten. Ausgangspunkt der Prüfung war die von der Person, deren Position geprüft werden soll, vorgeschlagene Bestimmung des Gegenstands und des Verhaltens des wahrnehmenden Subjekts dem Gegenstand gegenüber. Sie lautete, dass der Gegenstand bzw. das Verhalten ihm gegenüber sich selbst gleich sein muss. Diese Annahme – bzw. beide Annahmen, wenn man die mit Blick auf das Verhalten und die mit Blick auf den Gegenstand unterscheidet (die ich hier aber jetzt zusammenfassen werde) – werden durch die Erfahrung widerlegt. Die Widerlegung dieser Annahme erfolgt nicht so, dass anstelle dieser Meinung eine andere relativ klare Meinung über den Gegenstand tritt. Dies war bei der sinnlichen Gewißheit der Fall, wo die Annahme, dass der Gegenstand als Allgemeines beständig sei, die Annahme ablöste, dass der einzelne Gegenstand etwas Beständiges sei. Im Wahrnehmungskapitel wird die anfängliche Annahme der hier behandelten Position von einer Annahme abgelöst, die schwerer zu verstehen ist. Den Gegensatz zwischen anfänglicher Annahme und der auf Erfahrung beruhenden Annahme kann man wie folgt zusammenfassen:

Die anfängliche Annahme ist: Der Gegenstand bzw. das Verhalten der Person dem Gegenstand gegenüber ist sich selbst gleich.

Die auf Erfahrung beruhende Annahme lautet: Der Gegenstand bzw. das Verhalten ihm gegenüber ist nicht sich selbst gleich, vielmehr ist es etwas, dem widersprechende Bestimmungen zukommen.

Dadurch, dass in der Annahme, die durch die Erfahrung nahe gelegt wird, dem Gegenstand widersprüchliche Bestimmungen zugesprochen werden, entsteht leicht der Eindruck, dass die Annahme der Sichselbstgleichheit nicht durch die Erfahrung widerlegt werde, sondern dadurch, dass die Person, deren Position geprüft wird, sich mit dieser Annahme in einander widersprechende Aussagen über den Gegenstand bzw. über das Verhalten ihm gegenüber verstrickt. Dies ist aber nicht der Fall. Tatsächlich ist die Position (schon) dadurch widerlegt, dass die Erfahrung ihrer grundlegenden Annahme widerstreitet.[70] Die auf Erfahrung basierende Annahme handelt zwar von widersprüchlichen Bestimmungen. Diese sind aber nicht der Grund des Scheiterns. Allerdings

---

[69] Man mag es wenig einleuchtend finden, dass hier ein Widerspruch besteht, weil man dann in Sätzen wie, dass ein Ding weiß und auch scharf und außerdem nicht blau ist, einen Widerspruch sehen könnte. Aber Hegel will nicht sagen, dass man solche Rede nicht sinnvoll machen kann, sondern nur, dass sich dann ein Widerspruch ergibt, wenn man über keine konsistente Auffassung darüber verfügt, wie der Gegenstand auf diese Art bestimmt werden kann.

[70] Hier besteht eine klare Parallele zur *Sinnlichen Gewißheit*.

kann in dieser Präsentation Folgendes ergänzt werden: Vom Standpunkt der Position der Wahrnehmung aus sind widersprüchliche Bestimmungen des Gegenstands desaströs. Daher könnte man durchaus sagen, dass die Position der Wahrnehmung auch dadurch widerlegt wird, dass vor dem Hintergrund ihrer Ausgangsannahmen unvermeidbar widersprüchliche Bestimmungen des Gegenstands auftreten.

Der Gegenstand, der erfahren wird, wenn man sich auf das bezieht, was in der Wahrnehmung kontinuierlich ist, ist also etwas, dem widersprüchliche Bestimmungen zukommen. Dies soll heißen, dass der Gegenstand sowohl dadurch Gegenstand ist, dass Bestimmtheiten einfach zusammen bestehen, als auch dadurch, dass Bestimmtheiten durch ihren Bezug zu anderen Gegenständen vermittelt sind. Wenn man bedenkt, dass einem Gegenstand immer Einheit zukommen soll, muss ein Gegenstand demnach eine Einheit widersprüchlicher Bestimmungen sein. Unklar ist nach dem bisher Gesagten allerdings, wie dies möglich sein soll. Mehr noch ist nach dem bisher Gesagten auch noch weitgehend unklar, was das heißen soll, dass dem Gegenstand widersprüchliche Bestimmungen zukommen. Zuerst will ich Letzteres aufklären. Hierfür werde ich noch einmal die weitere Entwicklung und das Ende der gesamten Prüfung betrachten. Denn erwartungsgemäß wird sich das Prüfungsergebnis in der Entwicklung spezifizieren.

2.6 Die weitere Entwicklung in der Prüfung

Der erste Versuch, Erkenntnisse auf die bloße Wahrnehmung von Gegenständen zu gründen, führt (zusammenfassend) in den Widerspruch zwischen zwei Aussagen über den Gegenstand. Die Reaktion auf diesen Widerspruch besteht darin, dass die Person, deren Position hier geprüft wird, zwischen verschiedenen Hinsichten unterscheiden zu können meint: Die zwei sich widersprechenden Aussagen werden auf den Wahrnehmenden und den wahrgenommenen Gegenstand verteilt.[71] Dies ist der erste Vorschlag der Modifikation der Position angesichts der diskutierten Schwierigkeiten, also die zweite Phase der Prüfung. Einfaches Eins zu sein wird als das aufgefasst, das dem Gegenstand auch unabhängig vom wahrnehmenden Subjekt zukommt; die Bestimmtheiten dieses Gegenstands werden als bloß subjektive Eigenschaften des Gegenstands interpretiert bzw. als Eigenschaften, die dem Gegenstand nicht unabhängig

---

[71] Indem die jeweiligen Erwartungen, die die Person an den Gegenstand heranträgt, alle enttäuscht werden, wird die Person gezwungen zu reagieren. Zunächst interpretiert die Person die Enttäuschungen so, dass sie sich getäuscht habe. Da die Enttäuschungen aber andauern, interpretiert die Person sie nicht mehr als einzelne Fälle der Täuschung, sondern sie versucht, einen Teil dessen, was sie wahrnimmt, als Produkt ihrer Reflektion anzusehen.

davon zukommen, dass er wahrgenommen wird. Das einfache Eins wird terminologisch als Dingheit, die Bestimmtheiten als Eigenschaften gefasst. Wohlgemerkt ist dies das erste Mal im Gang der *Phänomenologie*, dass die Bestimmtheiten des Gegenstands nicht als etwas sinnlich Gegebenes verstanden werden, sondern als etwas, das nur sinnlich gegeben erscheint, tatsächlich aber dem Gegenstand nur durch das Subjekt vermittelt zugesprochen wird.[72] Allerdings sollen dem Ding die Eigenschaften hier auch gar nicht wirklich zukommen. Der Gedanke einer Vermittlung von sinnlich Wahrnehmbaren durch etwas nicht sinnlich Wahrnehmbares wird im Folgenden noch entwickelt werden.[73] Die widersprüchlichen Bestimmungen des Gegenstands, mit denen die Wahrnehmungsposition in dieser Phase zurechtzukommen versucht, werden hier offenbar als Widerspruch zwischen einfacher Einheit oder Dingheit und vermittelter Vielheit oder Eigenschaften aufgefasst: Dem einen Ding werden vom Subjekt viele Eigenschaften zugesprochen. Während die Einheit dem Gegenstand tatsächlich zukommt, tun dies die Eigenschaften nur vermittelt durch das Subjekt.

Der soeben skizzierte Vorschlag der Modifikation der Wahrnehmungsposition scheitert daran, dass man (zum Beispiel) dieses Salz gar nicht als bestimmten Gegenstand erkennen könnte, wenn ihm die Bestimmtheiten nicht tatsächlich zukämen. Die Dinge in der Welt wären ohne ihre Eigenschaften nicht zu bestimmen. Gegenstände können, folgt man dem bisherigen Gedankengang, nicht bloß raum-zeitlich (oder auch durch geometrische Eigenschaften) individuiert werden, denn die raum-zeitlichen Koordinaten können nur zur Individuierung dienen, wenn ein Gegenstand qualitativ bestimmt wird. Die qualitativen Bestimmtheiten sollen aber dem gerade diskutierten Vorschlag folgend dem Gegenstand gar nicht wirklich zukommen.

Der umgekehrte Vorschlag, der im Anschluss erfolgt, scheitert aus einem ähnlichen Grund: Wenn man nur die Bestimmtheiten, die man wahrnimmt, als Gegenstand ansieht, also sagt: „Der Gegenstand besteht in wahrnehmbaren Eigenschaften, aber dass diese Eigenschaften die *eines* Dinges sind, ist meine Interpretation", so kann man gar nicht mehr von Eigenschaften an

---

[72] Dieser Schritt hat eine Parallele in der zweiten Phase des Kapitels *Sinnliche Gewißheit*, in der das Bewusstsein annahm, es selbst könne garantieren, dass der Baum existiert, weil es ihn wahrnimmt.
[73] Diese Zwischenbemerkung ist wichtig für meine These, dass der Vermittlungsgedanke erst im Verlauf der Wahrnehmungsposition ausgeführt wird.

einem Ding oder eines Dinges sprechen. Die Rede davon, dass ich dieses Salz als weiß und kubisch erkenne, würde leer werden bzw. ich könnte ebenso gut sagen: Ich nehme Weißheit und kubische Geformtheit wahr.[74]
Die zweite Phase der Prüfung besteht also darin, eine Konzeption zu finden, durch die vermieden werden kann, dass widersprüchliche Annahmen in derselben Hinsicht über denselben Gegenstand gemacht werden. Ergebnis ist, dass man sich so überhaupt nicht mehr auf bestimmte Gegenstände beziehen kann. Folgt man diesen Vorschlägen, müssen Erkenntnisansprüche deshalb aufgegeben werden, weil das, was wir über einen bestimmten Gegenstand sagen, nicht als etwas aufgefasst werden kann, was von uns unabhängig ist. Daher kann man nicht sagen, dass die Aussage wahr ist. Wenn man, wie zum Beispiel nach dem zweiten Vorschlag, die Einheit des Gegenstands als etwas ansieht, das dem Gegenstand nicht wirklich zukommt, so kann man auch nicht zu Recht mit Anspruch auf Wahrheit behaupten, dass dieser Gegenstand weiß und kubisch *ist*. Auch dieses Ergebnis der Prüfung muss ein Ergebnis sein, das aus den mit den geprüften Vorschlägen gemachten Erfahrungen resultiert. Hegel führt diese Erfahrungen nicht aus. Sie können im Prinzip von derselben Art sein, wie die bisher beschriebenen. Zumindest liegt die Vermutung nahe, dass das negative Ergebnis, also in diesem Fall der Verlust der Möglichkeit einer epistemischen Bezugnahme auf einen bestimmten Gegenstand, direkt erfahren werden kann. Das positive Ergebnis, das hiermit einhergeht, muss ungefähr lauten: Wenn wir uns für Erkenntnis (wahrnehmend) auf einen Gegenstand beziehen, müssen wir uns sowohl auf ihn als auch auf seine Eigenschaften als etwas beziehen können, das von uns unabhängig ist. Der Gegenstand muss sowohl Einheit als auch Vielheit sein, und beides muss so miteinander vermittelt sein, dass diese Bestimmungen sich nicht widersprechen. Dieses Ergebnis ist das Produkt einer Reflexion auf die Gründe des Scheiterns von Seiten der Person, die hier geprüft wird. Da es sich hier gar nicht um einen Übergang zu einer neuen Position handeln soll, sondern um

---

[74] Das ist eine Darlegung, die eher an den Commonsense appelliert, als eine Widerlegung darstellt. Hegel führt dies gar nicht aus. Folgt man meiner Deutung, entsprechen die beiden Vorschläge der zweiten Phase dem rationalistischen und dem empiristischen Umgang mit widersprüchlichen Bestimmungen des Gegenstands. Für eine Diskussion von Hegels Auseinandersetzung mit philosophischen Positionen müsste die Darstellung ausführlicher ausfallen.

eine Variante innerhalb einer Position, ist nicht überraschend, wenn Reflexion entscheidend zu den Modifikationen beiträgt.[75] Dadurch soll erreicht werden, dass die Möglichkeiten einer Position ausgeschöpft werden.[76] Der nächste Vorschlag, der im Wahrnehmungskapitel thematisiert wird, realisiert die neu erworbenen Einsichten. Die beiden widersprüchlichen Aussagen über den Gegenstand sollen nun beide über den Gegenstand gemacht werden können. Der Vorschlag besteht darin, dass dem Gegenstand eine der Bestimmungen wesentlich, die andere unwesentlich zukommt. Wesentlich soll dem Gegenstand sein, eine Einheit zu sein.

Wie bereits deutlich geworden sein dürfte, werden in den drei Phasen der Prüfung der Wahrnehmungsposition die widersprüchlichen Bestimmungen, die dem Gegenstand zukommen sollen, jeweils anders aufgefasst. In der ersten Phase sollte der Gegenstand ein einfaches Eins von vielen Bestimmtheiten *und* ein ausschließenden Eins von vielen Bestimmtheiten sein. In der zweiten Phase sollte der Gegenstand erst eine einfache Einheit sein, während die Vielheit von Bestimmtheiten nur durch das Subjekt hinzugefügt wird; dann sollte er eine Vielheit von Bestimmtheiten sein, während das Subjekt diese zur Einheit bündelt. In beiden Fällen sind die Bestimmungen der Einheit oder Dingheit und der Vielheit oder der Eigenschaften auf verschiedene Instanzen verteilt, wodurch man vermeidet, dem Gegenstand in derselben Hinsicht widersprüchliche Bestimmungen zuzuschreiben. Auch dieser Vorschlag scheitere aber. In der dritten Phase fasst Hegel die widersprüchlichen Bestimmungen als *Sein für sich* oder auch als *In sich reflektiert Sein* und *Sein für anderes*. Der Gegenstand soll wesentlich in sich reflektiert sein, und unwesentlich soll ihm die Bestimmung zukommen, für anderes zu sein. Das *In sich reflektiert sein* als Bestimmung des Gegenstands ergibt sich aus dem Scheitern der letzten

---

[75] An dieser Stelle wirken (im Unterschied zur *Sinnlichen Gewißheit*) die Modifikationen innerhalb einer Position wie die Übergänge zu einer neuen Position. Überhaupt wird es im Laufe der *Phänomenologie* immer schwieriger, die Modifikationen und den Übergang zu einer neuen Position auseinander zuhalten.

[76] Die Anordnung der *Phänomenologie* unterscheidet sich von Hegels *Logik* durch die Rolle der Reflexion. Dies wird bei der Wahrnehmungsposition besonders offensichtlich. Die Wahrnehmungsposition hat sowohl Überschneidungen zur Seins- als auch zur Wesenslogik. Dies konstatiert auch Koch 2008 (145). Er begründet diese „Sprünge" der *Phänomenologie* (im Vergleich zur *Logik*) damit, dass wir (nur) bei ersterer raum-zeitlich Mannigfaltiges voraussetzen – was nach meiner Interpretation aber nicht der Fall sein soll. In der *Logik* sind Seins- und Wesenslogik durch die Rolle der Reflexion unterschieden und daher wird zum Beispiel Qualität in der Seinslogik, Eigenschaft in der Wesenslogik thematisiert: Eigenschaften sind sozusagen Qualitäten unter der Voraussetzung, dass das Subjekt sich auf diese als solche bezieht. In der *Phänomenologie* werden Qualität und Eigenschaft innerhalb einer Position abgehandelt, weil sie beide den wahrnehmbaren Gegenstand als Maßstab für wahres Wissen verstehen. Das heißt, in der *Phänomenologie* spielt Reflexion deshalb eine andere Rolle als in der *Logik*, weil das Subjekt bei dem Versuch, seine Positionen immer wieder zu modifizieren, schon von Beginn an seine Beziehung auf den Gegenstand in dessen Bestimmung einbezieht.

beiden Positionen: Der Gegenstand ist nicht einfaches Eins, wie in der ersten Phase angenommen, aber man kann ihn auch nicht vermittelt durch etwas denken, das ihm nicht selbst zukommt, wie in der zweiten Phase vorgeschlagen wurde. Der Gegenstand muss eine Einheit von vielen Eigenschaften sein, die er in sich zusammenschließt. Hegel nennt dies „in sich reflektiert sein". Dies soll die wesentliche Bestimmung des Gegenstands sein. Dies Salz ist ein Gegenstand dadurch, dass es bestimmte Eigenschaften hat, also etwa dadurch, dass es weiß und kubisch ist. Berücksichtigt man die bisherigen Ergebnisse, kann dies aber nicht die vollständige Bestimmung des Gegenstands sein. Der Gegenstand ist nicht nur eine Einheit von Eigenschaften. Vielmehr ist er ein bestimmter Gegenstand auch nur dann, wenn ihm andere bestimmte Eigenschaften nicht zukommen. Diese Bestimmung wird jetzt als „Sein für anderes" bezeichnet, weil die Grundidee hier ist, dass der Gegenstand nicht auf sich selbst, sondern auf andere Gegenstände negativ bezogen ist. Er ist im Unterschied zu anderen Gegenständen bestimmt. Der Vorschlag kann folgendermaßen expliziert werden: Ein Gegenstand ist dieses Salz insofern, als es durch seine Eigenschaften das ist, was es ist, es besteht von allen anderen Dingen unabhängig, ist selbständig. Das Salz steht zwar auch in Verhältnissen zu anderen Gegenständen. Aber diese sind dem Salz äußerlich. Die Bezogenheit auf andere kommt dem Gegenstand irgendwie auch zu, aber sie ist ihm nicht wesentlich. Der Gegenstand ist nicht wesentlich auf anderes, sondern er ist wesentlich auf sich selbst bezogen.

Auch diese neue Variante der Wahrnehmungsposition erweist sich als unhaltbar. Als Grund gibt Hegel an, dass das Ding durch seine wesentliche Eigenschaft *zu Grunde geht*. Es gibt zwei Möglichkeiten, dies zu erklären:

(1) Man kann eine naturphilosophische Erklärung geben: Der Vorschlag kann so umgesetzt werden, dass ein Gegenstand undurchdringlich durch seine eigenen Kräfte ist, dass er aber durch Krafteinflüsse anderer Gegenstände in seiner Einheit oder Selbständigkeit gestört werden kann. Wenn sein Wesen in der Selbständigkeit bestehen soll, so würde diese Eigenschaft durch die Relation zu anderen Gegenständen stets dazu tendieren, aufgehoben zu werden.

(2) Die zweite anzubietende Erklärung ist begrifflicher Natur. Kurz gesagt lautet sie, dass die Unterscheidung von „wesentlich" und „unwesentlich" nicht für Bestimmungen gelten kann, die antonym zueinander sind. Etwas ausführlicher lautet diese Erklärung: Die Bestimmung, ein einheitliches Ding zu sein, soll nichts anderes bedeuten, als dass das Ding den Widerstreit zu anderem aus sich ausschließt. Diese Begriffe sind also antonym. Man kann also das, was man als wesentlich ansehen wollte, nur durch das erläutern, was unwesentlich sein sollte. Verhält es sich so, kann man wesentlich und unwesentlich nicht so unterscheiden, dass dem Gegenstand das Sein für sich wesentlich und das

Sein für anderes unwesentlich zukommt. Denn dann ist das *Sein für sich* dasselbe wie die Negation des *Seins für anderes*. Hierdurch kommt dem Gegenstand dann, wenn dem Gegenstand *Sein für sich* wesentlich zukommt, auch wesentlich zu, nicht für anderes zu sein. Dann kann aber nicht mehr gelten, dass dem Gegenstand gleichzeitig, wenn auch unwesentlich zukommt, für anderes zu sein. Der Widerspruch ist folglich durch diesen Vorschlag wider den ersten Anschein nicht aufgehoben. Die Unterscheidung von wesentlich und unwesentlich ist nicht so zu formulieren, dass durch sie dem Gegenstand in zwei verschiedenen Hinsichten eine Bestimmung zukommt, die anderen Gegenständen abgesprochen wird. Sie ist, wie Hegel sagt, „eine Unterscheidung, welche nur noch in den Worten liegt" (*GW* 9, 78).

Bei dieser Erklärung muss man allerdings Folgendes bedenken: Das Resultat dieser Prüfungsphase besteht nicht einfach darin, dass die hier als wesentlich und unwesentlich unterschiedenen Bestimmungen dasselbe bedeuten. Im Resultat sollen *Sein für sich* und *Sein für anderes* ausdrücklich beide dem Gegenstand zukommen. Die Bestimmungen Sein für sich und Sein für anderes lassen sich unterscheiden, sie können nur nicht als wesentliche und unwesentliche Bestimmung charakterisiert werden, denn sie hängen in einer Weise zusammen, die diese Art der Unterscheidung hinfällig werden lässt. Hegel fasst das Resultat dieser Prüfungsphase so zusammen:

„Es fällt hiemit das letzte Insofern hinweg, welches das für sich Sein und das Sein für ein anderes trennte; der Gegenstand ist vielmehr in einer und derselben Rücksicht das Gegenteil seiner selbst; für sich, insofern er für anderes, und für anderes, insofern er für sich ist" (*GW* 9, 79).

2.7 Das Ergebnis

Damit komme ich zurück zu der Frage, was das eigentlich heißen soll, dass dem Gegenstand gegensätzliche Bestimmungen zukommen. Als gegensätzliche Bestimmungen sollen sich *Sein für sich* und *Sein für anderes* herausgebildet haben. Diese beiden Bestimmungen sollen deshalb in einem Gegensatz zueinander stehen, weil Sein für sich Selbständigkeit und Sein für anderes Abhängigkeit des Gegenstands impliziert. Dass diese beiden Bestimmungen dem Gegenstand zukommen, liegt daran, dass der Gegenstand einerseits ein *Ding* ist, also als etwas, das trotz Veränderungen bleibend ist. Gleichzeitig ist der Gegenstand als Sinnliches nicht sich selbst gleich, er geht, metaphorisch gesagt, stets in anderes über. Wenn sich beide Bestimmungen als wahr erwiesen haben, hat sich für die neue Position ergeben: (1) Der Gegenstand ist nicht sich selbst gleich, er geht stets in anderes über; (2) der Gegenstand ist etwas Allgemeines, das trotz Veränderungen bleibend und selbständig ist.

Folgt man meiner Interpretation, wird man die Rede davon, dass der Gegenstand das Gegenteil seiner selbst ist oder widersprüchliche Bestimmungen hat, nicht so verstehen, dass dem Gegenstand, *so wie er der Auffassung der Wahrnehmungsposition zufolge sein sollte*, widersprüchliche Bestimmungen zukommen, dass dies aber tatsächlich nicht der Fall ist.[77] Wie oben bereits herausgestellt, ist mit „Gegenstand" nicht die Konzeption gemeint, die die Wahrnehmungsposition vom Gegenstand hat, sondern der Gegenstand, auf den das Bewusstsein sich in der Welt bezieht. Ihm kommen tatsächlich gegensätzliche Bestimmungen zu. Dass dies so ist, hat das Bewusstsein in der Prüfung erfahren. Aber was soll das heißen? Um dies zu erklären, werde ich im Folgenden auf Hegels eigene Konzeption von Erkenntnis Bezug nehmen, die ich zwar im zweiten Kapitel schon ausgeführt habe, die in der *Phänomenologie* an dieser Stelle, laut Hegel, aber noch nicht begründet worden sein soll.

Im Wahrnehmen wird etwas über die Zeit hinweg als qualitative und quantitative Einheit bestimmt (oder synthetisiert), ohne dass hierdurch klar wird, inwiefern etwas wirklich über die Zeit hinweg identisch ist. Auf etwas über die Zeit hinweg qualitativ und quantitativ Bestimmtes kann man sich nicht als etwas Identisches beziehen. Auf etwas Identisches kann man sich nur beziehen, wenn das, auf das man sich bezieht, durch andere Arten von begrifflichen Bestimmungen als durch qualitative und quantitative als etwas Identisches bestimmt ist. Das bedeutet nicht, dass es in der Wahrnehmung keine Kontinuität gibt, wohl aber, dass etwas nicht als dasselbe wahrgenommen werden kann. Da die Prüfung von Wissen voraussetzt, dass das, worüber etwas behauptet wird, über die Zeit hinweg identisch ist, findet sich in der Wahrnehmung kein Maßstab für Wissensbehauptungen.

Was ich soeben ausgeführt habe, bezieht sich auf die Frage, wie der Gegenstand in einer Weise bestimmt ist, dass er als Maßstab für Wissen dienen kann. Als solchem müssen ihm die gegensätzlichen Bestimmungen zukommen, einerseits etwas Identisches zu sein, andererseits etwas Unbeständiges zu sein. Er ist etwas Allgemeines und etwas Einzelnes. Wie Hegel sich dies genauer denkt, ist an dieser Stelle der *Phänomenologie* noch nicht klar und muss hier auch nicht weiter ausgeführt werden. Es gibt aber außerdem den Gegenstand der Wahrnehmung oder den Gegenstand, so wie er in der Wahrnehmung ist. Auch diesem kommen widersprüchliche Bestimmungen zu. Er ist einmal blau und einmal nicht blau. Wie ist das zu verstehen?

---

[77] Dies vertritt zum Beispiel Westphal 1998, 110.

Man könnte sagen, dass der wahrgenommene Gegenstand nicht wirklich widersprüchliche Bestimmungen hat, sondern dass Widersprüche nur in Urteilen auftreten und zwar dann, wenn man nicht bedenkt, dass der Gegenstand nur durch Gesetze als Ding bestimmt ist. Ein Gegenstand der Wahrnehmung erscheint einmal blau, einmal weiß, und wenn man auf der Basis dieser Erscheinungen Urteile über das Ding fällt, so sind diese widersprüchlich. Aber wenn man bedenkt, dass das, was er ist, nur gesetzmäßig bestimmt werden kann, so entfällt der Widerspruch. Das ist eine Kantische Position (die noch diskutiert wird). Zum Beispiel könnte man sagen, dass Wasser in der Wahrnehmung sowohl durchsichtig als auch trüb erscheint, dass es aber allein seine chemische Zusammensetzung ist, die seine Beziehung auf anderes und gleichzeitig auf sich selbst bestimmt und nicht davon abhängig ist, wie Wasser erscheint oder wahrgenommen wird. Ein solcher Vorschlag würde das umsetzen, was nach dem Scheitern der Wahrnehmungsposition erforderlich ist. Wenn die Gegenstände einem neuen Vorschlag folgend durch chemische Gesetze bestimmt werden, so gibt es ein nichtsinnliches Kriterium der Wahrheit. Die Wahrnehmungsposition hatte keine Möglichkeit, ihre Wissensbehauptung als wahr zu rechtfertigen, denn im Fall der unterschiedlichen Wahrnehmungseindrücke hat sie kein Kriterium dafür, was der angemessene Eindruck ist.[78] Aus der Perspektive einer Position, die ein nichtsinnliches Kriterium für Wahrheit annimmt, wird das Bewusstsein von dem, was dem Gegenstand bloß in der Wahrnehmung zukommt, sagen, der Gegenstand erschiene nur in einer bestimmten Weise, also beispielsweise weiß oder blau. Hier könne aber gar kein Widerspruch vorliegen.

Die hier ausgeführte (und Kant zugeschriebene) Annahme, dass dem Gegenstand der Wahrnehmung die widersprüchlichen Bestimmungen nicht wirklich zukommen, ist nicht Hegels Auffassung. Folgt man meiner Interpretation, kann sie dies auch gar nicht sein. Wäre dies Hegels Position, könnte mit Blick auf das, was im Wahrnehmungskapitel beschrieben wird, nicht behauptet werden, dass es ein Moment eines wirklichen Prozesses der Objektivierung ist. Dies aus folgendem Grund: Nach der soeben beschriebenen (und Kant zugeschriebenen) neuen Position, ist das Allgemeine etwas nichtsinnliches, welches das Sinnliche als Erscheinung im Gegensatz zum Allgemeinen auffasst. Dies ist für Hegel die Kantische Position. Für Hegel gibt es dagegen tatsächlich etwas sinnlich Allgemeines. Sinnlich allgemein ist der Gegenstand der Wahrnehmung, bei dem Bestimmtheiten auf die eine oder andere Weise

---

[78] Man könnte konventionell festlegen, dass Wasser durchsichtig und flüssig ist. Aber ein Hinweis auf eine konventionelle Festlegung würde in Hegels Augen, wie bereits im letzten Kapitel deutlich geworden sein sollte, nicht dafür ausreichen, dass etwas erkannt, das heißt die Wahrheit einer Behauptung belegt werden kann.

zusammengenommen werden, obwohl sie einander entgegengesetzt sind. Solange der Gegenstand im Wahrnehmen nicht als dasjenige angesehen wird, das als das Sichselbstgleiche den Maßstab für Wissen abgibt, ist hiermit kein Problem verbunden. Nur, wenn man den Wahrnehmungsgegenstand als Maßstab annimmt, entstehen die Probleme. Wird das sinnlich Allgemeine im weiteren Fortgang der Bestimmungen als unbedingt Allgemeines bestimmt, so soll dies nach Hegel durch Vermittlung mit dem Sinnlichen geschehen und daher sollen die Widersprüche letztlich auch hier nicht desaströs sein. Wenn etwas in der Wahrnehmung Gegebenes objektiv bestimmt wird, so werden die widersprechenden sinnlichen Eindrücke durch die zusammenhängenden Gesetze erfasst, ohne dass dadurch abgestritten werden muss, dass die Wahrnehmungen als solche widersprüchlich verfasst sind. Soviel dazu, inwiefern Hegel der Auffassung ist, dem Gegenstand kämen tatsächlich widersprüchliche Bestimmungen zu.

Das Ergebnis der Prüfung der Wahrnehmungsposition kann in zwei Punkten zusammengefasst werden: (1) Der Gegenstand der Wahrnehmung ist nicht das Sichselbstgleiche. Wenn man sich wahrnehmend auf etwas bezieht, sind die Wahrnehmungseindrücke verschieden und sogar gegensätzlich und innerhalb der Wahrnehmung gibt es nichts, was darüber Aufschluss gibt, welcher Eindruck der Wahrheit entspricht. Das heißt, der Gegenstand ist auch als qualitativ Bestimmtes nicht als mit sich selbst gleich zu erkennen. (2) Das Ergebnis sagt weiterhin etwas darüber, was man tun muss, um etwas, auf das man sich wahrnehmend bezieht, so zu bestimmen, dass man es als dasselbe erkennen kann. Das, worauf man sich wahrnehmend bezieht, muss so bestimmt sein oder bestimmt werden, dass es unabhängig von allem Wechsel dasselbe bleibt. Hegel nennt dies das unbedingt Allgemeine.[79] Der Begriff des unbedingt Allgemeinen hat bisher vor allem zwei Konnotationen: (a) Während die Wahrnehmungsposition noch auf einzelne Gegenstände als das Allgemeine bezogen war, soll sich gezeigt haben, dass der einzelne Gegenstand als einzelner Gegenstand nur erkannt werden kann, wenn er in Beziehungen zu anderen stehend verstanden wird. (b) Während die Wahrnehmungsposition den Gegenstand durch allgemeine Eigenschaften als Bleibendes oder Allgemeines bestimmt angesehen hat, soll sich gezeigt haben, dass das Allgemeine keine allgemeine Eigenschaft sein kann, die einem Gegenstand entweder gemeinsam mit anderen oder im Unterschied zu anderen zukommt. Bedenkt man Konnotation (a) und (b), kann man sagen, dass das Allgemeine nicht mehr vom Einzelnen abhängig sein soll. Der Gegenstand soll sich als etwas gezeigt haben, das Sein für sich und Sein für anderes zugleich ist.[80] Dies ist ein

---

[79] Vgl. *GW* 9, 79.
[80] Vgl. *GW* 9, 83.

Gegenstand nicht durch seine Eigenschaften, weil diese (verkürzt gesagt) sein Verhältnis zu anderen Gegenständen entweder als ein Verhältnis des Gemeinsamen oder als ein Verhältnis des Unterschieds, aber nicht als beides gemeinsam auszeichnen können. Das Allgemeine muss etwas sein, wodurch sich der Gegenstand durch sein Verhältnis zu anderen Gegenständen auf sich selbst bezieht.[81]

Ich habe beim Kapitel *Sinnliche Gewißheit* angemerkt, dass dem Gang der Entwicklung eine logische Struktur entspricht. Es ist zu erwarten, dass dies auch beim Kapitel über Wahrnehmung der Fall ist. Deutlich geht aus dem Vorangegangenen hervor, dass auch die Gegensätze, von denen die Prüfung des Wahrnehmungskapitels handelt, das Verhältnis von Allgemeinem und Einzelnem betreffen.[82] Dies wird schon durch die grundlegende Charakterisierung der Position der Wahrnehmung durch das Prinzip der Allgemeinheit klar. Das Thema der sinnlichen Gewissheit wird hier also fortgesetzt. Was das heißen soll, ist nach den vorstehenden Überlegungen auch klar. Ergeben hat sich, dass es für Erkenntnis etwas unbedingt Allgemeines geben muss, wobei unbedingt hier heißt: nicht durch Einzelnes bedingt. Reflektiert man auf die logische Struktur, ohne sich nur an dem zu orientieren, was sich direkt ergeben haben soll, könnte man noch weitergehende Überlegungen anstellen. Im Kapitel *Sinnliche Gewißheit* konnte man vermuten, dass Allgemeines und Einzelnes in einem Gegensatz stehen können müssen, insofern es für Erkenntnis möglich sein muss, dass etwas Einzelnes im Gegensatz zu Allgemeinem steht (also zum Beispiel der einzelne Fall nicht vorliegt, obwohl die allgemeinen Bestimmungen vorliegen). Zu dem, was sich jetzt ergeben hat, kann man vielleicht sagen, dass Einzelnes und Allgemeines dann in einen Widerspruch treten, wenn man Allgemeines wie Einzelnes konzipiert. Stattdessen müsste etwas Allgemeines mit Einzelnem vermittelt werden und zwar so, dass ent-

---

[81] Man kann hier (im Anschluss an meine Überlegungen zu Kant im zweiten Kapitel) eine Parallele zu einer Diskussion sehen, die sich in der Literatur zu Kant findet (vgl. Longuenesse 1998, 107ff.). Wenn man sich innerhalb des von Kant vorgegebenen Rahmens mit der Frage beschäftigt, wie wir zu Begriffen kommen, kann man sich vor folgendes Problem gestellt sehen: Wenn wir angesichts unserer Wahrnehmungen behaupten wollten, dass dieser Baum grün ist, müssten wir ihn schon mit anderen Gegenständen verglichen haben. Grün ist ein Merkmal, das allgemein ist, das heißt, unter dieses Merkmal fallen verschiedene Gegenstände. Aber um den Gegenstand mit anderen Gegenständen zu vergleichen, müssten wir ihn schon als einen grünen Baum wahrgenommen haben, das heißt, wir müssten ihn als Gegenstand bestimmt haben, bevor wir ihm das Merkmal zusprechen, grün zu sein. Wir sind in einem Dilemma, das man auch so ausdrücken kann, dass die Bestimmung als Einzelnes das Allgemeine voraussetzt und umgekehrt.

[82] Dies wird meines Erachtens auch an Stellen wie der folgenden deutlich: „[...] das Wahrnehmen nimmt den Gegenstand, wie er an sich ist; oder als Allgemeines überhaupt; die Einzelnheit tritt daher an ihm, als wahre Einzelnheit, als an sich sein des Eins hervor [...]" (*GW* 9, 79).

gegengesetzte einzelne Momente als eine Einheit aufgefasst werden können – diese Konzeption ist aber noch nicht die, die unmittelbar auf das Wahrnehmungskapitel folgt.

Man könnte auch der Meinung sein, dass im Wahrnehmungskapitel primär der Gegensatz von Einheit und Vielheit[83] oder der von Ding und Eigenschaft behandelt wird. Was Ersteres angeht, so könnte man vielleicht sagen, dass sich logisch betrachtet aus der Thematisierung des Verhältnisses von Allgemeinem und Einzelnem auch die des Verhältnisses von Einheit und Vielheit ergibt. Was Letzteres angeht, so ist Folgendes anzumerken: Erst im Verlauf der Entwicklung der Annahmen über den Gegenstand, genauer mit dem zweiten Vorschlag in der Prüfungsphase,[84] wird behauptet, dass die einfache Einheit als Dingheit (wie Hegel das nennt) durch die vielen Bestimmtheiten als Eigenschaften vermittelt sein soll. Man kann, wenn man meiner Darstellung folgt, nicht sagen, dass das Problem der Wahrnehmungsposition insgesamt darin liegt, dass ein Widerspruch zwischen Ding und Eigenschaften besteht. Das Problem liegt, ganz pauschal gesagt, vielmehr in der Frage, wie ein Allgemeines, das sich trotz der Verschiedenheit des Einzelnen, durchhält, zu verstehen ist. Bei der Diskussion dieser Frage kommt es zu Positionen oder Varianten, die Dingheit und Eigenschaften als im Gegensatz zueinander stehend auffassen.[85]

Exkurs: Sind Wahrnehmungen begrifflich?

Dass man etwas erkennen kann, weil man es wahrnimmt, ist die Annahme, die die Position der Wahrnehmungsposition definiert. Man kann diese Annahme in (mindestens) drei Weisen verstehen. (1) Man kann sie als Annahme über eine kausale Relation zwischen dem, was man glaubt, und dem, was man wahrnimmt, verstehen: Eine Meinung kann kausal durch eine Wahrnehmung bewirkt sein. (2) Man kann sie so verstehen, dass sie etwas über die Rechtfertigungsbeziehung zwischen dem, was jemand glaubt, und dem, was

---

[83] Vgl. Westphal 1998, 109. Wohlgemerkt ist dies vielleicht nur eine Frage der unterschiedlichen Gewichtung. Die Unterscheidung von Vielheit und Einheit wird durch Westphals Bezug auf Hume nahe gelegt.

[84] Ich beziehe mich hier auf *GW* 9, 77: „Sehen wir zurück […]".

[85] „Die sinnliche Allgemeinheit, oder die unmittelbare Einheit des Seins und des Negativen, ist erst so Eigenschaft, insofern das Eins und die reine Allgemeinheit aus ihr entwickelt, und voneinander unterschieden sind, und sie diese miteinander zusammenschließt; diese Beziehung derselben auf die reinen wesentlichen Momente vollendet erst das Ding" (*GW* 9, 73).

Exkurs: Sind Wahrnehmungen begrifflich?

er wahrnimmt, sagt, und (3) man kann sie so verstehen, dass Wahrnehmen selbst als Erkennen behauptet wird. Diese drei Möglichkeiten sollen hier mit Blick auf das Wahrnehmungskapitel kurz betrachtet werden. Bei der näheren Spezifikation ihrer Annahme gibt die Person, deren Position geprüft wird, an, dass der Gegenstand, den sie wahrnimmt, dafür verantwortlich zu machen ist, ob das, was sie behauptet, wahr ist oder nicht. Sie sagt damit ungefähr: „Der Gegenstand, den ich wahrnehme, hat bestimmte Eigenschaften, zum Beispiel Weißsein und eine kubische Form haben, und dies erkenne ich dadurch, dass ich ihn als einen weißen und kubischen Gegenstand wahrnehme." Da die Wahrnehmung damit in eine begründende Rolle für die Wissensbehauptung gebracht wird, entfällt die kausale Deutung. Wenn Hegel die Wahrnehmungsposition widerlegt hat, hat er nicht die Annahme widerlegt, dass Meinungen kausal durch Wahrnehmungen erzeugt werden. Offensichtlich ist weiterhin, dass die Person der Auffassung (3) ist, dass Wahrnehmungen Erkenntnisse sind, denn ansonsten würde sie bei der Explikation ihrer Position noch weitere Ressourcen (zum Beispiel Begriffe) geltend machen müssen. Was die Auffassung (2) betrifft, dass man das, was man glaubt, durch Wahrnehmungen rechtfertigen kann, oder sagen darf, dass eine Wahrnehmung zu einer Behauptung berechtigt, so gilt, dass sie in (3) impliziert ist. Für jemanden, für den Wahrnehmungen Erkenntnisse sind, gilt auch, dass das, was wahrgenommen wird, als Grund für seine Behauptung angeführt werden kann. Die unter (2) genannte Auffassung könnte aber auch für sich genommen etwas Schwächeres heißen, nämlich: Obwohl Wahrnehmungen selbst noch keine Erkenntnisse sind, können sie (unter Bedingungen, die genauer anzugeben sind) zu Behauptungen mit Wahrheitsanspruch berechtigen.[86] Was Auffassung (2) im Unterschied zu (3) bedeuten soll, ist nicht ohne Weiteres deutlich, und ich will es hier auch nicht ausdiskutieren. Bemerkenswert scheint mir allerdings zu sein, dass jemand beispielsweise behaupten könnte, dass dafür, dass dies Wasser sei, spreche, dass er es als durchsichtig wahrnehme, ohne sich damit darauf festlegen zu müssen, dass seine Behauptung durch seine Wahrnehmung bewahrheitet wird. In Hegels Theorie muss diese Möglichkeit, soweit ich sehe, nicht bestritten werden. Vielmehr scheint mir die Grundidee der Erkenntnis als Prozess dafür zu sprechen, dass die Bestimmung des Gegenstands eine solche Art der Rechtfertigungen zulässt. Was für Hegel nur sicherlich auch gilt, ist, dass eine solche Art der Rechtfertigung nicht bedeuten kann, dass die Behauptung schon als wahr ausgewiesen ist. Wahrnehmungen weisen nicht eine Behauptung mit Wahrheitsanspruch aus, sondern der Wahrheitsanspruch zwingt die Person, die ihn erhebt, dazu, ihre Wahrnehmung weiter

---

[86] Position (2) würde in der zeitgenössischen Debatte etwa Peacocke vertreten, ohne sich auf (3) festlegen zu wollen.

zu bestimmen bzw. die weiteren Bestimmungen des Gegenstands anzuerkennen. Um zu erkennen, wie das ist, was wir wahrnehmen, reicht das qualitativ und quantitativ Bestimmte nicht aus.

Nach den Ausführungen in diesem Kapitel ist außerdem mit Blick auf die Frage, was für Hegel Wahrnehmungen sind, an das anzuknüpfen, was bereits am Ende der Interpretation der *Sinnlichen Gewißheit* gesagt wurde: Wahrnehmungen verstanden als sich zeitlich erstreckende Bezugnahmen auf einen Gegenstand sind für Hegel in dem Sinne begrifflich, als er annimmt, dass die qualitativen und quantitativen Bestimmungen des Gegenstands kategorial, das heißt begrifflich sind. Dies bedeutet aber nicht, dass es für Wahrnehmungen schon erforderlich ist, etwas als ein Objekt in seinen Relationen zu anderen Objekten bestimmt zu haben. Die Bestimmung durch Relationskategorien setzt umgekehrt einen wahrnehmenden Bezug auf Gegenstände voraus. Meiner Interpretation zufolge gilt nicht, dass dasjenige, was Hegel im folgenden Kapitel zum Verstand ausführt, schon vorausgesetzt werden muss, damit wir Wahrnehmungen haben.[87]

---

[87] Longuenesse 2007 hat dafür argumentiert, dass Hegel Anschauungen nicht eliminieren will, dass er aber behaupte: „understanding is always already present in perception" (82). Dies gilt m.E. nur in dem Sinne, dass qualitative und quantitative Bestimmungen schon kategorial sind.

IV. DER BEGRIFF DES GESETZES

Das Kapitel *Kraft und Verstand* bildet für meine Interpretation in zwei Hinsichten die entscheidende Grundlage. Die erste Hinsicht betrifft die Frage, was der Maßstab für Erkenntnis ist. In diesem Kapitel wird, meiner Meinung nach, dafür argumentiert, dass das Allgemeine, anhand dessen etwas erkannt werden kann, etwas Begriffliches sein muss. Außerdem wird gezeigt, wie dieses Allgemeine verfasst sein muss, damit man anhand seiner etwas erkennen kann. Dies entspricht Hegels eigener Auffassung des Maßstabs für Erkenntnis. Die zweite Hinsicht betrifft die Frage, was Hegel für eine Konzeption von Gegenständen vertritt. Mit dieser Konzeption werde ich mich im nächsten Kapitel noch ausführlich befassen. Dennoch sollte man bereits jetzt Folgendes berücksichtigen: Im Kapitel *Kraft und Verstand* führt Hegel aus, was das sinnliche Ding, auf das man sich erkennend bezieht, tatsächlich ist. Das sinnliche Ding wird in der jetzt zu entwickelnden Position als physikalischer Gegenstand aufgefasst, daher kann man auch sagen, dass Hegel hier seine Auffassung physikalischer Gegenstände präsentiert.

Dass das Allgemeine etwas Begriffliches ist, soll nicht bedeuten, dass es nur Begriffliches gibt, sondern, dass das, was als Gegenstand erkannt wird, durch etwas Allgemeines oder Begriffliches bestimmt ist. Auf welche Weise etwas begrifflich bestimmt sein muss, ist in meinen Augen die für Hegel entscheidende Frage. Begriffe sollen nicht platonistisch verstanden werden, das heißt, es soll ihnen keine unabhängige Realität zukommen. Begriffe sollen aber auch nicht bloß Formen des Verstandes sein. Hegels eigene Konzeption muss eine Alternative zu diesen Auffassungen bieten. Das, was erkannt wird, soll wirklich durch die Begriffe bestimmt sein.

1. *Überblick über* Kraft und Verstand

Das Kapitel *Kraft und Verstand* lässt sich in drei Abschnitte oder Phasen unterteilen. Gemeinsam ist allen Phasen, dass das Allgemeine, das Gegenstände bestimmen soll, als Kraft aufgefasst wird. In der ersten Phase[1] wird Kraft noch nicht als etwas Begriffliches verstanden, sondern als etwas gegenständlich *Gegebenes*. Dies muss man sich so denken, dass die Kraft allem Materiellen zukommt bzw. dass Kraft etwas genannt wird, das physisch als solches vorliegt

---

[1] Die erste Phase geht bis einschließlich Absatz 11 (*GW* 9, 82–88).

und beobachtbar ist. Damit wird hier noch die Annahme vertreten, dass man sich erkennend weitgehend passiv und aufnehmend[2] auf etwas physisch und raum-zeitlich Präsentes bezieht. Diese Phase ist daher ein Zwischenschritt zwischen der Position der Wahrnehmung und einer Position, die das Wesen der Dinge als dasjenige, was der Verstand erkennt, annimmt. Selbst wenn diese Passage eine Überleitung zur neuen Position darstellt, darf nicht übersehen werden, dass mit dieser Überleitung der wichtige Schritt zu der These vollzogen wird, dass das Allgemeine etwas Begriffliches ist. Die Position, die Kraft als etwas physisch Gegebenes auffasst, vollendet die Reihe der Positionen, die die Annahme teilen, dass der Maßstab für Erkenntnis der materielle raum-zeitliche Gegenstand ist. Die im Kapitel *Kraft und Verstand* vollzogene endgültige Aufgabe dieser Annahme kann für eine Erkenntnistheorie kaum überschätzt werden. Bereits hier möchte ich aber auch bemerken, dass Hegel meint, diese Aufgabe mit Kant zu vollziehen: Es ist die Kopernikanische Wende, die von Hegel erläutert und dann in ihrer von Kant gezogenen Konsequenz kritisiert wird. Die erste Phase des Kapitels *Kraft und Verstand* soll der Begründung dafür dienen, dass der Maßstab für Wissen etwas Begriffliches sein muss. Hiermit werde ich mich im folgenden Abschnitt (2) zunächst beschäftigen.

Die zweite Phase des Kapitels bildet im engeren Sinne eine Auseinandersetzung mit Kants Auffassung von Gegenständen als durch Gesetze bestimmt. Der Wechsel von einer Position, die den materiellen Gegenstand als Maßstab für Erkenntnis annimmt, zu einer Position, die das Begriffliche als Maßstab versteht, ist für Hegel zunächst ein Wechsel von einer zweistelligen zu einer dreistelligen Relation. Ist der materielle Gegenstand der Maßstab für Wissen, so bezieht sich ein Bewusstsein auf einen Gegenstand, den es zugleich als Wahres annimmt. Aus der Kritik an dieser Konzeption ergibt sich die Annahme eines dreistelligen Verhältnisses. Das Bewusstsein unterscheidet das wahre Begriffliche von dem Gegenstand, so wie er erscheint. Dieses Ergebnis könnte man platonistisch deuten und dem Begrifflichen eine eigene Realität zusprechen. Es muss aber, so Hegel, im Rahmen der hier entwickelten Konzeption zur Frage, was Erkenntnis ist, gewährleistet sein, dass der Begriff nichts unerkennbar Jenseitiges ist. Die Alternative besteht, wie ich zeigen möchte, in einer Kantischen Konzeption. Diese ist durch die Annahme definiert, dass die Erscheinungen durch Gesetze als das bestimmt werden können, was sie sind. Die Entwicklung dieser Position und ihren Kant-Bezug werde ich in Abschnitt (3) darlegen.

---

[2] „Dieses [das an sich Wahre] treibt sein Wesen für sich selbst, so daß das Bewusstsein keinen Anteil an seiner freien Realisierung hat, sondern ihr nur zusieht" (*GW* 9, 82).

Die bereits in den Blick gebrachte zweite Phase[3] des Kapitels *Kraft und Verstand* hat insgesamt die Aufgabe, Kants Konzeption der Erkenntnis darzustellen und zu kritisieren. Kant nimmt zwar, so Hegel, zu Recht an, dass das Allgemeine etwas Begriffliches ist, er erfasse aber das Verhältnis von Allgemeinem und Besonderem bzw. Einzelnem nicht richtig. Hegel kritisiert damit letztlich Kants Auffassung der logischen Kategorien und Grundsätze. Diese Kritik an Kant ist sowohl für eine sachliche Diskussion von Themen, die mit den Kategorien und Grundsätzen zusammenhängen, als auch für ein Verständnis Hegels eigener Position aufschlussreich. In meinen Augen liegt eine der Schwierigkeiten des Verständnisses des Kapitels *Kraft und Verstand* darin, dass Hegel bei der Diskussion von Kants Gesetzesbegriff Kant unterstellt, dass Gesetze ihre Form und ihren Status der Notwendigkeit durch die Analogien der Erfahrung der *Kritik der reinen Vernunft* haben.[4] Diese (richtige) Unterstellung führt dazu, dass Hegel hier, ohne dies ausdrücklich zu machen, das Verhältnis der Analogien zueinander thematisiert. Kants Auffassung der logischen Gesetze in der Form der Analogien führt, so Hegel, dazu, dass Kant die physikalischen Gesetze in einem Sinn als notwendig behaupten muss, in dem sie es nicht sind. Ein richtiges Verständnis der Analogien stellt dagegen Hegels eigene Konzeption dar.

In der dritten Phase[5] findet eine erneute Prüfung der nun nach der ersten Prüfung modifizierten Position statt, die aber immer noch mit Kant identifiziert werden kann. Hier wird, wie ich zeigen möchte, die Erkenntniskonzeption von Gegenständen weiter entwickelt, die man als Hegels eigene ansehen muss und die sich in der vorangegangen Prüfungsphase bereits herausbildet hat. Wie man sieht, lese ich das ganze Kapitel *Kraft und Verstand* mit einem engen Kant-Bezug. Das soll nicht heißen, dass Hegel nur Kant kritisiert, sondern dass auch seine Kritik an anderen Positionen mit einem Bezug auf Kant geäußert wird. Da sich Kants Name im Text nicht findet, muss sich diese Lesart im Folgenden bewähren. Ich beabsichtige nicht, dafür zu argumentieren, dass Hegel Kant mit dieser Kritik immer gerecht wird oder dass Hegel gegen Kant Recht zu geben ist. Es ist allerdings eines meiner Ziele zu zeigen, dass diese Kritik nachvollziehbar und interessant ist. Dies scheint mir für ein angemessenes Verständnis von Hegel wichtig zu sein.

---

[3] Die zweite Phase umfasst die Absätze 12–23 (*GW* 9, 88–95).
[4] Die *Analogien der Erfahrung* finden sich *KrV* A 176/B 218 ff.
[5] Absatz 24 bis Ende (*GW* 9, 95–102).

2. Das Allgemeine als Begriffliches

Der Ausgangspunkt des Kapitels *Kraft und Verstand* ist das Resultat der letzten Prüfungsphase aus dem Wahrnehmungskapitel. Man kann Gegenstände nur erkennen, wenn man auf sie als etwas Allgemeines rekurriert, in dem die Bezogenheit auf anderes und die Beziehung auf sich selbst gleichermaßen vorkommen. Mit anderen Worten: Wir können nur erkennen, was eine Einheit von *Sein für anderes* und *Sein für sich* bildet.[6] Die beiden Momente des *Sein für sich* und *Sein für anderes* sollen sich in der Entwicklung modifizieren, aber weitgehend können sie mit Einheit (für sich sein) und Unterschied (für anderes sein) assoziiert werden. Gegenstand der Erkenntnis ist etwas, das (1) eine Einheit ist und (2) mit anderen Gegenständen in einer Gemeinschaft steht. Hierbei soll beides dem Gegenstand gleichermaßen und nicht in verschiedenen Hinsichten zukommen.

Die erste Phase des Kapitels *Kraft und Verstand* ist von Hegel so konzipiert worden, dass man sie auf zwei Weisen lesen kann. Man kann sie so lesen, dass eine Entwicklung von einem empiristischen Kraftverständnis zu einer Position beschrieben wird, in der Kraft als Begriff aufgefasst wird. Man kann sie aber auch so lesen, dass der Inhalt einer Materietheorie entwickelt wird, die das Wesen der Materie als Begriffliches ansieht. Ersteres ist, plakativ gesagt, die Entwicklung von Newton zu Kant, die das Bewusstsein hier machen muss. Letztere Lesart erlaubt es, das ganze Kapitel *Kraft und Verstand* als eine Auseinandersetzung mit Kant zu lesen.[7] Denn Kant nimmt in Hegels Augen unter den Vorgaben der Transzendentalphilosophie die empiristische Kraftauffassung als Inhalt seiner Materietheorie auf. So erklärt sich, dass Hegel sich hier eher als an Newton an Kants Erklärung der Undurchdringlichkeit der Materie orientiert.[8] Ich werde mich zunächst auf die erste Lesart konzentrieren, also auf die Frage, wie es im Prozess der *Phänomenologie* dazu kommt, dass das Begriffliche als das Bestimmende angesehen wird.

---

[6] Das Resultat ist zunächst ein neues Verhältnis des Bewusstseins zum Gegenstand: Das Bewusstsein muss die Bewegung vollziehen (*GW* 9, 81), den Gegenstand immer neu zu bestimmen, da sich alle Bestimmungen als widersprüchlich zeigen. Dem gemäß wird auch der Gegenstand als eine solche Bewegung vollziehend angenommen. „Das Resultat hat aber an sich die positive Bedeutung, daß darin die Einheit, *des für sich Seins* und des *für ein anderes Seins*, oder der absolute Gegensatz unmittelbar als dasselbe Wesen gesetzt ist [Herv. v. Hegel]" (*GW* 9, 83).

[7] Vgl. *GW* 9, 88, den Absatz, der mit „Insofern wir das erste Allgemeine" beginnt.

[8] Vgl. den Exkurs unten.

Ein Gegenstand, dem *Sein für sich* und *Sein für anderes* gleichermaßen und in derselben Hinsicht zukommen sollen, muss offenbar irgendwie eine Bewegung vollziehen, die beide Charakteristika verbindet.[9] In diesem Zusammenhang führt Hegel den für das Folgende zentralen Begriff der Kraft ein: „Diese Bewegung ist aber dasjenige, was Kraft genannt wird" (*GW* 9, 84). Die Kraft fungiert also als das Allgemeine, auf das man sich als Wahres beziehen muss. Dieses Allgemeine wird als eine *Bewegung* aufgefasst und hierin unterscheidet sich die Position deutlich von den vorangegangenen. Hegel stellt den Begriff der Kraft zunächst im Rahmen des Rekurses auf naturwissenschaftliche Materietheorien vor, und dem entspricht, dass Kraft als etwas Gegebenes oder Seiendes verstanden wird.[10] Das Ergebnis des Wahrnehmungskapitels, dass Gegenstände eine Einheit für sich bilden und sich zugleich auf andere beziehen (ohne dass man zwischen Hinsichten unterscheiden kann) wird so umgesetzt, dass ein Gegenstand durch eine Kraft in einem Verhältnis zu anderem steht, er sich durch die Kraft aber zugleich auch auf sich selbst bezieht.

Die Entwicklung der hier eingeleiteten Position soll das Resultat haben, dass der Gegenstand zwar durch Kräfte bestimmt werden kann, dass Kraft aber ein Begriff ist und nichts Gegebenes. Dieses Resultat wird erreicht, indem untersucht wird, wie man die zwei Momente des Gegenstands unterscheiden kann, die für die Position konstitutiv sein sollen: *Sein für sich* und *Sein für anderes*. Um diese beiden Momente unterscheiden zu können, muss der Begriff der Kraft differenziert werden, damit verständlich wird, wie er die entgegengesetzten Momente einer Bewegung bedingen kann. Indem das Seiende hiermit nur als *Produkt* von etwas angesehen wird, das in sich differenziert ist, ist dasjenige, was dieses Produkt bedingt, nichts Seiendes. Es ist zu beachten, wie der Begriff der Kraft hier gehandhabt wird: Die Bewegung, die der Position zufolge den Gegenstand bestimmt, wird Kraft *genannt*. Der Begriff der Kraft bringt so den Zusammenhang der beiden Momente (Sein für sich und Sein für anderes) auf einen *Begriff*. Es soll den Annahmen der Position gemäß aber so sein, dass der *Gegenstand* eine Einheit der beiden Momente ist. Daher muss die Kraft als Seiendes verstanden werden können. Jeder gemachte Vorschlag dazu, wie die Kraft unter diesen Vorgaben verstanden werden kann, erhält sofort eine Korrektur, bis das Bewusstsein zu einer im Vergleich zur Ausgangsposition ganz anderen Überzeugung gelangt ist. Der Grund für die Korrekturen liegt immer darin, dass der Gegenstand wirklich, also nicht nur zum Schein, aber auch nicht nur begrifflich als Sein für sich *und*

---

[9] Die bestimmte Gegenstandsvorstellung soll wieder durch die Verneinung der früheren Behauptung zustande kommen, also durch die Verneinung der Sichselbstgleichheit des *sinnlich Allgemeinen*.

[10] Daher redet Hegel vom ersten und zweiten Allgemeinen, das zweite ist die Kraft als Begriff (*GW* 9, 88).

Sein für anderes bestimmt werden soll. Die Unterschiede von *Sein für anderes* und *Sein für sich* können durch den Begriff der Kraft gemacht werden, das Bewusstsein will aber auch immer die Realität der Kraft behaupten, und dies gelingt nicht. Daher muss das Bewusstsein schließlich annehmen, dass Kraft nichts Seiendes ist, sondern etwas Begriffliches – und als solches real. Kräfte sind nicht materiell und auch nicht raum-zeitlich lokalisierbar.

Naturphilosophisch werden hier Positionen dargestellt, die die allgemeine Anziehungskraft[11] als eine Kraft ansehen, die den Körper definiert (durch seine zur Masse proportionale Anziehungskraft) sowie auch sein Verhältnis zu anderen so bestimmt, dass er durch die Anziehungskraft als durchdringende Fernwirkungskraft eigentlich eine Einheit mit ihnen bildet. Hegel nennt zunächst das erste Moment das Moment der selbständigen Materien, das zweite Moment das des Aufgehobenseins oder der Porosität der Materien. Das Verhältnis dieser beiden Bestimmungen der Kraft motiviert die Entwicklung der Position. Genauer sehen die Schritte so aus: (a) Erst werden die Körper als unmittelbare Äußerung der allgemeinen durchdringenden Anziehungskraft angesehen, die gleichzeitig als eigentliche Kraft die Unterschiede aufhebt, indem sie alle Körper durchdringt. Bei diesem Vorschlag kann man die beiden Momente nur begrifflich unterscheiden, denn tatsächlich soll die Kraft in beiden Momenten dieselbe sein. (b) Die beiden Momente müssen also – damit die Kraft als Seiendes aufgefasst werden kann – als Unterschiedene seiend sein. Kraft soll daher als „ganze Kraft an und für sich bleibend" sein (*GW* 9, 84) und in den unterschiedlichen Materien für anderes sein.[12] Das Problem dieses Vorschlags liegt zunächst darin, dass sich die beiden Bestimmungen ausschließen. Wenn die Kraft tatsächlich für sich bleibt, können die Unterschiede nicht wirklich bestehen. Jedoch können sich beide Momente in einer Bewegung ablösen. Hier besteht allerdings das Problem, wie es zu diesem Übergang zu verschiedenen Materien kommen soll. Es soll kein unmittelbarer Übergang sein, weil die beiden Momente dann wieder nicht klar zu unterscheiden wären (wie am Anfang (a)). Zugleich soll der Übergang notwendig sein und muss daher von etwas bedingt werden. (c) Der neue Vorschlag lautet: Der Übergang muss dadurch bedingt sein, dass das zweite Moment der Kraft, das sich im Bestehen der Materien ausdrücken sollte, den Übergang bewirkt

---

[11] Eine Kraft, die nicht nur in der Berührung von Materien und nicht nur an ihrer Oberfläche wirkt, sondern den (leeren) Raum und die Materien durchdringt. Dies entspricht der Charakterisierung der Materien, die Hegel vor der Einführung des Kraftbegriffs (auch in Anlehnung an die Naturwissenschaft seiner Zeit) gegeben hatte: Materien „durchdringen sich gegenseitig, – ohne aber sich zu berühren" (*GW* 9, 83).

[12] Wie immer ändert Hegel die Ausdrücke je nachdem, wie die Vorgaben genauer umgesetzt werden. So sagt er nun „Für-ein-Anderes-Sein" statt „für anderes sein", denn nun soll einerseits eins für ein anderes sein, also von ihm unterschieden und auf es bezogen, andererseits soll alles eins sein.

Das Allgemeine als Begriffliches

oder sollizitiert. Diese Idee ist letztlich nur realisierbar, wenn man zwei Kräfte annimmt. Denn bei nur einer Kraft ist das Problem, dass sie nicht von einem anderen sollizitiert werden könnte, weil sie dieses je selbst wäre. Von sich selbst soll sie aber auch nicht sollizitiert werden können, denn dann wäre der Übergang nicht von etwas anderem bedingt. (d) Man muss also zwei Kräfte annehmen. Auch diese Annahme ist aber noch nicht so, dass sie eine Gegenstandsvorstellung darstellt, die die zu realisierenden Ansprüche verwirklicht. Sie soll es, so Hegel, allerdings dann sein, wenn man sich vom Materialismus verabschiedet und zu einer idealistischen Annahme wechselt. Genauer will Hegel darauf hinaus, dass die materialistische Position in Wirklichkeit, also bei genauerer Betrachtung, eine idealistische Kraftkonzeption unterhält. Durch die Annahme zweier Kräfte soll nämlich der Prozess der Bildung selbständiger Materien und ihrer Aufhebung tatsächlich erklärt werden können. Zum Beispiel so: Angenommen, es gibt eine Kraft, die eine zweite zurückdrängt, während die zweite Kraft, die erste anzieht. Die selbständigen Materien können dann dadurch bestehen, dass die zurückdrängende Kraft die anziehende Kraft auf einen bestimmten Raum begrenzt, während die anziehende Kraft die zurückdrängende auch durchdringen und dadurch die Begrenztheit auf einen bestimmten Raum aufheben kann. Man kann dies ein Spiel von Kräften nennen, in dem die eine Kraft die andere sollizitiert. Mit anderen Worten: Das Sein einer Kraft ist das Gesetztsein durch eine andere Kraft. Wichtig für die von Hegel angestrebte idealistische Wende ist, dass das sinnlich Gegebene, also der Gegenstand, besteht, indem die beiden Kräfte miteinander wirken oder, naturphilosophisch ausgedrückt, sich berühren. Seiend sind die Kräfte sozusagen nur in ihrer Berührung. Zugleich aber können die Kräfte in der Berührung nicht eindeutig bestimmt und voneinander unterschieden werden. Sie müssen jedoch voneinander unterscheidbar sein, denn die Annahme zweier unterschiedlicher Kräfte hat sich als notwendig dafür erwiesen, dass der Gegenstand überhaupt als Kraft verstanden werden kann.

Auf was auch immer man sich als seiende Kraft beziehen würde, also auf die selbständigen Materien oder ihre Aufhebung durch die Durchdringung mit anderen Materien, immer muss dem, worauf man sich als Kraft bezieht, eine Kraft voraus gehen, die sie bewirkt (oder sollizitiert) hat. Es ist hier ein Dilemma aufgetreten, das sich auch so wiedergeben lässt: Wenn wir das sinnlich Gegebene betrachten, haben wir nicht zwei verschieden bestimmte Kräfte, sondern die gemeinsame Wirkung zweier Kräfte. Die beiden Kräfte stehen immer schon in einem Verhältnis zueinander, haben aufeinander gewirkt, gehen ineinander über, bevor überhaupt irgendetwas beobachtbar ist. Genauer soll gelten, dass man für jede Wirkung einer Kraft eine andere voraussetzen muss, auf die man sich nicht als Gegebenes beziehen kann. Man kann zwar die Wirkung der ersten Kraft feststellen, wenn etwa die Materie auf einen Raum zurückgedrängt wird, aber auf die zurückdrängende Kraft selbst kann man sich nicht als etwas sinnlich Gegebenes beziehen. Würde man jedoch sagen, dass es die zurückdrängende Kraft auch gar nicht gibt, so könnte man auch nicht mehr erklären, wie es dazu gekommen ist, dass selbständige Materien entstehen, denn dafür musste man zwei unterschiedene Kräfte annehmen. Dieses Dilemma lässt sich nur lösen, wenn wir der Kraft, die wir voraussetzen, in irgendeiner Form eine andere Realität zusprechen, als die, sinnlich gegeben zu sein.

Es hat sich also ergeben, dass durch die Annahme zweier Kräfte der Begriff der Kraft wirklich wird, denn man kann sagen: *Seiend* sind die Kräfte in ihrer Berührung, nämlich dann, wenn die eine Kraft das Wirken der anderen Kraft bewirkt hat. Zugleich hat sich aber gezeigt, dass die Kraft als solche auf diese Weise nicht seiend oder wirklich ist. So erhält man das von Hegel paradox formulierte Ergebnis: „Die Realisierung der Kraft ist also zugleich Verlust der Realität" (*GW* 9, 87). Dies erläutert Hegel selbst so: „Die Wahrheit der Kraft bleibt also nur der Gedanke derselben" (*GW* 9, 87). Will man hieraus eine positive Folgerung ziehen, kann man sagen: Das Allgemeine, auf das man sich für Erkenntnis von etwas beziehen muss, ist etwas Begriffliches. Diese Einsicht führt in die zweite Phase des Kapitels *Kraft und Verstand*. Diese wird in den folgenden Abschnitten des Kapitels ausgeführt und einer weiteren Prüfung unterzogen. Kraft wird hier als das Innere der Dinge interpretiert, welches nichts Materielles ist, sondern etwas Intelligibles.

Da Hegel meint, hier eine empiristische Konzeption von Kraft widerlegt zu haben, ist es nahe liegend einzuwenden, dass das Ergebnis, die Kraft als etwas Begriffliches ansehen zu müssen, nicht notwendig die idealistische Konsequenz nach sich zieht. Der Ausweg, den Hegel nicht berücksichtigt zu haben scheint, ist eine Art nominalistischer oder eleminativer Lösungsweg: Es gibt tatsächlich keine Kräfte; vielmehr führt der Begriff der Kraft zu Erklärungsprinzipien beobachtbarer Gegebenheiten. Dies kann selbst wiederum in unterschiedlicher Weise ausgeführt werden. Zum Beispiel könnte man vorschlagen, dass diese Erklärungsprinzipien rein heuristisch zu gebrauchen sind. Das Problem dieses Vorschlags liegt in Hegels Augen darin, dass man nicht mehr behaupten würde, dass etwas so ist, wie es mit diesen Prinzipien bestimmt wird. Dies wäre kein Fall, in dem Wissensansprüche erhoben werden und daher im Rahmen der *Phänomenologie* nicht zu betrachten. Man könnte auch vorschlagen, dass Erklärungsprinzipien aufgestellt werden, die objektiv gültig sind, aber nicht deshalb, weil ihnen eine *eigene* Realität zukommt. Dieser Vorschlag ist tatsächlich noch möglich. Das bisher erreichte Ergebnis besteht nur in der Annahme, dass Kraft etwas Begriffliches ist und dass ihr als Begriffliches in irgendeiner Form auch Realität zukommen muss, weil sie nicht einfach der Name für etwas ist, das empirisch so vorliegt. Was der Begriff der Kraft ist, ist, folgt man meinen Ausführungen, an dieser Stelle der *Phänomenologie* noch gar nicht entschieden. Mit dieser Frage wird Hegel sich erst im Folgenden auseinandersetzen. Da ich oben angekündigt habe, Hegel vollziehe eine Kopernikanische Wende, muss nun gesagt werden, dass eine solche genauer betrachtet bisher noch nicht vollzogen wurde. Es wurde eher eine rationalistische Konzeption erreicht, die den Maßstab für Wissen als etwas Begriffliches annimmt. Diese Konzeption wird im Folgenden, so will ich behaupten, im Sinne Kants gedeutet.

Bevor ich die weiteren Überlegungen Hegels darstelle, will ich noch zwei terminologische Anmerkungen machen. In dem, was ich bisher ausgeführt habe, wird „wirklich" mehr oder weniger immer im Sinne von „seiend", „gegenständlich" gebraucht. „Die Kraft erweist sich als nicht wirklich" beispielsweise heißt: „Sie ist nichts Seiendes". Mit dieser Bedeutung geht eine alltagssprachliche Bedeutung von „wirklich" einher, weil „wirklich" im Sinne von „tatsächlich", „nicht nur dem Schein nach" verstanden werden kann. Das Ergebnis der bisherigen Prüfung hat die Aufgabe der Positionen zur Folge, die als Maßstab den Gegenstand als Seiendes annehmen. Zum Beispiel ist die Kraft, nach dem, was soeben ausgeführt wurde, *nur in Gedanken*. Sie scheint hier eine eigene oder andere Realität zu haben oder jedenfalls wäre dies ein zu diskutierender Vorschlag. Dadurch wird eine Verwendung von „wirklich" und „Gegenstand" nahe gelegt, der zufolge mit ihnen nichts Seiendes gemeint ist. Wohlgemerkt soll hiermit nicht behauptet werden, dass Hegel selbst eine andere Wirklichkeit als die von Gegenständen in der Welt annimmt. Die Frage, was die Kraft ist, muss erst noch behandelt werden. Eine jenseits der Welt angesiedelte Wirklichkeit ist jetzt aber immerhin eine Option geworden.

Des Weiteren ist noch zu berücksichtigen, dass Hegel im bisher interpretierten Abschnitt von *Kraft und Verstand* davon spricht, dass sich ein Begriff *realisiert*. Dies kann man als „Ein Begriff entwickelt sich" übersetzen. Man kann es aber auch so verstehen, dass ein Begriff *wirklich* im Sinne von „seiend" wird. Der oben zitierte Satz „Die Realisierung der Kraft ist also zugleich Verlust der Realität" ist ein Wortspiel. Es kann heißen: In der Entwicklung der Position zeigt sich, dass die Kraft nichts Seiendes ist.[13] Entsprechend fährt Hegel im nächsten Satz fort: „[Die Kraft] ist also ein ganz Anderes geworden". Hiermit ist gemeint, dass die Kraft sich als etwas Begriffliches gezeigt hat. Der

---

[13] Hier verwendet Hegel auch Formulierungen wie „in der Tat", um geltend zu machen, dass sich etwas als anders erweist, als es erwartet wurde; so etwa: „In der Tat aber ist die Kraft das Unbedingt-Allgemeine [...]" (*GW* 9, 84).

Satz kann aber auch heißen: Indem die Kraft *wirklich* (im Sinne von „seiend") ist, ist sie als Kraft zugleich Begriffliches. Wie ich schon gesagt habe, ist die Kraft in der Berührung wirklich – nämlich etwas Seiendes.

3. Die Kantische Position und die Ablehnung des Platonismus

Die Auffassung von Erkenntnis, die sich aus dem bisher Gesagten entwickelt haben soll, ist durch die Einsicht definiert, dass Kräfte nicht einfach etwas Gegebenes sind. Bei dem Versuch, Kraft als Gegebenes aufzufassen, erwies sich, dass die Kraft als ein Begriff des Verstandes angesehen werden muss. Dieses Ergebnis kann nicht so interpretiert werden, dass Kraft keinerlei Realität zukommt. Denn, wie gezeigt wurde, muss angenommen werden, dass es die Kraft gibt, damit das Seiende als das Produkt ihrer Wirkungen erkannt werden kann.

Die neue Konzeption wird dem zunächst gerecht, indem sie ein dem Begriff der Kraft entsprechendes Inneres der Dinge annimmt, welches nicht etwas sinnlich Gegenständliches, sondern etwas Intelligibles ist. Das Innere der Dinge ist nur ein Gegenstand des Verstandes. Dies ist die positive Umsetzung dessen, was sich in der bisherigen Prüfung ergeben haben soll, denn das Resultat war, dass „[d]ie Wahrheit der Kraft bleibt also nur der Gedanke derselben" (*GW* 9, 87), und dies wird nun so interpretiert, dass die Kraft „in ihrem wahren Wesen nur als Gegenstand des Verstandes ist" (*GW* 9, 88). Mit anderen Worten: Die Kraft, durch die wir den sinnlich gegebenen Gegenstand bestimmen, ist etwas, das real ist, wenn auch nicht im Sinne von etwas sinnlich Gegenständlichem. Weiterhin muss in der neuen Konzeption aber berücksichtigt werden, dass die Kräfte *wirklich* in der Berührung sind. Was hier „wirklich" heißt, muss von der Kraft als Gegenstand des Verstandes unterschieden und zu ihr in ein Verhältnis gesetzt werden. Hierfür wird der Begriff der Erscheinung eingeführt.

3.1 Die Erscheinung

Um darauf zu reagieren, dass nun etwas Allgemeines, das real sein muss, von etwas sinnlich Gegebenem unterscheidbar sein muss, wird zwischen dem Inneren der Dinge und dem unterschieden, wie die Kräfte sich äußern. Mit der Äußerung der Kraft ist hier nicht mehr einfach eine physische Wirkung gemeint, sondern die Äußerung ist dasjenige, als was die Kraft als Seiendes oder

Die Kantische Position und die Ablehnung des Platonismus 229

Gegebenes ist, also wie sie sich äußert. Da es die sinnlich gegebenen Dinge waren, die durch das Spiel der Kräfte erklärt wurden, wird nun gesagt, dass die Kraft sich so äußert, dass durch die Äußerung die materiellen Dinge zu bestehen scheinen. Die Welt der materiellen Dinge wird hiermit als Erscheinung bestimmt.

Den Begriff der Erscheinung erläutert Hegel zunächst durch den Begriff des Scheins. Darin liegt, dass (1) die materiellen Dinge nicht für sich betrachtet etwas sind, auf das man sich erkennend beziehen kann, sondern nur dann, wenn etwas anderes als sie als real angenommen wird. Nur dem Schein nach sind sie selbst etwas Bestehendes, das unsere Ansprüche erfüllen kann.[14] Damit kann (2) eine Abwertung der materiellen Dinge einhergehen: Die Person durchschaut den Schein, die materiellen Dinge sind *bloße* Erscheinungen. Sie sind, wie Hegel sagt „für den Verstand selbst nunmehr ein Verschwinden" (*GW* 9, 88). Der Begriff der Erscheinung fällt jedoch nicht mit dem Begriff des Scheins zusammen. Hegel führt eine dritte Bedeutung des Erscheinungsbegriffs an, durch die dieser (3) sich vom Schein unterscheidet: Etwas wird, so Hegel, dann Erscheinung im Unterschied zum Schein genannt, wenn es ein Ganzes des Scheins ist. Um dies zu erklären, werde ich etwas ausholen.

Das Ergebnis des Versuchs, Kraft als etwas Gegebenes aufzufassen, beinhaltete die Aussage, dass Kraft wirklich oder seiend in der Berührung mit einer anderen ist. Die Kraft steht also hier in einem Verhältnis zu einer anderen. Dagegen sollte die Kraft als solche dadurch ausgezeichnet sein, dass sie *für sich* besteht. Betrachtet man dieses Ergebnis unter der neuen Perspektive des Erscheinungsbegriffs, so muss der Gegenstand der Erscheinung das Moment des *Für anderes sein* bilden. Der Gegenstand als Erscheinung besteht aus Relationen zu anderen Gegenständen. Um den Gegenstand zu erkennen, das heißt nun, um ihn relational zu bestimmen, muss etwas als real angenommen werden, das dem Begriff der Kraft entspricht: das Innere der Dinge. In der früheren Position musste immer eine Kraft vorausgesetzt werden, auf die man sich nicht als Gegebenes beziehen konnte. Diese Kraft wird nun als der Begriff der Kraft angenommen. Entsprechend muss das Innere der Dinge etwas sein, das für sich ist, das sich aber nur in relationalen Verhältnissen ausdrückt oder erscheint. Wenn dies so ist, kann man sagen, dass die materiellen Dinge nicht nur dem Schein nach bestehend sind, sondern dass sie insofern, aber auch nur insofern, bestehen, als sie Ausdruck von etwas Allgemeinem sind, das ihre gesamten relationalen Verhältnisse ausmacht. Die materiellen Dinge bilden ein „Ganzes des Scheins", weil ihnen ein einfaches Prinzip – die Kraft als solche – zugrunde liegt. Die Annahme der Ganzheit wurde in gewisser Weise schon

---

[14] So verstehe ich Hegels Behauptung: „[D]enn Schein nennen wir das Sein, das unmittelbar an ihm selbst ein Nichtsein ist" (*GW* 9, 88).

früher gemacht, indem der Gegenstand der Position der Wahrnehmung relational, also letztlich durch alle seine Relationen bestimmt sein sollte. Erst mit der Position des Verstandes ist aber klar, dass das Ganze der Gegenstand der Erkenntnis ist und der einzelne Gegenstand nur ein durch relationale Verhältnisse bestimmtes Teil dieses Ganzen. Die einzelnen Gegenstände, die erscheinen, sind „ohne Ruhe und Sein sich verwandelnde Momente" (*GW* 9, 116).[15] Das heißt, was erscheint, ist zwar dasjenige, das sinnlich wahrgenommen wird, aber was wahrgenommen wird, sind nicht, wie es sich für den Wahrnehmenden zunächst darstellen mag, einzeln bestehende Dinge.[16] Mit anderen Worten: Die Auffassung der sinnlichen Welt als Ganzes ist deshalb erforderlich, weil die Gegenstände der Erscheinung als *Sein für anderes* eine Vielheit bilden, der Begriff, der diesen mannigfaltigen Verhältnissen vorausgesetzt werden muss, aber ein einfaches Prinzip ist. *Erscheinung* wird daher auch im Singular verwendet.[17]

Ich habe oben angekündigt, dass ich die in dieser Phase des Kapitels behandelte Konzeption als eine Kantische identifizieren möchte. Nun ist jedoch offensichtlich, dass ein sich vom Schein herleitender Erscheinungsbegriff nicht derjenige Kants ist. Zunächst könnte man angesichts der Hegelschen Ausführungen eher an eine platonistische Naturbetrachtung als an eine Kantische Position denken, weil Platon zufolge die Natur eine sinnliche und vergängliche Erscheinung ewiger Ideen sein soll.[18] Auf Platon werde ich im Zusammenhang mit der Frage, was das Innere der Dinge ist, zurückkommen. Zu einer platonistischen Position passt jedoch nicht, dass Hegel im Folgenden untersuchen wird, wie sich das Innere der Dinge bestimmen lässt. Hierfür, so wird er argumentieren, muss man sich an dem orientieren, was erscheint. Das Innere wird dann als die begrifflich erfassbare Erscheinung verstanden. Dies ist, so will ich behaupten, für Hegel eine Kantische Position. Dass Hegel Kant im Blick hat, kann man schon daran sehen, dass er, wie bereits erwähnt, nachdem er den Begriff der Erscheinung über den Begriff des Scheins eingeführt hat, hinzufügt: „Es ist aber nicht nur ein Schein, sondern Erscheinung, ein Ganzes des Scheins" (*GW* 9, 88) – die Behauptung, dass Erscheinung nicht Schein ist, weil sie einen durchgängigen Gesetzeszusammenhang bildet, die hier und im Folgenden bei Hegel anklingt, lässt sich gut mit einer Kantischen

---

[15] Das Spiel der Kräfte ist daher das entwickelte Negative; aber die Wahrheit desselben ist das Positive, nämlich das Allgemeine, der *ansichseiende* Gegenstand.
[16] Nach meiner Interpretation des Wahrnehmungskapitels kann dies natürlich nicht überraschen.
[17] Hegel drückt dies auch so aus, dass es die Wahrheit des Sinnlichen ist, Erscheinung zu sein, (vgl. *GW* 9, 90).
[18] So Siep 2000, 93. Gadamer 1973 liest das ganze Kapitel mit Blick auf Platon.

Position in Verbindung bringen. In der Einführung des Erscheinungsbegriffs über den Begriff des Scheins kann man daher auch eine Polemik Hegels gegenüber Kant sehen.[19]

Um die These des Bezugs zum Kantischen Erscheinungsbegriff zu bekräftigen, möchte ich eine Passage aus dem Abschnitt *Von der Amphibolie der Reflexionsbegriffe* der *Kritik der reinen Vernunft* anführen. Kant grenzt sich hier von Leibniz ab, der seines Erachtens das Verhältnis von Innerem und Äußerem bei Erscheinungen und Dingen an sich verwechselt und daher das Innere der Dinge nicht relational bestimmt denkt. Die Passage lautet:

„Das Innere und Äußere. An einem Gegenstande des reinen Verstandes ist nur dasjenige innerlich, welches gar keine Beziehung (dem Dasein nach) auf irgendetwas von ihm Verschiedenes hat. Dagegen sind die inneren Bestimmungen einer *substantia phaenomenon* im Raume nichts als Verhältnisse, und sie selbst ganz und gar ein Inbegriff von lauter Relationen. Die Substanz im Raume kennen wir nur durch Kräfte, die in demselben wirksam sind, andere dahin zu treiben (Anziehung), oder vom Eindringen in ihn abzuhalten (Zurückstoßung oder Undurchdringlichkeit); andere Eigenschaften kennen wir nicht, die den Begriff von der Substanz, die im Raum erscheint, und die wir Materie nennen, ausmachen" (*KrV* A 265/B 321).

Zwei Überzeugungen, die Hegel Kant unterstellt, werden hier tatsächlich von Kant ausdrücklich gemacht: (1) Die Phänomene sind nichts anderes als der Inbegriff von Relationen. (2) Der Begriff, den wir von der Substanz im Raum haben, besteht ausschließlich aus Kräften, die diese relationalen Verhältnisse (die Wirkungen der Materien aufeinander) ausdrücken. Wie aber verhält sich Hegel zu Kants Kritik an Leibniz? Behauptet Hegel nicht, dass Kant das Innere der Dinge durch den Verstand bestimmen will, und unterstellt er Kant damit nicht etwas, von dem dieser sich gerade gegenüber Leibniz abgrenzen will? Kant fährt an besagter Stelle immerhin fort: „Daher machte Leibniz aus allen Substanzen, weil er sie sich als Noumena vorstellte […], einfache Subjekte mit Vorstellungskräften begabt, mit einem Worte, Monaden" (*KrV* A 266/B 322). Das klingt, als würde Kant ausdrücklich die Unterstellung zurückweisen, er selbst würde das Innere durch den Verstand bestimmen. Tatsächlich unterstellt Hegel Kant jedoch nicht das Vorhaben oder das Verfahren, mit Blick auf das Kant sich von Leibniz gerade abgrenzen wollte. Hegel konzipiert die Kantische Position vielmehr so, dass wir das Innere nicht rein durch den Verstand bestimmen können, sondern nur vermittelt durch die Erscheinung. Ohne diese Vermittlung bleibt das Innere für uns „leer". Ich werde hierauf noch genauer eingehen. Vorläufig kann man sagen: Laut Hegel liegt

---

[19] Wobei zu bedenken ist, dass Hegel den Begriff des Scheins in seiner Konzeption auch beanspruchen wird.

Leibniz' Fehler nach Kant darin, bei der Bestimmung des Inneren der Dinge die Vermittlung durch die Erscheinung nicht berücksichtigt zu haben.[20] Berücksichtigt man sie, ist das Innere nichts anderes als der Begriff des Ganzen der relationalen Verhältnisse der Materien. Unter der Voraussetzung dieser Interpretation Kants lässt sich die Position, in der vom Inneren der Dinge die Erscheinungen unterschieden werden, mit einer Kantischen Position identifizieren.[21]

3.2 Das Innere der Dinge

Noch ist nicht klar, wie das Innere der Dinge verfasst ist und was ihr Inhalt ist. Die Antwort darauf, wie das Innere der Dinge verfasst ist, wird sein, dass es ein Gesetz ist oder die Form eines Gesetzes hat. Der Inhalt des Gesetzes soll durch das, was erscheint, bestimmt werden müssen.

Was den Inhalt betrifft, so konstatiert Hegel zunächst, dass das Innere leer sei (*GW* 9, 90), solange nicht mehr gesagt wird, als dass es dem Begriff der Kraft entspricht. Man könnte einwenden, dass der Begriff der Kraft das Allgemeine darstellen soll, und daher feststeht, was es ist. Aber hier muss man Folgendes bedenken: Da die Kraft als Allgemeines (das heißt hier auch als Inneres der Dinge) bisher nur als reines *Für sich sein* eingeführt wurde – also die Kraft als solche, unangesehen davon, wie sie wirkt (denn das tut sie in der Erscheinung, also als *Für anderes sein*) –, ist dieser Begriff der Kraft noch unbestimmt. Wenn gelten soll, dass der Begriff der Kraft im Unterschied zur Erscheinung das sein soll, was erscheint, und wenn das, was erscheint, erkannt werden soll, so muss der Begriff der Kraft bestimmt werden.[22] Das Innere der Dinge kann also weder unbestimmt bleiben noch unerkennbar sein. Hegel sagt ausdrücklich, dass die Person oft diese letztgenannte Option wählen will, also behauptet, dass das Innere unerkennbar sei. Dies ist aber in Hegels Augen keine Option, wenn man an der Möglichkeit von Erkenntnis festhalten will. Das Innere kann auch nicht mystifiziert werden. Da Positionen zur Frage, was Erkenntnis ist, behandelt werden sollen, kann eine mystische Position in Hegels Augen nicht gemeint sein.

---

[20] Hegel hebt schon zu Anfang hervor, dass in der Dreierrelation von Verstand, Erscheinung und Innerem der Dinge die Erscheinung das vermittelnde Moment ist (vgl. *GW* 9, 88).
[21] Man kann hier sehen, wie Hegel Kant als changierend zwischen Rationalismus und Empirismus einstuft: Kant übernimmt die Idee eines Inneren der Dinge vom Rationalismus, bestimmt dieses aber auf empiristische Weise.
[22] Daher sagt Hegel etwa: „Der Verstand, welcher unser Gegenstand ist, befindet sich auf eben dieser Stelle, daß ihm das Innere nur erst als das allgemeine, noch unerfüllte Ansich geworden" ist (*GW* 9, 90).

In meinen Augen verfolgt Hegel hier das Projekt, erstens einen Platonismus als mögliche Variante der Position auszusondern, wenn man unter Platonismus eine Position versteht, die die Unerkennbarkeit oder die mystische Erkennung der Ideen annimmt. Zweitens soll der Kantische Gesetzesbegriff über die Konzeption eines Inneren der Dinge eingeführt werden. Letzteres soll dadurch gelingen, dass, wie Hegel als nächstes argumentieren wird, die Bestimmung des Inneren nur vermittelst der Erscheinung gelingen kann. Drückt man das in einer Kantischen Terminologie aus, kann man sagen: Für die Erkenntnis von sinnlich Gegebenem bedarf es des Begriffs eines Gegenstands überhaupt. Der Gegenstand überhaupt kann aber als solcher nicht erkannt werden, denn Erkenntnis setzt den Bezug auf sinnlich Gegebenes voraus.

Diese Einführung von Kants Position hat schon deshalb etwas Irritierendes, weil sie Kants Gesetzesauffassung erstens als eine Abkehr vom Platonismus darstellt und weil sie zweitens den Eindruck erweckt, Kant würde die These, dass Dinge an sich nicht erkannt werden können, zunächst durch die Konzeption eines Gegenstands überhaupt abwenden: Der Verstand bestimmt, vermittelt durch die Erscheinungen, was Dinge an sich sind. Dass Kant schließlich doch die Unerkennbarkeit der Dinge an sich behauptet, würde man, dieser Überlegung folgend, als ein Resultat des Scheiterns dieser Bestimmungsversuche durch den Verstand aufzufassen haben.[23] Ich will hier der Frage nicht weiter nachgehen, was genau an dieser Darstellung Hegels schief ist. Ein Grund dafür, dass Hegel Kant so einführt, wie er es tut, liegt darin, dass Hegel betonen will, dass dem Begrifflichen in irgendeinem Sinne Realität zukommen muss. Die Dreierrelation, die bei Erkenntnis jetzt vorliegen soll, macht deutlich, dass, wenn man Gegenstände nicht als Dinge an sich, sondern als Erscheinungen betrachtet, Erkenntnis nur dann möglich ist, wenn die Urteile durch etwas anderes objektive Realität erhalten als durch Gegenstände als Erscheinungen. Außerdem will Hegel auch betonen, dass für Kant der Bezug auf Seiendes konstitutiv für Erkenntnis ist. Ohne den Bezug auf sinnlich Gegebenes ist keine Erkenntnis möglich.[24] Dies wirft die Frage auf, wie sich Begriffliches und Seiendes zueinander verhalten. Und es ist diese Frage, an der Hegel hier interessiert ist. In beiden hier genannten Aspekten will Hegel, wie ich zeigen werde, positiv an Kant anschließen. Würde man Kant diese ihm von Hegel unterstellten Annahmen absprechen, würde man

---

[23] Offensichtlich versteht Hegel hier unter „Dinge an sich" Gegenstände überhaupt (nicht die Affektionsquelle).

[24] Dass das Innere der Dinge an sich unabhängig vom sinnlich Gegebenen gemäß der geprüften Position nicht bestimmt werden kann, bestätigt, dass Kants Auffassung vom Inneren der Dinge in Hegels Augen nicht mit der von Kant kritisierten Auffassung von Leibniz zusammenfällt.

Kant in Hegels Augen keinen Gefallen tun: Spricht man dem Allgemeinen jede Realität ab, hat man keine Position zur Frage, was Erkenntnis ist; ebenso, wenn man die Notwendigkeit des Bezugs auf Seiendes abstreitet.[25]

Nachdem Hegel konstatiert hat, dass das Innere der Dinge bestimmt werden muss, behauptet er, dass das Innere eigentlich die Erscheinung zum Wesen hat: „Die Erscheinung ist sein Wesen, und in der Tat seine Erfüllung" (GW 9, 90). Dies ist die gegenteilige Behauptung jener Behauptung, mit der die Position eingeführt wurde, denn jener zufolge sollte gelten, dass das Innere das Wesen der Erscheinung ist. Zunächst ist zu bemerken, dass die Aussage, dass die Erscheinung das Wesen ist, aus der Perspektive des Beobachters, nicht aus der Perspektive des Bewusstseins gemacht wird. Die Begründung, die Hegel für die Aussage gibt, lautet, dass das Allgemeine „aus der Erscheinung" herkomme (GW 9, 90). Bedenkt man die Rolle des Beobachters als desjenigen, der durch den Blick auf die Genese der Position deren Erfahrungen antizipieren kann, spricht alles dafür, dass das Bewusstsein zunächst nur die Annahme definieren soll, dass das Allgemeine die Wahrheit der Erscheinung ist, während erfahren wird, dass die Erscheinung die Bestimmung des Allgemeinen bedingt und daher das Wesen des Allgemeinen ist.

Was es heißen soll, dass die Erscheinung das Wesen des Inneren sein soll, kann man an Hegels Bemerkung ablesen, dass das Innere die „Erscheinung, als Erscheinung" sei. Das soll heißen, dass das Allgemeine, welches an sich unbestimmt ist, durch den Bezug auf das, was erscheint, bestimmt werden muss. Es wird durch das Allgemeine nicht ein anderer oder neuer Inhalt vorgegeben. Es wird dasjenige in eine allgemeine Form gesetzt, was in der sinnlichen Welt als wandelndes Moment auftritt. Dass die sinnliche Welt hier als vermittelndes Element auftritt, liegt letztlich einfach daran, dass die sinnliche Welt das einzige ist, worauf sich der Verstand zur Bestimmung des Allgemeinen beziehen kann.[26] Danach gefragt, was sie erkennt, wendet sich die Person mit dem

---

[25] Die Kritik Hegels an Kant läuft oft einfach darauf hinaus, dass Kant durch das Festhalten an der Annahme von Dingen an sich Erkenntnis zu etwas bloß Subjektiven gemacht hat (etwa GW 19, 60). Die Kritik in Kraft und Verstand ist in meinen Augen subtiler, indem Hegel klar macht, dass Kant auch dann, wenn er die Annahme der Dinge an sich selbst nicht zum Zentrum seiner Erkenntnistheorie macht, nicht über die Ressourcen verfügt, die Objektivität dessen zu behaupten, was wir anhand der Kategorien bestimmen. Kants Begriffe von Notwendigkeit und Allgemeinheit sowie seine Lehre der Grundsätze sind, so Hegel, unzulänglich.

[26] Es ist nicht ganz leicht zu entscheiden, ob die Vermittlung durch die Erscheinung vom Verstand selbst affirmiert werden soll oder nicht (vgl. Absatz 16 u. 17, GW 9, 90). Man könnte mit Blick auf die weitere Entwicklung vielleicht sagen: Der Inhalt der Gesetze soll durch das Gegebene vermittelt werden, aber nicht die Form. Für die These, dass die Erscheinung der Bezugspunkt der Bestimmung des Begriffs ist, gibt es in Kants Philosophie verschiedene Anknüpfungspunkte: (1) Die Verstandesbegriffe können nur unter Bezug auf sinnliche Bedingungen zu Grundsätzen bestimmt werden (KrV A 136/ B 175). (2) Die Gesetze werden faktisch mit Bezug auf sinnlich Gegebenes eingeführt. Etwa im folgenden Beispiel einer Bestimmung: „Ich nehme

Ziel an das sinnlich Gegebene, dieses als Allgemeines aufzufassen.[27] Indem sie dies tut, bestimmt sie das Innere vermittelst dessen, was gegeben ist. Auf diese Weise wird gewissermaßen die Welt verdoppelt, weil derselbe Inhalt jetzt zweifach vorliegt, einmal als sich wandelndes Moment und einmal als begrifflich erfasst, wobei Letzteres dasjenige als ruhig vorstellt, das in der sinnlichen Welt als steter Wandel begriffen ist. Daher nennt Hegel das Innere hier auch das „Übersinnliche" (GW 9, 90).

Will Hegel darauf hinaus, dass Kant nur behauptet, Gegenstände nach apriorischen Gesetzen zu bestimmen, während er in Wirklichkeit nur empirischen Begebenheiten die Form des Gesetzes gibt? Ich denke, dies zu sagen, ist zu einfach. Es ist in meinen Augen wichtig zu sehen, welche Aspekte von dem, was Hegel hier vorstellt, später von ihm kritisiert werden. Der Struktur nach wird hier Folgendes behauptet: Das Allgemeine als Begriffliches muss vorausgesetzt werden, um das sinnlich Gegebene zu bestimmen. Dies hat sich in der bisherigen Erfahrung gezeigt. Das Allgemeine wird aber im Bezug auf Sinnliches selbst bestimmt. Dies wird sich in der Erfahrung noch zeigen. Vor dem Hintergrund dieser Überlegung kann man erklären, wie jemand die zwei einander entgegengesetzten Behauptungen, die ich oben angeführt habe, beide vertreten kann: Das Innere oder der Begriff ist das Wesen der Erscheinung und die Erscheinung ist das Wesen des Begriffs. Diese Struktur ist, wie ich zeigen werde, für Hegel wirklich die Struktur der Erkenntnis. Dass die Bestimmung des Allgemeinen etwas ist, in der eine Bewegung von einem Einfachen zu einem Allgemeinen als bestimmter Totalität vollzogen wird, bildet, so will ich zeigen, sogar die Grundidee Hegels eigener Konzeption. Kant setzt diese Struktur in Hegels Augen nur falsch um. Kant trennt Allgemeines und Seiendes als Form und Inhalt und bestimmt ihr Verhältnis als das einer Unterordnung. Hier liegt in Hegels Augen das Missliche. Dies werde ich später zeigen. Was man aber bereits hier sehen sollte, ist, dass Hegel Kant so deutet, dass er aus der Kritik an dieser Position seine eigene Auffassung gewinnen kann. Nun muss gezeigt werden, wie es dazu kommt, dass das Wahre der Dinge ihr gesetzmäßiger Zusammenhang sein soll.

---

wahr, daß Erscheinungen aufeinander folgen, d.i. daß ein Zustand der Dinge zu einer Zeit ist, dessen Gegenteil im vorigen Zustand war", (KrV A 189/ B 233). (3) In den Metaphysischen Anfangsgründen soll anhand des empirischen Begriffs der Materie den Kategorien „Sinn und Bedeutung" gegeben werden (vgl. AA 4, 478). (2) und (3) betreffen nach Kant nur den Inhalt von Gesetzen. Punkt (1) betrifft die Form von Gesetzen, aber hier ist der Bezug die reine Form der Anschauung – wieso Hegel dies ausschließen kann, übergehe ich hier.

[27] GW 9, 90: „Unmittelbar für ihn [den Verstand] ist das Spiel der Kräfte; das Wahre aber ist ihm das einfache Innere."

3.3 Der Gesetzesbegriff

Für Hegel ist die allgemeine Form des Gesetzes Identität von Identität und Unterschied. Diese Form soll sich in der Gleichsetzung von zwei Seiten eines Gesetzes widerspiegeln, in der die eine (linke) Seite ein einfaches Prinzip, die andere (rechte) einen Unterschied darstellt. Hierauf werde ich im Folgenden noch ausführlich eingehen. Bisher wurde das Innere der Dinge als einfache Einheit aufgefasst. Dies ergab sich genauer besehen daraus, dass für das Wirkliche ein einfaches begriffliches Prinzip, die Kraft als solche, vorausgesetzt werden musste. Dafür, dass das einfache Innere die Form eines Gesetzes annimmt, gibt Hegel zwei Begründungen.

(1) Die eine Begründung orientiert sich abermals an dem, was bisher über Kräfte ausgeführt wurde. Betrachtet man das sinnlich Gegebene mit der die Position nun definierenden Annahme, dass das Seiende in Wahrheit etwas Begriffliches ist, so muss man die Bewegung der Kraft als einfaches Begriffliches auffassen. Die Bewegung der Kraft zeichnet sich, wie oben dargelegt, dadurch aus, dass zwei Kräfte angenommen werden müssen, die sich dadurch unterscheiden, dass die eine die andere bedingt. Dieser Unterschied ist so nichts Gegebenes, denn er erwies sich in der Prüfung der ersten Phase als begrifflicher. Daher sind für Hegel die Kräfte nur der Form nach unterschieden.[28] Das soll heißen: Die Bewegung der Kraft lässt sich nur dann als etwas Begriffliches auffassen, wenn der Unterschied der Kräfte auch als Begriffliches ausgedrückt wird. Gegeben ist, wie Hegel sagt, der Wechsel (*GW* 9, 90f.). Das heißt, was gegeben ist, zeichnet sich nur dadurch aus, dass es immer durch etwas anderes bedingt sein muss. Da der Unterschied von Bedingtem und Bedingendem[29] nicht dem Seienden zukommt, das, was erscheint, aber so bestimmt werden muss, muss der Unterschied sozusagen in das Innere aufgenommen werden. Das einfache Allgemeine des Inneren ist demnach zugleich allgemeiner Unterschied. Und damit ist die Struktur der Identität von Einheit und Unterschied erreicht, die ich oben als Struktur des Gesetzes eingeführt habe.[30] Man kann diese Begründung auch so formulieren, dass die wechselnden mannigfaltigen Erscheinungen als eine *Einheit* aufgefasst werden müssen, in welcher zugleich

---

[28] An dieser Stelle muss man Hegels Rekurs auf den Dynamikteil der *Metaphysischen Anfangsgründe* streng genommen einbeziehen (vgl. hierzu den Exkurs unten).

[29] Mit Blick auf die Kräfte kann man auch sagen: der Unterschied von Solliziertem und Sollizierendem.

[30] Dieses Ergebnis entspricht (wie oft in der *Phänomenologie*) demjenigen, was die Person in ihrer letzten Gestalt selbst unternehmen musste, um ihre Konzeption aufrechtzuerhalten: In der materialistischen Position musste die Person einen Unterschied (zwischen zwei Kräften) machen, von dem sie zugleich behauptet, dass die beiden unterschiedenen Elemente nur eins sind (nämlich die Materie) – diese Bewegung des Unterscheidens und Gleichsetzens wird jetzt auf die Gegenstandsseite verlegt: Es ist das Gesetz.

ihre Unterschiede ausgedrückt sein müssen. Dies ist die Form des Gesetzes. Ein Gesetz ist daher auch als eine Form des Begriffs zu verstehen, die den sich wandelnden Momenten der sinnlichen Welt gerecht werden soll, bzw., so Hegel, das „beständige Bilde" der „unsteten Erscheinung" (*GW* 9, 91) ist.[31]

(2) Die zweite Begründung dafür, dass das Innere die Form eines Gesetzes annimmt, formuliert Hegel so:

„Oder die Negation ist wesentliches Moment des Allgemeinen, und sie oder die Vermittlung also im Allgemeinen ist allgemeiner Unterschied. Er [der Unterschied] ist im Gesetze ausgedrückt, als dem beständigen Bilde der unsteten Erscheinung" (*GW* 9, 91).

Warum ist die Negation wesentliches Moment des Allgemeinen? Wenn das Allgemeine bestimmt werden soll, müssen, nach Hegels Auffassung, Unterschiede gemacht werden, und hierfür sind Negationen wesentlich. Dies ist offensichtlich eine logische Begründung dafür, dass etwas Einfaches als Unterschied ausgedrückt werden muss. Diese Begründung spielt für den Fortgang zunächst keine besondere Rolle, sie ist aber deshalb festzuhalten, weil sich in ihr ausdrückt, dass Hegel eine logische Entwicklung des Allgemeinen vor Augen hat.

Folgendes kann hier noch angemerkt werden: Dass das, was wir erkennen, gesetzmäßig verfasst sein muss, kann man im Sinne Kants so begründen, dass wir ohne Gesetze keine Einheit der Erfahrung hätten bzw. nicht einmal über den Begriff der Einheit der Erfahrung verfügen würden, weil Einheit der Erfahrung nur gegeben werden kann, wenn es einen durchgängigen Zusammenhang aller Erfahrungen gibt und dieser durchgängige Zusammenhang gesetzmäßig sein muss.[32] Diese Begründung wird hier von Hegel in der Form explizit nicht in Anspruch genommen. Man könnte jedoch das, was Hegel ausführt, auch in dieser Weise zusammenfassen. Hegel versucht nämlich, eine solche Antwort schrittweise zu analysieren, indem der Gedanke der Einheit der Erfahrung durch das eine vorauszusetzende Prinzip aufgenommen ist. Dass dieses Prinzip die Form des Gesetzes annehmen muss, liegt, wie soeben ausgeführt, daran, dass es nur so bestimmt werden kann. Auch hier spielt also der Gedanke eine Rolle, dass die Einheit der mannigfaltigen Erfahrung gesichert werden muss und dass die angemessene Form die des Gesetzes ist. Dass es einen durchgehenden Gesetzeszusammenhang geben muss, wird im Gang der *Phänomenologie* erst thematisiert, wenn klar geworden ist, dass es verschiedene bestimmte Gesetze geben muss.

---

[31] Dies ist eine vorläufige Formulierung (siehe unten).
[32] Vgl. *KrV* B 263 und A 157/ B 196.

4. Hegels Kritik an Kants Gesetzesauffassung

Die Struktur der Identität von Einheit und Unterschied, die sich für das Allgemeine herausgebildet haben soll, entspricht den ersten beiden Analogien der Erfahrung bei Kant.[33] Das einfache Prinzip ist das Prinzip der Substanz. Dieses Prinzip ist so zu bestimmen, dass zwischen Bedingtem und Bedingendem unterschieden wird. Letzteres ist das Prinzip der Kausalität. Die Form der physikalischen Gesetze lässt sich, so Hegel, bei Kant auf die Analogien der Erfahrung zurückführen. In der Weise, wie Kant die Analogien ausführt, liegt der Fehler der Kantischen Auffassung von Gesetzen begründet.

Was ich hier behaupte und im Folgenden ausführen werde, findet sich so nicht im Text der *Phänomenologie*, denn die Analogien werden hier nicht genannt. Ich denke aber, der Bezug auf die Analogien ergibt sich einerseits dadurch, dass Hegel die Entwicklung des Allgemeinen bzw. des Begrifflichen darstellen will, denn hiermit müssen die Kategorien bzw. Grundsätze gemeint sein,[34] und andererseits daraus, dass Hegel die Auffassung von Form und Status von Gesetzen der Natur bei Kant kritisieren will, und diese müssen durch die logischen Prinzipien der Transzendentalphilosophie und hier genauer durch die Analogien begründet sein. Folgt man meiner Interpretation, bezieht sich Hegel mit den Überlegungen zu den Bestimmungen des Inneren als Gesetz also auf Kants Analogien der Erfahrung. Diese Bestimmung ist mit dem bisher von mir Dargestellten noch nicht abgeschlossen. Es erfolgt noch die Einbeziehung der dritten Analogie. Nach der damit abgeschlossenen Darstel-

---

[33] Fink vertritt ebenfalls die These, dass Hegel im Kapitel *Kraft und Verstand* die Kategorien Kants analysieren will, anders als ich sieht er den Bezug auf physikalische Gesetze aber als Schwäche des Textes (vgl. Fink ²2007, 144–146).

[34] Hegel betrachtet hier nur die Analogien der Erfahrung. Diese Auswahl ist verständlich, weil nur die Analogien im engeren Sinne für Objekterkenntnis verantwortlich sind. Die Bestimmungen, die den ersten beiden Grundsätzen bei Kant entsprechen sollen (Qualitäts- und Quantitätsbestimmung) sind von Hegel schon durch die vorangegangenen Kapitel der *Phänomenologie* behandelt worden. Hegel diskutiert die Analogien hier außerdem ohne Bezug auf die Urteilstafel bei Kant, obwohl dieser die Urteilstafel als Grundlage der Gewinnung der Kategorien und diese als Basis für die Grundsätze unter Einschluss der Analogien ansieht. In Hegels Augen würde diese Berücksichtigung nicht weiter helfen, weil Kant auch in der Urteilstafel die Bezüge der Urteile zueinander nicht diskutiert und daher dieselben Schwierigkeiten auftreten wie mit Blick auf die Analogien. Die Diskussion, die ich im Folgenden mit Blick auf die Gesetze führen werde, weist dann auch einige interessante Parallelen zu Hegels Kritik an der Form des Urteils auf (vgl. auch Horstmann 1984, 49 ff.). Hegel berücksichtigt in der Diskussion der Analogien auch nicht direkt die Rolle der reinen Apperzeption, obwohl auf sie mit der Idee der Einheit der Erfahrung und wahrscheinlich auch mit der Idee des „leeren Inneren" angespielt wird. Für Hegel gilt: Die reine Apperzeption kann nur als Basis dienen, sofern sie selbst als etwas Erkennbares angenommen wird. Als solche wird sie im darauffolgenden Kapitel der *Phänomenologie* diskutiert, worauf ich in meinem nächsten Kapitel auch zurückkommen werde.

lung der Bestimmung des Inneren[35] geht Hegel dazu über, die physikalischen Gesetze selbst daraufhin zu untersuchen, ob sie notwendig sind. Er diskutiert zum Beispiel, ob das Coulomb'sche Gesetz der Elektrizität oder das Gesetz der Gravitation notwendig ist. Hegel verneint dies. Es scheint daher zunächst, als müsste man sagen, dass Kant deshalb scheitert, weil er die Notwendigkeit von Gesetzen behauptet, obwohl sie nicht notwendig sind. Dies wäre allerdings ein überraschendes Ergebnis. Erstens wäre überraschend, wenn Hegel selbst die physikalischen Gesetze nicht als notwendig ansähe. Zweitens würde man sich natürlich wundern, wenn Hegel Kant in gewisser Weise dafür verantwortlich machte, dass die physikalischen Gesetze nicht notwendig sind. Beides wäre tatsächlich absurd. Es stellt sich daher die Frage, warum Hegel meint, das Scheitern der Kantischen Position dadurch demonstrieren zu können, dass er nachweist, dass physikalische Gesetze nicht notwendig sind. Es wird sich erweisen, dass Hegel nur behauptet, die physikalischen Gesetze seien unter einer bestimmten Lesart nicht notwendig. Während er diese Lesart Kant unterstellt, meint er selbst eine anbieten zu können, unter der die Notwendigkeit physikalischer Gesetze behauptet werden kann.[36] Die jeweilige Lesart physikalischer Gesetze muss mit der Bestimmung des Allgemeinen und das heißt mit der Interpretation der Analogien zu tun haben.

Hegel verfährt so, dass er zunächst Kants Auffassung der Analogien wiedergibt. Diese Auffassung beschließt er mit dem Kommentar: „Das Gesetz ist dadurch auf eine gedoppelte Weise vorhanden" (GW 9, 93). Im Anschluss daran führt er die Probleme des Verständnisses physikalischer Gesetze aus, die, wie ich oben schon angedeutet habe, mit deren Status als notwendigen Gesetzen zu tun haben. Obwohl Hegel dies nicht explizit macht, entspricht diese ganze Passage einer ersten Prüfungsphase und Korrektur der Position durch Erfahrungen. Im Anschluss an diese Diskussion physikalischer Gesetze stellt Hegel dar, wie der Verstand auf diese Schwierigkeiten reagiert. Die Reaktion besteht darin, dass der Verstand durch eine Tätigkeit seinerseits die Gesetzesauffassung von den aufgedeckten Widersprüchen frei halten will. In einer weiteren Prüfungsphase wird durch die Erfahrung auch diese modifizierte Position widerlegt: „[Der Verstand] erfährt also, daß es Gesetz der Erscheinung selbst ist, daß Unterschiede werden die keine sind" (GW 9, 96). Diese Erfahrung soll dazu führen, dass das Verständnis des Allgemeinen sich ändert. Meiner Interpretation nach heißt das, dass das Verhältnis der Analogien sich ändert. Das Resultat der Erfahrungen ist eine Auffassung der logischen Prinzipien, die

---

[35] Bis einschließlich Absatz 20, GW 9, 93 oben.
[36] Dass Hegel das im Folgenden diskutierte Gravitationsgesetz selbst als notwendig ansieht, wird etwa *Enz.* § 269 deutlich.

Hegel als „Unendlichkeit" bezeichnet (*GW* 9, 99). Diese Struktur entspricht dem, wie Hegel selbst die Analogien auffasst. Mit dieser Struktur ist Erkenntnis des Gegenstands möglich.

Bei meiner Darlegung werde ich dem soeben beschriebenen Textverlauf nicht genau folgen. Ich werde erst (4.1–4.4) die Interpretation der Analogien diskutieren, also nicht nur die Auffassung, die Kant in Hegels Augen hat, sondern auch Hegels eigene. In diesem Rahmen werde ich auch das Problem, das aus Kants Auffassung folgen soll, erörtern sowie die Frage, warum dies bei Hegels Auffassung kein Problem sein soll. Danach (4.5) wende ich mich den folgenden Abschnitten der *Phänomenologie* zu.

4.1 Die Begründung physikalischer Gesetze

Die Grundidee von Kants Analogien der Erfahrung ist, dass alles, was für uns Gegenstand der Erkenntnis ist, in einer Zeit geordnet werden können muss und dass daher alles nach den drei Zeitverhältnissen von Beharrlichkeit, Folge und Zugleichsein bestimmbar sein müsse. Kant führt die Analogien folgendermaßen ein:

„[S]o ist Erfahrung nur durch eine Vorstellung der notwendigen Verknüpfung der Wahrnehmungen möglich." (*KrV* B 219) „Daher werden drei Regeln aller Zeitverhältnisse der Erscheinungen wonach jeder ihr Dasein in Ansehung der Einheit aller Zeit bestimmt werden kann, vor aller Erfahrung vorangehen, und diese allererst möglich machen" (*KrV* A 177/B 219).

Eine dieser drei Regeln lautet zum Beispiel: „Alle Veränderungen geschehen nach dem Gesetze der Verknüpfung der Ursache und Wirkung" (*KrV* B 233). Wenngleich aus diesen Überlegungen klar hervorgeht, dass wir alles, auf das wir uns als Objekt beziehen wollen, nach Gesetzen ordnen müssen und dass diese Gesetze notwendig sein müssen, so dass anhand dieser Gesetze Objekte definitiv bestimmt werden können, so ist es doch ziemlich kompliziert zu sagen, wie sich nach Kant die spezifischeren Gesetze, wie beispielsweise das Gesetz der Anziehungskraft, auf die Analogien beziehen sollen. Für Kant ist diese Frage zweifellos nur unter Rekurs auf seine Schrift *Metaphysische Anfangsgründe der Naturwissenschaft* zu beantworten.[37] Ich werde in einem Exkurs noch auf diese Schrift eingehen, Hegel lässt sie in der *Phänomenologie* aber weitgehend unbeachtet. Er unterstellt Kant mindestens zwei Annahmen, die das Verhältnis von Grundsätzen und physikalischen Gesetzen betreffen sollen und die meines Erachtens Kant auch tatsächlich unterstellt werden

---

[37] Vgl. Emundts 2004, 1. Kapitel.

dürfen: (1) Wir müssen zumindest einige spezifischere physikalische Gesetze, wie das Gesetz der Gravitation, als notwendige Gesetze ansehen. (2) Diese Gesetze müssen von den Analogien abhängig sein, das heißt ihre Form und ihr Status als notwendige Gesetze muss durch die Analogien begründet sein. Ich werde nun genauer darlegen, wie die Analogien nach Hegel die Form der Gesetze auf der einen Seite und ihren Status als notwendig auf der anderen Seite festlegen sollen.

Kant stellt drei Analogien auf: die Analogie der Substanz, die der Kausalität und die der Wechselwirkung. Hegels Bezug auf die ersten beiden Analogien habe ich bereits ausgeführt. Sie geben die (Standard-)Form des Gesetzes von Einheit und Unterschied vor. Die einfache Einheit muss vorausgesetzt werden, um überhaupt etwas erkennen zu können. Sie ist ein einfaches Prinzip, welches die Einheit aller relationalen Verhältnisse bedingen soll. Repräsentiert wird sie durch die linke Seite des Gesetzes in seiner Standardform. Der allgemeine Unterschied ist die Weise, wie das einfache allgemeine Prinzip bestimmt werden muss.[38] Der allgemeine Unterschied wird in der Standardform auf der rechten Seite des Gesetzes ausgedrückt.

Wenn man Hegels Interpretation der Analogien folgt, muss man sagen: Die Analogie der Substanz und die der Kausalität sind nicht zwei getrennte Prinzipien, sondern nur ein Prinzip oder ein Prinzip mit zwei Teilen. Dieses eine Prinzip besagt, dass, was auch immer ein Objekt für uns ist, eine Substanz sein muss, deren Quantität beharrlich ist. Zur selben Zeit sagt das Prinzip, dass alle Veränderungen einer Substanz durch Kausalgesetze bestimmt werden müssen. Die erste Behauptung über die Substanz geht offensichtlich auf Kants erste Analogie zurück, während die zweite Behauptung Kants zweite Analogie aufgreift. Das heißt, die zweite Analogie gibt die Mittel, wie eine Substanz zu bestimmen ist, während die erste sagt, dass vorausgesetzt werden muss, dass etwas eine Substanz ist, um es gesetzmäßig bestimmen zu können. Der ersten Analogie folgend ist die vorausgesetzte Substanz als einfach vorzustellen. Dies deshalb, weil die Substanz eine einzige Zeitreihe repräsentieren soll. Der zweiten Analogie zufolge wird diese Substanz bestimmt, das heißt, es werden verschiedene Zustände an ihr differenziert und in ein eindeutiges Verhältnis zueinander gesetzt. Soweit Hegels Interpretation von Kants ersten beiden Analogien. Dies ist nun überhaupt keine abwegige Interpretation. Es ist offensichtlich, dass Kant selbst eine besondere Beziehung zwischen erster und zweiter Analogie im Sinn hatte. Erstens setzt für Kant die Analogie der Kausalität die Idee der absolut beharrlichen Substanz voraus. Dies deshalb, weil wir von allen Veränderungen sagen müssen, dass sie in ein und derselben Zeit stattfin-

---

[38] Alternativ könnte man die erste Analogie für die Form des Gesetzes und die zweite für den bestimmten Unterschied geltend machen.

den, um sie definitiv bestimmen zu können. Hierfür müssen wir, so Kant, ein Substratum der Zeit denken, welches bei allem Wechsel beharrt.[39] Zweitens behauptet Kant, dass die zweite Analogie uns das Kriterium für Substantialität gibt.[40] Dies kann man so verstehen, dass man, um eine bestimmte Substanz anzunehmen, ihre Zustände nach Kausalrelationen bestimmen muss. Aber auch wenn Kant, wie man hier sieht, selbst durchaus dazu tendiert, die Analogien als ein einziges Prinzip anzusehen, so wird diese Tendenz von Hegel in einer ganz anderen Weise fortgesetzt, indem er die beiden Analogien als Teile eines Prinzips auffasst. Man kann daher im Sinne Hegels formulieren, dass alle Veränderungen Veränderungen einer einfachen Substanz sind, die nach dem Gesetz der Verknüpfung von Ursache und Wirkung geschehen.[41]

Stellt man Kant aus Hegels Perspektive dar, kann man fortfahren, dass der Status der Notwendigkeit diesem allgemeinen Gesetz, das den ersten beiden Analogien entspricht, zukommt, weil das Allgemeine das Wahre der Erscheinungen sein soll. Notwendigkeit besagt hier, dass alles, was es gibt, durch dieses Gesetz bestimmt ist. Es ist für die weitere Entwicklung wichtig, dass hier als notwendig das Gelten des Gesetzes behauptet wird. Dass das Gesetz notwendig ist, besagt, dass es die Bedingung dafür ist, dass etwas als Gegenstand erkannt wird.

Bisher wurde die dritte Analogie noch nicht einbezogen. Hegel tut dies auf eigentümliche Weise. Den Grund hierfür erkennt man, wenn man sich klar macht, dass Hegel alle drei Analogien als eine Einheit auffassen will. Das einfache Prinzip der Substanz soll demnach als Unterschied bestimmt werden, das heißt es sollen verschiedene Elemente unterschieden werden, und diese unterschiedlichen Elemente sollen wieder als eine Einheit verstanden werden können. Die Funktion der Wiederherstellung der Einheit soll die dritte Analogie innehaben. Vorblickend kann man auch hinzufügen, dass in Hegels Augen dieser Schritt zur wiederhergestellten Einheit erforderlich ist, weil es bestimmte Gesetze geben muss und weil ohne die wiederhergestellte Einheit jedes bestimmte Gesetz und die durch es festgelegten Bestimmungen als absolut gültig angesehen werden müssten. Es bliebe auf diese Weise unklar, wie verschiedene bestimmte Gesetze miteinander verbunden sind. Zu der hier angesprochenen Thematik *bestimmter Gesetze*, will ich noch eine Vorbemerkung machen. Bei Kant muss man zwischen apriorischen Gesetzen und

---

[39] „Die Zeit also in der aller Wechsel der Erscheinungen gedacht werden soll, bleibt und wechselt nicht" (*KrV* B 225).

[40] *KrV* A 205/B 250f. Kant behauptet, dass Kraft und Handlung ein Kriterium für Substantialität seien (ebenso Beharrlichkeit). Dies ist vom Kriterium für Kausalität zu unterscheiden, das in der Zeitfolge besteht (vgl. *KrV* A204/B250).

[41] Sieht man sich die eben erwähnte Stelle *KrV* A 205/B 251 genauer an, sieht man, dass Kant hier von verschiedenen Substanzen ausgeht.

empirischen Gesetzen unterscheiden. Hegel macht diesen Unterschied in der Form nicht. Das allgemeine Gesetz der Analogien kann man so formulieren, dass etwas als Einheit eines Unterschieds von Bedingtem und Bedingendem bestimmt werden muss. Hegel nennt dieses allgemeine Gesetz auch das Gesetz der Kraft.[42] Die Rede von bestimmten Gesetzen bezieht sich also auf alle physikalischen Gesetze, die bestimmter sind als dieses Gesetz.

Nachdem Hegel im Sinne Kants für die These argumentiert hat, dass wir etwas nur dann erkennen können, wenn wir es unter das allgemeine Gesetz, dass alle Veränderung eine Ursache hat, bringen, macht er auf einen Mangel dieser allgemeinen Gesetzesform aufmerksam. Das Gesetz ist zu unbestimmt. Es sagt nicht, wie etwas ist, sondern nur, dass es gesetzmäßig ist. Ein unbestimmtes Gesetz kann aber nicht die Funktion wahrnehmen, dass durch es etwas erkannt würde.[43] Nun sagt Hegel allerdings: „Was ihm [dem Gesetz] zu mangeln *scheint*, ist, daß es zwar den Unterschied selbst an ihm hat, aber als allgemeinen, unbestimmten [Herv. DE]" (*GW* 9, 92), wobei das „scheint" darauf hinweist, dass dieser Mangel zumindest in der hier formulierten Form *nicht* besteht. Hegel fährt an der zitierten Stelle fort:

„Insofern es aber nicht *das* Gesetz überhaupt, sondern *ein* Gesetz ist, hat es die Bestimmtheit an ihm; und es sind damit unbestimmt *viele* Gesetze vorhanden. Allein, diese Vielheit ist vielmehr selbst ein Mangel, sie widerspricht nämlich dem Prinzip des Verstandes" (*GW* 9, 92).

Was Hegel hier sagen will, ist, denke ich, Folgendes: Das bisher entwickelte Gesetz war durchaus so formuliert, dass es verschiedene Gesetze unter sich fassen sollte. Der Unterschied war sogar gerade deshalb als allgemeiner formuliert worden, weil er nur ausdrückt, dass jede Veränderung bedingt ist, nicht festlegt, was das Bedingende ist. Hierfür kann also Verschiedenes eingesetzt

---

[42] Dass Hegel das Gesetz „Gesetz der Kraft" nennt (*GW* 9, 91) liegt daran, dass die Gesetzesauffassung aus der Krafttheorie von Gegenständen entstanden ist (vgl. die erste Phase des Kapitels). Eine enge Verbindung von Prinzip der Substanz und Prinzip der Kraft stellt Kant selbst auch her. In der zweiten Analogie spricht Kant davon, dass der Begriff der Kausalität „auf den Begriff der Handlung, diese auf den Begriff der Kraft, und dadurch auf den Begriff der Substanz" führe und sagt ferner, dass „Wo Handlung, mithin Tätigkeit und Kraft ist, da auch Substanz, und in dieser allein muss der Sitz jener fruchtbaren Quelle der Erscheinung gesucht werden" (*KrV*, A 204/B 249).

[43] Hegel drückt dies zunächst so aus, dass das Gesetz das Wesen der Erscheinung sein solle und ihm daher nicht eine wesentliche Bestimmung der Erscheinung äußerlich bleiben dürfe. Man könnte daher auch sagen, das Gesetz müsse ausdrücken, dass es Veränderungen gibt, nicht nur: dass, wenn es Veränderungen gibt, diese eine Ursache haben. Koch (Manuskript) argumentiert, das Problem des allgemeinen Gesetzes läge in der Konditionalform. Dies ist m.E. in Hegels Augen das Problem physikalischer Gesetze insgesamt (s. u.). Das allgemeine Gesetz gibt aber noch nicht einmal bestimmte konditionale Gesetze vor.

werden.⁴⁴ Daher sind im allgemeinen Gesetz (wie Hegel in der oben zitierten Stelle sagt) „unbestimmt viele Gesetze vorhanden".⁴⁵ Bisher waren mit dem allgemeinen Gesetz die Analogien gemeint bzw. das Gesetz, dass wir etwas als Einheit eines Unterschieds von Bedingtem und Bedingendem bestimmen müssen. Um auszudrücken, dass dieses Gesetz auf die Unterschiede der Erscheinung bezogen ist, kann man auch unter Rückgriff auf die Kräfte sagen: Es gibt eine Einheit von Sollizitiertem und Sollizitierendem. Hegel spricht daher hier vom allgemeinen Gesetz der Attraktion. Dieses Gesetz unterscheidet sich aber (wie man sieht) eigentlich nicht vom erstgenannten allgemeinen Gesetz.⁴⁶ Mehr Spezifikation ist nach Hegel nicht möglich, ohne schon bestimmte Gesetze zu nennen.⁴⁷

Das Problem des allgemeinen Gesetzes ist also nicht einfach, zu unbestimmt zu sein. Es gibt aber dennoch ein Problem. Verschiedene bestimmte Gesetze können nicht einfach unter das allgemeine Gesetz subsumiert und alle als das eine wahre Gesetz behauptet werden. Das Problem der vielen Gesetze besteht darin, dass ihr Verhältnis zueinander, und dadurch auch ihr Verhältnis zum allgemeinen Gesetz, nicht bestimmt ist. Wären bestimmte Gesetze notwendig miteinander verbunden, so könnten sie alle einen Gesetzeszusammenhang bilden. Dies ist aber nicht der Fall. Hegel drückt dies in Formulierungen wie der aus, dass „der Begriff des Gesetzes" „gegen das Gesetz selbst gekehrt" ist (*GW* 9, 92). Das soll heißen, dass der Begriff des Gesetzes eine Einheit der Erfahrung vorschreibt: Es muss alles *ein* Gesetzeszusammenhang sein. Das bestimmte Gesetz, also beispielsweise das Gesetz der Erdanziehungskraft tritt aber als ein unbedingt geltendes Gesetz auf, also als *ein* Gesetz, das unabhängig von anderen gilt. Es konfligiert so mit den anderen Gesetzen, die ebenfalls gelten sollen. Die Vielheit der bestimmten Gesetze steht daher mit der Forderung nach Einheit im Konflikt. Anders gesagt muss geklärt werden, wie der Zusammenhang zwischen dem allgemeinen und den bestimmten Gesetzen ist.

Wenngleich dieses Problem relativ leicht nachvollziehbar ist, ist Hegels Umgang mit diesem Problem deshalb schwer zu durchschauen, weil sich seines Erachtens aus verschiedenen Perspektiven die zu ziehenden Folgerungen anders darstellen. Die Folgerung, die auf jeden Fall gezogen werden muss, ist,

---

⁴⁴ Daher ist es immer nur *ein* Gesetz nicht *das* Gesetz, wie es oben im Zitat heißt.

⁴⁵ Kant spricht tatsächlich auch schon in den Analogien von Gesetzen im Plural (*KrV* A 216/B 263 und B 234).

⁴⁶ So sagt Hegel: „Die allgemeine Attraktion sagt nur dies, daß Alles einen beständigen Unterschied zu anderem hat" (*GW* 9, 92).

⁴⁷ Dies hängt mit Hegels Kritik an den *Metaphysischen Anfangsgründen* zusammen (vgl. den Exkurs unten).

dass Gesetze eine „innre Notwendigkeit" (*GW* 9, 93) haben.[48] Aus der Perspektive, die Hegel letztlich einnehmen will, bedeutet dies, dass sich die Gesetzesauffassung in folgender Weise wandelt: Das einfache Prinzip der Kraft wird vorausgesetzt und als ein jeweils besonderes Verhältnis bestimmt.[49] Diese Bestimmungen sind aber immer nur Aspekte oder Fixierungen einzelner Vorkommnisse, und sie müssen daher auch wieder aufgehoben werden. Was es gibt, ist die Einheit aller Bestimmungen. Diese Einheit kann nur als Begriff der Materie als Totalität erfasst werden. Die hier relevante Einheitsauffassung entspricht der oder ersetzt die Einheitsauffassung, die Kant in seiner dritten Analogie aufgebracht hatte. Ich denke hierbei etwa an Kants Formulierungen, dass die Gegenstände „ein Ganzes ausmachen" müssten und dass es eine „reale Gemeinschaft der Substanzen" geben müsse (*KrV* A 214/B 261). Hierauf werde ich noch zurückkommen.

Die hier angedeutete Folgerung einer Einheit aller Bestimmungen ist, wie gesagt, eine Folgerung, die Hegel selbst letztlich ziehen will. Im Sinne Kants (als Vertreter der hier behandelten Position) wird nach Hegel allerdings zunächst die Folgerung gezogen, dass das Gesetz „auf eine gedoppelte Weise vorhanden" (*GW* 9, 93) ist: Das Gesetz besagt einerseits, dass die in ihm ausgedrückten Unterschiede als selbständige Momente bestehen. Man denke hier etwa an Masseteilchen. Und das Gesetz sagt andererseits, dass die Momente eine einfache Einheit sind, die Kraft genannt werden kann. Mit Letzterem ist gemeint, dass die selbständigen Momente eine gemeinsame Bewegung vollziehen und insofern eine Einheit bilden. Diese Einheit oder diese Bewegung soll Kraft genannt werden, um begrifflich festzuhalten, dass die Momente eine Einheit sind.[50] Folgt man der Auffassung Kants, besagt ein Gesetz wie das der Elektrizität einerseits, dass die Unterschiede in der hier ausgedrückten Weise bestehen, es gibt also negative und positive Ladungen usw., und ande-

---

[48] „[D]er reine Begriff des Gesetzes, als allgemeine Attraktion, muß in seiner wahren Bedeutung so aufgefasst werden, daß in ihm als Absolut-Einfachem die Unterschiede, die an dem Gesetz als solchem vorhanden sind, selbst wieder in das Innere als einfache Einheit zurückgehen; sie [die wahre Bedeutung der Attraktion] ist die innere Notwendigkeit des Gesetzes" (*GW* 9, 93).

[49] Wie oben schon herausgestellt, tritt meiner Interpretation zufolge an die Stelle des Prinzips der Substanz bei Kant in Hegels Darstellung das Prinzip der Kraft.

[50] In Hegels Worten: „[D]as einemal als Gesetz, an dem die Unterschiede als selbständige Momente ausgedrückt sind; das anderemal in der Form des einfachen in sich Zurückgegangenenseins, welche wieder Kraft genannt werden kann [...]" (*GW* 9, 93).

rerseits besagt das Gesetz, dass notwendigerweise gilt, dass das Verhältnis der Ladungen *eine* Bewegung darstellt, die man als Kraft ausdrücken kann: der Elektrizitätskraft.[51]

Kant behauptet nach Hegel also, dass der auf der rechten Seite des Gesetzes ausgedrückte Unterschied besteht und dass er identisch ist mit der auf der linken Seite genannten Kraft. Beide Behauptungen, die hiermit durch ein Gesetz gemacht werden, sollen notwendig sein. Oben wurde gesagt, dass das allgemeine Gesetz deshalb notwendigerweise gilt, weil das, was überhaupt als Gegenstand erkannt wird, so bestimmt sein muss, wie es das Gesetz sagt. Die Notwendigkeit, von der jetzt die Rede ist, ist anderer Natur. Das Gesetz schreibt einerseits vor, dass es den in ihm ausgedrückten Unterschied gibt. Andererseits müssen die gemachten Unterschiede notwendigerweise als einfache Einheit aufgefasst werden können. Diese Notwendigkeit ist dadurch begründet, dass ohne sie im Rahmen der hier eingenommenen Position nicht verständlich gemacht werden kann, warum viele bestimmte Gesetze als Ausdruck des einen allgemeinen Gesetzes angenommen werden können. Hierfür müssen (wie ich noch ausführen werde) die Gesetze so aufgefasst werden können, dass die verschiedenen, bestimmten Unterschiede eine einfache Einheit sind. Die Aussage, dass Gesetze notwendig sind, bezieht sich hier nicht auf das Gelten des Gesetzes, sondern auf seine interne Struktur. Hegel nennt diese Notwendigkeit daher auch „innere Notwendigkeit". Hegel wählt für die innere Notwendigkeit ein prozessuales Vokabular. Er spricht etwa vom „zurückgehen in das Innere" oder vom „in sich ziehen" (*GW* 9, 93). Diese Bewegung findet bildlich gesprochen von der rechten zur linken Seite statt. Die rechte Seite drückt einen Unterschied aus, nämlich ein Verhältnis einzelner Elemente, die linke Seite drückt eine einfache Einheit aus.[52]

Dass ein Gesetz sowohl einen bestehenden Unterschied behauptet, als auch diesen so auffasst, dass die unterschiedenen Elemente eine Einheit bilden, ist für Hegel nicht nur Kants Meinung, sondern es ist auch Hegels eigener Meinung nach so. Kant gelingt es Hegels Meinung nach aber nicht, diese beiden entgegengesetzten Bestimmungen des Gesetzes so zu verbinden, dass verständlich wird, wie bestimmte Gesetze gelten sollen. Während Hegels

---

[51] Ein Beispiel für Notwendigkeit wäre nach Hegel das Bewegungsgesetz, wenn Bewegung ein einfaches Prinzip wäre (was es nach Hegel nicht ist). So beschreibt er die Notwendigkeit hier folgendermaßen: „Indem die Bewegung nur das Verhältnis jener Momente ist, so ist sie, das Allgemeine, hier wohl an sich selbst geteilt" (*GW* 9, 94).

[52] Watkins (2011) hat dafür argumentiert, dass sich die innere Notwendigkeit auf die Verhältnisse von Gesetzen innerhalb eines Systems von Gesetzen bezieht. Nach Watkins Meinung kann Hegel diese Konzeption Kants nicht überzeugend intern kritisieren. Stattdessen zieht Hegel Watkins zufolge eine Voraussetzung von Kants Wissenschaftstheorie in Zweifel. Auch wenn sich auf diese Weise tatsächlich eine interessante Kritik an Kant ergibt, ist dieser Vorschlag als Rekonstruktion der *Phänomenologie* letztlich unbefriedigend, weil diese Kritik nicht intern ist.

Auffassung des Gesetzes es erlauben soll, dass die verschiedenen Gesetze eine Gesamtheit oder ein System bilden, soll Kants Auffassung des Gesetzes dazu führen, alle Gesetze als eine „einfache Einheit" auffassen zu müssen, und das heißt, ihre Unterschiede einfach zu nivellieren.[53] Eine solche einfache Einheit ist zum Beispiel die Kraft der Elektrizität. Hegel spricht hier vom Begriff der Kraft als einer „Abstraktion" (*GW* 9, 93). Das abstrakt Allgemeine ist ein Begriff, der unterschiedliche Bestimmungen als identisch behauptet, ohne dass klar ist, wie sie vermittelt sind. Die abstrakte Einheit ist der Einheit als Totalität entgegengesetzt. Das durch den bestimmten Unterschied bestimmte Allgemeine muss aber, wenn man Hegels eigener Auffassung folgt, als Totalität aufgefasst werden.[54]

4.2 Das Problem der Notwendigkeit physikalischer Gesetze

Bei den folgenden Überlegungen sollte man sich vergegenwärtigen, dass Gesetze für Hegel eine Identitätsaussage darstellen sollen und auf eine Grundform oder Standardform gebracht werden können sollen, bei der auf der linken Seite ein einfaches Symbol einer Kraft, zum Beispiel F, steht, während die rechte Seite aus einer Relation verschiedener Symbole, wie die von Massen, Abständen usw., bestehen soll.[55] Gesetze haben also für Hegel eine Standardform, auf die sie im Prinzip auch zurückgeführt werden können.

Worauf Kant sich mit seiner Lesart der Analogien in Hegels Augen verpflichtet hat, ist erstens, dass das Gesetz notwendig gilt. Was das Gesetz ausdrückt, gilt für alle Fälle, in denen etwas nach dem im Gesetz ausgedrückten

---

[53] Ein ähnlicher Einwand drückt sich beispielsweise in Hegels späterer Kritik an Newton aus, denn dieser hat, so Hegel, das Gesetz des Begriffs der Schwere auf das Gesetz der Kraft der Schwere reduziert, das heißt er hat eine komplexe Einheit (den Begriff der Schwere) zu einer einfachen Einheit (die Kraft der Schwere) degradiert (vgl. *Enz.* §§ 269 f.).

[54] Dies betrifft Hegels Verständnis von Begriffen insgesamt. Stern (2007) vertritt die These, dass es nach Hegel zwei Arten von Universalien gibt: Das abstrakte Allgemeine umfasst Eigenschaftsuniversalien (wie ‚rot'), während konkret Allgemeines Substanzuniversalien (wie ‚Rose') sind. Will man das Beispiel der Kraft hier unterbringen, müsste man sagen, Kraft wird einmal als Eigenschaft und einmal als Substanz aufgefasst. Dies scheint mir aber wenig überzeugend. Dass das Allgemeine keine Eigenschaft ist, hat sich schon bei der Aufgabe der Wahrnehmungsposition ergeben, ohne dass damit das abstrakt Allgemeine schon verabschiedet worden wäre. Entgegen Stern bin ich daher der Auffassung, dass bei Hegel der Unterschied der Arten von Allgemeinheit darin besteht, dass das abstrakt Allgemeine als eine einfache Einheit gedacht wird, während das konkrete Allgemeine als eine komplexe Einheit angelegt ist, also Vermittlungen verschiedener Aspekte in sich schließt. Eigenschaften und Substanzen können für das abstrakt Allgemeine und das konkret Allgemeine Beispiele darstellen. Das hängt aber wiederum davon ab, was für eine Auffassung von Eigenschaften oder Substanzen man hat.

[55] Hegel führt im Laufe seiner Abhandlung das Bewegungsgesetz als ein Gesetz an, das noch nicht in der Grundform steht, weil es nicht ein einfaches Prinzip der Kraft ausdrücke (vgl. *GW* 9, 94).

Unterschied bestimmt worden ist. Zweitens gilt, dass der gesetzmäßig erfasste Zusammenhang die Begebenheiten vollständig bestimmt. Dies gilt insofern, als der Unterschied notwendigerweise eine einfache Einheit darstellen soll. Man kann daher so etwas sagen wie: „Das Gesetz der Gravitation sagt, dass zwei Körper eine Kraft aufeinander ausüben, die abhängig vom Abstand zwischen ihnen (im umgekehrten Verhältnis zum Quadrat) ist und in direktem Verhältnis zum Produkt ihrer Massen steht."[56] Versteht man dies als etwas, das in allen Fällen so ist, in denen zwei Körper in einem Verhältnis zueinander stehen, so ist das Gesetz nicht notwendig wahr.[57] Es muss nicht der Fall sein, dass Körper in dem bestimmten behaupteten Verhältnis stehen. Es könnte neben der Gravitationskraft eine weitere Kraft wirken, zum Beispiel könnten die Körper elektrisch geladen sein. Dann ist es nicht der Fall, dass die Körper in der bestimmten Relation stehen, die das Gesetz behauptet. Außerdem können die Körper im Verhältnis zu weiteren Körpern stehen, die die resultierende Kraft mitbestimmen, die aber in dem Gesetz nicht genannt werden. Auch dann ist nicht der Fall, was das Gesetz behauptet.

Es ist, so denke ich, dieses Problem, das Hegel mit Blick auf die Notwendigkeit der Gesetze im Blick hat. Er verwendet vor allem zwei Formulierungen. Er sagt, dass eine Gleichgültigkeit zwischen Kraft und Gesetz bestehe und dass eine Gleichgültigkeit zwischen Begriff und Sein bestehe. Ich verstehe in diesem Kontext „Gleichgültigkeit" als Gegenbegriff zu „in einer notwendigen Verbindung stehend".[58] Außerdem denke ich, „Kraft" und „Begriff" sind jeweils mit der linken Seite des Gesetzes zu identifizieren und „Gesetz" und „Sein" mit der rechten Seite. Man könnte sich hier wundern, dass Hegel die linke Seite mit dem *Begriff* und nur die rechte Seite des Gesetzes mit dem

[56] Ich übernehme diese Formulierung von Feynman (1994, 4): „The Law of Gravitation is that two bodies exert a force upon each other which varies inversely as the square of the distance between them, and varies directly as the product of their masses."

[57] Ich lehne mich hier an Cartwrights berühmte These über „How the Laws of Physics Lie" an (vgl. Cartwright 1983 u. 1999). Es mag verwundern, dass Hegel Kant mit einer ähnlichen Kritik adressiert wie Carthwright eine empiristische Gesetzesauffassung. Hierzu ist aber anzumerken, dass ich erstens die Idee abändere. Geht es bei Cartwright darum, dass Gesetze Tatsachen beschreiben („Rendered as descriptions of facts they [the physical laws] are false", Carthwright 1983, 54), so wird hier diskutiert, ob Tatsachen gesetzmäßig bestimmt werden können. Beschreibungen wären in Kants und Hegels Augen für Gesetze zu wenig. Zweitens denke ich, dass Hegel tatsächlich behaupten würde, dass Kant nicht wirklich eine empiristische Gesetzesauffassung überwindet.

[58] *GW* 9, 99 formuliert Hegel z.B. „gleichgültig und ohne Notwendigkeit". Die Beziehung der Gleichgültigkeit ist für Hegel eine Beziehung der Äußerlichkeit – dagegen sollte die Notwendigkeit des Gesetzes eine innere sein. Dadurch, dass das Lebendige ein Beispiel für eine innere Beziehung der Glieder ist, kann man auch sagen, dass Hegel Gleichgültigkeit nicht nur mit Äußerlichkeit, sondern auch mit Totem (versus Lebendigen) assoziiert. In diesem Sinne hat Gleichgültigkeit auch die Bedeutung, dass etwas nicht reagiert, keinen Widerstand bietet. Hierauf werde ich im nächsten Kapitel zurückkommen.

Gesetz identifiziert. Ich würde vorschlagen, dass dies bedeuten soll, dass die linke Seite durch *einen* Begriff ausdrücken soll, dass die auf der rechten Seite genannten selbständigen Gegenstände durch eine gemeinsame Bewegung bestimmt sind. In diesem Fall wird mit der rechten Seite ausgedrückt, was es gibt, während dies auf der linken mit dem adäquaten Begriff bezeichnet wird. Nach Hegel kann dieses Verhältnis auch andersherum interpretiert werden, so dass die linke Seite direkt auf das, was ist, referiert, während die rechte Seite das *Gesetz*, das heißt die Bestimmung hierfür gibt. Der letzte Fall wird ausgedrückt in der Formulierung von der Gleichgültigkeit von Kraft und Gesetz. Worauf es hier aber vor allem ankommt, ist, dass Hegels Bemerkungen auf die Behauptung hinauslaufen, dass es die geforderte notwendige Verbindung von linker und rechter Seite eines Gesetzes nicht gibt. Man kann nach dem hier behandelten Verständnis von Gesetzen ein Gesetz so formulieren: Es gilt notwendigerweise, dass zwei Körper im Verhältnis einer Kraft stehen, die abhängig vom Abstand zwischen ihnen (im umgekehrten Verhältnis zum Quadrat) ist und in direktem Verhältnis zum Produkt ihrer Massen steht. Oder auch: Wenn es Gravitationskraft gibt, dann gilt notwendigerweise, dass diese im Verhältnis der Massen von Körpern und deren Abstand (im umgekehrten Verhältnis zum Quadrat) bestimmt ist. Diese Behauptung ist aus denselben Gründen falsch wie die, die ich oben diskutiert habe. Es kann nämlich sein, dass zwar tatsächlich Gravitationskraft auftritt, dass aber auch noch andere Kräfte auftreten und daher das auf der rechten Seite Behauptete keine wahre Bestimmung dessen ist, was es gibt. In diesem Sinne ist das Gesetz nicht notwendig.

Natürlich gibt es verschiedene Weisen, auf das angesprochene Problem zu reagieren. Die einschlägigste ist, ceteris-paribus-Klauseln einzuführen. Da dies eine der Möglichkeiten ist, die in Hegels Augen auch Kant ergreifen kann, will ich dies kurz ausführen. Man kann entweder eine generelle ceteris-paribus-Klausel einführen, um die Fälle auszuschließen, in denen das Gesetz nicht gilt, oder man kann die Bedingungen spezifizieren, unter denen das Gesetz nicht wahr ist. Das Gravitationsgesetz kann dann folgendermaßen formuliert werden: Wenn nur Gravitationskraft wirkt (und keine anderen Kräfte), und wenn nur die im Gesetz genannten Körper relevant sind, dann wirkt zwischen zwei Körpern eine Kraft, die abhängig vom Abstand zwischen ihnen (im umgekehrten Verhältnis zum Quadrat) und direkt abhängig vom Produkt ihrer Massen variiert. Das offensichtliche Problem dieser Formulierung liegt darin, dass das Gesetz an explanatorischer Kraft verliert. Ein solches Gesetz ist nur noch für ganz bestimmte Fälle gültig, die möglicherweise so gut wie nie auftreten. Mit anderen Worten: Mit der ceteris-paribus-Klausel ist das Gesetz wahr, aber es erklärt nicht viel. Allerdings erhebt Hegel einen anderen Einwand als den soeben angedeuteten. Sein Punkt ist nicht, dass nur noch wenige Fälle übrig bleiben, in denen das Gesetz tatsächlich angewandt werden kann.[59] Vielmehr ist das Problem in seinen Augen, dass man mit der ceteris–paribus-Klausel nicht mehr sagen kann, dass ein Gesetz notwendig gilt. Es gilt nur unter einer Bedingung, die in dem Gesetz selbst nicht geltend gemacht wird.[60] Daher kann man nicht wissen, wann das Gesetz gilt,[61] und damit kann man nicht behaupten, dass es notwendig gilt. Das grundlegende Problem ist also in Hegels Augen nicht, dass das Gesetz an Erklärungskraft verliert, sondern, dass diese Auffassung von Gesetzen nicht mit der Forderung der notwendigen Geltung von Gesetzen kompatibel ist. Alles, was man mit einer ceteris-paribus-Klausel erreicht, ist daher, in Hegels Augen, dass offensichtlich wird, dass ein einzelnes Gesetz keine Auskunft darüber gibt, was es gibt. Will man nun nach wie vor sagen, dass Gesetze notwendige Wahrheiten sind, so kann man nicht länger behaupten, dass die Notwendigkeit in irgendeinem Sinne davon abhängig ist, was es gibt. Zwar kann man dennoch sagen, dass die Gesetze notwendig sind, aber dies muss jetzt so etwas meinen wie, dass sie eine Art Definition sind. Das würde bedeuten, man erreicht einen Begriff von Gesetzen, demzufolge die Gesetze analytisch sind und a priori und notwendig. Ein solches Resultat würde Hegels Ansicht nach so formuliert werden können: „Es ist also nur die eigene Notwendigkeit, was der

---

[59] In diesem Fall kann man noch behaupten, dass Gesetze darüber Auskunft geben, was es gibt, nur die Vorstellung, dass wir fundamentale Gesetze haben, die die Natur als ganze erklären (eine Vorstellung, der Kant auch anhängt), wäre aufzugeben.

[60] So nennt Hegel einen Fall, nach dem ein Gesetz eine Definition der Elektrizität ist, und sagt über diesen Fall: „[I]hre [gemeint ist die Elektrizität] Existenz ist durch andere Kräfte, das heißt, ihre Notwendigkeit ist eine äußere" (GW 9, 93). Hegel unterscheidet insgesamt zwei Reaktionen darauf, dass linke und rechte Seite nicht notwendig verbunden sind. Einer zufolge sagt man, die Kraft habe die Eigenschaft sich in einer bestimmten Weise zu äußern. Durch diese Formulierung wird bereits ausgedrückt, dass keine Identität besteht und daher ist Notwendigkeit hier nur ein „leeres Wort". Nach einer anderen Auffassung sagt man, dass es im Begriff der Elektrizität liege (sie dadurch definiert sei), sich in dieser besonderen Weise zu äußern. Hier ist keine Identitätsbeziehung von linker und rechter Seite gegeben, weil dann, um zu sagen, warum die Kraft sich überhaupt äußert, noch etwas hinzukommen muss (etwa die Wirkung einer anderen Kraft), was dem Gesetz äußerlich wäre, die im Gesetz behauptete Identität der Kraft mit ihrer Äußerung aber bedingen würde. Notwendig ist also das Gesetz nicht nur, wenn das Allgemeine sich überhaupt besondert, sondern es muss auch der Fall sein, dass sich das Allgemeine notwendigerweise in der behaupteten Art besondert. Forster (1998, 65) formuliert das Problem so, dass man immer wieder fragen könne, warum die Effekte produziert werden, die Erklärung also nicht vollständig ist. Das ist nicht falsch, macht aber meines Erachtens zu wenig explizit, dass das Problem in der Notwendigkeit von Gesetzen liegt.

[61] Man müsste a priori wissen, wann das Gesetz gilt, damit die Annahme, dass Gesetze notwendige synthetische Wahrheiten sind, aufrecht erhalten werden könnte. Dies ist der Grund warum Hegel in diesem Zusammenhang sagt, die Kraft sei „weil man sie findet, das heißt, sie ist gar nicht notwendig" (GW 9, 93). Dieser Einwand kann, nebenbei bemerkt, nicht an eine empiristische Gesetzesvorstellung adressiert werden.

Verstand ausspricht; einen Unterscheid, den er also nur so macht, daß er zugleich ausdrückt, daß der Unterschied kein Unterschied der Sache selbst sei" (GW 9, 94).

Was ist problematisch an einer Auffassung von Gesetzen, die sie als analytische Wahrheiten betrachtet? Im Rahmen der hier diskutierten Position ist das Problem einer analytischen Auffassung erstens, dass analytische Gesetze keinen Fall von Erkenntnis darstellen können, weil ihnen der Bezug auf Seiendes fehlt. Zweitens kann man sagen, dass Kant sich durch die Analogien laut Hegel darauf festgelegt hat, dass durch Gesetze etwas Seiendes so bestimmt wird, wie es wahrhaft ist. Drittens scheint unabhängig von Hegels Deutung der Kantischen Position auch klar, dass Kant behaupten wollte, dass zumindest einige physikalische Gesetze synthetische Gesetze a priori sind.[62]

Damit ist folgendes Resultat erreicht: Da sich herausgestellt hat, dass Kant, will er an der Notwendigkeit physikalischer Gesetze festhalten, Gesetze letztlich nur als analytische Wahrheiten betrachten kann, ist seine Position selbstwidersprüchlich, denn die Analogien implizieren Synthetizität physikalischer Gesetze. Allerdings gibt es hier einen nahe liegenden Einwand: Bis jetzt wurde nur eine Möglichkeit diskutiert, wie auf das Problem der Interpretation physikalischer Gesetze reagiert werden kann. Diese Reaktion bestand in der Einführung der ceteris-paribus-Klausel. Es gibt aber natürlich auch andere mögliche Reaktionen.[63] Es scheint nicht ausgemacht, dass Kant diese nicht in Betracht gezogen hat. Im Gegenteil, es ist sogar sehr nahe liegend, dass Kant sich mit der Analytizität von Gesetzen nicht zufrieden gibt. Dieser Einwand ist jedoch nur dadurch möglich, dass ich das Resultat so ungenau formuliert habe. Genauer sollte man sagen: Es ist nicht so, dass Kants Fehler darin liegt, dass er schließlich einen Ausweg wie die ceteris-paribus-Klausel wählt und dadurch in einen Selbstwiderspruch gerät. Vielmehr muss seine Position aufgegeben werden, weil er sich auf eine Annahme über die Art der Notwendigkeit physikalischer Gesetze festgelegt hat, die unhaltbar ist. Nicht Kant behauptet, dass Kraft und Gesetz gleichgültig gegeneinander sind. Es ist einfach so, dass die einfache Kraft nicht notwendigerweise identisch ist mit den in Verhältnissen stehenden Körpern. Kant ist aber zur Annahme der Identität verpflichtet, weil er durch die Analogien eine einfache Gleichheit von linker und rechter Seite des Gesetzes behauptet. Die ceteris-paribus-Klausel ist also nicht der Grund, warum Kants Konzeption von Gesetzen scheitert, sondern

---

[62] Anzumerken ist, dass man sich nach Hegel nicht darüber im Klaren sein muss, welchen Status Gesetze in der eigenen Konzeption haben. Notwendigkeit entpuppt sich in Hegels Analyse für diese Fälle als „leeres Wort", als „äußere" als „vorgespiegelte" (GW 9, 93 f.).

[63] Vgl. zu dieser Diskussion beispielsweise auch Cartwright 1983, 56 ff.

ein Indikator dafür, dass Kant die These, dass einzelne Gesetze eine innere Notwendigkeit haben und daher notwendig eine Einheit bilden, nicht aufrecht erhalten konnte.

Obwohl es Kant in Hegels Augen nicht hilft, dass es Lösungen für das Problem gibt, vor dem Kant steht, sollte man sich diese Lösungen noch vergegenwärtigen, denn Hegel selbst muss eine Lösung anbieten, die sich von der Kants unterscheidet. Wie ich oben schon bemerkt habe, kann man ausschließen, dass Hegel die Meinung vertritt, dass physikalische Gesetze überhaupt nicht notwendig sind. Und es kann auch ausgeschlossen werden, dass Hegel physikalische Gesetze zu nur analytischen Wahrheiten erklären würde.[64] Es scheint, man sollte die Vorstellung aufgeben, dass einzelne bestimmte Gesetze als solche die Wahrheit ausdrücken und dass durch ein Gesetz notwendig bestimmt werden kann, was es gibt. Stattdessen könnte man sagen, dass Gesetze einen Aspekt der Wirklichkeit wiedergeben. Und man kann hinzufügen, dass eine Kombination verschiedener Gesetze und damit ein komplexeres Gesetz besser geeignet sein wird, vollständig auszusagen, was es gibt. Auf diese Andeutungen wird bei der Ausführung Hegels eigener Lösung zurückzukommen sein.

4.3 Hegel und Kant über die Analogien der Erfahrung

Nach dem, was ich bisher behauptet habe, legt sich Kant laut Hegel durch seine Auffassung der Analogien auf ein Verständnis physikalischer Gesetze fest, das nicht haltbar ist. Der Unterschied zwischen Kants und Hegels Auffassung der Analogien ist bisher aber noch nicht herausgearbeitet worden. Ich werde daher noch einmal die Interpretation der Analogien betrachten und zwar besonders unter (a) den Aspekten ihrer Form und (b) ihrem Status als notwendig.

(a) Will man den Unterschied der Interpretation der Analogien sehr plakativ ausdrücken, kann man sagen, dass Hegel die Analogien nur als ein einziges Prinzip auffasst, während Kant sie in seinen Augen voneinander separiert.[65]

---

[64] Dies ist ein heikler Punkt, da für Hegel physikalische Gesetze in gewisser Weise tatsächlich keine im Kantischen Sinne synthetischen Wahrheiten sind. Es gilt aber auf jeden Fall, dass Materie durch sie bestimmt werden kann und dass die Notwendigkeit nicht nur durch Stipulationen zustande kommt.

[65] Kant nimmt auch an, dass die Analogien einem höheren Prinzip folgen, nämlich dem, dass alle empirischen Zeitbestimmungen unter Regeln der reinen Zeitbestimmungen stehen müssen (vgl. *KrV* A 178/B 220). Weiterhin sagt Kant über die Analogien: „Zusammen sagen sie also: alle Erscheinungen liegen in einer Natur, und müssen darin liegen, weil ohne diese Einheit a priori keine Einheit der Erfahrung, mithin auch keine Bestimmung der Gegenstände derselben möglich wäre" (*KrV* A 216/B 263). Dies bedeutet aber beides nicht, die drei Regeln als ein einziges Prinzip aufzufassen. Möglicherweise hätte Kant die Auffassung, dass sie ein Prinzip bilden,

Entscheidend hierbei ist, wie das Verhältnis von Einheit und Unterschied interpretiert wird. Es haben sich zwei Arten von Einheit ergeben: Das einfache Prinzip der Substanz oder der Kraft ist eine Einheit, insofern es eins ist. Dieses einfache Prinzip muss vorausgesetzt werden, weil, folgt man Kant, alle Wahrnehmungen in einer Zeit geordnet werden können müssen. Dieses Prinzip wird dadurch bestimmt, dass ein Unterschied zwischen Bedingtem und Bedingendem gemacht wird. Der Unterschied muss ein bestimmter Unterschied sein, damit das Gesetz der Erkenntnis dienen kann. Die so unterschiedenen Momente müssen wieder eine Identität bilden. Kant behauptet, so Hegel, dass die bestimmten Gesetze mit dem allgemeinen Gesetz oder dem Begriff der Kraft identisch sind. Ein bestimmter Unterschied kann aber nicht mehr einfach mit dem einfachen Prinzip identifiziert werden, von dem ausgegangen wurde. Dies zeigt sich daran, dass, wie im letzten Abschnitt dargelegt, die bestimmten Gesetze nicht in der Weise notwendig sind, dass die Unterschiede notwendig eine einfache Einheit sind. Diese Identität muss jedoch bestehen, weil sie die Einheit der Erfahrung verbürgt. Der Verstand muss realisieren,[66] dass die Gesetze nicht an sich einen durchgehenden notwendigen Zusammenhang bilden. Er kann, mit anderen Worten, die innere Notwendigkeit nicht als der Sache zukommend behaupten. In Hegels Augen reagiert Kant auf diesen Tatbestand ambivalent: Streng genommen behauptet Kant nur noch, es sei notwendig, dass Gesetze gelten, das heißt, er nimmt die These der notwendigen Gültigkeit bestimmter Gesetze zurück. Er versucht diese These aber dennoch auch irgendwie beizubehalten. So akzeptiert Kant, dass bestimmte physikalische Gesetze unter Bedingungen stehen, die sie nicht selbst explizieren. Als analytische Wahrheiten kann Kant die Gesetze nicht behaupten. Um dies zu verhindern, stellt Kant die Gesetze unter einschränkende Konditionale, die subjektiv notwendig sein sollen. Man kann hier an Bedingungen denken, wie jene für den notwendigen Zusammenhang von Gesetzen, die Kant zum Beispiel im *Anhang der Dialektik* der *Kritik der reinen Vernunft* oder in der Einleitung der *Kritik der Urteilskraft*[67] erwähnt. Demnach müssen wir uns einen durchgängigen Zusammenhang aller Gesetze denken, weil ohne diese Voraussetzung die Natur für uns nicht fasslich wäre. Diese Arten von Be-

---

aber sogar akzeptieren können und man könnte darauf verweisen, dass auch aus den anderen Kategoriengruppen jeweils nur ein Prinzip resultiert. Zweifellos hätte Kant aber der Auffassung der dritten Analogie als Einheit der anderen nicht zugestimmt. Hegel kann sich mit Blick auf sie allerdings (wie andernorts) auf Kants Anmerkung beziehen, dass die Kategoriengruppen je im dritten Moment die Einheit der vorangehenden haben (*KrV* B 110).

[66] Dies ist Resultat von Erfahrungen mit bestimmten Gesetzen, die sich, wie oben dargelegt, als nicht notwendig erweisen.

[67] AA 5, 184.

dingungen sind immer so, dass sie *nur für uns* gelten sollen.[68] Will Kant hier daran festhalten, dass die Gesetze notwendig sind, so kann er nur sagen: Sie sind *für uns* notwendig. Dies scheint gegenüber der Annahme, dass Gesetze analytisch sind, auch kein großer Vorteil zu sein.

Dennoch ist Kants Position hiermit in Hegels Darstellung noch nicht endgültig gescheitert. Gescheitert ist allerdings die Auffassung, dass bestimmte Gesetze an sich oder objektiv notwendig sind. In Hegels Augen hält Kant daran fest, dass Gesetze notwendig sind. Andernfalls würde Kant, so Hegel, seinen eigenen Anforderungen für Erkenntnis nicht gerecht. Um der These der Notwendigkeit weiter Rechnung zu tragen, behauptet Kant einen Unterschied zwischen allgemeinem Gesetz und bestimmten Gesetzen und behauptet gleichzeitig, dass es diesen Unterschied eigentlich nicht gibt. Obwohl bestimmte Gesetze nicht notwendig sind, sind sie es doch, insofern sie unter der Form des allgemeinen Gesetzes stehen. Diese Tätigkeiten eines Unterscheidens, ohne dass dieser Unterschied auch objektiv gelten soll, nennt Hegel „Erklären" – im Unterschied zu „Erkenntnis."

Fragt man sich, was Kant in Hegels Augen hier hätte anders machen müssen, so kann man natürlich darauf sehen, was sich in der weiteren Erfahrung für den Verstand ergeben soll, denn diese Erfahrungen müssen die entscheidende Korrektur bringen. Die Erfahrungen haben zur Folge, dass das allgemeine Gesetz, das Kant aufgestellt hat, sich wandelt. Das Allgemeine entwickelt sich also. Genauer entwickelt es sich von einem einfachen Allgemeinen zu einem Unterschied und wieder zu einer Einheit als Totalität. Dies entspricht Hegels eigener Auffassung. Mit Blick auf die Form der Analogien kann man das so formulieren: Kant hat die zweite Analogie, die den Unterschied ausdrückt, isoliert und die Unterscheidungen, die hier gemacht werden, verabsolutiert. Wenn man die zweite Analogie als einen bestimmten Unterschied ausführt – und es hat sich gezeigt, dass dies für Erkenntnis erforderlich ist –, dann steht die zweite Analogie in einem Widerspruch zur Einheit der Erfahrung, also zur ersten Analogie. Dieser Widerspruch wird bei Kant nicht gelöst. Dies drückt sich darin aus, wie Kant jeweils den Begriff der Substanz verwendet. Anhand dieser Thematik werde ich zumindest versuchen, Hegels Kritik an Kant zu veranschaulichen.

Tatsächlich diskutieren Kant-Forscher seit dem Erscheinen der *Kritik der reinen Vernunft*, ob Kant in der Lage ist, die Behauptung zu begründen, dass individuelle physikalische Körper im Raum selbständige Substanzen sind oder ob man nicht eigentlich von ihnen als Zuständen einer Substanz, nämlich der

---

[68] Man könnte vielleicht auch von subjektiven Wahrheiten sprechen.

Materie überhaupt, reden müsste.[69] Auf der einen Seite scheint Letzteres nämlich durch die erste Analogie gerechtfertigt, da die Idee hier zu sein scheint, dass wir etwas brauchen, das repräsentiert, dass es nur eine einzige Zeit gibt. Weil in der ersten Analogie Substanz als Substratum der einen einzigen Zeit eingeführt wird, muss es eine einzige beharrliche Substanz geben. Diese Lesart wird auch dadurch bestätigt, dass in der ersten Analogie die Substanz als etwas betrachtet wird, das absolut beharrlich ist. Von individuellen Körpern würde man aber (besser) nicht behaupten, dass sie absolut beharrlich sind. Auf der anderen Seite ist es ziemlich offensichtlich, dass Kant nicht nur mit Blick auf Materie überhaupt, sondern auch in Hinsicht auf individuelle Körper meint, dazu berechtigt zu sein, von Substanzen zu reden.[70] So werden in der Analogie der Kausalität verschiedene Substanzen als Ursachen von Veränderungen betrachtet. Wann immer eine Veränderung in einem Objekt stattfindet, müssen wir annehmen, dass diese durch eine Kraft als Ursache bedingt war. Aber immer, wenn wir etwas als eine Kraft ausübend ansehen, denken wir es, so Kant, als eine Substanz. Es scheint also zumindest auf den ersten Blick so, als sei der Begriff der Substanz doppeldeutig.[71] Folgt man Hegel, kann diese Doppeldeutigkeit als Indiz dafür gewertet werden, dass Kant die zweite Analogie verabsolutiert.

In Hegels Augen kann die zweite Analogie der Kausalität nur die Weise angeben, wie die eine einfache Substanz, die mit der ersten Analogie eingeführt wurde, bestimmt werden kann. Aus der ersten Analogie folgt, dass man Ursache und Wirkung als die Zustände ein und derselben Substanz ansehen muss, nicht als ein Verhältnis zwischen verschiedenen selbständigen Substanzen. Kant beharrt aber in Hegels Augen darauf, dass es verschiedene selbständige Substanzen gibt. Die der zweiten Analogie folgenden bestimmten Verhältnisse von Körpern gelten für Kant absolut. Der Grund dafür, dass Kant so verfährt, ist in Hegels Augen möglicherweise die unhinterfragte ontologische Voraussetzung, dass Körper selbständige Entitäten sind. Kant behält diese Annahme bei, obwohl seine eigene Argumentation in den Analogien

---

[69] Vgl. hierzu z.B. Rosenberg (2005, 199–214), der dafür argumentiert, dass wir eigentlich nur eine Substanz annehmen dürfen.

[70] Sowohl in der ersten Kritik (besonders in den Analogien) als auch in den *Metaphysischen Anfangsgründen* (AA 4, 503) redet Kant explizit sowohl von Materie als auch von Körpern bzw. Materieteilen als Substanzen.

[71] Man kann im Sinne Kants sagen, dass wir einen allgemeineren und einen spezifischeren Begriff der Substanz brauchen und letzterer auf Körper angewandt werden kann. Solche Unterscheidungen sind aber in Hegels Augen unzulänglich, weil die Analogien nicht nur davon handeln, welche Begriffe wir benötigen, sondern wie Gegenstände bestimmt werden müssen und dies bedeutet: wie sie objektiv sind. Hierfür muss man genauer sagen können, wie sich die absolut beharrliche Substanz zu den relativ beharrlichen Substanzen verhält. Dies lässt Kant vermissen.

hierfür keinerlei Begründung gibt. Hierin liegt dann auch eines der wichtigen philosophischen Resultate, die Hegel erreichen will: Es ist eine unhaltbare Behauptung, dass physikalische Körper selbständige Entitäten sind. Körper sind nur Zustände der Materie, die eine Ganzheit von physikalischen Kräften darstellt. Hierauf werde ich noch zurückkommen. Es ist aber nicht nur so, dass Kant eine ontologische Voraussetzung macht, sondern auch so, dass Kant das Allgemeine als etwas Statisches konzipiert, dem das Besondere nur untergeordnet werden kann, das sich aber selbst nicht verändert. Auch in dieser Hinsicht unterscheidet sich Hegels Konzeption. Die Struktur der Unendlichkeit, die er schließlich als die Struktur des Gesetzes anführen wird,[72] besteht aus drei Momenten, in denen sich unschwer die Analogien wiedererkennen lassen: (1) Das Gesetz ist ein „Sichselbstgleiches, welches aber der Unterschied an sich ist".[73] Das bedeutet, in einem Gesetz wird ein einfaches Prinzip als ein allgemeiner Unterschied ausgedrückt. Meines Erachtens muss man sich das genauer so vorstellen, dass beispielsweise Körper dadurch in ein Verhältnis gesetzt und bestimmt werden, dass sie als Momente einer „Kraft" genannten Bewegung aufgefasst werden. (2) „Das Entzweite [...] stellt sich als Bestehendes dar". Das zweite Moment entspricht der zweiten Analogie bei Kant. Genauer entspricht es den bestimmten Gesetzen unter der Form des Gesetzes und damit dem, was bei Kant schließlich als das Problematische am Verständnis der zweiten Analogie identifiziert wurde: Die durch das einfache Prinzip bestimmten Materieteile erscheinen durch ihre Bestimmung als selbständig. Hierdurch wird die Form des Gesetzes als eine Einheit (oder Gleichheit) in Hegels Augen tatsächlich negiert: Die Materieteile erscheinen so, als bildeten sie *keine* Einheit. (3) „Durch den Begriff des inneren Unterschieds aber ist dies Ungleiche [...] ein Unterschied des Gleichnamigen, und sein Wesen die Einheit". Das soll bedeuten, dass die verschiedenen Körper, die im zweiten Moment als selbständig erschienen, als selbständige negiert werden. Dass sie als unterschiedene Körper bestimmt werden konnten, setzte voraus, dass sie Momente einer Bewegung waren. Der im Gesetz gemachte bestimmte Unterschied muss wieder aufgehoben werden. Die Einheit, die mit dieser Aufhebung erreicht sein soll, ist nicht mehr das einfache Prinzip der Kraft, von dem ausgegangen wurde. Es ist eine Einheit aufgehobener Unterschiede. Dies ist der Begriff von Materie als einer Substanz, von der alle bestimmten Verhältnisse nur vorübergehende Zustände sind. Diese wiederhergestellte Einheit tritt an die Stelle der dritten Analogie Kants. Wie dies genauer aussieht, muss hier noch nicht gesagt werden.

---

[72] Hiermit greife ich ans Ende des Kapitels und damit auf das Resultat der nächsten Prüfungsphase vor.
[73] Dieses und die folgenden Zitate finden sich *GW* 9, 99.

(b) Was die Auffassung der Gesetze als notwendig betrifft, so gibt es auch hier in Hegels Augen eine wichtige Differenz zwischen ihm und Kant. Obwohl diese Differenz in gewisser Weise eine Folge der soeben explizierten Differenz ist, sollte sie ausdrücklich behandelt werden, um Hegels Konzeption vorzustellen. Wie sich gezeigt hat, nimmt Hegel an, dass es aus Kants Perspektive zwei Auffassungen von *notwendig* geben muss: Das allgemeine Gesetz gilt notwendig, und den bestimmten Gesetzen soll eine innere Notwendigkeit zukommen. Was die erste Art der Notwendigkeit betrifft, so kann man sie bei Kant folgendermaßen angelegt sehen:[74] Analogien sind notwendige Regeln, nach denen wir unsere Objekte der Erfahrung bestimmen. Weil sie die Bedingungen formulieren, ohne die wir nicht auf etwas als Objekt referieren könnten, kann man sagen, dass sie in folgendem Sinne notwendig sind: Sie sagen, wie die Dinge sind und nicht anders sein könnten. Dies ist die erste Bedeutung von *notwendig*. Sie entspricht offensichtlich Kants transzendentalphilosophischer These, dass die Dinge so sind, wie wir sie durch unsere Gesetze bestimmen, und wird von Hegel so auch in Anspruch genommen. Hiervon kann man bei Kant eine andere Bedeutung unterscheiden: Im Zusammenhang der Argumentation dafür, dass die Gesetze, anhand derer wir Gegenstände bestimmen, notwendig sind, nimmt Kant auf so genannte Zeitbestimmungen Bezug. Das Kausalgesetz ist notwendig in dem Sinne, als es nicht nur sagt, was, gegeben eine Ursache, folgen kann, sondern was folgen muss, oder, wie Kant es ausdrückt, was jederzeit folgt.[75] Diese zweite Bedeutung von *notwendig* bezieht sich auf das Verhältnis von Ursache und Wirkung. Dies ist nicht das, was Hegel innere Notwendigkeit nennt. Innere Notwendigkeit betrifft das Verhältnis von linker und rechter Seite des Gesetzes zueinander, während das Verhältnis von Ursache und Wirkung im Rahmen von Hegels Auffassung von Gesetzen die notwendige Verbindung auf der rechten Seite betreffen würde. Genauer besehen räumt Hegel diese Notwendigkeit von Gesetzen, die Kant hier im Blick hat, auch ein. Denn Hegel sagt ausdrücklich, dass die Elemente der rechten Seite eines Gesetzes notwendig miteinander verbunden sein können.[76] Innere Notwendigkeit des Gesetzes wäre aber erst dann gegeben, wenn rechte und linke Seite in einem notwendigen Verhältnis zueinander stünden. Das heißt, es müsste der Fall sein, dass immer dann, wenn positive und negative Ladung gegeben sind, diese eine einheitliche

---

[74] Mit Blick auf die Grundsätze insgesamt müsste man hier auch auf die Modalitäten eingehen. Diese spielen aber für Hegel nicht die Rolle von Kategorien.
[75] „Diese Regel aber, etwas der Zeitfolge nach zu bestimmen, ist: daß in dem, was vorhergeht, die Bedingung anzutreffen sei, unter welcher die Begebenheit jederzeit (d.i. notwendiger Weise) folgt" (*KrV* A 201/B 246 f.).
[76] „Wenn freilich positive Elektrizität gesetzt ist, ist auch negative an sich notwendig" (*GW* 9, 93).

Bewegung bilden, die als Elektrizitätskraft bezeichnet werden kann.[77] Diese Auffassung von Gesetzen soll, aus den Gründen, die ich oben dargelegt habe, falsch sein. Hegels Alternative besteht nun, vorläufig gesagt, darin, dass die innere Notwendigkeit eine andere Rolle spielt. Sie gilt nicht für das einzelne bestimmte Gesetz unabhängig von anderen. Notwendig ist, dass das einzelne bestimmte Gesetz wieder in eine Einheit zurückgenommen werden muss. Die innere Notwendig bezieht sich nicht darauf, dass Körper sich so verhalten, wie das Gesetz sagt, sondern darauf, dass die bestimmten Unterschiede als eine Einheit aufgefasst werden. Warum dies notwendig ist, erläutert Hegel im Zusammenhang der oben bereits erläuterten Struktur der Unendlichkeit so: „[S]ie [die bestehenden Momente wie Massen usw.] sind gegeneinander begeistet [...] sie haben ihr Anderes an ihnen und sind nur Eine Einheit" (*GW* 9, 99). Das soll zum Beispiel heißen: Negative und positive Ladung sind nicht dadurch eine Einheit, dass sie an sich als selbständige Substanzen eine Einheit bilden müssen. Vielmehr sind sie eine Einheit, weil sie als das, was sie sind, begrifflich durch ein einfaches Prinzip (das Prinzip der Kraft) bestimmt sind. Weil dieses Prinzip durch die Unterschiede bestimmt wurde, kann es mit dem einfachen Prinzip nicht mehr einfach identisch sein. Zugleich muss aber eine Identität bestehen. Also muss eine Einheit gebildet werden, die keine einfache Einheit ist. Die hier jeweils behauptete Notwendigkeit hat eine neue, für Hegels Konzeption wichtige Bedeutung. Es ist eine eigene Art von begrifflicher oder logischer Notwendigkeit. Innerhalb der Kantischen Konzeption lässt sich diese Notwendigkeit im Zusammenhang des Verhältnisses der Analogien zueinander ausfindig machen, das Kant nicht genügend berücksichtigt hat.[78]

Zusammenfassend kann man sagen, dass die innere Notwendigkeit zwischen den bestimmten Gesetzen bestehen muss, damit diese einen durchgängigen Zusammenhang bilden. Kant kann für diese Notwendigkeit nicht aufkommen. Die bestimmten Gesetze sind nicht einfach identisch mit dem allgemeinen Gesetz. Aber die bestimmten Kraftgesetze sind auch nicht so geartet, dass ihr notwendiger Zusammenhang sich aus den in ihnen gemachten Bestimmungen ergibt. Ihnen fehlt als bestimmten Gesetzen die innere Notwendigkeit. Hegels Vorschlag besteht darin, dass die Einheit dadurch wieder hergestellt wird, dass die Bestimmungen als Bestimmungen durchschaut wer-

---

[77] Hegel rekurriert hier auf das Beispiel des Bewegungsgesetzes, da Bewegung aber kein einfaches Prinzip sei, sei die Notwendigkeit hier auch nur eine vorgespielte (*GW* 9, 94).

[78] An dieser Stelle bietet sich ein Verständnis von Hegels philosophischem Projekt an, das ich attraktiv finde, aber für nicht zutreffend halte: Man könnte sagen, dass Hegel auf ein positives Verständnis von Gesetzen hinaus will, dem zufolge Gesetze weder analytische Wahrheiten sind, noch wahre Beschreibung von Seiendem. Als Lösung bietet er an, dass begriffliche Relationen eine eigene Realität haben. Gesetze, die diesen Relationen gemäß sind, gelten unabhängig von uns. Was in meinen Augen dagegen spricht, Hegel so zu verstehen, ist, dass Hegel keine vom Seienden verschiedene Wirklichkeit von Begriffen annehmen will.

den, die durch ein einfaches Prinzip zustande gekommen sind. Der durchgängige Zusammenhang aller Gesetze besteht darin, dass sie auf einem einfachen Prinzip beruhen, welches sich in bestimmten Gesetzen ausdifferenziert. Daher müssen sie eine Einheit sein. Dieser Vorschlag ist nur realisierbar, wenn die Analogien als ein einziges Prinzip aufgefasst werden. Die Analogien geben dann auch nur gemeinsam an, was es gibt. Hegel kann auf diese Weise vermeiden, die bestimmten Gesetze als unbedingt geltende Gesetze anzusehen.

4.4 Hegels Lösung

Sowohl Kant als auch Hegel gehen davon aus, dass Form und Notwendigkeit physikalischer Gesetze in den Analogien (oder einem Äquivalent zu ihnen) gründen. Aber, so Hegel, nur Kant muss einzelne Gesetze als Aussagen zu dem ansehen, was es notwendigerweise gibt. Folgt man Hegels Interpretation der Analogien, so gilt Folgendes: Um etwas in Übereinstimmung mit den relevanten Gesetzen zu bestimmen, muss eine einfache Substanz vorausgesetzt werden. Dies ist der ersten Analogie geschuldet. Ausgedrückt wird dies durch die linke Seite des Gesetzes. Zur gleichen Zeit muss diese einfache Substanz in einer differenzierten Weise ausgedrückt werden, denn, etwas zu bestimmen, bedeutet, etwas etwas anderes im Vergleich zu etwas anderem zuzusprechen. Dies geschieht auf der rechten Seite des Gesetzes. Die Weise, wie dies geschieht, ist der zweiten Analogie geschuldet. Diese Erklärung der Form des Gesetzes könnten, zumindest nach Hegels Ansicht, sowohl Kant als auch er selbst anbieten. Aber indem Kant die zweite Analogie verabsolutiert, muss er davon ausgehen, dass sich die Körper nicht anders verhalten können, als das Gesetz behauptet. Was auf der rechten Seite des Gesetzes gesagt wird, ist nicht nur Ausdruck eines Aspektes der Wirklichkeit, oder etwas, das unter bestimmten Bedingungen auftreten könnte, sondern es drückt aus, was der Fall sein muss, wenn eine Gravitationskraft auftritt.

Was folgt dagegen aus Hegels alternativem Verständnis der Analogien? Indem Hegel die Analogien als ein einziges Prinzip versteht, muss er behaupten, dass die einfache Substanz, die durch den Begriff auf der linken Seite des Gesetzes benannt wird, durch das Gesetz bestimmt wird. Man sagt also zum Beispiel: Gravitationskraft ist nichts anderes als die Relation von Massen, die auf der rechten Seite des Gesetzes ausgedrückt wird. Weil die Analogien nur zusammen oder als Einheit so gedacht werden, dass sie bestimmen, was es gibt, kann dieses bestimmte Gesetz als eine Abstraktion vom Gesamtzusammenhang aufgefasst werden. Als eine solche Abstraktion ist das Gesetz wahr, aber es bestimmt nur mit allen anderen bestimmten Gesetzen zusammen, was es wirklich gibt. Auch die einzelnen bestimmten Gesetze stellen genauer besehen für Hegel nicht nur analytische Wahrheiten dar. Worauf Hegel stattdessen hinaus will, ist, dass die begriffliche Operation von Gesetzen einen ganz anderen Charakter hat, als Kant dies annehmen konnte. Wenn nämlich die Analogien als ein einziges Prinzip verstanden werden, dann muss die Bestimmung auf der rechten Seite des Gesetzes als Bestimmung *desselben* Begriffs aufgefasst werden, der auf der linken Seite eingeführt wurde. Aber das bedeutet, dass aus logischen oder strukturellen Gründen auch die Substanz als eine Totalität der Bestimmungen angesehen werden muss. Hier kommt eigentlich die dritte Analogie zum Tragen. Während Kant die dritte Analogie so auffasst, dass durch sie Substanzen als gleichzeitig miteinander bestimmt werden, und er daher die dritte Analogie der Wechselwirkung mit der zweiten Analogie der Kausalität parallelisiert, betrachtet Hegel die dritte Analogie als eine Vereinigung der ersten und zweiten. Folgt man dieser Interpretation, kann man mit Blick auf physikalische Gesetze sagen: Der Begriff der einfachen Substanz ist eine Voraussetzung dafür, dass das, was es gibt, erkennend erfasst werden kann; dasselbe gilt für die differenzierte Bestimmung dieses Begriffs auf der rechten Seite der Gesetze. Aber was es tatsächlich gibt, kann nur durch eine komplexe begriffliche Einheit erfasst werden.[79] Letztlich kann nur die Gesamtheit aller Gesetze sagen, was es gibt.[80] Genauer betrachtet ist eine Kombination von zwei Thesen erreicht: Auf der einen Seite wird gesagt, dass bestimmte Gesetze für sich genommen nicht sagen, was es gibt. Sie sind nur Beschreibungen bestimmter Aspekte und resultieren aus einer Abstraktion vom Gesamtzusammenhang.[81] Auf der anderen Seite sagen die besonderen Gesetze dennoch, was es gibt. Sie tun dies nur nicht allein, auch nicht in Kombination mit einem anderen, sondern als ein durchgängig bestimmtes System von Gesetzen. Folgt man dieser Darstellung, kann man auf die Frage

---

[79] Die dritte Analogie bei Kant besagt, dass Materien in einer Gemeinschaft stehen müssen. An ihre Stelle tritt bei Hegel die begriffliche Einheit, die, wie noch zu zeigen sein wird, die Materie als Seiendes erfasst. Es bestätigt sich hier die im zweiten Kapitel ausgeführte These, dass Hegel Erkennen als einen Prozess auffasst und sagt, dass das Wechselverhältnis von Gegenständen nur erkannt werden kann, wenn man die Welt als ein System von allen bestimmten Gesetzen bestimmt hat. Hegel würde wohl sagen, dass die dritte Analogie – und ihr Verhältnis zum transzendentalen Ideal – bei Kant ambivalent ist. Es ist nämlich nicht klar, ob eine materielle Einheit gemeint ist oder eine Totalität aller Urteile (vgl. hierzu Longuenesse 2001).

[80] Auch dies gilt nur insofern, als sich das, was es gibt, überhaupt durch das Prinzip der Kraft bestimmen lässt (vgl. das fünfte Kapitel). Die hier präsentierte Lösung greift die Aspekte wieder auf, die ich am Ende von Abschnitt 4.2 im Rahmen der Andeutung zu möglichen Lösungen genannt habe. Allerdings vertritt Hegel nicht die Auffassung, dass eine Konjunktion verschiedener bestimmter Gesetze helfen würde. Seine Auffassung von Einheit sieht anders aus (vgl. dazu die Ausführungen unten).

[81] Diese Auffassung entspricht sicherlich in vielen Hinsichten der Einführung der ceterisparibus-Klausel. Der Versuch, einzelne Gesetze als wahr anzusehen, wird hier allerdings aufgegeben.

danach, wie das Gesetz der Materie lautet, natürlich keine Formel geben. Das Gesetz der Materie lautet, dass die bestimmten Gesetze als Ganze das eine Wesen der Materie zum Ausdruck bringen.

Exkurs: Die Metaphysischen Anfangsgründe

Die Haltung, die Hegel im Kapitel *Kraft und Verstand* gegenüber den *Metaphysischen Anfangsgründen* einnimmt, ist insgesamt irritierend. Die Inhalte der Materietheorie, die Kant im Dynamikteil der *Metaphysischen Anfangsgründe* darstellt, also die Unterscheidung von Repulsiv- und Attraktivkraft, behandelt Hegel weitgehend in dem Teil, der sich noch mit einer Konzeption auseinandersetzt, die Kraft als etwas Gegebenes annimmt. Wie ich oben schon sagte, kann man den ersten Teil des Kapitels *Kraft und Verstand* nicht nur als Prüfung einer Position lesen, für die Kraft etwas Gegebenes ist, sondern auch als inhaltliche Darlegung von Kants Materietheorie. Hierauf werde ich gleich noch eingehen. Kant selbst spricht den *Metaphysischen Anfangsgründen* über die Aufgabe hinaus, eine Materietheorie auszuarbeiten, zweifellos die einer Vermittlung[82] zwischen allgemeinem Gesetz und bestimmten Gesetzen zu. Dass diese Vermittlerrolle bei Kant selbst eher unklar ist, erschwert die Interpretationslage für die Gesetzeskonzeption aus *Kraft und Verstand*. Kant spricht von *empirischen* Gesetzen zum Teil so, dass man an chemische oder gar biologische Zusammenhänge denken mag, aber nicht an streng physikalische Gesetze.[83] Es scheint daher auch eine vollständig legitime Annahme, dass zumindest das Gesetz der Erdanziehung als ein notwendiges Gesetz betrachtet werden kann, das nicht unter der subjektiven Voraussetzung steht, unter der empirische Gesetze stehen sollen, nämlich: dass alle Gesetze ein System bilden oder dass die Natur für unsere Urteilskraft fasslich ist. Allerdings hat Kant tatsächlich selbst alle anderen Gesetze als die Grundsätze der *Kritik der reinen*

---

[82] Inwiefern das wirklich als Vermittlungsvorschlag gemeint ist, wäre auch zu diskutieren. Zweifellos ist es dies aber insofern, als es sich hier um *metaphysische* Anfangsgründe der Naturwissenschaft handelt, welche über die Analyse der *transzendentalen* Bedingungen hinaus gehen sollen. Zu der hier und im Folgenden vertretenen Einschätzung der *Metaphysischen Anfangsgründe* vgl. Emundts 2004, 33 ff.
[83] Vgl. die Behandlung in der *Kritik der Urteilskraft* (AA 5, 180).

Vernunft und die Lehrsätze der *Metaphysischen Anfangsgründe* als empirisch bezeichnet.[84] Demnach stehen sie alle unter der subjektiven Bedingung der Annahme der Fasslichkeit für unsere Urteilskraft.

Hegel unterstellt Kant zunächst, dass er die grundlegenden physikalischen Gesetze als notwendig behaupten will. Die Einführung einer subjektiven Bedingung stellt Hegel (wie oben dargelegt) als Reaktion darauf dar, dass Gesetze nicht in der geforderten Weise notwendig sind.[85] In Hegels Augen kann Kant die Annahme, dass physikalische Gesetze notwendig sind, nicht aufgeben, ohne überhaupt die Möglichkeit aufzugeben, etwas zu erkennen. Das Gesetz, dass alle Veränderung eine Ursache hat, ist zu unbestimmt. Wenn alle anderen Gesetze unter einer subjektiven Bedingung stehen, ist der Verdacht gegeben, dass im Rahmen von Kants Philosophie keine Erkenntnis mehr möglich ist. Dieser Verdacht wird in Hegels Augen bestätigt.

Nun muss man bei Kant außerdem bedenken, dass er durchaus beansprucht, eine philosophische Fundierung der Naturwissenschaft geleistet zu haben. Auch wenn alle bestimmten Gesetze letztlich empirische Gesetze sein sollen, so sollen doch durch die *Metaphysischen Anfangsgründe der Naturwissenschaft* Lehrsätze aufgestellt werden, die apodiktisch gewiss und bewiesen sind. Zu ihnen gehört das Trägheitsgesetz. Es entsteht daher gegenüber Hegels Vorgehen das Bedenken, dass Hegels Kritik, Kant habe die Analogien nicht mit spezifischeren Gesetzen vermittelt, die Rolle der *Metaphysischen Anfangsgründe* nicht berücksichtigt.

Tatsächlich nimmt Hegel auf diese Vermittlungsrolle der *Metaphysischen Anfangsgründe* Bezug und lehnt sie ab. Hegel bemerkt, die allgemeine Attraktion drücke „keinen Inhalt weiter aus, als eben den bloßen Begriff des Gesetzes selbst", und mit ihr sei nur der „Begriff der Gesetzes selbst gefunden; jedoch so, daß er zugleich dies damit aussagt, alle Wirklichkeit ist an ihr selbst gesetzmäßig" (*GW* 9, 92). Hiermit bezieht sich Hegel, so denke ich, auf die *Metaphysischen Anfangsgründe*. Sie machen also in seinen Augen ausdrücklich, dass die Wirklichkeit durch Gesetze bestimmt ist.[86] Es wird in ihnen aber kein spezifischeres Gesetz aufgestellt als das der Grundsätze der *Kritik der reinen*

---

[84] So sagt Kant, dass „selbst die allgemeine Attraction als Ursache der Schwere [...] samt ihrem Gesetze aus den Datis der Erfahrung geschlossen werden" müsse (AA 4, 534).

[85] Ob Kant zur These strikter apriorischer Notwendigkeit physikalischer Gesetze verpflichtet ist, ist eine vieldiskutierte Frage (vgl. hierzu Friedman 1992). Die Diskussion, die Hegel führt, nämlich wie Kant dafür argumentieren kann, dass physikalische Gesetze notwendig sind, ist unbestritten eine für Kants Philosophie entscheidende Frage.

[86] Hierfür kann sich Hegel schon auf die Vorrede der *Metaphysischen Anfangsgründe* berufen (AA 4, 467).

Vernunft. Diese Behauptung werde ich nun etwas genauer betrachten. Hierfür werde ich die Bezüge des Kapitels *Kraft und Verstand* zu den *Metaphysischen Anfangsgründen* insgesamt skizzieren.

Kant behandelt das Gesetz der allgemeinen Attraktion sowohl im Dynamik- als auch im Mechanikteil der *Metaphysischen Anfangsgründe*. Ich beginne mit dem Dynamikteil. Kant stellt hier seine dynamische Materietheorie vor. Auf diese Theorie nimmt Hegel in der oben dargestellten ersten Phase des Kapitels *Kraft und Verstand* Bezug. Kant behauptet in der Dynamik, dass die Raumerfüllung der Materie mit relativer Undurchdringlichkeit durch zwei Grundkräfte, Attraktiv- und Repulsivkraft, möglich ist. Klare Parallelen zu dem, was Hegel in der ersten Phase des Kapitels *Kraft und Verstand* ausführt, bestehen darin, dass Kant erstens meint, die Raumerfüllung könne nur durch die *gemeinsame* Wirkung der beiden Kräfte erklärt werden: „[U]nd keine [der beiden Kräfte] kann von der anderen im Begriff der Materie getrennt werden" (AA 4, 511). Zweitens hängt dies auch bei Kant damit zusammen, dass die beiden Kräfte sich in ihrer Wirkungsweise gegenseitig bedingen müssen. Drittens behauptet Kant, dass der Unterschied der Kräfte nichts Gegebenes ist, sondern eine notwendige begriffliche Unterscheidung: „Weil überall nur zwei bewegende Kräfte im Raum gedacht werden können, die Zurückstoßung und die Anziehung, so war es, um beider Vereinigung im Begriffe der Materie überhaupt *a priori zu beweisen*, vorher nöthig, daß jede *für sich allein* erwogen würde [Herv. DE]" (AA 4, 511). Dass Hegel die Abkehr von einer Position, die Kraft als etwas Gegebenes ansieht, mit Bezug auf die Kantische Materietheorie behandelt, bestätigt, dass Hegel zu Beginn des Kapitels eine Art Kopernikanischer Wende vollziehen will. Dieses Vorgehen impliziert auch die These, dass Kant inhaltlich die Kraftvorstellung der empirischen Wissenschaften übernimmt. Dies ist, denke ich, von Hegel nicht als Kritik an Kant gemeint.[87] Eine kritische Pointe bekommt diese These höchstens dadurch, dass Kant in Hegels Augen fälschlicherweise auf der Trennung von Inhalt und Form beharrt und der Philosophie dann letztlich nur noch zuspricht, die Form von Gesetzen zu verantworten. Dadurch besteht der philosophische Beitrag zur Naturwissenschaft nur darin, die Notwendigkeit der Gesetze zu postulieren, nicht aber darin, sie aufzuzeigen.

Es gibt aber noch einen anderen Einwand gegen Kants Materietheorie. Dieser Einwand betrifft nun tatsächlich die Frage, wie man im Rahmen der Kantischen Philosophie durch die *Metaphysischen Anfangsgründe* zu bestimm-

---

[87] Zumindest oberflächlich betrachtet entspricht es auch Kants Anliegen, metaphysische Anfangsgründe der Naturwissenschaft bereit zu stellen.

ten Gesetzen kommt. Für Hegel[88] impliziert das allgemeine Gesetz, dass ein Unterschied von Bedingtem und Bedingendem gemacht wird. Dieser Unterschied ist inhaltlich seiner Meinung nach nicht weiter zu spezifizieren, außer man nimmt auf die empirischen Begebenheiten Bezug. Das heißt, die beiden Kräfte, die zur Erklärung der Raumerfüllung erforderlich sind, sind in seinen Augen ohne Bezug zu Seiendem nicht eindeutig als unterschiedliche Kräfte zu bestimmen. An dieser Stelle reicht aber Kants Auffassung von apriorischer Erkenntnis durchaus weiter. Die Raumerfüllung der Materie muss und kann nach Kant durch zwei entgegengesetzte Kräfte unterschiedlicher Wirkungsweisen bestimmt werden. Attraktiv- und Repulsivkraft und ihre Wirkungsgesetze sind apriorisch herzuleiten.[89] Hegel dagegen behauptet, dass die Kräfte nur der Richtung nach unterschieden sind und dass ein Unterschied der Richtung von Kräften ein Unterschied ist, bei dem die Kräfte jederzeit umgekehrt definiert werden können, weil Richtungsunterschiede bloße Raum-Zeit-Bestimmungen sind und nicht den zu bestimmenden Körpern als Eigenschaften zukommen.[90] Diese Diskussion zwischen Kant und Hegel ist komplex.[91] Zum Teil kann sich Hegel bei der These, dass die Kräfte nur der Richtung nach unterschieden sind, auf Kant selbst berufen,[92] zum Teil beruht diese These aber auch auf einer schwer zu durchschauenden Interpretation des Wechsels der Bedeutung von Repulsiv- und Attraktivkraft von Seiten Hegels.[93] Zudem ist

---

[88] Diese Überlegungen knüpfen an den Abschnitt 3.3 an, genauer an die erste Begründung für den allgemeinen Unterschied.

[89] Soll der Attraktivkraft die Funktion zukommen, dass Materie zusammengedrückt wird, muss sie eine Fernwirkungskraft sein, welche abhängig von der Masse der Körper im umgekehrten Verhältnis zur Entfernung im Quadrat zunimmt. Die Repulsivkraft muss, um die Funktion zu haben, die Eindringung einer anderer Materie zu verhindern, (unabhängig von der Masse) in der Berührung im umgekehrten Verhältnis zur Entfernung im Kubus wirken.

[90] Diese These Hegels findet sich schon in den *Jenaer Systementwürfen* II (*GW* 7, 4). Sie findet sich aber auch in der *Enzyklopädie* von 1830 (§ 262). Hegel verbindet diese These mit einer Kritik an Kants Erklärung der Möglichkeit von Körpern, wie ich sie im Folgenden andeuten werde (vgl. *GW* 7, 26).

[91] Vgl. Sedgwick 1995. In ihrer Interpretation von Hegels Kritik an Kant in der *Logik* arbeitet Sedgwick heraus, dass laut Hegel Kants Behandlung der Kräfte unter zwei Dualismen leidet, die daher kommen, dass Kant zu sehr dem Mechanismus verhaftet ist, den Hegel selbst vermeiden will: Erstens besteht bei Kant ein Dualismus zwischen Repulsiv- und Anziehungskraft, obwohl sich laut Hegel diese Kräfte gar nicht unabhängig voneinander konzipieren lassen. Zweitens besteht ein Dualismus zwischen Kräften und Materie.

[92] Vgl. AA 4, 498, wo Kant davon spricht, dass nur „zweierlei Bewegung möglich" sei. Hiermit hängt auch die Bestimmung der Raumerfüllung als Limitation durch Reelles (Repulsivkraft) und dessen Negation (Attraktivkraft) zusammen, an die Hegel anknüpfen will.

[93] Hegel sagt bei der Einführung der Form des Gesetzes, das Innere sei „das Resultat des Wechsels selbst" (*GW* 9, 91). Es lässt sich hierzu feststellen, dass nach dem Übergang einer materialistischen Auffassung von Kräften (die oben mit der ersten Phase beschrieben wurde) zur Kantischen Materietheorie die Funktionen der Kräfte ausgetauscht sind. In der Dynamik der *Metaphysischen Anfangsgründe* wird die Kraft, die anderes aus dem Raum zurückdrängt, den die

es sicherlich richtig, dass die Herleitung und die Funktion der Wirkungsgesetze von Attraktiv- und Repulsivkraft bei Kant eher dunkel bleiben.[94] Wichtiger als diese Diskussion im Einzelnen zu führen, ist es, sich zu vergegenwärtigen, was die Zurückweisung der Bestimmtheiten von Attraktiv- und Repulsivkraft von Seiten Hegels für Folgen haben soll. Erstens bedeutet sie, dass die Möglichkeit eines Vermittlungsversuchs zwischen apriorischen und empirischen Gesetzen über die Bereitstellung von apriorischen, aber bestimmten Gesetzen in den *Metaphysischen Anfangsgründen* ausgeschlossen wird. Die oben ausgeführte Kritik Hegels an Kants Gesetzeskonzeption lässt somit auch die Dynamik der *Metaphysischen Anfangsgründen* nicht einfach außer Acht, sondern Hegel hat – wie soeben ausgeführt – auf deren Vorschläge eine Antwort.

Eine zweite Folge liegt in der Einschätzung dessen, was ein physikalischer Körper ist. Grob gesagt gilt: Wenn Kant, wie es seine Absicht zu sein scheint, Attraktiv- und Repulsivkraft als Kräfte behaupten kann, die dem Körper zu eigen sind und durch die Materie (ohne Hilfe anderer Kräfte) ihren Raum mit relativer Undurchdringlichkeit erfüllen, so wird hiermit dem physikalischen Körper eine Eigenständigkeit und Unabhängigkeit von anderen zugesprochen. Wenn Hegel dafür argumentiert, dass die Kräfte *nicht selbständig gegeneinander* sind, so bestreitet er auch eine solche Möglichkeit der Erklärung der Raumerfüllung von Materie.[95] Dies liegt in Hegels Interesse, weil er physikalischen Körpern nicht zusprechen will, eine für sich bestehende Einheit mit sich zu sein. Sie organisieren sich nicht (als Einzelne) selbst, wie Kant durch das Gleichgewichtsverhältnis von Attraktiv- und Repulsivkraft anzudeuten scheint. Auch mit Blick auf die Dynamik könnte Hegel Kant also den oben im Zusammenhang mit dem Substanzbegriff von mir dargestellten Vorwurf machen, dass Kant von einer ontologischen Vorentscheidung für die selbständige Existenz physikalischer Gegenstände geleitet ist.[96] Die verschiedenen Konzeptionen von Gegenständen werde ich im nächsten Kapitel diskutieren. Worauf es hier ankommt, ist zu sehen, dass eine derartige Kritik an Kants Gegenstandsauffassung, auch ein Fundament in der naturphilosophischen Diskussion von Hegel und Kant hat.

Materie einnimmt, Repulsivkraft genannt, diejenige, die den Körper mit anderen zusammenbringt, Attraktivkraft. Die Repulsivkraft garantiert damit die Selbständigkeit des Körpers, die vorher die Attraktivkraft garantieren sollte. Im Mechanikteil der *Metaphysischen Anfangsgründe* wird der Körper in seinem Verhältnis zu anderen Körpern durch die Attraktivkraft bestimmt.

[94] Vgl. besonders Förster 2001. Die von Förster dargestellte Kritik von Schelling an Kants Materietheorie legt interessante Parallelen zur Kritik Hegels nahe.

[95] Wenn die Kräfte nur der Richtung nach unterschieden sind, gilt nicht, dass sie ein Gleichgewichtsverhältnis bilden und so Raumerfüllung ermöglichen müssen, denn die eine Kraft könnte die andere vollständig überwinden usw. Vgl. hierzu auch *Enz.* § 262.

[96] Im Dynamikteil macht Kant explizit, dass er auch Materieteile als Substanzen ansieht (AA 4, 503), insofern schließt dieser Punkt an die Diskussion von Kants Substanzbegriff (s.o.) an.

Nun bleibt mit Blick auf die *Metaphysischen Anfangsgründe* noch Hegels Verhältnis zur Mechanik zu klären. Da Hegel im Zusammenhang mit der allgemeinen Attraktion sagt, dass in dem einen Gesetz der Attraktion zum Beispiel das Gesetz der Erdanziehung und das Gesetz der Anziehung der Himmelskörper zusammengebracht werden sollen, muss er hiermit das Gesetz der Anziehungskraft als ein Gesetz meinen, das das Verhältnis der Körper zueinander bestimmen soll (nicht etwa Fragen der Entstehung von Körpern). Damit scheint eher der Mechanik- als der Dynamikteil der *Metaphysischen Anfangsgründe* gemeint zu sein, da sich dieser Teil mit dem Verhältnis von Körpern zueinander beschäftigt. Auch bezieht sich den *Metaphysischen Anfangsgründen* zufolge der Teil über Mechanik auf die Analogien der Erfahrung aus der *Kritik der reinen Vernunft*, nicht der über Dynamik. Auch dies spricht dafür, dass sich Hegel auf diesen Teil bezieht.

Kant formuliert die der ersten und die der zweiten Analogie entsprechenden Lehrsätze der *Metaphysischen Anfangsgründe* so, dass Materie die Substanz sei, deren Quantität weder vermehrt noch vermindert werden könne, und dass jede Veränderung eine äußere Ursache haben müsse. Hiermit scheint tatsächlich gegenüber der ersten Kritik nichts gewonnen. Das allgemeine Gesetz, das Hegel mit den ersten zwei Analogien im Blick hat, kann man so zusammenfassen: Was für uns der Gegenstand der Erkenntnis ist, ist eine einfache Substanz, die durch einen Unterschied von Bedingendem und Bedingtem bestimmt werden muss oder mit anderen Worten: durch ein Verhältnis von Ursache und Wirkung, wobei Ursache und Wirkung voneinander unterschieden sind. Dass Ursache und Wirkung unterschieden sind, machen die *Metaphysischen Anfangsgründe* dadurch deutlich, dass sie von einer äußeren Ursache sprechen. Dass alles Materielle, das als Gegenstand bestimmt werden kann, nach diesem Gesetz bestimmt werden muss, machen die *Metaphysischen Anfangsgründe* durch ihren Bezug auf Materie als etwas sinnlich Gegebenes deutlich. Sie machen daher explizit, was Hegel vom allgemeinen Gesetz behauptet. Daher leisten die *Metaphysischen Anfangsgründe* als Vermittlung zu empirischen Gesetzen auch hier keinen Beitrag. Es sollte also nicht verwundern, dass Hegel, wenn er über den Zusammenhang zwischen allgemeinem Gesetz und bestimmten Gesetzen redet, das allgemeine Gesetz oft mit dem Gesetz oder dem Begriff der Attraktion identifiziert.

Zu bemerken ist allerdings noch Folgendes: Bezieht man das Gesetz, dass alle Veränderung eine *äußere* Ursache habe, auf die beweglichen Substanzen im Raum, so entspricht dies dem Trägheitsgesetz.[97] Wenn Hegel zu dem Er-

---

[97] AA 4, 543.

gebnis kommt, dass Kant die zweite Analogie verabsolutiert und sich dadurch in Probleme verwickelt, bedeutet dies nach all dem natürlich auch, dass Kant das Trägheitsgesetz unzulässig verabsolutiert.[98]

5. Die Erfahrung der Verkehrung der Welt

Hegel will die Vorstellung des Allgemeinen modifizieren, die Kant seines Erachtens unterhalten hat. Während Kant das Allgemeine oder Begriffliche als etwas ansieht, das ein beständig gleichbleibender Unterschied ist, fasst Hegel das Allgemeine als etwas auf, das sich entwickelt. In dieser Modifikation greift Hegel auf Kants Analogien zurück und behandelt diese so, als würden die Analogien ein einziges sich entwickelndes Prinzip darstellen. Genauer besehen hat sich bei Hegels Modifikation aber auch das Verhältnis von Allgemeinem und Seiendem gewandelt. Hiermit will ich mich jetzt beschäftigen. Bei Hegel soll in der Entwicklung des Allgemeinen auf das Seiende Bezug genommen werden, indem der allgemeine Unterschied durch den Bezug auf Seiendes bestimmt wird. Dadurch, dass die so gemachten Bestimmungen notwendigerweise wieder aufgehoben werden, widersprechen diese Bestimmtheiten (letztlich) nicht der Einheit der Erfahrung. Bei Kant soll das Seiende als das sich Wechselnde unter das Allgemeine untergeordnet werden. Genauer sollen durch den Bezug auf das Seiende bestimmte Gesetze aufgestellt und diese unter das allgemeine Gesetz gebracht werden. Dies bedeutet, dass die bestimmten Gesetze so verstanden werden, als seien sie ein beständig gleichbleibender Unterschied.

In Hegels Augen erfährt Kant bei der Unterordnung bestimmter Gesetze unter das Allgemeine, dass das Allgemeine nicht das beständig Gleichbleibende ist. Die Grundidee Hegels lautet, dass das Allgemeine durch die bestimmten Gesetze einen Inhalt bekommt und nicht als eine beständig gleichbleiben-

---

[98] Ohne dass ich dies hier ausführen will, kann angemerkt werden, dass Kant das Trägheitsgesetz für das das Verhältnis der Körper zueinander bestimmende Gesetz ansieht, während Hegel der Meinung ist, dass dieses Verhältnis angemessener durch den Begriff der Schwere bestimmt wird (*Enz.* § 269 Anm.). Der Begriff der Schwere ist nicht der Begriff einer einfachen Kraft, sondern durch ihn wird ausgedrückt, dass Schwere das Verhältnis des Körpers zur Gesamtheit der Körper ist. (Dies entspricht bei Kant auch nicht dem dritten Lehrsatz, dass Wirkung und Gegenwirkung einander gleich sind.) Das Trägheitsgesetz ist nicht falsch, es ist als einzelnes Gesetz aber ein Produkt davon, dass man von der Gesamtheit von Körpern absieht. Als solches hat es daher keine innere Notwendigkeit. Man sieht hieran, wie Hegel eine Art zunehmend umfassender Einheit vor Augen steht. Letztlich ist „Äther" der Begriff, auf den alle materiellen Bestimmungen gebracht werden.

de Form missverstanden werden darf. Hegels Darstellung ist an dieser Stelle abermals schwer zu durchschauen, und ich werde daher vor der Darstellung der Erfahrungen versuchen, mich der Grundidee durch verschiedene Begriffsklärungen anzunähern. Die Unklarheiten in Hegels Text hängen zum Teil mit dem Begriff des Erklärens zusammen. Hegel hat die Position Kants ungefähr in der Weise kritisiert, in der ich dies hier dargestellt habe. Dadurch scheint an dieser Stelle schon klar, dass der Verstand nichts erkennt. Hegel nennt die Tätigkeit, die der Verstand beim Versuch, etwas zu erkennen, ausübt, „Erklären". Strukturell bedeutet Erklären, einen Unterschied zu machen, der keiner ist. Der Verstand, der noch nicht realisiert hat, dass das Allgemeine nicht etwas Gleichbleibendes ist, ist erklärender Verstand. Er erklärt besondere Begebenheiten, indem er sie unter den allgemeinen Unterschied unterordnet. Er unterscheidet das Besondere vom Allgemeinen und muss zugleich sagen, dass hier kein Unterschied besteht. Dann gilt, so Hegel, dass die Notwendigkeit nur im Wort liegt, dass der Verstand nur seine eigene Notwendigkeit ausspricht usw.[99] Erklären hat hier bereits eine negative Konnotation, weil in dieser Tätigkeit erfolglos versucht wird, etwas über die Sache zu sagen. Mit diesen Formulierungen scheint Hegel das Ergebnis des Scheiterns schon vorwegzunehmen. Dennoch gilt, dass die Position einer erneuten Prüfung unterzogen wird, denn es ist noch nicht widerlegt, dass das allgemeine Gesetz notwendig gilt.

Dass die Tätigkeit des Verstandes ein Erklären ist, hat sich aus dem ergeben, was ich bisher beschrieben habe. Es wird erfahren. Der Verstand gibt, wie gesagt, angesichts dieser Erfahrungen aber seine Annahme nicht gleich auf, dass das Allgemeine das Gleichbleibende ist. Zunächst versucht er seine Position aufrecht zu erhalten,[100] indem er die Bewegung des Erklärens nur als *seine* Bewegung, nicht als für das Allgemeine relevant annimmt.[101] Wenn der Verstand schließlich in den Erfahrungen realisiert, dass das Allgemeine nicht etwas Gleichbleibendes ist, vollzieht er auch noch die „Erklären" genannte Bewegung, aber diese Bewegung wird nun verstanden als eine, die für die Bestimmung des Allgemeinen erforderlich ist.[102] Wenngleich also die Erfahrungen aufzeigen sollen, dass Erklärungen keine Erkenntnisse sind, bleibt die Struktur des Erklärens auch nach Realisierung der Einsicht erhalten, dass das

---

[99] Vgl. *GW* 9, 94 f.
[100] Eine solche Phase der Erfahrungen gab es auch schon bei den früheren Prüfungen (vgl. das dritte Kapitel).
[101] So sagt Hegel: „In dieser tautologischen Bewegung beharrt, wie sich ergibt, der Verstand bei der ruhigen Einheit seines Gegenstandes" (*GW* 9, 95).
[102] Daher sagt Hegel über die Struktur der Unendlichkeit, die sich aus Erfahrung ergeben soll: „[A]ls Erklären tritt sie zunächst frei hervor [...]. Das Erklären des Verstandes macht zunächst nur die Beschreibung dessen, was das Selbstbewußtsein ist" (*GW* 9, 101).

Allgemeine nichts Gleichbleibendes ist. Die neue Position, die in der *Phänomenologie* im darauf folgenden Kapitel geprüft wird, setzt an dieser, der Erklärung strukturell entsprechenden Bewegung an.
Auch bei der Prüfung der im Moment diskutierten Position aus *Kraft und Verstand* gibt es also verschiedene Phasen von Prüfungen bzw. Erfahrungen. Die erste Phase der Erfahrung entspricht dem, was ich oben unter dem Stichwort der „inneren Notwendigkeit" der Gesetze diskutiert habe. Der Verstand (also jemand, der sich mit der hier beschriebenen Kantischen Position identifiziert) erfährt, dass es nur seine eigene Notwendigkeit ist, die er ausspricht. Hierauf reagiert der Verstand so, dass er behauptet, die Bewegung des Erklärens falle „nur in ihn selbst" (*GW* 9, 95). Damit beginnt eine Phase der Prüfung, in welcher der Verstand erfährt, dass der Wechsel von Einheit und Unterschied, der nur in ihn fallen sollte, von dem, was er als Gegenstand bestimmt, selbst gilt. Auch hier ist die Rolle des Beobachters in der *Phänomenologie* zu berücksichtigen. Dieser gibt in dieser Prüfungsphase eine Analyse der Annahmen des Bewusstseins, die diese Erfahrung als notwendig aufzeigen: Vor der Darstellung dieser Erfahrung heißt es, dass der Verstand mit dem Erklären eine Bewegung mache, bei deren Beobachtung der Beobachter sieht, dass der Wechsel, der bisher der Erscheinung zukommen sollte, „in das Übersinnliche selbst eingedrungen" (*GW* 9, 95) sei. Der Wechsel der Erscheinung schlägt sich zunächst sozusagen in der Weise nieder, in der der Verstand tätig ist. Eine solche Bewegung soll dann aber auch dem Inneren der Dinge zukommen. Die Begründung hierfür leitet der Beobachter mit der Bemerkung ein, dass es bei dem vom Bewusstsein behaupteten Unterschied von wechselnder Tätigkeit des Verstandes und gleichbleibendem Inneren nicht bleiben kann. Dies deshalb, weil der Verstand darauf festgelegt ist, dass das Innere der Dinge der Begriff ist.[103] Der Verstand kann daher keinen Unterschied zwischen seinen zur Bestimmung des Gegenstands konstitutiven Begriffen und dem machen, was in Wahrheit ist. Mit Blick auf Kant kann man daher sagen: Wenn die Prinzipien des Verstandes, die für Erfahrung notwendig sind, auch für die Gegenstände der Erfahrung gelten sollen, so ist der Begriff von einem subjektiv notwendigen Prinzip, das nicht von den Gegenständen der Erfahrung gelten soll, nicht sinnvoll.[104] Dies wird das Bewusstsein erfahren.

---

[103] Vgl. *GW* 9, 96.

[104] Nur angemerkt werden kann, dass man die Begründung dafür, dass der Verstand hierbei nicht stehen bleiben kann, auch darin liegend sehen könnte, dass hier keine vollständige Übereinstimmung von Begriff und Gegenstand gegeben ist. Da ich die zu Beginn der *Phänomenologie* eingeführte Übereinstimmungsrelation nicht so gelesen habe, dass die Übereinstimmung eine vollständige Identität sein muss, steht mir diese Begründungsart nicht zur Verfügung. Hierauf werde ich im fünften Kapitel zurückkommen.

In Hegels Worten erfährt der Verstand hier ein „zweites Gesetz, dessen Inhalt demjenigen, was vorher Gesetz genannt wurde, nämlich dem sich beständig gleichbleibenden Unterschiede entgegengesetzt ist" (*GW* 9, 96). Mit dem ersten und zweiten Gesetz ist das gemeint, was mit einem Gesetz über das Wesen der Erscheinung ausgesagt wird: Dem ersten Gesetz, also der bisherigen Gesetzeskonzeption gemäß, wurde angenommen, dass das Allgemeine ein gleichbleibender Unterschied ist. Dies sollte zunächst für das allgemeine Gesetz gelten und dann für die bestimmten Gesetze, die (bei Kant) dem allgemeinen Gesetz untergeordnet werden sollten.[105] Der Unterschied sollte kurz gesagt deshalb *gleichbleibend* sein, weil keine Entwicklung des Allgemeinen angenommen wurde: Einheit und Unterschied sollten unmittelbar identisch sein. Nach dem zweiten Gesetz oder der jetzt eingeführten Gesetzesvorstellung gilt, dass sich die bestimmten Gesetze wandeln. Wie man bereits im letzten Satz sieht, kann von entgegengesetzten Gesetzen (oder auch vom ersten und zweiten Gesetz) sowohl mit Blick auf die bestimmten Gesetze als auch mit Blick auf die allgemeinen Gesetze die Rede sein. Das erste allgemeine Gesetz lautet, dass das Wesen der Dinge (welches das Gesetz sein soll) immer gleich ist, und das zweite allgemeine Gesetz, dass das Wesen der Dinge ihr Übergehen in anderes ist. Außerdem sind mit „Gesetz" aber auch bestimmte Gesetze gemeint, die den anderen je entgegengesetzt sind. Ohne dass Hegel dies immer kenntlich macht, ist mit „Gesetz" also manchmal das allgemeine, manchmal das bestimmte Gesetz gemeint.[106] Letzteres ist etwa der Fall, wenn Hegel sagt, was in einem Gesetz süß sei, sei im zweiten sauer.

Der hier angedeutete Zusammenhang von allgemeinem und bestimmtem Gesetz wird die Wandlung der Position bedingen: Ein erstes vom Verstand aufgestelltes bestimmtes Gesetz wird vom Verstand dem ersten allgemeinen Gesetz gemäß interpretiert. Dadurch ergibt sich durch das zweite bestimmte Gesetz, welches das Gegenteil des ersten besagt, dass dem ersten allgemeinen Gesetz ein zweites folgen muss, welches das Gegenteil des ersten behauptet. Primär erfährt der Verstand, dass die bestimmten Gesetze sich verkehren. „Verkehrung" bedeutet, dass ein Gesetz das Gegenteil des vorausgehenden besagt. Jedoch ist das, was erfahren wird, nicht nur eine Verkehrung bestimmter Gesetze, sondern eine Verkehrung dessen, was überhaupt gesetzmäßig behauptet werden kann, also eine Verkehrung des allgemeinen Gesetzes. Das zweite allgemeine Gesetz sagt das Gegenteil des ersten. Sie sollen aber beide gelten. Das zweite Gesetz erweist sich in der Erfahrung und kann nicht igno-

---

[105] Zwischen allgemeinem und bestimmtem Gesetz wird ein Unterschied behauptet, der, wie oben herausgestellt, keiner ist.

[106] Man kann hier, wie Hegel im Zitat oben andeutet, zwischen Form und Inhalt unterscheiden.

riert werden, das erste Gesetz kann nicht einfach aufgegeben werden, weil es die Position definieren sollte; genauer kann es nicht aufgegeben werden, weil es die Einheit der Erscheinungen gewährleisten muss.[107]
Wie gesagt spricht Hegel mit Blick auf das Verhältnis von erstem und zweitem Gesetz von einer *Verkehrung*. Das zweite allgemeine Gesetz besagt, so Hegel, dass Gleiches ungleich wird und dass Ungleiches gleich wird.[108] Die Verkehrung betrifft aber nicht nur das allgemeine Gesetz, sondern wird von Hegel auch mit Blick auf die bestimmten Gesetze konstatiert. Bezogen auf bestimmte Gesetze könnte eine Verkehrung zunächst heißen, dass bestimmte Gesetze, die verschieden lauten, dasselbe aussagen können, sowie dass gleichlautende Gesetze etwas Verschiedenes aussagen können.[109] Die Verkehrung soll allerdings, so Hegel, jeweils dem Wesen der Dinge entsprechen. Das zweite allgemeine Gesetz behauptet, dass das Wesen der Dinge ihr Übergehen in anderes ist, während das erste behauptet, das Wesen der Dinge sei das Immergleiche. Das könnte heißen, dass einmal gesagt wird, die Dinge seien in Wahrheit veränderlich, und einmal, sie seien in Wahrheit unveränderlich. Dies könnte sich in dem Versuch zeigen, Gegenstände durch Gesetze zu bestimmen, indem sich zeigt, dass ein Gegenstand nur dann als über die Zeit hinweg derselbe angesehen werden kann, wenn man ihn durch verschiedene bestimmte Gesetze bestimmt, und dass man daher seine Identität nur behaupten kann, wenn man annimmt, dass es sein Wesen ist, sich zu wandeln. Dies ist sicherlich eine Idee, die Hegel hier anleitet. Es ist festzuhalten, dass diese Art von Verkehrung damit zusammenhängt, wie die Welt ist.[110]
Hegel wählt seine Beispiele so, dass die verkehrten bestimmten Gesetze immer genau das Gegenteil der betreffenden bestimmten Gesetze aussagen bzw. dass sie von einem Gegenstand das Gegenteil behaupten.[111] Dies ist nun allerdings weniger einleuchtend als die Verkehrung der allgemeinen Gesetze, also die Verkehrung der Annahme des Immergleichen in die eines sich ständig Wandelnden. Es wäre vielleicht besser, etwas vorsichtiger zu sein und zu sagen: Bestimmte Gesetze wandeln sich und sie *können* das Gegenteil voneinander bedeuten oder sich verkehren.[112] Aber diese Abschwächung ist nicht in Hegels

---

[107] Bereits bei der Einführung des zweiten Gesetzes aus der Perspektive des Beobachters hatte Hegel gesagt: „Der Begriff mutet der Gedankenlosigkeit zu, beide Gesetze zusammenzubringen und ihrer Entgegensetzung bewußt zu werden" (*GW* 9, 96).
[108] *GW* 9, 96.
[109] So spricht Hegel auch von dem „Gleichnamigen" (*GW* 9, 97), das ungleich sei.
[110] Ich nehme hiermit eine Idee aus dem dritten Kapitel, Abschnitt 2.7 auf.
[111] Dazwischen ist nicht immer klar zu unterscheiden: Entgegengesetzte Pole ziehen sich an versus sie stoßen sich ab; oder: was im ersten Gesetz Nordpol ist, ist im zweiten Südpol usw. (vgl. *GW* 9, 97).
[112] So liest die Passagen zur verkehrten Welt m.E. etwa Stewart (2000, 96 ff.).

Sinn: Um zu sagen, dass die Verkehrung der Gesetze ein Gesetz ist, muss man mehr sagen, als dass sich Gesetze verkehren *können*. Jedes bestimmte Gesetz *muss* sich verkehren, also muss sich auch sein Gegenteil als wahr erweisen. Dass die bestimmten Gesetze sich verkehren, soll also kein Zufall sein. Darauf werde ich noch zurückkommen. Zunächst will ich von der Notwendigkeit der Verkehrung noch absehen und behaupten, dass zwar nicht jede Wandlung eines bestimmten Gesetzes eine Verkehrung sein muss, dass es Hegel aber vor allem auf die Fälle ankommt, in denen eine Verkehrung stattfindet.[113]

Man könnte annehmen, dass sich dann, wenn die zwei allgemeinen entgegengesetzten Gesetze miteinander vereinigt werden, Hegels Konzeption eines sich entwickelnden Allgemeinen ergibt. Denn in diese Auffassung vom Allgemeinen muss sowohl eingehen, dass es verschiedene bestimmte Gesetze gibt, die sich wandeln, als auch, dass die Erscheinungen eine Einheit sind.[114] Hegel will jedoch auch hier seine Konzeption nicht nur als bloßes Resultat verstanden wissen. Stattdessen soll ungefähr Folgendes passieren: Das erste allgemeine Gesetz verkehrt sich dadurch in sein Gegenteil, also in das zweite allgemeine Gesetz, dass die bestimmten Gesetze sich je wandeln bzw. in ihr Gegenteil verkehren. Diese Verkehrung wird nur demjenigen als verwirrende Verkehrung vorkommen, der nicht begreift, dass das Allgemeine dadurch, dass es im Bezug auf Seiendes bestimmt wird, sich selbst von einem einfachen Allgemeinen zu einem Allgemeinen wandelt, welches in sich unterschieden ist. Wer dies nicht bedenkt, wird der Welt, die durch das erste allgemeine Gesetz bestimmt ist, eine zweite verkehrte Welt gegenüberstehen sehen. Wer dies bedenkt, wird hingegen erkennen, dass dieses Allgemeine trotz der Unterschiede dasselbe geblieben ist, und hierdurch wird sich die Einheit, die mit dem ersten Gesetz gefordert wurde, wieder herstellen – allerdings als eine neue, umfassende Einheit, in der sowohl Einheit als auch Unterschied berücksichtigt werden. Auf diese Weise sollen in Hegels eigener Konzeption beide Gesetze vereinigt sein.

Mit Blick auf die Erfahrungen muss also gelten, dass der Verstand, der bestimmte Gesetze aufstellt, erfährt, dass die bestimmten Gesetze nicht in einem Verhältnis der Gleichheit zueinander stehen, sondern dass sie sich wandeln

---

[113] Daher sagt Hegel: „An bestimmten Momenten wird dies sich so ergeben, daß was im Gesetze der ersten süß, in diesem verkehrten Ansich sauer [...]" (*GW* 9, 97).
[114] Es ist anzumerken, dass das erste allgemeine Gesetz hierfür zu modifizieren ist: Das Wesen der Dinge wird zwar noch als dasselbe (ein identisches Wesen) postuliert, es wird aber nicht mehr als ruhiges Wesen verstanden. Es ändert sich sozusagen, was es heißt „dasselbe zu sein".

oder sich verkehren.¹¹⁵ Die Veränderung oder Verkehrung von Gesetzen nötigt den Vertreter der hier geprüften Position (also Kant) zur Annahme des zweiten allgemeinen Gesetzes, dem zufolge Gesetze etwas sich wandelndes sind. Dieses Gesetz steht im Widerspruch zu der die Position definierenden Annahme, dass Gesetze unveränderlich sind. Die auftretenden Widersprüche sind dann nicht desaströs, wenn man sich Hegels Konzeption des sich entwickelnden Allgemeinen als Basis für bestimmte Gesetze zu eigen macht.

Hegel gibt drei Typen von Beispielen für Verkehrungen von bestimmten Gesetzen: Was in einem Gesetz süß war, ist im anderen sauer; was in einem Gesetz Nordpol war, ist im anderen Südpol; was in einem Gesetz Rache war, ist im anderen Strafe. Ich werde auf die Beispiele später noch einmal zurückkommen. An dieser Stelle werde ich sie nur unter dem Gesichtspunkt betrachten, inwiefern der Verstand diese Gesetze erfahren und inwiefern diese Erfahrung desaströs sein soll.

(1) Es kommt zweifellos vor, dass wir ein Ding einmal als süß, einmal als sauer erfahren. Wie ist das mit der Identität des Dinges in Einklang zu bringen? Keine Lösung ist es in Hegels Augen zu sagen, etwas sei gleich, wir würden es aber einmal als süß, einmal als sauer wahrnehmen. Diese Lösung wird von der Kant zugeschriebenen Position des Verstandes auch nicht erwogen.¹¹⁶ Auch keine Lösung ist es aber zu sagen, das Ding könne in einer Weise objektiv gesetzmäßig bestimmt werden, und hiervon könnten seine verschiedenen Erscheinungsweisen unterschieden werden, die aber nicht gesetzmäßig bestimmt werden könnten. Dies ist schon deshalb keine Lösung, weil dann, wenn man das Allgemeine als Form der Gesetze auffasst, kein Kriterium zur Verfügung steht, was als Gesetz und was nicht als Gesetz bestimmt werden kann. Es ist daher auch keine Möglichkeit, nur bestimmte Eigenschaften des Gegenstands als ihm dem Wesen nach zukommend zu behaupten. Denn nach dem Allgemeinen des Verstandes könnte man dann eigentlich nur sagen: Das Ding ist etwas Beharrliches in kausalen Beziehungen zu anderen Dingen – und damit hätte man überhaupt keine bestimmten Gesetze mehr. Positiv könnte man dies vielleicht so formulieren: Wenn gelten soll, dass das Begriffliche den Maßstab dafür abgibt, was etwas in Wahrheit ist, so kann das Begriffliche nicht als etwas Statisches konzipiert werden, sondern es muss begrifflich eine sich wandelnde Identität erfasst werden können. Ein Gegenstand darf nicht unter Ausschluss der Unterschiede bestimmt werden, er muss

---

[115] Zu beachten ist, dass das zweite Gesetz ein Gesetz ist, welches der Verstand erfährt, nicht eines, welches er als Gesetz einführen oder aufstellen will. Die Wandlung der Position ergibt sich auch hier nicht aufgrund einer Einsicht in Argumente, sondern aufgrund von Erfahrungen.

[116] Dies war Thema des Wahrnehmungskapitels.

mit den Unterschieden als derselbe oder der sich gleich bleibende Gegenstand objektiv bestimmt werden. Auf Hegels positive Auffassung von Verkehrung werde ich im sechsten Abschnitt zurückkommen.

(2) Ein anderes Beispiel dafür, wie Gegenstände durch entgegengesetzte Gesetze bestimmt werden, sind magnetische Pole: „Was im Gesetz der erstern [Welt], am Magnete Nordpol, ist in seinem anderen übersinnlichen Ansich (in der Erde nämlich), Südpol; was aber dort Südpol ist, hier Nordpol" (*GW* 9, 97). Die Pointe des Beispiels erkennt man, wenn man bedenkt, dass die Bezeichnung von Nord- und Südpol sowohl als eine physikalische als auch als eine geographische verstanden werden kann.[117] Dem physikalischen Gesetz nach ziehen sich entgegengesetzte Pole an. Ihm folgend müsste an einem Stab dasjenige Südpol heißen, was zum Nordpol ausschlägt. Aber es ist dasjenige Nordpol genannt worden, was zum Nordpol ausschlägt. Der Grund hierfür war, dass das zweite bestimmte Gesetz unter Gesichtspunkten der geographischen Orientierung gewählt wurde. Das bestimmte Gesetz ist damit aber die Verkehrung des ersten bestimmten Gesetzes: Nennen wir das an einem Ding (einem Stab) „Nordpol", was in die Richtung dessen ausschlägt, was wir an der Erde „Nordpol" genannt haben, so ist das Gleichnamige (beide heißen „Nordpol") ungleich, denn nach dem physikalischen Gesetz ziehen sich entgegengesetzte Pole an. Nennen wir, dem geographischen Gesetz folgend, das „Nordpol", was zum Südpol der Erde ausschlägt, so ist, folgt man Hegel, das Ungleichnamige gleich. Dies ergibt sich bezogen auf die geographische Bestimmung: Fassen wir den Nordpol als geographische Bestimmung (nicht als physikalische), zeigen nämlich dann die ungleichnamigen Pole (Nord und Süd) in dieselbe Himmelsrichtung. Von den Bestimmungen ist nicht eine wahr, die andere falsch. Die Kant zugeschriebene Position des Verstandes hat daher abermals keine Möglichkeit, die bestimmten Gesetze in ein nicht widersprüchliches Verhältnis zueinander zu bringen. Sie kann höchstens einer der Bestimmungen ihren Gesetzescharakter absprechen. So könnte sie der geographischen Bestimmung ihren Gesetzescharakter absprechen, weil diese nicht streng dem Prinzip der Kausalität folgt. Dieses Kriterium ist aber (hier, mehr aber noch in anderen Fällen, wo beide Gesetze aus dem Bereich der Naturwissenschaft sind) nicht überzeugend. Außerdem degradiert man auf

---

[117] Dafür, dass Hegel auf den Unterschied physikalischer und geographischer Bestimmungen hinauswollte, gibt es keinen direkten Hinweis im Text. Der Vorschlag trägt aber in meinen Augen zum Verständnis der Verkehrung bei. Falke (1996, 125 f.) sieht in der Passage eine Auseinandersetzung mit Schellings Auffassung vom Magnetismus. Dies trifft sicherlich auch zu, und es spricht dafür, dass der Magnetismus das Beispiel dafür ist, dass in der Natur Gleiches (gleiche Pole) sich abstößt und Ungleiches sich anzieht. Damit dies zum Verständnis der Verkehrung beiträgt, müsste man auf die Hierarchie physikalischer Gesetze bei Hegel eingehen. Anders als zum Beispiel das Trägheitsgesetz drückt das Gesetz des Magnetismus aus, dass Gegenstände in einer irgendwie innigen Gemeinschaft miteinander stehen.

diese Weise alles nicht streng Physikalische zur bloß subjektiven Erscheinung. Offensichtlich sind verschiedene gesetzmäßige Bestimmungen vielmehr davon abhängig, auf was man Bezug nimmt: auf etwas Physikalisches oder etwas Soziales, direkt auf andere Gegenstände oder auf andere Gegenstände vermittelst etwas ihnen Gemeinsamem. Bestimmungen sind kontextabhängig, und dies in einer nicht zufälligen Weise.[118] Inwiefern Kontexte nicht zufällig sind, ist noch näher zu untersuchen.

(3) Mit Gesetzen wird ein Zusammenhang von verschiedenen Elementen beschrieben, aber man sieht dem Gesetz nicht an, wie dieser Zusammenhang tatsächlich bestimmt ist. Zwei gleichlautende Gesetze können daher sehr unterschiedliche Sachen aussagen. Der Zusammenhang kann tatsächlich sogar auf entgegengesetzte Weise bestimmt sein. Was hiermit über das bisher Gesagte hinausgehend gemeint ist, kann mit einem Beispiel Hegels aus der Sphäre des Rechts so veranschaulicht werden:[119] Dem Gesetz, *dass jemand, der einem Anderen Schaden zugefügt hat, bestraft werden muss*, folgen sowohl Rache als auch Rechtsordnung. Wenn jemand in einer bürgerlichen Rechtsordnung die dort bestehenden bestimmten Gesetze verabsolutiert, das heißt aus dem Zusammenhang seines Rechtsystems herauslöst und für unbedingt gültig erklärt, so kann er unter anderem das Gesetz der Rechtsordnung von Rache nicht mehr überzeugend unterscheiden. Wer begründen will, warum Rache verwerflich ist, Strafe aber nicht, muss darauf rekurrieren, dass im Gesetz jeweils etwas anderes das Bestimmende ist. Nun könnte Kant natürlich auch behaupten, dass bei Rache nicht das allgemeine Prinzip der Vernunft bestimmend ist. Die Behauptung, dass nur in einem Fall ein Gesetz vorliegt, weil nur in einem Fall die Vernunft bestimmend sei, hat aber etwas Willkürliches. Zumindest in Hegels Augen kann Kant nicht zeigen, dass nur in dem Fall von Strafe wirklich ein allgemeines (und kein „unmittelbares") Gesetz vorliegt, indem nur hier etwas Allgemeines bestimmend ist. Um dies zu zeigen, muss man geltend machen können, wie sich das Allgemeine durch die Strafe realisiert. Hierfür darf man das Allgemeine aber nicht wie Kant als etwas ansehen, das keinen Inhalt hat. Das Allgemeine bekommt vielmehr durch die bestimmten Gesetze einen Inhalt. Man kann hier also sehen, inwiefern Hegel anders als Kant das Allgemeine als etwas ansieht, das durch bestimmte Gesetze als etwas konkretes Allgemeines bestimmt wird. Die Idee der Verkehrung spielt in diesen Überlegungen in zwei Hinsichten eine Rolle: Erstens setzt die Bestimmung des Allgemeinen eine Negation der Verfolgung rein individueller Interessen

---

[118] Dafür, dass es Hegel um die Kontextabhängigkeit von Bestimmungen geht, argumentiert in anderem Zusammenhang Wolff (1981, 127). Man muss aber auch hier bedenken, dass die Verkehrungen letztlich ein Gesetz sein sollen. Dies wird im Folgenden noch diskutiert.
[119] *GW* 9, 97.

voraus: Die Rache und damit das Gesetz der Wiederherstellung der individuellen Interessen muss verneint – und das heißt hier: verkehrt – werden, damit es zu einem bestimmten Gesetz der allgemeinen Rechtsordnung kommen kann. Hierauf werde ich später zurückkommen. Zweitens gilt: Wenn man diese Zusammenhänge richtig versteht, wird man Rache und Strafe nicht als Gesetze in zwei unvereinbaren Welten betrachten, also etwa sagen, dass Rache als Sinnliches den Gesetzen der Verstandeswelt entgegengesetzt ist. Man muss daher auch nicht so etwas sagen wie:[120] Die Handlung der Strafe erscheint als Verbrechen oder tritt zunächst als Verbrechen auf, wir erkennen sie aber dann, wenn wir ihre rechtliche Legitimation erkennen, als Rechtshandlung. Das Problematische an solchen Redeweisen ist, dass man zwischen der Welt der Erscheinung und der Welt, wie sie eigentlich ist, unterscheiden muss, ohne dass man ihr Verhältnis zueinander klären oder begründen kann.[121] Tatsächlich kann eine Handlung entweder als Verbrechen oder als Rechtshandlung als das, was sie ist, erkannt und beide als Vorkommnisse derselben Welt angesehen werden. Eine Handlung wird (so wie sie ist) als Rache erkannt, wenn sie der Wiederherstellung verletzter individueller Bedürfnisse gilt. Eine Handlung wird als rechtmäßige Strafe erkannt, wenn das, dem die Wiederherstellung dient, eine legitimierte und daher allgemein anerkannte Rechtsordnung ist.[122]

Eine der möglichen Schwierigkeiten, die man mit Hegels Beispielen der verkehrten Welt haben kann, ist, dass sie keine direkte Fortsetzung der Diskussion physikalischer Gesetze zu sein scheint. Dass eine Position wie diejenige Kants den Zusammenhang von beispielsweise physikalischen und sozialen Bestimmungen nicht überzeugend darlegen kann, ist – mag der Einwand an sich auch berechtigt sein – ein anderer Einwand als der, dass Kant keine überzeugende Konzeption physikalischer Gesetze vertritt. Hierzu ist erstens daran zu erinnern, dass ich in der Diskussion, ob physikalische Gesetze notwendig sind, schon dargelegt habe, inwiefern sich auch innerhalb der physikalischen Bestimmungen für eine Kantische Position Schwierigkeiten ergeben. Der Zusammenhang physikalischer Gesetze kann nicht als in sich notwendig behauptet werden. Für die von Kant angesichts dessen vorgeschlagene Konzeption,

---

[120] *GW* 9, 98.
[121] Die verkehrte Welt ist also eine falsche Konstruktion, indem sie Verkehrung als eine neue Welt interpretiert.
[122] Man kann hier nicht einwenden, dass gar nicht dieselbe Handlung vorliegt, denn darauf will Hegel selbst hinaus, nur meint er, wie ich finde überzeugend, dass dann, wenn man vom Kontext abstrahierte, dieselbe Handlung vorläge. Man kann zur Veranschaulichung dessen, was hier „dieselbe Handlung" meint, an das von Horstmann in die Diskussion gebrachte gestaltpsychologische Ente-Hase Bild denken, bei dem dieselbe Figur als Hase und als Ente gesehen werden kann (vgl. Horstmann 2004, 98).

der zufolge es einen Unterschied von objektiver und subjektiver Gültigkeit gibt, gilt nicht, dass dieser Unterschied innerhalb der vom Verstand festgelegten Grenzen objektiver Erkenntnis gemacht werden kann.[123] Zweitens ist es relativ leicht, auch innerhalb eines naturphilosophischen Bereichs Beispiele für eine Art Verkehrung zu finden. Auf eines der physikalischen Beispiele werde ich im nächsten Abschnitt noch eingehen. Hier sei nur das Beispiel einer ‚schlechten' Verkehrung angeführt, also einer Verkehrung, die aufgrund statisch gedachter Beziehungen als unlösbarer Widerspruch auftritt. Etwas schematisch kann man sagen, dass Kant das Wesen der Materie zunächst durch ein Gleichgewichtsverhältnis von Anziehungskraft und Zurückstoßungskraft bestimmt ansieht.[124] Demnach ist Materie so bestimmt, dass sie mit relativer Undurchdringlichkeit ihren Raum erfüllt. Dies entspricht in Hegels Deutung der Interpretation der Welt gemäß des ersten allgemeinen Gesetzes. Man kann, unter Rückgriff auf meine Ausführungen zu den Analogien der Erfahrung ergänzen: Kant folgt hier seiner Auffassung, dass sich die Welt als ein Verhältnis zwischen verschiedenen Substanzen ausdrücken lässt. Da anhand dieses Gesetzes kein Körper mit seinen spezifischen Eigenschaften erkannt werden kann, ergänzt Kant dieses Gesetz durch empirische Gesetze, die spezifische Körper erklären sollen. Bei der Erklärung von spezifischen Dichten, Kohäsion und anderen spezifischen Eigenschaften der Materien, nimmt Kant nun auf den Äther als einer durchdringenden Materie Bezug, und die chemischen Wirkungen werden überhaupt so ausgeführt, dass die Materien sich gegenseitig durchdringen.[125] Die Körper gehen demnach sozusagen ineinander über. Dies entspricht dem Inhalt des zweiten allgemeinen Gesetzes, demzufolge Dinge ineinander übergehen müssen.

Bei der Abbildung der Hegelschen These der Verkehrung auf diese Passagen aus den *Metaphysischen Anfangsgründen* ist mit *Verkehrung* gemeint, dass die empirischen Gesetze der Physik und Chemie die Gesetze der rationalen Physik nicht einfach spezifizieren, sondern ihr gegenüber ein zweites Reich von Gesetzen mit nicht nur wesentlich anderen, sondern geradezu entgegengesetzten Bestimmungen bilden. Im Sinne Hegels könnte man sagen, dass Kant angesichts dieser Entgegensetzungen zu einem Mittel greift, das dazu führt, zwei Bereiche oder Welten tendenziell voneinander zu trennen: Die chemische Welt und ihre Gesetze werden als etwas angesehen, wo keine strikte Er-

---

[123] Es ist durchaus bemerkenswert, wie sich all diese Schritte auf Kant beziehen lassen. Dass die empirischen Gesetze einen durchgehenden Zusammenhang bilden müssen, wird in der *Kritik der Urteilskraft* von Kant als ein Prinzip gerechtfertigt, das auch bei ihm nicht mehr im Bereich streng physikalischer Gesetze angesiedelt ist.
[124] Dies habe ich im Exkurs zu den *Metaphysischen Anfangsgründen* bereits ausgeführt.
[125] Dies findet sich in den Anmerkung zum Dynamikteil der *Metaphysischen Anfangsgründe* (AA 4, 523 ff.).

kenntnis möglich ist. In Hegels Konzeption soll es diese verschiedenen Welten nicht geben. Der Zusammenhang der Bestimmungen ist eine durchgehende Fortbestimmung des Verhältnisses von Sollizitiertem und Sollizitierendem. Nahe liegend ist auch zu vermuten, dass diese Verkehrung eigentlich erst in Kants Theorie des Organismus abgeschlossen sein soll.[126] Diese Vermutung liegt nahe, weil die teleologische Welt von Kant strikter als ein Bereich eigener Gesetzmäßigkeiten neben denen der physikalischen Welt angelegt ist.[127] In Hegels eigener Konzeption ist diese Ordnung (also die Abfolge: physikalische Gesetze, chemische, organische) auch angelegt, aber ohne dass diesen Gesetzmäßigkeiten getrennte Bereiche entsprechen.[128] Festzuhalten ist, dass nach Hegel die Verkehrung, also das zweite Gesetz, erfahren wird. Für den Verstand bedeutet die Erfahrung der Veränderung der Gesetze, dass sein letzter Vorschlag im Rahmen der Position gescheitert ist, die Gesetze als das Immergleiche ansieht.

6. Das Resultat

Da das Bewusstsein die – im letzten Abschnitt erläuterte – Erfahrung macht, dass die Dinge ihr Übergehen in anderes sind, es aber zugleich an der Annahme festhalten muss, dass die Dinge in Wahrheit eine Einheit sind, könnte man erwarten, dass der nächste Schritt der *Phänomenologie* darin besteht, gemäß diesen Vorgaben eine neue Position einzuführen. Tatsächlich findet ein solcher Schritt am Ende des Kapitels *Kraft und Verstand* statt und bildet den Übergang zum Kapitel über das Selbstbewusstsein. Bevor Hegel diesen Übergang zu einer neuen Gestalt vollzieht, führt er aber eine Art Exkurs zur Unendlichkeit durch.[129] Wie ich oben schon gesagt habe, nennt Hegel „Unendlichkeit" die Struktur des Gesetzes, die Gesetzen richtig verstanden zukommt. Sie besteht aus drei Momenten: der Einheit, dem Unterschied und der Einheit als Resultat der Unterscheidungen.

---

[126] Den Bezug zur Gattung und ihren Exemplaren als Gleiches, das ungleich ist, stellt Gadamer (1973, 119) dar.

[127] Besonders deutlich wird dies bei der Antinomie zwischen dem Prinzip der mechanischen Kausalität und dem Prinzip der teleologischen Kausalität, die Kant in der dritten Kritik behandelt (vgl. AA 5, 385 ff.).

[128] Mit Blick auf den Zusammenhang von Materie und Organismus werde ich dies im nächsten Kapitel darlegen.

[129] Dafür, dass Hegel mit der Struktur der Unendlichkeit eine spekulative Begriffsstruktur erreicht, argumentiert auch Schlösser (1996, 462 ff.). Seines Erachtens ist diese Struktur erforderlich, um Selbstbewusstsein zu begreifen (vgl. hierzu das fünfte Kapitel).

Bereits in Hegels Darstellung der Erfahrungen der verkehrten Welt des Verstandes findet sich auf dasjenige, was in Hegels Augen erfahren wird, eine Perspektive, die nicht eindeutig dem Beobachter oder dem Bewusstsein zugeordnet werden kann. So sagt Hegel etwa: „Oberflächlich angesehen ist diese verkehrte Welt so das Gegenteil der ersten" und fährt dann ein paar Sätze weiter fort: „Allein solche Gegensätze von [...] zweierlei Wirklichkeiten, sind hier nicht mehr vorhanden" (*GW* 9, 97), um dann, nach einer über sechs Absätze reichenden und sich am Begriff der Unendlichkeit orientierenden Ausführung dazu, wie diese Gegensätze tatsächlich vorhanden sind, zu sagen:

„In dem entgegengesetzten Gesetze als der Verkehrung des ersten Gesetzes [...] wird zwar die Unendlichkeit selbst Gegenstand des Verstandes, aber er verfehlt sie als solche wieder, indem er den Unterschied an sich [...] wieder an zwei Welten oder an zwei substantielle Elemente verteilt" (*GW* 9, 101).

Das Verständnis des Ergebnisses des Abschnitts über das Bewusstsein und damit über Aufbau und These der *Phänomenologie* insgesamt hängt entscheidend davon ab, wie man Hegels Ausführungen zur Unendlichkeit versteht. Eine der dabei auftretenden Komplikationen ist, dass fraglich ist, aus wessen Perspektive diese Ausführungen gemacht werden.[130] Ich möchte hierzu vorschlagen, dass man in der *Phänomenologie* nicht nur die Perspektive von Bewusstsein und Beobachter identifizieren kann, sondern auch eine Perspektive, die ich als Perspektive Hegels bezeichnen möchte, die man aber vielleicht auch als die Perspektive ansehen kann, die sich für jemanden ergibt, der die logische Entwicklung oder die Entwicklung des Allgemeinen bedenkt, ohne dem Gang der *Phänomenologie* zu folgen.[131] Bisher hat sich diese Perspektive dort ergeben, wo der Zusammenhang von Allgemeinem und Einzelnem thematisiert wurde. Hegel unterscheidet diese Perspektive sicherlich nicht deutlich von der des Beobachters, aber diese Unterscheidung rechtfertigt sich dadurch, dass der Beobachter die Erfahrungen des Bewusstseins analysieren und durch diese Analyse dessen Modifikationen nachvollziehen soll, während sich aus einer logischen Perspektive auch weiterreichende Konsequenzen ergeben können. Es mag scheinen, als würde, falls dieser Vorschlag zutreffen sollte, das Projekt der *Phänomenologie* als das der Darstellung und des Nachweises der

---

[130] In der Literatur ist daher auch kontrovers diskutiert worden, wie der Übergang des Bewusstseins- zum Selbstbewusstseinsabschnitt begründet wird. Pippin (1989, 131 ff.) hat diesen Schritt in dem Sinn kantisch interpretiert, dass das Selbstbewusstsein nach seiner jetzt erreichten Einsicht die Basis für Gegenstandsbewusstsein bildet. Widersprochen hat dieser Interpretation z.B. Stern (2002, 66 ff.). Er sieht den Übergang als durch eine Einsicht des Beobachters motiviert, die das Bewusstsein nicht hat.

[131] Will man diese Perspektive im Text genauer verordnen, kann man sie von Absatz 29 bis einschließlich 32 (*GW* 9, 98–101) dargestellt sehen.

Notwendigkeit der Entwicklung des Bewusstseins gefährdet sein. Dies wäre jedoch nur dann der Fall, wenn sich Modifikationen der Positionen nicht ohne Hinzuziehung der Perspektive Hegels begründen ließen. Dass dies der Fall ist, sehe ich aber nicht. Allerdings wird in meinen Augen der Gang der *Phänomenologie* durch diese Perspektive durchaus verständlicher.

Es spricht, wie ich im Weiteren noch ausführen werde, inhaltlich einiges dagegen, die Überlegungen zur Unendlichkeit dem Verstand zuzusprechen. Sie sind aber auch weder nötig noch passend, um aus der Perspektive des Beobachters zur neuen Position – oder wie man hier auch sagen können soll: zur neuen *Gestalt des Bewusstseins* – überzuleiten. Nicht nötig sind sie, weil es für den Übergang ausreicht, dass der Verstand die Erfahrung des Scheiterns seiner Konzeption in der bisher hier beschriebenen Weise macht, denn die neue *Gestalt des Selbstbewusstseins* besteht darin, die Bewegung der Setzung eines *Unterschieds, der keiner ist* als Gegenstand für das Bewusstsein anzunehmen. Nicht passend, um die neue Gestalt einzuleiten, sind die Überlegungen deshalb, weil die Interpretation von Unendlichkeit, die Hegel vorschlägt, nicht oder jedenfalls nicht direkt die Notwendigkeit eines Fortgangs der Gestalten des Bewusstseins impliziert. Dies sieht man schon an Hegels Formulierung „Durch die Unendlichkeit sehen wir das Gesetz zur Notwendigkeit an ihm selbst *vollendet*, und *alle* Momente der Erscheinung in das Innere aufgenommen [Herv. DE]" (*GW* 9, 99). Ein Gesetz, welches, wie hier behauptet wird, vollendet ist, scheint keiner Korrektur mehr zu bedürfen. Schon aus diesen Gründen muss man den Überlegungen zur Unendlichkeit einen besonderen Status zusprechen. Wie schon angedeutet, will ich die These vertreten, dass sich für Hegel aus dem bisher Gesagten eine positive (also von Hegel akzeptierte) Erkenntnis eines Gegenstands ergibt. Dafür muss das, was sich ergeben hat, aber in einer Weise aufgefasst werden, die dem Verstand nicht zur Verfügung steht. Für das Bewusstsein resultiert aus dem bisher Gesagten eine *neue* Gegenstandsauffassung. Diese Gegenstandsauffassung bildet nicht den Gegenstand einer erfüllten Erkenntnisrelation.

Ich werde im Folgenden zunächst (6.1) aufzeigen, was sich aus Hegels Perspektive für ein Ergebnis ergibt, und anschließend (6.2) die Perspektiven des Bewusstseins und des Beobachters darlegen.

6.1 Hegels Konzeption der Erkenntnis

Es gibt eine Reihe von Behauptungen, die Hegel vertreten und begründen können muss, wenn er die Beweislast tragen können will, die sich aus den letzten hier angestellten Überlegungen ergeben hat. So muss er unter anderem behaupten, dass durch die logische Konzeption eines sich entwickelnden Allgemeinen Erkenntnis möglich ist, und er muss behaupten, dass die Verkehrung von bestimmten Gesetzen notwendig ist. Natürlich müssen diese Behauptungen nicht schon durch das bisher Gesagte begründet worden sein, sondern nur insgesamt in der *Phänomenologie* gerechtfertigt werden können. Allerdings sind diese Behauptungen jetzt bereits so weit entwickelt worden, dass das Projekt schwer verständlich ist, wenn man diese Behauptungen nicht zumindest näher expliziert. Hegel macht einige Andeutungen, um diese Behauptungen auf der Basis des bisher Gesagten verteidigen zu können. Indem man ihnen nachgeht, wird Hegels These zur Erkenntnis in der *Phänomenologie* insgesamt antizipiert.

6.1.1 Die Struktur von Gesetzen

Im Zusammenhang mit der Diskussion von Hegels Kritik an Kants Auffassung der Analogien habe ich schon dargelegt, wie Hegels eigene Konzeption von den Gesetzen der Materie aussieht. Dies will ich hier wiederholend aufgreifen: Es wird ein einfaches Prinzip vorausgesetzt, welches in sich differenziert werden muss, damit es bestimmt werden kann. Für diese Bestimmung wird auf das Seiende Bezug genommen und bestimmte Gesetze aufgestellt. Diese bestimmten Gesetze erscheinen als selbständig. Das heißt: Es scheint, als würden diese Gesetze als einzelne Gesetze wahr sein. Wie gezeigt wurde, heißt dies aus der Perspektive der kritisierte Position Kants, dass zwei widersprüchliche Behauptungen vertreten werden müssen: (1) Der in dem Gesetz ausgedrückte Unterschied besteht. (2) Der in dem Gesetz ausgedrückte Unterschied besteht nicht, denn das Gesetz behauptet die Einheit der Unterschiede. Hegel löst den Widerspruch dieser Behauptungen so auf: Die bestimmten Gesetze sind nur als ein Moment der Bestimmung einer Totalität von Gesetzen selbständig, in der ihre Selbständigkeit auch wieder negiert und daher ihre Einheit mit anderen Gesetzen hergestellt wird. Diese Struktur nennt Hegel „Unendlichkeit".

Die Lösung ist eigentlich einfach. Ihre Pointe besteht in der Weise, wie bestimmte Gesetze als Einheit aufgefasst werden. Allerdings gilt zu berücksichtigen, dass Hegel sich von Kant nur dann wirklich abgrenzen kann, wenn er die Einheit aller Gesetze nicht nur als etwas ansieht, das postuliert werden muss. Es muss im strengen Sinne des Wortes nur *eine* Bewegung sein, durch die bestimmte Gesetze aufgestellt und wieder negiert werden. Wie soll das aber genau aussehen? Der Verdacht besteht, dass die Lösung nur rhetorischer Natur ist. Nun könnte man denken, dass man, um diesen Verdacht auszuräumen, (zumindest als ersten Schritt) die Übergänge in der Naturphilosophie darlegen müsste. Das scheint mir an dieser Stelle aber nicht der richtige Weg. Für Hegel gilt, dass Gesetze sich aufeinander beziehen, indem sie immer komplexere Einheiten bilden, bis die ganze Materie insgesamt als eine komplexe Einheit begriffen werden kann.[132] Zu fragen, ob dies im Detail klappt, erscheint mir weniger dringlich, als zu fragen, was es heißen soll, dass die bestimmten Gesetze wieder negiert werden und eine übergreifende Einheit gebildet wird. Wie und warum gelangt man zu dem, was Hegel als eine konkrete im Unterschied zu einer abstrakten Einheit verstanden wissen will?

Man könnte sagen: Was Hegel letztlich macht, ist, begriffliche Operationen in einer anderen Weise ernst zu nehmen, als es die kritisierte (Kantische) Position macht. Wenn man sich auf Gegenstände als Entitäten bezieht, verdankt sich dasjenige, auf das man sich bezieht, einem begrifflichen Zugriff. Sieht man vom Prozess des begrifflichen Zugreifens ab, kann man sich auf die Entitäten als so bestimmt Bestehende beziehen. Aber dadurch, dass dies nur im Absehen von einem begrifflichen Zugriff geschehen kann, ist ebenso klar, dass die Selbständigkeit der Entitäten nicht an sich besteht.[133] Sie ist selbst nur ein Effekt begrifflicher Setzungen. Wenn man sagt, dass die Materie die Totalität aller begrifflichen Bestimmungen ist, so meint man damit eigentlich nichts anderes, als dass man Seiendes begrifflich bestimmt und auf diese Weise zu dem gemacht hat, was es (als das bestimmte Seiende) ist.

Auf diese Weise wird das Resultat des Bewusstseinskapitels oft verstanden.[134] Es ist auch tatsächlich das Resultat, das das Bewusstsein zieht. Aber ich denke, dass man dieses Resultat nicht als eines ansehen kann, das Hegel selbst ziehen will. Denn wenn das so wäre, könnte Hegel sich nicht von der Auffassung von Einheit distanzieren, in der Unterschiede einfach negiert werden. Dies ist aber die abstrakte Einheit, zu der er eine Alternative anbieten will. Man kann allerdings diesem ersten Vorschlag eine andere Konnotation geben, indem man herausstellt, dass Hegel eine andere Form logischer Notwendigkeit gegenüber Kant behaupten will:[135] Kant sieht nicht, dass die Einheit aller Bestimmungen notwendig ist, weil sie sich aus den Analogien ergibt (und nicht aus einer ihnen gegenüber sekundären Überlegung, die als Postulat der Vernunft ausgedrückt wird). Hegel würde so etwas sagen wie: Wenn man die Struktur der Analogien als logischer Prinzipien richtig erfasst, ergibt sich die Bewegung zu einer wiederhergestellten Einheit mit logischer Notwendigkeit, und dies

---

[132] So sagt Hegel, dass das Gesetz der Gravitation dem Gesetz der Trägheit unmittelbar widerspricht, aber mit ihm eine Einheit bildet (vgl. *Enz.* § 269). Diese Einheit ist der Begriff des Verhältnisses der Körper zueinander.

[133] Hierfür scheint zu sprechen, wenn Hegel sagt: „Der Begriff teilt sich in einen Gegensatz, der zunächst als ein selbständiger erscheint, aber welcher sich in der Tat keiner zu sein erweist" (*GW* 9, 96).

[134] Pinkard (1994, 43) hält fest: „The true 'essence' at play here is, [...] the work of the 'understanding' itself." Ähnlich Pippin 1989, 139.

[135] Dass Hegel physikalische Gesetze so versteht, scheint mir die These von Falkenburg (1998, bes. 127).

hat Kant nicht gesehen. Es muss noch genauer gesagt werden, warum nach diesem Vorschlag die Einheit aller Bestimmungen keine abstrakte Einheit sein soll. Hierfür ist noch einmal darauf zu achten, was es heißt zu sagen, dass die Selbständigkeit der als unterschieden behaupteten Gegenstände nicht besteht. Genauer besehen kann man nämlich gar nicht einfach sagen, dass sie nicht besteht, also: dass die Gegenstände nicht selbständig sind. Man muss vielmehr sagen: Die Selbständigkeit der Gegenstände besteht nicht unabhängig vom begrifflichen Zugriff. Nun ist aber das Beachtenswerte hier, dass durch die begriffliche Operation die Selbständigkeit der Gegenstände zugleich negiert wird. Denn, bedenkt man die Rolle der dritten Analogie, muss den begrifflichen Zusammenhängen nach die Einheit der bestehenden Entitäten behauptet werden. Folgt man der Notwendigkeit, die Unterschiede aufzuheben, die durch die Einheit der Analogien bestehen soll, so kann angesichts dessen, dass die Unterschiede der einfachen Einheit widersprechen, die Aufhebung der Unterschiede nur bedeuten, dass die Einheit nicht von den Unterschieden absehen kann, sondern dass die Einheit eine Totalität verschiedener Bestimmungen sein muss. Die Einheit aller Bestimmungen ist nicht abstrakt, indem sie gerade darin besteht, die Unterschiede als Einheit aufzufassen. Wie oben dargelegt, sind die Unterschiede als Differenzierungen in verschiedene bestimmte Gesetze zu verstehen. Das heißt, wer die Analogien richtig erfasst, der erkennt, dass die Einheit aller Gesetze nicht einfach nur ein Postulat der Vernunft ist, sondern dass durch die Analogien behauptet wird, dass die vielen bestimmten Gesetze in ihrer Verschiedenheit eine Einheit bilden.

Obwohl ein solcher Vorschlag durchaus einleuchten mag, ist er, denke ich, in dieser Form immer noch kein Vorschlag, dem Hegel zustimmen würde. Zwar scheint er durch den Text durchgehend belegt werden zu können. Jedoch legt der Text zugleich an vielen Stellen nahe, dass Hegel noch auf etwas anderes hinaus will, das durch den Vorschlag zumindest noch nicht erläutert ist. So kann man als einen von vielen möglichen Belegen für diesen Vorschlag die Passage anführen, mit der Hegel die Struktur der Unendlichkeit in ihrem dritten Moment erläutert: „Durch den Begriff des inneren Unterschiedes aber ist dies Ungleiche und Gleichgültige [...] die Einheit" (GW 9, 99). Aber was soll hier der Begriff des *inneren* Unterschieds? Und ebenso bleibt bei diesem Vorschlag unklar, warum Hegel nach der Analyse der Gesetze in der soeben dargelegten Weise fortfährt: „Diese einfache Unendlichkeit, oder der absolute Begriff ist das einfache Wesen des Lebens" (GW 9, 99). Das klingt nicht so, als habe Hegel eine rein begriffliche Operation vor Augen gehabt. Was Hegel über obigen Vorschlag hinausgehend noch behaupten will, wird eines der Themen meines nächsten Kapitels sein. In den nächsten beiden Abschnitten (6.1.2 und 6.1.3) werde ich mich auf die mit dieser Frage zusammenhängenden Fragen konzentrieren, was Hegel unter Rückgriff auf die Struktur der Unendlichkeit über Materie als Gegenstand behauptet und was die Idee der Verkehrung zur Struktur der Unendlichkeit beiträgt.

Der mich leitende Gedanke lässt sich so zusammenfassen: Materie kann als Gegenstand bestimmt werden, wenn man den Begriff der Kraft voraussetzt und der Struktur der Unendlichkeit folgt. Wenn man hierbei den Begriff der Kraft als etwas Vorausgesetztes ansieht, ist die Bestimmung der Materie eine *Setzung* des Bewusstseins. Dies ist die Perspektive, die das Bewusstsein tatsächlich einnimmt. Wenn man die Struktur der Unendlichkeit aber konsequent verfolgt, so wird man begreifen, dass die vorausgesetzte Kraft, so wie sie begrifflich bestimmt worden ist, auch etwas *Wirkliches* ist. In diesem Fall ist die Bestimmung keine bloße Setzung des Bewusstseins, sondern die Erkenntnis davon, was der Fall ist. Dies ist die Perspektive Hegels, die an dieser Stelle der *Phänomenologie* aber nur angedeutet wird, weil sie nicht den Stand des Bewusstseins oder des Beobachters repräsentiert.

6.1.2 Die richtige Auffassung des Allgemeinen

Ausgangspunkt der Konzeption von Gesetzen war, dass wir uns durch ein einfaches Allgemeines auf das Seiende beziehen. Alle möglichen Gegenstände der Erkenntnis müssen in einer Erfahrung oder in einer Welt sein. Für Erkenntnis muss man daher ein einfaches Prinzip voraussetzen, das die Erkenntnis der Gegenstände in einer Welt gewährleistet. Was sind nun die erkannten Gegenstände?

Auch Kant geht davon aus, dass ein einfaches Prinzip vorausgesetzt werden muss. Hierfür steht die erste Analogie der Erfahrung. Diesem Prinzip entspricht, wie man mit Blick auf die *Metaphysischen Anfangsgründe* sagen kann, die Materie als eine Substanz, die bei allen Veränderungen der Quantität nach gleich bleibt. Dieses Prinzip ist daher in Hegels Augen für Kant das Gleichbleibende, welches sich selbst nicht verändert. Der Einheit dieses Prinzips widerspricht allerdings, dass verschiedene Körper gegeneinander wirken und diese Verhältnisse in bestimmten Gesetzen ausgedrückt werden, die die Körper als selbständige Substanzen behandeln. Es kommt also zu einem Gegensatz zwischen der einen Materie und den verschiedenen selbständigen Subtanzen. Was der Gegenstand ist, bleibt auf diese Weise unklar.

Für Hegel gilt, dass das einfache Prinzip, das vorausgesetzt werden muss, in allen Bestimmungen dasselbe sein muss, obwohl es sich verändert. Was ist der durch ein solches Allgemeines erkannte Gegenstand? Nach seiner Explikation der Struktur der Unendlichkeit sagt Hegel: „Diese einfache Unendlichkeit […] ist das einfache Wesen des Lebens, die Seele der Welt, das allgemeine Blut zu nennen, welches allgegenwärtig durch keinen Unterschied getrübt noch unterbrochen wird" (*GW* 9, 99).[136] Hiermit wird offensichtlich nicht mehr auf eine begriffliche Einheit Bezug genommen, sondern es wird die Welt als eine Materie beschrieben, welche reine Selbstbewegung ist. Es wird behauptet, dass die Unterschiede nicht bestehen. Noch überraschender ist, wenn Hegel im Weiteren behauptet, wie die eine Materie sich entzweie, müsse nicht erklärt werden, „denn es ist schon die Entzweiung geschehen" (*GW* 9, 100). Die Materie ist, so kann man dieser Passage entnehmen, zugleich Einheit und Unterschied.

Was Hegel hier mit Attributen wie „selbstbewegend", „pulsierend" usw. beschreibt, erinnert unverkennbar an die Bestimmungen des Äthers, die man bei Hegel selbst[137] und in der Naturphilosophie seiner Zeit findet. Bestimmt man den Gegenstand anhand der Struktur der einfachen Unendlichkeit, so ist der Gegenstand (1) eine reine, auf sich bezogene Bewegung, die sich aber als Unterschied darstellt, indem sie sich bewegt. (2) Materielle Körper sind eine Art innerer Zusammendrückung des Äthers. Sie erscheinen selbständig. (3) Der Äther beharrt nicht in einer Materiekonstellation, sondern geht unmittelbar in eine neue Konstellation über. Der Gegenstand ist damit offenbar reine unterschiedslose Selbstbewegung. Er ist *ein* Gegenstand, in dem es nichts außer ihm gibt, nichts von ihm wirklich Unterschiedenes.[138]

Hieraus kann man zunächst zwei Folgerungen ziehen: (1) Da Hegel sagt, dass dies die Unendlichkeit ist, kann man folgern, dass man mit der Struktur, von der Hegel vorher behauptet hatte, dass wir durch sie „das Gesetz zur Notwendigkeit an ihm selbst vollendet" (*GW* 9, 99) sehen, den Gegenstand tatsächlich so erkennt, wie er ist. Wenn Materie als eine Bewegung bestimmt wird, in der sich Unterschiede als Bestehende darstellen, obwohl sie nicht bestehen, wird Materie in Hegels Augen offenbar als etwas bestimmt, das sie wirklich *ist*. Materie ist nämlich diese reine Selbstbewegung. Man kann Materie folglich anhand dieser Struktur erkennen. (2) Was man als Gegenstand erkennt, sind keine selbständigen physikalischen Körper. Der Äther ist das Wesen der Materie und nicht, wie bei Kant, ein Gleichgewichtsverhältnis von Attraktiv- und Repulsivkraft. Das heißt auch, dass das Wesen der Materie

---

[136] Darauf, dass Hegel hier von Leben redet, werde ich erst im nächsten Kapitel eingehen. Auch hier spielt eigentlich der Gedanke der Verkehrung bzw. der Reflektiertheit eine Rolle.

[137] Vgl. etwa das *Jenaer Systementwurf* II (*GW* 7, 188).

[138] 1804/05 heißt es „Der Äther durchdringt nicht nur alles, sondern ist selbst Alles" (*GW* 7, 189).

nicht in den Newton'schen Gesetzen (also v.a. dem Trägheitsgesetz) besteht. Diese Gesetze sind vielmehr (kurz gesagt) Ergebnis der Abstraktion dynamischer Zusammenhänge.[139]

Wenn man dem folgt, ergibt sich allerdings eine neue Frage: Was ist die Einheit der physikalischen Gesetze, die sich, wenn man meinen bisherigen Ausführungen gefolgt ist, als die Lösung für das Problem der bestimmten Gesetze ergeben haben sollte? Wenn der Äther als reine Selbstbewegung verstanden wird, lässt sich vielleicht noch verstehen, wieso man Gesetze als Abstraktionen bezeichnet – denn man sieht dann in ihnen offensichtlich vom dynamischen Prozess ab –, aber die Einheit aller Gesetze scheint nach diesen Ausführungen zum Äther keine sinnvolle Annahme mehr. Dieser Schein trügt aber. Hegel muss nicht die Konsequenz ziehen, die These der Einheit der Gesetze aufzugeben. Um zu sehen, wie Hegel diese Konsequenz vermeidet, muss man sich vor Augen führen, dass die Bewegung des Äthers durch Gesetze bestimmt werden muss. Der Äther ist nicht nur eine unterschiedslose Materie, sondern der Äther ist auch der Inbegriff aller bewegenden Kräfte. Richtungen der Kräfte, Quantität usw. sind nur in besonderen Verhältnissen bestimmbar. Das heißt der Äther ist als Seiendes reine unterschiedslose Selbstbewegung. Als Begriff ist er eine Totalität aller begrifflichen Bestimmungen der Materien. Während ich oben gesagt habe, dass der Äther *ein* Gegenstand ist, weil es nichts wirklich von ihm Unterschiedenes gibt, muss nun ergänzend gesagt werden, dass der Äther nur als Begriff als ein *Gegenstand* bestimmt und erkannt werden kann. Als Einheit ist Materie nicht für sich, sondern nur für ein Anderes, das Materie als Einheit bestimmt. Der Äther ist eine selbstbewegende Materie, die nur erkannt werden kann, wenn sie begrifflich bestimmt wird. Als solche ist Materie als Begriff die Einheit aller Bestimmungen.

Was ich hier behaupte hat durchaus thetischen Charakter. Hegel deutet diese Dinge nur an. Meine Darstellung lebt unter anderem davon, dass ein Unterschied zwischen Hegel und dem Bewusstsein sowie dem Beobachter eingeräumt wird. Die Ausführungen, die ich soeben versucht habe im Sinne Hegels zu geben, können aus anderer Perspektive auch so interpretiert werden: Wenn Materie reine Bewegung ist und kein Unterschied besteht, dann ist alles, was erkannt wird, eine rein begriffliche Konstruktion. Zu diesem

---

[139] Dies gilt auch für das Elektrizitätsgesetz: Wenn wir das, was wir als negative und positive Ladung bestimmen, als Bestehendes auffassen, sehen wir davon ab, dass das Wesen der Dinge ein dynamischer Prozess ist. Hier ergibt sich daher nachträglich der Grund dafür, warum Hegel das Gesetz der Elektrizität als Beispiel für den Verstand gewählt hat: Das Gesetz ist nur gültig, wenn die Ladungen ruhen, nicht wenn sie in Bewegung sind. Das Gesetz ist daher ein Veranschaulichung dafür, wie der Verstand verfährt: Er sieht davon ab, dass sich die bestimmten Unterschiede nur im Absehen von der ihnen zugrundeliegenden Bewegung als bestehende darstellen.

Resultat kommt das Bewusstsein. Dies analysiert der Beobachter. Hegels Perspektive unterscheidet sich grob gesagt dadurch, dass angenommen wird, dass die Materie so ist, wie sie bestimmt wird. Mit welchem Recht Hegel das letztlich behaupten kann, habe ich noch nicht ausgeführt.

6.1.3 Gesetze müssen sich in ihr Gegenteil verkehren

Durch das, was ich bisher ausgeführt habe, ist die Entwicklung, die oben als Verkehrung von Gesetzen thematisiert wurde, noch nicht vollständig erfasst. Hegel behauptet nicht nur, dass bestimmte Gesetze sich wandeln und dass Unterschiede gemacht werden, die keine sind. Dies alles sollte durch das, was ich oben erläutert habe, verständlich zu machen sein. Hegel behauptet aber auch, dass es notwendig sei, „daß beides vielmehr das Gegenteil seiner selbst ist; das sich Gleiche stößt sich vielmehr von sich ab, und das Ungleiche setzt sich vielmehr als das sich Gleiche" (GW 9, 96). Dies bedarf der Erläuterung.

Hegel fährt an der soeben zitierten Stelle fort: „In der Tat ist nur mit dieser Bestimmung der Unterschied der innre, oder Unterschied an sich selbst" (GW 9, 96). Schon der Ausdruck des inneren Unterschieds, der an einigen Stellen fällt, wirft Interpretationsfragen auf. Es gibt erstens die Möglichkeit zu sagen: Der innere Unterschied bedeutet hier dasselbe wie die Einheit eines Unterschieds, bei dem die Unterschiede nicht wirklich bestehen. Dazu scheint zu passen, dass Hegel auch beim Äther als einer unterschiedslosen Materie vom inneren Unterschied spricht.[140] Zweitens gibt es die Möglichkeit, dass der innere Unterschied eine Struktur bezeichnet, in der eine Einheit eine Totalität verschiedener, zum Teil auch entgegengesetzter Bestimmungen ist. Dies würde dem Begriff des Äthers und nicht dem Äther als Materie entsprechen. Diese Option wird sich im Folgenden als die überzeugendere erweisen. Zunächst muss aber die Frage geklärt werden, inwiefern die Verkehrung von Gesetzen etwas notwendiges sein soll, weil diese These der notwendigen Verkehrung Bestandteil von Hegels positiver Konzeption von Erkenntnis ist.

Ich will hier noch einmal die Beispiele der verkehrten Welt vergegenwärtigen. Zunächst ist etwas festzuhalten, wovon ich oben weitgehend abgesehen hatte: Besonders mit Blick auf die Beispiele der Verkehrung von Nord- und Südpol sowie der von Rache und Strafe kann man sagen, dass die Verkehrung für Hegel die Weise ist, wie sich dasjenige, das anhand eines einfachen Allgemeinen bestimmt worden ist, entwickelt, wenn die Bestimmtheit reflektiert wird, die etwas durch ein Gesetz bekommen hat.[141] Denn die geographische Orientierung setzt die physikalische Bestimmung voraus und setzt sich zu die-

---

[140] Vgl. GW 9, 99.
[141] Der Begriff der Reflexion fällt auch bei Hegel (GW 9, 98).

ser in ein Verhältnis. Die Strafe tritt an die Stelle der Rache, aber als etwas, das gerade durch das negative Verhältnis zur Rache Strafe und nicht mehr Rache ist.[142] Dies ist der Grund, warum die durch das zweite bestimmte Gesetz gegebene Bestimmung genauer besehen auch die erste Bestimmung enthält. Sie ist, so Hegel, „sie selbst und ihre entgegengesetzte in Einer Einheit" (*GW* 9, 99).[143] Die geographische Bestimmung hat die physikalische als ihr Gegenteil als Moment ihrer eigenen Bestimmtheit. Daher sagt Hegel an derselben Stelle auch, die verkehrte Bestimmung habe „über die andere zugleich übergegriffen".

Man muss sich also fragen, warum die abermalige Reflexion und die Verneinung von Bestimmungen in bestimmten Gesetzen erforderlich sein sollen. Ich orientiere mich hierfür zunächst am Beispiel von Nord- und Südpol. Durch das physikalische Gesetz etwa wird festgesetzt, dass entgegengesetzte Pole einander anziehen. Von den Polen kann man, so Hegel, sagen, dass sie das je andere ihrer selbst sind, insofern sie in dieser Entgegensetzung aufeinander bezogen sind. Das physikalische Gesetz behauptet, dass die Pole unmittelbar eine einfache Einheit sind. Ich habe mit Hegel bereits dafür argumentiert, dass dies nicht notwendigerweise der Fall ist. Das Ergebnis war, dass die Einheit von Gesetzen nicht darin besteht, dass Unterschiede eine einfache Einheit bilden. Die Anforderung der Einheit kann aber nicht aufgegeben werden, weil an ihr die Einheit der Erfahrung hängt. Wie ist die Anforderung nach Einheit dann aber zu verwirklichen? Es muss eine Einheit von Elementen möglich sein, in der zugleich die *unmittelbare* Einheit der Elemente verneint werden kann. Damit würde man dem Widerspruch des physikalischen Gesetzes, eine Einheit zu sein und zugleich ein Unterschied zu sein, begegnen können. Eine solche Einheit soll die richtig aufgefasste Verkehrung ergeben. Das verkehrte Gesetz bezieht sich nämlich reflexiv auf die Bestimmungen des ersten Gesetzes und zwar so, dass es deren unmittelbare Einheit verneint und zugleich ihre vermittelte Einheit wieder herstellt. Dies kann man sich am Beispiel der geographischen Bestimmung des Nordpols veranschaulichen. Diese Bestimmung setzt die physikalische Bestimmung voraus. Genauer soll Folgendes gelten: (1) In der physikalischen Bestimmung sind die beiden Seiten (Nord- und Südpol) unmittelbar das andere ihrer selbst, weil sie nur in Bezug auf das je andere bestimmt werden können. (2) In der geographischen Bestimmung

---

[142] Die Sache ist näher betrachtet komplizierter als hier dargestellt. Rache ist die unmittelbare Verneinung des Verbrechens, Strafe bezieht sich verneinend auf die Einheit von Verbrechen und Rache. Die Strafe stellt die Einheit von Verbrecher und Gesetz dadurch her, dass sie den Verbrecher nicht (wie die Rache) unmittelbar verneint, sondern durch Anerkennung des Gesetzes, das der Verbrecher verneint.

[143] Vgl. hierzu Gadamer (1973, 127), der die Funktion des Beispiels der Strafe darin sieht, dass die übersinnliche Welt nur eines der Momente an dem darstellt, was wirklich ist.

wird die Einheit von Nord- und Südpol verneint, das heißt es wird verneint, dass sich in allen Fällen entgegengesetzte Pole anziehen. In der Verneinung der physikalischen Bestimmung durch die geographische wird der im physikalischen Gesetz (auf der rechten Seite) behauptete Unterschied von Nord- und Südpol als etwas anerkannt, auf das man sich als Wirkliches beziehen kann. (3) Die geographische Bestimmung bezieht sich somit auf die physikalische als die verkehrte ihrer selbst. Sie hat diese *als ihr Gegenteil an ihr*. Daher sagt Hegel, sie habe über die andere übergegriffen. Dieses Übergreifende ist eine vermittelte Einheit: Zwar wird verneint, dass sich entgegengesetzte Pole immer anziehen, aber dies kann nur verneint werden, indem man die im ersten bestimmten Gesetz bestimmten unterschiedenen Elemente (Nord- und Südpol) anerkennt.

Folgt man diesem Gedankengang, kann man festhalten, dass für Hegel die Verkehrung von Gesetzen erforderlich ist, weil eine Einheit von Gesetzen erreicht werden soll, bei der die Unterschiede der bestimmten Gesetze als Bestandteil der Einheit aufgefasst werden. Man kann diesen Gedanken in drei Punkten erläutern: (a) Hegel will anders als Kant Gesetze so verstehen, dass (nur) durch eine Einheit aller bestimmten Gesetze die Wirklichkeit erkannt werden kann. Hierfür muss er eine anspruchsvolle Konzeption von Einheit anbieten: Weder reicht es, einfach zu sagen, dass die bestimmten Gesetze eine Einheit bilden müssen, oder eine solche Einheit zu postulieren, noch darf eine solche Einheit so geartet sein, dass sie Unterschiede letztlich doch ausschließt. Für eine solche Einheit muss auf jeden Fall gewährleistet sein, dass die bestimmten Gesetze aufeinander Bezug nehmen, also wirklich einen begrifflichen Zusammenhang bilden. Dies soll durch die Verkehrung von Gesetzen erreicht werden, weil in der Verkehrung in Gesetzen festgeschriebene Bestimmungen von anderen Gesetzen aufgenommen werden. Weiterhin müssen die bestimmten Gesetze für eine solche Einheit in ihrer absoluten Geltung auch negiert werden. Man denke hierfür an das Beispiel von der Rechtsordnung, die auf der Negation von Rache beruht. Die Verkehrung von bestimmten Gesetzen hängt mit dieser Negation der Geltung von bestimmten Gesetzen zusammen. (b) Der erste Punkt konzentrierte sich auf die Einheit der Gesetze. Nun will ich noch einen anderen Aspekt geltend machen. Er betrifft die Gegenstände, die durch Gesetze bestimmt werden sollen. Ich habe früher (Abschnitt 4.) mit Blick auf die Struktur der Unendlichkeit, die Hegel als die Struktur von Gesetzen vorschlägt, bemerkt, dass ein Moment der Gesetze Hegels Meinung nach der Anschein der Selbständigkeit der im Gesetz unterschiedenen Elemente ist. Ich denke, man kann Hegel hier weiterhin die These zuschreiben, dass wir durch Gesetze Gegenstände begrifflich als selbständige Gegenstände bestimmen. Dies ist die These, die seines Erachtens auch Kant eigentlich vertreten wollte. Nun gilt aber, dass durch die begriffliche Bestimmung durch ein einzelnes bestimmtes Gesetz nicht erreicht ist, dass man Gegenstände als selbständig bestimmt hat. Denn es gehört zur Selbständigkeit von Gegenständen, dass sie Gegenstand ganz verschiedener Gesetze werden können. Dass Gegenständen unterschiedliche oder sogar entgegengesetzte Bestimmungen zukommen und insofern auch in einander verkehrenden Gesetzen auf denselben Gegenstand Bezug genommen werden kann, gehört zur Bestimmung von Gegenständen dazu. Es macht ihre Identität aus. Hierbei gilt: Dass es derselbe Gegenstand ist, über den die Gesetze etwas behaupten, muss begrifflich erfasst werden, denn gegebene an sich gleiche Gegenstände gibt es – auch nach Meinung der geprüften Position des Verstandes (also Kants) – nicht. Man muss daher mit einem Gesetz, durch das man Gegenstände bestimmt, auf ein anderes Gesetz, durch das man Gegenstände bestimmt hat, Bezug nehmen, um Gegenstände als selbständig zu bestimmen. Um dies zu verdeutlichen, will ich noch ein anderes Beispiel einer Verkehrung anführen. Wenn durch das Anziehungsgesetz die Kraft durch ein Verhältnis von Massen bestimmt wird, so sind die Massen hier zwar unterschieden, sie werden aber als durch dieselbe Anziehungskraft bestimmt gedacht. Das Gesetz des Magnetismus verneint, dass Körper nichts anderes sind als Verhältnisse von einer durchgehenden Anziehungskraft. Gegenstände werden bestimmt durch Ladungen, die einander abstoßen. Der Unterschied von Körpern wird auf diese Weise so gefasst, dass sie mit anderen Körpern nicht nur durch die Anziehungskraft eine Gemeinschaft bilden. Die Verkehrung ist also für die Bestimmung der Identität und Selbständigkeit von Gegenständen durch Begriffe erforderlich. (c) Die Verkehrung von Gesetzen erfüllt durch die beiden bisher ausgeführten Punkte noch eine dritte Funktion: Sie garantiert, dass die begrifflichen Voraussetzungen, die für gesetzmäßige Bestimmungen vorgenommen werden, nicht etwas bloß Begriffliches sind. Wenn materielle Verhältnisse durch die Anziehungskraft bestimmt werden, so erhalten sie zwar erst durch diese Bestimmung ihre Bestimmtheit. Mit Gesetzen wird etwas als unter der Voraussetzung unterschieden begriffen, dass man die Unterschiede als Unterschiede unter einem gemeinsamen Prinzip bestimmt. Was verschiedene Massen sind, kann man zum Beispiel nur bestimmen, weil man die Kraft der Anziehung als das bestimmende Prinzip unterstellt. Sind die Massen also überhaupt bloß durch die vorausgesetzten Begriffe unterscheidbare Gegenstände? Um diese Frage zu verneinen und zu behaupten, dass gesetzmäßige Bestimmungen nicht bloß etwas Begriffliches sind, muss man Bestimmungen angeben, denen zufolge die Massen nicht durch dieselbe Kraft bestimmt sind. In diesem Sinne stellt das Gesetz des Magnetismus eine Verkehrung des Anziehungsgesetzes dar.

Folgt man diesen Ausführungen, wird man zu der oben aufgestellten Alternative zum *inneren Unterschieds* sagen, dass der innere Unterschied die Einheit beschreibt, die Hegel als konkrete Einheit im Gegensatz zu einer abstrakten Einheit anbieten will.[144] Gemeint ist also der *Begriff* des Äthers. Was die Materie angeht, so ist der Äther als reine Selbstbewegung sicherlich keine Einheit in dem Sinne, dass Einheit und Unterschied vermittelt sind. Beim Begriff des Äthers ist dies dann der Fall, wenn man annimmt, dass er sich durch jeweilige Bezüge auf einfachere Bestimmungen schrittweise in seiner Komplexität ergeben hat. Auch wenn ich dies hier nicht gezeigt habe (und Hegel es in der *Phänomenologie* auch nicht zeigt), soll dies nach Hegel (in der Naturphilosophie) gezeigt werden können.

Das einzige, das, soweit ich sehe, gegen diesen Vorschlag zum inneren Unterschied als einer begrifflichen Einheit spricht, ist, dass Hegel den Äther als Materie als einen inneren Unterschied beschreibt. Dies lässt sich aber dadurch erklären, dass der Äther nur dann als Materie erkannt werden kann, wenn er durch den Begriff des Äthers als Inbegriff aller aufgehobenen Bestimmungen erkannt wird. Aufgrund dieses Begriffs ist der Äther innerer Unterschied. Wie ich im nächsten Kapitel argumentieren werde, ist besonders auf diese Trennung von Begriff der Materie und Materie als Seiendes bzw. Gegenstand zu achten. Eine der Schwierigkeiten des Verständnisses der Konzeption von Hegel liegt darin, dass er den Äther als Begriff der Materie als Totalität betrachtet und insofern klar vom abstrakten Begriff unterscheiden kann, und dennoch die Bestimmung der Materie als Totalität nicht ohne Weiteres als Erkenntnis gelten können soll. Für Erkenntnis sind noch andere als die materiellen Bestimmungen erforderlich.[145] Hierauf werde ich im nächsten Kapitel ausführlich eingehen.

---

[144] Koch (Manuskript) hat konstatiert, dass Hegel an dieser Stelle der *Phänomenologie* die drei logischen Sphären Sein, Wesen und Begriff vermische, weil er Unendlichkeit, inneren Unterschied und absoluten Begriff vermische. In Hegels *Logik* wird Unendlichkeit als Seinsbestimmung, innerer Unterschied als Reflexionsbestimmung behandelt. Zwar sind sowohl Unendlichkeit als auch innerer Unterschied durch eine Struktur der Selbstbezüglichkeit ausgezeichnet, sie unterscheiden sich in der *Logik* aber durch die Weise der Selbstbezüglichkeit voneinander (vgl. Horstmann 2004). Koch schlägt vor, dass Hegels Pointe darin bestehe, dass das Bewusstsein der Phänomenologie diese Sphären nicht auseinanderhalten könnte. Dem stimme ich zu. Mein Interpretationsvorschlag erhellt aber zugleich auch, warum Hegel sich genötigt sieht, hier auf alle drei Begriffe Bezug zu nehmen: Die Unendlichkeit ist die wahre Struktur von Identität von Einheit und Unterschied, es hat sich aber durch die Verkehrung auch schon ergeben, dass diese Struktur in sich reflektiert werden muss, damit eine komplexe Einheit resultiert.

[145] Diese Einschätzung der physikalischen Bestimmungen entspricht Hegels späterer Einschätzung in der enzyklopädischen Logik: „alle Bestimmtheit ist als eine äußerliche Beziehung" (*Enz.* § 195). Mit Blick auf Hegels spätere Philosophie vertritt Kreines (2004) eine ähnliche These zur Ergänzungsbedürftigkeit des reinen Mechanismus. Hierauf werde ich im fünften Kapitel zurückkommen.

Man kann an dieser Stelle folgern, dass die Verkehrung der Gesetze deshalb notwendig ist, weil die Gesetze nur dadurch, dass sie verkehrt werden, in eine vermittelte Einheit eingehen können. Würde man sich nicht so auf das physikalische Gesetz beziehen, wie ich es hier am Beispiel des geographischen Gesetzes ausgeführt habe, also so, dass man die im physikalischen Gesetz behauptete unmittelbare Identität verneint, so wäre das physikalische Gesetz nicht in eine Totalität aufzuheben. Die hier gemachten Ausführungen sollen außerdem zeigen, dass die Unendlichkeit dann zur Erkenntnis der Materie befähigt, wenn man sie richtig versteht. Ich will nicht behaupten, dass schon klar geworden ist, wie man sie richtig versteht. Es sind nur einige Andeutungen gemacht worden, indem erläutert wurde, warum die Verkehrung von Gesetzen aus Hegels Perspektive als notwendig angesehen werden kann. In dieser Verkehrung wird auf das, was man zur Bestimmung vorausgesetzt hatte, mit dem Ergebnis reflektiert, dass das Vorausgesetzte nicht mehr als bloß Vorausgesetztes angesehen werden muss. Mit Blick auf die Materie hat sich außerdem ergeben, dass Materie nur als etwas erkannt werden kann, das vollständig begrifflich bestimmt ist. Dieses Resultat wird sowohl aus der Perspektive Hegels als auch aus der des Beobachters und des Bewusstseins gezogen. Als eine Einheit ist Materie nur für ein Anderes, nämlich für ein Anderes, das Materie als Gegenstand begrifflich bestimmt.

6.2 Die Ergebnisse

Aus der Perspektive des Bewusstseins gilt das Gesetz der Verkehrungen aufgrund von Erfahrungen: Das Bewusstsein erfährt das zweite Gesetz und damit auch, dass das Allgemeine nicht das Gleichbleibende ist. Die Analyse, die der Beobachter von den Erfahrungen anbietet, damit ihre Notwendigkeit eingesehen werden kann, habe ich oben schon erwähnt: Es ist nicht möglich, dass das Bewusstsein eine Bewegung des Erklärens vollzieht, von der es selbst behauptet, dass die hier gemachten Unterschiede nicht der Sache zukommen. Dies deshalb, weil die Position durch die Annahme definiert ist, dass die Wahrheit der Dinge ihr Begriff ist. Wenn der Begriff nur aufgrund einer Tätigkeit des Unterscheidens bestimmt werden kann, kann die Vertreterin dieser Position nicht sagen, dass dieses Unterscheiden, das für den Begriff offenbar notwendig ist, nur im Begriff liege – denn innerhalb ihrer Position ist die Rede davon unsinnig, dass etwas „nur im Begriff" liegt. Die neue Position muss daher annehmen, dass das Allgemeine etwas ist, das sich als Unterschied darstellt, obwohl es eine Einheit ist. Dies ist die Struktur der Unendlichkeit. Aber es geht hierin nicht ein, dass die Einheit eine andere ist als die, von der der Unterschied ausgegangen ist. Dies würde aber dem entsprechen, was oben aus Hegels Perspektive gesagt werden konnte.

Hegel macht die Bemerkung, dass das Bewusstsein bzw. der Verstand, der die neue Position bilden soll, die Unendlichkeit als Gegenstand wieder verfehle, „indem er den Unterschied an sich, das sich selbst Abstoßen des Gleichnamigen, und die Ungleichen, die sich anziehen, wieder an zwei Welten [...] verteilt" (GW 9, 101). Dies passiert aus folgendem Grund: Das Bewusstsein hat das zweite allgemeine Gesetz erfahren, und es kann das erste allgemeine Gesetz nicht aufgeben, weil es die Einheit der Erfahrung gewährleistet. Es muss beide Gesetze annehmen. Dies tut es, indem es beide Gesetze als konstitutiv für das Allgemeine als Maßstab für Wahrheit ansieht. Es hat aber nicht erfahren, was oben aus der Perspektive Hegels ausgeführt wurde, nämlich, dass die Bewegung von Einheit zu Unterschied und von Unterschied zu Einheit eine Bewegung sein muss, bei der die zweite Einheit eine Totalität von Unterschieden ist. Daher trennt das Bewusstsein die beiden Bewegungen, die aus Hegels Perspektive eine Bewegung sind. Wie die neue Konzeption genauer aussieht, wird im nächsten Kapitel zu klären sein.

Damit komme ich zu der Frage, wie sich das oben mit Blick auf die Bestimmung der Materie formulierte Resultat aus der Perspektive des Bewusstseins darstellt. Mit Blick auf die Materie hat sich ergeben, dass sie nur erkannt werden kann, wenn sie vollständig begrifflich bestimmt werden kann. Für das Bewusstsein sowie für den es analysierenden Beobachter gilt, dass die Wahrheit der Materie nichts anderes ist, als die begrifflichen Setzungen, die vorgenommen werden. Das Bewusstsein bestimmt die Materie, indem es den Begriff der Kraft voraussetzt. Dieser Begriff ist, so könnte man sagen, nur der Begriff des Bewusstseins, und daher ist die Bestimmung die Bestimmung der Welt nach seinem Begriff. Folglich lautet auch eines der Resultate aus der Perspektive des Bewusstseins, dass der Gegenstand, den es von sich unterscheidet, um sich erkennend auf ihn zu beziehen, nicht wirklich von ihm unterschieden ist. Der Unterschied ist *unmittelbar* aufgehoben.[146] Dies ist aus Hegels Perspektive nicht der Fall. Wenn Materie erkannt werden kann, dann aufgrund von Vermittlungsleistungen, die allein schon eine unmittelbare Identität mit dem Bewusstsein ausschließen. Zu diesem Unterschied zwischen Hegel und dem Bewusstsein sowie dem Beobachter kommt es, weil Hegel aus seiner Perspektive die Struktur der Unendlichkeit anders einsehen kann. Das Bewusstsein kann aufgrund seiner Erfahrungen davon ausgehen, dass der Gegenstand ein

---

[146] „[I]ndem ihm [dem Bewusstsein] dieser Begriff der Unendlichkeit Gegenstand ist, ist es also Bewußtsein des Unterschieds als eines unmittelbar ebensosehr aufgehobenen" (GW 9, 101).

unmittelbar aufgehobener Unterschied ist. Wohlgemerkt trifft dies auch auf Materie als Seiendes zu. Aber der Begriff der Materie als Totalität ist in Wahrheit ein Produkt der Vermittlungen.

Ich behaupte mit dieser Interpretation, dass Hegel sich nicht das Ergebnis zu eigen macht, wie es sich aus der Perspektive des Bewusstseins bzw. des Beobachters darstellt. Das Bewusstsein bzw. der Beobachter anstelle des Bewusstseins kann nach den Erfahrungen sagen, dass die Wahrheit der Dinge nur darin besteht, dass sie vom Bewusstsein auf notwendige Weise bestimmt werden. Dies ist eine neue Position zur Erkenntnis. Ihr zufolge ist Materie nichts, was als unabhängiger Gegenstand erkannt werden kann. Denn Materie ist ihr zufolge nichts anderes als begriffliche Bestimmungen von etwas, dem diese begrifflichen Bestimmungen nicht an sich zukommen.[147] Aber Hegel sieht, anders als das Bewusstsein, dass diese Bestimmung des Gegenstands als Einheit keine bloße Setzung durch das Bewusstsein ist. Die Einheit ergibt sich mit Notwendigkeit. Sie ergibt sich als eine konkrete Einheit. Sie ergibt sich dadurch als eine konkrete Einheit, dass bestimmte Gesetze aufeinander bezogen werden.

Für das Bewusstsein gilt, dass sich die dreistellige Relation von Erkenntnis, mit der Kants Position eingeführt wurde, wieder auf eine zweistellige Relation reduziert: Der Verstand als das Subjekt der Erkenntnis fällt, so Hegel, mit dem Inneren als dem wahren Gegenstand zusammen.[148] Ich habe oben bei der Einführung der Kantischen Position gesagt, dass die Dreistelligkeit erforderlich ist, weil dem Begriff der Kraft eine andere Wirklichkeit zukommen muss, als die der seienden Gegenstände. Dies gilt nach wie vor und zwar unabhängig davon, aus welcher Perspektive man es betrachtet. Daran, wie dieser Satz ausgelegt wird, kann aber noch einmal der Unterschied zwischen dem Bewusstsein und Hegel aufgezeigt werden. Aus der Perspektive des Bewusstseins gilt, wie im nächsten Kapitel zu diskutieren ist: Kraft ist nicht etwas unmittelbar Seiendes; die Wirklichkeit der Kraft wird durch das Selbstbewusstsein gesetzt.[149] Für Hegels Perspektive hat sich gezeigt, dass die dreistellige Relation als Struktur des Gegenstands aufzufassen ist, indem ein einfaches Prinzip zum Unterschied und zu einer neuen Einheit bestimmt wird. Die Wirklichkeit der Kraft ist nicht nur eine Setzung, selbst wenn sie begrifflich vermittelt ist.

---

[147] Wenn man die Kopernikanische Wende plakativ so beschreiben kann, dass die Gegenstände sich nach den Begriffen richten (*KrV* B XVII), ist die kopernikanische Wende hier endgültig erreicht. Ihre Vollendung findet sich nach Hegel allerdings nicht bei Kant selbst, weil hierfür angenommen werden muss, dass das Selbstbewusstsein das wahre Wesen aller Dinge ist, wie im nächsten Kapitel behandelt.

[148] Vgl. *GW* 9, 102.

[149] Dass die Relation auch hier nicht einfach zweistellig ist, sieht man daran, dass das Bewusstsein die Unendlichkeit auf zwei Entitäten verteilen soll – eine davon ist allerdings es selbst.

7. Zusammenfassung

In diesem Kapitel habe ich Hegels Theorie physikalischer Gesetze ausgeführt. Der Grad an Differenzierungen, der mir für eine angemessene Darstellung erforderlich schien, erleichtert die Verständlichkeit sicherlich nicht. Ich werde daher hier die Überlegungen noch einmal vereinfachend unter vier Fragen zusammenfassen.

(a) Die erste Frage lautet: Wie kommt es im Kapitel *Kraft und Verstand* zum Thema der Gesetze? Diese Frage habe ich in den Abschnitten 1–3 dieses Kapitels beantwortet. Im Kapitel *Kraft und Verstand* thematisiert Hegel zunächst eine Position, die von der Annahme ausgeht, dass man dann, wenn man sich erkennend auf Dinge bezieht, diese durch Kräfte bestimmt annehmen muss. In der Evaluation dieser Position ergibt sich, dass man mit Kräften zur Bestimmung dessen, was es gibt, nur erfolgreich ist, wenn man Kraft bzw. Kräfte als Begriffe auffasst und nicht als etwas sinnlich Gegebenes. Es ergibt sich daher eine Position, die von der Annahme geleitet wird, dass das, was die Dinge sind, nur begrifflich bestimmt werden kann. Etwas durch Begriffe zu bestimmen, kann man im Anschluss an Kant als eine Tätigkeit des Verstandes ansehen. Dies ist der Grund, warum Hegel in diesem Kapitel immer vom Verstand als tätigem Subjekt spricht.

Will man genauer sagen, was die Dinge sind, so muss man den Begriff der Kraft irgendwie ausdifferenzieren. Man muss das, was die Dinge sind, durch Verhältnisse von Begriffen bestimmen. Dies geschieht durch Gesetze. Will man Dinge begrifflich erkennen, kann dies also nur in Form von Gesetzen vor sich gehen. Diese Position entspricht der von Kant.

(b) Was kritisiert Hegel an Kants Auffassung von Gesetzen? Hegel geht von der richtigen Annahme aus, dass die Kantische Auffassung von Gesetzen durch die Analogien begründet wird. Kants spezifische Auffassung der Analogien führt nun aber, so Hegel, zu einer mit Schwierigkeiten behafteten Auffassung von Gesetzen. Diese Schwierigkeiten zentrieren sich um das Thema der Notwendigkeit von Gesetzen. Sie lassen sich am einfachsten darstellen, wenn man sich auf die Frage konzentriert, warum ein Gesetz wie das allgemeine Gesetz der Erdanziehung notwendig sein soll. Kants Auffassung der Analogien verpflichtet ihn, so Hegel, auf eine Position, die nur eine bestimmte Anzahl von möglichen Antworten auf diese Frage zulässt, die auch im Rahmen einer Kantischen Theorie letztlich alle unhaltbar sind.

Eine erste mögliche Antwort lautet, dass das Gesetz der Erdanziehung durch die Analogien als notwendig begründet wird. Dies lässt sich aus folgendem Grund nicht vertreten: Das Gesetz der Erdanziehung müsste dann uneingeschränkt etwas darüber aussagen, wie Dinge bestimmt sind. Dies ist jedoch nicht richtig, denn das Gesetz gilt nur unter bestimmten ceteris-paribus-Einschränkungen.

Eine zweite mögliche Antwort könnte lauten, dass durch die Analogien begründet wird, dass das Gesetz mit ceteris-paribus-Klausel gilt. Dies ist jedoch keine Option, da durch die Analogien begründete Gesetze im Rahmen der Kantischen Theorie die Funktion haben müssen, eine apriorische Erkenntnis über das, was es gibt, zu liefern. Die ceteris-paribus-Klausel bedeutet aber, dass man nicht a priori wissen kann, ob ein Gesetz faktisch gilt. Sie bietet daher hier keine Lösung.

Eine dritte Antwort lautet, dass das Gesetz der Erdanziehung dem Inhalt nach nicht durch die Analogien als notwendig begründet wird, wohl aber der Form nach. Diese Antwort ist wieder auf verschiedene, in Hegels Augen aber jeweils unüberzeugende Weise zu spezifizieren. Alle diese Spezifikationen leiden darunter, dass es nicht ausreicht, nur die Form als notwendig anzunehmen, um zu sagen, die Gesetze seien notwendig. Daher will beispielsweise auch Kant die Notwendigkeit des Erdanziehungsgesetzes nach wie vor behaupten, aber nur als etwas Subjektives. So kann man zum Beispiel sagen: Das Gesetz ist insofern notwendig, als man es als Teil eines Systems von anderen besonderen Gesetzen annimmt. Aber im Rahmen der Kantischen Philosophie ist die Annahme, dass die Welt durch ein System von besonderen Gesetzen erfasst werden kann, selbst nur eine subjektiv notwendige Annahme. Folglich ist diese Art von Notwendigkeit nur subjektiv. Das Problem dieses Vorschlags ist letztlich, dass die Annahme subjektiver Notwendigkeit im Rahmen der Kantischen Philosophie nicht sinnvoll ist. Subjektiv notwendig soll etwas dann sein, wenn es eine Bedingung zur Möglichkeit der Erkenntnis ist. Aber in diesem Sinne sind auch die Analogien subjektiv. Man kann Unterscheidungen anführen, wie die, dass es Bedingungen der Möglichkeit für Erfahrung gibt, die die Bedingungen für Objekte der Erfahrung angeben, und solche, die die Bedingungen der Möglichkeit der gesetzmäßigen Erfassung von Objekten angeben. Aber solche Unterscheidungen erscheinen nicht nur künstlich, sie sind auch deshalb sachlich bedenklich, weil die Bedingungen der Möglichkeit der Erfahrung von Objekten deren gesetzmäßige Bestimmung einschließen sollte. Folgt man Hegel in diesen sicherlich nicht abwegigen Analysen, so sind die Probleme des Kantischen Ansatzes derart, dass eine Revision der Auffassung der Analogien unumgänglich ist.

In Abschnitt 4 habe ich die ersten beiden möglichen Antworten Kants auf die Kritik Hegels behandelt. Die dritte Antwort habe ich in Abschnitt 5 behandelt. Der Grund hierfür ist, dass die dritte Antwort einen neuen Typ von Antwort darstellt, weil in ihm ein gewisser Subjektivismus vorherrschend wird, der sich als Folge der Schwierigkeiten der ersten Antworten für Kant ergeben zu haben scheint.

(c) Welche Korrekturen sollen an Kant vorgenommen werden? Kants Gesetzesauffassung muss vor allem in zwei Hinsichten korrigiert werden. Die erste Korrektur muss zum Resultat haben, dass man bestimmte Gesetze, wie das Gesetz der Erdanziehung, nicht als uneingeschränkt gültig behaupten muss. Gleichzeitig soll nicht resultieren, dass man Gesetze als analytische Wahrheiten versteht. Es soll also ein Verständnis von Gesetzen erreicht werden, dem zufolge Gesetze nur einen Aspekt der Wirklichkeit erfassen oder wahre Abstraktionen von tatsächlich komplexeren Zusammenhängen sind. Der Weg zu diesem Ziel muss, so Hegel, über eine neue Auffassung der Analogien zustande kommen. Dies deshalb, weil die Analogien bei Kant diejenigen Prinzipien sind, durch die die Notwendigkeit von Gesetzen eigentlich zu begründen ist. Die von Hegel angestrebte Korrektur soll darin bestehen, dass man das Verhältnis der Analogien zueinander anders denkt. Bei Kant sind durch die Analogien begründete bestimmte Gesetze deshalb uneingeschränkt gültig, weil Kant die zweite Analogie, also das Prinzip der Kausalität, verabsolutiert. Die dritte Analogie sollte, so Hegel, so verstanden werden, dass sie besagt, dass alle Bestimmungen der Materie als in bestimmten Kausalverhältnissen stehend, nur gemeinsam zur wahren Bestimmung der Materie beitragen. Die dritte Analogie wird von Kant laut Hegel aber eher wie eine andere Formulierung der zweiten Analogie aufgefasst. Hierdurch verschenkt Kant nach Hegels Meinung die Möglichkeit durch die Analogien festzulegen, dass die kausalen Bestimmungen nur als Abstraktionen oder als ein Festhalten von Aspekten der ganzen Wirklichkeit aufgefasst werden können. Eine weitere Folge von Kants Verabsolutierung der Analogie der Kausalität besteht darin, dass Kant physikalische Gegenstände als beharrliche für sich bestehende Substanzen auffasst, während sie nach seinen eigenen Vorgaben in der ersten Analogie eigentlich nur als vorübergehende Manifestationen einer quantitativ gleichbleibenden Materie aufgefasst werden dürfen. Die Korrektur an der Auffassung des Verhältnisses der Analogien zueinander hat daher auch eine Korrektur der Auffassung von physikalischen Gegenständen zur Folge.

Die zweite Korrektur, die an Kants Auffassung von Gesetzen vorzunehmen ist, betrifft das Verhältnis von Form und Materie beziehungsweise das Verhältnis von apriorischen und empirischen Bestimmungen. Kant fasst seine Analogien als eine Art Metagesetz auf, das selbst keinerlei Wandlungen unterliegt. Die verschiedenen besonderen Gesetze werden alle unter diese apriorische Form gebracht. Die Analogien sind mit anderen Worten das Allgemeine der Erkenntnis, das aber nur deren Form betrifft. Dies führt dazu, dass das

Allgemeine mit Bezug auf jeden Inhalt das Gleiche oder Gleichbleibende ist. Will man nun ein Verständnis von Gesetzen erreichen, bei dem man Kants Schwierigkeiten überwinden kann, so muss man das Allgemeine als durch das Besondere bestimmbar annehmen. Das Allgemeine wird auf diese Weise als etwas angesehen, das selbst etwas anderes werden kann. Nur so kann man auch dem Umstand Rechnung tragen, dass das in Gesetzen angegebene Verhältnis von Begriffen je nach Kontext etwas anderes besagen kann. Hiermit ist beispielsweise gemeint, dass Gesetzesaussagen, die mit Blick auf physikalische Zusammenhänge notwendig sind, nicht für chemische Verhältnisse zutreffen müssen. Was das Allgemeine ist, also die logischen Prinzipien oder Analogien, die Erfahrung strukturieren, wird folglich als durch die bestimmten Gesetze inhaltlich bestimmbar angesehen. Der strikte Unterschied von apriorischen und empirischen Prinzipien wird folglich aufgegeben. An seine Stelle tritt die Idee, dass man begriffliche einfache Prinzipien durch besondere Verhältnisse bestimmen und diese besonderen Verhältnisse als systematische Einheiten auffassen muss.

Mit der ersten Korrekturmöglichkeit habe ich mich in diesem Kapitel vor allem in Abschnitt 4 beschäftigt, mit der zweiten in Abschnitt 5. Die zweite Korrektur wird durch die Erfahrung erforderlich, weil erfahren wird, dass das in Gesetzen Ausgesagte vom Kontext abhängig Verschiedenes bedeuten kann.

(d) Warum behauptet Hegel, dass Gesetze sich *verkehren* müssen und was ist die sogenannte verkehrte Welt? Diese Fragen habe ich in den Abschnitten 5 und 6 behandelt. Zusammenfassend kann man sagen: Die Verkehrung von Gesetzen kann erstens bedeuten, dass Gesetzesaussagen je nach Kontext etwas anderes besagen können und dass Gegenstände zu verschiedenen Zeiten oder unter verschiedenen Gesichtspunkten durch Gesetze bestimmt werden können, die miteinander unverträglich sind.

Diese Art von Verkehrung stellt für eine Konzeption wie der von Kant deshalb ein Problem dar, weil Gesetze dort als etwas angesehen werden, was die Gegenstände und ihre Verhältnisse notwendig so bestimmt, wie sie sind. Weil das so ist, können für Kant Gesetze, die von einem bestimmten Typ physikalischer Gesetze abweichen, eigentlich nicht gültig sein. Dies führt dazu, dass man zwischen der durch die eigentlichen Gesetze bestimmten Welt und Welten, in denen andere Gesetze gelten, unterscheiden muss. Hier kann man dann nicht nur von einer Verkehrung, sondern von einer verkehrten Welt reden, weil neben unserer durch die eigentlichen Gesetze bestimmten Welt andere Welten vorgestellt werden, in denen ganz andere Gesetze gelten. So ist die Welt, in der Organismen als Gegenstände der Erfahrung vorkommen, eine andere Welt als unsere physikalische. Will man die andersgearteten Welten nicht als reine Fiktionen abtun, so müssen die Abweichungen der verkehrten Gesetze von den eigentlichen Gesetzen letztlich durch die defizitären Erkenntnisbedingungen des Verstandes zustande kommen. Daher kann man von verkehrter Welt in folgendem Sinne reden: Wenn der Unterschied von teleologischer und physikalischer Erklärung nur an unseren subjektiven Erkenntnisbedingungen liegt, dann muss es außer der Welt, so wie wir sie erkennen, die Welt geben, so wie sie eigentlich ist. Es könnte dann sein, dass das, was wir physikalisch erklären, eigentlich teleologisch erklärt werden muss. In einem solchen Fall wäre unsere Welt, so wie sie für uns erkennbar ist, eine Verkehrung der Welt, so wie sie eigentlich ist.

Bisher kann „Verkehrung" also erstens heißen, dass gleichlautende Gesetze Verschiedenes besagen können und verschiedene Gesetze von demselben gelten können, zweitens ist die Konzeption der verkehrten Welt ein Resultat des falschen Umgangs mit diesem Phänomen. Die Verkehrung von Gesetzen spielt aber drittens auch in Hegels positiver Konzeption eine wichtige Rolle. Die Verkehrung eines Gesetzes findet statt, wenn man mit einem Gesetz reflektierend auf ein anderes Gesetz Bezug nimmt, indem man den dort behaupteten Zusammenhang negiert. Dieses Verfahren ist erforderlich, weil jedes bestimmte Gesetz absolute Geltung beansprucht. Da einzelne bestimmte Gesetze aber nicht absolut gelten, müssen sie durch andere bestimmte Gesetze negiert werden können. Dadurch, dass ein bestimmtes Gesetz den in einem anderen bestimmten Gesetz behaupteten Zusammenhang negiert, wird erstens (im Prinzip) eine begrifflich zusammenhängende Einheit aller Gesetze möglich, und zweitens wird es möglich, die in Gesetzen unterschiedenen Elemente als Gegenstände zu bestimmen. Was die Einheit betrifft, so ist zu bedenken, dass die Negation bestimmter Gesetze durch andere Gesetze so stattfindet, dass trotz der Negation des Zusammenhangs des bestimmten Gesetzes das Gesetz nicht einfach verneint wird. Das zweite bestimmte Gesetz bezieht sich in dieser Verneinung auch positiv auf das erste Gesetz, und es kann diesem daher eine eingeschränkte Geltung durchaus zugesprochen werden. Was die Bestimmung von Gegenständen betrifft, so liegt der positive Ertrag der Verkehrung kurz gesagt in Folgendem: Man bezieht sich auf die in einem Gesetz unterschiedenen Elemente mit einem zweiten Gesetz in einer anderen Weise. Die unterschiedenen Elemente werden so aus dem spezifischen begrifflichen Zusammenhang, in dem sie im ersten Gesetz unterschieden wurden, herausgelöst und bekommen hierdurch eine Bestimmtheit als selbständige Gegenstände.

(e) Was ist nach Hegel das richtige Verständnis physikalischer Gesetze? Die richtige Auffassung physikalischer Gesetze versteht Gesetze als Relationen, die in einem Verhältnis zueinander stehen, das Hegel „Unendlichkeit" nennt. Gesetze sind demnach Ausdrücke einer begrifflichen Bestimmung von Seiendem auf der Basis eines einfachen begrifflichen Prinzips. Durch die Bestimmung wird das begriffliche Prinzip ausdifferenziert. Diese Ausdifferenzierung hat zur Folge, dass die unterschiedenen Elemente als selbständige Elemente erscheinen. Die Elemente sind aber durch das Gesetz nicht als selbständig bestimmt worden. Sie sind mit dem einfachen Prinzip identisch, durch das sie bestimmt worden sind. Durch das Verhältnis von einfachem Prinzip und Ausdifferenzierung dieses Prinzips in verschiedene Elemente ist das Verhältnis bestimmt worden, das sich in der Grundform physikalischer Gesetze ausdrückt. Das Gleichheitszeichen drückt eine Identität von einfachem Prinzip auf der linken Seite und Unterschied von Elementen auf der rechten Seite aus. Ein Gesetz durch die Struktur der Unendlichkeit bestimmt zu verstehen, bedeutet nun, diesen Zusammenhang noch einmal aus einer anderen Perspektive zu betrachten. Es ist demnach richtig, dass die in dem Gesetz unterschiedenen Elemente nicht selbständig sind. Sie können aber als selbständige bestimmt werden, wenn man durch weitere Gesetze auf sie Bezug nimmt. Ebenso ist es richtig, dass in dem Gesetz eine uneingeschränkte Identitätsaussage gemacht wird. Diese Identität gilt aber nicht uneingeschränkt in Beziehung zu Anderem. Sie kann durch weitere Gesetze negiert werden. Ohne dies hier abermals näher auszuführen, zeigt sich, dass die Struktur der Unendlichkeit als Basis zum Verständnis physikalischer Gesetze zu einer neuen Auffassung von Gesetzen führt, in der physikalische Gesetze nach wie vor als notwendig behauptet werden können.

Abschließend sei noch einmal hervorgehoben: Die *Phänomenologie* prüft, was der Maßstab für Wissen ist. Der von Kant gemachte Vorschlag, der im Kapitel *Kraft und Verstand* geprüft wird, lautet, dass der Maßstab etwas Begriffliches sein muss und dass dieses Begriffliche in Form von Gesetzen zur Bestimmung dessen dienen kann, was der Fall ist. Dem widerspricht Hegel nicht. Bei der Prüfung dieses Vorschlags zeigt sich aber, dass das Begriffliche nicht etwas rein Apriorisches ist und in der *Form* von Gesetzen besteht, sondern dass das Begriffliche durch die Bestimmung des Seienden konkret wird und nur dadurch seine Funktion wahrnehmen kann, einen Maßstab zu bilden.

V. DIE GEGENSTÄNDE

Die vorrangige Absicht dieses Kapitels ist, die von Hegel in der *Phänomenologie* vertretene Auffassung von Gegenständen zu entwickeln. Hierfür soll das vierte Kapitel der *Phänomenologie*, genauer der Abschnitt *Die Wahrheit der Gewißheit seiner selbst*[1], hinzugezogen werden. Ich werde diesen Abschnitt im folgenden Abschnitt meines Buches interpretieren und mich dann Hegels Auffassung verschiedener Gegenstandsarten zuwenden.

Als Resultat der bisher untersuchten Kapitel der *Phänomenologie* einschließlich des Kapitels *Kraft und Verstand* hat sich ergeben, dass nur dann eine Behauptung über etwas zu Recht mit dem Anspruch auf Wahrheit gemacht werden kann, wenn das, worauf man sich bezieht, in begrifflich notwendigen Zusammenhängen steht.[2] Erinnert man sich, wie es zu diesem Resultat gekommen ist, so ist bemerkenswert, dass immer wieder ein Bezug auf Seiendes hergestellt wurde, welches begrifflich bestimmt war oder begrifflich bestimmt werden musste. Nicht nur ist es durch eine Evaluation einer auf Wahrnehmbares bezogenen Position überhaupt erst dazu gekommen, das Begriffliche als das Wahre aufzufassen, auch unter einer solchen Annahme wurde, wie in *Kraft und Verstand* ausgeführt, der Bezug auf seiende Gegenstände immer wieder hergestellt. In diesem Rückblick kann man festhalten, dass der Bezug zu Seiendem in dem durchlaufenen Prozess dadurch in gewisser Weise überwunden wurde, dass das Seiende begrifflich bestimmt wurde. Man kann hier sagen, das Seiende wurde aufgehoben. Wenn der Bezug zu Seiendem für Erkenntnis konstitutiv ist und wenn das Wahre etwas begrifflich Bestimmtes ist, so gehört zur Erkenntnis die Aufhebung und Überwindung von Seiendem. Was wahr ist, können wir nicht durch begriffliche Operationen allein erkennen.

Nach dem, was bisher betrachtet worden ist, ist das Seiende, auf das wir uns erkennend beziehen, nicht wirklich selbständig. Physikalische Gegenstände sind keine für sich bestehenden Entitäten. Aber wenn Seiendes aufgehoben werden soll, muss ihm eine gewisse zu überwindende Widerständigkeit zugesprochen werden. Dass der Gegenstand, auf den wir uns beziehen, einen Widerstand bietet, den wir überwinden, indem wir uns seiner begrifflich bemächtigen, scheint damit konstitutiv für Erkenntnis zu sein. Dieser Gedanke wird im Folgenden noch ausgeführt werden. Er bietet in meinen Augen einen Leitfaden für den Abschnitt *Gewißheit seiner selbst*. Das Bewusstsein kommt

---

[1] Der Titel ist Abschnitts- und Kapitelüberschrift. Entsprechend werde ich sowohl vom Abschnitt als auch vom Kapitel *Gewißheit seiner selbst* sprechen.
[2] Dieses Resultat gilt ohne Einschränkung mit Blick auf die Frage, aus wessen Perspektive wir das Resultat betrachten.

nämlich zu dem im ersten Satz diese Absatzes genannten Resultat dadurch, dass es realisiert: Das, was wahr ist, ist ein Produkt der Tätigkeit des erkennenden Subjekts. Wahr ist, was durch das *Ich gesetzt* ist. Aber auch wenn die begriffliche Bestimmung als eine Setzung aufgefasst wird, so gilt, dass dieser Setzung ein Bezug zu Seiendem voraus geht. Dies ist, wie sich zeigen wird, das Thema des Abschnitts, indem Hegel hier diesen Bezug auf Seiendes herausarbeiten und näher bestimmen wird. Auf diese Weise wird offensichtlich, was für eine Konzeption Hegel von Gegenständen hat.

1. Die Wahrheit der Gewißheit seiner selbst

Die oder zumindest eine der im Abschnitt der *Gewißheit seiner selbst* gestellten Fragen lautet, wie man sich selbst erkennen kann oder, mit anderen Worten, wie man Wissen von sich erlangen kann.[3] Die in der *Phänomenologie* gegebene Antwort auf diese Frage besteht aus einem negativen und einem positiven Teil. Der negative lautet, dass man sich selbst nicht allein durch unmittelbaren Selbstbezug erkennen kann. Der positive Teil der Antwort besteht grob gesagt darin, dass Selbsterkenntnis nur erreicht wird, wenn (1) die Erkenntnis von anderen selbstbewussten Wesen geteilt wird und wenn man (2) in seinem Selbstbezug sowohl auf die Welt als auch auf andere selbstbewusste Wesen ausdrücklich Bezug nimmt.[4] Ich will im Folgenden zunächst die Frage beantworten, wie es innerhalb der *Phänomenologie* zu der Frage kommt, wie man sich selbst erkennen kann (1.1). Denn folgt man meiner bisherigen Interpretation der *Phänomenologie*, ist dies sicherlich nicht unmittelbar einleuchtend. Ausgeschlossen werden kann jedoch, dass Hegel mit dem Kapitel *Gewißheit seiner selbst* einfach das Thema wechselt und sich einer durch das Bisherige nicht motivierten Frage zuwendet. Der Frage nach der Bedeutung des Themas von dem Kapitel *Gewißheit seiner selbst* werde ich mich auch im dann folgenden Abschnitt (1.2) widmen, indem ich das Verhältnis von Erkenntnis und Selbsterkenntnis diskutiere. Anschließend werde ich einerseits zu erklären versuchen, wieso das Verhältnis des Selbstbewusstseins zu Anderem sich durch

---

[3] In der letzten Formulierung ist „Wissen" mit „Erkennen" gleichzusetzen, nicht, wie bei Hegel, mit „sich mit dem Anspruch auf Wahrheit auf etwas zu beziehen".

[4] Der nächste Abschnitt des Kapitels der *Phänomenologie* (A.) beginnt mit folgendem Resultat: Das Selbstbewusstsein existiert nur als ein Anerkanntes, weil es nur dann von sich selbst Erkenntnis haben kann, wenn ein Anderer es erkennt. Dieses Ergebnis wird in den Abschnitten *A* und *B* noch mehrfach modifiziert; letztlich ist seine Wahrheit für das Bewusstsein erst am Ende des Vernunft-Abschnitts erreicht.

Begierde auszeichnen soll (1.3). Andererseits soll geklärt werden, wie Hegel in diesem Kapitel das Lebendige als Gegenstand einführt (1.4). Dass Hegel das Verhältnis des Selbstbewusstseins zu Anderem als Begierde bestimmt und dass er den Gegenstand der Begierde als Lebendiges behauptet, sind die beiden Schritte, durch die Hegel in der *Phänomenologie* seine Konzeption von Gegenständen vorstellt, welche ich im nächsten Abschnitt (2) präsentieren werden. Vor dieser Präsentation sind (1.5) noch einige Elemente hervorzuheben, die aus der weiteren Entwicklung der *Phänomenologie* für diese Präsentation berücksichtigt werden sollten.

1.1 Das Thema der Selbsterkenntnis

Der Übergang vom Kapitel *Kraft und Verstand* zum Kapitel *Gewißheit seiner selbst* wird dadurch hergestellt, dass die Bewegung, die das Bewusstsein in der vorangegangenen Prüfung zuletzt in dem Versuch, etwas zu erkennen, vollzogen hatte, zur Grundlage einer neuen Position gemacht wird. Die Position aus *Kraft und Verstand* hat in ihrer Prüfung ihre grundlegenden Annahmen so modifiziert, dass diese bereits eine neue Position begründen, die nun genauer zu entwickeln ist. Der Übergang zu dieser neuen Position findet da statt, wo sich das *Verhältnis* desjenigen, der etwas erkennen will, zu dem, was er erkennen will, neu definiert. Als Verhältnis von einem Erkenntnis intendierenden Subjekt und einem zu erkennenden Gegenstand hat sich im Kapitel *Kraft und Verstand* eine Beziehung herausgebildet, die Hegel als „Erklären" bezeichnet.[5] Das Erklären ist damit die Grundlage der neuen Position.[6]

„Erklären" wurde im Kapitel *Kraft und Verstand* eine Tätigkeit des Bewusstseins genannt, durch die eine Einheit als Unterschied ausgedrückt wurde, ohne dass dieser Unterschied tatsächlich besteht. Man macht, wie Hegel sagt, einen Unterschied, der keiner ist. Das würde zunächst heißen, dass Erkenntnis darin besteht, begriffliche Differenzierungen zu vollziehen, bei denen die unterschiedenen Ausdrücke dasselbe bedeuten sollen. Bezieht man sich mit diesen Ausdrücken auf etwas, so bezieht man sich mit ihnen auf dieselbe Sache. Als Beispiel hierfür kann die *Erklärung* eines Junggesellen als unverheirateter Mann dienen. Zunächst sah es so aus, als sei bei der „Erklären" genannten Konzeption die Möglichkeit, etwas zu erkennen, nicht mehr ge-

---

[5] Wie oben herausgestellt, kann mit „Erklären" auf verschiedene Phasen des Kapitels *Kraft und Verstand* Bezug genommen werden. Wie noch deutlich werden wird, ist hier die letzte Phase gemeint, in der nicht mehr die Vorstellung grundlegend ist, dass das Wahre das Immergleiche sei.

[6] Ebenso war zum Beispiel beim Übergang von sinnlicher Gewissheit zur Wahrnehmung die „Aufzeigen" genannte Beziehung die Grundlage für die neue Position.

geben. Wenn man begriffliche Differenzierungen vornimmt, die der Sache nicht zu eigen sind, auf die man sich mit der Absicht bezieht, sie zu erkennen, so kann man nicht sagen, dass dasjenige, was man als wahr zu erkennen behauptet, unabhängig davon ist, dass man sich auf es bezieht. Dass das Wahre unabhängig davon ist, dass es gewusst wird, sollte aber nach Hegel eine der Bedingungen sein, die für Erkenntnis vorliegen müssen. Die Position, in der Erklären nur als eine Tätigkeit des Verstandes angesehen wird, hatte sich aber noch einmal gewandelt. Es hatte sich am Ende des Kapitels *Kraft und Verstand* herausgebildet, dass nicht wahr ist, dass das Wahre das Immergleiche ist und dass das Unterscheiden demgegenüber *nur* eine Tätigkeit des Verstandes ist. Für das Bestimmen des Gegenstands, so die Einsicht, muss das Unterscheiden wesentlich sein. Aber auch eine „Erklärung" in diesem Sinne kann noch nicht als neue Position ausgegeben werden. Um die neue Position als eine Position zur Frage anzusehen, was Erkenntnis ist, muss die Tätigkeit, die bisher als Erklären auftrat, noch etwas spezifiziert werden.

Eine solche Spezifikation kann man vornehmen, indem man fragt, was überhaupt als Gegenstand fungieren soll, der gemäß dieser neuen Position erkannt werden kann.[7] Mit anderen Worten: Wenn das Bewusstsein eine Tätigkeit ausüben muss, die strukturell dem Erklären entspricht, so gilt es für die neue Positionierung zu fragen, wie ein Gegenstand genauer beschaffen sein muss, der sich so – also durch eine solche Tätigkeit – erfassen lässt. Es ist nicht so, dass das Bewusstsein den nun erforderlichen neuen Typ von Gegenständen einfach konstruiert. Das Bewusstsein legt nicht nach Belieben fest, was den neuen Gegenstand auszeichnet. Stattdessen hat sich in der Prüfung, die im Kapitel *Kraft und Verstand* stattgefunden hat, bereits auch etwas mit Blick auf die Frage ergeben, was der Gegenstand ist. Dies gilt schon insofern, als der zu erkennende Gegenstand der neuen Position so geartet sein muss, dass er durch eine Tätigkeit, die strukturell dem Erklären entspricht, erfasst werden können muss. Wenn die Tätigkeit das Vollziehen eines Unterschieds ist, der nicht wirklich besteht, dessen Vollzug zur Bestimmung aber wesentlich ist, so muss der Gegenstand sich dadurch auszeichnen, dass er sich als Unterschied darstellt, während er tatsächlich mit sich identisch (oder eine Einheit) ist. Etwas, worauf sich das Bewusstsein beziehen kann, was diese Struktur hat, ist es selbst bzw. Selbstbewusstsein: Ich kann mich von mir unterscheiden und

---

[7] Man kann den Übergang zu einem neuen bestimmten Gegenstand auch gemäß der oben dargestellten Übergangskonzeption (vgl. 1. Kapitel, 3. Abschnitt, und 3. Kapitel, 2. Abschnitt) rekonstruieren: Das Bewusstsein vollzieht nach, was es erfahren hat, indem es seine frühere Annahme, dass das Allgemeine das Gleichbleibende ist, unter der Bedingung verneint, dass es über denselben Gegenstand spricht. Es heißt in der neuen Position daher: Das Allgemeine als Gleichbleibendes ist ein mit sich Ungleiches. – Die oben von mir gewählte Darstellung soll die Einführung des Selbstbewusstseins verständlicher machen.

mich auf mich beziehen. Es gehört sogar wesentlich dazu, wenn etwas selbstbewusst ist, dass es sich von sich unterscheiden und auf sich beziehen kann. Zugleich gilt, dass ich mit dem, was ich dann von mir unterscheide, identisch bin. Hier ist allerdings terminologisch noch Folgendes zu berücksichtigen: Das Selbstbewusstsein ist streng genommen nicht der Gegenstand, sondern das Wahre, also dasjenige, das sich als Maßstab für wahres Wissen eignen soll. Ein Gegenstand muss, wie gesagt, etwas Seiendes sein.[8] Als solches wird in der jetzt behandelten Position in Kürze das Seiende, das Lebendige und ein anderes lebendiges Selbstbewusstsein eingeführt werden.

Folgt man Hegels Ausführungen, ist aus der Perspektive des Bewusstseins Selbstbewusstsein zunächst der einzig mögliche Kandidat für etwas, das erkannt werden kann. Der Grund hierfür ist, dass das Bewusstsein nicht nur seinen Gegenstand dem Resultat dessen gemäß konzipieren muss, was sich ergeben hat, sondern auch sein Verhältnis zum Gegenstand. Eines der Resultate aus der Perspektive des Bewusstseins ist, dass der Gegenstand, den es von sich unterscheidet, um sich erkennend auf ihn zu beziehen, nicht wirklich von ihm unterschieden ist. Der Unterschied ist *unmittelbar* aufgehoben.[9] Mit anderen Worten: Wenn das Bewusstsein einen anderen Gegenstand als sich selbst als Gegenstand, der erkannt werden kann, wählen würde, müsste es zwischen sich und dem Gegenstand einen Unterschied machen, der nicht unmittelbar wieder aufgehoben werden kann. Dies widerspricht aber seinen grundlegenden Annahmen.

Ich möchte an dieser Stelle noch einmal nachfragen, wie es zu der neuen Position kommt. Ich habe am Ende des letzten Kapitels schon hervorgehoben, dass eigentlich drei Perspektiven zu unterscheiden sind: Hegels Perspektive ist demnach zu unterscheiden von der des Bewusstseins und der des Beobachters. Aus Hegels Perspektive können wir die Materie erkennen. Diese Perspektive entspricht, wie zu erinnern ist, nicht dem Entwicklungsgang der Erfahrungen der *Phänomenologie*. Aus der Perspektive des Bewusstseins hat sich das Resultat ergeben, dass Wahrheit Gesetztsein ist. Das sollte heißen: Wenn man die Kraft voraussetzt, kann man den Gegenstand, also Materie, bestimmen. Dadurch ist Materie Produkt seiner Bestimmungen. Der die Erfahrungen analysierende Beobachter ist, was den Entwicklungsprozess angeht,

---

[8] Vgl. bes. das 2. Kapitel, Abschnitt 1.2. Hegel bezeichnet das Selbstbewusstsein zwar als „Gegenstand", aber hier meint er (entgegen seiner eigenen engeren Definition) einen intentionalen Gegenstand. Zu beachten ist auch, dass die Position hier erst entwickelt wird. Der Gegenstand im engeren Sinne wird noch als etwas vom Bewusstsein Unterschiedenes eingeführt.

[9] Schon im Kapitel *Kraft und Verstand* hat Hegel zur nächsten Position mit folgenden Worten übergeleitet: „Indem ihm [dem Bewusstsein] dieser Begriff der Unendlichkeit Gegenstand ist, ist es also Bewußtsein des Unterschieds als eines unmittelbar ebensosehr Aufgehobenen" (*GW* 9, 101).

auf dem Stand des Bewusstseins.[10] Allerdings sieht er, dass das Gesetztsein selbst das Resultat einer Entwicklung gewesen ist, also nicht unmittelbar geschieht. Das Bewusstsein interpretiert dieses Resultat zunächst so, dass jeder der in den Setzungen gemachte Unterschied unmittelbar ist und unmittelbar auch aufgehoben ist. Die neue Position macht, wie man genauer sagen kann, drei Behauptungen, die ihre Position definieren: (1) Erkennen ist eine Tätigkeit, in der etwas begrifflich differenziert wird, wobei diese Differenzierungen sich immer unmittelbar auf dasselbe beziehen. (2) Der Gegenstand, der durch diese Tätigkeit erkannt wird, zeichnet sich dadurch aus, dass er eine Einheit ist, die sich als Unterschied ausdrückt, der unmittelbar wieder aufgehoben ist. Wenn man (1) und (2) annimmt, könnte man noch annehmen, dass sich ein Bewusstsein auf einen *anderen* Gegenstand bezieht. Hier kommt aber für das Bewusstsein eine dritte Annahme hinzu: (3) Die Beziehung auf den Gegenstand, der erkannt werden soll, besteht darin, dass der vom Bewusstsein unterschiedene Gegenstand nicht unmittelbar von ihm unterschieden ist. Mit anderen Worten: Erkenntnis ist immer unmittelbar Selbsterkenntnis.

Man könnte meinen, dass man dann zu Hegels eigener Position gelangt, wenn man „unmittelbar" weglässt. Zu klären wäre dann nur, wie es möglich ist, dass wir uns auf etwas beziehen, das wirklich und nicht nur dem Schein nach von uns unterschieden ist und das dennoch auch nicht von uns unterschieden ist. Es stimmt jedoch nicht, dass man durch Weglassung von „unmittelbar" zu Hegels Position gelangt. Es war zum Beispiel mit Blick auf die Materie in einer bestimmten Hinsicht richtig zu sagen, dass die Materie die Struktur eines unmittelbar aufgehobenen Unterschieds hat. Richtig ist dies nämlich für die Materie als Seiendes. Die zweite Behauptung, die das Bewusstsein macht, ist also nicht falsch. Und es ist anzunehmen, dass es sich mit den anderen Behauptungen ähnlich verhält. Was als Position des Selbstbewusstseins vorgestellt wird, ist nicht prinzipiell revisionsbedürftig. Es ist vielmehr ergänzungsbedürftig. Das Bewusstsein hat sich die Struktur der Unendlichkeit erschlossen, und diese Struktur ist in Hegels Augen wirklich die Struktur von etwas, das wir erkennen können. Sie muss sich zwar noch entwickeln oder modifizieren, wird aber nicht mehr aufgegeben.[11] Falsch ist allerdings, wenn das Bewusstsein so etwas sagt wie „Alles, was ein Gegenstand ist, ist …" oder: „Gegenstandsein besteht darin …" Falsch wäre auch: „Es gibt

---

[10] Folgt man meiner Interpretation, gilt, dass das Bewusstsein nichts Falsches erfahren kann und die Verkürzungen nur durch seine Interpretation zustande kommen. Dies ist auch hier der Fall, insofern das, was wahr ist, gesetzt ist; nur gilt, wie sich noch zeigen muss, dass Setzungen nur wahr sind, wenn das, was gesetzt wird, auch als wirklich angesehen oder bestimmt werden kann.

[11] Dies ist einer der Gründe dafür, dass Hegel im Kapitel *Gewißheit seiner selbst* sagt, wir seien in das einheimische Reich der Wahrheit eingetreten (*GW* 9, 103).

einen Gegenstand, der durch die Struktur eines unmittelbar aufgehobenen Unterschieds vollständig bestimmt werden kann." Da das Bewusstsein sich durch seine Annahmen endgültig zur Frage, was Erkenntnis ist, positionieren will (denn so ist laut Hegel eine *Position* in der *Phänomenologie* aufzufassen), werden seine Behauptungen tatsächlich in diesem hier angedeuteten Sinne falsch. Das Bewusstsein behauptet fälschlicherweise, dass es sich, wann immer es sich auf einen Gegenstand außerhalb seiner selbst bezieht, in Wirklichkeit nur unmittelbar auf sich selbst bezieht.

So ergibt sich als Thema des vierten Kapitels der *Phänomenologie* die Frage: Wie ist Selbsterkenntnis möglich? Wohlgemerkt glaubt die Vertreterin der bisher explizierten Position die Antwort auf diese Frage schon zu kennen: Sie ist der Meinung, dass Selbsterkenntnis (vollständig) in der unmittelbaren Beziehung auf sich selbst besteht. Aber dies wird sich als falsch erweisen, und da dies zu verschiedenen neuen Vorschlägen führt, kann man als leitende Frage des Abschnitts die Frage ansehen, wie Selbsterkenntnis möglich ist.

Was ich soeben expliziert habe, ist mit Blick auf die Position, die am Anfang des Kapitels *Gewißheit seiner selbst* entwickelt wird, noch in einem wichtigen Aspekt zu modifizieren.[12] Dieser Aspekt ergibt sich ebenfalls aus dem vorangegangenen Kapitel *Kraft und Verstand*. Er kann so zusammengefasst werden, dass das Bewusstsein genauer betrachtet zwei Formen der Erkenntnis bzw. Selbsterkenntnis kennt. Entsprechend tritt der Gegenstand, den es zu erkennen gilt und der sich als Selbstbewusstsein erweisen soll, auch in zwei verschiedenen Gestalten auf. Genauer betrachtet nimmt das Bewusstsein an, dass wir uns selbst erkennen, indem wir uns unmittelbar auf uns beziehen. In diesem Fall unterscheiden wir etwas mit sich Identisches. Sodann gibt es aber auch Erkennen als eine Tätigkeit, in der etwas, das sich als Unterschiedenes präsentiert, als dasselbe erkannt wird.[13] In diesem Fall bezieht sich das Bewusstsein außer auf sich selbst auch noch auf die Welt. Die Welt ist, anders als es selbst, etwas, das zunächst als von ihm unterschieden auftritt. Dadurch, dass für das Bewusstsein jede Form von Erkenntnis unmittelbare Selbsterkenntnis ist, gilt für das Bewusstsein aber auch hier: Wenn sich das Bewusstsein erkennend auf die Welt bezieht, heißt das, dass es sich eigentlich nur auf sich selbst bezieht.

---

[12] Hegel führt diese Modifikation als die erste Modifikation der Position ein. „[…] indem es [das Bewusstsein] nur sich selbst von sich unterscheidet, so ist ihm der Unterschied unmittelbar als ein Anderssein aufgehoben; der Unterschied ist nicht und es ist nur die bewegungslose Tautologie des Ich bin Ich; indem ihm der Unterschied nicht auch die Gestalt des Seins hat, ist es nicht Selbstbewußtsein" (*GW* 9, 104).

[13] Diese beiden Bewegungen entsprechen der im Kapitel *Kraft und Verstand* beschriebenen Erfahrung, der zufolge Gleiches ungleich und Ungleiches gleich wird.

Genauer besehen muss das Bewusstsein die Behauptung, dass es sich in seiner epistemischen Beziehung auf die Welt eigentlich auf sich selbst bezieht, nicht nur vertreten, weil es sich auf die These verpflichtet hat, dass Erkenntnis Selbsterkenntnis ist. Die Annahme, dass sich das Bewusstsein, wenn es sich auf etwas Anderes erkennend bezieht, sich eigentlich auf sich selbst bezieht, ist vielmehr eine relativ direkte Interpretation der Erfahrungen, die im Kapitel *Kraft und Verstand* beschrieben worden sind. Der Gegenstand als das Wahre ist für das Bewusstsein nach allem, was sich ergeben hat, etwas Gesetztes, nicht etwas Seiendes. Der Gegenstand, auf den sich das Bewusstsein bezogen hatte, hatte sich außerdem als so geartet zu sein erwiesen, dass er nur für ein Anderes, nämlich für ein Bewusstsein, eine Einheit ist.[14] Jeder erkennende Bezug auf etwas Seiendes muss das Seiende daher als etwas annehmen, das seine Wahrheit in etwas Anderem hat. Gemäß dem Bewusstsein hat es seine Wahrheit im Selbstbewusstsein als einem Subjekt, das die Setzung vollziehen kann.

Ist man dem Gedankengang bis hierher gefolgt, lässt sich auch noch Folgendes bemerken: Wenn die Positionen der *Phänomenologie* jeweils das bewahren sollen, was sich aus der vorangegangenen Position ergeben hat, so ist es kein Zufall, dass das Bewusstsein sich in der neuen Position nach wie vor auf die Welt als auf etwas von ihm Unterschiedenes bezieht und seine Tätigkeit in dem Nachweis der Identität des von ihm so Unterschiedenen mit sich besteht. Dies nicht deshalb, weil es sich im Kapitel *Kraft und Verstand* als konstitutiv für Erkenntnis ergeben hatte, dass wir uns auf etwas Seiendes beziehen *und* dieses als Seiendes aufheben, was bedeutet, es begrifflich zu bestimmen.[15] Vielmehr liegt es für Hegel im Begriff der Erkenntnis, dass es einen Bezug auf Seiendes gibt, und im Kapitel *Kraft und Verstand* hatte sich ergeben, dass das Seiende als Seiendes aufgehoben werden muss. Die neue Position muss dieses für Erkenntnis konstitutive Moment selbst integrieren. Sie tut dies, indem sie sich auf die Welt als Seiendes bezieht, das es aufzuheben gilt. Denn könnte sie das nicht, könnte sie nicht behaupten, dass es überhaupt Erkenntnis gibt, wenn zur Erkenntnis konstitutiv gehört, dass ein Bezug auf Seiendes stattfindet.

Das Bewusstsein muss seine Position zur Erkenntnis so formulieren, dass sie Bezug auf Seiendes enthält. Ob dieser Bezug auf Seiendes von Seiten des Bewusstseins aufgrund der Einsicht in die Struktur der Erkenntnis oder aufgrund einer Erfahrung eingeräumt wird, kann offen bleiben. Das Bewusstsein

---

[14] Dies ist, so Hegel, das Resultat, mit dem wir die im Kapitel *Gewißheit seiner selbst* beschriebene Prüfungsphase beginnen: „[D]ies Ansich [wie der Gegenstand wahrhaft ist, DE] ergibt sich als eine Weise, wie er nur für ein anderes ist" (*GW* 9, 103).

[15] Dass der Bezug zu Seiendem bestehen muss, drückt Hegel so aus, dass das Selbstbewusstsein „das Anderssein als ein Sein oder als unterschiedenes Moment" (*GW* 9, 104) in seine Position aufnehmen müsse.

sieht jedenfalls, dass es nach wie vor Bezug auf die Welt als aufzuhebendes Seiendes nehmen muss, denn in dem Fall, in dem es sich nur unmittelbar auf sich bezöge, wäre es, wie Hegel sagt, nur „eine bewegungslose Tautologie des: Ich bin Ich" und damit keine Position zur Frage, was Erkenntnis ist. Das Bewusstsein formuliert deshalb seine Position so, dass es sich selbst erkennen will, indem es auf die Welt als etwas Bezug nimmt, das eigentlich nur es selbst ist.[16] Es unterscheidet, wie Hegel sagt, zwischen seiner Erscheinung, der zufolge es einen Unterschied zwischen ihm und der Welt gibt, und seiner Wahrheit, der zufolge dieser Unterschied nicht besteht. Dies ist die Position, die im Weiteren geprüft wird.

Man mag sich vielleicht wundern, wie jemand ernsthaft die Position vertreten kann, dass Erkenntnis auf Selbsterkenntnis reduziert werden kann. Jedoch ist zu erinnern, dass dies bedeuten kann, dass alle Erkenntnis darin besteht, dass etwas eine durch das „Ich" gesetzte Wahrheit ist. Dies könnte nun wiederum eine Formulierung im Rahmen einer Kantischen Position sein. Die jetzt behandelte Position geht allerdings darin über Kant hinaus, dass sie behauptet, dass das Selbstbewusstsein oder das *Ich* erkannt werden können müsse. Als Grund hierfür kann genannt werden, dass so das Problem vermieden werden soll, das Kant dem Kapitel *Kraft und Verstand* zufolge haben soll, nämlich dass Erkenntnis nicht mehr möglich ist. Im Hinausgehen über Kants Auffassung von Selbsterkenntnis soll die neue Position derjenigen Fichtes entsprechen.[17] Allerdings ist zu bedenken, dass Fichtes Position (und in gewisser Weise auch Kants) im weiteren Verlauf der *Phänomenologie* noch behandelt wird, insbesondere im Abschnitt über die Vernunft. Man kann daher vielleicht am besten sagen: Im Abschnitt *Gewißheit seiner selbst* geht Hegel dem durch Kant aufgebrachten und von Fichte fortgesetzten Gedanken nach, dass Selbstbewusstsein und Selbsterkenntnis eine Bedingung für Erkenntnis sind.[18] Da auch dieses Thema von Hegel noch bis in den Abschnitt über die

---

[16] Daher sagt Hegel – nachdem er gesagt hat, dass das Selbstbewusstsein, wenn es sich nicht auf etwas anderes als auf sich bezöge, eine bewegungslose Tautologie wäre und dass die Welt für das Bewusstsein nur auf das Moment des Selbstbewusstseins bezogen sei –: „Das Bewußtsein hat als Selbstbewußtsein nunmehr einen gedoppelten Gegenstand, den einen, den unmittelbaren [...] und den zweiten, nämlich sich selbst" (*GW* 9, 104).
[17] Zur Darstellung, wie Fichte in dieser Beziehung über Kant hinausgeht, vgl. Henrich 2003a, 46 ff.
[18] Der Fichte-Bezug scheint besonders durch Hegels Bemerkung zum *Ich bin Ich* nahegelegt (*GW* 9, 104; vgl. zum Kant-Bezug zum Beispiel McDowell 2006, zum Fichte-Bezug Klotz 2008). Mit Blick auf Kant kann man die *Phänomenologie* mit ihrer Erörterung von Empfindung, Anschauung, Begriff und Selbsterkenntnis weiterhin als dem Aufbau der *Kritik der reinen Vernunft* folgend auffassen. Das Kapitel *Gewißheit seiner selbst* entspricht dann den Paralogismen.

Vernunft hinein fortgesetzt wird, wird es bei dem, was ich im Folgenden über den Abschnitt *Gewißheit seiner selbst* sage, zuweilen zu Vorgriffen auf den Abschnitt zur Vernunft kommen, die ich nicht immer kenntlich machen werde.

1.2 Das Verhältnis von Selbsterkenntnis und Erkenntnis

Die Situation am Anfang des Kapitels *Gewißheit seiner selbst* soll im Folgenden noch näher aufgehellt werden. Zunächst will ich versuchen, hierfür vier Fragen zu beantworten, die sich angesichts der bisherigen Ausführungen stellen.

(a) Die erste Frage lautet: Woraufhin wird die neue Position geprüft? Die Person, welche die neue Position bezieht, behauptet, dass alle Erkenntnis Selbsterkenntnis ist. Sie behauptet weiterhin, dass alles außer ihr selbst nur Erscheinung ist. Es gilt für sie daher, dass alles, was anders als sie selbst ist, zu negieren oder, mit anderen Worten, in seiner Nichtigkeit aufzuzeigen ist. Durch die Erfahrung wird widerlegt werden, dass alles andere als die Person selbst nur Erscheinung ist und dass die Konzeption von Selbsterkenntnis, welche die Person hat, zulänglich ist. Angesichts dieser Beschreibung scheint es eher unpassend zu sagen, dass nach wie vor geprüft werden soll, was Erkenntnis ist. Es geht offensichtlich vielmehr um die Frage, was Selbsterkenntnis ist.

Die Frage, was Selbsterkenntnis ist, hängt wie folgt mit der Frage zusammen, was Erkenntnis ist: Aus der Perspektive des Bewusstseins besteht der Zusammenhang darin, dass Erkenntnis für es überhaupt nur als Selbsterkenntnis möglich ist. Die Frage, was Erkenntnis ist, kann also auf die reduziert werden, was Selbsterkenntnis ist. Das bedeutet auch, dass aus der Perspektive des Bewusstseins nach wie vor eine Antwort auf die Frage „Was ist Erkenntnis?" gegeben wird, welche geprüft werden soll.

Aus Hegels Perspektive besteht der Zusammenhang der Fragen, wie Erkenntnis möglich ist und wie Selbsterkenntnis möglich ist, nicht darin, dass die eine Frage auf die andere reduziert werden kann. Dennoch hängen die Fragen eng zusammen und zwar nicht nur dadurch, dass das Bewusstsein, dessen Weg analysiert wird, die Identität von beiden behauptet. Die Beantwortung der Frage nach dem Zusammenhang der Fragen steht in meinen Überlegungen unter der durch das bisher Gesagte begründeten These, dass die Welt durch das Prinzip der Kraft bestimmt tatsächlich erkannt werden kann. Eine Reduzierung von Erkenntnis auf Selbsterkenntnis ist schon von daher nicht möglich. Ich denke, für Hegel besteht der enge Zusammenhang vor allem in zwei Hinsichten: Erstens impliziert nach Hegel Erkenntnis der Welt Selbsterkenntnis. Der Grundgedanke hier lautet ungefähr so: Die Erkenntnis der Welt setzt voraus, dass die Welt begrifflich bestimmt ist. Die Bestimmung ist ein Prozess, in dem selbstbewusste Wesen eine Rolle spielen müssen. Dies wurde am Beispiel der Materie deutlich, denn die Materie ist als eine Einheit für ein Anderes, welches Materie als Einheit bestimmt. Dieses Andere muss Bewusstsein bzw. Selbstbewusstsein haben.[19] Wenn die Welt vollständig begrifflich bestimmt sein soll, dann müssen auch diejenigen, die in dieser begrifflichen Bestimmung eine Rolle spielen, begrifflich bestimmt sein. In diesem Sinne ist Erkenntnis für Hegel in jedem Fall selbstbezüglich: Erkenntnis muss den Prozess des Erkennens umfassen. Erkenntnis von selbstbewussten Wesen gehört daher zur Erkenntnis der Welt.

Zweitens setzt die Bestimmung der Materie den Begriff der Kraft voraus. Dies motiviert den weiteren Gang des Erkenntnisprozesses. Für Erkenntnis muss dieser Begriff etwas Wirkliches sein. Kraft ist zwar ein Begriff, er soll aber das Wirkliche bestimmen und insofern wirklich sein. Es ist nicht unmittelbar einsichtig, was diese Vorgaben mit dem Thema der Selbsterkenntnis zu tun haben. Dies wird noch zu zeigen sein. Man kann hier vielleicht schon vermuten, dass nur ein selbstbewusstes Wesen begriffliche Voraussetzungen als wirklich erkennen kann.

(b) Die zweite Frage, die ich stellen möchte, lautet: Was ist zufolge der neuen Position das vom Wissen unabhängige Wahre? Ich habe in der vorangehenden Darstellung die Antwort, die am Anfang des Kapitels *Gewißheit seiner selbst* auf die Frage gegeben wird, was Erkenntnis ist, so zusammengefasst, dass Erkenntnis immer Selbsterkenntnis ist. Eine kritische Nachfrage, die sich an dem orientiert, was ich als Hegels Konzeption der Erkenntnis ausgeführt habe, ist die Frage: Wieso genügt die These der Erkenntnis als Selbsterkenntnis der Bedingung, die in Hegels Augen für Erkenntnis erfüllt sein muss und die lautet, dass das Gewusste unabhängig vom Wissen wahr sein muss? Dieser Bedingung scheint durch die These, dass Erkenntnis Selbsterkenntnis ist, widersprochen zu werden. Wäre dies so, müsste entweder Hegels Auffassung von Erkenntnis revidiert werden, oder die Position des Selbstbewusstseins dürfte nicht als Position gelten, die die Frage beantwortet, was Erkenntnis ist. Jede Position, die untersucht wird, muss zumindest nach einer möglichen Interpretation auch den Bedingungen für Erkenntnis genügen. Sie wäre sonst kein ernstzunehmender Kandidat für eine Prüfung. Es muss daher geklärt werden, inwiefern die Position des Selbstbewusstseins der Bedingung nach der Unabhängigkeit von Wahrheit Rechnung tragen kann.

Hilfreich ist es hier, sich noch einmal zu erinnern, dass die jetzt behandelte Position die Konsequenzen aus dem Defizit der Position zieht, die als „Erklären" bezeichnet wurde. Denn die Person, die sich durch die Tätigkeit des Erklärens definierte, konnte tatsächlich nicht behaupten, dass das, was

---

[19] Dies sagt Hegel auch mit Blick auf die Welt als Gesamtheit von Lebendigem deutlich: Leben ist eine Einheit für ein Bewusstsein (*GW* 9, 107).

sie weiß, unabhängig davon, dass sie es weiß, so ist, wie sie behauptet.[20] Man muss sich daher vergegenwärtigen, was die jetzt behandelte Position tut, um dies wieder behaupten zu können. Die neue Konzeption geht in der Annahme über das Erklären hinaus, dass das Selbstbewusstsein erkannt werden kann. Das Selbstbewusstsein soll daher offenbar als das Wahre fungieren, das als das erkannt werden kann, was es ist.

Nun ist diese Antwort zumindest auf den ersten Blick nicht sehr erhellend. Zunächst könnte man meinen, das Selbstbewusstsein nimmt die Rolle ein, die bisher der vom Bewusstsein unabhängige Gegenstand als dasjenige inne hatte, über das etwas behauptet wird. Was behauptet man, wenn man die Unabhängigkeit des Selbstbewusstseins behauptet? Sowohl der Fortgang der *Phänomenologie* als auch dasjenige, was man im Sinne Fichtes sagen könnte, an den Hegel hier, wie gesagt, vor allem denkt, spricht für Folgendes: Mit Selbständigkeit des Selbstbewusstseins ist gemeint, dass das Selbstbewusstsein von nichts anderem abhängig, also nur durch sich selbst ist. Tatsächlich soll dem Selbstbewusstsein hier also zukommen, unabhängig zu sein, und in dieser Hinsicht tritt das Selbstbewusstsein die Nachfolge der Substanz oder des Gegenstands an, bei dem diese Unabhängigkeit wider Erwarten nicht bewahrheitet wurde. Aber dadurch, dass das Selbstbewusstsein in diesem Sinne als selbständig zu bezeichnen ist, wird noch nicht verständlich, wie man das oben aufgeworfene Problem lösen kann, dass den Bedingungen für Erkenntnis gemäß das Wahre unabhängig vom Wissen sein muss.[21] Dies ist bei Erkenntnis als einem Subjekt, das sich auf sich selbst bezieht, allem Anschein nach nicht der Fall. Ich werde aber versuchen darzulegen, dass dies der Fall ist. Die neue Konzeption kann nämlich Folgendes für sich in Anspruch nehmen: Wissen ist die Beziehung des Bewusstseins auf die Welt, während wahr das ist, was durch das *Ich* gesetzt werden kann (oder gesetzt ist). Was wahr ist, hängt daher nicht vom Wissen ab, aber der Anspruch auf Wahrheit der Wissensbehauptung besteht zu Recht, wenn das, was gewusst wird, durch das *Ich* gesetzt werden kann. Beispielsweise kann man sagen: Es ist wahr, dass, wenn hier zwei Äpfel liegen und dort ein Apfel liegt, hier insgesamt drei Äpfel liegen. Dies ist nicht wahr, weil wir es sehen oder gezählt haben, sondern weil es durch die Prinzipien des Selbstbewusstseins bestimmt ist.

Auf diese Weise sind die Bedingungen für Erkenntnis durch die hier behandelte Position erfüllt. Man kann aber auch bereits vermuten, woran die Position in dieser Fassung scheitern soll: Die diese Position einnehmende Person

---

[20] Sie behauptete einen Unterschied, der nicht der Sache zukam, weshalb ihre Erklärung *bloßes* Erklären war. Am Ende des Kapitels *Kraft und Verstand* wurde diese Annahme zwar insofern aufgegeben, als dass klar war, dass es kein bloßes Erklären sein kann, es war aber noch nicht klar, was der Gegenstand ist, der es ermöglicht, dies zu behaupten.

[21] Vgl. hierzu auch Pinkard 1994, 50 ff.

muss bei ihren Setzungen immer etwas voraussetzen, das sie bestimmen kann. Sie muss sich auf etwas Seiendes beziehen, das sie bestimmen kann. Die behauptete Selbständigkeit des Selbstbewusstseins besteht daher nicht wirklich. Mit Blick auf Fichte bewahrheitet sich das in Hegels Augen dadurch, dass Fichte in seine Konzeption mit dem so genannten *Anstoß* etwas einführen muss, das nicht durch das *Ich* gesetzt werden kann.[22] Damit setzt er Seiendes voraus und wird seinen eigenen Vorgaben nicht gerecht.

Einen Aspekt der voranstehenden Überlegungen will ich hier noch etwas genauer ausführen, weil sonst mit Blick auf meine These zu dem, was die Bedingungen für Erkenntnis sind, eine neue Verwirrung auftreten könnte. Folgt man meiner Bestimmung von Erkenntnis, muss nämlich für Erkenntnis nicht nur die soeben diskutierte Bedingung der Unabhängigkeit erfüllt werden, sondern auch noch eine andere. Erkenntnis liegt demnach nur dann vor, wenn auch ein Bezug auf etwas Seiendes besteht. Das heißt: Die durch das *Ich* gesetzten Konditionalsätze mögen zwar wahr sein, sie sind aber solange keine Erkenntnis, wie sie sich nicht auf etwas Seiendes beziehen, das durch sie bestimmt wird. Das bedeutet, dass der Bezug auf Seiendes gemacht werden muss, um den Bedingungen für Erkenntnis zu genügen. Andernfalls wäre keine Erkenntnis gegeben, sondern, wie Hegel an der entsprechenden Stelle auch deutlich sagt, bloß eine Tautologie ausgesprochen.[23] Mit Blick auf Fichte formuliert: Fichte stellt den Bezug auf Seiendes, den er als Anstoß denkt, zu Recht her. Ohne ihn läge gar keine Konzeption zur Erkenntnis vor. Dennoch widerspricht die Tatsache, dass für Erkenntnis etwas Seiendes vorausgesetzt wird, der bedingungslosen Selbständigkeit des Selbstbewusstseins.

(c) Es gibt neben der soeben diskutierten noch eine andere Frage, die sich vor dem Hintergrund meiner bisherigen Interpretation der *Phänomenologie* angesichts der neuen Position stellt. In der Darstellung des Kapitels *Kraft und Verstand* hat sich gezeigt, dass mit den dort bereitgestellten Mitteln Materie als dasjenige aufgefasst werden konnte, auf das man sich mit dem Anspruch auf Wahrheit erfolgreich beziehen kann. Materie ist demnach ein sich selbst bewegender Stoff, der unterschiedliche und sich stets verändernde materielle Konstellationen ausbildet, welche als eine Einheit aufgefasst werden, indem sie als eine begriffliche Totalität bestimmt werden. Diese Totalität scheint damit dasjenige zu sein, das man als den eigentlichen Gegenstand der physikalischen Welt ansehen kann. Dann stellt sich die Frage: Warum ist dies nicht der Gegenstand, auf den sich das Bewusstsein bezieht, das am Anfang des Abschnitts über das Selbstbewusstsein dargestellt wird?

---

[22] Dieses Thema wird Hegel noch bis in den Abschnitt über die Vernunft hinein beschäftigen (vgl. Düsing 1994, 245). Die hier von mir angedeutete Fichte-Kritik ist daher verkürzt.
[23] *GW* 9, 104.

Diese Frage führt auf eine ähnliche Überlegung wie die erste (unter a) diskutierte Frage. Der Gegenstand, den das Bewusstsein in der neuen Position als das Wahre ansieht, also das Selbstbewusstsein, entspricht der Struktur der Materie. Die Struktur war die eines unmittelbar aufgehobenen Unterschieds und diese Struktur liegt auch beim Selbstbewusstsein vor. Weiterhin gilt auch, dass das Verhältnis des Bewusstseins zur Welt (als etwas, das unmittelbar es selbst sein soll) sich in mindestens einer Hinsicht als Nachfolgekonzeption verstehen lässt. Hier ist daran zu erinnern, dass Materie *als Einheit* nur für ein Anderes ist, weil sie Einheit als *begriffliche* Totalität ist. Diese Totalität wird nicht durch die Materie selbst gebildet. Das heißt man kann durchaus sagen, dass der Gegenstand, auf den sich das Bewusstsein bezieht, wenn es sich auf die Welt bezieht und von dieser behauptet, dass sie nur es selbst ist, der Materie entspricht. Nun gilt zugleich, dass aus der Perspektive des Bewusstseins dieser Gegenstand nichts ist, auf das man sich positiv beziehen kann. Was es nicht sieht, ist, dass Materie als ein Gegenstand, der unabhängig vom Bewusstsein ist, erkannt werden kann. Das Bewusstsein sieht die alleinige Pointe des Gegenstandsbezugs darin, dass der Gegenstand bloße Erscheinung ist und dass es selbst der Materie die Einheit geben muss, damit diese überhaupt ein Gegenstand ist. Um Materie als etwas begreifen zu können, auf das man sich mit dem Anspruch auf Wahrheit erfolgreich beziehen kann, muss offensichtlich eine Bedingung erfüllt sein, die das Bewusstsein noch nicht erfüllt. Diese Bedingung ist, wie ich oben schon angedeutet habe, dass gerechtfertigt wird, wieso die Kraft als etwas Wirkliches angenommen werden kann. Hierfür ist, wie sich zeigen wird, Selbstbewusstsein erforderlich. Aber das Selbstbewusstsein erkennt diesen Zusammenhang in der hier behandelten Phase nicht.

Es gibt wohlgemerkt noch anderes, das dem Bewusstsein bisher entgangen ist und das zur Einnahme der Perspektive Hegels auf die Materie eingesehen werden muss. So kann man vermuten, dass das Bewusstsein sich auch deshalb nicht erfolgreich mit Anspruch auf Wahrheit auf Materie beziehen kann, weil es nicht zur Kenntnis nimmt, dass Materie nicht der Gegenstand schlechthin ist, sondern es auch noch anderes gibt. Folgt man der *Phänomenologie*, soll das Bewusstsein die Erfahrung bald machen, dass es auch Gegenstände gibt, die anders geartet sind als der physikalische Gegenstand, da ihnen Selbständigkeit zukommt. Dies wird hier später noch eingehender betrachtet werden.

(d) Die letzte der Fragen, die hier zur Klärung des Themas des Abschnitts *Gewißheit seiner selbst* dienen sollen, könnte vielleicht passender als Einwand formuliert werden. Die Frage lautet: Welche Rolle spielt das Selbstbewusstsein für Erkenntnis nach Hegel? Die Frage ergibt sich aus folgendem Grund: Es ist eine weitverbreitete, gut begründete und auch durch Hegels Texte zu stützende Ansicht in der Literatur, dass für Hegel Erkenntnis Selbsterkenntnis der Vernunft oder des Geistes ist.[24] Meine hier vertretene Auffassung einer möglichen Erkenntnis der Materie durch das Bewusstsein scheint damit nicht vereinbar. Ich will dieser These der Selbsterkenntnis des Geistes nicht grundsätzlich widersprechen. Jedoch trifft einiges von dem, was mit dieser These verbunden wird, nach meiner Interpretation nicht zu. Insbesondere will Hegel in meinen Augen an einem Begriff der Erkenntnis festhalten, nach dem wir etwas wirklich als unabhängig von uns erkennen können. Hierauf werde ich im Abschnitt zum Begriff des Geistes zurückkommen. Die These der Selbsterkenntnis lässt sich aber auch direkt auf das Kapitel *Gewißheit seiner selbst* beziehen. Dies wird auch dadurch nahe gelegt, dass Hegel sagt: „Mit dem Selbstbewußtsein sind wir also in das einheimische Reich der Wahrheit eingetreten."[25] Entsprechend wird der Abschnitt über Selbstbewusstsein als Fluchtpunkt aller bisherigen Überlegungen angesehen[26] und behauptet, dass die Grundthese der *Phänomenologie* die sei, dass das Bewusstsein in seinem Bezug auf Gegenstände eigentlich nur sich selbst suche.[27] Dagegen spricht, dass das Bewusstsein deshalb über seinen bisherigen Standpunkt hinausgehen muss, weil es die Frage, was Erkenntnis ist, noch nicht beantwortet hat. Neben Selbsterkenntnis fehlt ihm dazu die Einsicht darin, wie etwas unabhängig von ihm wahr sein kann. Es findet sich in der Literatur die Tendenz, das, was im Bewusstseinsabschnitt geleistet worden ist, zu gering zu schätzen. Im Abschnitt über das Bewusstsein wird nicht nur erarbeitet, dass Selbstbewusstsein thematisiert werden muss. Es wird auch gezeigt, was physikalische Körper sind und wie unsere Begriffe zusammenhängen. Ich kann die Positionen in der Literatur hier nicht im Einzelnen diskutieren und will stattdessen darlegen, wie sich Hegel in meinen Augen positioniert.

Dass der Abschnitt *Gewißheit seiner selbst* das Wahre der vorangegangenen Positionen enthalten soll, ergibt sich schon daraus, wie Hegel sich den Aufbau der Positionen in der Prüfung der *Phänomenologie* denkt. Dieses Kapitel kann in diesem Sinne auch „Ziel" oder „Fluchtpunkt" des bisher Gesagten genannt werden. Das kann aber Verschiedenes heißen. Zunächst heißt es, dass das Bewusstsein das Resultat der letzten Position zur Grundlage der neuen Position macht. Es heißt außerdem, dass das, was sich als Moment der Entwicklung des Resultats des Bewusstseinsabschnitts gezeigt hat, im Abschnitt über das Selbstbewusstsein nach wie vor vorkommen muss – wenn auch mit verän-

---

[24] Z.B. Düsing 1984; Halbig 2004; Henrich 1982a; Horstmann 1984, 86 ff.; Peperzak 1987; Quante 2004a; Sandkaulen 2008: Theunissen 1970, 67.
[25] *GW* 9, 103. Ich habe für diese Behauptung oben schon eine Begründung angeboten: Die Struktur der Unendlichkeit ist nicht revisionsbedürftig.
[26] Schlösser 1996.
[27] Klotz 2008, 184; hier könnte man auch Cramer 1978 und Marx 21981 und 1986 (bes. deutlich 4 ff.) nennen.

dertem Status. Ein Beispiel hierfür ist das Aufheben des Seienden durch das Selbstbewusstsein: Das Selbstbewusstsein muss sich auch unter der Absicht der Selbsterkenntnis nach wie vor auf Seiendes beziehen, weil sonst eine bloße Tautologie ausgedrückt wird und kein Erkennen zustande kommt. Es muss das Seiende als Seiendes aufheben. Selbst wenn dies dem Bewusstsein nicht gegenwärtig sein muss, weil es sich auch angesichts seiner unmittelbaren eigenen Lage ergibt, so bewahrt sich in dieser Aufhebung von Seiendem etwas, das die Entwicklung zu diesem Standpunkt des Selbstbewusstseins überhaupt erst ermöglichte.

Der soeben erwähnte Gedanke des Bewahrens der Momente der vorherigen Position lässt sich für eine systematisch am Thema des Selbstbewusstseins ausgerichtete Untersuchung nutzbar machen. Das, was im Kapitel *Kraft und Verstand* herausgestellt wurde, braucht man, um Selbstbewusstsein verstehen zu können.[28] Die Bedingungen für Selbstbewusstsein und Selbsterkenntnis sind komplex. Hätte man nicht die Ressourcen aus dem bisherigen Prozess der *Phänomenologie*, also etwa die Einsicht darin, dass etwas mit sich Identisches nicht als solches erkannt werden kann, wenn nicht interne Differenzierungen vorgenommen werden, so könnte Selbstbewusstsein überhaupt nicht thematisiert werden. Blickt man auf die weitere Entwicklung des Themas Selbstbewusstsein in der *Phänomenologie*, kann man auch sagen, dass es zu deren Einsichten gehört, dass der positive Bezug auf etwas Anderes für Selbstbewusstsein konstitutiv ist.[29] Auch wenn dies alles zweifellos wichtige Einsichten Hegels sind, so ist ihre Bedeutung für das Thema Erkenntnis nicht unmittelbar einsichtig – es sei denn, man identifiziert, wie das Bewusstsein es tut, Erkenntnis unmittelbar mit Selbsterkenntnis. Was ihr Zusammenhang tatsächlich ist, wird sich im Gang der *Phänomenologie* erst noch herausstellen.

Tatsächlich wird sich, so denke ich, das Selbstbewusstsein als Fluchtpunkt in dem Sinne erweisen, dass ohne es Erkenntnis nicht möglich wäre. Nur durch die Analyse des Selbstbewusstseins kommen wir dahin, sagen zu kön-

---

[28] Unter dieser Perspektive liest Schlösser (1996) die beiden Kapitel *Kraft und Verstand* und *Gewißheit seiner selbst*.

[29] Dies ist auch der Gedanke, den Klotz vorrangig herausarbeitet, nämlich dass „gegenständliche Bestimmtheit positiv in den Selbstbezug aufzunehmen ist" (Klotz 2008, 181). Ich denke, man muss genauer sagen, dass für Hegel Selbsterkenntnis als unmittelbare Selbstbeziehung nicht unmöglich oder falsch ist, sondern eher unvollständig. Es ist aus diesem Grund legitim, wenn man (wie etwa Schlösser 1996, 469) das, was Hegel am Anfang des Kapitels *Gewißheit seiner selbst* anführt (also Selbstbewusstsein als unmittelbares Selbstverhältnis) als etwas ansieht, das Hegel auch affirmiert. Hegel sagt nicht einfach: Notwendige Bedingung für Selbstbewusstsein ist der positive Bezug auf anderes. Bei Klotz ist der positive Bezug auf Anderes eine Bedingung für kohärentes Wissen von sich (2008, 181). Ich würde sagen, der positive Bezug auf anderes ist, wie sich in der *Phänomenologie* nachträglich zeigt, eine Bedingung dafür, dass wir uns selbst als vernünftig erkennen können.

nen, dass es Erkenntnis gibt. Nicht nur gehört Selbsterkenntnis zu Erkenntnis. Dies habe ich oben etwa so erläutert: Erkannt werden kann etwas nur, wenn es begrifflich bestimmt ist. Es ist etwas aber auch nicht einfach begrifflich bestimmt, sondern begriffliche Bestimmtheit ist Resultat eines umfassenden Prozesses. Für diesen Prozess bedarf es der Beteiligung der selbstbewussten Wesen. Diese müssen in umfassender Erkenntnis selbst begrifflich bestimmt sein. Daher gehört Erkenntnis des Selbstbewusstseins oder auch (aus Perspektive des Bewusstseins) Selbsterkenntnis zum Begriff der Erkenntnis. Außerdem gilt aber, dass ohne Selbstbewusstsein und Selbsterkenntnis Erkenntnis tatsächlich nicht möglich wäre. Aber warum dies so sein soll, ist noch nicht klar. Dies wird in den nächsten Abschnitten geklärt.

Zum Anfang von *Gewißheit seiner selbst* besteht zusammenfassend gesagt ungefähr folgende Situation: (1) Es ist klar geworden, dass wir aus Hegels Perspektive Materie erkennen können. Hierfür sind aber Bedingungen erforderlich, die durch den Gang der *Phänomenologie* bisher noch nicht gegeben sind. (2) Der Beobachter, der die Erfahrungen des Bewusstseins analysiert hat, ist in dieser Analyse zu dem Ergebnis gekommen, dass Wahrheit Gesetztsein ist. Dieses Resultat wird Grundlage der neuen Position. (3) Das Bewusstsein behauptet (indem es dieses Resultat interpretiert), dass es einen Gegenstand unmittelbar erkennen kann, der nicht unmittelbar von ihm unterschieden ist, und dass dieser Gegenstand es selbst ist. In diese Konzeption muss es den Bezug auf Seiendes integrieren. Die Frage, wie dies geht, wird die weitere Entwicklung der Position anleiten.

1.3 Das Selbstbewusstsein als Begierde

Im Abschnitt *Gewißheit seiner selbst* wird von einem Bewusstsein ausgegangen, das sich einerseits auf sich selbst und andererseits auf die Welt als etwas bezieht, das von ihm seines Erachtens nicht wirklich unterschieden ist. Zur Annahme, dass die Welt nicht etwas von ihm Unterschiedenes ist, kommt die Person, die nun geprüft werden soll, wie gesagt, durch eine Überlegung der folgenden Art: Wenn ich etwas erkenne, ist es begrifflich bestimmt. Die begriffliche Bestimmtheit kommt nicht dem Ding (an sich) zu, sondern mir als demjenigen, der sich bewusst auf es bezieht.[30] Also beziehe ich mich, wenn ich mich auf die Welt (oder etwas in ihr) beziehe, nur auf mich selbst.

---

[30] Wenn man das so darstellt, liegt der Fehler in diesem zweiten Teilsatz, denn weder bezieht sich nur dieses einzelne Subjekt auf den Gegenstand, noch sind die Begriffe, mit denen es sich auf den Gegenstand bezieht, einfach es selbst.

Soviel scheint durch die bisherige Interpretation auch verständlich. Dies ist aber nicht alles, was Hegel sagt. Er behauptet außerdem, das Selbstbewusstsein sei nun „Begierde überhaupt" (*GW* 9, 104). Im Folgenden will ich darlegen, wie und warum Hegel die Begierde einführt.

Dass das Selbstbewusstsein mit Begierde auf die Welt bezogen ist, ergibt sich daraus, dass einerseits gilt, was ich soeben zum Teil schon zusammenfassend wiederholt habe: Das Selbstbewusstsein behauptet, dass alles Wahre durch es bestimmt oder „gesetzt"[31] sei. Das Selbstbewusstsein ist damit das Bestimmende oder das Setzende. In dieser Funktion muss es selbständig sein (denn es soll *selbst* bestimmen und es soll *alles* bestimmen, also auch sich selbst). Andererseits gilt aber auch, dass das Selbstbewusstsein auf Seiendes bezogen sein muss. Dies soll deshalb so sein, weil ohne den Bezug auf Seiendes keine Erkenntnis stattfinden würde. Das Aufzuhebende ist für das Bewusstsein das in jeder Beziehung Negative,[32] etwas, dem keine Selbständigkeit zukommt. Das Bewusstsein macht sich das Seiende insofern zu eigen, als es den Bezug auf alles begrifflich Bestimmte als bloßen Selbstbezug versteht. An dieser Stelle führt Hegel die Begierde ein.

Man kann eine Reihe von Vorschlägen machen, was Begierde hier strukturell sein soll, so dass sie der eben beschriebenen Situation irgendwie entspricht:[33] Sie bezeichnet ein Verhältnis, in dem die Überwindung oder Unterordnung das wesentliche Moment ist. Sie bezeichnet ein Verhältnis, in dem eine Asymmetrie besteht, wobei dasjenige Individuum, das sich für selbständig hält, sich dieser Selbständigkeit durch die Aneignung des ihm gegenüber Anderen versichern muss. „Aneignung" meint hier nicht „etwas durch Lernen erwerben", sondern „sich etwas nehmen". Entscheidend ist in meinen Augen, dass ein Bezug auf Seiendes stattfindet, dieses Seiende aber als unselbständig angesehen wird und als nichtig erwiesen werden muss, damit die Position, die hier entwickelt wird, aufrecht erhalten werden kann. Dies werde ich im Folgenden ausführen.

---

[31] Diese Terminologie orientiert sich an Fichte, wird aber in diesem Zusammenhang auch von Hegel gebraucht: „Was das Selbstbewußtsein von sich unterscheidet, hat auch insofern als es seiend gesetzt ist, [...]" (*GW* 9, 104).

[32] *GW* 9, 104.

[33] Vgl. auch Honneths (2008) Parallelsetzung zur Phase des Gefühls der Omnipotenz bei Kindern. Anders als Brandom (2004), der die Einstellung als „erotisch" bezeichnet, denke ich, dass Hegel hier eine negative Haltung im Blick hat, weil der Gegenstand, den das Selbstbewusstsein sich aneignen will, von ihm als nichtig angesehen wird. Ein positiver Bezug besteht nur auf sich selbst. Marx (1986, 27) legt Begierde als Bewusstsein eines Mangels aus. Dass ein Mangel vorliegt, gilt aus der Perspektive des Bewusstseins aber nicht von Anfang an. Meines Erachtens geht es jedenfalls bei der Begierde um das Verhältnis des Lebewesens zu seiner Umwelt. McDowell (2006) vertritt dagegen die These, dass Hegel im Abschnitt *Selbstbewußtsein* nur von Selbstverhältnissen und nicht von externen bzw. sozialen Verhältnissen spricht. Dagegen Pippin (2011).

Es gehört zweifellos zu der Position, die im Abschnitt *Gewißheit seiner selbst* vorgestellt wird, dass Erkenntnis als etwas angesehen wird, das mit einer Tätigkeit des Subjekts verbunden ist. Das Bewusstsein glaubt, dass es sich auf etwas tätig beziehen muss, um es zu erkennen. In diesem Sinne entspricht es der Haltung der Person, sich aktiv auf die Welt zu beziehen.[34] Dennoch scheint der Ausdruck der Begierde zu metaphorisch für eine solche bewusste Tätigkeit. Denn sie ist trotz allem eine epistemische Einstellung. Allerdings sieht Hegel zweifellos eine Pointe darin, dass epistemische Einstellungen mit einer Haltung zur Welt verbunden sind. Die epistemische Einstellung, dass die Welt nicht an sich besteht, impliziert zum Beispiel, ihr keine Rechte zusprechen zu müssen, und dies ist eine Haltung, die sich auch in Handlungen ausdrücken wird. In diesem Zusammenhang lässt sich Folgendes festhalten: Die Haltung der Begierde macht in ihrer ausdrücklich handlungsbezogenen Dimension[35] etwas deutlich, das für Hegel zum Wesen der epistemischen Einstellung überhaupt gehört. Denn die Verbindung von Einstellung und Haltung ist elementar.[36] Sie besteht bereits dadurch, dass wir die Welt oder die Gegenstände in der Welt mit unseren Erwartungen adressieren. Schon hiermit wird eine Haltung zur Welt eingenommen. Mit jeder Haltung ist auch die Dimension verbunden, dass sich eine richtige epistemische Einstellung bewähren soll und dadurch das Erkenntnisinteresse stillt. Dieses Verhältnis von Erwartung und Entsprechung spiegelt sich im Verhältnis von Begierde und Befriedigung wieder. Indem das Bewusstsein sich im Kapitel *Gewißheit seiner selbst* als Handelnder versteht, verhält es sich der Welt gegenüber auch im Epistemischen aktiver. Dies wird durch den Begriff der Begierde reflektiert.

Bei der Antwort auf die Frage, warum Hegel das Verhältnis als „Begierde" charakterisiert oder das Selbstbewusstsein als „Begierde" bezeichnet, sollte man sich weiterhin einer historischen Dimension bewusst sein: Fichte hat in ähnlichem Kontext den Begriff des Strebens gewählt, und bei Kant findet sich in der Einleitung zur dritten Kritik die Bemerkung, dass die Erreichung der

---

[34] In Hegels Worten: „Das Selbstbewußtsein stellt sich hiermit als die Bewegung dar, worin dieser Gegensatz aufgehoben und ihm die Gleichheit seiner selbst mit sich wird" (*GW* 9, 104).

[35] In der Literatur ist die Frage, ob die Begierde eine praktische Handlung ist, umstritten. Dafür argumentieren etwa Neuhouser 1986; Honneth 2008, 192; Siep 1998. Ich will aus Gründen, die im Folgenden deutlich werden sollen, daran festhalten, dass die Einstellung eine epistemische ist, obwohl ich auch (wie Neuhouser) sagen würde, dass das Verständnis des Bewusstseins als Handelndes wichtig für die Erfahrung von Lebendigem ist sowie (wie Siep), dass Hegel Themen einbezieht, die klassischer Weise zur praktischen Philosophie gehören. Als epistemologischen Begriff bezeichnet die Begierde auch Förster (2008, 42). Pippin (2011) hat jüngst (gegen McDowell 2006) die überzeugende These vertreten, dass Hegel Bewusstsein mit Begierde identifiziere, weil er Lebewesen dadurch auszeichnen wolle, dass sie sich bewähren müssen. Die menschliche Begierde würde dann, so Pippin, epistemisch ausgezeichnet.

[36] Sie gilt daher auch schon für die im Abschnitt über das Bewusstsein beschriebenen Positionen, vgl. das erste Kapitel.

Absicht, Einheit in die mannigfaltigen Prinzipien zu bringen, mit denen die Natur beschrieben wird, „mit dem Gefühl der Lust verbunden"[37] sei. Wenn man den Gründen dafür nachgeht, warum Hegel „Begierde" wählt, ist erstens auffallend, dass Hegel die Begierde negativ charakterisiert.[38] Damit verbunden ist eine Kritik an Kant und Fichte, die in ihrer Erkenntnistheorie annehmen, dass die Welt nichtig ist. Zweitens ist die Frage wichtig, was in der Begierde mehr liegt, als dass man etwas als nichtig und als unselbständig ansieht. Die Antwort auf diese Frage muss lauten: Das Andere erscheint selbständig und soll überwunden werden. Eine Begierde ohne den Bezug auf etwas Anderes, das man sich aneignen will, ist nicht vorstellbar. Selbst wenn das Andere nach Auffassung des Bewusstseins in dieser Aneignung seine nur scheinbare Selbständigkeit verliert, muss das Bewusstsein diese scheinbare Selbständigkeit doch überwinden. Hegel will betonen, dass wir (wenn auch negativ) auf Anderes bezogen sind. Daher wählt er den Ausdruck „Begierde".

Im Kapitel *Sinnliche Gewißheit* hatte Hegel in einer ironischen Nebenbemerkung gesagt, dass die Position der sinnlichen Gewissheit eine Position darstellt, die sich eine Einsicht nicht zu eigen mache, in welche sogar die Tiere eingeweiht wären.[39] Da die Tiere handelnd realisierten, dass sinnliche Dinge nichtig seien, indem sie diese verzehren, können sie als in die Einsicht eingeweiht gelten, dass sinnliche Dinge unbeständig bzw. nichtig sind.[40] Nun scheint dieses Verhalten der Tiere der Haltung der Begierde ähnlich zu sein. Dies ist schon deshalb erstaunlich, weil die jetzt behandelte Position die des Selbstbewusstseins sein soll und daher eine Analogie zu den Tieren nicht zu passen scheint. Ich will die Erörterung der Fragen, wie und warum Hegel die Begierde einführt, daher mit ein paar Thesen zu dieser Analogie beschließen. Zunächst lässt sich der Bemerkung zu den Tieren entnehmen, dass das Verhalten der Aneignung dem Unorganischen gegenüber nicht oder zumindest nicht prinzipiell unangemessen ist. Hierin liegt erstens: Ohne begriffliche Bestimmtheit ist die Materie etwas Nichtiges. Da das Tier die begriffliche Bestimmtheit der Materie nicht erkennen und Materie daher auch nicht als Gegenstand erkennen kann, ist die Aneignung auch die einzige Verhaltens-

---

[37] Kant, *Kritik der Urteilskraft*, Einleitung XXXIX, AA 5, 187. Für diese Stelle als Vorlage spricht, dass Kant diese Lust mit der Ordnung von Gattungen und Arten – also den Prinzipien des Lebens, um die es auch Hegel im Folgenden gehen wird – in Zusammenhang bringt.

[38] Das Gefühl der Lust (Genießen) an Dingen wird beispielsweise erst in einer Position möglich, in der ein anderes menschlichen Wesen eine Rolle spielt: Der Herr genießt die vom Knecht bearbeiteten Dinge (*GW* 9, 113).

[39] Vgl. S. 50 und Kapitel III, Fn. 24.

[40] „Auch die Tiere sind nicht von dieser Weisheit ausgeschlossen, sondern erweisen sich vielmehr am tiefsten in sie eingeweiht zu sein, denn sie bleiben nicht vor den sinnlichen Dingen als an sich seienden stehen, sondern verzweifelnd an dieser Realität und in der völligen Gewißheit ihrer Nichtigkeit langen sie ohne weiteres zu, und zehren sie auf" (*GW* 9, 69).

weise, die das Tier haben kann. Die negierende Haltung der Begierde spricht dem Gegenstand folglich ab, an sich etwas Allgemeines oder Begriffliches zu sein. Zweitens gilt: Ein Unterschied zwischen dem, was das Tier tut, und dem, was das Selbstbewusstsein macht, wird sich im Folgenden ergeben, indem das Selbstbewusstsein durch seine höhere Differenzierungsleistung erfahren kann, dass dem Gegenstand, auf den es sich bezieht, auch als *einzelnem* Gegenstand *Selbständigkeit* zukommen kann. Dies gilt wohlgemerkt nicht für begrifflich bestimmte Materie (aber für Organismen), und insofern ist unorganische Natur tatsächlich unselbständig, wie das Tier allem Anschein nach meint. Drittens kann man sagen: Selbst wenn das Verhalten der Aneignung gegenüber dem Unorganischen nicht unangemessen ist, heißt das nicht, dass jemand, der die Behauptung vertreten will, dass das Selbstbewusstsein selbständig (im oben erläuterten Sinne) ist, diese Behauptung durch seinen negativen Bezug auf Unorganisches bestätigen kann. Es gilt vielmehr, dass, obwohl eine Haltung wie die der Aneignung dem Unorganischem gegenüber angemessen sein kann, die Begierde als etwas, das die Selbstbestätigung zum Ziel hat, scheitern muss. Offensichtlich liegt also ein Unterschied zwischen den Tieren und dem Selbstbewusstsein darin, dass das Selbstbewusstsein mit seiner Haltung eine epistemische Einstellung behaupten bzw. eine Position zur Frage, was Erkenntnis ist, einnehmen will. Das Tier befindet sich mit dem, was es tut, in einem natürlichen Kreislauf, nicht im Prozess des Erkennens. Das Selbstbewusstsein bezieht sich nicht nur in einer bestimmten Weise auf seinen Gegenstand, sondern es will durch das, was es tut, seine Position behaupten. Überwunden werden soll Begierde nicht als Teil des natürlichen Lebens, sondern in epistemischen Zusammenhängen. Dies ist auch der Grund, warum ich daran festhalten will, dass die Begierde hier primär eine epistemische und nicht eine praktische Haltung ist.[41]

Mit dem hiermit angedeuteten Thema hängt ein weiterer Aspekt zusammen, der bei der Behandlung der Frage danach, inwiefern Hegel etwas darüber sagt, was es gibt, kommentiert werden sollte: Hegel führt das Beispiel des Tieres als eines vor, in dem das Tier die „unorganische Natur" aufzehrt.[42] Nun lässt sich hier natürlich ein anderer Fall denken: Wenn das Tier sich auf andere Lebewesen bezieht, die es sich einverleibt, so sind aus seiner Perspektive für es diese anderen Lebewesen offenbar ebenfalls nichtig. Wenn das Selbstbewusstsein sich auf Lebewesen bezieht, so muss es deren Selbständigkeit dagegen anerkennen. Zwar mag einleuchten, dass das Tier das Richtige tut, insofern es

---

[41] Die Überlegungen in der *Sinnlichen Gewißheit* hat Hegel mit der Bemerkung eingeleitet „die Rücksicht auf das Praktische zu antizipieren" (*GW* 9, 69).
[42] So im Kapitel *Gewißheit seiner selbst* (*GW* 9, 106). Im Kapitel *Sinnliche Gewißheit* spricht Hegel nur von „den sinnlichen Dingen" (*GW* 9, 69), aber in diesem Kapitel werden nur unorganische Dinge thematisiert.

ihm um die reine Selbsterhaltung geht. Aber an dieser Stelle muss man einräumen: Die Bemerkung aus dem Kapitel *Sinnliche Gewißheit*, dass das Tier mit dem, was es tut, eine Weisheit über die Dinge ausdrückt, nämlich dass die Dinge nicht „an sich seiende" (*GW* 9, 69) sind,[43] darf nicht auf diesen Fall einer Vernichtung des Organischen übertragen werden (was Hegel auch nicht tut, da er gerade von der Aufzehrung unorganischer Natur spricht). In der gegenseitigen Vernichtung der Tiere drückt sich nicht die Weisheit aus, dass die sinnlichen Dinge nichtig sind. Wenn sich dort eine Weisheit ausdrückt, dann die, dass Leben ein Prozess ist und die einzelnen Instanzen endliche sind.[44] Dieser Gedanke – der in der Position der sinnlichen Gewissheit noch überhaupt keine Rolle spielen sollte – lässt sich jetzt ausführen: Das Tier bezieht sich auf andere Lebewesen als nichtige, weil es die begriffliche Bestimmtheit der Dinge nicht erkennen kann. Alle Gegenstände (Lebendiges und lebendiges Selbstbewusstsein eingeschlossen) sind nur dadurch überhaupt an sich (also unabhängig bestehend usw.), dass sie begrifflich bestimmt sind. Das heißt, dass zwar (tierisches oder nicht selbstbewusstes) Lebendiges selbständig ist, sich aber nicht auf sich als selbständig beziehen kann. Ebenso ist etwas Lebendiges für etwas (nicht selbstbewusstes) Lebendiges auch nicht selbständig.[45] Hier lässt sich die Frage anschließen, ob folgende Behauptung richtig ist: Etwas ist nur dadurch etwas Selbständiges, dass es als solches von einem Anderen bestimmt oder (an-)erkannt wird. In meinen Augen ist diese Behauptung missverständlich, weil sie zweifellos in einem Sinne für Hegel wahr ist, aber leicht falsch verstanden werden kann. Wahr ist die Behauptung, insofern sie zum Beispiel durch folgende wahre Behauptungen erläutert werden kann: Ohne die epistemische Beziehung auf die Welt, die dem Selbstbewusstsein zu eigen ist, könnte nichts als selbständig erkannt werden. Das Lebendige hätte sich zwar vom Unorganischen unterschieden (indem es es aufzehrt usw.), aber es wäre nicht als von ihm Unterschiedenes erkannt worden. Darüber hinaus könnte die Annahme aber auch etwa Folgendes implizieren: Gäbe es kein Selbstbewusstsein, das Lebendiges als selbständig erkennt, wäre Lebendiges nicht selbständig. Diese Annahme kann meines Erachtens nicht wahr sein. Zu ihr steht im Widerspruch, dass das Selbstbewusstsein die Erfahrung der Selbständigkeit von etwas Anderem macht, bevor es diese erkennt. Das geht

---

[43] Wohlgemerkt macht das Tier keine Behauptung darüber, was die Dinge an sich sind, sondern sein Verhalten ist dieser Weisheit gemäß.

[44] Dass Lebendiges sich auf anderes Lebendiges wie auf Unorganisches bezieht, sieht Hegel in der Naturphilosophie als einen der Gründe dafür an, dass das Lebendige untergehen muss (vgl. *Enz.* § 368).

[45] Dazu passt, dass der nächste Abschnitt des Kapitels *Gewißheit seiner selbst*, (A), mit der Überlegung beginnt, dass das Selbstbewusstsein „nur als ein Anerkanntes" ist, weil es nur dann von sich selbst Erkenntnis haben kann, wenn ein Anderer es erkennt (*GW* 9, 109).

nur, wenn die Selbständigkeit nicht durch diese Erkenntnis bedingt ist. Außerdem vertritt Hegel die Auffassung, dass das Lebendige sich selbst dadurch in seiner Selbständigkeit erhält, dass es anderes vernichtet. Dann braucht das Lebendige, um selbständig zu sein, aber offenbar nicht auch noch als solches erkannt zu werden. Der Fehler dieser angeblichen Implikation liegt darin, dass sie für einen kontrafaktischen Fall (dass es kein Selbstbewusstsein gibt) eine bestimmte Aussage macht. Man kann aber für diesen kontrafaktischen Fall keine bestimmte Aussage machen. Die zuletzt gemachten Bemerkungen waren insofern ein Vorgriff auf das Folgende, als sie schon auf die Erfahrung der Selbständigkeit von etwas Bezug genommen haben. Dies wird nun genauer zu betrachten sein. Vorher soll aber noch eine abschließende Bemerkung zur Begierde stehen: Wie ich unten (Abschnitt 1.5) skizzieren werde, wird in der *Phänomenologie* die Haltung der Begierde durch die Haltung der Anerkennung abgelöst. Anders als in der Begierde kann man in einem Verhältnis der Anerkennung das, worauf man sich bezieht, als selbständig ansehen. Dennoch wäre es falsch zu sagen, dass für Hegel mit der Anerkennung nicht mehr die aktive und aneignende Bezugnahme auf etwas verbunden ist, die für die Begierde charakteristisch ist. Auch vollständige Anerkennung geht für Hegel mit Aneignung einher. Nur ist dies eine Form der Aneignung, die dem Anderen seine Selbständigkeit zugleich zugesteht.

1.4 Das Andere als Lebendiges

Zu den schwer nachvollziehbaren Schritten in der *Phänomenologie des Geistes* gehört die Einführung des Lebendigen. Wie kann Hegel im Kapitel *Gewißheit seiner selbst* behaupten, der Gegenstand, auf den sich das Selbstbewusstsein beziehe, sei Lebendiges? Das Selbstbewusstsein bezieht sich, so Hegel, mit seiner Begierde auf etwas Lebendiges, selbst wenn es das selbst nicht weiß. Klar ist, dass das Lebendige eingeführt wird, um in einem darauf folgenden Schritt das lebendige Selbstbewusstsein einzuführen. Dieses muss eingeführt werden, weil Hegel es braucht, um seine Auffassung von Erkenntnis vollständig zu explizieren. Es gilt nämlich, aus Gründen die später klar werden, dass selbstbewusste Wesen sich gegenseitig als selbständig anerkennen müssen, damit eine vollständige begriffliche Bestimmung der Welt möglich ist.

Ich werde in diesem Abschnitt zu klären versuchen, wie Hegel das Lebendige einführt. Erforderlich ist dies, um die Bedeutung des Lebendigen zu verstehen.[46] Darüber hinaus eignet sich die Einführung des Lebendigen, um erneut

---

[46] Mit der Frage, wie Hegel das Lebendige einführt, sind Fragen verbunden, die ich im nächsten Abschnitt bei der Behandlung des Lebendigen unter dem Gesichtspunkt der Gegenstandskonzeption Hegels wieder aufnehmen werde. Ich behandle das Thema des Über-

324 V. Die Gegenstände

die *Methode* der *Phänomenologie* und die Rolle der Erfahrungen zu diskutieren. Ich gehe in drei Schritten vor: Erst expliziere ich etwas, das ich als *logische Genese* bezeichne. Dieser logischen Genese werden dann die Überlegungen Hegels, die in meinen Augen im engeren Sinn als Begründung dafür anzusehen sind, warum sich das Selbstbewusstsein auf Lebendiges beziehen muss, gegenüber gestellt. Schließlich erörtere ich die Erfahrung des Bewusstseins.

1.4.1 Die logische Genese des Lebendigen

Eine der Behauptungen, die Hegel im Kapitel *Gewißheit seiner selbst* macht, ist, dass der Gegenstand zum Leben bzw. zum Lebendigen „geworden"[47] ist. Was Hegel hier andeutet, bezeichne ich als „logische Genese". Damit meine ich, dass Hegel aufzeigen will, dass sich mit logischer Notwendigkeit ergibt, dass der auf Materie folgende Gegenstand das Lebendige ist.[48] Eine logische Genese ist im Projekt der *Phänomenologie* nicht neu. In den bisherigen Prüfungen hat sich immer eine logische Struktur gezeigt. Vor allem aber hat Hegel, wie im letzten Kapitel ausführlich dargelegt, die logischen Prinzipien der Erkenntnis von Materie entwickelt. Wie ich zeigen will, knüpft Hegel an die dort entwickelte logische Struktur der Unendlichkeit an. Was sich mit Blick auf das Leben genauer generiert haben soll, erläutert Hegel ausführlich. Diese Ausführungen leitet er mit den Worten ein: „Die Bestimmung des Lebens, wie sie sich aus dem Begriffe oder dem allgemeinen Resultate ergibt, mit welchem wir in diese Sphäre eintreten, ist hinreichend, es zu bezeichnen […]" (*GW* 9, 105). Dass der Gegenstand, wie Hegel sagt, etwas Lebendiges geworden ist, ergibt sich aus der Entwicklung der logischen Prinzipien im Kapitel *Kraft und Verstand*. Der Struktur nach entspricht das Lebendige der Materie

---

gangs zum Lebendigen hier sehr vereinfacht. So lasse ich etwa die Zwischenschritte, die mit chemischen Prozessen zusammenhängen und in anderen Schriften Hegels ausgeführt werden, beiseite. Ebenso werde ich nicht darauf eingehen, wie die Reihenfolge der Begriffe in ihrer Herleitung in Hegels verschiedenen Schriften genau ist – in der *Logik* etwa wird der Organismus als eine Relation betrachtet, die auf die Relation der äußeren Zweckmäßigkeit folgt (vgl. hierzu Spahn 2007, 150 ff.). Bei der Behandlung des Organischen im Abschnitt der Vernunft in der *Phänomenologie* findet sich erst der Begriff des Organischen, der sich wieder in äußere und innere Zweckmäßigkeit aufteilt (*GW* 9, 145). Diese Aufteilungen werden zum Teil verständlich, wenn man bedenkt, dass Hegel eine bestimmte Struktur entwickeln will, bei der das Prinzip des Lebens, Lebendiges und Leben eine Rolle spielen sollen. Dies werde ich noch ausführen.

[47] *GW* 9, 104.
[48] Hierfür spricht auch, dass Hegel die Gewordenheit ausdrücklich als „für uns oder an sich" (nicht für das Bewusstsein) bezeichnet (*GW* 9, 104) und dass bereits in dem Kapitel *Kraft und Verstand* das Prinzip des Lebens eingeführt wurde, nachdem die Materie durch die Struktur der Unendlichkeit bestimmt worden war (*GW* 9, 99). Den Gedanken, dass das Lebendige sich aus der Struktur der Materie generieren lässt, nimmt Hegel eigentlich erst wieder im Abschnitt über die Vernunft auf, wo die Welt als organische behandelt wird (*GW* 9, 145).

als Totalität. Die Materie wurde bestimmt, indem die verschiedenen besonderen Körper durch das allgemeine Prinzip der Kraft bestimmt und diese Bestimmungen in eine begriffliche Einheit oder Totalität zusammengefasst wurden. Diese Totalität ist logisch betrachtet ein Einzelnes, in welchem sich das Allgemeine in Unterschieden ausdrückt, die unmittelbar aufgehoben werden. Diese Struktur soll auch dem Lebendigen zukommen. Dass das Lebendige diese Struktur hat, wird sich später noch zeigen, ich werde es hier einfach annehmen. Die logische Struktur des Lebendigen erhält man also durch die Bestimmung der Materie als Totalität. Anders als die Materie ist das Lebendige allerdings als eine Einheit etwas Seiendes (und nicht nur etwas Begriffliches). Will man das Lebendige generieren, muss erläutert werden, wie man vom Begrifflichen zum Seienden kommt. Es fehlt also sozusagen noch ein Schritt zur Herleitung des Lebendigen. Bevor dieser gemacht werden kann, sollte man noch Folgendes berücksichtigen:

In meiner bisherigen Darstellung habe ich noch nicht auf *Leben* im Unterschied zum *Lebendigen* Bezug genommen. Lebendiges ist das einzelne Seiende. Unter „Leben" wird das allgemeine Prinzip verstanden,[49] welches sich in einem Einzelnen, das seiend ist, ausdrückt. Es ist also ein Allgemeines, das nicht, wie die Materie, nur als Begriffliches als eine Einheit ist, sondern als Seiendes oder als Gegenstand. Logisch gesehen ist es ein Allgemeines, welches sich von sich so unterscheidet, dass es sich in einem Unterschied auf sich selbst beziehen kann. Hierfür muss der Unterschied, so Hegel, etwas Bestehendes sein, das aufgehoben werden kann. Diese Art der über etwas Anderes vermittelten Selbstbezüglichkeit eines Prinzips nennt Hegel Reflexion, und durch die Reflexion ist das Leben im Unterschied zur Materie ausgezeichnet.

Diese Unterscheidung zwischen Leben als Allgemeinem und Lebendigen als Einzelnem ist nach Hegels Auffassung aber noch nicht hinreichend differenziert. Streng genommen ist sie sogar falsch. Genauer muss man nach Hegel Folgendes sagen: Es gibt ein Prinzip des Lebens. Dies ist ein einfaches Allgemeines. Hegel nennt dies auch *Seele*. Das *Lebendige* oder die lebendigen Wesen sind die einzelnen Gestalten dieses allgemeinen Prinzips. *Leben* ist streng genommen das allgemeine Prinzip, welches durch das Lebendige mit sich vermittelt ist. Dies nennt Hegel auch Gattung. Wenn ich im Folgenden frage, wie es dazu kommt, dass es Lebendiges gibt, müsste ich eigentlich genauer fragen, wie es dazu kommt, dass es Leben gibt, oder noch genauer, wieso es die Seele als Prinzip des Lebens gibt. Von diesem Prinzip gilt für Hegel allerdings: Dieses Prinzip *ist* der Begriff der Materie als etwas, das im Lebendigen wirklich ist. Dies ist der Grund dafür, dass man in dem, was Hegel als das Prinzip des Lebens charakterisiert, unschwer eine Charakterisie-

---

[49] Vgl. *GW* 9, 105 f.

rung erkennen kann, die er und andere dem Äther zukommen lassen.[50] Da es Leben (im Unterschied zu Materie) also nur gibt, sofern es Lebendiges gibt, werde ich hier vom Unterschied zwischen dem Prinzip des Lebens und dem Lebendigen weitgehend absehen und die Annahmen nur an Stellen, wo mir dies nötig scheint, entsprechend präzisieren.

Ich will mich also der Frage zuwenden, wieso gelten soll, dass die Bestimmung der Materie logisch betrachtet nicht nur zur Struktur des Lebendigen (die mit der Materie als Totalität identisch ist) führt, sondern dazu, das Lebendige, also die Struktur *als Seiendes* annehmen zu müssen. Mit anderen Worten: Ich will die Möglichkeit eines notwendigen logischen Übergangs von einem Begriff zu einem Seienden diskutieren. Man könnte hier einwenden, dass Hegel den Anspruch einer solchen Genese nicht erheben muss. Hegel könnte seine logische Genese auf den Begriff des Lebens und sein Verhältnis zu Lebendigem beschränken. Der Übergang vom Begriff der Materie zum Prinzip des Lebens findet sich in Hegels Darstellung schon im Kapitel *Kraft und Verstand* (GW 9, 99) und zwar allem Anschein nach tatsächlich, ohne dass er einer besonderen Begründung bedarf. Selbst wenn man diesen Anschein bestätigt finden sollte, müsste man, denke ich, nach der Begründung für diesen Übergang zum Leben fragen. Die Berechtigung dieser Frage wird sich aber auch durch Textstellen im Kapitel *Gewißheit seiner selbst* bestätigen, die offenbar einen solchen Übergang thematisieren. Inwiefern dies wirklich eine *logische Genese* ist, wird kritisch zu untersuchen sein. Ich werde im Folgenden also einige Vorschläge zu einer logischen Genese des Lebendigen diskutieren.

(a) Ich nenne eine Genese, in der nur logische Prinzipien vorkommen und keine Begründungen anderer Natur, wie beispielsweise der, dass etwas angenommen werden muss, weil es für Erkenntnis erforderlich ist, eine „*rein logische Genese*". Eine solche Genese des Lebendigen sieht meines Erachtens ungefähr so aus:[51] Ein einfaches allgemeines Prinzip kann (nach dem Satz der Identität) als Unterschied ausgedrückt werden. Identität und Unterschied sind (zufolge dieses Satzes) unmittelbar identisch. Zugleich sind sie aber auch unterschieden. Dies gilt schon insofern, als wir sie voneinander unterscheiden. Diese Struktur soll auf die Materie bezogen werden können: Kraft kann in Form von Kräfteverhältnissen ausgedrückt werden. Kraft ist mit Kräfteverhältnissen identisch. Zugleich ist Kraft aber (schon der Form nach) von Kräfteverhältnissen unterschieden. Wie sich im „zugleich" ausdrückt, wird hier

---

[50] Der Begriff des Lebens wird schon im Kapitel *Kraft und Verstand* eingeführt. Dort heißt es: „Diese einfache Unendlichkeit, oder der absolute Begriff ist das einfache Wesen des Lebens, die Seele der Welt [...] in sich pulsiert, ohne sich zu bewegen, in sich erzittert, ohne unruhig zu sein etc." (*GW* 9, 99; vgl. das vierte Kapitel, 6.1).

[51] Am Ende dieses Kapitels ist diese logische Struktur noch einmal ausgeführt.

logisch eine *Identität* von Unterschied und Einheit behauptet.[52] Damit ist eine neue Struktur erreicht: Identität von Unterschied und Einheit. Dies entspricht der Materie als Einheit aller Bestimmtheiten der Kraft. Dieses Verhältnis muss sich gegenüber dem vorher angegebenen dadurch auszeichnen, dass zwischen Identität und Unterschied wirklich ein Unterschied besteht (wenngleich sie auch identisch sein müssen).[53] Denn würde nicht wirklich ein Unterschied bestehen, so würde sich die Identität von Einheit und Unterschied nicht von der ersten Struktur unterscheiden, nach der Einheit und Unterschied dasselbe sein sollen. Dafür, dass wirklich ein Unterschied besteht, ist es erforderlich, dass es etwas *Bestehendes* gibt (das zugleich aufgehoben werden kann).[54] Die hier beschriebene Struktur ist das Leben: Ein allgemeines Prinzip unterscheidet sich von sich dadurch, dass es sich als Lebendiges auf sich bezieht.

Dass diese rein logische Genese des Lebendigen zu überzeugen vermag, ist zweifelhaft. Sie setzt verschiedene logische Prinzipien wie den Satz der Identität voraus. Bei der Genese wird außerdem angenommen, dass die Vermittlung eines allgemeinen Prinzips nur durch Bestehendes möglich ist. Vor allem aber ist nicht einsichtig, warum der Begriff der Materie als eine begriffliche Einheit von Unterschiedenen, die durch den Begriff der Kraft als Unterschiede bestimmt wurden, nicht die Relation der Identität von Einheit und Unterschied erfüllen soll. Man soll das Prinzip des Lebens annehmen müssen, weil der Begriff der Materie nicht oder nicht wirklich eine Identität von Einheit und Unterschied ist, eine solche Identität nach logischen Regeln aber auf die Entwicklung der Gesetzesvorstellung folgen muss. Das Lebendige soll eingeführt werden müssen, damit die Struktur der Identität von Einheit und Unterschied, die sich ergeben haben soll, erfüllt werden kann. Man könnte vielleicht sagen, dass es ein Defizit des Begriffs der Materie gibt, das so formuliert werden kann: Der Begriff der Materie hebt zwar alle Unterschiede auf (vereinigt sie), aber er enthält sie nicht als Seiendes, sondern nur als vom Begriff der Kraft Ununterschiedenes. Es wird allerdings nicht klar, warum oder mit Blick worauf dies ein Defizit ist. Damit bleibt aber offen, wodurch der Übergang zum Leben motiviert sein soll. Aus diesem Grund werde ich Hegels Ausführungen hierzu in der *Phänomenologie* etwas genauer betrachten. Ich möchte damit nicht sagen, dass nach Hegel keine rein logische Genese möglich ist. Im Gegenteil: Wenn man eine bestimmte Auffassung von Prinzipien und Begriffen voraussetzen kann, ist eine solche Genese ein sinnvolles

---

[52] Alternativ kann man sagen: Die Annahme der Nichtidentität negiert die Annahme der Identität und daraus resultiert die Annahme der höheren Stufe. Dass eine bestimmte Negation eine positive Implikation hat, ist für Hegel bekanntermaßen eine logische Wahrheit.
[53] Diese Überlegungen finden sich in *Gewißheit seiner selbst* (GW 9, 105 f.).
[54] „[A]ber sie [die Unendlichkeit] kann die Unterschiednen nicht aufheben, wenn sie nicht ein Bestehen haben" (GW 9, 105).

Verfahren. Durch die *Phänomenologie* ist es aber auch möglich, eine solche rein logische Genese durch andere Arten von Überlegungen zu ergänzen. Festzuhalten ist, dass Hegel, wie sich gezeigt hat, das Seiende oder Bestehende als etwas ansieht, ohne das eine logische Genese nicht möglich ist, weil es für die Vermittlung logischer Prinzipien etwas Bestehendes bedarf. Hierauf werde ich später zurückkommen.

(b) Folgt man dem bisher Gesagten, sollte man die Begründung dafür, etwas Bestehendes annehmen zu müssen, in den Blick nehmen. Hegel expliziert, was Leben heißt, unter Rückgriff auf dasjenige, was er über die Materie gesagt hat: Das Wesen sei die Unendlichkeit als das Aufgehobensein aller Unterschiede usw.[55] Er fährt dann fort:

„Die Unterschiede sind aber an diesem einfachen allgemeinen Medium ebenso sehr, als Unterschiede; denn diese allgemeine Flüssigkeit hat ihre negative Natur, nur indem sie ein Aufheben derselben ist; aber sie kann die Unterschiede nicht aufheben, wenn sie nicht ein Bestehen haben" (*GW* 9, 105).

Was Hegel hier dem Anschein nach macht, ist eine Korrektur an der Struktur der Unendlichkeit vorzunehmen. Während es bisher hieß, dass die Unterschiede nicht bestehen, sollen sie nun offenbar doch bestehen müssen, damit die Bewegung überhaupt stattfinden kann. Etwas, das gegenüber der „allgemeinen Flüssigkeit" (zumindest eine Zeitlang) ein Bestehen hat, ist das Lebendige. Dieses ist daher die Gestalt des Lebens. Nun macht es wenig Sinn, Hegel die Behauptung zu unterstellen, dass bisher (in seiner Darstellung der *Phänomenologie*) ein Fehler gemacht wurde, der nun korrigiert werden soll. In diesem Fall könnte Materie nicht erkannt werden bzw. wäre nicht so zu bestimmen, wie behauptet wurde. Was Hegel hier sagt, muss stattdessen so erläutert werden: Die Materie ist als eine begriffliche Einheit Gegenstand. Als solche ist sie eine Einheit von Unterschiedenem. Aber sie ist als solche ein *Begriff*. Wenn die Aufhebung von Unterschiedenen *wirklich* stattfinden soll, also nicht nur im Begriff, so müssen die Unterschiede bestehen, um aufgehoben werden zu können. Leben ist die Struktur der Unendlichkeit wie sie als wirkliche ist. Das Lebendige ist die Gestalt, die in dieser Struktur ein notwendiges Moment ist. Es findet sich hier offenbar die Begründung dafür, dass, wenn man die Struktur der Unendlichkeit als wirklich annimmt, es das Lebendige geben muss, weil dann die Unterschiede wirklich aufgehoben werden müssen und sie hierfür etwas Bestehendes sein müssen. Dann stellt sich aber die Frage: Warum soll man die Struktur der Unendlichkeit als wirklich annehmen? Eine weitere Textstelle könnte darüber Aufschluss geben:

---

[55] *GW* 9, 105.

„Diese Einheit [des Unterschiedenen, DE] aber ist ebensosehr wie wir gesehen haben, ihr Abstoßen von sich selbst, und dieser Begriff entzweit sich in den Gegensatz des Selbstbewußtseins und des Lebens; jenes die Einheit, für welche die unendliche Einheit der Unterschiede ist, dieses aber ist nur diese Einheit selbst, so daß sie nicht zugleich für sich ist" (*GW* 9, 105).

Im ersten Teil des Zitats spielt Hegel darauf an, dass die Struktur der Unendlichkeit (nach dem, was sich in *Kraft und Verstand* ergeben hat) eine Bewegung darstellen soll, in der sich nicht nur Unterschiede als identisch erweisen, sondern „ebensosehr" auch Einheit immer wieder in Unterschiede übergeht. Dass die Einheit sich von sich abstößt, soll offenbar die Begründung dafür sein, dass Leben und Selbstbewusstsein voneinander unterschieden sind. Der Begriff, der sich hier entzweit, muss der Begriff der Einheit des Unterschieds sein. Dies ist, wie gezeigt, die Materie als Totalität. Dieser Begriff soll sich in Selbstbewusstsein und Leben teilen. Würde man dies als die Begründung dafür verstehen, dass es Leben gibt, müsste man sagen: Es gibt Leben, weil jeder Begriff eine dynamische Bewegung statisch und damit unzulänglich ausdrückt und daher diese Art von begrifflicher Einheit wieder aufgehoben werden muss. Auch dies ist zweifellos eine Idee, mit der Hegel sympathisieren würde.[56] Als Begründung ist es aber auch nicht überzeugend, insofern es eine bestimmte Begriffsauffassung voraussetzt.

In der oben zitierten Passage sollte beachtet werden, dass Hegel offenbar beabsichtigt, aus der Struktur der Unendlichkeit abzuleiten, dass der neue Gegenstand das Leben ist, welches von einem Bewusstsein auch als Einheit erfasst werden kann. Die Vorteile dieses Projekts gegenüber dem, *nur* das Lebendige abzuleiten, sind offensichtlich. Erstens will Hegel auch das Selbstbewusstsein als Resultat einer logischen Genese darstellen, und hierbei sollte der Zusammenhang von Selbstbewusstsein und Lebendigem als Gegenstand natürlich auch durchsichtig sein. Zweitens will Hegel im Abschnitt *Gewißheit seiner selbst* letztlich darauf hinaus, dass der Gegenstand ein lebendiges Selbstbewusstsein ist. Kann er herleiten,[57] dass es notwendigerweise einen Unterschied zwischen Selbstbewusstsein und Leben gibt, der zugleich aber gemäß der Struktur der Unendlichkeit auch kein Unterschied ist, so hat er auch das lebendige Selbstbewusste hergeleitet. Möglich sein soll dies alles, weil ein der Struktur der Unendlichkeit gemäßer Gegenstand nicht nur eine Einheit des

---

[56] Dass eine solche Idee ein Moment von Hegels Dialektik ist, versucht Wieland (1978) zu zeigen. In diesem Sinn kann man sagen, der Begriff der Materie habe den ihr anhaftenden Widerspruch von Identität und Nichtidentität noch nicht überwunden.

[57] Man sieht, dass in dieser Phase der *Phänomenologie* die Positionen so komplex geworden sind, dass ihre Explikation immer mehr selbst einem Erfahrungsprozess entspricht. Inwiefern hier eine eigene Position oder nur eine Explikation der dann zu prüfenden Position entwickelt wird, muss hier nicht entschieden werden. Ersteres hat Stewart (1998, 451 f.) vertreten.

Unterschiedenen sein soll – dies ist das Leben, sondern auch als eine Einheit erfassbar sein soll – dies ist durch das Selbstbewusstsein möglich. Diese Herleitung lebt unter anderem davon, dass die Struktur der Unendlichkeit als genuines Moment hat, dass die Einheit erfasst werden kann. Die Materie ist als Einheit nur *für* ein Anderes. Wenn man die Struktur nur als Einheit des Unterschiedenen bezeichnet, wird dies nicht zum Ausdruck gebracht. Man müsste eigentlich sagen: Der Gegenstand ist eine Einheit des Unterschiedenen für ein Anderes. Die Struktur der Unendlichkeit ist demnach in der Materie allein nicht vollständig repräsentiert, sondern bedarf noch eines Subjekts der Einheit. Nun trägt dies nicht direkt etwas zur Herleitung davon bei, dass es etwas Lebendiges gibt. Vielmehr scheint man auf diese Weise zunächst auf die Annahme eines denkenden Subjekts geführt zu werden. Dies ist aber nicht der Weg, den Hegel in der *Phänomenologie* geht.

(c) Entgegen der bisher bei den Versuchen des Übergangs zum Lebendigen implizit gemachten Annahme, dass der Übergang zum Seienden erst geleistet werden soll, ist an Folgendes zu erinnern: Folgt man meiner Interpretation, wurde die Annahme nie infrage gestellt, dass die logische Struktur der Unendlichkeit einen Bezug zu Seiendem hat. Materie ist ein Gegenstand, also etwas Seiendes, das aber nur als bloß begriffliche Einheit für etwas Anderes ist. Der Unterschied zu Leben bzw. Lebendigem ist genauer besehen, dass Lebendigem als Seiendem zukommt, *als eine Einheit zu sein*. Um den Übergang von Materie zu Lebendigem herzustellen, bräuchte man also, lax gesagt, etwas, das dazu nötigt, Einheit und Seiendes enger zusammenzubringen als dies bei der Materie der Fall ist.

Materie als begrifflich bestimmter Gegenstand sollte das Wahre sein und als Maßstab für Wissensansprüche fungieren. Nun könnte man sagen, dass es in Hegels Begriff der Erkenntnis oder der Wahrheit liegt, dass es eine *vollständige* Übereinstimmung von Begriff und Seiendem gibt. Wenn man dies voraussetzt, ist klar, dass man den Schritt, nach dessen Grund ich gefragt habe, machen muss. Dies deshalb, weil Materie als Gegenstand dann noch nicht die vollständige Wahrheit ist, insofern hier noch nicht die vollständige Übereinstimmung von Begriff und Seiendem erreicht ist. Mit dem Lebendigen hat man (wie es aussieht) dann die gesuchte Übereinstimmung von Begriff und Seiendem. Daher muss zum Lebendigen als Einheit von Begriff und Seiendem übergegangen werden. In meinen Augen ist diese Argumenttionsweise genau das, was Hegel nicht machen darf und auch nicht macht.[58] Würde er so argumentieren, würde er in seinem Projekt den Wahrheitsbegriff als *vollständige* Übereinstimmung von Begriff und Gegenstand voraussetzen

---

[58] Gesagt werden kann so etwas im Rückblick. Dies geschieht im Vernunft-Abschnitt (*GW* 9, 145).

und nicht, wie ich argumentiert habe, eine mit den meisten Positionen durchaus kompatible Auffassung von Übereinstimmung als Rahmenbedingung für sein Projekt vorgeben.

(d) Statt von einer speziellen Bestimmung von Übereinstimmung Gebrauch zu machen, greift Hegel auf das zurück, was sich bisher als etwas ergeben hat, was für Erkenntnis notwendig ist. Materie ist ein begrifflich bestimmtes Seiendes. Das Seiende wurde durch ein allgemeines Prinzip bestimmt, welches vorausgesetzt wurde. Hier greift Hegel, wie erinnernd eingeschoben werden kann, auf Kants Idee zurück, dass wir, um etwas zu bestimmen, das Prinzip der Substanz voraussetzen müssen. Das Kantische Prinzip der Substanz tritt bei Hegel als das Prinzip der Kraft auf.[59] Was ist bei dieser Idee das Defizit, das dazu veranlasst, von der Materie zum Lebendigen überzugehen? Das allgemeine Prinzip ist nicht als Teil unserer Wirklichkeit nachgewiesen. Und es stellt sich die Frage, warum wir sagen können, dass etwas nach Kräften bestimmt *ist* und dass das, was wir behaupten, wirklich wahr ist, wenn wir nicht einmal den Begriff der Kraft als wirklich annehmen. Man muss die Wirklichkeit der Kraft annehmen.[60] Das Defizit einer rein physikalistischen Welterklärung liegt darin, dass Kraft als wirklich angenommen werden muss, ohne dass diese Annahme ausgewiesen werden kann. Die Welt muss für Erkenntnis wirklich dem allgemeinen Prinzip entsprechend bestimmt sein. In dieser Hinsicht gibt es für Hegel keine mögliche Kluft zwischen Erkenntnistheorie und Ontologie: Was erkannt wird, gibt es wirklich.[61] Wenn die physikalischen Gesetze wahr sein sollen, muss es Kraft geben – und dies, obwohl Hegel, wie gezeigt,

---

[59] Auch dies kann man, wie ich im vierten Kapitel gezeigt habe, als eine auf Kant zurückgehende Idee auffassen. Neben Kant ist hier auf Aristoteles zu verweisen. Dass der Kraftbegriff die Rolle des Substanzprinzips einnimmt und zum Prinzip des Lebens transformiert wird, passt dazu, dass Hegel die Seele (als immaterielles Prinzip der Natur und als das, was Geist wird) „Substanz" nennt (*GW* 9, 106; vgl. *Enz.* §389).

[60] Kreines (2004) hat mit Blick auf die nachphänomenologische Zeit Hegels die These entwickelt, dass das Defizit eines reinen Mechanismus in Hegels Augen darin bestehe, dass der Mechanismus zwischen Beschreiben und Erklären (im Sinne von Erkennen) nicht unterscheiden könne, dass er diesen Unterschied aber selbst in Anspruch nehme. Ich finde diese Behauptung von Kreines überzeugend und sie könnte auch im Rahmen meiner Überlegungen vertreten werden. Allerdings würde man dann ergänzen müssen, dass Erkenntnis, anders als Beschreibung, die Wirklichkeit der Prinzipien voraussetzt. Es ist mir nicht ganz klar, wie sich dies zu Kreines Vorschlag verhält, dass es für den Unterschied von Erklären und Beschreiben einer Art von Erklärung bedarf, die wirklich etwas erklärt. Diese These will Kreines nämlich nicht so verstanden wissen, dass der Mechanismus etwas voraussetzt. Dies ist bei meiner Interpretation aber in gewisser Weise der Fall: Das Prinzip der Kraft wird vorausgesetzt, es wird aber später als wirklich bewiesen. Auch meiner Interpretation zufolge ist es aber nicht der Fall, dass die Erklärung der Welt als Mechanismus in dem Sinne unvollständig ist, dass sie nicht die Totalität der Dinge erfassen kann. Diese These vertritt dagegen de Vries (1991).

[61] Ich greife hier auf das zweite Kapitel zurück. Zu sagen, wir erkennen etwas, heißt: „so ist es" und nicht: „es könnte unter bestimmten Voraussetzungen so bestimmt werden".

Kraft für einen Begriff, nicht für etwas Gegebenes hält. Dies lässt sich vielleicht mit Blick auf eine Handlung veranschaulichen: Die Momente einer Handlung bilden dadurch eine Einheit, dass ihnen eine Absicht zugrunde liegt. (Die Absicht soll in der Veranschaulichung als das allgemeine Prinzip gelten.) Die verschiedenen Momente der Handlung werden nur dann als aufeinander bezogen zum Ausdruck gebracht, wenn die Absicht realisiert wird und die Momente als Momente dieser Realisation erkannt werden. Würde man die Momente einfach dadurch als eine Einheit ansehen wollen, dass man sagt, man könnte sich zu ihnen eine Absicht denken, würde man nicht sagen, man hätte die Handlung und ihre Momente erkannt.

Wie kann vor dem Hintergrund einer solchen Überlegung das Lebendige logisch hergeleitet werden? Der Begriff der Materie ist eine Einheit von durch das allgemeine Prinzip der Kraft bestimmtem Seienden. Zu dieser Einheit wurde Materie im Ausgang vom allgemeinen Prinzip der Kraft bestimmt. Wenn dieses Prinzip etwas Wirkliches ist, so ist es das Prinzip des Lebens.[62] Das Prinzip des Lebens ist der Begriff der Materie als wirkliches. Das Lebendige ist die Gestalt dieses Prinzips. Es ist der der Struktur der Materie entsprechende seiende Einzelgegenstand. Es muss Lebendiges geben, wenn Materie erkannt werden können soll, weil diese Erkenntnis die Wirklichkeit des begrifflich Bestimmenden impliziert. Dies ist die logische Genese in der *Phänomenologie*.

Angesichts des hier gemachten Vorschlags dazu, worin die logische Genese bestehen soll, könnte man sagen, dass eine Voraussetzung gemacht wird, nämlich die, dass Erkenntnis möglich ist. Man könnte versucht sein, diese Genese wie folgt in Form eines transzendentalen Arguments zu rekonstruieren: Eine notwendige Bedingung für die Möglichkeit von Erkenntnis ist, dass das Prinzip der Kraft wirklich ist. Das Prinzip der Kraft kann (oder muss) als begriffliche Einheit oder Totalität einer bestimmten Struktur bestimmt werden. Erkenntnis ist möglich. Also ist die Totalität einer bestimmten Struktur wirklich. Bei einer derartigen Rekonstruktion sind zwei Dinge zu beachten. Erstens ist dies nicht das Argument, das Hegel präsentiert. Er setzt nicht einfach die Möglichkeit der Erkenntnis voraus, sondern nimmt an, dass die vollzogene logische Bestimmung der Materie wahr ist. Wir befinden uns somit in einem Prozess des Erkennens. Dies ist ein anderes Projekt als die Präsentation eines transzendentalen Arguments. Dass die logischen Bestimmungen (wie Hegel im Prozess des Erkennens annimmt) wahr sind, heißt allerdings, dass es Erkenntnis gibt. Obwohl Hegel kein transzendentales Argument präsentiert,

---

[62] Der Begriff der Materie als Wirkliches ist zunächst reine bestimmungslose Bewegung (vgl. etwa *GW* 9, 145), aber wenn diese eine Einheit bildet, das heißt sich im Lebendigen organisiert, so ist sie das Prinzip des Lebens.

kann man daher sagen, dass die Annahme, dass es Erkenntnis gibt, tatsächlich letztlich in der *Phänomenologie* (anders als in der *Logik*) den Fortgang in der logischen Genese motiviert. Darin besteht die eigentümliche Verbindung von Logik und Erkenntnistheorie in der *Phänomenologie*. Zweitens ist angesichts der Rekonstruktion der Genese als transzendentales Argument zu beachten, dass die logische Genese nicht dasjenige ist, was den Gang des Bewusstseins anleitet, darstellt oder vorgibt. Folgt man meiner Interpretation, ist dies eine Überlegung, die Hegel zusätzlich und vorgreifend macht, während der Beobachter die Erfahrungen des Bewusstseins analysiert. Diese Analyse werde ich im nächsten Abschnitt (1.4.2) darstellen. Es ist nach all dem also nicht richtig, wenn man behauptet, die den Fortgang der *Phänomenologie* bestimmende Methode sei die Methode transzendentaler Argumente. Der Weg der Erfahrung ist gerade dadurch ausgezeichnet, dass er überhaupt nicht auf diesen Typ von Überlegungen angewiesen ist.

Eine andere Bemerkung schließt hier an: Man kann den letzten Vorschlag (d) mit dem für identisch ansehen, denn ich unter (c) zurückgewiesen habe. Was wurde mit dem zuletzt ausgeführtem Vorschlag anderes gesagt, als dass es für Erkenntnis zu einer vollständigen Einheit von Begriff und Seiendem kommen muss und dass diese Art der Übereinstimmung durch Materie noch nicht erreicht ist? Zufolge des letzten Vorschlags will Hegel die These, dass es zu einer vollständigen Übereinstimmung am Ende des „Erkennen" genannten Prozesses kommen muss, dadurch begründen, dass wir im Erkennen unsere begrifflichen Voraussetzungen als wirklich annehmen müssen. Insofern ist der Verweis auf die Auffassung Hegels zur Übereinstimmung auch nicht falsch, es ist aber methodisch unüberzeugend, wenn man diese Auffassung von Übereinstimmung als Movens der *Phänomenologie* ansieht. Die Anforderung der vollständigen Übereinstimmung ist nicht unmittelbar verständlich und stellt auch keine von allen Theorien zur Erkenntnis geteilte Annahme dar. Ich denke, Kant hätte ihr nicht zugestimmt. Aber ich denke, Kant hätte zugestimmt, dass die Prinzipien, anhand derer wir etwas erkennen können, als objektiv gültig und das heißt als wirklich aufgezeigt werden müssen. Den Vorteil des letzten Vorschlags sehe ich außerdem darin, dass durch ihn verständlich wird, warum die Materie erkannt werden kann, obwohl keine vollständige Übereinstimmung von Begriff und Seiendem vorliegt. Denn wenn am Ende des „Erkennen" genannten Prozesses die Wirklichkeit der allgemeinen Prinzipien erwiesen sein sollte, so hätte sich die Bestimmung der Materie bewahrheitet – es wäre eine Erkenntnis von ihr nach genau demselben Schema möglich, wie in *Kraft und Verstand* schon ausgeführt wurde.[63]

Es mag nach wie vor befremdlich klingen zu sagen, es müsse das Lebendige geben, wenn die Bestimmung der Materie wahr ist. Ein Teil dieser Befremdlichkeit hängt mit dem Materiebegriff und mit dem Gedanken zusammen, dass man Materie nach Hegel als organisierte Totalität aller Gesetze denken muss. Ich habe im letzten Kapitel versucht, diesen Begriff verständlich zu machen. Dadurch ergibt sich, dass nicht einfach das allgemeine Prinzip der Kraft als wirklich erwiesen werden muss, sondern eine in sich organisierte begriffliche Ganzheit. Ein Teil dieses Befremdens hängt aber auch damit zusammen, dass der Übergang von einem Begriff der Materie zur Wirklichkeit des Lebendigen zu naiv wirkt. Aber ganz so naiv wie er jetzt in meiner Darstellung vielleicht wirkt, ist der Gedanke nicht.[64] Wenn Kraft ein allgemeines Prinzip ist, das im Lebendigen wirklich ist und das dann (unter dem Namen „Leben") als das die Welt wirklich organisierende Prinzip ausgewiesen werden könnte – etwas, das tatsächlich bei Hegel erst mit dem Prinzip des Geistes passiert, aber das kann hier vernachlässigt werden –, so wäre die Wirklichkeit der Kraft erwiesen. Kraft ist nicht nur ein allgemeiner Begriff, der seinen Ursprung allein im menschlichen Verstand hat. Aber Kraft ist auch nicht etwas an sich in der Welt Gegebenes, es ist nichts Seiendes. Hegel will auf einen dritten Weg zu diesen Alternativen hinaus.

Ein Weg, der Idee ihre Befremdlichkeit zu nehmen, besteht darin, Hegels Gedanken aufzugreifen, dass das Begriffliche vermittelt werden muss, um als wahr ausgewiesen zu werden.[65] Man kann nicht einfach den Begriff der Kraft als wirklich behaupten. Damit würde man eine empiristische Position ver-

---

[63] Wann dies als Erkenntnis bezeichnet werden kann, ist eine weitere Frage. Wenn man die Kraft als Voraussetzung ansieht, die nicht bewahrheitet ist, erkennt man dann schon? Kann man später sagen, man hätte hier schon etwas erkannt? Dies hängt wohl auch davon ab, ob die Welt im Prinzip (also abgesehen davon, ob dies für ein Individuum so ist) schon als vernünftig erkannt wurde. Letzteres ist für Hegel eine Bedingung für Erkenntnis. Dafür spricht, dass für Hegel Urteile nur wahr sein können, wenn der Prozess zum Wahren vollzogen ist (vgl. hierzu das zweite Kapitel).

[64] In diesem Zusammenhang kann man auch auf die Versuche verweisen zu zeigen, dass es den Begriff der Zweckmäßigkeit geben muss, damit physikalische Körper bestimmt werden können (vgl. Stekeler-Weithofer 2005, 316 ff.). Ich denke allerdings, dass die hier diskutierte Anforderung zu zeigen, dass es Lebendiges gibt, durch diese Versuche nicht erfüllt werden kann. Selbst wenn man so weit gehen könnte zu sagen: „Es muss Lebendiges geben, damit ich den Begriff der Zweckmäßigkeit gewinnen kann", würde dies nicht implizieren, dass ich physikalische Körper dann erkennen kann, denn ich würde sie dann nur in Analogie zum Organismus erklären.

[65] Dass dieser Weg erfolgreich ist, zeigen die Arbeiten Brandoms. Hierauf werde ich im Abschnitt zum Begriff „Geist" zurückkommen.

treten, die im Zusammenhang der Gesetzesauffassung überwunden worden sein soll. Das Prinzip der Kraft muss so ausdifferenziert oder vermittelt werden, dass seine Wirklichkeit nicht etwas Materielles, sondern etwas Begriffliches ist, dennoch muss aber die Kraft als das die Wirklichkeit bestimmende Prinzip angesehen werden. Dies ist der Fall, wenn wir die Welt als begrifflich bestimmte erfassen. Der Begriff der Kraft wird in einer Welt als wirklich erkannt, die als durch Begriffe strukturiert erkannt wird. Für diesen Prozess der Vermittlung von Erkenntnis muss es nach Hegel das Lebendige geben.

Es hat sich gezeigt, dass die Frage, warum es das Lebendiges geben muss, im Zusammenhang mit der Frage steht, wie Dinge erkannt werden können. Der Bezug auf Gegenstände in einer *logischen* Genese sollte nicht überraschen, denn es handelt sich um ein Logikverständnis, das sich an die transzendentale Logik oder an eine Kategorienlehre anschließt, also an eine Logik, die grundsätzlich Gegenstandsbezug zum Thema hat. Folgt man meinem Vorschlag zur Einführung des Lebendigen, so kann in der logischen Genese auch das Motiv eine Rolle spielen, dass es Erkenntnis nur gibt, wenn allgemeine Prinzipien wirklich sind. Dieser Bezug zu Erkenntnis hängt mit der Ausrichtung des Projekts der *Phänomenologie* zusammen.[66] Was in meinen Augen den Ausdruck der *Genese* rechtfertigt, ist, dass bei der Begründung für das Lebendige nichts vorausgesetzt wurde, was sich nicht aus dem Bisherigen ergibt: Die Struktur hat sich ergeben, und die Frage danach, ob das allgemeine Prinzip wirklich ist, ergibt sich aus dem, wie Materie bestimmt wurde.

1.4.2 Die Begründung des Bezugs auf Lebendiges

Wie nach den voranstehenden Abschnitten klar sein sollte, kann Hegel der Auffassung sein, dass er das Lebendige logisch generiert hat. Wie sich noch zeigen wird, nimmt Hegel außerdem an, dass das Lebendige aus der Perspektive des Bewusstseins erfahren wird. Die Überlegungen dazu, warum das Lebendige eingeführt werden muss, sind damit aber noch nicht abgeschlossen. Was Hegel auch anbietet, ist eine Analyse der Erfahrungen aus der Perspektive des Beobachters. Es gibt also allem Anschein nach in der *Phänomenologie* erstens eine Geschichte von Erfahrungen, zweitens eine Analyse von Erfahrungen und drittens eine weitergehende Darstellung der logischen Entwicklung, das heißt eine sich vom Gang der Erfahrung lösende Darstellung der Entwicklung logischer Prinzipien. Diese drei Perspektiven konnten schon früher

---

[66] Auch dies wäre im Rahmen einer transzendentalen Logik nicht überraschend. Es ist insofern sicherlich richtig, in der *Phänomenologie* auch eine Parallele zur Deduktion der *Kritik der reinen Vernunft* zu sehen, wie es beispielsweise Pippin (1989) tut. Diese Parallele werde ich in Abschnitt 2.1.1 noch kritisch diskutieren.

ausgemacht werden, und man könnte sagen, dass die logische Genese einfach je mehr an Gewicht gewinnt, desto komplizierter sie wird. Dennoch hat diese Struktur von drei Linien in der Darstellung etwas Irritierendes, und es mag sich die Frage stellen, durch welche der Begründungen denn genauer die Notwendigkeit des Fortganges erwiesen werden soll und ob die Begründungen wirklich auseinander zu halten sind. Unter anderem auf diese Frage will ich in diesem Abschnitt eine Antwort geben.

Die in diesem Abschnitt (1.4.2) gegebene Begründung unterscheidet sich dadurch von der oben (1.4.1) gegebenen Begründung dafür, warum der Gegenstand etwas Lebendiges ist, dass hier nicht gefragt wird, wieso sich aus den logischen Verhältnissen des Begriffs der Materie das Lebendige ergibt, sondern, wieso es sich aufgrund der Annahmen ergibt, die die Position des Bewusstseins definieren.[67] Es ist eine Analyse der Situation des Bewusstseins durch einen Beobachter. Die logische Genese dagegen kann als Hegels Perspektive gelten. Hegels Perspektive und die des Beobachters unterscheiden sich dadurch, dass der Beobachter sich genau an die Vorgaben hält, die sich aus der Perspektive des Bewusstseins ergeben haben. Hegel unterscheidet diese beiden Perspektiven tatsächlich nicht streng voneinander. So sagt er beispielsweise unmittelbar vor dem gleich angeführten Zitat, welches die Perspektive des Selbstbewusstseins (und nicht die logische Genese) betrifft, der Gegenstand sei in sich „zurückgegangen" und „durch diese Reflexion in sich Leben geworden", was in meinen Augen auf die logische Genese anspielen muss.[68] Es wird sich aber im Folgenden zeigen, dass es wichtig ist, die beiden Linien, also die des Beobachters und die, die ich im vorherigen Abschnitt beschrieben habe und die ich jetzt mit der Perspektive Hegels identifizieren werde, in dieser Passage der *Phänomenologie* zu unterscheiden. Soweit ich sehe, gibt es die durch eine Analyse der Situation des Bewusstseins gegebene Begründung in einer Kurzform und in einer etwas ausführlicheren Form. Die Kurzform lautet:

„Was das Selbstbewußtsein als *seiend* von sich unterscheidet, hat auch insofern, als es seiend gesetzt ist, nicht bloß die Weise der sinnlichen Gewißheit und der Wahrnehmung an ihm, sondern ist in sich reflektiertes Sein, und der Gegenstand der unmittelbaren Begierde ist ein Lebendiges [Herv. Hegel]" (*GW* 9, 104).

Der Punkt hier soll offenbar sein, dass der Gegenstand, der, wie das Bewusstsein jetzt annimmt, als Seiendes begrifflich bestimmt ist, dies nur ist, wenn man sagen kann: „Was Gegenstand ist, hat eine begriffliche Struktur, die sich

---

[67] In keinem Fall reicht es, einfach zu sagen: Die Struktur des Selbstbewusstseins und seines Gegenstands ist immer analog. Denn hier würde man fragen, warum das so sein muss.
[68] *GW* 9, 104.

in ihm als etwas Seiendem auch findet."⁶⁹ Das Seiende, in dem ein allgemeines Prinzip auf sich bezogen ist, ist das Lebendige. Der Unterschied zur logischen Genese im obigen Sinne ist klar: Hier wird die konkrete Situation des Selbstbewusstseins zum Ausgang genommen, um zu sagen, warum der Gegenstand Lebendiges sein muss.

Es findet sich bei Hegel aber auch eine ausführlichere Begründung dafür, warum das Bewusstsein das Lebendige annehmen muss. Sie setzt noch einmal bei der Begierde an, weil diese ja die Haltung des Bewusstseins ist. Sie nimmt auch ein Argument auf, das ich oben schon erwähnt habe. Die Begierde setzt etwas Seiendes voraus, das zu überwinden ist. Als eine Position, in der sich das Selbstbewusstsein durch die Beziehung auf etwas Seiendes als selbständig erweist, scheitert die Position durch diese Voraussetzung in ihrer ersten Variante als Begierde. Die Tatsache, dass etwas vorausgesetzt wird, widerspricht der Vorstellung von Selbstbewusstsein, welche die Position hatte. In Hegels Worten:

„Die Begierde und die in ihrer Befriedigung erreichte Gewißheit seiner selbst ist bedingt durch ihn [den Gegenstand], denn sie ist durch Aufheben dieses Anderen, daß dies Aufheben sei, muß dies andere sein. Das Selbstbewußtsein vermag also durch seine negative Beziehung ihn [den Gegenstand] nicht aufzuheben; es erzeugt ihn darum vielmehr wieder, so wie die Begierde" (*GW* 9, 107).

Im Anschluss an diese Passage kommt bei Hegel offenbar folgende Überlegung ins Spiel: Das, was vorausgesetzt wird, kann nicht etwas bloß Physikalisches und bloß physisch Widerständiges sein. Denn dass physikalische Gegenstände nicht selbständig sind, hat sich schon erwiesen. Aber wenn der Gegenstand vorausgesetzt wird⁷⁰ und insofern dem Selbstbewusstsein gegenüber selbständig ist, muss er Selbständigkeit haben. Er muss beispielsweise Veränderungen gegenüber (relativ) widerständig sein. Wenn der Gegenstand gegenüber dem Selbstbewusstsein selbständig ist, muss er etwas anderes sein als ein bloß physikalischer Gegenstand. Selbständige Gegenstände sind das Lebendige und das lebendige Selbstbewusstsein. Sie sind es in dem Sinne, dass sie sich selbst am Leben erhalten und in diesem Sinne durch sich selbst sind. Das Bewusstsein muss, um seine Annahme von sich selbst als jemandem, der selbständig ist, aufrecht erhalten zu können, annehmen, dass es sich auf einen

---

⁶⁹ Ich lese „als seiend gesetzt" als „als Seiendes begrifflich bestimmt". Das Leben ist die begriffliche Struktur, die in einem Gegenstand, nämlich dem Lebendigen, in sich reflektiert ist.
⁷⁰ „[...] die in ihrer Befriedigung erreichte Gewißheit seiner selbst ist *bedingt durch ihn* [Herv. DE]" (*GW* 9, 107).

selbständigen Gegenstand bezieht.⁷¹ Von hier aus geht Hegels Überlegung wie folgt weiter: Außer der Annahme, dass das Selbstbewusstsein selbständig ist, welche die Position des Selbstbewusstseins definieren sollte, muss das Bewusstsein die Annahme machen, dass der Gegenstand selbständig ist. Die Annahme, dass das Selbstbewusstsein selbständig ist, sollte aber nur möglich sein, weil der Gegenstand, auf den es sich bezieht, etwas Negatives ist. Nur so, das definiert die Position, die hier als Selbstbewusstsein bezeichnet wird, kann das Selbstbewusstsein seine Selbständigkeit bewahren. Es gibt also zwei für das Selbstbewusstsein verbindliche Annahmen: Die eine behauptet, dass der Gegenstand selbständig sein muss, die andere behauptet, dass der Gegenstand nicht selbständig ist. Dass der Gegenstand, auf den man sich bezieht, selbständig sein muss, ist eine Bedingung, die das Lebendige als Gegenstand erfüllen würde. Aber die Verbindung beider Bedingungen dadurch, dass das Selbstbewusstsein etwas anderes Selbständiges negiert, hat sich bereits als undurchführbar erwiesen (weil es das Negierte stets voraussetzt). Der Gegenstand muss daher nicht nur selbständig sein, sondern diese Selbständigkeit auch durch sich selbst negieren können. Dieser Gegenstand kann nur ein anderes lebendiges Selbstbewusstsein sein, weil nur dieses sich selbst negieren kann. Der Mensch kann sich negieren, indem er auf seine Selbständigkeit verzichtet, um sein Leben zu retten.⁷² Dass Hegel das selbstbewusste Wesen in der Funktion einführt, einen Gegenstand zu repräsentieren, der sich selbst negieren kann, sagt natürlich viel darüber, was den Menschen oder das selbstbewusste Individuum in seinen Augen auszeichnet: Dieses kann sich selbst bestimmen, und es kann sich, weil es sich selbst bestimmen kann, auch selbst negieren. Man sieht hier, dass Hegel das Lebendige auch deshalb einführen muss, weil die Idee eines sich selbst negierenden Selbstbewusstseins darauf angewiesen ist, dass das Selbstbewusste als Lebendiges auch leben kann, wenn es seine Selbständigkeit negiert.

Dies ist die Art von Analyse, die uns der Beobachter für die Erfahrungen in der *Phänomenologie* immer anbietet. Er analysiert die Erfahrungen so, dass ihr Zusammenhang und ihr Resultat deutlich werden. Allerdings könnte man angesichts der oben entwickelten logischen Genese fragen, ob eine solche zusätzliche Begründung wirklich nötig ist. Um, diese Frage vorbehaltlos zu bejahen, müsste man sich bei ihrer Verneinung Folgendes vorstellen können: Der Gegenstand muss etwas Lebendiges sein (dies meint Hegel logisch generiert zu haben), und das Bewusstsein erfährt den Gegenstand als lebendig.

---

⁷¹ Dass in Hegels Bestimmung des Selbstbewusstseins eingeht, dass die Aufhebung der Selbständigkeit des Bezugsobjekts mit der Überwindung eines Widerstands verbunden sein muss, vertritt Quante (2009, 98).

⁷² Dies wird später durch den Knecht realisiert werden (*GW* 9, 112 ff.).

Dennoch ist es aber nicht bereit, seine Position zu modifizieren. Das scheint absurd. Hegel muss das aber auch nicht behaupten. Das Projekt ist, Erfahrungen nicht nur zu beschreiben, sondern sie so darzustellen, dass ihr Zusammenhang klar wird. Stattgefunden haben könnten die Erfahrungen auch ohne Beobachter. Der vom Beobachter aufgedeckte Zusammenhang soll so sein, dass jede Modifikation, die an der Position vorgenommen wird, die einzige Möglichkeit darstellt (oder eine von mehreren Möglichkeiten, die dann aber alle auch durchgegangen werden) und insofern notwendig ist.[73]

Es geht also darum zu begründen, dass die Erfahrung der Selbständigkeit des Gegenstands etwas ist, das das Selbstbewusstsein auch im Rahmen seiner Position annehmen muss. Der hierfür gegebene Grund lautet: Das Selbstbewusstsein hat eingeräumt, dass es sich auf Seiendes bezieht, weil es sonst eine bloße Tautologie wäre. Gemäß der These des Selbstbewusstseins, dass nur etwas wahr ist, das von ihm selbst gesetzt ist, muss das Selbstbewusstsein das Seiende aufheben. Damit das Selbstbewusstsein dies kann, muss das Seiende aber bestehen. Also muss das Seiende selbständig sein. Es ist nun wichtig zu sehen, dass hiermit noch keine verständliche Position erreicht ist. Das Selbstbewusstsein muss diese Annahme der Selbständigkeit des Gegenstands nämlich zugleich negieren. Sie widerspricht seiner Annahme, dass der Gegenstand nicht selbständig ist. Da dies die Situation des Selbstbewusstseins ist, muss es das andere Selbstbewusstsein als seinen Gegenstand annehmen. Nur dieses ist, wie oben gezeigt, so geartet, dass es die für die Position des Selbstbewusstseins konstitutiven Annahmen verbinden kann.

Wie man hier sieht, begründet Hegel, warum der Gegenstand *aus der Perspektive der behandelten Position* etwas Lebendiges sein muss (wenngleich diese Annahme aus der Perspektive des Selbstbewusstseins auch negiert werden muss). Fasst man die Analyse in diesem Sinn als Erläuterung dessen auf, warum sich die Position an dieser Stelle wie in der *Phänomenologie* beschrieben entwickeln muss, so ist sie, denke ich, auch einsichtig geworden. Es stellt sich aber die Frage, welches Gewicht die hier gegebene Begründung für das Lebendige unabhängig von der spezifischen Position des Bewusstseins haben soll.

Sieht man davon ab, dass es sich um eine bestimmte Position des Bewusstseins handelt, würde man mit den vorstehenden Überlegungen begründen, dass sich das Bewusstsein für Erkenntnis auf etwas selbständiges Seiendes beziehen muss. Da nur Lebendiges (einschließlich lebendigen Selbstbewusstseins) selbständig ist, würde damit begründet werden, dass man sich für Erkenntnis auf etwas Lebendiges beziehen muss. Es gibt in der Hegel-Literatur

---

[73] Hier können auch folgende Fragen beantwortet werden: Wie kommt es, dass das Bewusstsein den Gegenstand plötzlich als Lebendiges wahrnehmen kann? Wieso kann es die Welt so konzipieren, dass es in ihr Lebendiges gibt?

mindestens zwei Vorschläge, die hier einzuordnen wären. Ein Vorschlag lautet, dass die Selbständigkeit des Gegenstands im Begriff der Erkenntnis liegt.[74] Ein anderer Vorschlag lautet, dass das Lebendige eine notwendige Bedingung für Selbsterkenntnis ist.[75] Ich werde mich später noch ausführlich mit diesen Vorschlägen beschäftigen. Hier möchte ich zunächst zeigen, dass Hegel die Begründung nur auf die Position des Selbstbewusstseins bezieht und nicht unabhängig davon als gültig ansieht.

Vergegenwärtigt man sich das Argument, dass das Seiende in der Begierde vorausgesetzt werden muss, so könnte man das Problem, das in dieser Voraussetzung bestehen soll, so bestimmen: Die Wahrheit als dasjenige, was das Subjekt setzt, sollte unabhängig vom Wissen oder vom Seienden sein. Aber dadurch, dass das Seiende jeweils in eine Form gebracht werden muss, um wahr zu sein, besteht die Wahrheit nicht ausschließlich in dieser Form.[76] Nun soll sich diese Form keineswegs auf die logischen Regeln im klassischen Sinn beschränken. Vielmehr sollen die Begriffe für Gestalt, Ausdehnung und andere Eigenschaften verantwortlich sein. Dennoch ist in einer solchen Konzeption irgendein Seiendes vorausgesetzt, das mit dafür entscheidend ist, dass eine Behauptung über es wahr ist. Dieses Vorausgesetzte könnte sogar auf den Fakt reduziert werden,[77] dass etwas da sein muss, das zu bestimmen ist. Dieses Faktum aber wird vorausgesetzt. Zwar gilt, dass etwas als seiend *gesetzt* wird, aber dadurch wird doch wieder etwas vorausgesetzt, das als seiend gesetzt wird.

Wie kann man diesem Problem begegnen? Keine Option ist es im Rahmen der Auffassung Hegels, auf den Bezug auf Seiendes zu verzichten. Der Bezug auf Seiendes ist konstitutiv für Erkenntnis. Hegels Lösung sieht anders aus. Die obige Problemanalyse ist in Hegels Augen falsch. Das Problem ist nicht, dass Seiendes vorausgesetzt wird – Seiendes muss nicht vorausgesetzt werden,

---

[74] Dieses Argument findet sich bei Horstmann (2006): „Wenn es [das Subjekt] sich denn als erkennendes Subjekt weiter konzipieren will, bedarf es zunächst schon aus konzeptuellen Gründen (d.h. hier aus Gründen, die mit dem Begriff der Erkenntnis zusammenhängen), eines Objekts, von dem gilt [...]" (41). Bei dieser naheliegenden Überlegung läuft Hegel wieder Gefahr, das vorauszusetzen, was er begründen wollte. Ich kann ich diese Überlegung vermeiden: Zwar gilt, dass das Wahre gemäß des Begriffs der Erkenntnis unabhängig vom Wissen sein muss. Aber diese Bedingung sieht die Position dadurch als erfüllt an, dass das Selbstbewusstsein unabhängig von allen Wissensbeziehung *setzt*, was wahr ist. Es muss also nicht annehmen, dass die Welt als Gegenstand unabhängig ist. (Man sieht hier, dass es für meine Interpretation wichtig ist, das *Wahre* und den *Gegenstand* unterscheiden zu können, vgl. das zweite Kapitel.)

[75] Dies schlägt Neuhouser (1986) als Rekonstruktion dafür vor, dass es zur Begierde von einem Selbstbewusstsein auf etwas Lebendiges kommt.

[76] Näher liegend wäre es, die Form als eine notwendige Bedingung für Wahrheit anzusehen.

[77] In diesem Fall müsste man selbst die Farbe eines Gegenstands als vom *Ich* gesetzt ansehen. Hegel versucht diesem Problem dadurch zu entgehen, dass er Wahrheit als ein Resultat ansieht, bei dem qualitative Urteile als solche keine Rolle mehr spielen sollen (vgl. das zweite Kapitel, Abschnitt 3.5).

denn es gibt Seiendes.[78] Man muss sich hier vergegenwärtigen, *wie* die Materie als Gegenstand bestimmt wurde. Vorausgesetzt werden musste nicht etwas Seiendes, sondern der Begriff der Kraft. Und diese Voraussetzung kann, wie ich oben argumentiert habe, nicht einfach eine Voraussetzung bleiben. Wenn das richtig ist, kann nicht stimmen, dass wir uns immer auf einen selbständigen Gegenstand beziehen müssen, wenn wir uns erkennend auf Seiendes beziehen. Denn im Fall der Materie beziehen wir uns auf Seiendes, aber nicht auf einen selbständigen Gegenstand. Was aber stimmt, ist, dass man sich erkennend immer auf einen begrifflich bestimmten und insofern unabhängigen Gegenstand beziehen muss. Dass die Materie so ist, wie sie bestimmt wird, liegt nicht am Bewusstsein, das sich auf sie bezieht, sondern daran, dass Materie in einer notwendigen Weise bestimmt ist und zwar ausgehend vom Begriff der Kraft.

Die Konsequenz, die das Bewusstsein aus seiner Situation heraus notwendiger Weise ziehen muss, ist also nicht unabhängig von dieser Position wahr: Nicht jeder erkennende Bezug auf einen Gegenstand setzt voraus, dass dieser selbständig ist. Während das Bewusstsein dies behaupten muss, kann man aus Hegels Perspektive sagen: Was gelten muss, ist, dass der Gegenstand durch seine begriffliche Bestimmung unabhängig sein muss. Dann stellt sich allerdings die Frage: Was haben die beiden hier angeführten Behauptungen miteinander zu tun? Ihr Zusammenhang besteht nach Hegel in Folgendem: Nur wenn das Bewusstsein Lebendiges und auch lebendiges Selbstbewusstsein anerkennt und auch erkennend auf sie Bezug nimmt, wird es dahin kommen, die Kraft, die es in der Bestimmung der Materie voraussetzen muss, als wirklich zu erweisen. Wenn Hegel sagt, der Gegenstand müsse selbständig sein, heißt dies also: Aus der Perspektive des Bewusstseins gilt dieser Satz uneingeschränkt. Es ist seine einzig mögliche Interpretation der Lage. Aber unabhängig von der Perspektive des Bewusstseins gilt dieser Satz nicht uneingeschränkt.

Noch habe ich die Frage offen gelassen, was den Status der Notwendigkeit der Entwicklung der Position des Selbstbewusstseins bedingen soll. Die Verhältnisse von Annahmen zur Selbständigkeit und die Verneinung dieser Annahmen sind in Hegels Augen offensichtlich den logischen Relationen von Identität und Unterschied gemäß. Das Selbstbewusstsein ist Identität von Einheit und Unterschied, und damit es dies wirklich sein kann, muss sein Gegenüber auch eine solche Identität sein, weil sonst das Moment der Aufhebung des Unterschieds nicht vorkäme. Dann stellt sich allerdings die Frage: Wieso kann eine Linie der *Phänomenologie* eine logische Genese von Materie, Leben und Geist behaupten und eine andere Linie, die denselben logischen

---

[78] Mir ist klar, dass diese Bemerkungen zur Rolle des Seienden provozierend sind; ich habe sie aber schon im zweiten Kapitel verteidigt.

Relationen folgt, eine Entwicklung nehmen, die die Materie nicht als Gegenstand anerkennt und das Lebendige zumindest an der hier behandelten Stelle als Gegenstand negiert und sogleich zum lebendigen Selbstbewusstsein übergeht? Die Antwort muss lauten, dass das Bewusstsein eine Annahme nicht macht, die ich oben im Sinne der logischen Genese gemacht habe: Dass das allgemeine Prinzip der Bestimmung (die Kraft) wirklich ist. Der Gegenstand *ist* durch etwas Allgemeines bestimmt. Ohne diese Annahme, ist keine Erkenntnis von Materie oder Leben möglich. Das Bewusstsein macht selbst auch eine Annahme zur Wirklichkeit und diese motiviert in meinen Augen bei ihm die Entwicklung logischer Prinzipien, nämlich die, dass es selbst wirklich ist. Diese Annahme ist nicht falsch, sie ist nur solange verkürzt, wie das Bewusstsein seine Selbständigkeit unmittelbar mit der Unabhängigkeit dessen identifiziert, was erkannt werden kann. Zum Verhältnis der Perspektiven des Beobachters und Hegels kann man zusammenfassend sagen, dass der Unterschied darin besteht, dass der Beobachter die logische Notwendigkeit aus der Perspektive des Bewusstseins rekonstruiert, während die Perspektive Hegels darüber hinausgeht. Für den Nachweis der Notwendigkeit des Fortgangs der *Phänomenologie* ist die Analyse des Beobachters daher ausreichend. Die Perspektive Hegels antizipiert das, was sich im Gang der *Phänomenologie* später noch ergeben soll.

1.4.3 Die Einführung des Lebendigen durch Erfahrung

Die Tatsache, dass es Lebendiges gibt, ist also in Hegels Augen dann kein zufälliges Faktum unserer Welt, wenn diese unter der Perspektive ihrer Erkennbarkeit betrachtet wird. Vielmehr lässt sich diese Tatsache im Rahmen einer fortgeschrittenen Untersuchung zur Frage, was Erkenntnis ist, als notwendig begründen. Das Bewusstsein erfährt allerdings direkt vom Lebendigen, es erschließt sich ihm nicht erst aus einer vom Begriff der Kraft ausgehenden logischen Untersuchung und auch nicht aus einer Analyse seiner Position.[79] Obwohl es sich logisch begründen lässt, ist das Faktum, dass es Lebendiges in der Welt gibt, auch etwas, das ohne solche Begründungen erfahren werden kann. Das Bewusstsein hat einen phänomenalen Zugang zur lebendigen Welt. Auch wenn es ziemlich offensichtlich ist, sollte an dieser Stelle bemerkt werden, dass die Erfahrungen, von denen hier die Rede ist, in der *Phänomenologie* einen

---

[79] Die These, dass Erfahrungen eine Art der Rechtfertigung von grundlegenden Annahmen über die Welt darstellen, findet sich vor allem in der Phänomenologie. So weisen Heidegger (*Sein und Zeit*, § 43) und Dilthey (1924) die (unter anderem von Kant behauptete) These zurück, dass wir die Realität der äußeren Dinge philosophisch beweisen müssen; wir können uns ihrer Realität hinreichend durch Erfahrung versichern. Ähnlich wird dies auch im Pragmatismus gesehen (vgl. zum Beispiel Peirce 1998, 147 ff.).

neuen Typ von Erfahrungen darstellen. Die hier beschriebene Erfahrung ist jetzt die von einzelnen Gegenständen in der Welt, diese Gegenstände werden erfahren oder teilen sich mit.

Indem sich das Bewusstsein mit der Absicht auf den Gegenstand bezieht, diesen begrifflich zu bestimmen und sich dadurch selbst als selbstbestimmt zu erweisen, erfährt es, dass der Gegenstand auch selbständig ist. Dass die Selbständigkeit erfahren wird, bedeutet, dass sie sich dem Selbstbewusstsein wider Erwarten und wider Willen mitteilt. Dass der Gegenstand selbständig ist, ist etwas, das das Selbstbewusstsein nicht konstruiert oder vorgibt, sondern erfährt.[80] Hegel beschreibt zuerst das Selbstbewusstsein: „Der Nichtigkeit dieses andern gewiß setzt es für sich dieselbe als seine Wahrheit […]" (*GW* 9, 107). Das bedeutet: Weil das Selbstbewusstsein die Position vertritt, dass es den Gegenstand durch seine begrifflichen Bestimmungen zu dem macht, was er ist, ist der Gegenstand in seinen Augen unselbständig bzw. nichtig und wird etwas, auf das man sich als Wahres beziehen kann, allein durch das Selbstbewusstsein. Da das Selbstbewusstsein den Gegenstand tatsächlich begrifflich bestimmen kann, kann es sich in dieser Tätigkeit auch wirklich seiner selbst versichern und ist daher in dieser Tätigkeit befriedigt.[81] Dann fährt Hegel fort: „In dieser Befriedigung aber macht es die Erfahrung von der Selbständigkeit seines Gegenstands […]" (*GW* 9, 107). Das heißt der Gegenstand, auf den sich das Bewusstsein bezieht, tritt ihm gegenüber zum Beispiel als etwas auf, das *durch sich selbst* organisiert ist und nicht bloß durch das Selbstbewusstsein als Organisiertes aufgefasst wird.[82] Das Lebendige kann sich dem Zugriff widersetzen, indem es sich durch sein eigenes Begehrungsvermögen bewegen kann und nicht nur durch vom Selbstbewusstsein zu setzende Bewegungsgesetze. Das Selbstbewusstsein modifiziert aufgrund seiner Erfahrung seine Position bzw. genauer die Annahme, dass der Gegenstand allein durch das Selbstbewusstsein bestimmt werde.[83]

Im Rückblick auf diesen Abschnitt ist zu fragen, was genau von wem hier gelernt worden ist, das nicht mehr revidiert werden muss. Das Bewusstsein hat gelernt, dass es ein anderes lebendiges Selbstbewusstsein gibt und dass es sich für Erkenntnis auch auf dieses beziehen muss. Noch nicht gelernt hat es, dass es nicht als einzelnes Selbstbewusstsein etwas als begrifflich bestimmt

---

[80] Vgl. hierzu Horstmann 2006, 41. Horstmann nennt dies ein „praktisches Scheitern". Folgt man meiner Interpretation, ist dies die Erfahrung, die man macht, wenn man die Position des Selbstbewusstseins einnimmt.

[81] Daher ist im nächsten Zitat die Rede von Befriedigung, die erreicht wird.

[82] Vgl. den nächsten Abschnitt (bes. 2.1.1).

[83] Es bestätigt sich hier auch wieder, dass das Bewusstsein der *Phänomenologie* seine Einsichten auf dem Weg der Erfahrungen erreicht, in denen ein Aufmerken auf die Widersprüche in einer Konzeption nicht notwendig gegeben ist.

erkennen kann, sondern sich hierfür *positiv* auf Andere beziehen muss. Man könnte vielleicht annehmen, dass es dies schon dadurch gelernt habe, dass es den Anderen schon als selbständig erfahren hat, und dass insofern doch die Erfahrung der Gemeinsamkeit mit dem Anderen bereits vorzuliegen scheint. Allerdings war bisher von einer Erfahrung der Gemeinsamkeit nicht die Rede. Zu diesem Ergebnis kommt das Bewusstsein erst am Ende des Abschnitts über das Selbstbewusstsein oder sogar erst am Ende des Vernunft-Abschnitts. Das heißt für Hegel ist die Erfahrung der Selbständigkeit des Anderen nicht immer so geartet, dass sie notwendig dazu führt, einen positiven Bezug zum Anderen herzustellen.[84] Allerdings sollte hier bedacht werden, dass es um die Prüfung von Positionen zur Frage geht, was Erkenntnis ist. Rückschlüsse darauf, wie der Andere in einer Lebenssituation erlebt wird, können nicht ohne weiteres gemacht werden.

Hat das Bewusstsein gelernt, dass es etwas anderes als es selbst gibt? Es kommt hier meines Erachtens darauf an, was man darunter versteht, wenn man sagt, es gibt etwas anderes als einen selbst. Bevor es die Erfahrung des Lebendigen macht, hat das Bewusstsein schon realisiert, dass es sich auf etwas Seiendes beziehen muss.[85] Dies lernt es also nicht dadurch, dass es lernt, dass es sich auf etwas Lebendiges bezieht. Dass der Bezug auf Seiendes gegeben sein muss, liegt, wie ich argumentiert habe, im Begriff der Erkenntnis, und das Selbstbewusstsein wäre ohne diesen Bezug eine bloße Tautologie.

Fragt man weiter, was der Leser über dasjenige hinaus gelernt haben soll, was das Bewusstsein gelernt hat, so ist die Differenz zwischen logischer Genese aus dem Begriff der Materie und dem zu berücksichtigen, was der Beobachter aufzeigt. Der Beobachter zeigt, dass sich das Bewusstsein, gegeben seine bisherigen Resultate, notwendigerweise auf etwas Lebendiges bzw. auf ein lebendiges Selbstbewusstsein richtet. Als Leser kann man aber auch sehen, dass das Bewusstsein seine Selbständigkeit mit der Unabhängigkeit allgemeiner Prinzipien einfach identifiziert und es aus diesem Grund weder Materie noch Lebendiges erkennen kann.

Die in diesem und dem vorangegangenen Abschnitt erläuterten Ideen der Begierde und des Lebendigen sind die Bausteine, die Hegel für einen Begriff der Welt benötigt, für den wesentlich ist, dass in der Welt Lebendiges und lebendige selbstbewusste Wesen leben. Als solche möchte ich im folgenden

---

[84] Vgl. hierzu Quante (2009).

[85] Ich widerspreche damit der These von Neuhouser (1986), der zufolge durch das Lebendige gelernt wird, dass es etwas anderes als das Selbstbewusstsein gibt. Laut Neuhouser wird hier gelernt, dass Erkenntnis nicht ein rein kognitiver, innergeistiger Akt sein kann, sondern wir auf etwas Anderes Bezug nehmen müssen (250). Dieser Aspekt, so wichtig er auch ist, wird in der *Phänomenologie* nicht erst hier gelernt. Man könnte höchstens sagen, dass diese Einsicht hier in vollem Umfang ins Bewusstsein tritt.

Abschnitt auf sie Bezug nehmen. Allerdings darf nicht übersehen werden, dass das, was im Weiteren in der *Phänomenologie* passiert, für das Verständnis der Welt, auf das Hegel hinaus will, auch von unerlässlicher Bedeutung ist. Den Fortgang wenigstens soweit anzudeuten, dass er für das im Blick ist, was ich im Folgenden ausführen werde, werde ich nun versuchen.

1.5 *Ausblick auf den weiteren Verlauf der* Phänomenologie

Der weitere Fortgang der *Phänomenologie* kann hier nicht mehr ausführlich dargestellt werden. Auf die gesamte Entwicklung bzw. Resultate der *Phänomenologie* werde ich im Rahmen der Darstellung der Konzeption von Gegenständen im nächsten Abschnitt noch eingehen. Im Folgenden möchte ich einen Überblick geben, der sich am Thema der Selbständigkeit orientiert.

Bemerkenswerterweise entspricht das, was Hegel am Anfang des Abschnitts über Vernunft sagt, der Situation, die ausgehend vom Begriff der Materie mit der logischen Genese erreicht worden ist: Erstens vollzieht das Bewusstsein hier den Übergang von der Materie zum Organischen. Die Materie ist dem Bewusstsein, so Hegel, „nicht ein seiendes Ding, sondern das Sein als allgemeines, oder in der Weise des Begriffs".[86] Kurz darauf erläutert Hegel, dass Materie „das reine Gesetz" ist, welches wir „als Begriff" sehen, und fährt fort: „Dies, was in Wahrheit das Resultate und Wesen, ist, tritt für dies Bewußtsein nun selbst, aber als Gegenstand auf, und zwar, indem er eben für es [...] als eine besondere Art von Gegenstand" ist. Und weiter: „Solcher Gegenstand, welcher den Prozeß in der Einfachheit des Begriffs an ihm hat, ist das Organische".[87] Zweitens hat das Bewusstsein, das jetzt behandelt wird, die Einstellung: „Das Wahrgenommene soll wenigstens die Bedeutung eines Allgemeinen haben".[88] Dass der Gegenstand durch etwas Allgemeines bestimmt sein muss, kann man, folgt man meinen obigen Ausführungen, als diejenige Einsicht ansehen, die dem Bewusstsein im Kapitel *Gewißheit seiner selbst* fehlte.

Wenn sich meine Interpretation hier auch bestätigt, so wirft dieser Anschluss an den Abschnitt über das Bewusstsein die Frage auf, wie sich das Kapitel *Gewißheit seiner selbst* mit Blick auf den weiteren Gang verstehen lässt. Man kann sagen, dass dieses Kapitel eine Entwicklung darstellt, die auf Seiten des Bewusstseins nötig ist, um den Standpunkt der Vernunft zum Gegenstand

---

[86] *GW* 9, 144.
[87] *GW* 9, 145.
[88] *GW* 9, 139.

einnehmen zu können, der aus der Perspektive des Kapitels *Kraft und Verstand* schon von Hegel antizipiert werden konnte. Ein kurzer Überblick kann hier Aufschluss geben:

Wie bereits deutlich geworden sein dürfte, muss das Selbstbewusstsein seine Position so formulieren, dass es sich erkennend auf ein anderes selbstbewusstes Individuum bezieht. Das Verhältnis eines Selbstbewusstseins zu einem anderen Selbstbewusstsein ist das der Anerkennung. Insofern löst die Anerkennung die Begierde als Grundhaltung gegenüber der Welt ab.[89] Dies ist am Ende des Abschnitts *Gewißheit seiner selbst* (also vor A. *Selbständigkeit und Unselbständigkeit*) erreicht. Die Position des Selbstbewusstseins ist aber nach wie vor durch die Annahme definiert, dass seine Selbständigkeit die Negation seines Gegenübers bedeutet und dass das Selbstbewusstsein sich daher selbst negieren muss. Es ist also hier noch kein positiver Bezug auf den Anderen gegeben, sondern dieser wird sich im Verhältnis zu anderen selbstbewussten Individuen entwickeln.

Die Beziehung auf andere Gegenstände als andere selbstbewusste Individuen ist für die im Kapitel *Gewißheit seiner selbst* beschriebene Entwicklung zunächst noch Begierde, diese wandelt sich aber auch entsprechend der neuen Situationen. Das Selbstbewusstsein erfährt, dass es den Gegenstand durch einen Zweck bestimmen kann. Dies erfährt das Bewusstsein (in der Gestalt des Knechts) durch die Bearbeitung der Materie zu Artefakten.[90] Dadurch dass Gegenstände durch einen Zweck bestimmt werden, erhalten sie eine Selbständigkeit. Dies ist aus zwei Gründen interessant: Erstens handelt es sich hier um eine Konzeption von Selbsterkenntnis, die Selbsterkenntnis von Haltungen zur Welt abhängig macht. Wie sich zeigt, braucht das Selbstbewusstsein einerseits ein menschliches Gegenüber, um sich als frei zu begreifen, andererseits braucht es die Realisierung seiner Selbständigkeit in Dingen.[91] Es geht hierbei nicht nur um eine Konzeption von Selbsterkenntnis. Es geht auch darum, was Erkenntnis ist. Das Bewusstsein muss die Möglichkeit der positiven Bestimmung deshalb erfahren, weil es dadurch realisiert, dass Erkenntnis mit einem *positiven* Bezug auf Gegenstände einhergeht. Man kann für Erkenntnis Gegenstände nicht nur als nichtig ansehen. Dass das Individuum dem

---

[89] Vgl. hierzu Neuhouser 1986, 261.

[90] Es müsste hier noch bedacht werden, dass dieses Verhältnis dadurch vermittelt ist, dass es für ein anderes Selbstbewusstsein (den Herrn) ist. Es gibt auch ein vermitteltes Verhältnis zum Gegenstand, das Befriedigung verschafft (*GW* 9, 113).

[91] Beides passiert in IV. A. *Selbständigkeit und Unselbständigkeit*. Natürlich lässt sich auch dies wieder auf Kant beziehen und sagen: Erst in seiner dritten Kritik, durch die Einbeziehung des Organischen und des Ästhetischen als zweckmäßig, hat Kant ein Selbstverhältnis des Menschen einräumen können, durch das sich der Mensch in seinen theoretischen Einstellungen als frei und selbstbestimmt verstehen kann.

Gegenstand, den es bearbeitet, seine Selbständigkeit „leiht", bedeutet außerdem, dass Selbständigkeit mit einer Zweckbestimmtheit in Zusammenhang gebracht werden kann.[92] Dies hat Auswirkungen darauf, was bei Hegel als zu erkennender, selbständiger Gegenstand fungieren kann.

Sowohl mit Blick auf Selbst- als auch auf Welterkenntnis muss das Bewusstsein außerdem noch die Erfahrung machen, dass es sich als *einzelnes* Selbstbewusstsein nicht realisieren kann.[93] Dies ist eine Voraussetzung für den Vernunft-Abschnitt, weil die Vernunft, wie sich gezeigt hat, in den Dingen das Allgemeine sieht – und das ist etwas, das nicht einfach mit dem einzelnen Individuum oder dem einzelnen Subjekt identisch ist. Das ist eine wichtige Einsicht dafür, dass nicht das einzelne Subjekt bestimmt, was wahr ist, sondern gemeinsam geteilte, logische Prinzipien. Es ist aber auch eine Voraussetzung für das Gelingen des Projekts der *Phänomenologie*, insofern für dieses das Allgemeine als Wirkliches erkannt werden muss. Das Allgemeine ist offenbar nicht einfach dadurch wirklich, dass einzelne, selbstbewusste Individuen wirklich sind. Hierauf werde ich im Abschnitt 2.3 zurückkommen. In der im Abschnitt *Vernunft* thematisierten neuen Phase wird die Vorstellung einer allgemeinen Vernunft insofern modifiziert, als Vernunft nur wirklich ist, wenn sie in einer Gemeinschaft von Individuen wirklich ist. Der positive Bezug auf andere selbstbewusste Individuen wird in der *Phänomenologie* also schrittweise hergestellt, indem das Individuum zunächst das geistige Allgemeine als etwas Positives anerkennen muss, das von ihm nicht unterschieden ist (im letzten Teil der *Gewißheit seiner selbst* als *unglückliches Bewusstsein*). Dann muss das Individuum lernen, dass dieses geistige Allgemeine durch selbstbewusste Individuen, die positiv aufeinander Bezug nehmen, wirklich ist. Ein Allgemeines, das nicht einfach identisch mit einem einzelnen selbstbewussten Individuum ist, sondern das etwas dem Einzelnen gegenüber selbständiges Allgemeines ist, das aber zugleich dadurch wirklich ist, dass einzelne Individuen in bestimmter Weise interagieren, ist etwas, das als Maßstab dafür fungiert, ob etwas wahr ist.

---

[92] Man könnte überlegen, ob dies nicht sogar in gewisser Weise für Materie gilt.
[93] Dies passiert in IV. B. *Freiheit des Selbstbewußtseins*.

2. Hegels Konzeption verschiedener Gegenstandsarten

In diesem Abschnitt verfolge ich zwei Ziele. Erstens (2.1) will ich mich vor dem Hintergrund der bisherigen Überlegungen mit einer von Hegels grundlegenden Thesen beschäftigen, nämlich der, dass der Organismus das paradigmatische Einzelding ist. Zweitens (2.2) will ich die Frage beantworten, was es nach Hegel gibt, indem ich Hegels Konzeption verschiedener Gegenstandsarten[94] darlege. Ich will mich hierbei auf die *Phänomenologie* bzw., bis auf wenige Ergänzungen, auf die Passagen der *Phänomenologie* beschränken, die ich bisher interpretiert habe. Abschließend soll (2.3) erst Hegels Begriff des Geistes erläutert und dann (2.4) die Idee thematisiert werden, dass die Welt durch das einfache Prinzip der Kraft bestimmt werden kann.

2.1 Der paradigmatische Gegenstand

Ein Gegenstand ist grob gesagt etwas, dem Einheit, Beständigkeit und Unabhängigkeit von Anderem, das heißt eine gewisse Selbständigkeit gegenüber Anderem und Widerständigkeit gegen Anderes zukommt. Diese Merkmale kommen in meinen Augen einem Gegenstand in einem geläufigen Sinne zu, und sie haben sich auch als für die *Phänomenologie* verbindlich gezeigt. Dies will ich hier zunächst kurz zusammenfassend ausführen. Folgt man Hegels Begriff des Gegenstandes, wie er ihn in der *Phänomenologie* entwickelt, muss ein Gegenstand etwas Seiendes sein, das heißt, er muss sinnlich gegeben oder repräsentiert sein.[95] Ebenso muss einem Gegenstand Einheit zukommen, weil man sonst nicht von einem Gegenstand sprechen kann.[96] Wenn die Wahrheit unserer Wissensansprüche durch den Bezug auf den Gegenstand geprüft werden können soll, dann muss der Gegenstand außerdem unabhängig vom Bewusstsein sein. Dies folgt daraus, dass das Wahre von Wissen unabhängig sein muss.[97] Es hat sich dann in den Erfahrungen des Bewusstseins gezeigt, dass diese Unabhängigkeit sich in einer Beständigkeit realisieren muss, damit die Wissensansprüche geprüft werden können.[98] In dieser Idee der Beständigkeit ist Widerständigkeit insofern mitgedacht, als etwas auch gegenüber Zugriffen beständig sein und sich ihnen widersetzen können muss, wenn eine Gefährdung der Beständigkeit besteht. Das Merkmal der Widerständigkeit muss ei-

---

[94] Wie oben schon zitiert, spricht Hegel vom Organischen als besonderer Art Gegenstand (*GW* 9, 145).
[95] Vgl. zweites Kapitel, Abschnitt 1.2.
[96] Vgl. erstes Kapitel, Abschnitt 4.2; zweites Kapitel, Abschnitt 3.2.
[97] Vgl. zweites Kapitel, Abschnitt 1.1.
[98] Vgl. das dritte Kapitel.

nem Gegenstand also auch insofern zukommen, als ein Gegenstand (wie das Lebendige) als etwas erfahren werden können muss, das nicht nach Belieben durch uns veränderbar ist. Soweit wurde mit Hegel der Begriff eines Gegenstands entwickelt, nach dem einem Gegenstand die Merkmale zukommen, die ich oben angeführt habe. Zu beachten ist, dass sich Hegels Auffassung unter anderem dadurch auszeichnet, dass dem Gegenstand in seiner Eigenschaft als Gegenstand nur zukommen muss, etwas Seiendes zu sein, während ihm die anderen Eigenschaften nur dann zugesprochen werden müssen, wenn er als dasjenige fungieren soll, das eine Behauptung wahr macht. Gegenwärtig sein sollte auch das Ergebnis, dass ein Gegenstand dadurch etwas Unabhängiges und Beständiges ist, dass er begrifflich bestimmt ist.[99] Vor dem Hintergrund dieser explizierten Vorstellung eines Gegenstands kann man sich der Untersuchung zuwenden, was für Hegel als paradigmatischer Gegenstand infrage kommt.

In *Kraft und Verstand* hat Hegel nicht nur Kants Konzeption des Verstandes und deren Übergang in eine neue Position ausgeführt, sondern auch geklärt, wie Materie erkannt werden kann, wobei hier keine Revision mehr zu erwarten sein sollte. Was demgemäß als Gegenstand erkannt wird, ist die Materie bzw. die physikalischen Körper als vorübergehende Zustände der Materie, die nach Gesetzen geordnet werden können. Dieser Gegenstand ist allerdings nicht gerade das, was man gemeinhin unter einem Gegenstand versteht. Der physikalische Gegenstand erfüllt die oben genannten Charakteristika nicht. Physikalische Körper erscheinen nur als selbständig, tatsächlich sind sie es nicht. Bezieht man sich auf sie, so bezieht man sich entweder auf etwas, das nur als Gegenstand erscheint, oder man erkennt, was physikalische Körper sind, dann aber erkennt man sie als Teile der Materie, welche ein erkennbarer Gegenstand ist. Auch Materie ist allerdings nicht ohne weiteres als Gegenstand anzusehen. Eine Einheit stellt sie nur da, sofern sie begrifflich bestimmt und hierbei als Einheit aufgefasst wird. Dieser Einheit kommt auch insofern Unabhängigkeit zu, als sie Resultat eines begrifflichen Prozesses ist, der anhand logisch notwendiger Prinzipien erfolgt. Man darf aber nicht übersehen, dass der Materie die Charakteristika, die man gemeinhin als konstitutiv für Gegenständlichkeit ansieht, nicht als Seiendem zukommen: Materie als Seiendes stellt sich nicht als Einheit und nicht als Beständiges, Selbständiges dar, sondern wird nur im Begriff als Einheit gefasst.

Anders verhält es sich mit Lebendigem. Dem Lebendigen kommt Selbständigkeit zu. Dies sollte schon deshalb der Fall sein, weil das Lebendige als selbständig erfahren wird. Das Lebendige ist eine einzelne Gestalt in einem *Leben*

---

[99] Wobei „begrifflich bestimmt" heißen kann: Etwas ist „für etwas anderes" oder „an sich" begrifflich bestimmt.

genannten Prozess. Bedenkt man, dass der physikalische Körper eine vorübergehende Kulmination der Materie sein sollte, sieht man, dass das Leben hier strukturell der der Materie entsprechende Gegenstand ist. Sowohl beim physikalischen Körper als auch beim Lebendigen gibt es etwas Allgemeines (Kraft, Prinzip des Lebens), welches in einzelnen Gestalten[100] etwas Seiendes ist. „Materie" und „Leben" sind die Begriffe, die die Bewegung bzw. (beim Leben) den Prozess des Seienden als Einheit repräsentieren. Das Verhältnis von Allgemeinem und Einzelnen ist allerdings unterschiedlich. Hierauf werde ich im nächsten Abschnitt zurückkommen, denn die Unterschiede in diesem Verhältnis machen, so denke ich, die verschiedenen Gegenstandsarten bei Hegel aus. Eines will ich aber schon hier hervorheben: Anders als der physikalische Körper ist das Lebendige als Seiendes selbst eine selbständige Einheit. Wenn man unter Gegenständen die einzelnen seienden Dinge fasst, ist das Lebendige daher, anders als der physikalische Körper, wirklich ein Gegenstand.

Hegels These ist also, dass das Lebendige ein wirklicher Gegenstand ist, insofern es nicht nur, wie der physikalische Gegenstand, als selbständig erscheint, sondern selbständig ist.[101] Das Lebendige ist ein paradigmatisches Einzelding. Diese These ist für Hegels gesamte Philosophie in verschiedenen Hinsichten zentral. Sie bildet unter anderem die Basis für eine Naturphilosophie, in welcher der Zweckbegriff nicht nur unverzichtbar ist, sondern auch keine Bedenken dagegen bestehen, dass der Begriff des Zwecks in der Wissenschaft verwendet werden kann. Die These dient, um ein weiteres Beispiel zu nennen, als Begründung für einen engen Zusammenhang von Natur- und Geistesphilosophie.[102] Die These enthält auch eine besondere Pointe gegen die Kantische Philosophie. Der durch den Begriff der Kraft bestimmte physikalische Körper, der für Kant der paradigmatisch reale Gegenstand ist, erweist sich in Hegels Augen gerade als einer, dem die von Kant für Gegenständlichkeit als wesentlich angesehenen Charakteristika nicht wirklich zukommen: Der physikalische Körper ist weder beharrlich oder selbständig, noch bildet er eine Einheit, noch ist die Widerständigkeit, die sich in Form der Repulsivkraft auswirken sollte, eine dem Körper wirklich zukommende Eigenschaft.[103] Ich möchte diese und weitere Dimensionen dieses Themas hier nicht eigens

---

[100] Streng genommen kann man von Körpern nicht als einzelnen Gestalten sprechen, ich mache das hier, damit die Parallele zum Lebendigen hervortritt.

[101] Dass das Lebendige ein wirklicher bestehender Gegenstand ist, gilt, wie sich noch zeigen wird, unter einer Hinsicht allerdings auch wieder nicht.

[102] Von einer Natur, von der gilt, dass sie selbstbezüglich und durch Zwecke bestimmt ist, kann man sagen, dass sie in der Erkenntnis des Menschen als lebendigem, selbstbezüglichem Wesen als das begriffen wird, was sie ist, das heißt in Hegels Terminologie: zu sich selbst kommt (vgl. hierzu Peperzak 1987; Quante 2004a).

[103] Kant muss behaupten, dass der physikalische Körper objektiv so bestimmt werden kann, wie er sagt. Es erweist sich aber für Hegel, dass er nicht objektiv so bestimmt werden kann.

berücksichtigen, sondern mich direkt damit beschäftigen, wie man die These vom Lebendigen als paradigmatischem Gegenstand begründen kann. Obwohl es Hegel in der *Phänomenologie* nicht eigens um den Nachweis dieser These geht, spielt sie auch für die *Phänomenologie* eine wichtige Rolle. Primär habe ich ein Interesse an der These selbst. Durch sie kann aber auch umgekehrt ein interessantes Licht auf die Frage, was es gibt, geworfen werden.[104] Eine Einschränkung der These muss hier noch gemacht werden: Sicher ist, dass für Hegel der Organismus gegenüber dem physikalischen Gegenstand paradigmatisch ist.[105] Man könnte allerdings auch das lebendige Selbstbewusstsein als paradigmatischen Gegenstand ansehen. Ich denke, wenn man von *dem* paradigmatischen Gegenstand spricht, müsste man dies vielleicht auch tun, ich will dies jedenfalls nicht ausschließen. Man könnte als paradigmatischen Gegenstand auch zum Beispiel Gott oder den Geist nennen. Tut man dies, rekurriert man auf etwas, das für Hegel, wie sich noch zeigen wird, etwas Konkretes und Wirkliches ist – man kann diesen Vorschlag also nicht einfach mit der Begründung ablehnen, dass dies *allgemeine* Prinzipien sind.[106] In meinen Augen ist diese Rede von Geist aber missverständlich. Ich werde hierauf im Abschnitt zum Begriff des Geistes zurückkommen.

Wenn man dafür argumentieren will, dass etwas, also etwa der physikalische Körper oder das Lebendige, ein paradigmatischer Gegenstand ist, kann man damit Verschiedenes beabsichtigen. Diese Absicht kann sich auch in der Art der Begründung dafür niederschlagen, dass etwas ein paradigmatischer Gegenstand ist. Drei Arten der Begründung will ich hier nennen.[107] (a) Man kann sagen, dass die Merkmale, die einem Gegenstand zukommen müssen,

---

[104] Henrich (1982b) hat Hegels Ontologie von derjenigen Kants in mindestens zwei Punkten abgegrenzt: (1) Schon Kant bricht mit der natürlichen Ontologie, die besagt, dass es Einzeldinge gibt. Hegel radikalisiert diesen Bruch, indem er auch das Ding an sich verabschiedet (194 f.). (2) Hegels Ontologie ist eine Theorie, die Begriffsformen als notwendige entwickelt. Erst von diesen aus lässt sich ein Rückbezug auf die natürliche Welt leisten (201). Ein so vollständiger Bruch mit Kant (197) und mit einer natürlichen Ontologie, wie Henrich ihn für Hegel behauptet, liegt, wie meine Ausführungen insgesamt zeigen sollen, nicht vor. Es können u.a. – gerade dann, wenn das Ding an sich wegfällt – mit Blick auf das Lebendige auch Annahmen der natürlichen Ontologie wieder rehabilitiert werden. Das Ding an sich fällt für Hegel, so denke ich, deshalb weg, weil es nichts Seiendes gibt, das wir nicht begrifflich bestimmen und so erkennen könnten (vgl. 1. Kapitel, Abschnitt 3.2).

[105] So stellt auch Wolff (1992) heraus, dass aus der Auszeichnung, die bei Hegel das Organische vor dem Unorganischen bekommt, „folgt, daß, da die wirkliche Substanz alles Organischen die Seele ist, in der Welt äußerer Erfahrung keine andere Substanz als eben die Seele angetroffen werden kann" (131).

[106] In diesem Fall könnte man sagen, dass die allgemeinen Prinzipien sich nur im lebendigen Selbstbewusstsein als einem paradigmatischen Gegenstand auf sich selbst beziehen und dass daher dieser Vorschlag von dem gar nicht unterschieden sei, dass das Selbstbewusstsein der paradigmatische Gegenstand ist.

[107] Vollständigkeit muss ich hier nicht behaupten.

im Falle eines Gegenstandstyps besonders vollständig oder gut realisiert sind. Hierauf kann man beispielsweise Wert legen, weil man annimmt, dass wir einen solchen Fall brauchen, um überhaupt von Gegenständen sprechen zu können.[108] (b) Man kann behaupten, dass der Gegenstand (oder dieser Typ von Gegenständen) eine notwendige Bedingung für etwas anderes ist, das wir nicht bestreiten können.[109] Dies etwa zeichnet nach einem Argument Kants, das sich als *transzendentales Argument* einen Namen gemacht und viele Anhänger gefunden hat, den materiellen raum-zeitlichen Gegenstand aus: Ohne ihn wäre es nicht möglich, unsere eigenen inneren Zustände in der Zeit zu bestimmen. Mit dieser Art von Argument kann man beispielsweise (wie Kant in der *Widerlegung des Idealismus*[110]) darauf hinaus wollen, dass wir die Existenz dieser Gegenstände nicht bezweifeln können. Man kann auch zeigen wollen, dass es die Gegenstände unter einer bestimmten Bedingung, die aber nicht bestreitbar sein soll, notwendigerweise gibt oder dass diese Kategorie von Gegenständen besonders elementar für unser Selbst- und Weltbild ist.[111]

Was ich unter (a) und (b) angeführt habe, entspricht einem Verständnis von einem paradigmatischen Gegenstand, demzufolge ein paradigmatischer Gegenstand eine bestimmte Funktion erfüllen soll, die auch (zumindest nach (b)) dafür erfüllt sein muss, dass etwas anderes möglich ist. Den Gründen dafür, etwas als paradigmatischen Gegenstand anzusehen, kann eine andere Art von Überlegungen an die Seite gestellt oder als Alternative zu ihnen angeführt werden: (c) Einen paradigmatischen Gegenstand müssen wir in einer Weise erfahren können, dass uns durch diese Erfahrung deutlich wird, was ein Gegenstand ist. Es ist eine nahe liegende Charakterisierung eines paradigmatisch konkreten Gegenstandes, dass man ihn anfassen, sich an ihm stoßen können muss.[112] Um zu wissen, was wirklich ist bzw. was ein Gegenstand ist, muss man seine Erfahrungen beachten, das heißt, man muss sie analysieren – oder vielleicht auch nur auf sie hören. Nun ist die Frage, auf welchem Weg man dafür argumentiert, was ein paradigmatischer Gegenstand ist, in meinen Augen selbst eine interessante Frage und zwar sowohl für sich als auch mit

---

[108] Die Frage, ob wir das Lebendige als paradigmatischen Gegenstand brauchen, um den physikalischen Gegenstand überhaupt als Gegenstand ansehen zu können, werde ich unten diskutieren (und verneinen).

[109] Man könnte meinen, dass ich hier sagen sollte: „die Existenz von Gegenständen dieses Typs", aber ich will dies zunächst möglichst allgemein halten und nicht sofort auf einen bestimmten Typ transzendentaler Argumente einschränken.

[110] *KrV* B 274 ff.

[111] Dies wird bei Strawson (1966, 50) deutlich. Die hier angeführten drei dass-Sätze sind nicht einander ausschließend gemeint.

[112] So etwa Künne ²2007, 15.

Blick auf die *Phänomenologie des Geistes*.[113] Vorderhand scheint es allerdings so, als müsste man sich nicht entscheiden. Hegel hat, wie ich zeigen will, in seiner Absicht, das Lebendige als paradigmatisches Einzelding auszuzeichnen, in irgendeiner Form allen drei oben genannten Begründungsarten Rechnung getragen. Ich gehe diese daher der Reihe nach durch (2.2.1), bevor ich mich der Frage nach ihrem Verhältnis widme (2.2.2).

2.1.1 Warum das Lebendige paradigmatisch ist

Im Folgenden werde ich (unter a–c) drei Begründungen bzw. drei Arten von Begründungen dafür diskutieren, warum das Lebendige ein paradigmatischer Gegenstand ist. Diese Begründungen finden sich so in der *Phänomenologie* nicht. Die oben diskutierte Einführung des Lebendigen in der *Phänomenologie* gibt nicht direkt die Begründung dafür, dass das Lebendige ein paradigmatischer Gegenstand ist. Im Ausgang von ihr lässt sich aber gut die Diskussion über den paradigmatischen Gegenstand führen.

(a) Ein Gegenstand kann als paradigmatisch angesehen werden, weil er die Eigenschaften realisiert, die ein Gegenstand haben soll. Als einzelne, raumzeitliche Gestalt ist der Organismus etwas Seiendes, auf das sich ein Bewusstsein wahrnehmend beziehen kann. Dem Lebendigen kommen aber auch all die Merkmale zu, die einen Gegenstand darüber hinaus auszeichnen sollen. Die Grundidee, die Hegel hier in Anspruch nimmt, ist die, dass das Lebendige eine Organisationsform hat, die bei allen physischen Veränderungen, die der Organismus durchmacht, dieselbe ist.[114] Diese Idee geht auf Aristoteles zurück, sie wird von Kant in der *Kritik der Urteilskraft* unter dem Begriff der inneren Zweckmäßigkeit aufgenommen[115] und spielt in der Naturphilosophie, besonders zu Hegels Zeit, insgesamt eine wichtige Rolle. Damit will ich mich hier nicht beschäftigen.[116] Ich will nur skizzieren, warum eine solche Organisationsform die Gegenständlichkeit des Organismus auszeichnet. Durch seine Organisationsform ist der Organismus *beharrlich* bzw. er ist über die Zeit hin-

---

[113] Gefragt werden soll nicht, wie wir welchen Gegenstandstyp besonders gut erkennen können oder welche Kategorien wir brauchen, um etwas zu erkennen, sondern gefragt wird, was es gibt. Gleichzeitig ist aber mit Blick auf die hier ausgeführte Diskussion klar, dass die Frage, was es gibt, nicht unabhängig von der Frage ist, wie Erkenntnis möglich ist.

[114] *GW* 9, 145; vgl. *Logik*, *GW* 12, 192.

[115] Kant, AA 5, 376.

[116] Dies müsste unter Rekurs auf Hegels Naturphilosophie (*Enz.* §§ 253–376) geschehen. Einen kurzen, aber aufschlussreichen Einblick in allen drei oben genannten Hinsichten gibt Wolff (1992, 125 ff.). Zum Aristoteles- und Kant-Bezug vgl. Düsing 1990. Zum Begriff des Organischen bei Hegel vgl. auch Spahn 2007. Was Kant betrifft, so ist vor allem daran zu erinnern, dass er dem Organismus Selbstorganisation und einen Bildungstrieb zuspricht (AA 5, 374) sowie dem tierischen Organismus ein Begehrungsvermögen (AA 5, 464).

weg derselbe. Er hat eine Identität als Einzelnes. Die Organisationsform ist so geartet, dass der Organismus sich zwar auf anderes bezieht, aber dieses dient ihm dazu, sich selbst zu erhalten. Hierdurch bewahrt er seine *Selbständigkeit* und *Individualität*. Das soll heißen, er kann sich durch den Wechsel des Materiellen hindurch als Einzelnes bewahren. Auch wenn seine materiale Basis völlig ausgetauscht ist, würde man mit gutem Grund sagen können, dass es derselbe Gegenstand ist, weil er sich dadurch als derselbe bewahrt, dass seine Organisationsform ihn durchgängig bestimmt. Das Lebendige ist durch diese Organisation eine *Einheit*, die sich auf sich selbst bezieht oder *selbstbezüglich* ist. Die Organisationsform ist es auch, die das Verhalten des Organismus so bestimmt, dass er Bedrohungen gegen ihn wahrnehmen und mit *Widerstand* auf sie reagieren kann.

Ein Vergleich mit physikalischen Gegenständen mit Blick auf einige dieser Merkmale bietet sich an. Ein physikalischer Gegenstand ist nur als Teil eines Prozesses, als Materiepartikel zu begreifen. Die Materie kann aber schon deshalb ebenfalls nicht als paradigmatischer Gegenstand fungieren, weil sie nicht für sich eine Einheit bildet. Sie stellt nur als begriffliche Totalität eine Einheit dar und ist daher *Einheit für etwas anderes*. Der physikalische Gegenstand hat keine Organisationsform, die ihm als Einzelnem zukommt. Natürlich ist er durch Gesetze bestimmt, aber diese zeichnen sich dadurch aus, dass sie das Verhältnis des physikalischen Körpers zu anderen Körpern definieren. Durch sie kann ein Körper daher nicht in sich organisiert und als durch etwas bestimmt ausgewiesen werden, das durch sich selbst beharrlich ist. Dass ein physikalischer Körper derselbe ist, können wir nur dann sagen, wenn wir es schaffen, ihn als Gegenstand verschiedener, miteinander verbundener Gesetze zu denken. Genau genommen ist selbst hier die Rede von der Identität eines einzelnen Körpers nicht gerechtfertigt, da die Gesetze zur Bestimmung von Materie führen, deren Teile in verschiedenen, wechselnden Konstellationen vorliegen. Dies kann anhand der beiden Eigenschaften, die dem physikalischen Körper (zum Beispiel nach Kant[117]) wesentlich zukommen sollen, veranschaulicht werden: Undurchdringlichkeit und Trägheit. Der Körper wird als undurchdringlich bestimmt und diese Eigenschaft wird durch die Repulsivkraft bedingt gedacht. Der Körper kann aber jederzeit von flüssigen Materien durchdrungen werden und dadurch seine Materie und seine Eigenschaften (wie Dichte usw.) wechseln. Die Repulsivkraft kommt ihm zudem im Verhältnis zu anderen und nicht durch sich selbst zu.[118] Was die Trägheit

---

[117] In den *Metaphysischen Anfangsgründen* behandelt Kant die Undurchdringlichkeit in der Dynamik und die Trägheit in der Mechanik als wesentliche Eigenschaft von Körpern.
[118] Hier spielt zum Beispiel eine Rolle, dass die Repulsivkraft von der Attraktivkraft abhängig ist und dass die Repulsivkraft eine Flächenkraft ist (also nur in der Berührung wirkt).

angeht, die den physikalischen Körper in seiner Beharrlichkeit auszeichnen soll, so wird dem Körper hier sogar wörtlich abgesprochen, durch sich selbst bestimmt zu werden: Er wird nur durch anderes bewegt. Ein Organismus soll dagegen Bildungstrieb haben, ein Streben nach Selbsterhaltung, sogar ein Begehrungsvermögen – alles Triebe, welche ihn sich nach seinem Zweck der Selbsterhaltung ausrichten lassen. Es scheint nach all dem klar zu sein, dass das Lebendige der paradigmatische Gegenstand ist, weil er die Merkmale in einem besonders hohen Maße realisiert, die Gegenständlichkeit ausmachen.

Angesichts all dieser Ausführungen kann man gerade aus einer kantischen Perspektive sagen, dass der Organismus vielleicht so, wie er hier vorgestellt oder beschrieben wird (und dies entspricht im Groben auch der Beschreibung, die Kant selbst gibt), ein paradigmatischer Gegenstand ist, dass aber das Problem dieser Beschreibung darin liegt, dass das Beschriebene nicht wirklich so sein kann. Was gesagt wurde, ist nur metaphorisch zu verstehen, weil einem Gegenstand der Natur dies alles gar nicht zugesprochen werden kann. Dieser Einwand basiert auf einer Annahme darüber, wie ein Gegenstand der Natur beschaffen sein muss, die ich bisher nicht berücksichtigt habe. Dadurch fällt sie aber aus der Begründung heraus, die sich an dem orientiert, was Merkmale für Gegenständlichkeit sein sollen. Sie scheint eher in den zweiten Typ von Begründungen zu gehören oder sogar einen eigenen Typ von Begründungen darzustellen. Ich stelle daher den Einwand zunächst zurück und halte fest: Würden wir uns an dem orientieren, wie wir Gegenstände beschreiben, und anhand der genannten Merkmale festlegen, was ein paradigmatischer Gegenstand ist, so spricht viel dafür, dem Organismus den Status zuzubilligen, paradigmatischer Gegenstand zu sein.

Ein anderer Einwand sollte aber noch diskutiert werden. Man könnte sagen, dass der Katalog an Merkmalen zu lang ist oder die Merkmale zu anspruchsvoll formuliert sind. Ein paradigmatischer Gegenstand ist, wie ein vielversprechender Vorschlag sagt, einfach ein Gegenstand, den wir eindeutig identifizieren und reidentifizieren können müssen. Ich denke, dass sich hier die Reichweite von Hegels These gut ablesen lässt, denn dass sich ein physikalischer Körper eindeutig über die Zeit hinweg identifizieren lässt, soll sich gerade als falsche Annahme erwiesen haben.[119] Man müsste den Körper eindeutig als denselben reidentifizieren können. Aber das ist nicht möglich. Es würde voraus setzen, dass etwas als Einheit mit sich identisch ist, obwohl seine Zustände wechseln. Für eine solche Einheit gibt es aber beim physikalischen

---

[119] Vgl. hierzu Wolff (1992, 131): „Jedenfalls ist Hegel der Ansicht, daß anorganischen Objekten, erst recht aber Entitäten, wie es Raum, Zeit, mechanische Punktsysteme, Licht etc. sind, diejenige Individualität fehlt, die erforderlich wäre, um als bestimmte reale Einzeldinge identifiziert werden zu können."

Gegenstand keinen Kandidaten. Entsprechend gibt es auch kein taugliches Verfahren zur Reidentifikation. Man kann eine lokale Identifikation vornehmen, also Raumzeitangaben machen. Diese sind aber, für eine eindeutige Reidentifikation nicht ausreichend,[120] wenn wir die Gegenstände nicht ununterbrochen beobachten[121]. Man muss begriffliche Bestimmungen oder Gesetze hinzuziehen. Folgt man den Ergebnissen des Kapitels *Kraft und Verstand*, gilt aber: Die Gesetze sind so geartet, dass sie uns darüber, ob der einzelne wahrgenommene Gegenstand derselbe ist, keine Auskunft geben. Würden wir den Gegenstand durch alle seine gesetzmäßigen Beziehungen bestimmen, hätten wir als identischen Gegenstand nie den einzelnen Körper, sondern die Materie mit ihren Materieteilen. Eindeutige Identifikation als Kriterium ist daher auch nicht geeignet, um den physikalischen Gegenstand auszuzeichnen.[122]

(b) Ich komme nun zu einer Begründung dafür, dass das Lebendige ein paradigmatischer Gegenstand ist, die in dem Nachweis bestehen soll, dass die Existenz des Gegenstands (oder dieses Typs von Gegenständen) eine notwendige Bedingung für etwas anderes ist, das wir nicht bestreiten können. Ich werde hier drei Vorschläge diskutieren, die sich auch der Strategie nach unterscheiden, weshalb ich sie als (b1), (b2) und (b3) anführe.

(b1) Kant hat mit der *Widerlegung des Idealismus* ein vielbeachtetes Argument vorgelegt. Eine notwendige Bedingung für den Bezug auf mich selbst als ein in der Zeit bestimmtes Wesen ist, so Kant, dass es etwas Beharrliches gibt. Da nur ein Gegenstand der äußeren Erfahrung als Beharrliches infrage komme, sei eine notwendige Bedingung für den Bezug auf mich selbst als ein in der Zeit bestimmtes Wesen, dass es Gegenstände der äußeren Erfahrung gäbe. Kann ich nicht bezweifeln, dass ich auf mich als in der Zeit bestimmt Bezug nehmen kann, kann ich auch nicht bezweifeln, dass es äußere Gegenstände gibt. Was Hegel hier offensichtlich nur machen müsste, um dafür zu argumentieren, dass es nicht den physikalisch bestimmten Gegenstand, sondern etwas Lebendiges geben muss, ist zu zeigen, dass nur das Lebendige sich als Beharrliches eignet.

---

[120] Das soll nicht heißen, dass wir nicht eindeutig raum-zeitlich identifizieren können, sondern es bedeutet, dass die bloß raum-zeitliche Reidentifiaktion eines Gegenstands nicht eindeutig ist.

[121] Außerdem müsste man Sinnestäuschung ausschließen.

[122] Mit Blick auf die verschiedenen Eigenschaften, die hier für ein Objekt gelten sollen, gibt es sowohl in der unorganischen als auch in der organischen Natur unterschiedliche Realisierungsgrade, die die Frage aufwerfen, wie diese Eigenschaften gewichtet werden. Für Hegel ist die Organisation durch ein inneres Prinzip die ausschlaggebende Bestimmung – also nicht etwa die physische Beständigkeit. Dies müsste allerdings spezifiziert werden und Hegel kennt bekanntlich so etwas wie Zwischengrade von Organisiertheit.

Eine etwas andere Variante dieses Arguments hat Neuhouser im Sinne Hegels als transzendentales Argument[123] für die Einführung des Lebendigen im Kapitel *Gewißheit seiner selbst* rekonstruiert. Die Betonung liegt bei ihm darauf,[124] dass wir für Selbsterkenntnis lernen müssen, dass etwas anderes als wir selbst wirklich ist, wobei dieses andere nicht nur etwas Vorgestelltes sein darf. Daher kommt hier nicht der physikalische Körper, sondern nur etwas Lebendiges infrage. Dies können wir nur dadurch lernen, dass uns etwas Lebendiges aktiv mit aller Widerständigkeit[125] entgegentritt.

Es scheint mir insbesondere mit Blick auf das, was Neuhouser rekonstruiert, zutreffend, dass Hegel in der *Phänomenologie* tatsächlich behauptet, dass wir die Erfahrung von Lebendigem machen müssen, um uns als selbständige, freie Wesen zu begreifen. Ich habe oben bemerkt, dass der hier behandelte Typ von Erfahrungen in der *Phänomenologie* etwas Neues darstellt, insofern das Bewusstsein jetzt etwas von etwas Einzelnem und Selbständigem erfährt. Dieser spezifische Typ von Erfahrungen von etwas Widerständigem ist für ein bestimmtes Selbstverständnis unerlässlich. Ist dies so, kann man festhalten, dass es das Lebendige und die Möglichkeit für den Bezug auf etwas anderes Lebendiges geben muss, um ein bestimmtes Selbstverständnis auszubilden. Insofern scheint man hier eine Art transzendentales Argument anbieten zu können. Nun lautet allerdings die Prämisse dieses Arguments, dass ich selbst mich als freies, selbstbestimmtes Wesen erkennen kann und dass ich dies für Erkenntnis auch können muss. Diese Prämisse ist offensichtlich im Vergleich zur Prämisse in Kants Argument nicht unstrittig.[126] Nun könnte man versuchen, diese Prämisse abermals zu rechtfertigen. Zum Beispiel könnte man zeigen, dass Selbsterkenntnis dieser Art eine notwendige Bedingung für Erkenntnis ist.[127] Auch diese Annahme wird zweifellos von Hegel bejaht. Insofern könnte

---

[123] Neuhouser 1986, 251. Mit der Diskussion transzendentaler Argumente nehme ich ein Thema wieder auf, das ich bereits im ersten Kapitel und im Abschnitt 1.4.1 dieses Kapitels angesprochen habe.

[124] Neuhouser (1986, 251): „for without the structure of desire, consciousness could never have the experience of the other which is a necessary condition for forming a concept of itself" Für meine Zwecke verkürze ich dieses Argument stark.

[125] „It is from threatening snarl, its attemps to flee – its resistence in general – that I learn that it is something other than myself" (Neuhouser 1986, 250).

[126] Dies räumt auch Neuhouser ein (obwohl er die Prämisse etwas vorsichtiger formuliert). Er macht einen ähnlichen Vorschlag, wie den im Folgenden von mir diskutierten; er sieht nämlich das Argument als Glied einer Reihe von transzendentalen Argumenten an.

[127] Ich habe Zweifel, ob eine Reihe transzendentaler Argumente ein sinnvolles Projekt ist. Wir müssten uns hier jemanden vorstellen, der die letzte Prämisse der Reihe transzendentaler Argumente akzeptiert, also etwa: Es gibt Erkenntnis. Dann wird gezeigt, dass es Selbsterkenntnis gibt und dann, dass es äußere Gegenstände gibt – es ist aber recht wahrscheinlich, dass derjenige, der die Prämisse akzeptiert, dass es Erkenntnis gibt, eines von beiden ohnehin schon für zweifelsfrei hält. Für ein generelles Anti-Skepsis Argument ist die Prämisse, dass es Er-

man auch hier von einem transzendentalen Argument sprechen. Diesen Typ von Argumenten möchte ich aber erst in Abschnitt (b3) behandeln. Zunächst will ich die Frage beantworten, ob es ein transzendentales Argument mit der Prämisse der Selbsterkenntnis geben könnte. Ich denke, dass man zwar solche Argumente geben kann, aber beachten muss, dass diese Strategie nicht dem entspricht, was Hegel in der *Phänomenologie* tatsächlich macht. Dort findet vielmehr wie gesagt Folgendes statt: Das Bewusstsein nimmt an, dass Erkenntnis unmittelbare Selbsterkenntnis ist, und hierfür nimmt es die Prämisse der Nichtigkeit der Welt an, die durch die Erfahrung widerlegt wird. Das Bewusstsein muss daher eine Neupositionierung vornehmen. Auch aus der Perspektive des Beobachters muss sich die Prämisse des Bewusstseins als falsch erweisen. Sie ist deshalb falsch, weil im unmittelbaren Bezug auf Anderes dieses immer vorausgesetzt werden muss und daher der Prämisse einer unmittelbaren Selbsterkenntnis – die sich aus der Erfahrung ergeben hatte und nicht unabhängig von dieser vorausgesetzt wird[128] – widersprochen wird. Die Methode, welcher der Gang des Bewusstseins folgt, ist eine Analyse von Erfahrungen, nicht die Methode transzendentaler Argumente.[129] Dennoch kann man im Anschluss an Hegels Überlegungen in seinem Sinne versuchen, ein transzendentales Argument dafür vorzulegen, dass das Lebendige ein paradigmatischer Gegenstand ist.

(b2) Bekanntlich basiert die *Transzendentale Deduktion* der *Kritik der reinen Vernunft* auf Kants These, dass die Bedingungen der Möglichkeit der Erfahrung[130] die Bedingung der Möglichkeit der Gegenstände der Erfahrung sind.[131] Diese These impliziert: (1) Wenn es überhaupt Erfahrung gibt, dann müssen die Gegenstände den Bedingungen unterliegen, die Erfahrung überhaupt ermöglichen. Sind die Kategorien solche Bedingungen, müssen die Gegenstände kategorial bestimmt sein. Was Kant aber auch meint, ist, (2) dass wir uns für Erfahrung tatsächlich auf Gegenstände beziehen können müssen, die den Bedingungen für Erfahrungen genügen. Im Sinne von Annahme (2) kann man ein Argument der folgenden Art versuchen: Sind die kategorialen

---

kenntnis gibt, natürlich ohnehin nicht geeignet. Auf solche Einwände haben aber fast alle, die versucht haben, die *Phänomenologie* als transzendentales Argument zu rekonstruieren, reagiert. Dies kann jedoch hier nicht diskutiert werden.

[128] Dass dies Hegels Meinung ist, zeigt sich auch darin, dass er auf eine stattgefundene Genese anspielt, wenn er sagt, der Gegenstand sei für uns in sich „zurückgegangen" und Leben „geworden" (*GW* 9, 104).

[129] In Neuhousers Augen ist ein transzendentales Argument erforderlich, weil wir eine Deduktion der Begierde bzw. des Lebendigen brauchen. Wie das Lebendige und die Begierde in meinen Augen hergeleitet werden, habe ich oben schon gezeigt.

[130] „Erfahrung" ist in solchen auf Kant bezogenen Stellen immer im Sinne Kants gemeint und heißt grob gesagt: Erkenntnis von der Welt.

[131] Kant, *KrV* A 93/B126.

Bedingungen so, dass sie nur auf Gegenstände äußerer Erfahrungen angewendet werden können, ist eine Bedingung für Erfahrung, dass es Gegenstände äußerer Erfahrung gibt.[132] Entsprechend hätte Hegel sagen können: Angenommen eine (kategoriale) Bedingung für Erfahrung bzw. Erkenntnis[133] gibt vor, dass der Gegenstand, auf den man sich beziehen kann, selbständig ist. Lebendiges ist der (einzige) Gegenstand, dem Selbständigkeit zukommt. Also ist eine Bedingung für Erkenntnis, dass es Lebendiges als einen Gegenstand, auf den wir uns beziehen können, tatsächlich gibt.[134] Will Hegel das Lebendige als Bedingung für Erkenntnis behaupten? Oder will er sogar sagen (im Sinne von Kants Annahme (1)), dass wir nur von Organismen Erkenntnisse haben können? Und was soll überhaupt der Organismus mit den Kategorien zu tun haben? Um die Darstellung zu vereinfachen, werde ich zunächst nur die Implikation (1) von Kants These betrachten.

Die Annahme, dass mögliche Gegenstände der Erfahrung durch die Kategorien bestimmt sein müssen, bildet zunächst offensichtlich eine Basis für den Einwand gegen das Lebendige als paradigmatischen Gegenstand, den ich oben (unter a) bereits angesprochen habe. Der Einwand lautet: Das Lebendige lässt sich überhaupt nicht objektiv bestimmen, weil die Organisationsform, durch die es bestimmt ist, nicht kategorial zu fassen ist. Wenn man das Lebendige als Gegenstand in der oben ausgeführten Weise ansieht, so kann dies nur eine Beschreibung bzw. eine Art behelfsmäßiger Fiktion sein, es ist aber keine Erkenntnis.[135] Man kann eine solche Organisationsform nicht objektiv bestimmen, und daher erkennt man hier nicht, wie der Gegenstand wirklich ist.[136]

---

[132] Dass Kant diese Annahme vertritt, wird spätestens in den *Metaphysischen Anfangsgründen* klar, weil Kant hier sagt, dass ohne diese Schrift, die eine „Körperlehre" darstellt, den Kategorien „Sinn und Bedeutung" fehlen würden (AA 4, 478). Wodurch Kant diese Annahme genau begründet, muss hier nicht interessieren. Würde sie in der Deduktion bereits begründet, würde diese die *Widerlegung des Idealismus* vorwegnehmen (was nicht unwahrscheinlich ist).
[133] Ich habe oben Kants Erfahrungsbegriff (als empirische Erkenntnis) zugrunde gelegt. Bei Hegel sollten wir hier nur von Erkenntnis sprechen.
[134] Dies ist eine Modifikation des Arguments, das ich oben bereits angeführt und Horstmann zugeschrieben habe (vgl. Kapitel V, Fn. 74).
[135] Dies ist ein vieldiskutiertes Thema bei Kant (vgl. Emundts 2001; Horstmann Manuskript).
[136] Man könnte auch einwenden: Der Organismus genügt den wissenschaftlichen Standards nicht, denen Gegenstände genügen müssen. Hegel hätte an diesem Einwand kein Interesse. Der wissenschaftliche Standard ist in seinen Augen nur dann ein Grund, wenn auch behauptet wird, dass die Welt so ist, wie der wissenschaftliche Standard vorschreibt. Dies ist zum Beispiel dann der Fall, wenn er mit dem übereinstimmt, was kategorial als Gegenstand bestimmt wird – wie bei Kant. Hiermit nehme ich Bezug auf die Frage, was Hegel als Grund akzeptiert (vgl. das zweite Kapitel).

Die Weise, in der Hegel auf diesen Einwand reagieren würde, ist aufschlussreich für seine eigene Begründung dafür, dass das Lebendige ein paradigmatisches Einzelding ist. Für Hegel liegt der Organismus im Bereich der logischen Bestimmbarkeit oder Erfassbarkeit. Der Organismus ist die logische Struktur, die sich dann ergibt, wenn man die logischen Prinzipien der Bestimmung der Materie richtig auffasst. Daher gilt grob gesagt: Zweckmäßigkeit oder der Begriff des Organismus ist eine Kategorie und zwar eine im Vergleich zur Kausalität höherstufige. Widerspricht denn die Zweckmäßigkeit nicht der Kategorie der Kausalität? Dieser Eindruck entsteht nur, wenn man das Prinzip der Kausalität falsch interpretiert. Man darf das Prinzip, wie ich in der Interpretation von *Kraft und Verstand* gezeigt habe, nach Hegel nicht verabsolutieren: Kausalität ist Teil eines Prinzips, durch das etwas (Materie) als Einheit bestimmt wird.[137] Als solches widerspricht es der Struktur einer in sich organisierten Einheit nicht, sondern ist, im Gegenteil, deren Moment. In gewisser Weise bleibt daher Kausalität auch als Moment der neu interpretierten Struktur erhalten.[138] Wie auch immer dies genauer auszuführen wäre, festzuhalten ist: Das Lebendige lässt sich nach Hegel logisch erfassen. Mehr noch wird für eine Logik, die konsequent verfährt, das Organische durch die logische Bestimmung der Materie generiert. Es ergibt sich aus Hegels Perspektive, dass der Einwand, dass das Lebendige nicht kategorial zu bestimmen ist, nicht nur nicht berechtigt ist, sondern dass sogar umgekehrt eine Logik, die nicht die Organisationsform des Organismus generiert, nicht dem gefolgt ist, was sich logisch notwendig ergibt.

Man könnte hier behaupten, dass Hegel somit eine Art transzendentaler Deduktion des Begriffs des Organismus beabsichtigte.[139] Dies ist jedoch, wie ich im Folgenden noch darstellen werde, nicht richtig. Hegel könnte tatsächlich der ersten der oben genannten bzw. Kant unterstellten Annahmen zustimmen, dass die Gegenstände der Erfahrung den logischen oder kategorialen Bedingungen der Möglichkeit von Erfahrungen unterliegen müssen. Dies widerspricht nicht seiner These, dass wir Lebendiges erkennen können, weil der Organismusbegriff oder dessen Organisationsform genuiner Bestandteil seiner *Logik* ist. Dieses Ergebnis erlaubt es, die oben aufgeworfene Frage zu beantworten, ob man nach Hegel nur von Organismen Erkenntnisse haben kann. Gemeint sein kann dies in dem Sinne, in dem man bei Kant nur von

---

[137] Vgl. das vierte Kapitel, besonders Abschnitt 4.3.
[138] Es gibt hier einen interessanten Unterschied von Hegel zu Kant, der sich daraus ergibt, dass Hegel die Kantischen Strukturen als dynamische versteht. Bei Kant können wir im Organismus chemische und physikalische Vorgänge als der Organisationsform untergeordnet, aber im Prinzip erhalten denken (vgl. AA 5, 414). Bei Hegel erhalten sie sich nicht einfach, sondern werden (etwa zur Assimilation) transformiert (vgl. *Enz.* § 363 und unten, Abschnitt 2.2.2).
[139] Die These, dass die *Phänomenologie* Hegels Deduktion darstellt, vertritt Pippin (1989).

physikalischen Gegenständen Erkenntnisse haben kann: Alles, was über die Bestimmung als ein physikalischer Gegenstand hinausgeht, bleibt für Kant eine bloße Beschreibung. In diesem Sinne muss die Frage mit Blick auf das Lebendige bei Hegel verneint werden. Wie sich gezeigt hat, können wir nach Hegel zum Beispiel die Materie so erkennen, wie sie ist. Allerdings denke ich, dass es einen anderen Sinn gibt, in dem die Frage bejaht werden muss. Die begriffliche Bestimmtheit der Materie ist *für ein Anderes*, und die Materie ist daher auch nur *für ein Anderes* Gegenstand. Die Einheit kommt der Materie als Seiendem nicht zu. Beim Lebendigen hingegen ist seine eigene Organisationsform sein Begriff. Das Lebendige ist daher durch eine Organisation bestimmt, die begrifflich erfasst werden kann, die das Lebendige aber auch als Einzelnes realisiert.[140] Das bedeutet: Es gilt zwar nicht, dass wir nur das Lebendige erkennen können, aber es gilt, dass wir nur ein lebendiges Einzelding so erkennen, wie es als Einzelnes an sich ist.

Hier kann die oben mit Blick auf Kant gemachte Annahme (2) aufgegriffen werden. Die Annahme lautet, dass wir uns für Erfahrung tatsächlich auf Gegenstände beziehen können müssen, welche den logischen Bedingungen für Erfahrungen gemäß bestimmt sind. Anders gesagt, gäbe es keine Gegenstände, die sich anhand der Kategorien objektiv bestimmen ließen, dann gäbe es auch keine Erfahrung. Nun könnte man sich, wie oben bereits angedeutet, mit Blick auf die Rolle des Lebendigen bei Hegel Folgendes überlegen: Wenn der Begriff des Organismus logisch generiert wird, muss dem Begriff auch ein Gegenstand entsprechen. Man könnte sagen, dass, wenn es Erkenntnis gibt, etwas unseren logischen Begriffen entsprechen muss; also muss es, wenn es Erkenntnis gibt, das Lebendige geben, usw. Ist dies ein möglicher Begründungsweg der Hegelschen These zum Lebendigen? Diese Form der Argumentation setzt voraus, dass wir unsere logischen Prinzipien ganz ohne Bezug auf das, was es gibt, aufstellen können und uns dann fragen müssen, ob ihnen überhaupt etwas entspricht oder ob sie nicht vielleicht leer sind. Diese Voraussetzung ist in Hegels Augen ein Fehler.[141] Anhand dessen, was ich oben als logische Genese ausgeführt habe, kann man auch sehen, wie Hegel diesen Fehler selbst vermeiden will. Die Entwicklung der logischen Prinzipien, die für die Möglichkeit von Erkenntnis verantwortlich sind, enthält bereits die Wirklichkeit der Prinzipien als ihr Moment. Was oben dargelegt wurde, war nicht (nur) die Antwort auf die Frage, wie sich der Begriff des Organismus generiert, sondern die Antwort auf die Frage, warum es den Organismus geben

---

[140] Hier macht Hegel die Einschränkung, dass auch das Lebendige seinen Begriff nicht vollständig realisiert. Seine Organisationsform hat den Zweck der Selbsterhaltung, und an diesem Zweck scheitert es früher oder später.
[141] Hiermit nehme ich den Gedanken wieder auf, den ich im ersten Kapitel, Abschnitt 5.3 ausgeführt habe.

muss. Eine transzendentale Deduktion des Begriffs des Organismus kann es bei Hegel nicht geben, weil diese voraussetzen würde, dass wir in der Logik den Begriff des Organismus haben und dann fragen, ob ihm etwas entspricht. Dass dies bei Hegel nicht so ist, habe ich oben bei der logischen Genese zu zeigen versucht.

(b3) Den letzten beiden Überlegungen (unter b1 und b2) folgend, findet sich bei Hegel kein Verfahren, bei dem das Lebendige dadurch als paradigmatisch erwiesen wird, dass es eine notwendige Bedingung für etwas anderes ist. Dies entspricht meiner These, dass die Methode der *Phänomenologie* nicht die Methode transzendentaler Argumente ist. Allerdings ist in diesem Zusammenhang noch einmal an die Darstellung der logischen Genese anzuknüpfen. Dort habe ich so argumentiert, dass Hegels Herleitung des Organismus solange nicht (ohne andere Voraussetzungen beispielsweise über Begriffe zu machen) überzeugend ist, wie nicht die Annahme gemacht wird, dass es Erkenntnis gibt. Dass der Begriff der Kraft wirklich sein muss, gilt unter der Annahme, dass die Bestimmung der Materie wahr ist, und sie muss wahr sein, damit Erkenntnis möglich ist. In diesem Sinne gilt für die ganze *Phänomenologie*, dass sie als transzendentales Argument rekonstruiert werden kann. Auch hier ist, wie oben bei der Diskussion der logischen Genese, zu beachten, dass Hegel erstens nicht einfach von der Möglichkeit der Erkenntnis ausgeht und daraus ableitet, was dann der Fall sein muss, sondern dass er innerhalb eines auf Erkenntnis abzielenden Projekts eine logische Genese vorschlägt. Diese Art des Vorgehens unterscheidet sich von der transzendentaler Argumente, bei denen man auf eine Bedingung schließen will. Allerdings mag man Zweifel daran haben, dass dieser Unterschied trennscharf ist. Vor allem gilt es aber zweitens zu beachten, dass die hier präsentierte Überlegung nicht die ist, die den Gang der *Phänomenologie* motiviert. Sie ist für diesen Gang überhaupt nicht nötig. Für das Bewusstsein ergibt sich erst am Ende seines Weges der Erfahrung, dass die physikalischen Gesetze auch wirklich Erkenntnisse sind.

(c) Die dritte Begründung dafür, dass das Lebendige ein paradigmatisches Einzelding ist, ist schnell gegeben: Man erfährt das Lebendige als selbständig und widerständig. Man kann in diesem Zusammenhang auf das zurückgreifen, was oben als Merkmale angeführt wurde: Auf das Begehrungsvermögen, die Selbsterhaltung usw. Dass der physikalische Gegenstand als unbeständig erfahren wird, war eines der Themen des Abschnitts über das Bewusstsein. Die Gegenstandsarten unterscheiden sich also auch dadurch, inwiefern sie als widerständig erfahren werden können. Der neue Gegenstand wird über die Erfahrung des Selbstbewusstseins eingeführt: Entgegen seinen Erwartungen erfährt das Selbstbewusstsein den Gegenstand als selbständig. Nach den vorangehenden Ausführungen wirkt diese letzte Begründung vielleicht ein wenig dürftig. Dass sie es nicht ist, will ich unter anderem im nächsten Abschnitt zeigen.

2.1.2 Das Verhältnis der Begründungsarten

Es ist nicht unbedingt eine Tugend, wenn man für eine These verschiedene Begründungen anführt. Zumindest stellt sich die Frage, wie sich die Begründungen zueinander verhalten. Die Antwort auf eine solche Frage kann aber, wie im vorliegenden Fall, aufschlussreich sein. Anhand ihrer kann nämlich noch einmal die Frage nach der Rolle der Erfahrungen für die *Phänomenologie* aufgenommen werden.

Will man Hegel die erste oben angeführte Begründungsart unterstellen, muss man sich Folgendes vergegenwärtigen: Die Tatsache, dass der Gegenstand beständig sein muss, damit er erkannt werden kann, sowie die Tatsache, dass der physikalische Gegenstand nicht beständig ist, haben sich dem Bewusstsein auf dem Weg der Erfahrung gezeigt. Allein durch die Festsetzung eines Katalogs von Merkmalen ohne Bezug auf Erfahrung würde man nach Hegel sicherlich nicht zum Ziel kommen.

Aus der Perspektive des Beobachters des in der *Phänomenologie* beschriebenen Prozesses ist es ganz offensichtlich nicht ausreichend, dass das Bewusstsein die Erfahrung des Lebendigen als selbständig macht. Wäre es ausreichend, könnte Hegel nämlich auf jede weitere Begründung dafür verzichten, dass der Gegenstand etwas Lebendiges ist. Die Erfahrung des Bewusstseins ist für den Beobachter zwar unverzichtbar, aber sie reicht nicht aus. Dies liegt daran, dass der Beobachter die Notwendigkeit des Prozesses aufzeigen will. Hegel will im Namen des Beobachters zeigen, dass es notwendigerweise so ist, dass das Selbstbewusstsein sich auf etwas Lebendiges bezieht. Hierfür müssen die Erfahrungen analysiert werden. Und Hegel will auch noch zusätzlich zeigen, dass das Lebendige aus der logischen Struktur des bisherigen Prozesses der Bestimmung der Materie generiert werden kann. Für die These, dass das Lebendige ein paradigmatischer Gegenstand ist, kann man auf alle drei Ebenen von Hegels Darstellung in der *Phänomenologie* zurückgreifen.

Aus der Perspektive des Bewusstseins ist die Erfahrung der Selbständigkeit hinreichend, um das Gegenüber als Selbständiges anzuerkennen.[142] Die Erfahrung des Lebendigen ist in meinen Augen auch hinreichend, um das Lebendige als paradigmatischen Gegenstand auszuzeichnen. Allerdings ist die Erfahrung, aus Gründen, die bereits expliziert wurden, nicht hinreichend da-

---

[142] „Durch diese Erfahrung ist ihm selbst diese Wahrheit geworden" (*GW* 9, 107).

für, das Lebendige zu erkennen. Das Bewusstsein realisiert die Erfahrung der Selbständigkeit durch die Anerkennung eines anderen Selbstbewusstseins.[143] Das Beispiel des Lebendigen gibt dem Selbstbewusstsein aber dennoch unmissverständlich die Einsicht in dessen Selbständigkeit.

An dieser Stelle gilt es zu erinnern, dass Erfahrungen im engeren Sinn in der *Phänomenologie* so bestimmt sind, dass etwas wider Erwarten des Bewusstseins auftritt und daher seine Annahmen über es widerlegt. Dies ist auch die Situation, in der das Selbstbewusstsein das Lebendige als selbständig *erfährt*.[144] Man kann hier den Erfahrungsbegriff aber auch im weiteren Sinn verwenden und sagen, dass ein Bewusstsein, welches die Erfahrungen des Lebendigen entgegen seinen Erwartungen schon gemacht hat, sehen und in diesem Sinne „erfahren" kann, wodurch Lebendiges sich auszeichnet. Anders als der physikalische Gegenstand „zeigt sich"[145] das Organische als sich erhaltend usw. Anders als in der Erfahrung eines physikalischen Gegenstands geht in diese Erfahrung mit ein, dass der Gegenstand beständig ist.

Wenn das Lebendige vom Selbstbewusstsein als selbständig erfahren wird, ist es natürlich erlaubt zu fragen, *wofür* die Erfahrung von etwas Lebendigem gemacht werden muss. Hier kann man transzendentale Argumente anbieten. Dies ist aber, wie ich schon betont habe, nicht Hegels Methode. Transzendentale Argumente operieren mit Prämissen, die selbst nicht aus einem Prozess von Erfahrungen gewonnen wurden. Sie werden zumeist als selbstevident angenommen. Aber auch wenn man sie als Ergebnis eines anderen Arguments betrachtet, sind sie als Argumente ohne Erfahrung nachvollziehbar.[146] Was die Erfahrung der Selbständigkeit eines Anderen dem Bewusstsein an Gewinn bringt, muss es letztlich *sehen*. Es kann es nicht begreifen, ohne dass es sich ihm zeigt. Was den Beobachter betrifft, so deckt er die für das Bewusstsein verbindliche logische Entwicklung auf, die immer von dessen bisherigen Erfahrungen ausgeht. Diese Entwicklung ist allerdings, wenn man die Ergebnisse der bisherigen Erfahrungen voraussetzt, ohne Erfahrungen nachvollziehbar. Dass das Bewusstsein sich auf Lebendiges beziehen muss, weiß der Leser der *Phänomenologie*, der dem Beobachter folgt, noch bevor diese Erfahrung stattfindet. Aber auch hier gilt: Wofür diese Erfahrung gemacht werden muss,

---

[143] „Um der Selbständigkeit des Gegenstands willen kann es daher zur Befriedigung nur gelangen, indem dieser selbst die Negation an ihm vollzieht" (*GW* 9, 108).

[144] Da das Bewusstsein zu wissen glaubt, dass es (außer ihm) nichts Selbständiges gibt, würde es das Lebendige auch sicherlich nicht als selbständig sehen, wenn sich ihm dieses nicht auch gegen seine Erwartung mitteilen würde.

[145] *GW* 9, 148.

[146] Transzendentale Argumente müssen Erfahrungen natürlich nicht ausschließen. Im Gegenteil kann Erfahrung von etwas als notwendige Bedingung fungieren. Aber das Argument selbst beruht nicht auf Erfahrung.

weiß der Leser noch nicht. Dies gilt in gewisser Weise allerdings nicht mehr für denjenigen Leser, der die Entwicklung vom Begriff der Materie her aus der Perspektive Hegels verfolgt. Er kann sehen, dass es das Lebendige geben muss, damit es Erkenntnis gibt. Paradigmatisch ist das Lebendige aus Hegels Perspektive deswegen, weil es als Seiendes ein Beispiel für die Struktur der Unendlichkeit ist. Hier gilt es aber zu beachten, dass Hegel die Realität des laufenden Erkenntnisprozesses annimmt. Hierdurch bekommt die Untersuchung einen anderen Charakter als eine transzendentale Untersuchung. Es gilt auch zu beachten, dass diese Überlegungen mit denen des Beobachters (und denen des Bewusstseins), die den Fortgang in der *Phänomenologie* bestimmen, nicht übereinstimmen.

Zur Überzeugungskraft der These, dass das Lebendige der paradigmatische Gegenstand ist, möchte ich noch Folgendes anmerken: Die These, dass das Lebendige die charakteristischen Eigenschaften für Gegenständlichkeit umfassender repräsentiert als ein physikalischer Körper und dass dies vor allem auch mit Blick auf die Charakteristika von Widerständigkeit und Selbständigkeit erfahren werden kann, leuchtet intuitiv ein. Die These, dass das Lebendige der paradigmatische Gegenstand ist, kann aber nur überzeugen, wenn erstens dem physikalischen Gegenstand nicht abgesprochen werden muss, bestimmte Funktionen, die wir Gegenständen zusprechen (wie ein Orientierungspunkt im Raum zu sein), hinreichend oder sogar besser zu erfüllen. Dies muss Hegel physikalischen Gegenständen nicht absprechen. Zweitens kann man die These, dass Lebendiges der paradigmatische Gegenstand ist, nur vertreten, wenn die Charakteristika (wie Selbständigkeit), die man dem Lebendigem hier zuspricht, nicht nur metaphorisch oder in Analogie zu physikalischen Gegenständen gemeint sind, sondern dem Gegenstand wirklich zugesprochen werden können. Dies ist nach Hegel klarer Weise der Fall. Ein Materialist wird dem aber nicht zustimmen, wenn er annimmt, dass dies den physikalischen Erklärungsprinzipien widerspricht. Die Entscheidung hängt daher vor allem von der Diskussion der Rolle des Kausalitätsprinzips ab.[147]

2.2 Die verschiedenen Gegenstandsarten

Im Folgenden will ich zunächst (2.2.1) ausführen, wie es dazu kommt, dass zwischen verschiedenen Arten von Gegenständen unterschieden werden muss. Sodann (2.2.2) will ich diskutieren, wie diese Konzeption genau zu verstehen ist.

---

[147] Hegel führt diese Diskussion mit Kant, weshalb ich sie im vierten Kapitel dargestellt habe.

2.2.1 Wodurch ist ein Gegenstand besonders geartet?

Wenn ein Gegenstand etwas Seiendes sein soll, hat man bei Gegenständen zunächst an Einzeldinge zu denken. Diese Einzeldinge unterscheiden sich der Art nach dadurch, durch welches allgemeine Prinzip sie bestimmt sind. Während ein physikalischer Körper durch das Prinzip der Kraft bestimmt ist, ist der Mensch durch Vernunft bestimmt. Man könnte allerdings auch sagen, Einzeldinge unterscheiden sich dadurch, *wie* sie durch ein allgemeines Prinzip bestimmt werden. Die zweite Formulierung ist laut Hegel die genauere. Dies will ich zunächst erläutern.

Folgt man dem, was ich bisher ausgeführt habe, gilt, dass das, was als Gegenstand erkannt werden kann, begrifflich bestimmt sein muss. Die Prinzipien der begrifflichen Bestimmtheit sind das Allgemeine, durch das ein Gegenstand erkannt werden kann. Als solche allgemeinen Prinzipien können zunächst Kraft, Seele oder Wesen des Lebens und Vernunft[148] gelten. Als entsprechende Einzeldinge wären also der physikalische Körper, der Organismus und das selbstbewusste Individuum zu nennen. Da der Körper, wie gezeigt, streng genommen kein Einzelding ist, sondern nur ein besonderes Moment der Materie, werde ich im Folgenden generell nicht „Einzelding", sondern „Ding" oder „Seiendes" sagen. Es gibt für Hegel aber nicht nur das allgemeine Prinzip und die entsprechenden Dinge. Es gibt außerdem noch etwas Drittes. Beim physikalischen Körper ist das der Begriff der Materie, beim Lebendigen ist es das Leben oder die Gattung und beim lebendigen Selbstbewusstsein der Geist. Die Struktur ist also insgesamt die eines einfachen Allgemeinen, einer Unterscheidung und einer Einheit als komplexer Ganzheit. Dies kann am Beispiel der Materie erläutert werden. Wenn ein einfaches Prinzip (Kraft) zugrunde liegt und dieses differenziert wird (Massen, Raumverhältnisse usw.), so muss unter Berücksichtigung aller Differenzierungen der Einheit des einen allgemeinen Prinzips Rechnung getragen werden. Diese ist dann eine Einheit von Unterschieden und insofern komplex (der Begriff der Materie als Totalität aller Verhältnisse).

Geht man der Frage nach, warum genau diese Dreierstruktur vorliegen müssen soll, kommt man in eine ähnliche Diskussion wie die, die ich oben mit Blick auf die Frage nach der Einführung des Lebendigen geführt habe. Man muss diskutieren, warum Hegel den Schritt zur Einheit für einen logisch notwendigen Schritt hält und ob man diesen Schritt durch Rekurs auf die Möglichkeit, etwas zu erkennen, motivieren kann. Da ich hier die Frage

---

[148] Eine Alternative zu „Vernunft" wäre „Selbstbewusstsein", aber in der *Phänomenologie* hat „Selbstbewusstsein" nicht von Anfang an die Bedeutung eines allgemeinen Prinzips.

beantworten will, was es nach Hegel für Gegenstandsarten gibt, werde ich nicht versuchen, im Sinne Hegels logisch zu begründen, warum hier eine Dreierstruktur vorliegen soll.

Wenn man sich erkennend auf ein Ding bezieht, bezieht man sich auch auf die allgemeinen Prinzipien, durch die dieses Ding bestimmt ist. Hierbei gilt weiterhin, dass der Bezug der allgemeinen Prinzipien zu den Dingen unterschiedlich ist. Das Seiende ist, mit anderen Worten, durch das Allgemeine unterschiedlich bestimmt. Beim physikalischen Körper ist das Allgemeine, also die Kraft, als Prinzip einer Einheit nur im Begriff gegeben. Beim Lebendigen ist das Allgemeine dasjenige, was dem Lebendigen seine Organisation gibt. Allerdings gilt hier, so Hegel, dass das Allgemeine sich nicht in einem Einzelnen wirklich realisieren kann, sondern nur in der Kette oder in der Art, nämlich in den sich reproduzierenden einzelnen Lebendigen.[149] Hier kann man besonders gut sehen, dass es nicht nur so ist, dass sich das Allgemeine in den verschiedenen Seienden in unterschiedlicher Weise realisieren soll, sondern dass sich das Allgemeine auch so realisiert, dass es sich in mehreren Seienden ausdrückt oder sich *besondert*. Jedes Seiende ist daher ein Besonderes, aber nicht jedes Seiende ist ein Einzelnes. Es ist wichtig, die Verhältnisse nicht auf Allgemeines und Einzelnes zu reduzieren, sondern das Besondere einzubeziehen.

Beim selbstbewussten Individuum kann das Allgemeine sich im Einzelnen ganz realisieren. Die Vernunft ist das Individuum. Daher kann das Individuum sich im Anderen auf sich selbst als Allgemeines beziehen und sich und das Andere als einzelne Instanzen des Allgemeinen unterscheiden. Dies bedeutet die Realisierung eines bestimmten gemeinschaftlichen Verhältnisses. Was das für Verhältnisse sind, habe ich in meinen Überlegungen nicht näher betrachtet. Mit der Thematik der Anerkennung eines Anderen als selbständig wurden hierzu allerdings erste Hinweise gegeben. Das Allgemeine, das sich im selbstbewussten Einzelnen in der Form der Anerkennung realisiert hat, nennt Hegel *Geist*.

Durch die Beziehung von Seiendem und Allgemeinen wird auch die Beziehung des Seienden auf Anderes mitbestimmt. Gegenstandsarten unterscheiden sich daher auch dadurch, wie ihr Verhältnis zu anderen Gegenständen ist. Auch hiervon habe ich mit dem Verhalten des tierischen Organismus gegenüber Anderem und gegenüber seinesgleichen und mit der gegenseitigen Anerkennung selbstbewusster Individuen schon Beispiele angeführt. Wenn man Vorbehalte gegen Hegels Rede vom Allgemeinen hat, ist dieser zuletzt genannte Unterschied zwischen Gegenstandsarten vielleicht der zugänglichste: Dass sich Materielles von Lebendigem darin unterscheidet, in welcher Be-

[149] *Enz.* § 359.

ziehung es zu anderem steht, kann kaum bestritten werden.[150] Ebenso wenig kann man in meinen Augen bestreiten, dass diese Themen für eine Sozialontologie von entscheidender Bedeutung sind.[151]

In diesem Verhältnis von Allgemeinem zu Seiendem ist für Hegel eine Grundidee, dass sich die allgemeinen Prinzipien in den Dingen auf sich selbst beziehen. Um dies zu verstehen, ist es sinnvoll, sich das Verhältnis von Allgemeinem und Einzelnem aus der Perspektive der begrifflichen Bestimmung zu vergegenwärtigen. Um etwas als Gegenstand zu begreifen, müssen wir von einem allgemeinen Prinzip ausgehen. Wenn wir das Einzelne als Instanziierung dieses Prinzips betrachten, ist (1) das Einzelne als Instanziierung des Allgemeinen mit dem Allgemeinen identisch, gleichzeitig ist es aber (2) als einzelne Instanziierung auch vom Allgemeinen unterschieden. In diesem Unterschied zwischen Seiendem und Allgemeinem (der in (2) ausgedrückt wird) bezieht sich das Allgemeine auf sich selbst, weil gilt, dass (wie mit (1) behauptet) Allgemeines und Seiendes identisch sind. Für die Unterschiede zwischen den Gegenstandsarten lautet die entscheidende Frage: Wie ist das Einzelne vom Allgemeinen unterschieden? Folgt man den eben angestellten Überlegungen, kann man die Frage auch so formulieren: In welcher Weise bezieht sich das Allgemeine auf sich selbst?[152] Das einheitliche Prinzip, das physikalischen Körpern zugrunde liegt, also die Kraft, bezieht sich in den physikalischen Körpern unmittelbar auf sich selbst. Die physikalischen Körper haben keine Selbständigkeit und sind nichts anderes als Kraftverhältnisse. Dies ist die Struktur einer unmittelbaren Selbstbeziehung des Allgemeinen. Man könnte hier auch sagen, dass die Kraft sich besondert, ohne sich zu vereinzeln. Einzelnes (und in diesem Sinne Gegenstand) ist Materie nur als Begriff. Im Falle des Lebendigen vereinzelt sich das Einzelne gegenüber dem Allgemeinen, es kommt zu einem Unterschied von Allgemeinem und Einzelnem, der zumindest zeitweise besteht. Da das Einzelne nach wie vor das Allgemeine *ist*, ist diese Beziehung von Einzelnem und Allgemeinem eine Beziehung des Allgemeinen auf sich selbst. Die Selbstbeziehung des Allgemeinen ist daher im

---

[150] Hier besteht wieder Ähnlichkeit zu Heideggers Konzeption von Welt in *Sein und Zeit* (vgl. hierzu die schon erwähnten Abhandlungen von Fink 2007 und Pippin 1997). Kennt man Heideggers Ontologie von Vorhandenheit, Zuhandenheit und Mitsein in *Sein und Zeit*, kann man hier zahlreiche Parallelen sowie Unterschiede ausmachen. Was letztere betrifft, so fällt vor allem die Rolle des Lebendigen bei Hegel auf, die bei Heidegger tendenziell vernachlässigt wird (vgl. hierzu Nielsen 2007).

[151] Mögliche Anknüpfungspunkte an dieses Thema in der heutigen Literatur sind unüberschaubar. Die Verbindung von Hegels Philosophie mit einer systematisch interessanten Sozialontologie hat Theunissens Philosophie angeleitet. Hierfür gibt der schon erwähnte Aufsatz zu Hegels Rechtsphilosophie (1982) nur ein Beispiel. In anderer Weise greift Honneth (1992 und 2003) im Ausgang von Hegel diese Themen auf.

[152] So erklären sich die beiden Formulierungen am Anfang des vorliegenden Abschnitts.

Lebendigen so, dass es sich vermittelt durch etwas Einzelnes auf sich bezieht. Allerdings ist die Selbstbeziehung des Allgemeinen hier nicht von der Art, dass sich das Allgemeine im Einzelnen auch als Allgemeines auf sich bezieht. Dies drückt sich darin aus, dass das lebendige (*nicht* selbstbewusste) Individuum sich zu Anderem nur negativ verhält. Wodurch es zu dieser Art der Selbstbeziehung kommt, lässt sich vom Allgemeinen ausgehend so formulieren: Das Allgemeine ist zwar im Lebendigen durch dessen Organisationsform realisiert. Es ist hier als Einheit, als Lebendiges, das sich von Anderem unterscheidet. Dies tut es beispielsweise, indem es das Andere negiert und sich aneignet. Das Allgemeine ist aber auf diese Weise nicht nur im Organismus realisiert, sondern wird zugleich durch dieses Einzelne als Allgemeines negiert.[153] Nun ist Leben die Identität von Einheit und Unterschied. Das Einzelne, das das Allgemeine als Allgemeines negiert, muss verschwinden, wenn das Allgemeine seine Identität mit sich wieder herstellt. Dies veranschaulicht sich dadurch, dass das Leben der Prozess der Reproduktion von Einzelnem ist, dem es als Einzelnes nur um seine Selbsterhaltung geht. Anders ist dies beim selbstbewussten Individuum. Ihm kommt die Fähigkeit der Selbstnegation und der Anerkennung Anderer zu. Dies gehört zu den Voraussetzungen, unter denen sich etwas Allgemeines als Allgemeines in einem Einzelnen verwirklichen kann. Die Selbstbeziehung des Allgemeinen ist hier eine Selbstbeziehung, in der sich das Allgemeine als Allgemeines auf sich beziehen kann.

In den bisherigen Ausführungen habe ich so getan, als würden wir unterschiedliche allgemeine Prinzipien voraussetzen. Charakterisiert wurden diese Prinzipien durch ihre Art der Selbstbezüglichkeit. Tatsächlich sieht Hegel die Pointe seines Vorschlags noch zusätzlich darin, dass die Unterschiedlichkeit der allgemeinen Prinzipien sich durch die Stufen der Selbstbezüglichkeit *eines* Prinzips ergeben (und nicht jeweils vorausgesetzt sind). Das heißt: Etwas ist dadurch eine Instanz des Lebens, dass es Selbständigkeit hat und sich das Allgemeine daher in ihm auf sich selbst bezieht. Dies entspricht, wie oben deutlich geworden sein sollte, der Auffassung des Unterschieds von Materiellem und Lebendigem: Der Organismus ist auf sich bezogene und insofern organisierte Kraft. Dass die allgemeinen Prinzipien eigentlich *ein* Prinzip sind, das sich nur dadurch modifiziert, dass es in verschiedener Weise selbstbezogen ist, ist auch der Grund dafür, warum sich die Prinzipien der Gegenstandsarten überlappen. Denn das allgemeine Prinzip des Lebens ist nichts anderes als das allgemeine Prinzip der Kraft, das sich zum Begriff der Materie bestimmt hat; nur ist es dieser Begriff als Prinzip des Lebens, also als Wirkliches. Dieses Prinzip ist durch die Vermittlung mit dem Lebendigen Leben, welches wiederum

---

[153] Daher sagt Hegel, die bestehende Gestalt trete „gegen die allgemeine Substanz auf" (*GW* 9, 106).

nur vom Bewusstsein als eine Einheit erfasst wird. Das Leben ist das Prinzip der Vernunft, die sich durch die Vermittlung der Individuen zur wirklichen Einheit, zum Geist bestimmt.

Man kann das Prinzip, das allen Unterschieden vorausgeht, also die Kraft, von dem Prinzip, das am Ende steht, dem Geist, unterscheiden, zugleich handelt es sich aber um dasselbe Prinzip. Zwischen Kraft und Geist zu unterscheiden, soll kurz gesagt deshalb möglich sein müssen, weil das den Unterschieden vorausgehende Prinzip *einfach* sein soll, während das resultierende, also der Geist, vermittelt ist. Dass es sich um ein Prinzip handelt, soll gelten, weil das Prinzip nur durch seinen Grad der Selbstbezüglichkeit oder der Vermittlung von sich unterschieden ist. Dass es eigentlich nur *ein* Prinzip gibt, ermöglicht es offensichtlich, die Welt als *eine* oder als absolute[154] Einheit aufzufassen.

Die ganze Struktur kann man in der Form zusammenfassen, die ich als rein logische Genese[155] bezeichnet habe: (1) Ein einfaches allgemeines Prinzip kann als Unterschied ausgedrückt werden. Hier sind Identität und Unterschied unmittelbar identisch*. Zugleich sind sie aber auch unterschieden*. (2) Die Identität* und der Unterschied* sind (durch das *zugleich* ausgedrückt) eine Identität. Es ergibt sich also eine Identität von Identität* und Unterschied*. In dieser Identität sind die Identität* und der Unterschied* unterschieden** voneinander und identisch** miteinander. (3) Es ist daher eine Identität von *Identität*** von Identität* und Unterschied* und von *Unterschied*** von Identität* und Unterschied*. Was auf der ersten Stufe (1) ausgesagt wurde, wird auf der dritten Stufe (3) in anderer Form wiederholt. In der Form der dritten Stufe (3) sind die in der ersten Stufe (1) als einander widersprechend auftretenden Urteile miteinander vermittelt.[156] Die erste Stufe gibt die Relationen der Materie an. Die zweite die des Lebens, in dem Gattung und Lebendiges identisch und unterschieden sind und die dritte die des Geistes, in dem das Individuum mit sich selbst identisch ist und dadurch von sich unterschieden ist, dass (dies soll die erstgenannte Identität ausdrücken) es von anderen unterschieden und mit ihnen identisch ist. Die dritte Form der ersten beiden Gegenstandsarten (also Begriff der Materie, Begriff des Lebens) entspricht der jeweils nächsten Stufe, nur beim Geist ist die Einheit auf derselben Stufe realisierbar.

Angesichts dieser logischen Strukturen sollte man sich noch einmal erinnern: (a) Diese Strukturen sind als rein logische unmöglich, wenn man unter rein logischen Strukturen solche versteht, die vom Seienden absehen. Dies

---

[154] Eine Einheit, der nichts gegenüber mehr äußerlich ist.
[155] Vgl. in diesem Kapitel Abschnitt 1.4.1.
[156] Man kann die zweite Stufe als Negation der ersten Stufe und die dritte Stufe als Negation der Negation auffassen.

kann man sich mit Blick auf die Relation vergegenwärtigen, die Leben ausmachen soll: Leben wird eingeführt als Identität von Identität und Unterschied. In dieser Identität sollen Identität und Unterschied voneinander unterschieden und miteinander identisch sein. Dies geht aber nur, wenn der Unterschied wirklich besteht. Denn sonst würde man wieder auf die erste Stufe zurückfallen, in der der Unterschied unmittelbar aufgehoben sein sollte. (b) Es mag so klingen, als habe dies eigentlich nichts mehr damit zu tun, dass wir etwas erkennen. Dass dies nicht der Fall ist, sieht man an den für den Geist konstitutiven Relationen. Ein Individuum kann nur dadurch mit sich identisch und von sich unterschieden sein, dass es mit anderen identisch und unterschieden ist, wenn es Bewusstsein hat und sich im Anderen erkennt und zugleich erkennt, dass es vom Anderen unterschieden ist usw.

Die selbstbezügliche Struktur des Allgemeinen in Besonderem und Einzelnem ist offensichtlich die Struktur der Einheit des Unterschiedenen. Die Gegenstandsarten bilden diese Struktur in je anderer Weise ab. Sie ist auf unterschiedliche Weise abzubilden, weil eine Einheit von Unterschiedenem so geartet sein kann, dass überhaupt nicht wirklich ein Unterschied besteht oder dass ein Unterschied besteht. Ersteres ist das Materielle, letzteres alle Formen des Lebendigen. Wenn ein Unterschied besteht, besteht dieser sowohl zum Allgemeinen als auch zu anderem Seiendem. Weil trotz der bestehenden Unterschiede eine Einheit der Unterschiede bestehen soll,[157] muss der Unterschied aufgehoben werden. Dies kann wiederum in zwei Varianten passieren. Die eine wird durch Lebendiges und die andere durch das lebendige Selbstbewusstsein realisiert. Das selbstbewusste Individuum ist deshalb ausgezeichnet, weil es, anders als das (nicht selbstbewusste) Lebendige, als Einzelnes nicht nur zum Anderen und zum Allgemeinen eine negative Haltung einnehmen kann, sondern, weil es auch zu sich selbst eine solche Haltung einnehmen kann. Es kann daher selbst realisieren, dass es mit allem eine Einheit bildet und zugleich von ihm unterschieden ist.[158]

Akzeptiert man, dass Gegenstände Instanziierungen von Allgemeinem sind und dass dieses Verhältnis der Instanziierung ein Verhältnis von Einheit und Unterschied ist, kann man die Gegenstandsarten und ihre Verhältnisse danach gliedern. Schwieriger als dieses Modell zu handhaben, ist die Frage zu beantworten, was mit diesem Modell gemeint ist. Ich werde versuchen, diese Frage in den nächsten zwei Abschnitten zu beantworten. Davor will ich noch auf einen interessanten inhaltlichen Aspekt von Hegels Konzeption von Ge-

---

[157] Hier könnte man „muss" sagen, je nach logischer Begründung für die Einheit.
[158] Henrich (1971) hat den Sachverhalt mit Blick auf das Selbstbewusstsein treffend so zum Ausdruck gebracht: „Niemand sagt zu sich Ich und versteht sich darin als Subjekt, ohne zu einem gegen alle und zugleich einem wie jeder andere zu werden" (97).

genständen aufmerksam machen. Die Liste der oben angeführten Dinge ist nicht vollständig. Sie besteht, wenn man so will, nur aus den natürlichen Dingen. Daneben gibt es noch Artefakte und Institutionen, die man, so denke ich, auch als Gegenstände anführen kann.[159] Diese Gegenstände kommen dadurch zustande, dass das selbstbewusste Individuum sich auch positiv auf Anderes bezieht. In diesen positiven Beziehungen entsteht dann etwas Gegenständliches, wenn die Individuen ihre Selbständigkeit auf Anderes übertragen.[160] Man kann daher auch sagen: In diesen positiven Bezügen auf Dinge und Menschen realisiert sich das Allgemeine, und daher sind sie wirklich. Das Allgemeine ist hier der Geist, denn in den gemachten Dingen ist das Allgemeine als Allgemeines repräsentiert. Auf das, was hier (kulturell) entstanden ist, können man selbst und andere Individuen auch positiv (oder negativ) und damit natürlich auch erkennend Bezug nehmen.[161]

Mit diesem Aspekt anderer Gegenstandsarten hängt noch ein weiterer zusammen. Gegen die von mir behauptete Dreiteilung der Gegenstandsarten könnte man einwenden, dass sie Hegels Idee eines kontinuierlichen Zusammenhangs komplexerer und weniger komplexer Bestimmungen von etwas nicht gerecht wird. Für Hegel gibt es keine Kluft zwischen physikalischen und organischen Gegenständen, sondern die Strukturen physikalischer Verhältnisse werden als chemische Zusammenhänge aufgegriffen und diese als organische usw. Ich möchte dieser These eines kontinuierlichen Übergangs nicht widersprechen, sofern man sich mit ihr auf die Bestimmungen der Welt von Seiten des Subjekts bezieht. Wie ich in meiner Interpretation des Kapitels *Kraft und Verstand* gezeigt habe, konzipiert Hegel die Bestimmung tatsächlich in einer stetigen Reflexion auf frühere Bestimmungen. Dennoch möchte ich an der These der drei grundlegenden Gegenstandsarten festhalten. Die chemischen Bestimmungen würden demnach noch zur Bestimmung physikalischer Gegenstände beitragen. Von einer anderen Gegenstandsart zu sprechen, ist dann gerechtfertigt, wenn das Allgemeine in einer anderen Weise mit dem Besonderen und dem Einzelnem vermittelt ist, so dass wir uns anders auf es als Einzelnes oder Besonderes beziehen können. Dass es zwischen den Arten

---

[159] Dagegen würde ich Religion und Kunst nicht zu diesen Gegenständen zählen (wohl aber die Kirchliche Gemeinschaft und Kunstwerke), weil wir uns auf sie (wie auf das Denken) nicht als Gegenstände in der Welt beziehen. Sie sind vielleicht eher Weisen, wie wir uns geistig auf die Welt beziehen, aber das muss hier nicht ausgeführt werden.

[160] Zum Artefakt vgl. die Ausführungen in 1.5 des vorliegenden Kapitels.

[161] Horstmann (2006, bes. 47) hat in seiner Rekonstruktion der Hegelschen Theorie der Gegenstände darauf aufmerksam gemacht, dass einer der Vorteile dieser Theorie ist, dass sie auch den Staat usw. als Gegenstand betrachten kann. Für Horstmann sind solche Objekte allerdings nur von überindividuellen Subjekten erkennbar.

genauer betrachtet wieder verschiedene Grade der Vermittlung gibt, widerspricht dieser These nicht. Bei einer vollständigen Angabe dessen, was es nach Hegel gibt, müsste das aber natürlich auch vorkommen.

2.2.2 Materielle, lebendige und geistige Gegenstände
Dass Hegel Verhältnisse gemäß einer Struktur denkt, die er als Einheit des Unterschieds entwirft, mag nicht überraschen. Wie bei der Interpretation des Kapitels *Kraft und Verstand* gezeigt wurde, ist es diese Struktur, durch die wir Gegenstände erkennen können. Dies deshalb, weil „erkennen" bedeutet, sich auf etwas Einzelnes so zu beziehen, dass es als besondere Instanziierung von etwas Allgemeinem erkannt wird, wobei das Verhältnis von Allgemeinem und Einzelnem eine Struktur haben soll, die Hegel als Einheit des Unterschieds bezeichnet. Darüber hinaus lassen sich anhand dieser Struktur, wie ich soeben ausgeführt habe, auch verschiedene Gegenstandsarten unterscheiden. Aber mit der an der Struktur orientierten Unterscheidung von Gegenstandsarten ist keineswegs die Frage beantwortet, was Hegel auf die Frage antwortet, was es gibt. Sind diese verschieden gearteten Gegenstände verschiedene Entitäten in der Welt? Existieren sie nebeneinander? Warum sollte Hegel dann die Auffassung vertreten, dass allen Gegenständen eigentlich nur ein allgemeines Prinzip zugrunde liegt, welches nur je nach der Art der Selbstbezüglichkeit modifiziert ist? Dies lässt eher vermuten, dass die Gegenstandsarten alles Bestimmungen ein und desselben sein sollen. Nun beziehen sich die bestimmenden Prinzipien alle auf die Welt. Aber was soll dann ihr Zusammenhang sein?

Folgt man Hegel, ist es unsinnig von einer Welt als einer Menge verschiedenartiger Gegenstände zu reden. Würde man dies meinen, wenn man sagt, dass es die verschieden gearteten Gegenstände alle gibt, so wäre dies im Rahmen von Hegels Auffassung falsch. Das, was erkannt wird, steht immer in einem Verhältnis zu Anderem, und daher kann die Welt nur als eine Art von Gemeinschaft oder Totalität erkannt werden. Warum dies so sein muss, sieht man wieder am besten, wenn man vom Allgemeinen als einem begrifflichen Prinzip ausgeht, durch das die Gegenstände bestimmt sein sollen. Das Allgemeine ist nie einfach nur etwas Einzelnes, sondern es *besondert* sich in verschiedene Gegenstände. In Erkenntnis ist das Verhältnis zum Gegenstand nie auf ein allgemeines Prinzip und einen Gegenstand beschränkt. Was der physikalische Körper oder ein Organismus ist, lässt sich nur erkennen, wenn man sie jeweils im Verhältnis zu anderen Körpern oder Organismen bestimmt. Wenn dies so ist, schließen sich die Gegenstandsarten allem Anschein nach aus. Dies aus folgendem Grund: Ein physikalischer Gegenstand ist Teil einer Welt, die durch das Prinzip der Kraft bestimmt ist. Etwas Lebendiges ist ein

Einzelnes in einer Welt, die durch das Prinzip des Lebens bestimmt ist. Die Welt kann aber, so könnte man zumindest annehmen, nur entweder durch das Prinzip des Lebens oder durch das Prinzip der Kraft bestimmt sein. Die Prinzipien geraten in ein Konkurrenzverhältnis. Nun ist in dieser Überlegung noch nicht berücksichtigt, dass die allgemeinen Prinzipien für Hegel *ein* Prinzip sein sollen, das sich durch unterschiedliche Weisen der Selbstbeziehung differenziert. Wenn man dies berücksichtigt, heißt das allerdings nicht, dass die Welt durch das Prinzip der Materie und durch das Prinzip des Lebens zugleich bestimmt sein kann. Hegels Vorschlag muss vielmehr darauf hinauslaufen, dass die Bestimmungen der Welt mit ihren verschiedenen Gegenstandsarten sich irgendwie hierarchisch ordnen und in ein Fundierungsverhältnis bringen lassen müssen. Wie soll das aussehen?

Ich denke, wir können nach Hegel die Welt als eine physikalische Welt erkennen, als eine lebendige und als eine geistige.[162] Die Erkenntnis der Welt als einer geistigen ist aus Gründen, die sich noch ergeben werden, die vollständigste Erkenntnis. Aus Gründen, die sich ebenfalls noch ergeben werden, impliziert diese Erkenntnis eine Erkenntnis der Welt, welche die Welt so zeigt, wie sie sein muss, damit überhaupt Erkenntnis stattfinden kann. Dennoch können wir die Welt auch als eine materielle Welt *erkennen*. Es wird in dieser Erkenntnis zwar davon abstrahiert, dass es anderes als Materielles gibt. Aber auch hier kann Erkenntnis stattfinden. Materie wird aufgrund logisch notwendiger Prinzipien als ein Gegenstand begriffen. Wir können Wissenschaft betreiben und Wahrheitsansprüche erheben. Was wir unter dieser Perspektive auf die Welt über die Welt behaupten, würde allerdings prinzipiell falsch oder, wenn man so will, unsinnig werden, wenn wir behaupten würden, dass diese Erkenntnis der Welt vollständig und voraussetzungslos wäre. Warum, soll im Weiteren noch deutlich werden.

Folgt man dem Gesagten, gilt, dass die geistige Welt die lebendige und die materielle Welt fundiert. Dies will ich etwas ausführen. Dass die Erkenntnis der Welt als geistiger am vollständigsten ist, kann man damit begründen, dass in Erkenntnis selbstbewusste Individuen tätig sind und diese so nicht physikalisch erfasst werden können. Das soll nicht heißen, dass sie in einer physikalischen Welt nicht vorkommen (auch die geistige Aktivität des Erkennenden mag physikalisch vorkommen), aber sie können nicht als selbstbewusst und geistig erfasst werden. Um Selbstbewusstsein zu begreifen, muss man, so Hegel, erfassen, dass es sich als Allgemeines auf sich beziehen kann. In materiellen Verhältnissen ist, wie ich oben erläutert habe, das allgemeine Prinzip nur *unmittelbar* auf sich selbst bezogen. Selbstbewusstsein ist hierdurch struk-

---

[162] Ich knüpfe hier an das an, was ich oben in Abschnitt 1.4.1(d) gesagt habe.

turell nicht zu begreifen. Diese Überlegung zur größeren Vollständigkeit[163] der Erkenntnis der Welt als geistiger Welt gegenüber der als materieller gibt wohlgemerkt noch nicht vor, dass die Erkenntnis der geistigen Welt die der materiellen fundiert. Die Erkenntnis könnte zu einer immer vollständigeren Erkenntnis fortschreiten.

Dass die als materielle Welt erkannte Welt nicht nur nicht vollständig ist, sondern auch nicht voraussetzungslos, ergibt sich daraus, dass die Erkenntnis der Welt als geistiger eine Erkenntnis der Welt impliziert, welche die Welt so zeigt, wie sie sein muss, damit überhaupt Erkenntnis stattfinden kann. Was Hegel hiermit meint, habe ich in diesem Kapitel bereits diskutiert. Die Erkenntnis der als materielle Welt erkannten Welt hat zur Voraussetzung, dass es das Allgemeine, das wir in der materiellen Bestimmung voraussetzen, auch gibt.

Wenngleich die Erkenntnis der Welt als eines geistigen Zusammenhangs also in den beiden soeben genannten Hinsichten die vollständige Erkenntnis der Welt ist, spricht schon der Verlauf der *Phänomenologie* dafür, dass Erkenntnis für Hegel vom Einfacheren zum Komplexeren fortschreitet und daher die Erkenntnis oder zumindest die Bestimmung der Welt als materieller auch in gewisser Hinsicht eine Voraussetzung für die Erkenntnis der Welt als geistiger ist. Dies wirft Fragen auf: (a) Wie sieht der jeweilige Bezug auf die anderen Gegenstandsarten denn konkret aus? Wie etwa ist das Materielle präsent, wenn man die Welt als einen lebendigen Zusammenhang begreift? (b) Wie stellt sich die Folge der Gegenstandsarten in der Erfahrung dar? Kann man Erfahrung von einem materiellen Körper machen, ohne die Erfahrung von etwas Lebendigem gemacht zu haben?

(a) Das Verhältnis der Gegenstandsarten in der Welt lässt sich so angeben: Begreift man die Welt als materielle, so reduziert man alle anders gearteten Gegenstände oder Prozesse auf materielle. Noch einmal ist zu betonen, dass Erkenntnis der Welt als physikalischer für Hegel nur so möglich ist, dass die Welt als eine sich selbst bewegende Materie begriffen wird. Man würde demnach physikalischen Körpern, Lebendigem und lebendigem Selbstbewusstsein jede Beständigkeit und Selbständigkeit absprechen und sagen, dass diese Merkmale den Gegenständen nur zum Schein zukommen. Das bedeutet nicht, dass man sich auf die physikalischen Gegenstände nicht als selbständige

---

[163] Wie hier deutlich wird, stimme ich nicht der These von de Vries (1991, 66) zu, dass mechanische und chemische Bestimmungen in dem Sinne unvollständig sind, dass sie nicht die Totalität der Dinge erfassen können. Man kann mit mechanischen Bestimmungen alle Dinge erfassen, nur kann man die Dinge nicht mit allen Eigenschaften erfassen und in diesem Sinn bleiben die Bestimmungen unvollständig. Weiterhin kann man mit mechanischen Bestimmungen nicht den Status von Begriffen klären und darum reicht diese Bestimmung für Erkenntnis nicht aus.

Entitäten beziehen kann. Aber diese Bezugnahme ist nur eine subjektive Bezugnahme, ihr entspricht kein erkennbarer Sachverhalt, in der Prüfung wird sie enttäuscht.

Begreift man die Welt als lebendige, so gilt das Lebendige als die erkennbare Entität. Das Materielle wird hier als dasjenige angesehen, das dem Organismus als Nahrung usw. dient, also für seine Erhaltung zweckmäßig ist. Dafür müssen die bisher für das Materielle als verbindlich angesehenen Prinzipien transformiert werden. Der Prozess der Nahrungsaufnahme lässt sich nicht einfach als kräftebedingte chemisch-physikalische Kausalverbindung interpretieren. Dies verschärft wohlgemerkt die Inkompatibilität der Erkenntnisweisen. Wenn wir die Welt als lebendigen Zusammenhang begreifen, *ist* das Materielle Teil eines „Leben" genannten Prozesses und nicht ein geschlossener Kräftezusammenhang. Wenn man die Materie als durch den Begriff der Kraft bestimmt ansieht, abstrahiert man von diesen lebendigen oder zweckmäßigen Zusammenhängen. Das heißt nicht nur, dass man etwas Komplexeres auf etwas Einfacheres reduziert. Indem man reduziert, sieht man auch von Wesentlichem ab.

Wenn man fragt, warum Hegel annimmt, dass bei der Erkenntnis der Materie als durch Kräfte bestimmt von einem Zweckzusammenhang abstrahiert wird und nicht umgekehrt, so muss die Antwort lauten: Weil die Erkenntnis der Materie als durch Kräfte bestimmt etwas Allgemeines voraussetzt, das in der Erkenntnis der Welt als lebendigem und geistigem Zusammenhang eingeholt wird. Dass das in den Erklärungen der Materie angenommene Prinzip der Kraft wirklich ist (und nicht nur eine Hilfskonstruktion oder Fiktion dessen, der etwas erklärt), kann nur im Rekurs auf die lebendigen Individuen und deren Verhältnisse gezeigt werden, denn nur durch Rekurs auf diese (und letztlich sogar nur durch den Rekurs auf geistige Verhältnisse) kann das begriffliche Prinzip der Kraft als ein Prinzip aufgezeigt werden, das wirklich ist. In diesem Sinne ist das Komplexere das Fundierende. Ich will aber auch nochmals betonen, dass Hegels Auffassung, dass wir von etwas abstrahieren, nicht heißt, dass keine Erkenntnis vorliegt.

Begreift man die Welt als geistige, sieht die Welt wieder etwas anders aus als dann, wenn man sie als einen (bloß) lebendigen Zusammenhang begreift. Die geistige Welt holt die Bedingung ein, welche auch die als Leben begriffene Welt selbst nicht einholen kann. Blickt man zunächst von der geistigen Welt auf die lebendige, so sieht man, dass sich im Prozess des Lebens etwas Allgemeines erhalten kann, indem sich die Gattung als Gattung erhält. Dies kann das Leben als Leben nicht vergegenwärtigen. Daher sagt Hegel in dem Abschnitt *Gewißheit seiner selbst*:

„Sie [die in sich zurückgekehrte Einheit des Lebens, D.E.] ist die einfache Gattung, welche in der Bewegung des Lebens selbst nicht für sich als dies Einfache existiert; sondern in diesem Resultate verweist das Leben auf ein Anderes, als es ist, nämlich auf das Bewußtsein, für welches es als diese Einheit oder als Gattung ist" (*GW* 9, 107).

Wenn das Leben als Leben erkannt wird, so dadurch, dass es als eine Einheit verstanden wird, die sich im Entstehen und Vergehen von Lebendigem erhält. Erkannt werden kann dies nur vom Bewusstsein. Die Erkenntnis der geistigen Welt ist aber nun auch so, dass in ihr das Allgemeine, welches auch die geistige Welt bestimmt, als Allgemeines erkannt wird. Dies gilt, insofern die Individuen sich (in einem bestimmten Verhältnis) als das Allgemeine auf sich beziehen können, das in ihnen wirklich ist. Damit wird in der geistigen Welt auch die Kraft als ein allgemeines Prinzip begriffen, das wirklich ist. Dies gilt insofern, als Geist das mit sich vermittelte allgemeine Prinzip der Kraft ist. Es gilt ferner insofern, als die Wirklichkeit von begrifflichen Prinzipien für Hegel dadurch gegeben ist und erkannt werden kann, dass selbstbewusste Individuen sich gemeinsam und mit Bewusstsein begrifflich auf die Welt beziehen und dies auch erkennen können.

Damit kann die Frage beantwortet werden, wie das Geistige in der lebendigen Welt und, umgekehrt, wie das Lebendige in der geistigen Welt präsent ist. Den Zusammenhang von Lebendigem und lebendigem Selbstbewusstsein habe ich nicht so ausführlich dargelegt, wie den zwischen Lebendigem und Materiellem. Was allerdings klar geworden sein dürfte, ist, dass das selbstbewusste Individuum ein *lebendiges* Selbstbewusstsein ist, und dass das Verhältnis von Selbstbewusstsein und Lebendigem zwar (schon durch die Fähigkeit zur Selbstnegation) kein unmittelbares Verhältnis ist, aber eines, in dem die Momente wesentlich aufeinander bezogen sind. Die spezifische Lebendigkeit eines *selbstbewussten* Lebens kommt daher nur zur Geltung, wenn wir die Welt als geistige begreifen.[164] Wenn wir die Welt dagegen als durch das Prinzip des (natürlichen) Lebens bestimmt ansehen, reduzieren wir selbstbewusstes Leben auf rein biologisches oder tierisches Leben. Wie ergeht es dem Tierischen in der geistigen Welt? Relativ klar ist, dass in der geistigen Welt das Lebendige als Anthropologisches vorkommt. Wenn man allerdings versucht, in der geistigen Welt tierisches Lebendiges zu begreifen, gilt, dass das tierisch Lebendige als in einem Zweckverhältnis zu dem Menschen stehend begriffen werden muss.[165]

---

[164] Dies macht im System Hegels den subjektiven Geist aus. Es besteht hier eine Parallele zur Transformation des Kausalprinzips in der lebendigen Welt.

[165] Man kann hier fragen, ob das nicht auf die unplausible Annahme hinausläuft, dass man von Gegenständen behauptet, sie gehörten verschiedenen Gegenstandsarten an. Ich denke, man muss sagen: Jeder Gegenstand kann als Teil der verschiedenen Zusammenhänge begriffen werden. Ein selbstbewusstes Wesen kann zum Beispiel als Teil der physikalischen Welt begriffen werden. Man sieht dann von dem ab, was es zum selbstbewussten Wesen macht. Dies macht

An dieser Stelle will ich noch einmal die Frage aufwerfen, was in Bezug auf den (nicht-selbstbewussten) Organismus wahr ist: Ist er ein auf Selbsterhaltung ausgerichtetes Einzelnes, oder steht er in einem Zweckverhältnis zum Menschen? Zunächst ist festzuhalten, dass man nicht so etwas sagen kann wie: Das kommt darauf an, wie wir es betrachten oder welcher Kontext gegeben ist. Hegel will sich nicht, wie etwa Kant in dieser Frage, damit begnügen, dass wir ohnehin nur Beschreibungen ohne den Anspruch auf Erkenntnis geben können. Stattdessen kann man erstens sagen, dass die Erkenntnis der Welt als geistiger der Erkenntnis der Welt als lebendiger insgesamt in dem Sinne überlegen ist, dass sie vollständiger ist. Sagt man, dass eine vollständige Erkenntnis eine wahrhafte Erkenntnis ist, so ist die Erkenntnis des Lebendigen als etwas, das in einem Zweckverhältnis zum Menschen steht, die wahrhafte Erkenntnis.[166] Zweitens kann das Lebendige sowohl als selbsterhaltend als auch als dem Menschen dienend erkannt werden. Möglich ist dies, weil bei der Erkenntnis eines selbsterhaltenden Wesens von etwas abstrahiert wird.[167] Vielleicht könnte man hier ergänzen, dass das Lebendige als Lebendiges eindeutiger erkannt wird, wenn man vom Geistigen abstrahiert. Dass sowohl erkannt wird, dass das Lebendige ein selbsterhaltendes Wesen ist, als auch, dass es in einem Zweckverhältnis zum Menschen steht, ist jedenfalls nach Hegel logisch nicht nur möglich, sondern sogar notwendig. Daher kann man ergänzen: Wenn wir uns auf einen Organismus richten und diesen als selbsterhaltend erkennen, so wird diese Erkenntnis konsequenterweise zur Erkenntnis der Welt als geistiger führen, weil der Begriff der Gattung oder des Lebens erst durch die geistige Welt als solcher erkannt wird.

Man könnte angesichts der hier verfolgten Fragestellung einwenden, dass man nach Hegel immer die Welt als Ganze erkennt und es daher unsinnig ist zu fragen, unter welchem Szenario man einen einzelnen Gegenstand angemessener erkennen kann. Denn mit dieser Frage setzt man doch wieder voraus, dass es einzelne Entitäten in der Welt einfach *gibt* und wir sie nur unterschiedlich interpretieren würden. Dieser Einwand ist aber nicht treffend.

---

den Unterschied zu Gegenständen anderer Gegenstandsarten aus: In der materiellen Beschreibung sehen wir beim physikalischen Körper nicht von etwas ab, was zu ihm gehört. Das heißt: Ein Gegenstand gehört nicht wirklich verschiedenen Gegenstandsarten an, aber er kann unter der Perspektive der Welt als materieller, lebendiger und geistiger Zusammenhang jeweils anders begriffen werden.

[166] Ich denke, dies ist eine Konsequenz, die Hegel auf jeden Fall ziehen will. Ich sehe aber nicht, dass man dies tun muss.

[167] So wird eine Kontextbezogenheit behauptet, die weder dazu führen soll, dass es keinen strengen Begriff von Erkenntnis mehr gibt, noch dazu, dass nicht beides als Erkenntnis gelten darf.

Dass der Organismus eine selbständige Entität ist, hat sich im Prozess der Erkenntnis ergeben und wurde nicht von mir vorausgesetzt.[168] Wir können uns auf ihn als Einzelnes beziehen und fragen, was dieses Ding ist.

(b) Nun kann die oben angekündigte Frage behandelt werden, wie die verschiedenen Gegenstandsarten in unserer Erfahrung der Welt situiert werden müssen. Ich möchte zunächst die Aufmerksamkeit auf einen Aspekt der Ausführungen in *Kraft und Verstand* lenken. Zufolge der Auffassung von gesetzmäßig bestimmten Gegenständen, die Hegel dort selbst vertritt, sollen die einzelnen Materien, die sich als unselbständig erweisen, als selbständige Gegenstände erscheinen.[169]

Wie kommen wir darauf, die Materien oder physikalischen Körper als Gegenstände zu adressieren, die unsere Wissensansprüche bewahrheiten können? Offenbar erscheinen sie uns selbständig und widerständig. Dass die Materien als selbständig erscheinen, wenn man vom Gesetzeszusammenhang absieht, durch den sie als etwas Unselbständiges erkannt werden, muss mit unserer Auffassung von Gegenständen zu tun haben. Hier bietet sich folgender Vorschlag an:

Wenn wir Materien als Gegenstände adressieren, die unsere Erwartungen an Selbständigkeit, Beständigkeit usw. erfüllen können, dann haben wir einen paradigmatischen Gegenstand vor Augen. Es ist dann nahe liegend, dass wir schon die Erfahrung von Gegenständen gemacht haben, die diese Erwartungen erfüllt haben. Das würde bedeuten, dass die Erfahrung von Lebendigem die Erwartungshaltung gegenüber nicht Lebendigem begründet.[170] Dies ist jedoch nicht Hegels Idee. Der Gang der *Phänomenologie* als Gang der Erfahrungen des Bewusstseins wäre sonst unverständlich. Denn in der *Phänomenologie* folgt die Erfahrung des Lebendigen erst auf die mit dem physikalischen Gegenstand verbundenen Erfahrungen. Dann stellt sich aber die Frage: Wodurch ist diese Erwartung an die Selbständigkeit entstanden, wenn nicht durch Erfahrungen?[171] Mit Hegel ist anzunehmen, dass diese Erwartungen dadurch entstehen, dass wir uns mit Wissensansprüchen an etwas wenden.[172] Wissensansprüche implizieren mögliche Überprüfbarkeit, Beständigkeit von

---

[168] Was den physikalischen Körper angeht, so habe ich ihn hier nur als unbeständigen Teil einer flüssigen Materie angesehen, als solcher hat er sich erwiesen und als solcher wird auch in der lebendigen Welt auf ihn Bezug genommen.

[169] Vgl. das vierte Kapitel, Abschnitt 4.3(a).

[170] Dies ist eine These im Umfeld der phänomenologischen Schule, etwa bei Merleau-Ponty (1966, 367 ff.).

[171] Man könnte auch, erinnernd an das, was ich im ersten Kapitel ausgeführt habe, sagen, dass die Lebenswelt der Prüfung am Anfang der *Phänomenologie* voraus liegt und daher die Erfahrung von Lebendigem vorausgesetzt werden darf. Für den Gang der *Phänomenologie* wäre das aber dennoch nicht überzeugend.

[172] Daher haben Tiere diese Erwartung auch nicht.

Gegenständen, Bestätigung usw. Hegel lokalisiert diese Erwartungen also nicht in einem nicht-epistemischen Umgang mit der Welt.[173] Wenn überhaupt würde er umgekehrt sagen, dass Wissensansprüche so fundamental und so wenig rein akademisch sind, dass es für den Menschen eigentlich gar keinen nicht mit einer epistemischen Haltung verbundenen Zustand gibt. Festzuhalten ist, dass die Erfahrung des Lebendigen nicht die Voraussetzung dafür darstellt, dass wir etwas Materielles als selbständigen Gegenstand adressieren. Dass die Materien selbständig erscheinen, wenn man vom Gesetzeszusammenhang absieht, heißt: Sie scheinen den Erwartungen standzuhalten und erst die Erfahrung zeigt, dass sie es nicht tun. Das heißt aber auch, dass es den späteren Erfahrungen obliegt, dem Bewusstsein andere Gegenstandsarten aufzudecken, welche den Charakteristika von Selbständigkeit und Widerständigkeit besser entsprechen. Diese Überlegungen zur Fundierungsordnung soll durch einige Überlegungen zum Begriff des Geistes und zum Begriff der Kraft abgeschlossen werden.

2.3 Inwiefern ist nur der Geist wirklich?

Wie es zu verstehen ist, dass Hegel behauptet, nur der Geist (oder auch nur die Vernunft) sei wirklich,[174] ist in der Literatur von jeher kontrovers diskutiert worden. Aus den letzten Abschnitten ergibt sich eine Interpretation dieser Behauptung, die ich nun explizit machen möchte.

Der Geist ist etwas Begriffliches und zugleich ist er eine Totalität oder etwas Einzelnes. Letzteres soll deshalb der Fall sein, weil alle Verhältnisse, die sich unter dem Prinzip der Vernunft ausdifferenzieren lassen, im Begriff des Geistes als eine Einheit zusammengefasst werden. Der Begriff des Geistes ist hierin analog zum Begriff der Materie oder dem Begriff des Lebens. Obwohl der Geist eine begriffliche Einheit ist, soll auch gelten, dass der Geist wirklich oder real ist. Der Grund dafür ist, dass das Prinzip der Vernunft sich in lebendigen, selbstbewussten Individuen verwirklicht. Auch hierin hat der Begriff des Geistes eine Parallele zum Begriff des Lebens, das sich in lebendigen Exemplaren verwirklicht.

---

[173] Merleau-Ponty (1966, 345) begründet beispielsweise die Tatsache, dass wir überhaupt Erwartungen haben, mit unserem leiblichen zur Welt sein, nicht in einer epistemischen Haltung. Man könnte gegen Hegel einwenden, dass auch Tiere zur Orientierung Beständigkeit brauchen. Erstens ist aber unklar, ob Tiere wirklich die Erwartung von Beständigkeit haben (und sich nicht nur so verhalten können, weil es Beständigkeit gibt). Zweitens scheint es mir auch nicht unplausibel, dass für Tiere nicht die Beständigkeit von Gegenständen ausschlaggebend ist, sondern eher so etwas wie sich wiederholende Ereignisse.

[174] GW 9, 239.

Folgt man dieser Parallele zu den Begriffen der Materie und des Lebens, kann man zwischen dem einfachen, allgemeinen Begriff des Geistes (wie dem Begriff der Kraft oder dem Prinzip des Lebens) und dem Begriff des Geistes als einer Totalität aller geistigen Verhältnisse unterscheiden. Dieser Unterschied lässt sich so erläutern: Wenn spezifisch zwischenmenschliche Verhältnisse erkannt werden sollen, so kann das nur dann gelingen, wenn man voraussetzt, dass diese Verhältnisse durch ein gemeinsames Prinzip ausgezeichnet sind. Dieses Prinzip wird „Geist" oder „Vernunft" genannt. Was der Geist oder die Vernunft wirklich sind, kann man aber nur dadurch bestimmen, dass man die verschiedenen realen zwischenmenschlichen Verhältnisse analysiert und begrifflich erfasst. Man bestimmt also unter der Voraussetzung, dass zwischenmenschliche Verhältnisse durch ein allgemeines Prinzip zu erfassen sind, was diese Verhältnisse sind, und hierdurch gewinnt man auch einen konkreten Begriff von ihnen. Dies ist dann der Begriff des Geistes als einer begrifflichen Totalität der verschiedenen konkreten Verhältnisse. Für das Folgende ist zu beachten, dass „Vernunft" und „Geist" weitgehend synonym verwendet werden, auch wenn „Geist" im Vergleich zu „Vernunft" bei Hegel tendenziell der konkretere Begriff ist.[175]

Mit Blick auf die Frage, was der Geist ist, ist besonders darauf zu achten, dass der Geist etwas Begriffliches ist, dass dieses Begriffliche aber in individuellen Verhältnissen – und nur da – wirklich sein soll. Ohne den Begriff des Geistes könnte man zwischenmenschliche Verhältnisse, also etwa das soziale oder politische Leben, nicht verstehen. Insofern sind diese Verhältnisse nur durch den Begriff des Geistes als solche Verhältnisse zu erkennen. Aber zugleich gilt, dass der Begriff des Geistes keine von den Individuen und deren Verhältnissen unabhängige Realität hat. Er verwirklicht sich in diesen Verhältnissen. Folgt man meiner Interpretation, gilt also mit Blick auf den ontologischen Status des Geistes Folgendes: Obwohl gilt, dass der Geist etwas Einzelnes ist und dass er wirklich ist, gilt auch, dass er nur in den lebendigen, selbstbewussten Individuen und in deren Relationen wirklich ist. Dass der Geist nur wirklich ist, wenn es Individuen gibt, muss schon deshalb so sein, weil der Geist, wie ich noch darlegen werde, dadurch charakterisiert ist, ein vermitteltes bzw. ein selbstbezügliches Prinzip zu sein. Das Seiende ist eine Voraussetzung für diese Art der Vermittlung. Wie ich früher mit Blick auf das Lebendige gezeigt habe, bedarf es für die Vermittlung von einem allgemeinen Prinzip Instanzen der Vermittlung und diese müssen etwas Seiendes sein. Wie das Leben nur durch

---

[175] Vor allem in der *Phänomenologie* wird das Prinzip des Geistes dann „Vernunft" genannt, wenn in Hegels Augen missachtet wird, dass der Geist in den individuellen Verhältnissen der Menschen verwirklicht ist, also wenn man den Geist als eine abstrakte Entität behandelt.

Lebendiges wirklich ist, so ist der Geist nur durch Individuen wirklich. So gesehen vertritt Hegel eine Art von Begriffsrealismus, ohne Begriffen eine vom Seienden unabhängige Realität zuzusprechen.

Wenn „Geist", „Leben" und „Materie" Begriffe sind, die zur Bestimmung von etwas erforderlich sein und in der Bestimmung dann selbst einer bestimmten Dynamik unterliegen sollen, stellt sich die Frage, was in diesem Kontext „Begriff" eigentlich heißen soll. Ich denke, nach meinen Ausführungen ist unter Begriff hier ein grundlegendes Prinzip zu verstehen, welches zunächst undifferenziert als dasjenige Identische fungiert, anhand dessen man verschiedene Gegenstände bestimmt. Ein Kandidat ist Kraft; aber auch „beharrliche Substanz" könnte ein Kandidat sein. Diese Prinzipien sind nichts Seiendes, sondern begrifflich oder auch geistig oder mental. Statt „Begriff" könnte man hier auch „Kategorie" sagen. Das Besondere an Hegels Begriffsauffassung ist, dass er diese begrifflichen Prinzipien als solche ansieht, die durch ihren Gebrauch bei der Bestimmung von Gegenständen entwickelt werden. Bei dieser Entwicklung werden die Begriffe zunehmend differenzierter und konkreter und das Seiende wird zunehmend begrifflich erfasst.

Durch die Weise, wie der Begriff des Geistes wirklich ist, soll sich der Begriff des Geistes sowohl vom Begriff der Materie als auch vom Begriff des Lebens unterscheiden. Kurz gesagt gilt, dass es beim Geist zu einer Realisierung kommt, bei der Begriffliches und Seiendes wirklich zur Übereinstimmung kommen. Was damit gemeint ist, werde ich im Folgenden ausführen. Der Begriff des Geistes ist in bestimmten zwischenmenschlichen Verhältnissen vollständig realisiert. Die Weise, wie der Geist oder die Vernunft in vernünftigen Individuen verwirklicht ist, ist somit anders als die Verwirklichung des Prinzips des Lebens in Lebendigem. Während das Leben nicht im Lebendigen ganz wirklich ist, ist es der Geist im Individuum. Das Lebendige verwirklicht sich als Besonderes (wie gezeigt worden ist), indem es die Gemeinsamkeit mit Anderem – also das Allgemeine – ausschließt, bzw. plastisch gesagt: Indem es Anderes zu vernichten versucht. Das Leben als eine begriffliche Einheit gefasst bleibt dem Lebendigen gegenüber etwas anderes. Das Lebendige realisiert den Begriff des Lebens im Prozess des Entstehens und Vergehens. Das selbstbewusste Individuum hingegen ist nicht nur als besonderes Exemplar einer Gattung vernünftig, sondern als etwas Einzelnes, indem es sich durch ein allgemeines Prinzip der Vernunft als Einzelnes bestimmt, das gemeinsam mit anderen (besonderen) Individuen vernünftig ist. Allgemeines und Besonderes widersprechen sich hier nicht, weil das Individuum sie bewusst vermittelt, indem es erkennt: Ich kann mich nur als selbstbestimmtes Individuum verwirklichen, wenn ich dies gemeinsam mit anderen vernünftigen Individuen tue, und das Allgemeine, also die Vernunft oder der Geist, kann nur in verschiedenen selbstbestimmten Individuen verwirklicht werden.[176] Mit anderen Worten: Die Vernunft besondert sich in verschiedene Individuen und bleibt hierin zugleich die allgemeine Vernunft. Dies ist analog zum Leben, das sich als Allgemeines in Lebendiges besondert. Aber die Vernunft vereinzelt sich im menschlichen Individuum. Sie ist in den lebendigen, selbstbewussten Individuen als Einzelnes, welches sich von anderem Besonderen unterscheidet und zugleich als identisch mit den anderen Besonderen weiß. Dass Unterschied und Einheit von Allgemeinem und Besonderem sich hier nicht ausschließen, liegt daran, dass das lebendige Individuum durch sein Bewusstsein die logische Struktur der Vermittlung mit sich durch etwas anderes (die Vernunft) in etwas anderem (den anderen Menschen) realisieren kann.

Warum sollte diese Überlegung die Behauptung rechtfertigen, dass der Begriff des Geistes in anderer Weise wirklich ist als der des Lebens? Der Begriff des Geistes ist in anderer Weise wirklich als der Begriff des Lebens, weil der Begriff des Geistes als Allgemeines in dem, was durch ihn bestimmt werden muss, in höherem Maß als Allgemeines präsent bleibt. Möglich ist dies durch eine konsequentere Vermittlung von Allgemeinem, Einzelnem und Besonderem.

Die den Geist auszeichnende Struktur von Allgemeinem, Einzelnem und Besonderem unterliegt in Hegels Konzeption selbst noch einmal Transformationen. Diese werde ich im Folgenden erläutern. Ich habe oben bereits gesagt, dass man beim Geist (wie bei der Materie und beim Leben) zwischen dem einfachen Begriff des Geistes und dem Geist als Totalität unterscheiden kann. Der Geist ist nicht per se oder auf irgendwie natürliche Weise schon als Allgemeines im Einzelnen vollständig realisiert. „Geist" kann man zunächst alle Formen zwischenmenschlicher Verhältnisse nennen, weil die Menschen durch das allgemeine Prinzip der Vernunft ausgezeichnet sind. Die Menschheit bildet in diesem Sinne eine Einheit: Sie ist „an sich" durch ein allgemeines Prinzip der Vernunft bestimmt. Die Erkenntnis dieser Einheit ist hiermit noch nicht unbedingt gegeben. Die vollständige Vermittlung von Allgemeinem und Besonderem vollbringen die Individuen aber durch Erkenntnis. Dass für die Vermittlung Erkenntnis erforderlich ist, liegt daran, dass die Vermittlung nur dadurch zustande kommt, dass die Individuen bewusst vermitteln. Die möglichen vernünftigen Verhältnisse unterliegen daher auch einer (in der Geschichte stattfindenden) Entwicklung. Denn das Bewusstsein wandelt sich geschichtlich und damit die Möglichkeit, die Vermittlung bewusst zu vollziehen. Die vollständige Vermittlung kann nur stattfinden, wenn die

---

[176] Erst wenn dem Menschen das bewusst wird, kann er seine Erfahrungen in einem emphatischen Sinn mit anderen teilen. Denn hierfür muss er den Anderen als seinesgleichen anerkennen.

Individuen die Vermittlung von Allgemeinem und Besonderem vollständig vollzogen haben. Es gilt daher auch, dass der Geist als Allgemeines nur dann wirklich, also realisiert oder auch: seiend ist, wenn die Individuen die Vernunft, die in ihnen wirklich ist, durch ihre Relationen zueinander so bestimmen, dass die Individuen sich tatsächlich als eine Einheit begreifen. Die Rede davon, dass der Geist *sich selbst erkennt*, drückt zufolge meiner Interpretation also aus, dass sich vernünftige Wesen in einer bestimmten Weise des Aufeinanderbezugnehmens als vernünftig erkennen. Sich als vernünftig erkennen heißt nicht, ein „Vernunft" genanntes Vermögen besitzen, sondern es heißt, dass das Individuum als selbstbewusstes Wesen durch Vernunft bestimmt ist und dass diese Vernunft ein allgemeines Prinzip ist, das heißt ein Prinzip, das den Individuen gemeinsam ist und das sich durch die Individuen hindurch als Prinzip durchhält.

Bisher kann man also den Begriff des Geistes von den Begriffen der Materie und des Lebens und das einfache Prinzip des Geistes vom vollständig entwickelten Begriff des Geistes unterscheiden. Für die Entwicklung des Begriffs des Geistes bedarf es der Realisierung in realen Verhältnissen, das heißt es müssen reale Verhältnisse durch den Begriff bestimmt werden. In dem, was ich soeben ausgeführt habe, spielte aber auch noch eine weitere Unterscheidung eine Rolle, die man beachten sollte: Hegel unterscheidet offensichtlich die Realisierung des Geistes von der Erkenntnis der Realisierung. Dies ist deshalb naheliegend, weil „Geist" der Inbegriff zwischenmenschlicher Beziehungen ist, welche in der Welt tatsächlich vorkommen. Diese Beziehungen sind, wie bereits gezeigt, vom jeweiligen Bewusstsein der in diesen Beziehungen Stehenden mit abhängig. Dies schon deshalb, weil die Vermittlung der begrifflichen Prinzipien durch das Bewusstsein der Individuen vollzogen wird. Die Bewusstmachung der jeweiligen zwischenmenschlichen Beziehungen hat demnach eine Änderung der Beziehungen zur Folge, wenn die Bewusstmachung eine weitere Vermittlung herbeiführt, weil diese dann abermals realisiert werden muss. Dieser Prozess verläuft im Prinzip nach wie vor analog zu dem Prozess, den ich mit Blick auf den Übergang vom Begriff der Materie zum Lebendigen ausführlich dargestellt habe. Dieser Prozess der Realisierung von Begrifflichem und dem Bewusstmachen dessen, was realisiert ist, bedeutet, dass das Individuum durch zunehmende Erkenntnis die Vermittlung des Begrifflichen mit dem Seienden vollbringt und dass es in diesem Prozess stets zu einer Differenz von Seiendem auf der einen und begrifflichem Resultat auf der anderen Seite kommt, welches wiederum die Veränderungen des Seienden zur Folge hat. Wenn man sich an dieser Stelle fragt, wann dieser Prozess aufhört, so ist die naheliegende Antwort: Wenn die Vermittlung vollständig stattgefunden hat. Folgt man dem bisher Gesagten, ist dies dann der Fall, wenn das Individuum vollständig erkennt, dass die Vernunft darin besteht, dass Individuen als selbständige Wesen miteinander die allgemeine Vernunft verwirklichen. Reale Verhältnisse, die diese Erkenntnis mit sich bringen, bedürfen keiner Veränderung mehr. Die Vernunft ist in ihnen wirklich. Als solche wird sie von den in diesen Verhältnissen stehenden Individuen auch erkannt.

In dem, was ich soeben ausgeführt habe, ist von vollständiger Vermittlung und vollständiger Erkenntnis die Rede. Diese Redeweise wirft natürlich die Frage auf, was hier genauer gemeint ist. Mit vollständiger Erkenntnis ist gemeint, dass das Individuum erkennt, dass Allgemeines, Einzelnes und Besonderes vollständig vermittelt sind. Das heißt, dass eins nicht nur jeweils vollständig durch die je anderen beiden bestimmt werden kann und muss, sondern auch vollständig bestimmt ist. Was der Geist ist, wird vom Einzelnen durch seine Verhältnisse zu anderen bestimmt. Was das Einzelne ist, wird durch das Allgemeine in seinem Verhältnis zum Besonderen bestimmt, und was das Besondere ist, bestimmt sich durch das Verhältnis des Einzelnen zum Allgemeinen. Diese vollständige Erkenntnis ist nur möglich, wenn die realen Verhältnisse so sind, dass diese Beziehungen in ihnen realisiert sind. Das heißt, die Individuen müssen sich beispielsweise als vernünftig erkennen und ihnen gegenüber Anderes in diesem Sinn begrifflich erfasst haben. Diese Erkenntnis tritt daher nur ein, wenn das Seiende und das Begriffliche übereinstimmen. Es liegt in beiden – also im Begrifflichen und im Seienden – derselbe Grad der Vermittlung vor, nämlich die vollständige Vermittlung. Genauer sind Begriffliches und Seiendes nicht nur übereinstimmend, weil sie denselben Grad der Vermittlung haben, sondern auch, weil die Vermittlung zwischen ihnen stattfindet. Damit die Vermittlung des Begrifflichen stattfinden kann, bedarf es des Seienden. Für die Art von Vermittlung, die den Begriff des Geistes auszeichnet, bedarf es sogar eines Seienden, das Bewusstsein hat. Der Geist ist im Individuum als allgemeiner, insofern das Individuum seine Allgemeinheit anerkennt, er ist als besonderer, insofern das Individuum anerkennt, dass es mit anderen Individuen die Vernunft verwirklicht, und er ist als einzelner, insofern das Individuum sich selbst als geistig erkennt. Zusammenfassend kann man sagen: „Geist" nennt Hegel zwischenmenschliche Verhältnisse, wobei dieser Begriff seinen Inhalt durch die Analyse der realen Verhältnisse bekommt. Da diese Verhältnisse sich verändern, verändert sich auch der Begriff. Diese Veränderungen folgen einer Logik der zunehmenden Vermittlung der begrifflichen Strukturen, die selbst wiederum nur möglich ist, wenn diese begrifflichen Strukturen auch realisiert werden. Der vollständige Begriff des Geistes ist der Begriff von zwischenmenschlichen Verhältnissen, die begrifflich vollständig vermittelte Strukturen realisieren. Wenn die Übereinstimmung von Begriff und Seiendem gegeben ist, wird der entsprechende Begriff von Hegel auch „Idee" genannt: „Idee" ist „die absolute Einheit des Begriffs und der Objektivität".[177]

Man kann hier auch sagen, dass das Prinzip des Lebens selbstbezüglich ist, da sich das allgemeine Prinzip des Lebens im Lebendigen als Besonderes auf das Allgemeine bezieht. Das Prinzip des Geistes ist aber nicht nur selbstbezüglich, sondern die Selbstbezüglichkeit findet hier im Modus des Erkennens statt, indem das allgemeine Prinzip der Vernunft durch das Individuum als Vernunft erkannt wird. Mit Blick auf die Instanziierung von Allgemeinem lässt sich zusammenfassen: Das Prinzip des Geistes hat einen höheren Grad der Vermittlung als das Prinzip des Lebens. Das Leben erhält sich mittels des Lebendigen als Leben. In diesem Sinne sind hier Allgemeines und Besonderes vermittelt. Was das Allgemeine ist, lässt sich aber hier nicht vollständig durch sein Verhältnis zum Besonderen bestimmten. Das Lebendige kann sich nicht als Einzelnes gegenüber anderen besonderen Exemplaren behaupten. Dies ist, wie gezeigt, beim Geist anders.

Hegel fügt der bisher erläuterten Auffassung von Geist und damit auch der Idee der Vollständigkeit allerdings noch eine weitere Dimension hinzu. Er unterscheidet nämlich auch noch Weisen des Gegenwärtigseins oder der Bewusstmachung. Der Mensch kann sich das ihn bestimmende Allgemeine, also den Geist oder die Vernunft und deren Beziehung zum Besonderen und Einzelnen, in der Weise der Kunst, das heißt anschauend, vergegenwärtigen, aber auch in der Weise der Religion und in der Weise der Philosophie. Angenommen man will sich die vollständige Vermittlung des Allgemeinen mit dem Besonderen durch das Einzelne in Form der Religion vergegenwärtigen, so tut man dies auf eine vorstellende Weise. Die vollständige Vermittlung wird in der christlichen Religion vorgestellt, wenn man die Versöhnung von Gott als dem Allgemeinen und dem Menschen als Besonderem durch die Menschwerdung Gottes in Jesus als Einzelnem annimmt. Bei einer vollständigen Vermittlung darf nun wohlgemerkt (anders als bei den unvollständigen Vermittlungen, die vor der vollständigen Vermittlung stattgefunden haben) Gott nicht mehr länger als etwas Jenseitiges vorgestellt werden, die Menschen aber auch nicht mehr als von Jesus wesentlich unterschieden, sondern es muss der Mensch die Anderen als vollständig geistig durchdrungen, das heißt als Allgemeines und Einzelnes zugleich ansehen. Worum es hier im Moment geht, ist nicht Hegels Religionsauffassung, sondern die Tatsache, dass Hegel verschiedene Weisen der Bewusstmachung unterscheidet. Das Medium der Philosophie ist der Begriff. Das heißt, man vergegenwärtigt sich die vollständige Vermittlung philosophisch, wenn man die Vermittlung begrifflich erfasst. Diese

---

[177] *Logik* II, 408

Weise des Bewusstmachens ist für die Frage, inwiefern der Begriff des Geistes wirklich ist, aus folgendem Grund relevant: Im begrifflichen Erfassen ist der Begriff des Geistes in einer begrifflichen Weise präsent. In der vollendeten Religion ist zwar die vollständige Vermittlung von Allgemeinem, Besonderem und Einzelnem erfasst, aber auf eine Weise, die demjenigen, was erfasst wird, nicht ganz angemessen ist. Man stellt Begriffe hier als Göttliches vor und die Vermittlung wird als Menschwerdung Gottes vorgestellt. In der Philosophie hingegen erfasst man Begriffe als Begriffe. Die Wirklichkeit aller möglichen vernünftigen Verhältnisse kann daher schließlich auch als begriffliche erfasst werden. Man sollte hier allerdings beachten, dass die philosophische Weise des Vergegenwärtigens nichts ist, das nur mit Blick auf die durch den Begriff des Geistes bestimmte Welt möglich ist. Auch die Naturphilosophie ist philosophisch und das heißt begrifflich. Es ist daher nicht so, dass der Geist-Begriff gegenüber dem Begriff der Materie oder dem des Lebens deshalb vollständiger realisiert ist, weil die begriffliche Erfassung nur hier möglich ist. Dennoch gilt, dass die begriffliche Erfassung zur Vollständigkeit der Erkenntnis des Geistes insofern etwas beiträgt, als nur in ihr die Realität von Begriffen erfasst wird, während in Kunst und Religion die Begriffe nicht als Begriffe, sondern in Form von Anschauungen oder Vorstellungen vorkommen.

Angesichts dieser Ausführungen sollte Folgendes beachtet werden: Interessant sind für Hegel die „Geist" genannten vernünftigen Beziehungen nicht nur, weil durch sie Allgemeines, Besonderes und Einzelnes auf einzigartige Weise vermittelt sind. Das macht sie für das, was Hegel „Logik" nennt interessant. Interessant sind diese Beziehungen auch für die Frage nach der Möglichkeit von Erkenntnis. Und dies nicht nur mit Blick auf die Erkenntnis zwischenmenschlicher Beziehungen, sondern auch auf Erkenntnis aller möglichen (auch etwa der physikalischen) Verhältnisse. Realisiert das Bewusstsein die zwischenmenschlichen Beziehungen als vernünftige, so erkennt es auf diese Weise, dass das Prinzip der Vernunft in der geistigen Welt wirklich ist, und dadurch erkennt es auch, dass die geistige Welt durch das Prinzip der Vernunft tatsächlich erkannt werden kann. Nun gilt weiterhin, dass das Prinzip der Vernunft mit dem einfachen Prinzip der Kraft und mit dem Prinzip des Lebens identisch ist, die beim erkennenden Bezug auf die Welt ebenfalls zugrunde gelegt werden können (und etwa in der Naturphilosophie auch zugrunde gelegt werden). Diese Prinzipien unterscheiden sich nur ihrem Grad der Vermittlung nach. Wenn dies stimmt, ist die Vernunft nicht nur das einzig wirkliche Prinzip, sondern die Erkenntnis der Wirklichkeit der Vernunft fundiert auch die Erkenntnis anhand der anderen allgemeinen Prinzipien.[178] Die Kraft ist als wirklich erkannt, weil die Welt letztlich als ein vollständig geistiger Zusammenhang ausgewiesen werden kann.

Folgt man meiner Interpretation, gibt es zweifellos viele Hegel zugeschriebene Annahmen, die keineswegs Commonsense sind. Eine ist die, dass das begrifflich Allgemeine, das zur Erkenntnis erforderlich ist, wirklich ist. Wie schon erwähnt, vertritt Hegel eine bestimmte Form des Begriffsrealismus. Eine andere eigentümliche Annahme ist die, dass wir für Erkenntnis letztlich nur ein allgemeines Prinzip zugrunde legen, das dann ausdifferenziert wird. Es gibt nicht eine Tafel von verschiedenen Kategorien, sondern die verschiedenen Prinzipien der Erkenntnis sind Differenzierungen, die sich aus einem begrifflichen Prinzip bei der begrifflichen Bestimmung des Seienden ergeben. In diesem Sinne ist Hegel Begriffsmonist. Diese beiden Annahmen sollten durch die bisherigen Teile dieses Buches bereits vertraut sein. Eine Annahme, die im vorliegenden Abschnitt stark in den Vordergrund tritt, konnte in den bisherigen Teilen dieses Buches nicht in derselben Weise verständlich gemacht werden, nämlich die Annahme, dass die Vernunft als wirklich erkannt werden kann. Aber auch diese Annahme kann vor dem Hintergrund meiner Ausführungen so erläutert werden: Die vernünftigen Individuen erkennen die Wirklichkeit der Vernunft, wenn sie erkennen, dass die Vernunft ein allgemeines Prinzip ist, das realisiert ist, wenn die Individuen sich gegenseitig vollständig als vernünftig anerkennen.

Die hier vorgeschlagene Interpretation will ich zu zwei anderen Interpretationsvorschlägen zu Hegels Auffassung vom Geist in Bezug setzen. Abgrenzen will ich mich zunächst vom Begriff des Geistes, den der amerikanische Neopragmatismus vorschlägt. Dann werde ich mich von einem Begriff des Geistes abgrenzen, demzufolge der Geist ein absolutes Subjekt ist, welches als das eigentliche übermenschliche Subjekt das Erkenntnissubjekt wird.

(1) Eine bekannte Interpretationslinie kann so zusammengefasst werden, dass das Individuum nur in der Lage sei, etwas zu erkennen, wenn es sich die geistigen, das heißt die sozialen, kulturellen, geschichtlichen und logischen Zusammenhänge, in denen es ist, vergegenwärtigt. Damit wird sich das Bewusstsein einerseits der Begrenztheit seiner Erkenntnis bewusst, andererseits begreift es sich als unter dem Anspruch der Integration in diese Zusammenhänge stehend und damit als normativ in einen rationalen Prozess eingebunden. „Geist" ist dieser Lesart zufolge Hegels Begriff dafür, dass die Praxis des

---

[178] Offensichtlich ist diese Konzeption vom Allgemeinen sowohl monistisch als auch idealistisch. Mit ihr lassen sich unschwer weitere für Hegel zentrale Theoreme in Verbindung bringen, z.B. die bekannten Behauptungen, dass Erkenntnis selbstbezüglich, prozessual und dynamisch ist.

Behauptens eine soziale Basis hat, die vorgibt, dass man sich durch seine Behauptungen zu etwas verpflichtet. So sagt etwa Brandom über Hegel: „He sees these social recognitive practices as providing the context and background required to make sense of the Kantian process of integrating conceptual commitments so as to synthesize a rational unity of apperception. Hegel's term for the whole normatively articulated realm of discursive activity (Kant's "realm of freedom") is 'Geist': spirit."[179] Indem ich dafür argumentiert habe, dass die Erkenntnis der Welt als einer vernünftigen oder geistigen die Realität unserer begrifflichen Bestimmungen verbürgt, befinde ich mich in Übereinstimmung mit dieser Interpretationslinie. Drei Punkte will ich aber erwähnen, an denen deutlich werden soll, worin diese Deutung mit meiner nicht kompatibel ist.

(a) Der erste Punkt, an dem meine Interpretation diesem Vorschlag widerspricht, betrifft die Auffassung darüber, was das Allgemeine ist. Dies kann ich hier nur andeuten. Es ist keineswegs so, dass eine Interpretation wie die von Brandom nicht der These Rechnung tragen kann, dass die Welt begrifflich bestimmt werden soll und dass die Welt auch holistisch bestimmt werden muss. Dies ist, im Gegenteil, sogar Brandoms Grundidee.[180] Aber unter Geist wird bei Brandom, soweit ich sehe, eher die Bedingung für die Möglichkeit der begrifflichen Bestimmung verstanden: Die soziale Normativität ermöglicht eine auf das Ganze bezogene begriffliche Bestimmung. Sie ist die Basis für unsere begriffliche Praxis. Wenn diese Basis von uns erkannt und in ihrer intersubjektiven Struktur begrifflich erfasst wird,[181] wird unter „Geist" auch die Idee verstanden, dass alles begrifflich miteinander vermittelt werden kann. Aber dies ist nicht dasselbe wie die von mir ausgeführte Idee, dass der Geist ein begriffliches oder, wenn man so will: kategoriales Prinzip ist, das den sozialen Bestimmungen zugrunde liegt und aufgrund der Identität des Begriffs des Geistes mit dem der Kraft die Wirklichkeit des Kraftbegriffs und seiner begrifflichen Differenzierungen bewahrheitet. Dies ist der erste Punkt, in dem die Interpretationen nicht kompatibel sind.

Wohlgemerkt ist dies ein Punkt, der auch damit zusammenhängt, dass Brandom das Kantische und das Hegelsche Projekt vorrangig als ein semantisches Projekt deutet.[182] Hierdurch entsteht meines Erachtens eine gegen-

---

[179] Brandom 2007, Lecture 2, 24; vgl. Brandom 2002, 178–234. Eine ähnliche Position zum Geist vertritt Pippin (2008, 65). Pippin bezieht Hegels Idee, dass Verbindlichkeit in Anerkennungsverhältnissen gründet, überzeugend auf moralphilosophische Fragen.

[180] Vgl. etwa Brandom 2003.

[181] Diese Normativität kann man als eine Art Meta-Gesetz ansehen (vgl. Pippin 2008, 65).

[182] Vgl. etwa in Brandom 2007, Lecture 2, 5: „This is part of what Kant means by calling them "pure" concepts, that is "categories," and saying that our access to them is "a priori"—in the sense that the ability to deploy them is presupposed by the ability to deploy any concepts, including especially ordinary empirical descriptive concepts. This latter claim is not at base epistemological, but semantic".

über Hegel andere Gewichtung der Interessen.[183] Ich denke, Hegel geht es vor allem darum, mit Blick auf die Begriffe (oder: Kategorien), mit denen wir Gegenstände als solche bestimmen, zu zeigen, dass diese Begriffe letztlich Differenzierungen eines begrifflichen Prinzips sind. Der Begriff des Geistes ist daher, jedenfalls in meiner Interpretation, nicht primär Ausdruck für einen semantischen Holismus, sondern für einen logischen (und zwar vor allem auch transzendentallogischen) Holismus.

(b) Der zweite zu erwähnende Punkt hängt damit zusammen, dass dann, wenn der Geist als die soziale Basis unserer normativen begrifflichen Praxis (und sonstiger Normen) verstanden wird, die Erkenntnis der Welt als geistiger die anderen Weisen ihrer Erkenntnis in jeder Beziehung anleitet (wenn nicht sogar vollständig ersetzt). Meiner Interpretation nach gilt, dass in einer Abstraktion von der geistigen Welt die Welt als materielle erkannt werden kann. Folgt man meiner Interpretation, gilt genauer erstens: Die Tatsache, dass wir über die Welt als einen physikalischen Zusammenhang etwas Wahres sagen können, ist nicht durch die soziale oder geistige Welt bedingt. Sie ist (wie Erkenntnis überhaupt) dadurch bedingt, dass die Welt durch allgemeine Prinzipien bestimmt *ist*. Zweitens gilt: Dass wir Wahres über die Materie sagen können, wird nicht durch soziale Vorgaben oder deren Zusammenhänge bedingt, wie nach der hier diskutierten Interpretation. Die geistigen Zusammenhänge sind nur deshalb wichtig, weil wir uns in ihnen der Realität unserer begrifflichen Prinzipien versichern. Nun könnte man auch zufolge der hier behandelten Interpretation behaupten, dass die soziale und historische Einbindung der entsprechenden Behauptungen eine rationale Entwicklung physikalischer Begriffe ermöglicht, nicht dass sie diese (inhaltlich) bestimmt.[184] Es ist aber schwer auszumachen, was hier außer den sozialen Normen als Basis für die richtige Verwendung der Begriffe verantwortlich sein soll. Und davon abgesehen, dass man hier ein Problem innerhalb dieses Vorschlags sehen kann, unterscheidet sich meine Interpretation von ihr dadurch, dass meines Erachtens die Frage nach der Möglichkeit von Erkenntnis vor allem etwas damit zu tun hat, inwiefern die Begriffe, mit denen wir operieren, wirklich sind. Es ist meines Erachtens also nicht Hegels These, dass die Wirklichkeit der naturphilosophischen Begriffe in ihrer sozialen Anerkennung besteht, sondern dass wir ihre Wirklichkeit erkennen, wenn wir die soziale Welt erkennen. Während Ersteres bedeutet, dass wir Begriffe sozial fundieren, heißt Letzteres, dass wir die Frage nach der Realität geistiger oder begrifflicher Prinzipien oder

---

[183] Dass in dieser Perspektive Hegels metaphysische Einsichten verloren zu gehen drohen, zeigt Longuenesse (2007, XIX).

[184] Vgl. zur historischen Einbindung Brandom 2007, Lecture 3, 17; zum hier angedeuteten Verhältnis Natur–Geist vgl. Pippin 2008, 48.

Kategorien (wie der Kraft) dadurch beantworten, dass diese Prinzipien klarer Weise real sein können, wenn gilt, dass die Welt eine soziale bzw. geistige Welt ist. Indem wir die Welt als geistige erkennen, legitimieren wir daher auch die Erkenntnis der Welt als einer physikalischen Welt.

(c) Der dritte Punkt, den ich erwähnen will, betrifft die These der Sozialität. Der Geist ist nicht mit uns als endlichen Individuen identisch. Er ist ein Prinzip, das nur durch Individuen wirklich, aber nicht einfach mit den Individuen identisch ist. Nun wird man dies auch sagen, wenn man die These der hier diskutierten Position vertritt, also die, dass Hegel durch das Geist-Prinzip ausdrücken will, dass wir immer in sozialen Zusammenhängen stehen. Denn gemeint ist auch hier, dass diese sozialen Zusammenhänge nicht auf miteinander in Beziehung stehende Individuen reduziert werden können. In Hegels These des Geistes drückt sich demnach die Irreduzibilität des Sozialen gegenüber einzelnen Individuen aus. Das Individuelle ist eingebettet in das Soziale in Form von Sprache, Sitten und sozialen Strukturen. Das heißt unter anderem: In diesem Zusammenhang hat Einzelnes seine Bedeutung und das Bewusstsein der Individualität bildet sich (auch historisch betrachtet) aus diesen Zusammenhängen heraus. Dass Hegels These zum Geist diese Implikationen hat, ist relativ unstrittig.

Wie ich unter dem ersten hier angeführten Punkt bereits erwähnt habe, ist in der neopragmatistischen Interpretation Hegels Gedanke der Priorität des Sozialen vor allem deshalb wichtig, weil das Soziale eine besondere Form der Normativität ermöglicht.[185] Hierauf will ich nun noch einmal zurückkommen. Es ist zweifellos richtig, dass Hegel eine Praxis des Behauptens annimmt, die sozial fundiert ist und die davon lebt, dass wir uns mit unseren Behauptungen zu weiteren Behauptungen (bzw. zur Zustimmung zu weiteren Sätzen) verpflichten. Ich habe die Prüfung, die in der *Phänomenologie* stattfinden soll, so interpretiert, dass eine solche Praxis von Hegel tatsächlich angenommen wird. Denn nach meiner Interpretation legen wir uns mit dem Beziehen einer Position auf bestimmte Überzeugungen fest, auf die wir verpflichtet werden können. Es muss für eine solche Praxis klar sein, wie ich mich selbst so festlegen kann, dass Andere diese Verpflichtungen mir gegenüber geltend machen können. Antwortet Hegel mit der These zum Geist auf die Frage, wie eine solche Praxis möglich ist? Ich denke, die neopragmatistische Antwort auf diese Frage ist ein klares *Ja*. Bei meiner Interpretation sieht die Antwort hingegen komplizierter aus.

---

[185] Brandom 2007, Lecture 2, 17: „Hegel's principal innovation is his idea that in order to follow through on Kant's fundamental insight into the essentially normative character of mind, meaning, and rationality, we need to recognize that normative statuses such as authority and responsibility are at base social statuses."

Es ist in meinen Augen durchaus zutreffend zu sagen, dass die zwischenmenschlichen Verhältnisse, auf die sich der Begriff des Geistes bezieht, die Praxis des Begründens und Behauptens umfasst. Ich stimme auch zu, dass sich diese Praxis in dem Maße entwickelt, in dem die Individuen diese Relationen erkennen. Gehen wir von einem sehr hohen Maß der Erkenntnis der sozialen Verhältnisse aus, dann gilt (nach meiner Interpretation): Der Geist ist ein allgemeines Prinzip, das in vernünftigen Individuen verwirklicht ist, weil diese vernünftigen Wesen erkennen, dass sie die Vernunft als etwas Allgemeines teilen, das jedes von ihnen gleichermaßen bestimmt und das jedem nur in Gemeinschaft mit anderen zukommt, das sie also auch nur gemeinsam verwirklichen können. Wenn das gilt, so erklärt dies in der Tat die Praxis der Verpflichtungen und die Praxis, jemanden zur Verantwortung zu ziehen usw. Aber die Erklärung zielt meines Erachtens primär darauf ab, dass die Vernunft etwas Allgemeines ist. Weil die Vernunft allgemein ist, gilt, dass das, was jemand mit Anspruch auf Wahrheit behauptet, nicht mehr ihm und seinen Launen obliegen kann, oder dass jemand, der vernünftig zu handeln vorgibt, nicht willkürlich verfahren kann. Folgt man meiner Interpretation, muss man das Thema der sozialen Verpflichtungen also primär unter dem Thema der Allgemeinheit der Vernunft und nicht unter dem der Ermöglichung von Normativität abhandeln. Etwas plakativ gesagt: Was Hegel in meinen Augen hier vom Pragmatismus trennt, ist der Versuch, eine metaphysische Begründung für die Normen des Behauptens zu geben, also auf jeden Fall eine Begründung, die mehr ist als eine Beschreibung von sozialer Praxis.

Mit dieser Begründungsfrage hängt noch ein anderer Aspekt zusammen. Er betrifft die Frage, was denn eigentlich der Zustand ist, in dem sich die zwischenmenschlichen Verhältnisse entwickelt haben und erkannt sein sollen. Wenn man Hegel fragen würde, warum er meint, die Vernunft sei nur in bestimmten sozialen Verhältnissen verwirklicht, so lautet seine Antwort nicht einfach, dass nur in diesen Verhältnissen die gegenseitige Anerkennung, die Normativität begründet, voll ausgebildet ist. Als Grund kann vielmehr auch auf Hegels These zur Vermittlung logischer Prinzipien verwiesen werden: Der Geist ist (anders als das Leben) das Prinzip, das in den Individuen mit sich selbst vermittelt ist. Wenn Geist nur die Sozialität meinen würde, so könnte man strukturell keinen Unterschied zwischen dem Verhältnis von Geist und vernünftigen Individuen und dem Verhältnis von Leben und Lebendigen machen. Dieser Grund dafür, dass die Vernunft nur in bestimmten sozialen Verhältnissen verwirklicht ist, muss einer neopragmatistischen Lesart fremd bleiben. Als weiteren Grund kann man angeben, dass „vernünftig sein" bedeutet, sich seiner Vernunft bewusst zu sein und sich darin mit anderen vereint zu wissen. Dies kann wiederum allem Anschein nach auch in einer neopragmatistischen Lesart behauptet werden. Aber ich denke, es geht Hegel nicht nur um gegenseitiges Anerkennen. Es liegt in diesem Gedanken der einen gemeinsamen Vernunft durchaus ein gewisses Pathos – wenn man so will, so erhält sich in Hegels Philosophie hier ein Moment der empathischen Einheitsphilosophie, die er früher mit Hölderlin und Schelling zu teilen glaubte. Diese Emphase gründet, so will ich behaupten, darin, dass die zwischenmenschlichen Verhältnisse wirklich von der Vernunft als einem Prinzip durchdrungen sind. Es muss also um das allgemeine Prinzip der Vernunft und dessen Verhältnis zu Besonderem und Einzelnen gehen, wenn es um die Frage geht, was Hegel mit „Geist" meint.

(2) Die Frage, was Hegel meint, wenn er von Geist und Vernunft spricht, ist auch so beantwortet worden, dass Hegel ein gegenüber dem Menschen andersartiges Subjekt annimmt – Geist, Vernunft oder Gott –, dessen Selbsterkenntnis dasjenige ist, was die Philosophie zum Thema hat.[186] Diese Antwort wird von Hegel selbst nahegelegt. Der zweite nun diskutierte Vorschlag ist daher in dem Sinne orthodox, als er Hegels Bemerkungen zum Geist wörtlich versteht, also annimmt, dass es einen Geist gibt, der sich vergegenständlicht und sich selbst erkennt. Die Schwierigkeit dieses Vorschlags besteht in meinen Augen nicht einfach nur darin, dass er heute unpopulär ist. Was im Rahmen meiner Interpretation mit der Rede vom Geist tatsächlich *nicht* gemeint sein darf, ist, dass selbstbewusste Individuen nicht wirklich etwas erkennen können oder dass *nur* von Selbsterkenntnis des Geistes geredet werden kann oder dass der Geist irgendwie jenseits der Welt auch noch eine Wirklichkeit hat.[187] Auch nicht gemeint sein kann, dass es keine selbständigen Entitäten in der Welt gibt, oder dass das, was erkannt wird, nicht unabhängig vom Wissen wahr ist. Hegels Weise, über den Geist zu reden, ist daher meines Erachtens nicht immer wörtlich zu verstehen. Sie ist es nämlich dann nicht, wenn er sich so ausdrückt, als sei der Geist das eigentlich agierende Subjekt. Wenn Hegel so spricht, bedient er sich meines Erachtens einer Ausdrucksweise, die an die der Religion angelehnt ist, die also gerade nicht als die der Sache angemessenste Darstellungsweise anzusehen ist. Warum hat sich Hegel dann dieser Redeweise bedient? Dass Hegel den Geist zum agierenden Subjekt erklärt, liegt darin begründet, dass er das allgemeine Prinzip des Geistes als dasjenige ansieht, durch welches die Individuen zu selbständigen, vernünftigen Wesen werden. Das „durch" ist hier wohlgemerkt zweifach zu verstehen: (a) Die Menschen werden durch den Geist vernünftig, weil der Geist ihr Wesen

---

[186] Vgl. etwa Emundts und Horstmann 2002, 32 ff. Vgl. auch die in Kapitel V, Fn. 74 genannte Literatur.

[187] Dies ist der Grund, warum der Geist nicht der paradigmatische Gegenstand sein kann. Er ist zwar konkret, aber dies nur, weil er die verwirklichte Identität des lebendigen Selbstbewusstseins mit sich und anderen selbstbewussten Individuen ist.

oder das ihnen Zugrundeliegende ist. Der Geist liegt allen zwischenmenschlichen individuellen Verhältnissen zugrunde, indem die Menschen das, was sie als Menschen sind, durch ihren Geist sind. (b) Die Menschen werden mittels des Geistes vernünftig, weil sie es durch Erkenntnis werden. Da der Geist desjenige ist, durch das die Menschen sich als geistig erkennen, kann man auch sagen, dass der Geist sich selbst erkennt. Dies kann man auch von einer logischen Perspektive aus betrachten und dann kann man die Welt als durch ein selbstbezügliches Prinzip bestimmt ansehen. Denn der Geist als allgemeines Prinzip bezieht sich in den Individuen auf sich selbst und ist in diesem Sinne selbstbezüglich. Die eigentlichen Erkenntnissubjekte sind aber die Individuen, sie sind es aber nur insofern, als die Vernunft etwas ihnen Gemeinsames ist, sie sind es nicht als auf sich allein gestellte Individuen.

Für meine Interpretation und gegen die Interpretation der orthodoxen Lesart spricht, dass etwas nach Hegel nur dann wirklich ist, wenn es in der Welt instanziiert oder etwas Seiendes ist. Hierfür habe ich in diesem Buch argumentiert. Von der orthodoxen Lesart unterscheidet sich meine Interpretation also erstens durch meine These des für Erkenntnis notwendigen Bezugs auf Seiendes, das heißt dadurch, dass die Erkenntnis der Wirklichkeit des Geistes ein Resultat ist, das sich in einem Prozess bildet, der keineswegs rein begrifflich ist oder auch nur rein begrifflich sein könnte. Vermittlung von begrifflichen Prinzipien ist demnach nur durch Seiendes möglich. Nun ist meine These nicht nur, dass es Seiendes (also hier: reale Verhältnisse zwischen Individuen) geben muss, sondern auch, dass die Wirklichkeit des Geistes nur in den realen Verhältnissen besteht.[188] Diese These ergibt sich ebenfalls aus der Art, wie ich den Vermittlungsgedanken verstehe. Der Geist ist, so meine These, gerade deshalb der einzige Begriff, von dem gilt, dass er wirklich ist, weil er vollständig in den individuellen Verhältnissen realisiert ist. Es macht daher keinen Sinn anzunehmen, er hätte auch eine ihnen gegenüber andere Wirklichkeit. Dass Hegel annimmt, die Wirklichkeit der Vernunft oder des Geistes sei seine Wirklichkeit in realen Verhältnissen, zeigt sich aber auch darin, dass Hegel die Vorstellung, dass der Geist oder die Vernunft etwas abstraktes oder jenseitiges ist, ausdrücklich klar ablehnt. Er lehnt dies sowohl mit Blick auf die Gottesvorstellung als auch mit Blick auf die Vernunft ab. Letzteres bestimmt seine Kritik an Kant im Vernunft-Kapitel der *Phänomenologie*. Wenn man

---

[188] Soweit ich sehe, unterscheidet sich beispielsweise Horstmann (1984) in beiden hier genannten Punkten von mir: Er geht erstens von der Möglichkeit einer rein logischen Entwicklung aus. Und zweitens nimmt er mit Blick auf die Wirklichkeit ein umgekehrtes Begründungsverhältnis an: Weil die Vernunft oder der Geist wirklich sind, sind es die realen Verhältnisse, in denen er sich ausdrückt (vgl. etwa 1984, 100). Worin meine Interpretation der von Horstmann folgt, ist die Annahme, dass Begriff, Vernunft, Geist usw. für Hegel vor allem in Hinblick auf ihre logische Struktur interessant sind.

den Geist als eine real agierende Entität annimmt, scheint mir das aber nur in Form einer der Welt gegenüber auch jenseitigen Entität realisierbar zu sein. Man muss den Geist stattdessen als etwas verstehen, das durch eine bestimmte Weise des in der Welt Seins vollständig realisiert ist. Betont werden sollte aber an dieser Stelle noch einmal, dass auch zufolge meiner Interpretation der Geist nicht mit den endlichen Individuen identisch ist. Der Geist ist erstens nur in einer bestimmten Beziehung von Menschen zueinander realisiert und als solcher ist er etwas, das durch Individuen ist, aber nicht in ihnen besteht. Zweitens ist der Geist auch zufolge meiner Interpretation nicht etwas Seiendes oder etwas, das nur eine Bezeichnung für bestimmte wirkliche Verhältnisse ist. Der Geist ist etwas Begriffliches. Dieses Begriffliche hat seine Realität aber in den individuellen Verhältnissen und nicht unabhängig von ihnen.

Wie hat man dann zufolge meiner Interpretation Passagen wie die Folgende aus der *Phänomenologie* (*GW* 9, 238) überhaupt zu verstehen: „Der Geist ist hiermit das sich selbsttragende absolute reale Wesen"? Dies lässt sich so erläutern: (1) Der Geist ist eine Totalität in dem Sinne, dass er der Inbegriff aller geistigen Verhältnisse ist. Er hat hierin eine Parallele zu „Leben" oder „Materie" als Inbegriff von allem Lebendigen bzw. Materiellen. Gemeint ist mit der Bemerkung weiterhin: (2) Die Erkenntnis des Menschen als vernünftig bedarf (anders als die Naturerkenntnis) keiner weiteren Vermittlungen mehr. Sie ist in diesem Sinne „sich selbst tragend". Die Erkenntnis der Natur ist hingegen nur unter der Voraussetzung möglich, dass der Mensch sich als vernünftig erkennt, weil, wie bereits ausgeführt, die Erkenntnis der Natur voraussetzt, dass die allgemeinen Prinzipien Kraft und Leben als wirklich angenommen werden können. Da der Geist kein anderes Prinzip ist, sondern sich nur durch die Art der Vermittlung unterscheidet, ist die Wirklichkeit des allgemeinen Prinzips der Kraft, des Lebens und des Geistes durch die Erkenntnis des Geistes aufgezeigt. (3) Dem zitierten Satz geht ein Absatz voran, auf den Hegel mit dem „hiermit" in dem zitierten Satz Bezug nimmt. In diesem Absatz wird behauptet, dass der Geist etwas Allgemeines ist, das gerade dadurch, dass es von vereinzelten Individuen beansprucht und in Besitz genommen wird, „wirklich und lebendig" ist. Diese Passage kann im Sinne der obigen Ausführungen so verstanden werden, dass zwischenmenschliche Verhältnisse „ansich" vernünftig sind, dass das sie auszeichnende geistige Prinzip aber erst dadurch realisiert wird, dass die Individuen sich als vernünftig begreifen (die Vernunft für sich beanspruchen) und schließlich die Vernunft als eine mit anderen Individuen geteilte, gemeinsam zu realisierende verstehen.

Folgt man meiner Interpretation, gilt, dass der göttliche Geist nicht außerhalb der Selbsterkenntnisse der Individuen wirklich ist. Angesichts dessen sind zwei Einwände naheliegend. Der eine Einwand besagt, dass man unter dieser Interpretation nicht mehr geltend machen kann, dass es für Hegel einen Unterschied von objektivem und absolutem Geist gibt. Während der objektive Geist die Verwirklichung der Vernunft in Institutionen ist, ist der absolute Geist die Selbsterkenntnis des Geistes. Dass man innerhalb meiner Interpretation keinen Unterschied zwischen objektivem und absolutem Geist machen kann, ist aber nicht zutreffend. Weil es zufolge meiner Interpretation darauf ankommt, wie sich die Individuen zueinander erkennend und anerkennend verhalten, wird Geist durchaus nicht auf politische oder institutionelle Verhältnisse reduziert. Die Erkenntnisse können auch bei meiner Interpretation von den äußeren Realisierungen unterschieden werden.[189] Ich denke, dem so gestellten Einwand liegt vielmehr selbst eine zu radikale Trennung von absolutem und objektivem Geist zugrunde. Man sollte nicht einfach die Realität mit dem objektiven und die Erkenntnis als Idealität mit dem absoluten Geist identifizieren, dem man dann eine eigene Sphäre der Existenz zuspricht. Es scheint mir vielmehr Hegels These, dass bei der Erkenntnis der Realität des Geistes, die im Modus des sogenannten absoluten Geistes stattfindet, also eines Geistes, der sich in die Idealität des Anschauens, Vorstellens oder Denkens begibt, Realität und Geist so miteinander vermittelt sind, dass beide nicht mehr voneinander getrennt werden können. Plakativ gesagt: Wenn die Menschen sich wirklich als vernünftig begreifen, können sie nicht mehr zwischen sich als vernunftbegabt oder dem Begriff nach vernünftig und sich als wirklich (als individuell Handelnde) vernünftig trennen.

Der andere Einwand gegen meine Interpretation besagt, dass sie die theologische Dimension von Hegels Ausführungen missachtet. Die Überzeugungskraft dieses Einwands hängt davon ab, was man Hegel für ein Verständnis der Religion unterstellt. Hierauf kann ich an dieser Stelle nur andeutungsweise Bezug nehmen. Folgt man meiner Interpretation, so gibt es bei Hegel die Struktur eines auf sich selbst bezogenen Prinzips, in die wir als Individuen eingebunden sind. Ein sich in der Welt auf sich selbst beziehendes Prinzip lässt sich nun unschwer mit der Idee Gottes in Verbindung bringen. Das bedeutet aber noch nicht, dass Hegel Gott eine von den Individuen unabhängige Existenz zusprechen muss. Drei Aspekte von Hegels Verständnis der Religion möchte ich erwähnen, durch die, so denke ich, klar wird, inwiefern meine Interpretation Hegels Religionsverständnis gut integrieren kann. Erstens muss man bedenken, dass Hegel die Religion in gewisser Weise als etwas ansieht, das es zu überwinden gilt. Sie wird bekanntlich durch die Philosophie überwunden, die nicht nur das in den Religionen Vorgestellte begrifflich erfasst, sondern die es auch auf diese Weise erst richtig erfassen kann. Zweitens gilt,

---

[189] Zu dem Verhältnis objektiver und absoluter Geist unter diesem Gesichtspunkt vgl. Siep 2004, 162 f.

dass die Religionen Weisen des Verstehens der Vernünftigkeit des Menschen sind. Dass der Mensch vernünftig ist, dass die Vernünftigkeit etwas Allgemeines, Anderes Durchdringendes ist und dass die Individuen sie im anderen Individuum anerkennen und in der Gemeinschaft realisieren müssen, versteht der Mensch in der Religion, und er versteht es sogar in der Religion, bevor er es philosophisch erfasst. Mit Blick auf die Möglichkeit religiöser Erfahrung kann man hinzufügen, dass für Hegel religiöse Erfahrungen verschiedener Art möglich sind und dass diese Erfahrungen auch zum Selbst- und Weltverständnis beitragen. Eine befriedigende, nicht mehr zu neuen Erfahrungen antreibende Erfahrung muss allerdings nach Hegel in der Form der Erfahrung der Gemeinschaft zu Anderen stattfinden. Das heißt drittens, dass die Religionen für das von Hegel angenommene zunehmende Begreifen seiner selbst von unerlässlicher Bedeutung war.[190] Diese Bedeutung der Religion erstreckt sich auch darauf, dass die Menschen im religiösen Kultus eine Art von Gemeinschaft erfahren, die sie versichert, dass der andere Mensch von demselben Geist wie sie durchdrungen ist. Da ich oben dafür argumentiert habe, dass man den objektiven vom absoluten Geist unterscheiden kann, so möchte ich hier hinzufügen, dass der absolute Geist die Weise des Vergegenwärtigens des Anderen als meinesgleichen ist. Dieses kann, wie in der Religion, in vorstellender Weise oder, wie in der Philosophie, in denkender Weise stattfinden. Wenn Hegel in der *Phänomenologie* von dem *Ich* spricht, das im Anderssein bei sich selbst ist (*GW* 9, 428), so meint er damit das menschliche Individuum, das sich so als vernünftig erfasst und dadurch Geist ist. Die Form des Begriffs ist für Hegel hierbei allerdings eine, in der der Erlebnisaspekt der Religion wieder verloren geht. Daher sagt Hegel im Abschnitt über *Das absolute Wissen* in der *Phänomenologie*:

„Es muss aus diesem Grund gesagt werden, daß nichts gewusst wird, was nicht in der Erfahrung ist, oder wie dasselbe auch ausgedrückt wird, was nicht als gefühlte Wahrheit, als innerlich geoffenbartes Ewiges, als geglaubtes Heiliges, oder welche Ausdrücke sonst gebraucht werden, – vorhanden ist" (*GW* 9, 429).

Diese Verwendung von „Erfahrung" steht in Zusammenhang damit, dass der Begriff der Erfahrung die Dimension des Erlebens umfasst, sie bedeutet aber nicht, dass dem Geist im Denken wieder ein neuer ontologischer Status zukommt. Was in der Religion vorgestellt wird – dass die Menschen im Geist verbunden sind –, wird vielmehr in der Philosophie begrifflich erfasst.

---

[190] Vgl. zu dieser These Jaeschke 2004, 112.

Die hier von mir genannten drei Aspekte werden von Hegel auch in der *Phänomenologie* thematisiert: „Der Inhalt der Religion spricht darum früher in der Zeit, als die Wissenschaft, es aus, was der Geist ist, aber diese ist allein sein wahres Wissen von ihm selbst" (*GW* 9, 430). Bedenkt man diese drei Aspekte, kann man auch angesichts von Hegels Religionsauffassung behaupten, dass „Geist" der Name für dasjenige Allgemeine ist, das die Menschen unter ganz bestimmten Bedingungen verwirklichen.

2.4 Das einfache Prinzip der Kraft

Die Struktur der Unendlichkeit sollte sich durch eine Kritik an Kants Auffassung von Erkenntnis ergeben. In der Terminologie von Allgemeinem, Einzelnem und Besonderem kann man diese Kritik etwas plakativ so zusammenfassen: Da Kant Allgemeinheit, Einzelheit und Besonderheit separiert bzw. als je für sich bestehende Prinzipien behandelt, kann er ihr Verhältnis nur als das einer Unterordnung konzipieren, d.h. das Besondere wird unter das Allgemeine subsumiert. Zu sagen, bei Hegel seien logische Verhältnisse dynamisch, hat, folgt man meinen Ausführungen im vierten Kapitel, die Bedeutung, dass Hegel sie als ein sich entwickelndes Prinzip auffasst. Das Allgemeine geht in das Besondere über und wird als Totalität begriffen. Oder auch: Die Kraft besondert sich zu Körpern, deren Einheit als gesetzmäßig bestimmter Begriff der Materie erfasst wird.

Warum Kraft?[191] Was wäre, wenn wir ein anderes erstes Prinzip gewählt hätten?[192] Dass man mit einem einfachen Prinzip beginnt und dieses dann ausdifferenziert, leuchtet vielleicht einfach ein. Ein einfaches anstelle eines vermittelten Prinzips anzunehmen, führt jedenfalls nach Hegel nicht dazu, dass man etwas nicht erkennt, sondern nur dazu, dass man es nicht vollständig, nicht in allen Aspekten erkennt. Es hat sich aber eine noch weiter gehende Antwort auf die Fragen ergeben. Die Kraft ist ein einfaches, dynamisches Prinzip. Es ist wichtig, dass es ein einfaches Prinzip ist. Aber dieses Prinzip ist noch unbestimmt. Alle Bestimmungen des Begriffs der Kraft (also etwa die von Repulsiv- und Attraktivkraft) sind schon Differenzierungen dieses einfachen Prinzips. Das einzige, was Kraft über die Einfachheit hinaus auszeichnet, ist, dass sie als Anfang einer Bewegung angelegt ist. Das Prinzip ist also nicht etwas einfach Zugrundeliegendes.

---

[191] Wie gezeigt, kann sich Hegel beim Ausgang von der Kraft als etwas begrifflich Allgemeinem auf Kant berufen. Daneben ist hier natürlich an Aristoteles zu denken.

[192] Historisch geht das, was Hegel hier macht, auch auf die Diskussion der Zeit zurück, in der bekanntlich Themen wie erste Prinzipien, Zirkelbeweise usw. im Vordergrund standen.

Die Welt wird demnach immer dann als das, was sie ist, erkannt, wenn ihre Struktur in dieser Weise als dynamisch begriffen wird. Die Welt *ist* eine sich selbst bewegende Materie, wenn man sie durch das Prinzip der Kraft bestimmt denkt, weil dieses einfache Prinzip sich mit Bezug auf Seiendes logisch notwendig entwickelt. Wenn das Verhältnis von einfachem Allgemeinen, Besonderem und Einzelnem logisch richtig ausgeführt wird und das heißt unter anderem, wenn diese als Momente eines Prinzips verstanden (und nicht als Subsumption statisch gedachter Einheiten gedacht) werden, lässt sich ein Gegenstand tatsächlich so bestimmen, wie er ist. Die Welt ist dagegen nicht, wie Kant annimmt, eine Menge von physikalischen Körpern, nur weil man sie durch das Prinzip der Kausalität bestimmt denkt.

Hegels Antwort auf die Frage, ob man die Welt erkennt, wenn man sie als physikalischen Zusammenhang bestimmt, ist komplex. Materie wird unter der Voraussetzung des Begriffs der Kraft bestimmt. Dadurch ist die Materie als Gegenstand eine Setzung, eine Konstruktion. Zwar ist die Materie als Seiendes wirklich, aber als Seiendes kann sie nur dadurch erkannt werden, dass sie gesetzt wird. Dies ist aber nicht alles. Hegel würde, wenn das alles wäre, nicht sagen, dass man die Welt erkennt. Die Kraft oder das allgemeine Prinzip erweist sich weiterhin als nicht nur vorausgesetzt, sondern als wirklich. Der Prozess des Erkennens der Materie ist mit dem Bestimmen der Materie nicht abgeschlossen. Wenn man Materie als Begriff bestimmt, weist man auf sie als Seiendes zurück, aber sie als Seiendes erkennt man nur, wenn man zugleich auf Lebendiges als Wirkliches Bezug nimmt. Lebendiges als Wirkliches erkennt man nur, wenn man darauf vorgreift, dass der Geist wirklich ist. Erkennt man die Wirklichkeit der Welt als geistige, hat man auch die Wirklichkeit und Erkennbarkeit des Prinzips der Kraft erwiesen. Wie sich hier zeigt, ist der Prozess des Erkennens nicht linear.

Ist die Welt begrifflich bestimmt? Die Welt ist eine geistige Welt, und in einer geistigen Welt sind die Dinge begrifflich bestimmt. Ein Gegenstand hat eine soziale Dimension, er ist sprachlich, und so wird er als Teil einer geistigen Welt erkannt. Aber ist die Welt für Hegel dadurch begrifflich bestimmt? Es sollte klar geworden sein, dass die Welt begrifflich vollständig bestimmt ist, wenn wir sie erkennen. Sie wird durch den Prozess des Erkennens eine begrifflich bestimmte Ganzheit. Aber dennoch kann man fragen, ob die materiellen Dinge oder etwas Lebendiges an sich begrifflich bestimmt sind. Die Antwort, die das vorliegende Buch auf diese Frage gegeben hat, kann so zusammengefasst werden: Als materielle Dinge werden Dinge nur durch den Menschen bestimmt. Sie werden dies in einer objektiven Weise. Daher ist auch Erkenntnis materieller Dinge möglich. Lebendiges ist (anders als bloße materielle Dinge) an sich begrifflich bestimmt. Als solches kann es nur vom geistbestimmten Menschen erkannt werden. Insgesamt gilt also: Begrifflich bestimmt ist die Welt nicht nur durch den geistbestimmten Menschen, sondern auch an sich; die Welt ist aber auch in einer Weise objektiv bestimmt – nämlich als physikalische –, in der sie nicht an sich begrifflich bestimmt ist, sondern vom Menschen bestimmt wird. Die Welt wird sowohl begrifflich vom Menschen bestimmt als auch von ihm als begrifflich bestimmt erkannt. Beides gilt, weil die Welt sowohl als eine materielle als auch als eine lebendige und geistige Welt erkannt werden kann.

2.5 Zusammenfassung

Ich habe in diesem Kapitel zunächst ausgeführt, wie das Verhältnis von Erkenntnis und Selbsterkenntnis zu explizieren ist. Dann habe ich mich mit der Frage beschäftigt, wie Hegel im Kapitel *Gewißheit seiner selbst* das Lebendige und das selbstbewusste Lebendige als neue Typen von Gegenständen einführt. Mit diesen beiden Themen ist die Relation von Subjekt und Gegenstand behandelt worden, die für Erfahrung grundlegend sein soll. Die hier explizierte Relation liegt bei der ersten unter dem Titel „Selbstbewusstsein" laufenden Position vor.

Im Ausgang vom Thema des Lebendigen als neuem Gegenstandstyp konnten in diesem Kapitel die Methode der *Phänomenologie* erneut diskutiert und Hegels Auffassung von Gegenständen dargestellt werden. Was die Methode angeht, so hat sich insgesamt bestätigt, dass der Gang der *Phänomenologie* durch Erfahrungen und deren Analyse bedingt ist und nicht als durch transzendentale Argumente oder eine transzendentale Methode (wie dem Verfahren in Kants *Deduktion*) angeleitet aufgefasst werden kann. Das Bewusstsein wird im Abschnitt *Gewißheit seiner selbst* in seiner, aus Erfahrung gelernten Auffassung, dass die Welt ein bloßes Produkt seiner Bestimmungen ist (und in diesem Sinn *unselbständig*), durch eine neue Erfahrung widerlegt und muss daher, wie sich in der Analyse des Beobachters klar zeigt, seine Auffassung entsprechend revidieren. Erfahrungen bilden damit das Movens der Entwicklung. Zugleich hat sich aber ergeben, dass Hegel neben der Darstellung der Erfahrung des Bewusstseins und der Analyse durch den Beobachter noch eine zusätzliche Perspektive auf den Gang der Entwicklung einbringt. In dieser Perspektive, die ich als Hegels eigene bezeichnet habe, soll das Lebendige logisch generiert werden. Hier gilt, dass eine solche logische Genese, ohne eine bestimmte Hegelsche Auffassung von Begriffen schon vorauszusetzen, letztlich nur dann überzeugen kann, wenn angenommen wird, dass Erkenntnis möglich ist. Auch mit Blick auf diese Perspektive sollte man aber nicht vorschnell von einem transzendentalen Argument sprechen, denn es geht weniger um den Nachweis, dass wir für die Möglichkeit von Erkenntnis Lebendiges annehmen müssen, als vielmehr darum, alle Schritte der Vermittlung von Prinzipien als notwendig begründen zu können. Unabhängig davon ist diese Perspektive Hegels jedenfalls nicht erforderlich, um den Gang der *Phänomenologie* zu motivieren.

Die Überlegungen zur Einführung des Lebendigen erlaubten es weiterhin, Hegels Theorie von Gegenständen auszuführen, also in Grundzügen die Frage zu beantworten, was es nach Hegel gibt. Für Hegel ist das Lebendige und nicht der physikalische Gegenstand der paradigmatische Gegenstand. Das Lebendige wird den Charakteristika, die einem einzelnen Gegenstand zukommen sollen, besser gerecht. Dass die entsprechenden Bestimmungen (wie Einheit und Selbständigkeit) dem Gegenstand auch tatsächlich zugesprochen werden können, liegt an Hegels Auffassung von Begriffen und logischen Prinzipien, wie sie bereits die Darstellung der logischen Genese des Lebendigen expliziert haben sollte: Hegel bricht innerhalb seiner Auffassung von Logik mit der These, dass Objektivität allein durch das Prinzip der Kausalität gesichert werden könne. Stattdessen kann man, so seine These, auch den Kausalerklärungen anhand von Kräften letztlich nur Objektivität zusprechen, wenn man die Realität selbstbewusster Individuen annimmt, die begriffliche Prinzipien beispielsweise in Handlungen (auch im Erkennen) realisieren. Daher muss man auf die Schwierigkeiten der Bestimmung von etwas als lebendig innerhalb seiner Logik reagieren, indem man den Zusammenhang solcher Prinzipien mit dem Prinzip der Kausalität aufzeigt.

Auf Basis dieser Überlegungen konnte schließlich ausgeführt werden, worin sich Physikalisches, Lebendiges und selbstbewusstes Lebendiges voneinander unterscheiden und wie sie sich aufeinander beziehen. Eine Pointe von Hegels Begriff des Gegenstands besteht darin, dass er zwar verschiedene Arten von Gegenständen voneinander unterscheidet, aber dennoch eine bestimmte Form des Monismus vertritt, indem sich diese Gegenstände logisch betrachtet nur durch die Art der Vermittlung eines Prinzips unterscheiden sollen. Ein geistiger Zusammenhang kann also immer auch als physikalischer Zusammenhang erkannt werden, wenn man von bestimmten Aspekten absieht. Hierin liegt die Herausforderung an eine materialistische Position. Hegel spricht dem Materialismus nicht die Erklärungskraft (und Exaktheit) ab, aber der Materialismus bedarf seines Erachtens zur Rechtfertigung seiner Begriffe etwas, das von ihm nicht als real anerkannt wird, und er ist in diesem Sinn unvollständig. Dem Monismus Hegels ist es schließlich auch zu verdanken, dass letztlich alle Verhältnisse als Bestandteile einer geistigen Welt aufgefasst werden können. Entgegen einer gängigen Auffassung über Hegel, dass für ihn wirklich nur der Geist oder die Vernunft sei, habe ich gezeigt, dass „Geist" für Hegel erstens das Prinzip ist, anhand dessen man geistige Verhältnisse verstehen kann, und zweitens der Begriff dafür, dass selbstbewusste Individuen in einer bestimmten Weise aufeinander bezogen sind und dadurch etwas verwirklichen, das ihnen nicht nur Erkenntnis ermöglicht, indem sie so verstehen, was es heißt, vernünftig zu sein und einen begrifflichen Maßstab zu handhaben. In der Form des Miteinanderzusammenseins, das Hegel hier vor Augen hat, ist vielmehr auch die soziale und emotionale Dimension des Miteinanders so geartet, dass die Religion nicht übertreibt, wenn sie von Versöhnung spricht. Erkenntnis geht mit einer umfassenden Form der Selbsterkenntnis einher, in welcher das Angewiesensein auf Andere und das ihnen gegenüber Selbständigsein gleichermaßen vorkommen. In der engen Verbindung der Erkenntnistheorie mit Fragen zu Formen menschlichen Lebens insgesamt liegt eine der Besonderheiten von Hegels Philosophie.

SCHLUSS

Für den Versuch, Hegels Theorie der Erfahrung abschließend zusammenzufassen, lassen sich die in der Einleitung des vorliegenden Buches noch von Hegel unabhängig formulierten Bestimmungen von „Erfahren" als Leitmotive nehmen. Diese lauten, dass (1) das, was erfahren wird, existieren muss und dass Erfahrungen mit einem sinnlichen Erlebnis einhergehen, dass (2) die Relevanz von Erfahrungen im Wissenserwerb (in einem sehr umfassenden Sinn) liegt und dass (3) die Struktur von Erfahrungen als ein zu eigen Werden eines einem gegenüber Anderen zu beschreiben ist.

(1) Wenn das, wovon wir Erfahrungen machen, existieren muss und wenn mit Erfahrungen ein sinnliches Erlebnis verbunden sein muss, so bietet es sich an zu sagen, dass wir Erfahrungen in der Regel von sinnlichen Gegenständen machen, das heißt von Gegenständen (oder Sachverhalten), die raum-zeitlich sind und physische Wirkungen auf uns haben können. Tatsächlich kann diese These, wie ich gezeigt habe, auch Hegel zugeschrieben werden. Aber im Zusammenhang mit der Frage nach Erkenntnis darf man dies, so Hegel, nicht in naiver Weise verstehen. Es ist nur möglich, in der Erfahrung etwas von physischen Gegenständen zu lernen, wenn diese irgendwie begrifflich strukturiert sind oder wenn sie – wie man nach meinen Ausführungen auch sagen kann – etwas Allgemeines repräsentieren. Das bedeutet, dass wir uns in Erfahrung zwar auf sinnliche Gegenstände beziehen müssen, dass die philosophische Analyse diese Gegenstände aber als begrifflich strukturiert zeigt.

Die These der begrifflichen Strukturiertheit führt Hegel in einer komplexen Weise aus. Gegenstände sind nach seiner Theorie nicht alle auf dieselbe Art strukturiert. Verschiedene Gegenstandsarten unterscheiden sich vielmehr dadurch, wie ihre Strukturiertheit von einem erkennenden Subjekt abhängig ist, sowie dadurch, auf welche Weise sie etwas Allgemeines repräsentieren. Aber unabhängig von dieser hier ausführlich dargelegten Gegenstandskonzeption bleibt festzuhalten: Erfahren und Erkennen haben etwas mit sinnlichen Erlebnissen und mit sinnlich existierenden Gegenständen zu tun, ebenso aber damit, dass das sinnlich Gegebene begrifflich strukturiert und erkannt wird. Wie Begriffe mit sinnlich Gegebenem vermittelt sein sollen, habe ich in erster Linie anhand von Hegels Auseinandersetzung mit Kant im Kapitel *Kraft und Verstand* zu zeigen versucht.

Ich will hier noch einmal auf den Begriff „Widerständigkeit" zurückkommen, den ich häufig verwendet und als einen grundlegenden Begriff von Hegels Theorie der Erfahrung bezeichnet habe. Kant verwendet den Begriff

"Widerstand", als er die These, dass es für Erkenntnis konstitutiv ist, auf das sinnlich Gegebene bezogen zu sein, zum besonderen Merkmal seiner Philosophie erklärt:

„Die leichte Taube, indem sie im freien Fluge die Luft teilt, deren Widerstand sie fühlt, könnte die Vorstellung fassen, daß es ihr im luftleeren Raum noch viel besser gelingen werde. Eben so verließ Plato die Sinnenwelt [...]. Er bemerkte nicht, daß er durch seine Bemühungen keinen Weg gewönne, denn er hatte keinen Widerhalt, gleichsam zur Unterlage, worauf er sich steifen, und woran er seine Kräfte anwenden konnte [...]" (*KrV* A 6/B 9).

Wenn Hegel am Ende seiner *Wissenschaft der Logik* sagt, dass kein Objekt „der Methode [des Denkens] Widerstand leisten" könne, weil es nichts gebe, das „sie nicht durchdringen" könne (*GW* 12, 238), so kann man dies auf die These des notwendigen Bezugs auf sinnlich Gegebenes beziehen. Was Hegel hier meint, lässt sich auch so ausdrücken: Im Erkennen wird sinnlich Gegebenes begrifflich durchdrungen (das heißt: bestimmt oder in seiner begrifflichen Bestimmtheit erkannt). Wenn man dies richtig analysiert, so gilt zwar – wie auch für den Empirismus und für Kant –, dass wir einen Bezug auf Sinnliches haben müssen. Aber Sinnliches ist nicht wie ein pures, für sich bestehendes Gegebenes zu behandeln, auf das Begriffe nur angewendet werden.[1] Die sinnlich gegebene Welt ist in Erkenntnis die begrifflich bestimmte Welt. Bei aller Kritik am Empirismus gilt für Hegel: „im Empirismus [liegt] dies große Prinzip, daß, was wahr ist, in der Wirklichkeit sein und für die Wahrnehmung da sein muß" (*Enz.* § 38, Anm.). Wenn man Hegel auf die Annahme festlegt, dass nur die Vernunft oder der Begriff wirklich ist,[2] oder auf die, dass durch soziale Normen Bedeutung und Referenz ermöglicht werden,[3] so kann man Hegels Thesen zum sinnlich Gegebenen nicht ausreichend gerecht werden.

(2) Damit komme ich zur zweiten Bestimmung von Erfahrung, also der, dass ihre Relevanz (auf jeden Fall auch) im Wissenserwerb liegt. Besonders ist auf die Bedeutung von Erfahrungen für das Projekt der *Phänomenologie* aufmerksam zu machen. Hegel vertritt die These, dass wir Fragen zur Erkenntnis dadurch beantworten können, dass wir die Bewährung von Antworten in der Praxis betrachten und analysieren. Erfahrungen widersprechen und korrigieren unsere grundlegenden Annahmen über die Welt, und wenn wir analysieren, was da konkret passiert, betreiben wir Philosophie. Dem An-

---

[1] Hier ist an die Diskussion des direkten Realismus im dritten Kapitel zu erinnern.
[2] Gemeint sind Interpretationen wie die von Horstmann, Düsing, Halbig, u.a.; vgl. hierzu den Abschnitt zum Geist im fünften Kapitel.
[3] Gemeint sind Lesarten von Brandom, Pippin u.a.; vgl. den Abschnitt zum Geist im fünften Kapitel.

spruch nach ist die *Phänomenologie* ein Unternehmen systematisch durchgeführter und analysierter Erfahrungen, die man im Zusammenhang mit der Frage macht, was Erkenntnis ist. Es soll sich so eine Auffassung der Welt und ihrer Erkennbarkeit bilden, die nicht mehr revidiert werden muss. Diese Auffassung ist nicht eine theoretische Konstruktion, sondern erfahrungsgedeckt. Ich habe diese Bewegung der Korrektur grundlegender Annahmen über die Welt als „Erfahrungen im engeren Sinn" bezeichnet. Sie darzustellen ist das Hauptanliegen der *Phänomenologie*. Das Ergebnis dieser Erfahrungen ist die Auffassung, dass die vollständig begrifflich bestimmte Welt als Maßstab für Wissen fungieren kann. Mit dieser Auffassung wird ein Gegenstand (oder Sachverhalt), den man erkennen will, als Moment einer gemeinsamen Welt verstanden. Ein so verstandener Gegenstand kann erfahren werden, aber nicht in dem Sinne, dass man erst noch Klarheit darüber erlangen muss, dass er begrifflich bestimmbares Moment einer gemeinsamen Welt ist. Er wird vielmehr als etwas erfahren, auf das man sich als begrifflich zu Bestimmendes beziehen kann. Die so gemachten Erfahrungen habe ich „Erfahrungen im weiteren Sinn" genannt. Anders als die mit Widerlegungen verbundenen Erfahrungen im engeren Sinn bleiben die Erfahrungen im weiteren Sinn für die Beziehung zur Welt auch dann relevant, wenn man die Frage nach dem Maßstab für Erkenntnis vollständig beantwortet hat.

Mit verschiedenen Arten von Gegenständen macht man verschiedene Arten von Erfahrungen. Dies ist sowohl für die Erfahrungen im engeren als auch für die im weiteren Sinn relevant. Etwas Lebendiges kann sich in der Erfahrung einer falschen Auffassung von ihm widersetzen und so eine grundlegende Annahme zur Möglichkeit von Erkenntnis korrigieren. Es gilt aber außerdem, dass wir, auch wenn die Frage, wie Erkenntnis möglich ist, beantwortet ist, von etwas Lebendigem andere Erfahrungen machen können als von nichtlebendigen Gegenständen und von Menschen andere als von Organismen.

An dieser Stelle will ich noch einmal einen Aspekt des Wissenserwerbs durch Erfahrung aufgreifen, den ich in meinem Buch an einigen Stellen bereits angesprochen habe: Hegel sieht Erfahrungen nicht nur als relevant dafür an, zu Erkenntnissen zu gelangen, sondern sie sind für ihn durch die Struktur von Erwartungen und Enttäuschungen sogar bereits Teil eines Erkenntnisprozesses. Intellektualisiert Hegel damit Erfahrungen? Ein derartiger Vorwurf scheint mir unberechtigt, weil Erfahrungen auch als Moment eines Erkenntnisprozesses eine einfache Struktur von Erwartungen und Enttäuschungen haben können. Außerdem hat sich gezeigt, dass Hegel eine andere Art von Zugang zur Wirklichkeit als den der Erkenntnis nicht abstreiten muss. Es kann allerdings eingewandt werden, dass Hegel die Dinge oder Vorkommnisse in der Welt dadurch, dass er letztlich die begriffliche Bestimmbarkeit der

Welt behauptet, nicht angemessen erfasst. Es ist ein vieldiskutiertes Thema, ob Hegel im Rahmen seiner Auffassung einer begrifflich bestimmten Welt individuelle Eigenarten und individuelle Lebensformen zulassen kann (und zulassen sollte).[4] Auf der Grundlage meiner Interpretation von Hegels Begriff des Geistes muss man zu dem Schluss kommen, dass nach Hegels Konzeption in *Phänomenologie* und *Logik* Individuelles als Instanziierung von Allgemeinem eine sehr große Rolle spielen muss. Gleichzeitig ist aber auch klar, dass für Hegel Individualität nur zur Geltung kommen kann, wenn die Gemeinschaft zu Anderem besteht und auch anerkannt wird. Wer nicht die Gattung im einzelnen Organismus verwirklicht sieht und nicht den gemeinsamen Geist im menschlichen Individuum, der erkennt die jeweiligen Exemplare auch nicht als Individuen an. Diese These hat verschiedene Konsequenzen, die hier nicht weiter diskutiert werden können. Es sollte aber gegenwärtig sein, dass diese Konsequenzen nicht alle unproblematisch sind. Dies gilt in meinen Augen beispielsweise mit Blick auf Krankheiten bei Organismen. Wenn die Gattung hier unzulänglich verwirklicht wäre (beispielsweise weil keine Fortpflanzung möglich ist), muss – zumindest dem Anschein nach – der Wert des Individuums als Verwirklichung des Allgemeinen auch herabgesetzt werden.

Dem Einwand gegen Hegels These der begrifflichen Bestimmbarkeit der Welt kann man auch noch eine andere Wendung geben: Ist das, was erfahren wird, wirklich begrifflich zu erfassen?[5] Entziehen sich unsere Erfahrungen nicht oft der begrifflichen Verständigung? Auch hier wird man nach meinen Überlegungen zu dem Ergebnis kommen, dass dieser Einwand nur in einem ganz bestimmten Sinn berechtigt ist. Es ist richtig, dass Hegel die begriffliche Bestimmbarkeit und damit auch die Vernünftigkeit der Welt annimmt. Aber dies geschieht unter der Voraussetzung eines Vernunft-Begriffs, der nicht nur physikalische Beschreibungen zulässt und der außerdem widersprüchliche Bestimmungen eines Phänomens nicht ausschließt – solange wir diese als Momente einer Entwicklung oder Bewegung auffassen können. Wenn man über die Grenzen der Verständlichkeit oder Vernünftigkeit von Erfahrungen spricht, tut man dies dagegen oft unter der Voraussetzung eines naturwissenschaftlichen Vernunft-Begriffs. Nur wer meint, wir könnten etwas erfahren, das in keinerlei Weise für uns verständlich ist – auch nicht als lebendiges oder geistiges Phänomen –, der wird in der These der begrifflichen Bestimm-

---

[4] Dies ist vor allem in der Rechtsphilosophie diskutiert worden; vgl. Theunissen 1982 und Honneth 1992, 2003.

[5] Dieser Einwand kann wiederum in unterschiedlicher Form vorgebracht werden. Er findet sich beispielsweise bei Kierkegaard (1984, 6), aber auch bei Peirce (1998, 177). Nach Peirce nimmt Hegel fälschlicherweise an, dass das, was begrifflich bestimmt werden kann, auch auf Begriffe reduziert werden könne.

barkeit ein Problem Hegels sehen. Wie besonders im ersten Kapitel deutlich geworden sein dürfte, sehe ich aber nicht, wie man dann noch sinnvoll von Erfahrung reden will.

(3) Bei Hegel findet sich eine Konzeption von Erfahrung, in der die Beziehung auf Anderes, welches einem zu eigen wird, die grundlegende Relation einer verständigen Beziehung zur Welt ist. Es sollte auch deutlich geworden sein, dass Hegel über ein reichhaltiges Repertoire von Interpretationen dieser Relation verfügt. So nimmt Hegel nicht nur verschiedene Formen von Widerständigkeit für verschiedene Gegenstandsarten an, sondern entwickelt auch verschiedene Formen der Beziehung zu etwas, durch die einem etwas zu eigen wird. Es gibt Formen, in denen das Subjekt sich weitgehend passiv verhält und sich als aufnehmend versteht. Aber es gibt auch Formen der Beziehung, in der das Subjekt sich bewusst etwas aneignet. Dies wurde hier besonders am Beispiel der Begierde erläutert. Daneben stellen beispielsweise auch Arbeit, Genuss und Anerkennung Formen der Aneignung dar. Die Beziehung auf Anderes ist aber nur dann eine Erfahrung, wenn es das Andere wirklich gibt und man sich nach dem richtet, was das Andere auszeichnet.

Man kann im Ausgang von den angestellten Überlegungen zur Thematik der Aneignung noch viele weitere Themen in den Blick bringen, die für eine Theorie der Erfahrung wichtig sind: Vor allem zum Thema der Erfahrung der Mitmenschen habe ich relativ wenig ausgeführt, obwohl man auf der Grundlage dessen, was ich gesagt habe, hierzu viel mehr hätte ausführen können. Hegel kann durch seinen Erfahrungsbegriff beispielsweise dem Umstand Rechnung tragen, dass man seine Mitmenschen nicht wie Dinge erfährt und dass eine Behandlung anderer Menschen als Dinge nicht nur unseren sozialen Normen widerspricht, sondern dem Anderen gegenüber tatsächlich unangemessen ist.[6] Eine Antwort hat Hegel aber auch auf Fragen wie: Warum kann man Erfahrungen teilen, wenn man sie doch als individuellen Vorgang selbst machen muss? Nach Hegel gilt zunächst, dass man Erfahrungen mit anderen teilen kann, weil man zwar in der Erfahrung etwas lernt, das durch den besonderen Fall repräsentiert ist, aber dieser besondere Fall auch als Verwirklichung von etwas Allgemeinem (wie dem Begriff der Kraft oder der Gattung) aufgefasst werden muss. Außerdem sind nach Hegel gemeinsame Erfahrungen oder ein Teilen von Erfahrungen im emphatischen Sinn möglich. Um diese auch als solche zu erkennen, muss man allerdings den Anderen als seinesgleichen anerkennen. – Ich will es bei diesen zwei Beispielen für Themen belassen, die sich an die angestellten Überlegungen anschließen.

---

[6] Dies steht in engem Zusammenhang mit meinen Überlegungen in Abschnitt 2.2.1 des fünften Kapitels. Man kann hierin wieder eine Ähnlichkeit zu Heideggers Philosophie in *Sein und Zeit*, aber auch zu Sartres in *L'Etre et le Néant* sehen.

Abschließend möchte ich eine Frage aufnehmen, die ich schon in der Einleitung gestellt habe: Ist es sinnvoll, eine Konzeption der Erfahrung im Rückgriff auf Hegel zu entwickeln? In der Einleitung habe ich diese Frage als Frage danach verstanden, ob Hegels Theorie der Erfahrung nicht durch ihre metaphysischen Voraussetzungen heute als obsolet gelten muss. Am Ende meines Buches kann die dort gegebene Antwort wieder aufgegriffen werden: Hegel vertritt Thesen, die zweifellos nicht Commonsense in der gegenwärtigen Philosophie sind. Ich habe solche Thesen schon in der Einleitung genannt, im Buch sind noch weitere hinzugekommen. Ich habe versucht, diese Thesen verständlich zu machen, jedoch nicht beansprucht, immer gezeigt zu haben, dass wir sie übernehmen sollten. Betrachtet man zum Beispiel die These, dass das Lebendige der paradigmatische Gegenstand ist: Wie ich gezeigt habe, leuchtet diese Behauptung ein, und sogar Kant würde ihr vielleicht zustimmen, wenn er nicht der Meinung wäre, dass die Bestimmung des Lebendigen im Konflikt mit dem durchgängigen kausalen Mechanismus stünde. Auf diese Bedenken reagiert Hegel. Er tut dies, wie ich gezeigt habe, auf überzeugende Weise. Aber für die Überzeugungskraft der These, dass Lebendiges ein paradigmatischer Gegenstand ist, ist damit noch lange nicht alles geleistet. Heute würden die meisten Philosophen, anders als Kant und Hegel, die Erklärung von Lebendigem überhaupt nicht mehr als dem Mechanismus entgegengesetzt verstehen. Also müsste man hier fragen: Stimmt das, und was heißt das dann? Weiterhin haben einige Philosophen auch von der Idee eines notwendigen durchgehenden Kausalzusammenhangs Abstand genommen. Weder Kant noch Hegel sind dazu bereit. Was würde das für Hegels These zum Lebendigen bedeuten? Und so ließe sich weiter fragen. Das bedeutet: Um für die Übernahme der Thesen Hegels zu argumentieren, müsste man der Diskussion alternativer Thesen viel mehr Raum geben sowie der Diskussion der Thesen bis heute nachgehen. Dies war nicht das Projekt dieses Buches. Allerdings sollte Folgendes klar sein: Oft meint man mit den unzumutbaren metaphysischen Voraussetzungen Hegels die Behauptung, dass nur die Vernunft wirklich ist. Hätte ich eine Lesart von Hegel für eine Theorie der Erfahrung in Anspruch nehmen wollen, die diese Behauptung wörtlich nimmt, wäre dies nicht sehr überzeugend ausgefallen. Dies nicht, weil die Behauptung metaphysisch ist, sondern weil Erfahrungen dann für ein Hegelsches Konzept nicht wesentlich wären, da für es die sinnliche Erlebbarkeit nicht relevant sein könnte. Unter meiner Lesart von Hegel mögen metaphysische Thesen bedenklich bleiben, sie sind aber nicht von der Art, dass sie die Theorie der Erfahrung beeinträchtigen. Im Gegenteil hat man, wenn man bereit ist, Hegels metaphysische Thesen zu übernehmen, einen Begriff von Erfahrung, der der wissenschaftlichen

Genauigkeit ebenso gerecht wird, wie er dem Alltagsverständnis der Wichtigkeit eines Durchlebens bestimmter Lebenssituationen Rechnung trägt. Hierin liegt einer der Reize von Hegels Theorie.

Die Frage, ob man für eine Theorie der Erfahrung gewinnbringend auf Hegel zurückgreifen kann, lässt sich auch anders verstehen. Ist es nicht unsinnig, bei jemandem nach einer Theorie der Erfahrung zu suchen, der viele der Erfahrungen, die wir heute machen, überhaupt nicht kennen konnte? Hat sich nicht unser Erfahrungsbegriff beispielsweise durch die Entwicklung der Technik völlig verändert? Zunächst ist zu konstatieren, dass im zwanzigsten Jahrhundert bei einigen Philosophen die *Armut an Erfahrung* Thema war, die besonders durch die Technik hervorgerufen worden sein sollte. Der Erfahrungsbegriff, der hier beansprucht wird, meint die Form von subjektiver Teilnahme an etwas, das man Anderen mitteilen kann und das als Teil einer gemeinsamen Welt verstanden werden kann.[7] Wenn der Verlust von Erfahrung in der Moderne konstatiert wird, dann steht dieser Begriff von Erfahrung in der Tradition Hegels, insofern es um den Verlust von etwas geht, das Hegel in seiner Theorie der Erfahrung als wesentlich für ein gelungenes Welt- und Selbstverständnis angesehen hat. Eine Philosophie, die an diese Debatte anschließen will, kann die Aktualität von Hegels Begriff der Erfahrung daher gar nicht leugnen. Aber selbst wenn man meint, dass im Ausgang von Erfahrungen der heutigen Zeit eine ganz neue Theorie der Erfahrung nötig wäre, so wäre diese nicht möglich, ohne sich ihrer Vorläufer zu versichern. In diesem Sinn kann die Auseinandersetzung mit der Geschichte der Philosophie gar nicht an Aktualität verlieren.

---

[7] Beispielsweise Benjamin (1977) in „Erfahrung und Armut" von 1933; vgl. für eine Geschichte des Begriffs der Erfahrung in unterschiedlichen Traditionen auch Jay 2005, vgl. dort zu Adorno und Benjamin 312 ff.

LITERATURVERZEICHNIS

verwendete Abkürzungen:

GW	Hegel, G. W. F. 1968ff. *G.W.F. Hegel. Gesammelte Werke.* In Verbindung mit der Deutschen Forschungsgemeinschaft hrsg. v. der Rheinisch-Westfälischen Akademie der Wissenschaften. Hamburg (Meiner).
Enz.	Hegel, G. W. F. 1830. *Enzyklopädie der philosophischen Wissenschaften im Grundrisse.*
Phänomenologie	Hegel, G. W. F. *Phänomenologie des Geistes.*
Logik	Hegel, G. W. F. *Wissenschaft der Logik.*
AA	Kant, I. 1900ff. *Kant's Gesammelte Schriften.* Hrsg. v. der Preußischen Akademie der Wissenschaften. Berlin (de Gruyter).
KrV	Kant, I. *Kritik der reinen Vernunft.*
Metaphysische Anfangsgründe	Kant, I. *Metaphysische Anfangsgründe der Naturwissenschaft.*

Baldwin, Thomas. 1991. „The Identity Theory of Truth". In: *Mind* 100, 35–52.

Baldwin, Thomas. 2004. „Über Wahrheit und Identität". In: Halbig, C.; Quante, M.; Siep, L. (Hrsg.). *Hegels Erbe.* Frankfurt am Main (Suhrkamp), 21–45.

Baum, Manfred. 1983. „Wahrheit bei Kant und Hegel". In: Henrich, D.; Horstmann, R.-P. (Hrsg.). *Kant oder Hegel? Über Formen der Begründung in der Philosophie.* Stuttgart (Klett-Cotta), 230–249.

Baum, Manfred; Horstmann, Rolf-Peter. 1979. „Metaphysik und Erfahrungstheorie in Kants theoretischer Philosophie". In: *Philosophische Rundschau* 26, 62–91.

Benjamin, Walter. 1977. „Erfahrung und Armut". In: Tiedemann, R.; Schweppenhäuser, H. (Hrsg.). *Gesammelte Schriften. Unter Mitwirkung von T.W. Adorno und G. Scholem* Bd II/1. Frankfurt am Main (Suhrkamp), 213–219.

Beuthan, Ralf. 2008. „Hegels phänomenologischer Erfahrungsbegriff". In: Vieweg, K.; Welsch, W. (Hrsg.). *Hegels Phänomenologie des Geistes. Ein kooperativer Kommentar zu einem Schlüsseltext der Moderne*. Frankfurt am Main (Suhrkamp), 79–94.

Bonsiepen, Wolfgang. 1988. „Einleitung". In: Wessels, H.-F.; Clairmont, H. (Hrsg.). *Phänomenologie des Geistes*. Hamburg (Meiner), IX–LXIII.

Bowman, Brady. 2003. *Sinnliche Gewißheit. Zur systematischen Vorgeschichte eines Problems des deutschen Idealismus*. Berlin (Akademie Verlag).

Brandom, Robert. 2002. *Tales of the Mighty Dead*. Cambridge, Mass. (Harvard University Press).

Brandom, Robert. 2003. „Holism and Idealism in Hegel's *Phenomenology*". In: Welsch, W.; Vieweg, K. (Hrsg.). *Das Interesse des Denkens – Hegel aus heutiger Sicht*. München (Wilhelm Fink Verlag), 47–74.

Brandom, Robert. 2004. „Selbstbewusstsein und Selbstkonstitution". In: Halbig, C.; Quante, M.; Siep, L. (Hrsg.). *Hegels Erbe*. Frankfurt am Main (Suhrkamp), 46–77.

Brandom, Robert. 2007. *The Woodbridge Lectures. Animating Ideas of Idealism: A Semantic Sonata in Kant and Hegel.* www.pitt.edu/~rbrandom

Cartwright, Nancy. 1983. *How the Laws of Physics Lie*. Oxford (Clarendon Press).

Cartwright, Nancy. 1999. *The Dappled World. A Study of the Boundaries of Science*. Cambridge (Cambridge University Press).

Cramer, Konrad. 1978. „Bemerkungen zu Hegels Begriff vom Bewußtsein in der Einleitung zur Phänomenologie des Geistes". In: Horstmann, R.-P. (Hrsg.). *Seminar Dialektik in der Philosophie Hegels*. Frankfurt am Main (Suhrkamp), 360–393.

De Vries, Willem. 1988. „Hegel on Reference and Knowledge". In: *Journal of the History of Philosophy* 26, 297–307.

De Vries, Willem. 1991. „The Dialectic of Teleology". In: *Philosophical Topics* 19, 51–70.

Dilthey, Wilhelm. 1924. „Beiträge zur Lösung der Frage vom Ursprung unseres Glaubens an die Realität der Außenwelt und seinem Recht" [1890]. In: *W. Dilthey, Gesammelte Schriften*, Bd. V. Leipzig und Berlin (B.G. Teubner), 90–138.

Düsing, Klaus. 1990. „Naturteleologie und Metaphysik bei Kant und Hegel". In: Fulda, H. F.; Horstmann, R.-P. (Hrsg.). *Hegel und die „Kritik der Urteilskraft*. Stuttgart (Klett Cotta), 141–156.

Düsing, Klaus. 1994. „Der Begriff der Vernunft in Hegels *Phänomenologie*". In: Fulda, H. F.; Horstmann, R.-P. (Hrsg.). *Vernunft-Begriffe in der Moderne*. Stuttgart (Klett-Cotta), 245–260.

Duque, Félix. 1996. „Die Selbstverleugnung des Endlichen als Realisierung des Begriffs". In: Fulda, H. F.; Horstmann, R.-P. (Hrsg.). *Skeptizismus und spekulatives Denken in der Philosophie Hegels*. Stuttgart (Klett Cotta), 135–152.

Emundts, Dina. 2001. „Das Problem der Organismen in Kants Kritik der Urteilskraft und im Nachlasswerk." In: Gerhardt, V.; Horstmann, R.-P.; Schumacher, R. (Hrsg.). *Kant und die Berliner Aufklärung. Akten des IX Internationalen Kant-Kongresses* Bd. 4. Berlin (de Gruyter), 503–512.

Emundts, Dina; Horstmann, Rolf-Peter. 2002. *G.W.F. Hegel. Eine Einführung*. Stuttgart (Reclam).

Emundts, Dina. 2004. *Kants Übergangskonzeption im Opus postumum. Zur Rolle des Nachlaßwerkes für die Grundlegung der empirischen Physik*. Berlin (de Gruyter).

Emundts, Dina. Voraussichtlich 2012. „Kant über Wahrheit". In: *Akten zum XI. Internationalen Kant-Kongress*. Berlin (de Gruyter).

Falke, Gustav-H. H. 1996. *Begriffne Geschichte. Das historische Substrat und die systematische Anordnung der Bewußtseinsgestalten in Hegels Phänomenologie des Geistes*. Bamberg (Lukas Verlag).

Falkenburg, Brigitte. 1998. „How to Save the Phenomena: Meaning and Reference in Hegel's Philosophy of Nature". In: Houlgate, S. (Hrsg.). *Hegel and the Philosophy of Nature*. Albany (New York Press), 97–135.

Feynman, Richard. 1994. *The Character of Physical Law*. New York (Modern Library Edition).

Fink, Eugen. ²2007. *Hegel. Phänomenologische Interpretation der Phänomenologie*. Frankfurt am Main (Klostermann).

Förster, Eckart. 2001. „Kants Materietheorie im Lichte der Kritik Schellings". In: Schumacher, R. (Hrsg.). *Idealismus als Theorie der Repräsentation?* Paderborn (mentis), 339–355.

Förster, Eckart. 2003. „Hegel in Jena". In: Welsch, W.; Vieweg, K. (Hrsg.). *Das Interesse des Denkens. Hegel aus heutiger Sicht*. München (Wilhelm Fink Verlag), 109–129.

Förster, Eckart. 2008. „Hegels ‚Entdeckungsreisen'". In: Vieweg, K.; Welsch, W. (Hrsg.). *Hegels Phänomenologie des Geistes. Ein kooperativer Kommentar zu einem Schlüsseltext der Moderne.* Frankfurt am Main (Suhrkamp), 37–57.

Förster, Eckart. 2010. *Die 25 Jahre der Philosophie.* Frankfurt am Main (Klostermann).

Forster, Michael. 1998. *Hegel's Idea of a 'Phenomenology of Spirit'.* Chicago (Chicago University Press).

Friedman, Michael. 1992. „Causal Law and the Foundation of Natural Science". In: Guyer, P. (Hrsg.). *The Cambridge Companion to Kant.* Cambridge (Cambridge University Press), 161–199.

Fulda, Hans Friedrich. 1965. *Das Problem einer Einleitung in Hegels Wissenschaft der Logik.* Frankfurt am Main (Klostermann).

Fulda, Hans Friedrich. 1973. „Zur Logik der Phänomenologie von 1807". In: Fulda, H. F.; Henrich, D. (Hrsg.). *Materialien zu Hegels Phänomenologie des Geistes.* Frankfurt am Main (Suhrkamp), 391–425.

Fulda, Hans Friedrich; Horstmann, Rolf-Peter; Theunissen, Michael. 1980. *Kritische Darstellung der Metaphysik. Eine Diskussion über Hegels Logik.* Frankfurt am Main (Suhrkamp).

Gadamer, Hans Georg. 1973. „Die verkehrte Welt". In: Fulda, H. F.; Henrich, D. (Hrsg.). *Materialien zu Hegels Phänomenologie des Geistes.* Frankfurt am Main (Suhrkamp), 106–130.

Goethe, Johann Wolfgang. [11]1994. „Der Versuch als Vermittler von Objekt und Subjekt" (1792). In: Trunz, E. (Hrsg.). *Goethes Werke* Bd. XIII. Hamburger Ausgabe in 14 Bänden. München (Beck), 10–20.

Graeser, Andreas. 1998. „Zu Hegels Portrait der sinnlichen Gewissheit." In: Köhler, D.; Pöggeler, O. (Hrsg.). *Phänomenologie des Geistes. Klassiker Auslegen.* Berlin (Akademie Verlag), 33–51.

Grüne, Stefanie. 2009. *Blinde Anschauung. Die Rolle von Begriffen in Kants Theorie sinnlicher Synthesis.* Frankfurt am Main (Klostermann).

Guyer, Paul. 2000. „Absolute Idealism and the Rejection of Kantian Dualism". In: Ameriks, K. (Hrsg.). *The Cambridge Companion to German Idealism.* Cambridge (Cambridge University Press).

Halbig, Christoph. 2002. *Objektives Denken. Erkenntnistheorie und Philosophy of Mind in Hegels System.* Stuttgart (frommann-holzboog).

Halbig, Christoph. 2004. „Das ‚Erkennen als solches'". In: Halbig, C.; Quante, M.; Siep, L. (Hrsg.). *Hegels Erbe.* Frankfurt am Main (Suhrkamp), 138–163.

Hampe, Michael; Lotter, Maria-Sibylla (Hrsg.). 2000. „*Die Erfahrungen, die wir machen, sprechen gegen die Erfahrungen die wir haben*": *Über Formen der Erfahrung in den Wissenschaften.* Berlin (Duncker und Humblot).

Hannah, Robert. 2005. „Kant and Nonconceptual Content". In: *European Journal of Philosophy* 13, Nr 2, 247–290.

Hegel, Georg Wilhelm Friedrich. 1968ff. *G.W.F. Hegel. Gesammelte Werke.* In Verbindung mit der Deutschen Forschungsgemeinschaft hrsg. v. der Rheinisch-Westfälischen Akademie der Wissenschaften. Hamburg (Meiner). (Abgekürzt: *GW*)

Heidegger, Martin. 1950. „Hegels Begriff der Erfahrung". In: *Holzwege.* Frankfurt am Main (Klostermann), 105–192.

Heidegger, Martin. [17]1993. *Sein und Zeit.* Tübingen (Max Niemeyer Verlag).

Heidemann, Dietmar. 2002. „Kann man sagen, was man meint?". In: *Archiv für die Geschichte der Philosophie*, Nr. 84, 46–63.

Henrich, Dieter. 1971. „Anfang und Methode der Logik". In: ders. *Hegel im Kontext.* Frankfurt am Main (Suhrkamp), 73–94.

Henrich, Dieter. 1976. *Identität und Objektivität. Eine Untersuchung über Kants transzendentale Deduktion.* Heidelberg (Winter).

Henrich, Dieter. 1982a. „Andersheit und Absolutheit des Geistes. Sieben Schritte auf dem Weg von Schelling zu Hegel". In: ders. *Selbstverhältnisse.* Stuttgart (Reclam), 142–172.

Henrich, Dieter. 1982b. „Kant und Hegel". In: ders. *Selbstverhältnisse.* Stuttgart (Reclam), 173–208.

Henrich, Dieter; Pacini, David S. (Hrsg.). 2003. *Between Kant and Hegel. Lectures on German Idealism.* Cambridge, London (Harvard University Press).

Honneth, Axel. 1992. *Kampf um Anerkennung. Zur moralischen Grammatik sozialer Konflikte.* Frankfurt am Main (Suhrkamp).

Honneth, Axel. 2003. *Unsichtbarkeit. Stationen einer Theorie der Intersubjektivität.* Frankfurt am Main (Suhrkamp).

Honneth, Axel. 2008. „Von der Begierde zur Anerkennung. Hegels Begründung von Selbstbewußtsein". In: Vieweg, K.; Welsch, W. (Hrsg.). *Hegels Phänomenologie des Geistes. Ein kooperativer Kommentar zu einem Schlüsseltext der Moderne.* Frankfurt am Main (Suhrkamp), 187–204.

Horstmann, Rolf-Peter. 1982. „Einleitung". In: ders. (Hrsg.). *Jenaer Systementwürfe II. Logik, Metaphysik, Naturphilosophie.* Hamburg (Meiner), VII–XXX.

Horstmann, Rolf-Peter. 1984. *Ontologie und Relationen. Hegel, Bradley, Russel und die Kontroverse über interne und externe Beziehungen*. Hain (Athenäum).

Horstmann, Rolf-Peter. 1997. „Hegels Kritik der Kantischen Kategorien". In: ders. *Bausteine kritischer Philosophie*. Berlin (Philo-Verlag), 181–200.

Horstmann, Rolf-Peter. 2004. „Das Endliche und das Unendliche in Hegels Denken". In: Menegoni, F.; Illetterati, L. (Hrsg.). *Das Endliche und das Unendliche in Hegels Denken*. Stuttgart (Klett-Cotta), 83–102.

Horstmann, Rolf-Peter. 2006. „Hegels Ordnung der Dinge. Die ‚Phänomenologie des Geistes' als ‚transzendentalistisches' Argument für eine monistische Ontologie und seine erkenntnistheoretischen Implikationen". In: Siep, L.; Jaeschke, W. (Hrsg.). *Hegel-Studien*. Hamburg (Meiner), 9–50.

Horstmann, Rolf-Peter. Manuskript. *Kant and the Problem of Purposiveness*.

Houlgate, Stephen. im Erscheinen. „Is Hegel's Phenomenology of Spirit an Essay in Transcendental Argument?". In: Gardner, S. (Hrsg.). *Transcendental Turn*. Oxford University Press.

Jaeschke, Walter. 2004. „Die Unendlichkeit der Subjektivität". In: Menegoni, F.; Illetterati, L. (Hrsg.). *Das Endliche und das Unendliche in Hegels Denken*. Stuttgart (Klett-Cotta), 103–116.

James, William. 1916. *The Varieties of Religious Experience*. New York (Longmans, Green) [1902].

Jay, Martin. 2005. *Songs of Experience: Modern American and European Variations on a Universal Theme*. University of California Press.

Kant, Immanuel. 1900ff. *Kant's Gesammelte Schriften*. Hrsg. v. der Preußischen Akademie der Wissenschaften. Berlin (de Gruyter). (Abgekürzt: AA)

Kettner, Matthias. 1990. *Hegels „Sinnliche Gewißheit". Diskursanalytischer Kommentar*. Frankfurt am Main/New York (Lang).

Kierkegaard, Sören. 1984. *Der Begriff Angst* [1844]. Übersetzt, mit Einleitung und Kommentar hg. von H. Rochel, Hamburg (Meiner)

Klotz, Christian. 2008. „Kritik und Transformation der Philosophie der Subjektivität in Hegels Darstellung der Erfahrung des Selbstbewußtseins". In: Vieweg, K.; Welsch, W. (Hrsg.). *Hegels Phänomenologie des Geistes. Ein kooperativer Kommentar zu einem Schlüsseltext der Moderne*. Frankfurt am Main (Suhrkamp), 171–186.

Koch, Anton Friedrich. (Manuskript) „Wirkliche Welt aus der Sicht der Phänomenologie des Geistes". (Auf Japanisch erschienen in: *Studien zu Hegels Philosophie*, hrsg. von der Japanischen Hegel-Gesellschaft, 13 (2007), 58–71.)

Koch, Anton Friedrich. 2008. „Sinnliche Gewißheit und Wahrnehmung. Die beiden ersten Kapitel der Phänomenologie des Geistes". In: Vieweg, K.; Welsch, W. (Hrsg.). *Hegels Phänomenologie des Geistes. Ein kooperativer Kommentar zu einem Schlüsseltext der Moderne*. Frankfurt am Main (Suhrkamp), 135–152.

Kreines, James. 2004. „Hegel's Critique of Pure Mechanism and the Philosophical Appeal of the 'Logic' Project". In: *European Journal of Philosophy* 12 (1), 38–74.

Künne, Wolfgang. 2003. *Conceptions of Truth*. Oxford (Clarendon).

Künne, Wolfgang. [2]2007. *Abstrakte Gegenstände. Semantik und Ontologie*. Frankfurt am Main (Klostermann).

Longuenesse, Béatrice. 1998. *Kant and the Capacity to Judge*. Princeton (Princeton University Press).

Longuenesse, Béatrice. 2001. „Kant's Standpoint on the Whole. Disjunctive Judgment, Community, and the Third Analogy of Experience". In: Schumacher, R. (Hrsg.). *Idealismus als Theorie der Repräsentation?* Paderborn (mentis), 287–311.

Longuenesse, Béatrice. 2007. *Hegel's Critique of Metaphysics*. Cambridge (Cambridge University Press).

Marx, Werner. [2]1981. *Hegels Phänomenologie des Geistes. Die Bestimmung ihrer Idee in „Vorrede" und „Einleitung"*. Frankfurt am Main (Klostermann).

Marx, Werner. 1986. *Das Selbstbewußtsein in Hegels Phänomenologie des Geistes*. Frankfurt am Main (Klostermann).

McDowell, John. 1994. *Mind and World*. Cambridge Mass. (Harvard University Press).

McDowell, John. 2003. „Hegel and the Myth of the Given". In: Welsch, W.; Vieweg, K. (Hrsg.). *Das Interesse des Denkens. Hegel aus heutiger Sicht*. München (Fink Verlag), 75–88.

McDowell, John. 2006. „The Apperceptive I and the Empirical Self: Towards a Heterodox Reading of 'Lordship and Bondage' in Hegel's *Phenomenology*". In: Deligiorgi, K. (Hrsg.). *Hegel. New Directions*. Chesham (Acumen), 33–48.

Merleau-Ponty, Maurice. 1966. *Phänomenologie der Wahrnehmung*, übers. v. R. Boehm. Berlin (de Gruyter).

Neuhouser, Frederick. 1986. „Deducing Desire and Recognition in the Phenomenology of Spirit". In: *Journal of the History of Philosophy* 24, 243–262.

Nielsen, Cathrin. 2007. „Der Schmerz. Zu Heideggers Trakl-Deutung". In: Barbaric, D. (Hrsg.). *Das Spätwerk Martin Heideggers. Ereignis – Sage – Geviert.* Würzburg (Königshausen&Neumann), 143–162.

Peirce, Charles Sanders. 1998. „Harvard Lectures on Pragmatism (1903)". In: Houser, N.; Koesel, C. (Hrsg.). *The Essential Peirce. Selected Philosophical Writings.* Bloomington (Indiana University Press), Vol. 2, 133–241.

Peperzak, Adriaan. 1987. *Selbsterkenntnis des Absoluten. Grundlinien der Hegelschen Philosophie des Geistes.* Stuttgart (frommann-holzboog).

Pinkard, Terry. 2002. *German Philosophy 1760–1860. The Legacy of Idealism.* Cambridge (Cambridge University Press).

Pinkard, Terry. 1994. *Hegel's Phenomenology. The Sociality of Reason.* Cambridge (Cambridge University Press).

Pippin, Robert. 1989. *Hegel's Idealism: the Satisfaction of Self-Consciousness.* Cambridge (Cambridge University Press).

Pippin, Robert. 1997. „On Being Anti-Cartesian: Hegel, Heidegger, Subjectivity, and Sociality". In: ders. *Idealism as Modernism. Hegelian Variations.* Cambridge (Cambridge University Press), 375–394.

Pippin, Robert. 2008. „Eine Logik der Erfahrung? Über Hegels *Phänomenologie des Geistes*". In: Vieweg, K.; Welsch, W. (Hrsg.). *Hegels Phänomenologie des Geistes. Ein kooperativer Kommentar zu einem Schlüsseltext der Moderne.* Frankfurt am Main (Suhrkamp), 13–36.

Pippin, Robert. 2011. *Hegel on Self-Consciousness. Desire and Death in the Phenomenology of Spirit.* Princeton (Princeton University Press).

Pöggeler, Otto. 1973. „Die Komposition der Phänomenologie des Geistes". In: Fulda, H. F.; Henrich, D. (Hrsg.). *Materialien zu Hegels Phänomenologie des Geistes.* Frankfurt am Main (Suhrkamp), 329–390.

Pöggeler, Otto. 2004. „Psychologie und Logik der Idee". In: Lucas, H. C.; Tuschling, B.; Vogel, U. (Hrsg.). *Hegels enzyklopädisches System der Philosophie. Von der „Wissenschaft der Logik" zur Philosophie des absoluten Geistes.* Stuttgart (frommann-holzboog), 17–39.

Prauss, Gerold. 1971. *Erscheinung bei Kant. Ein Problem der „Kritik der reinen Vernunft".* Berlin (de Gruyter).

Quante, Michael. 2004a. „Die Natur: Setzung und Voraussetzung des Geistes. Eine Analyse des § 381 der Enzyklopädie". In: Merker, B.; Mohr, G.; Quante, M. (Hrsg.). *Subjektivität und Anerkennung.* Paderborn (mentis), 81–101.

Quante, Michael. 2004b. „Spekulative Philosophie als Therapie". In: Halbig, C.; Quante, M.; Siep, L. (Hrsg.). *Hegels Erbe*. Frankfurt am Main (Suhrkamp), 324–350.

Quante, Michael. 2008. „'Reason...apprehended irrationally': Hegel's critique of Observing Reason". In: Moyar, D.; Quante, M. (Hrsg.). *Hegel's Phenomenology of Spirit. A Critical Guide*. Cambridge (Cambridge University Press), 91–111.

Quante, Michael. 2009. „Der reine Begriff des Anerkennens. Überlegungen zur Grammatik der Anerkennungsrelation in Hegels Phänomenologie des Geistes". In: Schmidt am Busch, H. C.; Zurn, C. (Hrsg.). *Anerkennen*. Berlin (Akademie-Verlag).

Redding, Paul. 1996. *Hegel's Hermeneutics*. Ithaca/London (Cornell University Press).

Rosenberg, Jay F. 2005. *Accessing Kant. A Relaxed Introduction to the Critique of Pure Reason*. Oxford (Clarendon).

Sandkaulen, Birgit. 2008. „Die Ontologie der Substanz, der Begriff der Subjektivität und die Faktizität des Einzelnen. Hegels reflexionslogische ‚Widerlegung' der Spinozanischen Metaphysik". In: Ameriks, K.; Stolzenberg, J. (Hrsg.). *Internationales Jahrbuch des Deutschen Idealismus 2007. Metaphysik*. Berlin (de Gruyer).

Sans, Georg. 2004. *Die Realisierung des Begriffs. Eine Untersuchung zu Hegels Schlusslehre*. Berlin (Akademie Verlag).

Schelling, Friedrich Wilhelm Joseph. 1965. *Vorlesungen über die Methode des akademischen Studiums*. In: Schröter, M. (Hrsg.). *Schellings Werke* Bd. 3. Nach der Originalausage in neuer Anordnung. München (Beck), 229–374.

Schlösser, Ulrich. 1996. „Hegel: Grundlegung der Kategorien für eine Theorie des Selbstbewußtseins". In: *Deutsche Zeitschrift für Philosophie* 3, 447–473.

Sedgwick, Sally. 1995. „Hegel's Critique of Kant on Matter and the Forces". In: Robinson, H. (Hrsg.). *Proceedings of the Eighth Internationaler Kant Kongress* vol. 1, part 3. Milwauke (Marquette University Press), 963–972.

Sedgwick, Sally. 2008. „Erkennen als ein Mittel. Hegels Kant-Kritik in der Einleitung der *Phänomenologie*". In: Vieweg, K.; Welsch, W. (Hrsg.). *Hegels Phänomenologie des Geistes. Ein kooperativer Kommentar zu einem Schlüsseltext der Moderne*. Frankfurt am Main (Suhrkamp), 95–111.

Sellars, Wilfrid. 1963. „Empiricism and the Philosophy of Mind". In: ders. *Science, Perception and Reality*. London (Routledge), 127–196.

Siep, Ludwig. 1998. „Die Bewegung des Anerkennens in der Phänomenologie des Geistes". In: Köhler, D.; Pöggeler, O. (Hrsg.). *Phänomenologie des Geistes. Klassiker Auslegen.* Berlin (Akademie Verlag), 107–127.

Siep, Ludwig. 2000. *Der Weg der Phänomenologie des Geistes. Ein einführender Kommentar zu Hegels „Differenzschrift" und „Phänomenologie des Geistes".* Frankfurt am Main (Suhrkamp).

Siep, Ludwig. 2004. „Endlichkeit und Unendlichkeit des objektiven Geistes". In: Menegoni, F.; Illetterati, L. (Hrsg.). *Das Endliche und das Unendliche in Hegels Denken.* Stuttgart (Klett-Cotta), 156–172.

Smith, A. David. 2002. *The Problem of Perception.* Cambridge/Mass. (Harvard University Press).

Solomon, Robert C. 1983. *In the Spirit of Hegel. A Study of G.W.F. Hegel's Phenomenology of Spirit.* Oxford (Clarendon).

Spahn, Christian. 2007. *Lebendiger Begriff und Begriffenes Leben. Zur Grundlegung der Philosophie des Organischen bei G.W.F. Hegel.* Würzburg (Königshausen & Neumann).

Stekeler-Weithofer, Pirmin. 1992. *Hegels Analytische Philosophie.* Paderborn (mentis).

Stekeler-Weithofer, Pirmin. 2005. *Philosophie des Selbstbewußtseins. Hegels System als Formanalyse von Wissen und Autonomie.* Frankfurt am Main (Suhrkamp).

Stern, Robert. 1993. „Did Hegel held an Identity Theory of Truth?". In: *Mind* 102, 645–647.

Stern, Robert. 2002. *Hegel and the Phenomenology of Spirit.* London (Routledge).

Stern, Robert. 2007. „Hegel, British Idealism, and the Curious Case of the Concrete Universal". In: *British Journal of the History of Philosophy* 15 (1), 115–153.

Stewart, Jon Bartley. 1998. „The Architectonic of Hegel's *Phenomenology of Spirit*". In: Stewart, J. (Hrsg.). *The Phenomenology of Spirit Reader. Critical and Interpretive Essays.* Albany (Suny Press), 444–477.

Stewart, Jon Bartley. 2000. *The Unity of Hegel's Phenomenology of Spirit.* Evanston (Northwestern University Press).

Strawson, Peter F. 1959. *Individuals. An Essay in Descriptive Metaphysics.* London (Methuen&Co.).

Taylor, Charles. 1972. „The Opening Argument of the Phenomenology". In: MacIntyre, A. (Hrsg.). *Hegel. A Collection of Critical Essays*. Garden City (Doubleday & Co), 151–188.

Taylor, Charles. 1983. *Hegel*. Frankfurt am Main (Suhrkamp).

Theunissen, Michael. 1970. *Hegels Lehre vom absoluten Geist als theologisch-politischer Traktat*. Berlin (de Gruyter).

Theunissen, Michael. 1978. „Begriff und Realität. Hegels Aufhebung des metaphysischen Wahrheitsbegriffs". In: Horstmann, R.-P. (Hrsg.). *Seminar: Dialektik in der Philosophie Hegels*. Frankfurt am Main (Suhrkamp), 324–359.

Theunissen, Michael. 1980. *Sein und Schein. Die kritische Funktion der Hegelschen Logik*. Frankfurt am Main (Suhrkamp).

Theunissen, Michael. 1982. „Die verdrängte Intersubjektivität in Hegels Philosophie des Rechts". In: Henrich, D.; Horstmann, R.-P. (Hrsg.). *Hegels Philosophie des Rechts*. Stuttgart (Klett-Cotta), 317–381.

Theunissen, Michael. 1998. „Rekonstruktion der Realität". In: Stamm, M. (Hrsg.). *Philosophie in synthetischer Absicht*. Stuttgart (Klett-Cotta), 375–416.

Thöle, Bernhard. Manuskript. *Die Idee der Erkenntniskritik bei Hegel*.

Watkins, Eric. 2011. „Kraft und Gesetz: Hegels Kant-Kritik im Kapitel ‚Kraft und Verstand' der *Phänomenologie des Geistes*". In: Ameriks, K.; Stolzenberg, J. (Hrsg.). *Internationales Jahrbuch des Deutschen Idealismus 2011. Metaphysik*. Berlin (de Gruyer).

Westphal, Kenneth. 1998. *Hegel, Hume und die Identität wahrnehmbarer Dinge. Historisch-kritische Analyse zum Kapitel „Wahrnehmung" in der Phänomenologie von 1807*. Frankfurt am Main (Klostermann).

Westphal, Kenneth. 2000. „Hegel's Internal Critique of Naive Realism". In: *Journal of Philosophical Research*, vol. XXV, 173–229.

Wieland, Wolfgang. 1973. „Hegels Dialektik der sinnlichen Gewißheit". In: Fulda, H. F.; Henrich, D. (Hrsg.). *Materialien zu Hegels Phänomenologie des Geistes*. Frankfurt am Main (Suhrkamp), 67–82.

Willaschek, Marcus. 2003. *Der mentale Zugang zur Welt*. Frankfurt am Main (Klostermann).

Wolff, Michael. 1981. *Der Begriff des Widerspruchs. Eine Studie zur Dialektik Kants und Hegels*. Hain (Königstein/Ts).

Wolff, Michael. 1992. *Das Körper-Seele-Problem. Kommentar zu Hegel, Enzyklopädie (1830), § 389*. Frankfurt am Main (Klostermann).

Wood, Allen. 1990. *Hegel's Ethical Thought*. Cambridge (Cambridge University Press).

Zöller, Günter. 2003. „Die Möglichkeiten und Grenzen der Vernunft. Kant und der deutsche Idealismus". In: Vossenkuhl, W.; Fischer, E. (Hrsg.). *Die Fragen der Philosophie. Vorlesungen zur Einführung in die Disziplinen und Epochen der Philosophie*. München (Beck), 295–312.

PERSONENREGISTER

Adorno, T. W.   409.
Aristoteles   41, 331, 353, 398.
Baldwin, T.   161.
Baum, M.   113, 143f, 161.
Benjamin, W.   409.
Berkeley, G.   174.
Beuthan, R.   79, 90.
Bonsiepen, W.   25.
Bowman, B.   170.
Bradley, F. H.   161.
Brandom, R.   104, 117, 318, 334, 389ff, 404.
Cartwright, N.   248, 251.
Cramer, K.   66, 107, 124, 315.
de Vries, W.   179, 331, 375.
Dilthey, W.   71, 342.
Duque, F.   149.
Düsing, K.   313, 315, 353, 404.
Falke, G.-H. H.   274.
Falkenburg, B.   282.
Feynman, R.   248.
Fichte, J. G.   71, 109, 121, 309, 312f, 318ff.
Fink, E.   84, 238, 368.
Forster, M.   79, 83, 85, 94, 250.
Förster, E.   23, 84, 94, 265, 319.
Friedman, M.   262.
Fulda, H. F.   94f, 148.
Gadamer, H. G.   230, 278, 288.
Goethe, J. W.   40f, 84.
Graeser, A.   79, 128, 171, 191.
Grüne, S.   143.
Gurwitsch, A.   71.
Guyer, P.   149.

Halbig, C.   118, 159, 161ff, 192, 315, 404.
Hannah, R.   143.
Heidegger, M.   25, 84, 92, 170, 342, 368, 407.
Heidemann, D.   180.
Henrich, D.   62, 94, 139, 309, 315, 351, 371.
Hölderlin, J. C. F.   393.
Honneth, A.   318f, 368, 406.
Horstmann, R.-P.   25, 73, 79, 83, 100, 118, 122, 143, 148, 157, 160f, 238, 276, 291, 315, 340, 343, 359, 372, 393f, 404.
Houlgate, S.   83, 186.
Hume, D.   197, 216.
Husserl, E.   25, 71, 84, 154.
Jackson, F.   34.
Jaeschke, W.   397.
James, W.   13.
Jay, M.   409.
Kant, I.   11, 18, 21, 41–45, 70, 77f, 88, 99f, 103, 105f, 108f, 117f, 121, 123f, 131–146, 148ff, 152–155, 160, 162, 164, 166, 180, 183, 187, 196, 213, 215, 220ff, 227, 230–235, 237–270, 273–278, 281–285, 289f, 294–300, 309, 319f, 331, 333, 342, 346, 349–361, 365, 378, 389, 391, 394, 398ff, 403f, 408.
Kettner, M.   180.

Kierkegaard, S.   16, 406.
Klotz, C.   107, 309, 315f.
Koch, A. F.   178, 180, 209, 243, 291.
Kreines, J.   291, 331.
Künne, W.   120, 161, 352.
Leibniz, G. W.   231ff.
Lewis, D.   34.
Locke, J.   197.
Longuenesse, B.   107, 132, 143, 148, 153, 215, 218, 260, 390.
Marx, W.   79, 107, 315, 318.
McDowell, J.   84, 159, 191f, 309.
Merleau-Ponty, M.   379f.
Nagel, T.   34.
Neuhouser, F.   83, 319, 340, 344, 346, 357f.
Newton, I.   222, 247.
Nielsen, C.   368.
Peacocke   217.
Peirce, C. S.   71, 342, 406.
Peperzak, A.   315, 350.
Pinkard, T.   79f, 179, 282, 312.
Pippin, R.   25, 62, 83f, 132, 149, 153, 170, 179, 186, 279, 282, 335, 360, 368, 389f, 404.
Platon   230.
Pöggeler, O.   94, 100.
Prauss, G.   143.
Quante, M.   85, 315, 338, 344, 350.
Redding, P.   25.

Rosenberg, J. F.   255.
Ryle, G.   31.
Sandkaulen, B.   315.
Sans, G.   147, 148.
Sartre, J.-P.   407.
Schelling, F. W. J.   41, 265, 274, 393.
Schlösser, U.   278, 315f.
Sedgwick, S.   113, 264.
Sellars, W.   192.
Siep, L.   79, 230, 319, 396.
Smith, A. D.   191.
Solomen, R. C.   180.
Spahn, C.   324, 353.
Stekeler-Weithofer, P.   115, 334.
Stern, R.   161, 247, 279.
Stewart, J. B.   23, 83, 92, 271, 329.
Strawson, P. F.   352.
Taylor, C.   83, 179.
Theunissen, M.   78, 80, 84, 98, 122, 148, 150, 154, 315, 368, 406.
Thöle, B.   174.
Thompson, M.   104.
Watkins, E.   246.
Westphal, K.   180, 197, 204, 212, 216.
Wieland, W.   128, 171, 191, 329.
Willaschek, M.   191.
Wolff, M.   25, 201, 275, 351, 353, 355.
Wood, A.   80.
Zöller, G.   100.

SACHREGISTER

Absolute, das 94, 108, 149, 170.
abstrakt 31, 66, 78, 86, 88, 92f, 96, 98, 107, 110, 124f, 247, 282f, 291, 381, 394.
Abstraktion 89, 92, 146, 178, 247, 259f, 286, 297, 390.
Affektion 233.
Allgemeine, das 56, 59, 60–63, 72, 74, 121, 136f, 140, 177–181, 184f, 187–190, 193–197, 199, 205, 212–216, 219, 222, 228, 232, 235, 247, 275, 284, 321, 325, 342, 345, 347, 350, 367ff, 372, 374, 376f, 382–387, 392, 395, 397, 403.
Analogie(n) der Erfahrung 171, 189, 221, 238–245, 247, 251–260, 262, 266f, 277, 281–284, 295–298, 320, 334, 365.
analytisch 250–254, 258, 260, 297.
Aneignung 16, 18, 41, 54, 58, 92, 101f, 168, 186, 318, 320f, 323, 407.
Anerkennung 288, 323, 346, 364, 367, 369, 389f, 392, 407.
Anschauung 123f, 136, 138, 142, 150, 154, 180, 218, 309, 387.
–reine 123, 235.
Anziehung 224, 231, 240, 263f, 266, 277, 290.
Anziehung(skraft)/Attraktion/Attraktivkraft 244f, 261–266, 354, 398.
Apperzeption 238.
apriori/aposteriori 43, 83, 87, 99f, 144f, 147, 235, 242, 250ff, 262–265, 296ff, 389.
Apriorische/Aposteriorische, das 98f, 300.
Arbeit 80, 407.
Argument, transzendentales 18, 83, 186, 332f, 352, 357f, 362, 364, 400.
Artefakt 346, 372.
Äther 267, 277, 285ff, 291, 326.
Begierde 16, 66, 76, 303, 318–321, 323, 336f, 340, 344, 346, 358, 407.
Beobachter 56ff, 61, 81ff, 91, 169, 186, 197, 234, 269, 271, 279f, 284, 286f, 292ff, 305, 317, 333, 335f, 338f, 342, 344, 358, 363ff, 400.
Bewusstsein, unglückliches 347.
Bildung 21, 58, 190, 225.
Commonsense 84, 103, 208, 388, 408.
Deduktion 335, 358ff, 362.
Dialektik 27, 60, 63, 144, 148, 329.
Ding(e) an sich 100, 118, 124, 154, 233f, 322, 351.
Dualismus 42, 154, 264.

Elektrizität 239, 245ff, 250, 257f, 286.
Empfindung 13, 34, 68, 180, 196, 309.
Empirismus 232, 404.
Empirist(en) 41, 99.
empiristisch 42f, 99, 196, 208, 222, 226, 232, 248, 250, 334.
erinnert 90f, 94, 285, 301.
Erinnerung 31, 41, 85, 90–93.
Erlebbarkeit 11ff, 70, 408.
Erlebnis 13f, 17, 27–30, 33f, 37, 51, 56ff, 70, 79f, 83f, 86, 101f, 184, 397, 403.
Erscheinung 42, 121f, 132f, 135, 139, 143, 151, 213, 220, 228–237, 239f, 242ff, 252, 269–273, 275f, 280, 309f, 314.
Erwartung 15, 38, 47–52, 54–70, 73, 75, 82ff, 87f, 131, 168, 174, 176f, 179, 184, 201, 204, 206, 319, 362, 364, 379f, 405.
Experiment 35, 38, 40, 42, 45, 78, 87, 91, 93f, 96, 134.
Faktum 340, 342.
frei 77, 80, 90, 99, 101f, 220, 268, 346, 357, 404.
Gattung 278, 320, 325, 366, 370, 376ff, 382, 406f.
Gemeinschaft 65, 75, 88, 103, 138, 201ff, 222, 245, 260, 274, 290, 347, 372f, 392, 397, 406.
Geschicklichkeit 39.
Gott 90, 98, 103, 108, 148, 174, 351, 386f, 393f, 396.

Gravitation 239, 241, 248f, 259, 282.
Grundsatz 21, 98, 118, 134f, 142, 144, 221, 234, 238, 240, 257, 261f.
Handlung 30f, 66, 88, 101f, 178, 185, 242f, 276, 319, 332, 401.
Herr/Knecht 63, 80, 101, 320, 338, 346.
Ich 59, 109, 182–185, 189, 302, 307, 309, 312f, 340, 371, 397.
Idealismus 11.
Identität 70, 74f, 91, 93, 98, 123, 136, 139, 155, 157, 161, 167f, 186, 188, 195, 200, 236, 238, 247, 250, 253, 258, 269, 271, 273, 290–293, 300, 308, 310, 326f, 329, 341, 354, 369ff, 389, 393.
Individuum 12, 15, 19, 37, 57, 61, 65, 67ff, 75, 77, 80, 85, 88f, 92, 96, 101f, 157, 184, 318, 334, 338, 346f, 366f, 369–372, 374, 376f, 380–386, 388, 391–397, 401f, 406.
Intentionalität 27f, 30, 37.
Intersubjektivität/intersubjektiv 88, 114f, 134, 389.
Kategorie 24f, 43, 118, 132–138, 141–151, 153f, 180, 193, 218, 221, 234f, 238, 253, 257, 352f, 358–361, 382, 388, 390f.
Kategorienlehre 335.
Kausalerklärung 117, 127, 401.

Kausalität 43, 100, 146, 155, 238, 241ff, 255, 260, 274, 278, 297, 360, 365, 399, 401.
Kollektiv 68.
Körper 144, 224, 248f, 255f, 258f, 264–267, 277, 282, 284f, 290, 350, 354ff, 366, 375.
– physikalisch(er) 73–76, 254, 256, 265, 285, 315, 334, 349ff, 354f, 357, 365–368, 373, 378f.
Kraft 25, 104, 106, 149, 210, 219f, 222–232, 235f, 242–251, 253, 255f, 258, 260f, 263ff, 267, 284, 286, 290, 293ff, 305, 310f, 314, 325ff, 331f, 334f, 341f, 348, 350, 362, 366–370, 373f, 376f, 380ff, 387ff, 391, 395, 398f, 401, 404, 407.
Kunstwerk 372.
Lebendiges 21f, 54f, 76, 151, 160f, 248, 303, 305, 311, 319, 322–332, 334–344, 349–371, 373, 375–384, 386, 392, 395, 399ff, 405, 408.
Lebenswelt 52, 379.
Lernen 11, 13f, 16, 27f, 30, 33, 37, 39, 41, 54, 318.
Lernprozess 32, 50, 53, 58, 75, 82, 105.
Logik 24, 70, 75, 94ff, 103, 133, 147ff, 166, 209, 291, 333, 335, 360, 362, 385, 387, 401.
– formale 103.
– transzendentale 118, 133, 137, 335, 390.
Materietheorie 222f, 261, 263ff.
Mathematik 28, 104, 123, 138.
Mechanismus 19, 20, 70, 155f, 161, 165f, 264, 291, 331, 408.
metaphysisch 11, 19, 62, 170, 174, 261, 390, 392, 408.
Methode 18, 21, 35, 78f, 135, 164, 166, 324, 333, 358, 362, 364, 400, 404.
Modalität 43, 257.
Moralität 93.
Mythos des Gegebenen 192.
Natur 43, 53, 77f, 151, 166, 230, 238, 250, 252f, 274, 320ff, 331, 350, 355f, 390, 395.
Naturphilosophie 25, 166, 281, 285, 291, 322, 350, 353, 387.
Naturwissenschaft 35f, 44, 47, 224, 261ff, 274.
Negation 177, 185, 195, 197, 204, 211, 237, 264, 275, 289, 299, 327, 346, 364, 370.
nominalistisch 226.
Nordpol/Südpol 271, 273f, 287ff.
Objekt 21, 41, 43, 69f, 73, 133, 135, 138–142, 144, 147ff, 153, 155ff, 161, 187, 218, 240f, 255, 257, 296, 340, 355f, 372, 404.
– physikalisch 19, 25, 43, 73, 76.
Objektivität 45, 118, 141, 146–157, 159, 163, 165, 170, 234, 386, 401.
Ontologie/ontologisch 19, 118, 160, 331, 351, 368.
Organismus 19, 25, 76, 149, 278,

298, 321, 324, 334, 348, 351, 353ff, 359–362, 366f, 369, 373, 376, 378f, 405f.
phänomenal 25, 33f, 84f, 101, 342.
Phänomenologie 25, 40, 71, 154, 179, 291, 342.
Physik 164, 277.
Physikalismus 34, 45.
Platonismus/platonistisch/platonisch 171, 219f, 230, 233.
Pragmatismus 40, 342, 392.
pragmatistisch 18, 391f.
Prinzip
– allgemein 90, 98f, 164, 241, 275, 325ff, 331–335, 337, 342, 344, 351, 366–370, 373f, 377, 381–384, 386, 388, 390, 392–395, 399.
– einfach 146, 229f, 236, 238, 241f, 245ff, 253, 256, 258f, 281, 284, 294, 298, 300, 348, 366, 384, 387, 398f.
– logisch/begrifflich 24f, 67, 76f, 88, 90, 100, 115, 117f, 135, 137, 146, 148, 151, 155f, 163ff, 182, 236, 238f, 282, 298, 300, 324, 326ff, 335, 342, 347, 349, 360f, 373f, 376f, 382, 384, 388, 390, 392, 394, 401.
– transzendental 118, 134, 137, 143–146.
Qualität/Quantität 148, 209, 238, 241, 266, 284, 286.
Rache 273, 275f, 287ff.
Raum 17, 100, 123, 142, 148f, 173ff, 180ff, 184, 187, 193–197, 224ff, 231, 254, 263–266, 277, 355f, 365f, 404, 408.
raum-zeitlich 43, 72ff, 76, 98f, 119, 121, 149, 171, 173f, 176f, 180ff, 187, 189, 194, 204, 207, 209, 220, 224, 352f, 356, 403.
Realismus 11, 159, 171, 191ff, 404.
Realität 13, 15, 19, 69, 71, 77f, 84, 102, 104, 127ff, 149ff, 219f, 224, 226ff, 233f, 258, 320, 342, 365, 381f, 387, 389f, 395f, 401.
Realphilosophie 165f.
Reflexion 17, 62, 79, 165f, 208f, 287f, 291, 325, 336, 372.
Rekognition 152.
Religion 90, 93, 96, 372, 386f, 393, 396ff, 402.
Reproduktion 152, 171, 369.
Repulsivkraft 263ff, 277, 285, 350, 354.
Schema 334.
Schluss 147f, 150, 406.
Schlusslehre 147.
Schwere 247, 262, 267.
Seele 63, 69, 85, 148, 284, 325f, 331, 351, 366.
selbständig 16, 55, 63, 68, 70–76, 97ff, 140, 156, 193, 210, 212, 224ff, 245, 249, 254ff, 258, 265, 281–285, 289f, 299ff, 312, 318, 320–323, 337ff, 341, 343f, 347, 349f, 357, 359, 362ff, 367, 375, 379f, 385, 393.
Selbständigkeit 63, 70, 76, 140,

150, 155, 210f, 265, 281ff,
289f, 312ff, 318, 320–323,
337–349, 354, 359, 363ff,
368f, 372, 375, 379f, 401.
Selbstbewusstsein 54ff, 67f, 76,
80, 88, 168, 268, 278ff, 294,
302–309, 311–324, 329f,
336–344, 346f, 351, 362ff,
366, 371, 374f, 377, 393,
400.
Selbsterkenntnis 37, 66, 68, 80,
302, 306–311, 314–317,
340, 346, 357f, 393, 395f,
400, 402.
Sinnlichkeit 99, 123, 136, 149,
154.
Sitten 391.
Skepsis 103, 357.
Skeptizismus 39.
Staat 372.
Strafe 273, 275f, 287f.
Subjekt 12, 16, 26f, 38, 41ff, 45f,
48, 54–58, 63–71, 74, 76,
84, 89, 102, 104, 111, 113,
116, 118, 128, 133, 138,
140f, 143, 146, 156, 160,
170f, 183ff, 191, 200, 205ff,
209, 231, 294f, 302f, 308,
312, 317, 319, 330, 340,
347, 371f, 388, 393, 400,
403, 407.
Subjektivität 32, 90, 148, 157.
Substanz 88, 90, 149, 231, 238,
241ff, 245, 247, 253–256,
258ff, 265f, 277, 284, 297,
312, 331, 351, 369, 382.
synthetisch 42, 250ff.
System 24, 48f, 85, 94, 98f, 103f,
114, 123, 134–137, 144–

147, 149, 152, 159, 164ff,
173, 246f, 260f, 296, 377.
teleologisch 278, 299.
Therapie/therapeutisch 85ff, 101.
Tier 49f, 52, 178, 320ff, 379f.
transzendental 18, 78, 118, 133f,
142–146, 260f, 360, 362,
365, 400.
Transzendentalphilosophie 222,
238, 257.
Umkehrung 39, 60ff, 98, 165,
186.
Unendlichkeit 157, 240, 256,
258, 268, 278–281, 283ff,
289, 291–294, 299f, 305f,
315, 324, 326–330, 365,
398.
Universalien 179, 247.
Ursache 25, 240, 242f, 255, 257,
262, 266.
Urteilstafel 238.
Verbrechen 276, 288.
Verifikation 127.
Verkehrung 270–279, 281, 284f,
287–292, 298f.
Vermögen 13, 68, 343, 353, 355,
362, 384.
Vorstellung 33, 40, 42, 46, 52,
61–65, 67ff, 73, 78f, 86, 90,
94, 105ff, 123ff, 138, 152,
171, 176, 181, 195f, 202,
223, 225, 240, 250, 252,
263, 267, 270, 303, 327,
337, 347, 349, 387, 394,
404.
Wahre 50, 57, 59, 81, 104,
112f, 119f, 122, 124f, 127,
132f, 138, 147, 149f, 153ff,

157–162, 167–170, 177ff,
188f, 220, 223, 235, 242,
301, 303ff, 308, 311f, 314f,
318, 330, 334, 340, 343,
348, 390.
Wahrnehmung 23, 41ff, 74,
138, 142f, 153f, 168f, 174,
180f, 183f, 186ff, 191–196,
198–204, 206, 212–218,
220, 230, 240, 253, 303,
336, 404.
Wechselwirkung 43, 149f, 241,
260.
Widerspruch 11, 57, 83, 102,
150, 176, 178f, 201, 204–
207, 211, 213, 215f, 251,
254, 273, 277, 281, 288,
322, 329.
Widerstand 57, 70f, 248, 301,
338, 354, 404.
Widerständigkeit 16, 70f, 301,
348, 350, 357, 365, 380,
403, 407.
Wirklichkeit 11f, 26, 71, 86–93,
96, 98, 100, 112, 125,
136, 153ff, 157ff, 161f,
164ff, 169f, 188, 192f, 225,
227, 235, 252, 258f, 262,
279, 289, 294, 297, 307,
331–335, 342, 361, 377,
387–390, 393ff, 399, 404f.
Wissen 14f, 17f, 22, 26f, 29–36,
39, 41f, 44f, 47ff, 51, 53,
60f, 65, 68, 77, 88–93, 96,
101–105, 107, 110–117,
119–128, 131ff, 136, 140f,
145, 152ff, 157, 163–169,
171, 173f, 178, 180, 183,
186ff, 190, 192, 194, 196,
198, 200, 209, 212, 214,
220, 227, 300, 302, 311f,
316, 340, 348, 393, 405.
– dass/wie 31, 34, 39.
– wahr 46, 48, 85, 106, 113, 115,
121, 128, 154, 164, 167f,
184, 305, 398.
Wissensanspruch 46, 48–53, 64,
65, 69, 77, 103, 122, 129,
139, 153, 163, 165, 173,
175, 177, 191ff, 226, 330,
348, 379f.
Wissenschaft 24, 35, 39, 50, 58,
77, 86f, 94, 96ff, 106, 163f,
166, 263, 350, 374, 398.
Wissenserwerb 14f, 28, 30,
32–36, 102, 138, 403ff.
Zeit 25, 27f, 31, 35f, 40f, 73ff,
92, 95, 99f, 103, 112, 123,
137, 139f, 142f, 147, 149,
158, 165, 173, 175f, 180ff,
184, 187f, 192–200, 212,
224, 235, 240ff, 253, 255,
259, 271, 285, 298, 331,
352f, 355f, 398, 409.
Zweck 26, 346, 350, 355, 357,
361.